W0056193

ECON Sachbuch

Zum Buch:

Das Ende des Kalten Krieges ist für die Geheimdienstapparate in West und Ost der vollendete Ernstfall. Weltweit ändern sich Strukturen und Ziele – nur beim Bundesnachrichtendienst, der mehr Mitarbeiter als das Auswärtige Amt beschäftigt, soll alles beim alten bleiben.

Der Bundesnachrichtendienst ist krakenhaft in alle Bereiche der Gesellschaft eingedrungen. Der ganz große Lauschangriff etwa ist längst Realität. So hören bei Monschau in der Eifel 90 BND-MitarbeiterInnen den Telefon-, Fernschreib- und Funkverkehr aus Bonn ab – lückenlos. Denn die WORTBANK für das EDV-System AUSTIN 2 zeichnet automatisch auf, wenn vorprogrammierte Trefferworte oder registrierte Stimmprofile auftauchen oder bestimmte Telefonnummern angewählt werden.

Diese unheimliche Tatsache, wie die Arbeit des Dienstes überhaupt, liegt nach 45 Jahren immer noch im dunkeln. Erich Schmidt-Eenboom untersucht das gesamte Spektrum der In- und Auslandstätigkeit des BND – von der nachrichtendienstlichen Durchdringung ganz Osteuropas bis zu den Angriffen auf Bündnispartner. Die lauschenden Antennenanlagen zwischen Husum und Bad Aibling werden ebenso ihrer konspirativen Legenden enthoben wie Tarnfirmen und -vereine.

Zu den Desinformationskampagnen des BND gehörten immer auch beschönte Selbstporträts in Buchform. Ein unbestechlicher Blick in das Innenleben eines Geheimdienstes ohne funktionierende parlamentarische Kontrolle tut not. Der Autor hat Hunderte von Quellen, schriftliche und mündliche, zusammengetragen und zum ersten umfassenden Bild des BND geformt. Aufgelockert wird die Materie durch reizvolle Einblicke in das Innenleben der vorgeblichen Elite.

Der Autor:

Erich Schmidt-Eenboom, Jahrgang 1953, zwölfjährige Dienstzeit als Offizier der Bundeswehr, danach Arbeit als freier Journalist zur Strategie und Infrastruktur der NATO, zum Rüstungsexport sowie zur Analyse der Nachrichtendienste, seit 1990 Leiter des Forschungsinstituts für Friedenspolitik e. V. in Weilheim/Obb. Als Geheimdienstexperte ist er häufiger Gast in Radio und Fernsehen.

Erich Schmidt-Eenboom

Schnüffler ohne Nase

Der BND

Die unheimliche Macht im Staate

ECON Taschenbuch Verlag

Dieses Buch ist gedruckt auf 100% Recyclingpapier.

Lizenzausgabe

Veröffentlicht im ECON Taschenbuch Verlag GmbH, Düsseldorf, 1995
© 1993 by ECON Verlag GmbH, Düsseldorf
Umschlaggestaltung: Büro Hamburg
Druck und Bindearbeiten: Ebner Ulm
Printed in Germany
ISBN 3-612-26191-6

Für Anne

Inhalt

Dieses Buch hat seit seinem Erscheinen nicht nur Medien und Öffentlichkeit stark beschäftigt, sondern auch Juristen. Im August 1993 beispielsweise ereiferte sich ein friesischer Rechtsanwalt im Auftrag des Moskauer Lufthansa-Managers Hans-Joachim Barakling: Die »unwahre Behauptung«, Barakling sei 1988 als BND-Resident in Moskau etabliert worden, »läßt darauf schließen, daß der übrige Inhalt ähnlich sein könnte«, deshalb müsse der Verfasser widerrufen – angedrohte Konventionalstrafe DM 10000, weiteren Schadensersatz vorbehalten. Nachdem der Rechtsvertreter eine beweiskräftige Versicherung an Eides statt übersandt bekam, teilte er nur mit, »frühestens nächste Woche auf die Sache zurückzukommen«. Seither schweigt er. Ermutigt durch einen Aushang am Schwarzen Brett des BND, der jedem die Rechtshilfe versprach, der sich in dem Buch verletzt fände, erfuhren noch weitere BNDler juristische Bauchlandungen.

Am selben Tag forderte der Präsident des Bundesnachrichtendienstes selbst über seinen Anwalt Unterlassungsansprüche zu fünf wichtigen Aussagen: »Bei der außerordentlichen Schwere der erhobenen Vorwürfe, wobei insbesondere auf die umfassenden und illegalen Abwehrpraktiken hinzuweisen ist, begründet den Gegenstandswert von DM 300000«. Gemeint hat BND-Anwalt Georg Romatka in dem grammatisch konfusen Satz wohl Abhör-, nicht Abwehrpraktiken. Auf die knappe Entgegnung, daß keine der getroffenen Aussagen zurückgenommen werde und im übrigen zu prüfen sei, ob der BND überhaupt rechtsmündig sei, d. h. ob nicht die Zivilprozeßordnung eine Klage von seiten des Bundeskanzleramts erforderlich mache, schwiegen Münchener Star-Anwalt und BND. In den knapp zwei Jahren seit der Erstveröffentlichung hat es in der internationalen Geheimdienstszene zahllose einschneidende Veränderungen gegeben. Doch eine Geheimdienstreform im Nachkriegsdeutschland des Kalten Krieges steht immer noch aus. Auf der Tagesordnung steht sie schon deshalb nicht, weil die konservativ-liberale Bundesregierung wegen ihrer intensiven Instrumentalisierung des Auslandsnachrichtendienstes bei der Erreichung der deutschen Einheit, bei ihrer Einflußpolitik zugunsten Kroatiens auf dem Balkan und wegen ihrer insgesamt ausgeprägten Neigung, über besondere nachrichtendienstliche Aufträge an den BND die Dunkeldimension von Außenpolitik zu nutzen, befangen und erpreßbar ist. Erst ein Regierungswechsel, der auf Bundesebene sowohl die CDU/CSU als auch die F.D.P. aus der politischen Macht entläßt, bietet die Chancen, das nachrichtendienstliche System der Bundesrepublik frei von eigenen Verstrickungen neu zu gestalten.

Auch wenn der BND, begünstigt durch die neue Handlungsfreiheit auf dem Territorium der früheren DDR, nachrichtendienstliche Angriffe gegen die damals noch sowjetischen Truppen startete und 1992 zum Beispiel einen Offizier der Westgruppe in Neuruppin erfolglos als Spion gewinnen wollte, so hat er mit dem Zerfall der UdSSR eine geographische Umorientierung vollzogen. Anstelle Moskaus werden die krisen- und kriegsgeschüttelten GUS-Staaten ins Visier genommen, der Aufklärungsbedarf gegenüber den westlichen Partnern ist angesichts gewachsener Konkurrenz gestiegen, und letztlich kann unter dem Vorzeichen völliger Souveränität Deutschlands auch ein noch stärkeres Engagement in der sogenannten Dritten Welt verzeichnet werden. Inhaltlich geht der Weg weg von der früher umfassenden Militäraufklärung auf ein Feld, das alle Geheimdienste nach dem Kalten Krieg bestellen, zur Wirtschaftsspionage. Die im Dezember 1993 als Vorschlag des Leiters der Abteilung 1 vorgelegte neue Gliederung seiner Beschaffungsabteilung zeigte, daß mit Referaten für den Internationalen Drogenhandel und für Konkurrierende Wirtschaftsspionage/Organisierte Kriminalität dieser Trend in der Organisation von Spionage in Pullach seinen Niederschlag fand[1].

Nach der Auflösung der amerikanischen, britischen und französischen Befragungsstellen für Aus- und Übersiedler betreibt der BND diese Einrichtungen nun im nationalen Alleingang und konzentriert sich auf das Aushorchen von Ayslbewerbern aus den Krisenregionen dieser Welt. Vielfach schafft der Geheimdienst damit erst einen gewichtigen Asylgrund, weil die Aussagebereitschaft der Verfolgten über ihre Verfolger eine unbeschadete Rückkehr ins Herkunftsland verhindert – ganz gleich, ob die Geheimdienste der Verfolgerstaaten aus eigener Bespitzelung ihrer Landsleute in Deutschland, oder durch Dienstleistungen des Partnerdienstes BND davon erfahren.

Die in diesem Buch ausführlich dargestellte Funkaufklärungsanlage im spanischen Conil war Ende 1992 in aller Stille abgebaut worden. Noch während der Demontage waren die BND-Techniker jederzeit darauf gefaßt, die Anlage wieder aufzurüsten, weil die Entscheidung, die ertragreiche Station zu schließen und damit die Kooperation mit den Spaniern zu beenden, bis zuletzt umstritten war. Doch die Zahl der Lauschposten im Ausland war dadurch nicht geringer geworden. Kurz zuvor, im Spätsommer 1992, hatte der Bundesnachrichtendienst nämlich dem taiwanesischen Militärgeheimdienst eine Computerauswerteanlage für mehrere Hunderttausend DM zur Verfügung gestellt, die in einer Kaserne im Süden der Hauptstadt Taipeh installiert wurde. Diese Anlage dient zur systematischen Analyse und Entschlüsselung des Fernmeldeverkehrs, den der taiwanesische Dienst aus seinen – teilweise vor über 20 Jahren bereits aus der Bundesrepublik gelieferten und damals modernsten – Aufklärungsanlagen gewinnt. In der Fernmeldeschule des BND in Pöcking (Objekt Kleefeld), die als Außenstelle des Bundesamts für Fernmeldestatistik getarnt ist, wurden 1992 Taiwanesen an der Technik und der vom BND entwickelten Software ausgebildet[2]. Überdies arbeiten seit Oktober 1992 drei BND-Angehörige mit chinesischen Sprachkenntnissen – als Angehörige einer kleinen Elektronik-GmbH getarnt – mindestens bis 1996 in der Auswerteanlage in Taiwan.

Scheu vor der Zusammenarbeit mit Terroristen kennt der BND auch nach dem Ende des Kalten Krieges nicht. Er fördert nicht nur die für Mordanschläge in Europa und schmutzige Kriege in Asien,

Nordafrika und dem Mittleren Osten verantwortlichen Agenten Teherans, sondern unterstützt auch die Islamische Heilsfront (FIS), die für mehr als 4000 Morde seit Anfang der neunziger Jahre verantwortlich zeichnet, mit Beihilfe zum Waffenschmuggel und anderen nachrichtendienstlichen Präsenten wie einer Ausbildungshilfe für Aktivisten des militärischen Arms der FIS[3].

Der lange schwelende Streit in der Pullacher Chefetage schien im Januar 1994 zunächst einmal bereinigt. Der Vorsitzende der Parlamentarischen Kontrollkommission des Bundestags für die Geheimdienste, der CDU-Abgeordnete Johannes Gerster, unterrichtete, daß die Öffentlichkeit in der Sitzung der PKK am 19. Januar 1994 zustimmend zur Kenntnis genommen worden sei, daß die Bundesregierung weder den Präsidenten des BND, Konrad Porzner, noch seinen Kontrahenten, den Vertrauten von Kanzleramtsminister Bernd Schmidbauer und Abteilungsleiter 1, Volker Foertsch, ablösen wolle. Noch im Dezember 1993 waren Krisensitzungen in der BND-Zentrale vertagt worden, auf denen Porzner die Versetzung von Foertsch auf einen weniger gewichtigen Posten hatte erzwingen wollen, nachdem er sich mit der Forderung nach dessen Rausschmiß nicht hatte durchsetzen können[4]. Doch Gersters Erklärung ging knapp an der Wahrheit vorbei. Tatsächlich wurde Volker Foertsch zum 1. Februar 1994 als AL1 abgelöst und auf den Posten des Abteilungsleiters 5 (Sicherheit) abgeschoben. Nachfolger von Foertsch wurde sein Vorgänger Dr. Rudolf Werner. Weil anstelle eines sozialdemokratisch besetzten Abteilungsleiterpostens in der 5 nun ein Konservativer mehr in der Führungsriege saß, konnte Schmidbauer sein Gesicht wahren, auch wenn sein Schützling in die Sicherheitsabteilung versetzt wurde. Dort wollte Foertsch sich sogleich um die Sicherheit des BND verdient machen, die er durch »undichte Stellen« insbesondere gegenüber BND-kritischen Journalisten gefährdet sah. Im August 1994 wurde öffentlich, daß das Landeskriminalamt Bayern drei Monate lang alle Telefonate der BND-Zentrale überwacht hatte[5].

Um die Nachfolge des BND-Vizepräsidenten Dr. Paul Münstermann waren früh Grabenkämpfe entbrannt. Starke Kräfte im BND wollen »Dr. Heidegger« in die Affäre um den Inoffiziellen Mitarbeiter der Bezirksvertretung Leipzig des MfS »Schwarz«

verwickelt sehen. »Schwarz« alias Dr. habil. Gerhard Baumann arbeitete – geworben unter falscher französischer Flagge – von 1958 bis 1988 für das MfS und galt als guter Abschöpfkontakt für BND-Interna, die er sich bei seinem alten Freund Kurt Weiß geholt hatte, Abteilungsleiter im BND bis 1981. Weiß, Deckname Winterstein, hatte von seinem Ziehkind Münstermann auch im Pensionsstand regelmäßig interne BND-Berichte zum Weiterverkauf an den Springer-Konzern erhalten[6]. Da der 81jährige Baumann nur begrenzt und der im Januar 1994 verstorbene Weiß nicht mehr zur Wahrheitsfindung beitragen konnten, ist die Affäre im Sande verlaufen.

Der seit April 1986 amtierende Vize schien zunächst auch diese Affäre unbeschadet zu überstehen, wurde dann aber doch bereits im August 1994 in den Ruhestand versetzt. Während Konteradmiral Gerhard Güllich, Leiter der Abteilung 2 (Fernmeldeaufklärung), das Amt kommissarisch wahrnahm, entbrannte der Diadochenkampf: Neben Güllich, der wegen seiner Nähe zur SPD nur eine Chance gehabt hätte, wenn der Präsident aus dem rechten Lager gekommen wäre, spitzten sich Rudolf Werner, der Sicherheitsbeauftragte des BND, Klaus Freiherr von Weitershausen und Gunther Haendley, seit Anfang 1994 BND-Resident in Rom, auf den Posten[7]. Entschieden wird über die Münstermann-Nachfolge wohl erst, wenn öffentlich feststeht, wer neuer BND-Chef wird.

Bereits im Sommerloch 1994 ließen CDU-Kreise in Bonn durchblicken, daß nach einem Wahlsieg am 16. Oktober die Tage Porzners als BND-Präsident gezählt seien. Am 27. November 1994 berichtete die »Bild am Sonntag«, der amtsmüde Porzner werde durch den Präsidenten des Bundesamts für Verfassungsschutz, Ekkehard Werthebach, abgelöst. Zu dessen Nachfolger sei Peter Frisch erkoren worden, seit April 1987 als Vize im Kölner BfV. Und um die Frauenquote zu erfüllen, werde Mathilde Koller, die aus dem BfV kommend als Leiterin des Verfassungsschutzes in Sachsen Aufbauarbeit Ost geleistet hat, Vizepräsidentin in Köln.

Kanzleramtsminister Bernd Schmidbauer – wegen seiner Neigung, selbst konspirativ zu agieren, in Bonn nur 008 genannt – hätte in der neuen Kabinettsriege wohl lieber das saubere Amt des Umweltministers bekleidet, aber Kohl ließ den Mann fürs Grobe trotz seiner Fehler auf nationalem und internationalem Parkett auf seinem Posten als Geheimdienstkoordinator. Im Sommer 1993 sah sich der PKK-Vorsitzende Johannes Gerster veranlaßt, den Kanzleramtsminister in der Sitzung der Parlamentarischen Kontrollkommission zu rüffeln. Anstelle der großspurigen Ankündigung, die Geschichte des Kalten Krieges müsse völlig neu geschrieben werden, weil 2000 MfS-Agenten die Bundesrepublik, Staat und Gesellschaft bis in die Spitzen durchdrungen hätten, blieben maximal 600 Verdachtsfälle. Auch sein Versprechen, solche Spione würden nun – insbesondere in der SPD – scharenweise enttarnt, konnte Bonns oberster Agentenjäger nicht einlösen[8].

Auf internationaler Bühne hat der Kanzleramtsminister die mühsam erreichte Zusammenarbeit mit den russischen Diensten bei der Bekämpfung der organisierten Kriminalität und des Nuklearschmuggels dadurch in Frage gestellt, daß er vortäuschte, Akten des MfS zur Enttarnung von Ostagenten nicht vorsortiert von der CIA, sondern vom KGB-Nachfolger SWR erhalten zu haben. Die US-Geheimdienste waren von den Lecks bei den deutschen Kollegen wenig begeistert, Rußlands Präsident Jelzin sah sich heftigen Angriffen der konservativen Opposition ausgesetzt, und Jewgenij Primakow, Leiter des russischen Auslandsnachrichtendienstes, hätte beinahe sein Amt verloren[9].

Beim Nuklearschmuggel selbst zettelte der BND seit 1992 ein Husarengeschrei nach dem anderen an. BND-Vizepräsident Münstermann beklagte im März 1992, daß der Iran aus Beständen in Kasachstan drei Atomsprengköpfe und Trägersysteme erhalten habe. Richtig war zwar, daß diese Massenvernichtungsmittel im Bestand des russischen Generalstabs als fehlend verbucht wurden, aber nicht weil sie verschwunden oder exportiert waren, sondern weil in Jahrzehnten atomarer Aufrüstung Zählfehler auftraten. Der BND-Bericht war schlicht falsch[10].

Die den Wahlkampf begleitende Serie von erfolgreichen Zugriffen auf Atomschmuggler stellte bei näherem Hinsehen die Angstparolen Schmidbauers und einiger konservativer Landesinnenminister in Frage: Die Kleinstmengen nuklearen Materials waren nicht waffenfähig und anstelle von islamischen Käufern oder von Terroristen zogen V-Leute von BKA, Verfassungsschutz und

BND die kriminellen Nuklear-Dealer an. BND-Vize Münstermann räumte im August 1994 ein, es existierten kaum Aufschlüsse über potentielle Abnehmer, aber »ein echter Anbietermarkt, den die Nachrichtendienste betreten haben, um ihn aufzuklären«. Und Kohls Geheimdienstkoordinator wollte sogleich eine Rechtsänderung, die dem BND den Ankauf von Nuklearmaterial im Ausland ermögliche«[11].

Im Bulletin of The Atomic Scientists analysierte Mark Hibbs im November 1994 das deutsche Wechselspiel von »Plutonium, Politik und Panik« und wies nach, daß es sich bei den hochgespielten Fällen weitgehend um Desinformation handelte. Die russischen Nachrichtendienste werfen dem BND sogar vor, den spektakulärsten Fall von Atomschmuggel, bei dem am 10. August 1994 auf dem Münchner Flughafen nahezu waffenfähiges Material entdeckt worden war, selbst inszeniert zu haben.

Nützlich waren die von zahlreichen Medien gespiegelten Alarmmeldungen aus Pullach für die innenpolitische Debatte allemal, weil über 70 Prozent der Bundesbürger sich bereits in ihrer persönlichen Sicherheit bedroht fühlten. Unter dem Eindruck dieser Kampagne passierte das neue Verbrechensbekämpfungsgesetz den Vermittlungsausschuß von Bundestag und Bundesrat und wurde am 21. September 1994 im Bundestag gegen die Stimmen von Bündnis90/DIE GRÜNEN und PDS verabschiedet[12]. Der Datenschutzbeauftragte des Bundestags hat in der Anhörung am 11. April 1994 vor Freiheitseinbußen für die Bürgerinnen und Bürger gewarnt, weil mit der Einbeziehung des Geheimdienstes in die Verbrechensbekämpfung täglich viertausend bzw. jährlich 1,5 Millionen Gespräche aufgezeichnet würden.

Mit der Rechtskraft des Verbrechensbekämpfungsgesetzes ist die klassische Trennung zwischen Strafverfolgungsbehörden und Geheimdiensten in der zweiten deutschen Demokratie zum Teil aufgehoben worden, ohne den BND rechtsstaatlich zwingend einzubinden. Er darf im Falle schwerer Verbrechen – wie Waffen- und Drogenhandel, Terrorismus oder Geldwäsche – Erkenntnisse an die Strafverfolgungsbehörden abgeben, muß es aber nicht. Vor allem aber sind die – in der Praxis längst und häufig illegal angewandten – Ermittlungsmethoden der BNDler so erweitert worden, daß künftig für so manchen rechtswidrigen Eingriff in Bürgerrechte – wenn er angesichts der fehlenden Kontrolle überhaupt ruchbar wird – Scheinlegitimationen angeführt werden.

Während der Bundesnachrichtendienst einerseits Erfolge vortäuscht und massiv auf die innenpolitische Debatte über Kompetenzen der konkurrierenden Sicherheitsbehörden einwirkt, werden immer mehr Mißerfolge westdeutscher Agententätigkeit öffentlich. Der Vorsitzende der Parlamentarischen Kontrollkommission des Bundestags, Johannes Gerster, hat bei einer Diskussionsrunde zur Spionage im Kalten Krieg sogar eine der letzten Legenden über BND-Erfolge zerstört: Die rechtzeitige Warnung aus Pullach vor dem Einmarsch sowjetischer Truppen zur Niederschlagung des Prager Frühlings 1968 war – so der CDU-Abgeordnete – kein herausragendes Ergebnis der Aufklärungstätigkeit des BND, sondern ein Abfallprodukt des Mossad, das der israelische Dienst nach Deutschland weitergereicht hatte[13].

Erich Schmidt-Eenboom

Anmerkungen

1 Vgl. Schmidt-Eenboom, Erich und Jo Angerer, Die schmutzigen Geschäfte der Wirtschaftsspione, Düsseldorf 1994, Kapitel 3
2 Vgl. Frankfurter Rundschau vom 2. 11. 1993: ZDF: BND in Taiwan aktiv
3 Vgl. dazu ausführlich Schmidt-Eenboom, Erich und Jo Angerer, a.a.O., Kapitel 4
4 Vgl. DER SPIEGEL 47/1993, S. 17
5 Vgl. Süddeutsche Zeitung vom 16. 8. 1994: Lauschangriff auf die Lauscher
6 Vgl. auch Focus 5/1994, S. 36
7 Vgl. auch Focus 47/1994, S. 138
8 Vgl. DER SPIEGEL 28/1993, S. 16
9 Vgl. DER SPIEGEL 34/1994, S. 29
10 Vgl. Adams, James, The new spies. London 1994, S. 250
11 taz vom 22. 8. 1994, S. 2
12 Vgl. Woche im Bundestag 16/1994, S. 5
13 Vgl. taz vom 7. 11. 1994: »Die Ohnmacht der Kundschafter«

D er Kalte Krieg, verstanden als die – mit kurzen Vorwarnzeiten gegeneinander gerüstete und gerichtete – Konfrontation zweier Militärblöcke überwiegend in Europa, ist spätestens 1990 für befriedet erklärt worden. Allerdings hat es bis heute keine dem 45jährigen Krieg folgende Friedenskonferenz gegeben, die entweder als Siegermachtkonferenz à la Jalta 1943 die Aufteilung Osteuropas unter die siegreichen NATO-Siegermächte vorgenommen oder als multinationaler Kongreß à la Wien 1815 einvernehmliche Lösungen für die Neuordnung Europas gesucht hätte.

Der Kalte Krieg wurde nicht nur offen mit militärischen Abschreckungspotentialen geführt, sondern auch in verdeckter Form, mit Mitteln der Auslands- und Militärnachrichtendienste wie auch mit Hilfe der inneren Dienste zur Kontrolle der »Heimatfront«.

Mit der Auflösung der engen Bindungen zwischen den WVO-Staaten und dem Abzug der sowjetischen Streitkräfte aus ihnen erlischt auch ein Hauptgegenstand des Interesses westdeutscher Auslandsnachrichtendienste und ihrer Partnerdienste in den NATO-Staaten. Davon betroffen sind allerdings weniger die zerfallende Sowjetunion selbst und die bei ihrem Zerfall entstandenen neuen Nationalstaaten – wie etwa die drei baltischen Republiken –, weil Nachrichten über den inneren Zustand des spannungsintensiven Vielvölkerstaats einschließlich seiner neuen Unionsstrukturen für deutsches Regierungshandeln nach Erlangung der vollständigen Souveränität besonders relevant sind. Von geringerem Interesse sind dagegen andere osteuropäische Länder, die nicht mehr von kommunistischen Staatsparteien regiert werden.

Wo es in den Diensten um die Abwehr von Eindringversuchen in die eigene Organisation ging, war in der nachrichtendienstlichen Aufgabenteilung insbesondere der Auslandsnachrichtendienst der DDR auf die westdeutschen Dienste angesetzt. Nach den »Aufräumungsarbeiten« in diesen Diensten und der Teilenttarnung der Informanten des Ministeriums für Staatssicherheit (MfS) ist der Umfang an Abwehraufgaben absehbar geringer geworden.

Das Ende des Ost-West-Konflikts führt in den Militärstrukturen aller beteiligten Mächte zu drastischen Veränderungen: Die Streitkräfte werden quantitativ verringert und zudem neuen politischen Risikoanalysen in Umfang, Struktur und Ausrüstung angepaßt. Ähnliche wesentliche Veränderungen müßten sich auch in den Nachrichtendiensten vollziehen.

Das Bild vom Kalten Krieg der Agenten hat sich dank Filmindustrie und Medien in festen Klischees niedergeschlagen. In dieses Bild paßt, daß die US-Botschaft in Moskau in den 80er Jahren vom KGB verwanzt wurde und selbst Angehörige der Botschaftsschutztruppe, der US-Marines, für den sowjetischen Geheimdienst angeworben werden sollten.[1] Andererseits wurden 1986 Angehörige der US-Botschaft im Moskauer Petrowsk-Park beim Picknick gestört, weil sie bei ihrem sonntäglichen Ausflug stets auf einem bestimmten Rasenfleck Rast machten. Der KGB hatte erkannt, daß die amerikanische Familie so die Tonkassetten des Abhörgeräts an einem Kabel wechselte, das ein sowjetisches Ministerium mit einem gegenüberliegenden Rüstungsforschungsbetrieb verband.

In dieses Alltagsbild von den Geheimdiensten paßt auch, daß 1985 in den USA der Walker-Ring enttarnt wurde, der 17 Jahre lang so gute Informationen aus dem militärischen Verschlüsselungsbereich lieferte, daß die politische und militärische Geheimkommunikation der USA für den KGB letztlich ein offenes Buch war.[2] Andererseits schickten die US-Geheimdienste mehrfach einen Container voll japanischer Vasen von Tokyo aus über Wladiwostok und Leningrad nach Hamburg und zurück nach Tokyo – bis diese Operation 1986 aufgedeckt wurde. Hinter den Vasen waren eine Abhöranlage sowie Detektoren für Radioaktivität verborgen, um während des Transports mit der Transsibirischen Eisenbahn mobile Abschußrampen für sowjetische Atomraketen aufzuspüren.

Anderes paßt weniger in dieses Bild von Spionage: So beschwerte sich das FBI 1989 in Paris darüber, daß der französische Geheimdienst DGSE (Direction Générale de la Sécurité Extérieure) die europäischen Dependancen von IBM und Texas Instruments infiltrierte, um vertrauliche Firmendaten für die französische Konkurrenzfirma Compagnie des Machines Bull, einen teilweise im Staatsbesitz befindlichen Betrieb mit wirtschaftlichen Schwierigkeiten, zu erbeuten. Genausowenig entspricht es der gängigen Sicht von starren Spionagefrontlinien, daß der US-Geheimdienst für elektronische Spionage, die NSA (National Security Agency), die traditionell befreundeten britischen Nachrichtendienste verdächtigt, die transatlantischen Gespräche amerikanischer Firmen abzuhören. Und ebenso überraschend ist es für uns zu erfahren, daß ehemalige argentinische Geheimdienstler in Buenos Aires 500 ausländische Firmen abhören und japanische Konzerne erpreßbare Manager (im mittleren Management) von Konkurrenzfirmen für ihre Zwecke umdrehen. 1992 wurde zudem vor den rüden Methoden ägyptischer Agenten gewarnt, die immer häufiger Hotelzimmer reisender Wirtschaftsführer filzen.[3]

Weniger in dieses von den Diensten selbst gepflegte Bild der Spionageapparate paßt auch, daß der französische Geheimdienst im Sommer 1985 einen Sabotageakt auf das Schiff Rainbow Warrior der Umweltschutzorganisation Greenpeace verübte, als es vor dem Mururoa-Atoll Atomtests behindern wollte und daß der Bundesnachrichtendienst 1985 die mit dem Friedensnobelpreis ausgezeichnete internationale Ärztefriedensorganisation IPPNW ausspähte, weil sie – so der BND-Bericht – »eine gemeinsame Frontstellung mit der UdSSR«[4] habe.

Doch welche Ereignisse auch immer im folgenden das Bild der

Öffentlichkeit von der Spionage noch erschüttern mögen, im wesentlichen waren die Spionageapparate dieser Welt von 1945 bis 1990 Bestandteil des Ost-West-Konflikts – und kein geringer. 1989 standen weltweit über zwei Millionen Menschen hauptamtlich im Sold von Nachrichtendiensten: 650 000 Personen in der UdSSR, 150 000 in den übrigen WVO-Staaten, 190 000 in den USA und 185 000 in allen übrigen NATO-Staaten. Auf insgesamt zweihundert Milliarden US-Dollar wurden die weitgehend geheimgehaltenen Budgets dieser Organisationen geschätzt.[5] Der britische Geheimdienstspezialist Phillip Knightley schätzte 1986 die »internationale Sicherheitsgemeinde« der am Ost-West-Konflikt beteiligten Parteien auf 1,25 Millionen Menschen mit einem Jahresetat von 52 Milliarden Mark und kennzeichnete die Geheimdienstbranche als eine der größten Wachstumsindustrien des 20. Jahrhunderts.[6]

Die überwiegend gegeneinander operierenden Nachrichtendienste der NATO- und WVO-Staaten sowie die an mehreren Fronten agierenden Dienste der neutralen Staaten in Europa konnten vom Ende des Ost-West-Konflikts nicht unberührt bleiben. Von den USA über Rußland und Ungarn bis hin zu den Niederlanden haben zu Beginn der 90er Jahre Veränderungen in den Nachrichtendiensten stattgefunden. Dort, wo demokratisch gewählte Regierungen Diktaturen ablösten, kam es zu einem raschen, teilweise umfassenden Wandel. In Staaten mit größerer politischer Kontinuität waren diese Veränderungen aufgrund des Selbstbeharrungsvermögens der Geheimdienstbürokratien langsamer und weniger tiefgreifend.

Am umfassendsten, aber in der Vergangenheitsbewältigung und in der Übernahme alter Strukturen weit variierend, waren die Entwicklungen in den Staaten des vormaligen Warschauer Vertrages zwischen 1990 und 1992. In Polen trat das Staatssicherheitsbüro UOP an die Stelle des alten Nachrichtendienstes SB (Sluzba Bezpieczenstwa) und wurde dem polnischen Staatspräsidenten Lech Walesa unterstellt.[7]

Die Securitate Rumäniens wurde in den rumänischen Nachrichtendienst SRI (Serviciul Roman de Informatii) überführt, für den allerdings viele der ehemals 6000 Securitate-Mitarbeiter rekrutiert wurden. Das Parlament in Bukarest beschloß 1991, die Akten der Securitate vierzig Jahre lang unter Verschluß zu halten.[8] Im Budapester Innenministerium war die Abteilung III/III »für die Observation der früheren Opposition zuständig, wurde aber bereits zu Zeiten der Regierung Németh in Ungarn durch innere Indiskretion entlarvt und praktisch aufgelöst«.[9] Bulgariens Nachrichtendienst DS (Durjava Sigurnost) wurde ebenfalls reorganisiert und unter die Kontrolle des Präsidenten Zhelev, eines früheren Dissidenten, gestellt. Im April 1992 beschloß die nichtkommunistische Koalition, die Geheimdienstakten Politikern, Ministern und hohen Beamten zugänglich zu machen.[10] In der ehemaligen ČSFR wurde der alte Nachrichtendienst STB (Statni Bezpecnost) durch das Staats- und Verfassungsschutzbüro FSIB (Federalnaja Sluzba a Informacni i Bezpecnosti) ersetzt.

Der wegen seiner Erfolge gegen die NATO-Streitkräfte im Westen gefürchtete ungarische Auslandsnachrichtendienst AVH (Allamvédelmi Hatosag) wurde aufgelöst und in eine Verfassungsschutzorganisation überführt. Der Auslandsspionage schwor die neue Regierung völlig ab. Als die Regierungspartei Ungarns, das Demokratische Forum, im November 1991 jedoch ein Gesetz durchsetzen wollte, das rückwirkend die Verjährung von Straftaten aufhebt, scheiterte sie damit am Verfassungsgericht. »Dieselben Kräfte, die vor wenigen Wochen den für die Geheimdienste zuständigen Minister András Gálszécsy zum Rücktritt veranlaßten, weil der sich weigerte, mißliebige Oppositionspolitiker bespitzeln zu lassen, wollen nun die Geheimdienstler von gestern verfolgen.«[11]

Unter der demokratischen neuen Regierung wurde Albaniens Nachrichtendienst Sigurimi beibehalten, aber personell drastisch ausgedünnt. »Wahlsieger Berisha will weder Prozeßserien gegen die Mächtigen von gestern veranstalten noch die Akten des berüchtigten Geheimdienstes Sigurimi öffnen, denn dann würden ›unsere Konzentrationslager größer sein als zu Hodschas Zeiten‹.«[12]

Der jugoslawische Nachrichtendienst SDB wurde zwischen Kroatien, Slowenien, Mazedonien, Bosnien-Herzegowina sowie

Serbien und Montenegro aufgeteilt. Für die jeweiligen neuen Dienste haben Informationen über die ehemaligen Teilrepubliken Jugoslawiens Vorrang gegenüber dem Interesse am übrigen Ausland.

Die baltischen Staaten Estland, Lettland und Litauen vollzogen eine völlige Trennung von KGB-Strukturen und -Personal und bauten eigene kleinere Nachrichtendienste auf[13], die jedoch auf das materielle Erbe des KGB zurückgreifen können. So befindet sich in Litauen die vormals größte Satellitenaufklärungsstation des KGB.

Der KGB der Ukraine wurde unter Führung von Jewgenij Marchuk nationalisiert. 10 000 vormalige KGB-Offiziere und die Schule in Kiew wurden von der neuen SNBU (Sluzba Natsional'ny Bezapasnosti Ukrayni) übernommen. Im Frühjahr 1992 wurde der für alle nachrichtendienstlichen Bereiche zuständige Geheimdienst im Umfang von insgesamt 19 000 Mitarbeitern in SBU umbenannt.[14]

»In den ehemaligen Sowjetrepubliken Mittelasiens sind die hohen KP-Kader zu fast 100 Prozent in die neuen Nationalbürokratien eingegangen.«[15] So haben Kasachstan, Kirgisistan und die anderen asiatischen Republiken auch auf dem nachrichtendienstlichen Sektor Kontinuität gezeigt und eigene nationale Nachrichtendienste geformt, indem sie auf die vorhandenen KGB-Strukturen zurückgriffen.

Georgien war die erste Republik, die den KGB nationalisierte und mit einer Nationalen Sicherheitsabteilung einen eigenständigen Dienst formte, der unter dem mittlerweile gestürzten Präsidenten Gamsachurdia Oppositionelle verfolgte. Armenien, Georgiens Gegner im Konflikt um die Enklave Berg-Karabach, emanzipierte sich 1990/91 – ohne die KGB-Strukturen im Lande wesentlich zu verändern – nachrichtendienstlich von Moskau. Aserbaidschan zog mit einem Gesetz zur Gründung eines Ministeriums für Nationale Sicherheit unter dem vormaligen KGB-Chef der Sowjetrepublik, KGB-General Kerimow, nach.

»Der Riesenkrake KGB, Mutter aller Ostgeheimdienste einschließlich der ostdeutschen Stasi, wurde selbst nach dem Putsch vom August 1991, den er mit initiiert hatte, organisatorisch getrennt, umbenannt und unter den Nachfolgerepubliken aufgeteilt. Reformpläne des früheren Innenministers Bakatin, der die weltgrößte Staatsterror- und Spitzelorganisation übernommen hatte, gab es zwar, wurden aber gar nicht ernsthaft erwogen. In der Lubjanka, der berüchtigten Moskauer Geheimdienstzentrale, arbeitet der Monsterapparat weiter in bewährter alter Art, bloß jetzt ohne jegliche Kontrolle, da für seine Tätigkeit keinerlei gesetzliche Grundlage besteht. Mehr denn je ist der Geheimdienst ein Staat im nunmehr russischen Staat«[16], polemisierte *DER SPIEGEL* im April 1992.

Der am 23. August 1991 von Boris Jelzin zum KGB-Chef ernannte Reformer Wadim Bakatin begann mit radikalen Reformen des KGB (Komitet Gosudarstvennoy Besopasnosti): »Vom Inlands-KGB verblieb der MSB, der Interrepublikanische Sicherheitsdienst (Meschrespublikanskaja sluschba besopasnosti), mit nur noch knapp 40 000 Mann. Die ›repressiven‹ Funktionen des KGB – Bespitzelung, Telefonabhören, Korrespondenzkontrolle – sollten beendet werden. Der Auslandsdienst wurde vom Inlandssicherheitsdienst abgetrennt und erhielt den neuen Namen CSR (Centralnaja sluschba raswedki, Zentraler Nachrichtendienst)«.[17]

Jelzin scheiterte im Dezember 1991 jedoch an Parlament und Verfassungsgericht, als er die Verschmelzung des im Mai 1991 gegründeten russischen KGB, der Agentur für Föderale Sicherheit AFB, mit dem MSB und dem russischen und dem Unions-MBWD auf dem Erlaßwege durchzusetzen suchte: »Statt dessen wurde ein neuer russischer Dienst, MBRF (Ministerium für [Staats-]Sicherheit der russischen Föderation) gegründet, dessen Chef am 24. Januar 1992 Barannikow wurde. Inzwischen war per Dekret des russischen Präsidenten vom 24. Dezember 1991 auch Primakows Zentraler Nachrichtendienst in den russischen Dienst eingegliedert worden. Er heißt seitdem Dienst für Auslandsaufklärung (Sluschba wneschnej raswedki). Der neue russische Nachrichtendienst hat in erheblichem Maße die Strukturen und Funktionäre – schließlich 80 000 – des alten KGB übernommen.«[18]

Die Pressesprecherin des russischen Auslandsnachrichtendienstes, Tatjana Samolis, kündigte im März 1992 an, daß sich die elf GUS-Staaten im April 1992 vertraglich verpflichten würden, auf gegenseitige Ausforschung zu verzichten und überdies bei der geheimdienstlichen Arbeit im Ausland zusammenzuwirken.[19] Der moldawische Minister für Nationale Sicherheit, Anatol Plugaru, vereinbarte 1991 mit dem Nachrichtendienst der GUS, daß dieser von moldawischem Territorium aus operieren dürfe und daß nachrichtendienstliche Informationen ausgetauscht würden.

In zwei bis drei Jahren erst – schätzt der Schweizer Geheimdienstspezialist Jacques Baud – werden die Nachrichtendienste der Ex-WVO-Staaten ihre volle Effizienz wiedergewonnen haben. Ihre Stoßrichtung aber wird nicht mehr identisch sein mit der aus Zeiten des alten Ost-West-Konflikts: »Die militärischen und politischen Gegensätze haben ihre Plätze den wirtschaftlichen und technologischen Rivalitäten überlassen.«[20]

Auch im Westen ging das Ende der militärischen Blockkonfrontation nicht spurlos an der bislang stillschweigenden Duldung der gewaltigen Sicherheitsapparate vorüber. Der Vorsitzende des Verteidigungsausschusses des britischen Parlaments, Michael Mates, untersuchte bereits im August 1989 die Chancen für mehr Transparenz bei den britischen Geheimdiensten. Er forderte, daß die in Großbritannien laut gewordene Kritik am Security Service (MI 5), der Spionageabwehr des Innenministeriums, und am Secret Intelligence Service (MI 6), der Auslandsaufklärung des Außenministeriums, zu Konsequenzen führen müsse. Die Veränderungen im internationalen politischen Klima sollten doch, so Mates, eine Neudefinition nachrichtendienstlicher Ziele und Mittel nach sich ziehen.[21]

Der niederländische Ministerpräsident Ruud Lubbers hat im März 1992 die sofortige und endgültige Auflösung des niederländischen Auslandsnachrichtendienstes IDB bekanntgegeben, der bereits ein Jahr zuvor von 60 auf 30 Mitarbeiter reduziert worden war. Der auf einem Landgut im Haager Vorort Wassenaar ansässige IDB war durch Telefonabhöraffären und Unterschlagungen so sehr ins Gerede gekommen, daß die auf Vertraulichkeit basierende Zusammenarbeit mit anderen NATO-Diensten nicht mehr verantwortbar schien. Die Aufgaben des IDB werden seitdem vom militärischen Nachrichtendienst MID und dem Verfassungsschutz BVD mit übernommen.[22]

Die CIA sieht ihre Aufgaben im 21. Jahrhundert in den Aufklärungsaktivitäten gegen den Drogenhandel, in der Kontrolle der Weiterverbreitung von Atomwaffen und in der Wirtschaftsspionage. Dazu will die Agency mehr auf menschliche Quellen setzen und innerhalb von fünf Jahren ein weltweites Agentennetz aufbauen. Der Vorsitzende des Geheimdienstausschusses des US-Senats, David Boren, will überdies Einschnitte in den 30 Milliarden US-Dollar umfassenden Haushalt aller US-Geheimdienste vornehmen.[23] Die Senatoren David Boren und Dave McCurdy haben im Frühjahr 1992 den Vorschlag unterbreitet, einen Direktor für die nationalen Nachrichtendienste (DNI) zu etablieren, der die ausschließliche Haushaltskontrolle über alle US-Geheimdienste erhalten soll. Dieser »Nachrichten-Zar« würde nicht mehr wie der alte DCI (Director of Central Intelligence) lediglich 15 Prozent der Geheimdienstaktivitäten organisieren und kontrollieren, sondern das Militärpotential von 85 Prozent der Aufklärung gleich mit übernehmen. Mit diesen Maßnahmen würde jedoch, so Kritiker des Vorschlags, das Hauptproblem nicht gelöst, welches darin bestehe, daß die US-Geheimdienste zwar über ein immenses Arsenal technischer Spionagemittel, aber über zuwenig menschliche Quellen verfügten. Allerdings würde dieser Reformvorschlag zur Demilitarisierung der Nachrichtendienste beitragen, zumal die CIA die Durchführung verdeckter Operationen im Gegenzug an die Streitkräfte abtreten müßte und ihre Rolle als »Marines der Geheimdienste« verlöre.[24]

Der vom neuen US-Präsidenten Clinton berufene CIA-Chef Jim Woolsey hat bereits erfolgreich gegen geplante Kürzungen des Geheimdienstetats von ca. einer Mrd. US-Dollar opponiert. Seiner Auffassung nach war die umfassende Kontrolle des geschlossenen Ostblocks nämlich einfacher als die Beobachtung neuer Problemfelder, angefangen bei der Weiterverbreitung von Nuklearwaffen über den Terrorismus bis hin zu den zahlreichen Nationalitätenkonflikten. »Statt vor der Höhle des Drachen zu lauern, bewege man sich nun in einem Dschungel voller Giftschlangen.«[25]

Wo sie im Kalten Krieg vornehmlich militärisch orientiert waren, hat zum Teil Kooperation die Konfrontation der Nachrichtendienste abgelöst. Eine wichtige Rolle spielt dabei die gemeinsame Verifikation von Rüstungspotentialen. Aufklärung durch Überfliegen des gegnerischen Staatsgebiets war zwar stets völkerrechtswidrig, weil »das Eindringen von staatlichen Flugzeugen oder Schiffen in fremde Hoheitsräume mit oder ohne Spionageauftrag« die territoriale Integrität verletze[26], aber dennoch gängige Praxis der NATO- und WVO-Staaten. Diese völkerrechtswidrige Form der Ausspähung wurde durch einen völkerrechtlichen Vertrag zur Vertrauensbildung ersetzt: »Die am 5. November 1991 in Wien begonnene dritte Runde der OPEN-SKIES-(OS)-Verhandlungen wurde am 24. März 1992 mit der Unterzeichnung des OS-Vertrages durch 25 Vertragsstaaten (NATO, Mittel- und Südosteuropäische Staaten [MOE/SOE], Rußland [RF], Weißrußland [BELARUS], Ukraine und Georgien) zum Auftakt der 4. KSZE-Folgekonferenz erfolgreich abgeschlossen. «[27]

Militärische Spionageeinrichtungen in Europa, insbesondere im vormaligen Frontstaat Bundesrepublik, werden geschlossen, die zahlreichen elektronischen Abhörstationen der Westalliierten in Westberlin ebenso abgewickelt wie deren Telefonabhör- und Postkontrolleinrichtungen in der früheren Frontstadt.[28]

In dieser Zeit des Umbruchs in den Spionageapparaten gibt es aber auch gegenläufige Signale. Der Etat des französischen Auslandsnachrichtendienstes DGSE, der wegen seines Aufklärungsschwerpunkts Wirtschaftsspionage gerade bei politischen Verbündeten gefürchtet ist, wurde 1992 um neun Prozent angehoben, um so 1000 neue Beschäftigte einstellen zu können.[29] Der ehemalige Chef des italienischen Geheimdienstes SISMI, Fulvio Martini, und Ex-CIA-Chef William Colby erklärten im Februar 1992 in Rom, daß angesichts der Umwälzungen in Europa, aber auch weltweit, die Spionagetätigkeit zunehmen werde. Die globale politische Instabilität, wachsende Nuklearkapazitäten und der Handel mit sensibler Technologie seien die neuen Herausforderungen für die Nachrichtendienste.[30]

US-Fachleute warnten im Februar 1992 vor einem »Computer-

Pearl-Harbor«, das sich aus den japanischen Aktivitäten bei der Wirtschaftsspionage für die nordamerikanische Wirtschaft entwickeln könne. Weiterhin forderten sie, den rotchinesischen Geheimdienst Te Wo stärker ins Visier zu nehmen und anstelle der ideologisch orientierten Feindstaatenliste ein Verzeichnis spezifisch wirtschaftsfeindlicher Organisationen zum Schwerpunkt der Spionage und Spionageabwehr der USA zu machen.[31]

So neu ist die Konzentration auf Wirtschaftsspionage allerdings nicht: »Das Interesse für Wirtschaftsinformationen führte dazu, daß die Geheimdienste ihr Tätigkeitsgebiet erweitert haben. Die Sowjetunion genießt nach wie vor höchste Priorität bei den westlichen Diensten, aber es gibt kaum ein Land auf der Welt, und sei es noch so klein, das sie guten Gewissens vernachlässigen können. Außerdem bespitzeln sich die westlichen Verbündeten natürlich auch gegenseitig. Es gibt keine befreundeten Geheimdienste mehr, nur noch Geheimdienste befreundeter Länder«[32], urteilte Phillip Knightley bereits 1986.

Inzwischen ist selbst der Unterschied zwischen Geheimdiensten befreundeter und eher feindlicher Staaten verwischt. Die internationale Geheimdienstszene hat sich in eine Drehbühne verwandelt, auf der sich frühere Freunde und frühere Feinde scheinbar verständigen. So trafen sich Vertreter von CIA und KGB bereits im Frühjahr 1990 in Los Angeles, um gemeinsam Abwehrmaßnahmen gegen terroristische Anschläge zu beraten.[33] Der britische MI 5 kooperiert mittlerweile bei der Ausbildung mit den Kollegen des tschechischen Geheimdienstes, während KGB-Mitarbeiter an Seminaren in Frankreich teilnehmen.[34]

Die Zukunft der Geheimdienste wird von neuen Kooperationsformen, aber auch von den neuen Frontlinien bestimmt. Im April 1992 trafen sich in der bulgarischen Hauptstadt Sofia Geheimdienstler aus 30 Ländern – darunter die USA, Rußland, Deutschland und Frankreich –, um über die Umgestaltung der früheren Nachrichtendienste der WVO-Staaten sowie über eine Zusammenarbeit bei der Bekämpfung von Drogenhandel und Terrorismus zu diskutieren.[35] Im Februar 1990 pochte der sowjetische KGB noch auf die Fortsetzung der wechselseitigen nachrichtendienstlichen Aktivitäten im noch nicht vereinigten Deutschland, insbesondere auf die Beibehaltung der grenzüberschreitenden Post- und Fernmeldekontrolle. Vor allem, so hieß es, müßten die bestehenden Vereinbarungen mit der DDR, zur Sicherheit der sowjetischen Stationierungstruppen aktiv beizutragen, erfüllt werden.[36]

Zwei Jahre später, im April 1992, hat Bundeskanzler Helmut Kohl in einem Schreiben an den russischen Präsidenten Boris Jelzin den Vorschlag der russischen Regierung begrüßt, die Nachrichtendienste beider Länder sollten bei der Bekämpfung der Drogenkriminalität zusammenarbeiten. Der Staatsminister im Kanzleramt, Bernd Schmidbauer, würde »in absehbarer Zeit« nach Moskau reisen. Bei diesen Gesprächen werde sich dann zeigen, welche Formen der Zusammenarbeit möglich seien.[37]

Mit dem Vorschlag zur Kooperation bei der Verbrechensbekämpfung war auch das Angebot verbunden, die gegenseitige Spionage einzustellen oder zu reduzieren.[38] Auf die Frage, ob eine ähnliche Kooperation auch mit anderen östlichen Geheimdiensten, wie etwa dem polnischen, geplant sei, verwies ein Sprecher des Innenministeriums im April 1992 darauf, daß mit Polen ein Abkommen über eine Zusammenarbeit auf polizeilicher Ebene bestehe. Die Tageszeitung DIE WELT hatte berichtet, Schmidbauer solle zu Sondierungen auch nach Warschau reisen. Unter anderem sei daran gedacht, mit Moskau und Warschau den Austausch »legaler« Residenturen der jeweiligen Geheimdienste zu vereinbaren.[39]

Bei Schmidbauers Besuch in Moskau sollte der Kanzleramtsminister die Einstellung der gegenseitigen Spionage, die durch die vorgebliche Übernahme von MfS-Agenten durch den russischen Geheimdienst zu eskalieren drohe, sowie die Etablierung von legalen Residenturen vereinbaren und als Gegengeschäft überdies die Abschiebung einer ganzen Reihe bereits festgenommener und enttarnter, aber nicht verhafteter Spione anbieten.[40] Mitte August 1992 beurteilte Geheimdienstkoordinator Bernd Schmidbauer nach seiner Rückkehr aus Moskau die Chancen für die Errichtung einer Legal-Residentur des BND in der russischen Hauptstadt wie für die Beschränkung der Zahl russischer Spione in Deutschland gleichermaßen optimistisch. Ähnliche Verhandlungen hatte er kurz vorher auch mit Polens Präsident Lech Walesa geführt.[41]

Die neuen Aufgabenbereiche, die der BND nach dem weitgehenden Verlust des militärischen Beschaffungsauftrags vorgeblich neu erhält, sind zahlreich. Überlegungen des früheren Innenministers Wolfgang Schäuble, das Bundesamt für Verfassungsschutz solle sich mit dem Drogenhandel beschäftigen, waren aus verfassungsrechtlichen Gründen zurückgewiesen worden, weil die Bekämpfung der Drogenkriminalität Sache der Polizeibehörden ist. Trotzdem hatte sich die Bonner Regierungskoalition im Frühjahr 1992 darauf verständigt, den BND wegen seines Netzes von Mitarbeitern im Ausland genau damit zu betrauen.[42]

Der internationale Terrorismus, illegaler Technologietransfer und die Ausbreitung des organisierten Verbrechens werden zu neuen Aufgabengebieten des BND deklariert[43], obwohl sie traditionell und rechtmäßig vom Bundeskriminalamt in Wiesbaden seit Jahren wahrgenommen werden und die internationale Zusammenarbeit gerade mit den Staaten Osteuropas bereits vor dem »Sprung« des BND auf dieses Feld zunehmend intensiviert wurde. Doch auch der Feindbildschwenk der NATO vom Ost-West- auf den Nord-Süd-Konflikt findet seine Entsprechung in neuen Legitimationsstrategien des BND. Sein Vizepräsident Paul Münstermann warnte im Januar 1992 vor den »Gefahren falscher Friedenseuphorie« und forderte eine verstärkte globale Orientierung und Präsenz der Geheimdienste sowie ihren weltweiten Einsatz im Sinne der Aufgaben der UNO.[44] Im Juni 1992 war dann zu hören, daß der BND-Vize bereits Gespräche mit der Bundesregierung geführt habe, um »durch rechtzeitiges Aufzeigen von Krisen und Gefahren die Aufgaben der Vereinten Nationen zur aktiven Friedenssicherung unterstützen«[45] zu können.

»Aktive Friedenssicherung« hat sich als verharmlosende Phrase ins Regierungsdeutsch eingebürgert und wird immer dann bemüht, wenn es um militärisches Eingreifen geht, um Krieg als Mittel der Politik. Den Wechsel der Feindbilder vom Kommunismus zum arabischen Fundamentalismus hat Kanzleramtsminister Lutz Stavenhagen im April 1992 deutlich gemacht, als er dem

BND verstärkt Aufgaben im arabischen Raum zuweisen wollte.

Die Debatte um die Änderung der Verfassung der geeinten Bundesrepublik in militärpolitischer Hinsicht, die Bundeskanzler Helmut Kohl im Oktober 1990 angesichts des bevorstehenden Krieges gegen den Irak mit dem Ziel begonnen hat, »eine Beteiligung an Friedensmissionen in Krisengebieten zu ermöglichen«[46], ließ alle Facetten möglicher Änderungen aufscheinen und nährte Hoffnungen, zumindest einen Teil der Beschränkungen loszuwerden, die der westdeutschen Teilrepublik auferlegt worden waren: von der generellen Absage an jede Veränderung über die Beschränkung auf deutsche »Blauhelme« unter UNO-Kommando bis hin zu US- und EG-kompatiblen Interventionstruppen der Bundeswehr waren alle Positionen vertreten.

Zahllose politische Beobachter und Kommentatoren erweckten dabei den Eindruck, die Bundesrepublik würde mit einer solchen Grundgesetzänderung außenpolitisches Neuland betreten, nach dem Erhalt der vollen Souveränität eine von Geburt an geübte Enthaltsamkeit aufgeben und ihre Rolle in der Welt völlig neu definieren. Diese »Unschuldsvermutung« zugunsten der Weltexportnation Nummer eins wird aber möglicherweise dann fragwürdig, wenn man die Außenpolitik der westdeutschen Teilrepublik insgesamt unter die Lupe nimmt. Zwar ist der militärische Faktor in der Politik der durch zwei Weltkriege außer Dienst gestellten Kolonialmacht Deutschland nach 1945 nicht spektakulär entfaltet worden, aber bereits ein erster Blick auf die operative Außenpolitik Westdeutschlands rechtfertigt den Verdacht, daß 1991 kein Aufbruch im Umbruch erfolgte, sondern lediglich eine weitere Säule der Regelung auswärtiger Angelegenheiten errichtet oder verstärkt wurde. Und genau das ist die Frage nach der Kontinuität oder Diskontinuität deutscher Außenpolitik, nicht jene im Historikerstreit erschöpfte nach den Konstanten kaiserlicher Machtpolitik bis ins Dritte Reich[47]: Ob jetzt, nach dem Zugewinn eines Drittels an Boden und eines Viertels an Bevölkerung bei gleichzeitiger, zumindest mittelfristiger Bindung von Staatsfinanzen für innenpolitische Aufgaben in den fünf neuen Bundes-

ländern tatsächlich ein außenpolitischer Neubeginn ansteht oder –
bei gleicher Zielsetzung – allenfalls das vorhandene Instrumentarium ergänzt und ausgeweitet werden soll.

Die Notwendigkeit, 1993 eine wissenschaftliche Publikation zur
operativen Außenpolitik[48] der letzten 20 Jahre und insbesondere zu
ihrem verdeckten Teil – der Tätigkeit westdeutscher Auslandsnachrichtendienste – vorzulegen, resultiert nicht nur daraus, daß
ohnehin eine grundlegende Untersuchung dazu in den letzten Jahren nicht erschienen ist. Sie besteht vornehmlich in den historischen Umbrüchen seit 1989 und den Folgen, die sich daraus auch
für die außenpolitischen Aktivitäten und die Arbeit der Nachrichtendienste ergeben. In einer multipolarer werdenden Welt mit
neugewonnener deutscher Souveränität ist die Frage nach spezifisch deutschen Stoßrichtungen in nachrichtendienstlicher Hinsicht zu stellen. Eng damit verbunden ist die Kampagne für eine
Änderung des Grundgesetzes der Bundesrepublik, die eine geographische Ausweitung des Einsatzraumes der Bundeswehr und
damit die Teilnahme an internationalen militärischen Aktionen in
allen potentiellen Krisengebieten der Welt anstrebt. So sah Heinzgeorg Neumann, ein aus der Juristenlaufbahn im Reichsdienst
zum Botschaftsrat der Bundesrepublik in Buenos Aires avancier-
ter Diplomat, bereits 1985 einen Zusammenhang zwischen den
verfassungsmäßigen Beschränkungen, denen die Bundeswehr bei
Einsätzen außerhalb des NATO-Gebietes unterliegt, und entsprechenden Einschränkungen für die Arbeit des Bundesnachrichtendienstes: »Dennoch erliegen die Regierungen der Bundesrepublik
bis heute der Versuchung, sich nach der extremen Streitbarkeit des
NS-Regimes extrem friedsüchtig zu zeigen: Man deutet den
Begriff ›Verteidigung‹ des Grundgesetzes dahin, daß er es der
Bundeswehr sogar im Fall der erfolgreichen Abwehr eines
Angriffs des Warschauer Paktes verbiete, die Grenzen der DDR
oder ČSSR zu überschreiten und daß er jeden Einsatz der Bundeswehr außerhalb der im NATO-Vertrag bezeichneten Grenzen aus-
schließe.

Solange die Bundesrepublik hinsichtlich der Streitkräfte hartnäckig an dieser inzwischen wirklichkeitsfremden, das Bündnis

mit Amerika zusätzlich gefährdenden Position festhält, wird ihre Regierung kaum den Bundesnachrichtendienst mit einem deutschen Beitrag zum verdeckten Krieg innerhalb der Dritten Welt beauftragen. Folglich kann der BND die geminderte Bedeutung der geheimen Nachrichtenbeschaffung im Ausland nicht wie die Auslandsgeheimdienste anderer bedeutender Staaten durch die Mehrung seiner Leistungen im Bereich der verdeckten Kriegsführung ausgleichen.«[49]

Im Umkehrschluß der Thesen Neumanns hieße dies, daß mit einer Aufhebung der Einschränkungen für den Einsatz der Bundeswehr auch die Restriktionen für einen weltweiten verdeckten Krieg des Bundesnachrichtendienstes und verwandter Einrichtungen fallen würden, daß also nicht nur der Schwerpunkt des Interesses verlagert, sondern auch der Charakter des Wirkens grundsätzlich erweitert würde.

Möglicherweise gibt die Geschichte westdeutscher Nachrichtendienste und anderer Instrumente operativer Außenpolitik jedoch auch Anhaltspunkte dafür, daß die von Neumann beklagte Beschränkung in der praktischen Arbeit durchaus überwunden wurde.

Die Rolle der Nachrichtendienste in der auswärtigen Politik eines Staates wird in der politischen Wissenschaft in der Bundesrepublik bisher kaum reflektiert[50]. Allenfalls die Geschichtswissenschaften leisten dort Beiträge zur Erforschung ihrer Rolle in historischen Abläufen, wo die Aktenlage dies hergibt und der historische Abstand groß ist.[51] Da Verfasser zeitgeschichtlicher Arbeiten über Zeiträume nach 1945 in der Regel keinen Zugriff auf solche Akten haben und diese wohl auch noch auf lange Sicht geheimgehalten werden, scheuen viele Wissenschaftler dieses gefährliche Feld unsicher erscheinender Beweislage. Im anglo-amerikanischen Sprachraum hingegen ist die Einbeziehung nachrichtendienstlicher Operationen in die wissenschaftliche Analyse von Außenpolitik durchaus üblich, während sie in Frankreich zumindest zum Alltagswissen der *classe politique* zu gehören scheint, jedoch auch dort weniger Gegenstand wissenschaftlicher Betrachtung ist.

In der Bundesrepublik fehlt hingegen selbst in den allgemeinen und methodologischen Arbeiten der Politikwissenschaft eine grundsätzliche Fragestellung nach der Bedeutung und Wirkung von Nachrichtendiensten für das Handeln der Regierung eines Staates. So kennt das »Handwörterbuch Internationale Politik« kein nachrichtendienstliches Stichwort und führt im Sachregister auch keinen der Nachrichtendienste der Welt auf.[52] Der methodenkritische Band zur »Analyse internationaler Beziehungen« bleibt gegenüber dem Phänomen der durch Auslandsnachrichtendienste beeinflußten Außenpolitik ebenso indifferent.[53]

Was Gerd-Klaus Kaltenbrunner 1985 für die politischen Wissenschaften formuliert hat, gilt auch für neuere sicherheitspolitische Nachschlagewerke aus Westdeutschland: »Die Weltfremdheit des größten Teils unserer akademisch etablierten und aus Steuergeldern bezahlten Politikwissenschaft zeigt sich auch darin, daß sie diese elementaren Tatsachen nie in den Blick bekommt. Es gibt in der Bundesrepublik umfangreiche, viel verwendete und renommierte politologische Lehrbücher und Lexika, in denen man einen Artikel über Geheimdienste oder Spionage vergeblich sucht. «[54]

Der Hauptgrund für die Abstinenz der politischen Wissenschaften in der Bundesrepublik gegenüber dem BND, der mit über 7000 Mitarbeitern über mehr Personal verfügt als das Auswärtige Amt und damit eigentlich einen Interessengegenstand von kaum übersehbarer Größe bildet, dürfte sein, daß Quellenlage und die Verifikationsmöglichkeiten für wissenschaftliches Arbeiten äußerst dürftig sind. Dazu kommt die in der wissenschaftlichen Szene Westdeutschlands immer noch verbreitete Scheu, Ergebnisse eines investigativen Journalismus in die Wissenschaft einzubeziehen, obschon gerade zeitgeschichtliche Arbeiten ohne die häufige Zitierung eines »Hamburger Nachrichtenmagazins« nicht nur an illustrativer Schärfe, sondern häufig auch an faktischer Substanz verlören.

Im Vergleich zu der vielfältigen Literatur über die »großen« Nachrichtendienste, z.B. die amerikanische CIA, den sowjetischen KGB oder auch den israelischen Mossad, ist die Zahl der speziellen Publikationen über westdeutsche Auslandsnachrichtendienste eher gering: Bücher und wissenschaftliche Aufsätze liegen zudem überwiegend als Memoirenliteratur oder als Beiträge von konservativen Autoren mit Sympathien für und Verbindungen zu diesen Diensten vor. Zudem fehlt für den BND jegliche aktuelle »Überläufer«-Literatur, d. h. Veröffentlichungen von Aussteigern, wie sie beispielsweise über den britischen Secret Service[55] oder die MI5[56], den Mossad[57], den KGB[58] und andere Dienste in einiger Regelmäßigkeit erscheinen. Die erst 1986 publizierten Erinnerungen Heinz Felfes[59], der zehn Jahre für den KGB im BND spionierte, sind zu sehr Geschichte, da die Innenansicht mit der Verhaftung Felfes im November 1961 endet. Zur Erhellung der Vor- und Frühgeschichte der Organisation Gehlen und des BND hat die amerikanische Journalistin Mary Ellen Reese im April 1992 ein Buch veröffentlicht, das sich auf freigegebene US-Geheimquellen und Gespräche mit zahlreichen amerikanischen Zeitzeugen stützt und so neue Fakten und Interpretationen aus der Sicht des bedeutendsten Partnerdienstes vorlegt.[60]

In Sammelwerken wie der »Weltgeschichte der Spionage«[61] oder der »Geschichte der Spionage im 20. Jahrhundert«[62] werden die bundesdeutschen Dienste in der Regel nur sehr kurz und eher der Vollständigkeit halber abgehandelt. Damit werden sie den Diensten von Staaten der Dritten Welt gleichgestellt, da in diesen Sammelwerken die Perspektiven des Ost-West-Konflikts dominieren und nur die Gegenspieler KGB und MfS einerseits sowie CIA, Mossad etc. andererseits Gegenstand der Betrachtung sind.

Auf der anderen Seite haben wir es mit tagespolitischen Publikationen zu tun, die auf der Basis eines investigativen Journalismus überwiegend die bekannt gewordenen Fehlschläge des BND oder »skandalöse« Einzelfälle dokumentieren. Einige hundert Artikel und Sendungen zu dieser Thematik wurden in Zeitschriftenarchiven oder direkt bei den Verfassern beschafft.

Diese Dichotomie der Quellen – einerseits aus Geheimhaltungsgründen allgemein gehaltene Artikel von Sympathisanten der Dienste, andererseits die von kritischen Journalisten aufgedeckten Skandale – ist nach Ansicht konservativer Autoren geeignet, ein sachliches Urteil über die kontinuierliche Nützlichkeit der Dienste zu verstellen. So beklagte Hans-Georg von Studnitz 1970: »Es ist der Fluch der Geheimdienste, daß über sie immer nur dann etwas an die Öffentlichkeit dringt, wenn eine Panne passiert. Der britische Geheimdienst ist durch die Fälle Harold Philby, Guy F. Burges, Donald McLean, die sich zu den Sowjets absetzten, in Verruf geraten ... Der Bundesverfassungsschutz wurde durch den Übertritt seines Leiters Otto John in die Zone und die bis heute nicht voll geklärten Umstände seines Verweilens dort diskreditiert. Der Bundesnachrichtendienst büßte seine von General Gehlen geschaffene Patina ein, als der Fall Heinz Felfe bekannt wurde. Affären dieser Art pflegen wegen ihres sensationellen Charakters so aufgebauscht zu werden, daß die Erfolge der Geheimdienste in den Hintergrund treten. Es liegt in ihrer Natur, daß von ihnen niemand spricht und sprechen kann. Dies gilt zumal für den BND, der von General Reinhard Gehlen ganz im Sinne des Moltke-Wortes ›mehr sein als scheinen‹ geprägt wurde. «[63]

Und diese Dichotomie der Quellen gilt nicht nur für die Literaturlage über westdeutsche Auslandsnachrichtendienste, sondern auch weitgehend für das veröffentlichte Material über die Central Intelligence Agency (CIA) der Vereinigten Staaten: »Über die Jahre ist das Bild der CIA und ihrer Rolle in der amerikanischen Außenpolitik geformt worden von Filmen, Fernsehen, Erzählungen, Zeitungen, Büchern von Journalisten, Überschriften aus Kongreßuntersuchungen, Exposés früherer Nachrichtendienstler und Abhandlungen von ›Experten‹, die nie in US-Nachrichtendiensten dienten oder zwar dienten, aber ihre Rolle nicht begriffen«[64], merkt der damalige Deputy Director of Central Intelligence, Robert M. Gates, 1987 an.

Für die vorliegende Arbeit wurden die parlamentarischen Quellen, d. h. Ministeriumsberichte, Haushaltsunterlagen, die im Deutschen Bundestag zugänglichen Aufzeichnungen zu Untersuchungsausschüssen, Beiträge in Plenardebatten sowie Kleine und Große Anfragen mit den jeweiligen Antworten der Bundesregierungen, in Einzelfällen auch analoge Materialien aus ausländischen Parlamenten herangezogen.

Neben Beiträgen aus Tages- und Wochenzeitschriften des deutschsprachigen Raumes wurde auf Recherchen in den Regierungsdatenbanken der Vereinigten Staaten, in den elektronischen

Archiven des US-Repräsentantenhauses und -Senats sowie bei kommerziellen Datenbankbetreibern zurückgegriffen.

Zeitgeschichtliche Forschung kann sich zudem auf mündliche Quellen stützen – und muß es vor allem dort, wo Defizite in den veröffentlichten Materialien vorliegen, die angesichts der an Aufklärung orientierten Interessenlage des Forschers und der gegenläufigen Interessenlage der handelnden Objekte besonders groß sind. Gerade konservative Autoren nutzten gern den ungenannten Zeitzeugen aus dem Umfeld der Dienste selbst. So dankt Gerd-Klaus Kaltenbrunner ausdrücklich »für wertvolle Hinweise, Anregungen und Diskussionsbeiträge einigen kompetenten Kennern der Thematik, die durch namentliche Nennung in ihrer verantwortungsvollen Arbeit beeinträchtigt werden könnten«.[65]

Bei aller gebotenen Vorsicht beim Rückgriff auf mündliche Quellen aus dem nachrichtendienstlichen Raum selbst bleibt ihre Verwendung – angesichts der Sperrigkeit der Materie – unverzichtbar. Zudem gibt es nach dem Anschluß der DDR an die Bundesrepublik ein historisches Fenster: Zeitzeugen aus dem Umfeld des operativen Gegners MfS und ihm nahestehende Publizisten können be- und hinterfragt werden. Anstelle der schlichten Abqualifikation als Feindpropaganda kann zudem der Dialog mit einschlägigen Autoren aus den fünf ostdeutschen Bundesländern geführt werden, um ihre in den letzten Jahren als staatstragende Literatur der DDR erschienenen Arbeiten diskursiv zu verifizieren oder zu falsifizieren.

Die ostdeutschen Gesprächspartner können jedoch aus juristischen Gründen zum Teil noch nicht gefahrlos mit Namen und Funktion für ihre Aussagen stehen. Auf einer Tagung der Thyssen-Stiftung im April 1992 in Moritzburg haben sich Prof. U. Neumann und Prof. B. Schünemann zu den divergierenden Auffassungen über die strafrechtliche Verantwortbarkeit von DDR-Spionage gegen die Bundesrepublik geäußert: »Neumann gelangte zu dem Schluß, daß entgegen der Ansicht des Kammergerichts in der Strafverfolgung von DDR-Spionen zwar keine Verletzung des Gleichheitsgrundsatzes bestehen würde, wohl aber ein Verstoß gegen das Rückwirkungsverbot des Art. 103 II GG. Die Strafbarkeitsbegründung nach Paragraph 5 Abs. 4 StGB gehe deshalb fehl, weil die DDR-Spionage nach DDR-Strafrecht straflos gewesen sei, mithin die Betroffenen den von Art. 103 II GG umfaßten Vertrauensschutz genießen müßten. Paragraph 5 Abs. 4 StGB sei eine Waffe im Kalten Krieg gewesen und hätte von daher wohl seine Berechtigung gehabt. Nach der Wiedervereinigung angewandt, würde diese Bestimmung aber eher zu einem Instrument von ›Siegerjustiz‹. Demgegenüber vertrat Schünemann die Auffassung, daß sich DDR-Spione nicht auf einen Vertrauenstatbestand berufen könnten, da die DDR ihre gegenüber der bundesdeutschen Strafverfolgung schützende Hand nach dem Sturz des SED-Regimes zurückgezogen und die HVA-Mitarbeiter bei der Aushandlung des Einigungsvertrages eben dieser Strafverfolgung preisgegeben hätte. Dies stelle sich als eine Auslieferung dar, durch die kein in der nunmehr maßgeblichen Rechtsordnung gesetzter Vertrauenstatbestand verletzt worden sei. Allerdings existiere mit dem Aufgehen der DDR in die Bundesrepublik kein fortdauerndes Schutzbedürfnis dieser Bundesrepublik gegenüber der DDR-Spionage. Nach dem Fortfall dieses Präventionsbedürfnisses dürfe nun nicht mehr gestraft werden. Spionagestrafrecht würde keine moralische Überlegenheit besitzen, sondern sei ein Stück Kriegsrecht. Eine Lösung des Problems könne deshalb nur in der Amnestie bestehen.«[66] Da jedoch die anfänglich von Schäuble und anderen befürwortete Amnestie politisch nicht durchsetzbar war, müssen die Angehörigen der HVA des MfS weiterhin – vielfach in schwebenden Ermittlungs- oder Strafverfolgungsverfahren – auf eine höchstrichterliche Entscheidung warten.

Beim Zugang zu Innenquellen – damit sind ehemalige oder aktive Mitarbeiter/-innen des BND sowie deren Arbeitspartner in anderen Behörden und der Industrie gemeint – stand der Verfasser vor denselben »Anbahnungsschwierigkeiten«, die auch die Nachrichtendienste selbst aus ihrer Arbeit kennen. Aus naheliegenden Gründen stehen auch die Angehörigen westdeutscher Geheimdienste nicht namentlich für ihre Informationen. Die Vielzahl nachrichtendienstlicher Gesprächspartner aus West- und Ostdeutschland sowie aus einigen Drittstaaten erlaubte aber in nahezu allen Fällen eine mehrseitige Überprüfung der erlangten Informationen.

Relativ umfassend ist die juristische Literatur zum rechtlichen Umfeld der Geheimdienste der Bundesrepublik, in der die Entwicklung des juristischen Rahmens nachrichtendienstlichen Handelns, die Problematik der demokratischen Kontrolle der Dienste bis hin zu Einzelfragen des Beamtenrechts kommentiert ist und die gelegentlich sogar mit Fakten aufwartet, welche die Bundesregierung auf im Bundestag gestellte Anfragen zu beantworten nicht bereit war. Generell bleibt zur Quellenlage bei der Beschäftigung mit den Nachrichtendiensten festzustellen, daß Primärquellen in Form von Gesetzen oder Originalakten der Nachrichtendienste seltener verfügbar sind, als es wünschenswert wäre, während an vornehmlich publizistischen Sekundärquellen, d. h. Quellen, die eine ihr zugrundeliegende zitieren, kein Mangel herrscht. Die willkürliche, durch subjektive Auswahl oder Interpretation belastete Überlieferung überwiegt bei weitem. Hinzu kommt, daß zur Tätigkeit von Nachrichtendiensten selbst die Verbreitung gänzlich oder teilweise gefälschter Informationen – die Desinformation – gehört. Dabei werden nicht nur in Memoiren etc. vorsätzlich oder unbewußt Tatbestände unrichtig oder unvollständig geschildert, sondern auch Nachrichten und Berichte vorsätzlich ganz oder teilweise gefälscht, um bestimmte politische Wirkungen zu erzielen. Das Spektrum der Informationssteuerung reicht dabei von der »Beschäftigung« zahlreicher und namhafter Journalisten durch den BND bis hin zu Sprachregelungen zur Klassifizierung radikaler und extremistischer Organisationen durch den Verfassungsschutz.[67] Für den Einsatz gezielter Desinformation als begleitendes und integriertes Instrument US-amerikanischer Außenpolitik in der Dritten Welt liegen einige Fallstudien vor.[68] Der von der Geschichtswissenschaft stets vorsichtig taxierte Quellenwert von Publizistik, Zeugenaussagen und Memoiren muß also hier noch einmal besondere Berücksichtigung finden.

Die Aufarbeitungsliteratur zum MfS blüht. Karl Wilhelm Fricke, der bereits 1982 zur Staatssicherheit der DDR aus westdeutscher Sicht publizierte, hat 1991 mit deutlich größerem Wissenshintergrund »MfS intern«[69] veröffentlicht, und Peter Richter und Klaus

Rösler, der eine stellvertretender Leiter der Auswertungsabteilung VII der HVA (Hauptverwaltung Aufklärung), der andere Chef der für NATO und EG zuständigen Abteilung XII, brachten deutschen Lesern 1992 die Sicht von »Wolfs West-Spionen«[70] nahe. Beide Bücher beziehen – aus jeweils unterschiedlichen Rücksichten – jedoch den operativen Gegner des MfS, den Bundesnachrichtendienst in Pullach, kaum in ihre Betrachtungen ein. Einige Einsichten in die aufeinander bezogene Arbeit von BND und MfS allerdings gewährt das 1992 erschienene Buch der beiden MfS-Offiziere Günter Bohnsack und Herbert Brehmer, die im MfS für aktive Maßnahmen der Desinformation zuständig waren.[71]

Die folgenden Analysen können insbesondere bei den gegenüber der DDR entfalteten Aktivitäten des BND nicht über das Wechselverhältnis der beiden deutschen Auslandsgeheimdienste hinwegsehen. Es ist jedoch in keiner Weise ein Aufrechnungsbuch, dem man nun entnehmen soll, daß nach dreijähriger Debatte über das Ministerium für Staatssicherheit der DDR analoge Strukturen auch in Westdeutschland bestanden. Weder können völkerrechtswidrige Aktionen des DDR-Geheimdienstes durch den Verweis auf notwendige Waffengleichheit legitimiert werden, noch kann ein überstaatlicher Notstand, bedingt durch die Auseinandersetzung der Systeme, für den westdeutschen Auslandsnachrichtendienst geltend gemacht werden.

1 Auftrag und Organisation

Der Rahmenauftrag für den Auslandsnachrichtendienst der Bundesrepublik Deutschland lautet ausweislich einer Schulungsunterlage des BND aus dem Jahre 1986:

»1. Die mit geheimdienstlichen Mitteln durchzuführende Beschaffung geheimer Nachrichten über das Potential, den Prozeß und das Ergebnis der Willensbildung sowie sonstiger bedeutsamer Sachverhalte auf politischem, militärischem, wirtschaftlichem, wissenschaftlich-technischem und geheimdienstlichem Gebiet, fremder Staaten, sonstiger fremder Machtbereiche und internationaler Organisationen.

2. Die Auswertung von Nachrichten über die vorbezeichneten Aufklärungsziele.

3. Die Erledigung sonstiger, sich auf das Ausland beziehender geheimdienstlicher Aufträge.

4. Die Spionageabwehr innerhalb des eigenen Dienstes.«

Basis dieser Arbeit ist die Aufklärungsforderung oder amtsdeutsch die »von den auswertenden an die beschaffenden Teile gerichtete Forderung, geheime Nachrichten über bestimmte Aufklärungsziele zu beschaffen, um den Informationsbedarf der Bundesregierung und den Eigeninformationsbedarf des BND – insbesondere hinsichtlich der Hauptsachgebiete Fremde Dienste, Nachrichtenbeschaffungslage und Nachrichtendienstliche Technik – zu decken«. Dabei unterscheidet der BND zwischen der ständigen Aufklärungsforderung, die langfristig für einzelne Themenbereiche, wie beispielsweise die Erdölpolitik Mexikos, gilt, und Einzelaufklärungsforderungen, die detaillierter und kurzfristig erfüllt werden sollen, zum Beispiel Ergebnisse der Gespräche Mitterrand – Thatcher in Paris.

Dem Pullacher Dienst nahestehende Publizisten formulieren zwei Einschränkungen bei der Erfüllung dieser Aufträge: »Auf innenpolitischem Gebiet wird der BND nicht tätig . . . Exekutivbefugnisse besitzt der BND nur, soweit sie ihm für besondere Aufgaben durch Bundesgesetz übertragen werden.«[1]

Bis zum Ende des Kalten Krieges hatte der Auslandsnachrichtendienst der Bundesrepublik keine gesetzliche Grundlage; parallel zu dem Beschluß der Regierung Adenauer, die US-amerikanische Organisation Gehlen als Dienststelle des Bundeskanzleramts in den Bundesdienst zu übernehmen, legte lediglich eine Direktive der Bundesregierung vom 11. Juli 1955 die Aufgaben des BND fest und erweiterte dessen Aufgabenbereich durch eine weitere Direktive vom 2. Oktober 1963. Sich selbst gab der Pullacher Dienst in Dienstvorschriften Regeln vor, 1964 z. B. im Instruktionskatalog »Militärbuch« oder umfassend in der Dienstvorschrift des BND vom 4. Dezember 1968, die erstmals detailliert die Aufgaben von der Organisation der Abwehr über die Erfüllung nachrichtendienstlicher Sonderaufträge des Bundeskanzlers bis hin zur Durchführung von »Abwehroperationen im Inland« erfaßt.

Die politischen Vorgaben für die Arbeit des Auslandsnachrichtendienstes werden in Zielkatalogen mit kurz-, mittel- und langfristigen Aufgabenstellungen vom Kanzleramt formuliert. Zu den vom BND selbst eingebrachten Vorschlägen dafür kommen Anforderungsprofile aus den Ministerien, insbesondere dem Verteidigungs-, Außen- und Wirtschaftsministerium. Die Aufklärungsforderungen dieser Partner werden in Beschaffungsaufträge für den BND umgesetzt, die dieser entweder aus schon gesammelten Nachrichten in der Auswertungsabteilung erfüllen kann oder für deren Erfüllung spezielle nachrichtendienstliche Mittel eingesetzt werden, sofern es die Aufklärungsprioritäten zulassen. Ein Überblick über die Aufklärungsprioritäten des BND in den späten 80er Jahren zeigt, daß die Traditionslinie »Fremde Heere Ost« mit der höchsten Prioritätsstufe, d. h. die Aufklärung aller militärischen, wirtschaftlichen und politischen Vorgänge in den

Staaten des Warschauer Vertrags, und hier vor allem der DDR und der UdSSR, dominierte. Polen, die ČSSR, Jugoslawien, Ungarn, Rumänien und Bulgarien genossen schon weit geringere Aufmerksamkeit. Gegenüber den westlichen Verbündeten liegt in Bonn – durchgängig in der Priorität 2 – ein vorrangiges Interesse an den USA, Großbritannien und Frankreich vor, während in Kanada ausschließlich die Uranexportpolitik des Landes mit geheimdienstlichen Mitteln beobachtet werden soll. In der übrigen Welt gibt es an einigen Ländern des Nahen und Mittleren Ostens, an rohstoffreichen Ländern Afrikas und Lateinamerikas sowie den asiatischen Großmächten China und Indien ein zwar begrenztes, aber ständiges BND-Interesse. Die Aufklärungsprioritäten des BND in der zweiten Hälfte der 80er Jahre bei langfristigen Daueraufträgen aus Bonn zeigt die Übersicht auf den Seiten 55 und 56.

Wenn in der Bundesrepublik nach dem Erreichen ihrer vollen Souveränität »als exportabhängige Mittelmacht mit weltweiten Interessen« liberale und konservative Politiker wie Verteidigungsminister Volker Rühe offen vom »Gewicht, mit dem deutsche Interessen international zur Geltung gebracht werden können[2]«, sprechen, dann spiegeln sich diese vorgeblich vitalen Interessen geopolitisch in den Beschaffungsaufträgen des BND für die zweite Hälfte der 80er Jahre wider: mit Länderprioritäten für Osteuropa und die entscheidenden westlichen Industriestaaten und Klienten der Bundesrepublik in der Dritten Welt einerseits und Prioritäten für die Uran- oder Rohstoffpolitik zentraler Lieferanten der deutschen Wirtschaft andererseits.

In der alten Bundeshauptstadt unterhält der BND sein Verbindungsbüro, das die Anfragen der Ministerien entgegennimmt und den Bedarfsträgern die mit nachrichtendienstlichen Mitteln gewonnenen Antworten zuleitet. Von Gehlens Zeiten bis zum März 1982 wurde die Dienststelle VBN von Oberst i. G. Heinz Raforth geleitet. Unter dem Nachfolger Gerhard Schulz, wiederum Oberst der Bundeswehr[3], erhielt sie die Deckbezeichnung ZY10. Klaus Kinkel hatte, um die Arbeit seiner Bundesoberbehörde in Bonn besser vermarkten zu können, das Bonner Verbindungsbüro stark ausgebaut. Am Informationsaustausch zwischen den Ministerien, dem Bundeskanzleramt und dem BND arbeiten in der Friedrich-Ebert-Straße seither etwa 100 Geheimdienstler. Ludwig Erhard hatte als Kanzler die damals noch kleine BND-Verbindungsgruppe aus dem Palais Schaumburg hinausgeworfen.[4]

Im Bundeskanzleramt selbst sitzen seit 1974 einige BND-Beamte und -Offiziere, wie durch die »Indiskretion« einer Kleinen Anfrage des CDU-Abgeordneten Fritz Baier öffentlich wurde.[5] Eine Koordinationsstelle von BND, Verfassungsschutz und MAD wurde 1971 in Köln (Ecke Barbarossaplatz/Neue Weyerstraße) enttarnt, die sich dort, angeblich als »Erfassungsstelle für Industriebeteiligungen«, niedergelassen hatte. Der Aufseher der Nachrichtendienste im Bundeskanzleramt, Horst Ehmke, ließ über seinen persönlichen Referenten erklären: »Meldungen über eine neue Dienststelle für die Koordination der deutschen Geheimdienste treffen nicht zu.« Das Dementi stimmte, denn die Dienststelle war nicht neu, sondern bereits seit 1965 Untermieter eines großen Versicherungsunternehmens.[6]

Der Auslandsnachrichtendienst der Bundesrepublik Deutschland wirkt vor allem vom heimischen, sicheren Boden aus. Seit dem 6. Dezember 1947 ist die Zentrale in der vormaligen Rudolf-Heß-Siedlung in Pullach bei München ansässig. Der Sicherheitsbereich beidseitig der Heilmannstraße soll seit Jahren erweitert werden, wogegen sich die Gemeinde Pullach bisher erfolgreich wehrt. Das »angespannte Verhältnis zwischen der Gemeinde Pullach und dem Bundesnachrichtendienst« wurde 1987 neu belastet, weil die Gemeinde nicht akzeptieren will, daß »das Areal des Bundesnachrichtendienstes exterritorial ist«, wenn es um den Geltungsbereich der Pullacher Baumschutzverordnung geht.[7]

Alle seit 1970 periodisch wiederkehrenden Forderungen, den BND zur politischen Schaltzentrale nach Bonn zu verlegen, hat der Dienst abwehren können, nicht zuletzt mit dem Argument, daß 50 Prozent der Mitarbeiter/-innen schon durch die bayerische Mundart im Rheinland enttarnt wären. Doch würde sich nicht jeder gegen einen Umzug sträuben. BND-Chef Hans-Georg

Wieck hat im März 1986 einen letzten Versuch unternommen, bei den Trauerreden für den verstorbenen BND-Vizepräsidenten Norbert Klusak in Bonn und Pullach auf die Vorteile für die Zusammenarbeit mit Regierungsstellen hinzuweisen, wenn der BND in Bonn angesiedelt wäre.[8]

Die *SPIEGEL*-Serie zum BND aus dem Jahre 1971 hat die damalige Konstruktion von der Zentrale bis zum Agenten offengelegt, eine polnische Quelle hat dieses Bild angereichert und zusammengefaßt: »Der Zentrale des BND in Pullach unterstehen die ›Generalvertretungen‹, die bereits in den fünfziger Jahren gegründet worden sind. Auf dem Territorium der Bundesrepublik Deutschland sind fünf ›Generalvertretungen‹ tätig: In Hamburg, Karlsruhe, Darmstadt, München und Stocking. Diese Außenstellen lenken die Operationen des Nachrichtendienstes. Zu diesen Operationen gehören die Erschließung neuer Informationsquellen, das Sichten der eingehenden Informationen und die Weiterleitung derselben an die Zentrale in Pullach sowie Lenkung der Arbeit der ›Bezirksvertretungen‹. Für Personalangelegenheiten, die ausschließlich der Zentrale vorbehalten sind, sind sie jedoch nicht zuständig.

Die ›Bezirksvertretungen‹ sind in den Großstädten der Bundesrepublik Deutschland tätig. Sie befassen sich mit der Ausbildung von Agenten, überwachen die Arbeit der ›Untervertretungen‹ und sogar der einzelnen Agenten.

Die ›Untervertretungen‹ sind in kleineren und mittleren Städten der Bundesrepublik Deutschland tätig. Zu ihren Aufgaben gehören das Sammeln von nachrichtendienstlichen Meldungen, das Anwerben von Agenten und geheimen Mitarbeitern, die Durchführung von Arbeitsunterweisungen sowie die Lenkung der Arbeit der Spionagefilialen und der Spionagenetze.

Die Filialen und Spionagenetze üben die eigentliche Spionagetätigkeit aus. Sie sind auf der ganzen Welt verstreut, insbesondere entlang der Grenze mit der DDR. An ihrer Spitze steht ein Leiter, der die Arbeit von 3 bis 5 Agenten leitet. «

Diese 1971 veröffentlichte Konstruktion wurde bereits vom ersten BND-Präsidenten Reinhard Gehlen geschaffen und von seinem

Nachfolger, Gerhard Wessel, 1968 so übernommen. Der desolate Zustand des Dienstes Ende der 60er Jahre resultierte auch aus der Undurchschaubarkeit des geschilderten Netzes, das eine Kontrolle von oben kaum zuließ. Mit der ersten sozialliberalen Bundesregierung ging die Verantwortlichkeit für Pullach auf Horst Ehmke über, und es begann eine durchgängige und tiefgreifende Reorganisation. Als die Struktur des Gehlen-Betriebs 1971 öffentlich wurde, war sie bereits im Umbruch.

Die »Neuorganisation des Dienstes« findet sich als Wendung in internen Papieren bis Ende der 70er Jahre. Unter dem Gehlen-Nachfolger Wessel wurde bis 1979 der gesamte Apparat wesentlich gestrafft, die Zahl der Außenstellen der Bundesrepublik selbst nahm deutlich ab. Die politischen Vorgaben zur durchgehenden Reorganisation des Dienstes kamen von der seit 1969 regierenden sozial-liberalen Koalition. Deren Kanzleramtschef Horst Ehmke habe – so lassen Insider verlauten – seinen persönlichen Ehrgeiz darangesetzt, den aus dem Ruder gelaufenen Geheimdienst zu einem brauchbaren Instrument bundesdeutscher Außenpolitik zu machen. Nur in der Personalpolitik zeigte er mit dem Einsetzen einer neuen Führungsmannschaft, darunter des BND-Vize Dieter Blötz am 5. Mai 1970, eine weniger glückliche Hand.

Nach dem ersten Grobschliff und dem anschließenden Feinschliff, den Ehmke dem BND angedeihen ließ, wurde dessen Ruf in Bonn deutlich besser. Die mit großem finanziellen Aufwand vollzogene technische Modernisierung, verbunden mit der Vergrößerung des Personalbestandes, trug zudem zu einem deutlich größeren nachrichtendienstlichen Ertrag bei, den sozialdemokratische Spitzenpolitiker öffentlich jedoch nie gewürdigt haben. Für die Modernisierung des Auslandsnachrichtendienstes erntete Ehmke auch aus Pullach alles andere als Lob. Durch den Versuch, den Einfluß der CSU-Seilschaft zu verkleinern und die konspirative Vetternwirtschaft zu beenden, brachte er die alte Leitung gegen sich auf.

In den 80er Jahren hat es mindestens fünf größere Strukturreformen gegeben. So wurde zum 1. Juli 1986 die Unterabteilung 15 »Gegenspionage« wegen mangelnder Effizienz aufgelöst. Die

Gegenspionage wurde zum integralen Bestandteil aller auf die Warschauer Vertragsstaaten angesetzten Einzelreferate. Spezialisten auf diesem Gebiet wurden auf die operativen Referate der Abteilung 1 verteilt sowie in zwei neugeschaffenen Referaten untergebracht: Sonderaufgaben Gegenspionage (12LX) und Koordinator für die Gegenspionage (12Z). Mit Wirkung vom 30. Juni 1987 gab es weitere organisatorische Veränderungen in der nachrichtendienstlichen Planung (11 A), in die das bisherige Sachgebiet Auftragssteuerung (12 AE) teilweise eingegliedert wurde. Parallel zur Straffung des Apparates und der Auflösung von Außenstellen wurden jeweils Dienststellen verlegt, um dem operativen Gegner die Unterscheidung zwischen Umzug und Auflösung zu erschweren. Gleich nach dieser Umgliederung wurden in Pullach Überlegungen angestellt, aus Bereichen der Unterabteilungen 13 und 12 eine neue Abteilung »Mittelmeerländer« zu gründen oder für die aufsteigende Macht China, die bis dahin in der UA 13 unter »Übrige Welt« rangierte (Referatsleiter Dr. Burke), ein eigenes Referat zu schaffen.

Insgesamt läßt sich für die 70er und 80er Jahre eine ständige Veränderung der Organisationsstruktur – von der Zunahme der Abteilungen von vier auf sechs bis zu der flexiblen Umgliederung einzelner Unterabteilungen und Außenstellen-Ensembles – konstatieren, die nicht nur auf das nachrichtendienstliche Bemühen zurückzuführen ist, die Struktur zu tarnen. Hier reagierte der BND entgegen seinem Ruf flexibel auf seinen veränderten Aufklärungsauftrag. Trotz der Straffung bestanden Ende der 80er Jahre immer noch etwa 800 Arbeitsgruppen bzw. Diensteinheiten, die im In- und Ausland auf etwa 400 Außenstellen Pullachs verteilt waren. Dabei ist das »Höhere Feldnachrichtenkommando 10«, Deckname »Bärenhütte«, 1973 ebenso aufgelöst worden wie später eine »Lehr- und Ausbildungsgruppe für das Fernspähwesen der Bundeswehr« und die klassischen konspirativen Tarnbehörden wie »Fernmeldeführung beim Wehrbereichskommando 511« in der Stuttgarter Alexanderstraße. Durch die Entwicklung der Fernmeldeaufklärung entstanden neue Dienststellen, die mit so großen Antennenkomplexen ausgestattet sind, daß sie nicht mehr durch häufige Umzüge getarnt werden können. Mit der Verlegung einer Außenstelle wechselt in der Regel auch die Legende, d. h. die Tarnbezeichnung, die nicht nur das Türschild ziert, sondern den BND-Mitarbeitern auch eine unverdächtige Arbeitsplatzbeschreibung bietet. So stand Ende der 80er Jahre zur Debatte, die beliebte Behördenlegende »Bundesvermögensverwaltung, Abt. Sondervermögen« in München durch »Amt für Schadensbegrenzung« zu ersetzen.

Die auf den Seiten 57 und 58 dargestellte Gliederung des Bundesnachrichtendienstes Ende der 80er Jahre zeigt die Organisationseinheiten bis zur Referatsebene, wobei jedes Referat wiederum in Teileinheiten untergliedert ist, das Referat 12 B z. B. in die Sachgebiete 12BA, 12BB, 12BC usw., die in verschiedensten getarnten Einrichtungen im In- und Ausland untergebracht sind. Der größte Teil aller Arbeitsstäbe aber ist in der Bundesrepublik selbst untergebracht, die Abteilungen Auswertung, Verwaltung und Sicherheit/Abwehrlage fast ausschließlich in der Pullacher Zentrale, während die Abteilungen Operative Aufklärung, Technische Aufklärung und Zentrale Aufgaben in zahlreichen Außenstellen residieren. Die folgenden Abschnitte stellen zunächst die Inlandsdienststellen der Abteilung 1 vor, den Abteilungen der Technik (1 und 6) sowie den Auslandsresidenturen sind eigene Kapitel gewidmet.

In allen alten Bundesländern residiert in der jeweiligen Landeshauptstadt der Verbindungsreferent des BND, zuständig auch für die Zusammenarbeit mit den dortigen Landesämtern für Verfassungsschutz. Er hält zudem die Kontakte zu vielen anderen Landes- oder Kommunalbehörden, um im Bedarfsfall falsche Papiere zu beschaffen oder Legenden – das sind bis ins Detail festgelegte und überprüfbar gemachte falsche Identitäten – abzusichern. Überdies pflegt er die Kontakte zu den Parteien und Verbänden auf Landesebene und zur Presse, tauscht mit seinen Ansprechpartnern Informationen aus und arbeitet auch an der Personalgewinnung für die Zentrale.

Wie nötig die Absicherung einer falschen Identität sein kann, erfuhr ein BND-Mann im Warteraum eines Bahnhofs. Weil er

Ähnlichkeit mit einem über ein aushängendes Fahndungsplakat gesuchten Mörder hatte, verhaftete ihn die von aufmerksamen Passanten alarmierte Bahnpolizei. Die wiederum prüfte seinen Ausweis und stellte bei den Recherchen über die Paßstelle des Polizeipräsidiums und deren Nachfrage beim Landesamt für Verfassungsschutz (LfV) fest, daß sie statt des Gesuchten einen BNDler mit Decknamen gegriffen hatte. Verbindungsreferenten an den großen internationalen Flughäfen wie Frankfurt, Düsseldorf, Hamburg, Westberlin oder München mußten für Besucher des BND auch den Abholdienst spielen – im Jargon die kleine Schleusung, wenn ein Gast im Eilverfahren durch die Paßkontrolle gezogen wurde, oder die große Schleusung, wenn der Leiter eines Partnerdienstes oder ein höherer Diplomat unkontrolliert und unerkannt einreisen sollte.

Gewöhnlich war die Planstelle des Verbindungsreferenten mit der Besoldungsgruppe A 14 ausgewiesen, mit Ausnahme der Stellen in Berlin und Düsseldorf wegen der Kontakte zum Bundesamt für Verfassungsschutz und den zahlreichen akkreditieren Diplomaten, und in München, die mit A 15 dotiert sind. Weitere Ausnahmen bewilligt nur die CSU: Der Vorgänger des gegenwärtigen Amtsinhabers (Oberstleutnant Törring A 15) war Joachim Philipp, Deckname Panten[9], der als Strauß- und Riedl-Intimus auf diesem Posten Oberst in der Besoldungsgruppe B 3 wurde. Daß Philipp, obwohl über den Vater, einen General der Infanterie, militärisch vorbelastet, beim Stabsoffizierslehrgang der Bundeswehr erhebliche Probleme hatte und dann im paramilitärischen Bereich des BND dennoch so hoch aufsteigen konnte, zeigt, daß der Geheimschutz auch da funktioniert, wo es um die Qualifikation der Mitarbeiter geht.

Die Zusammensetzung der elf Verbindungsreferenten des BND Ende der 80er Jahre spiegelt das typische Spektrum der Besetzung von BND-Positionen des höheren Dienstes wider: Eine Frau (Regierungsrätin) war darunter, im Westberliner Reichstagsgebäude ein weiterer Beamter, in Hessen ein Angestellter; im übrigen dominierten die zum BND übergewechselten Bundeswehroffiziere.[10] In Düsseldorf residierte als Verbindungsreferent Oberstleutnant Weinstein. Wer ihn in der Staatskanzlei unter diesem Decknamen nicht kannte, konnte beim Sektempfang statt dessen Graf Loßwitz treffen, einen konservativen Offizier, der eigentlich als fachtüchtig galt, aber für den Auslandsnachrichtendienst ein gravierendes Manko aufwies: Er konnte kaum Englisch. Dennoch bewarb er sich 1987 als Resident nach Nairobi in Kenia.

Inlandsaufklärung ist diesen Landesverbindungsreferenten natürlich ebenso verboten wie dem gesamten BND. Einem Referenten beim Senator für Inneres in Bremen fiel jedoch 1986 auf, daß der für das Bundesland zuständige BND-Mann, Oberstleutnant von Horn, vor anstehenden Entscheidungen im Bundesrat stets Nachforschungen im SPD-regierten Haus anstellte. Seine allzu offene Praxis, in den Büros des Bremer Innenministeriums Beamte auszufragen, führte dazu, daß er sein Büro im Mai 1987 in eine Bundeswehrliegenschaft verlegen mußte.

Die nachrichtendienstliche Methode der Observation ist ein »scharfes, aber zweischneidiges Schwert, das umsichtig gebraucht werden muß«, erläutern die BND-Fachlehrer ihren Schülern. Wie zweischneidig dieses Schwert tatsächlich ist, mußte der BND Ende der 70er Jahre am eigenen Leib erfahren, als es einem Spion aus der DDR gelungen war, in das Observationskommando Hannover einzudringen, das daraufhin aufgelöst wurde. Der Hinweis Nr. 27 für die »Operative Sicherheit« vom Dezember 1981 arbeitet diese Erfahrung auf und warnt die Beobachter ebenso wie die sie einsetzenden Abteilungen, daß »die Observation als solche erkannt werden und zu Friktionen (z. B. mit Behörden) führen kann bzw. die Zielperson der Gefahr der Enttarnung aussetzt, was zu bedrohlichen Konsequenzen für sie führen kann (und schon geführt hat), wenn der Gegner ›im Spiel‹ ist«. Nicht nur die Observation, sondern vor allem die Observateure standen unter der Beobachtung des MfS, das die Telefonate der oft tagelang von ihren Familien getrennten BNDler abhörte und so auf familiäre Konflikte, Verschuldungsprobleme oder andere nachrichtendienstliche Ansatzpunkte aufmerksam wurde. Seit Anfang der 80er Jahre hat der BND nunmehr zwei Observationskommandos, das Observationskommando Mitte in Düsseldorf mit etwa 15 Beobachtern und das OK Süd in München. In München existiert mit dem Zentralen Observationskommando jedoch noch ein weiteres – QC30, früher OK IV –, das die eigenen BND-Mitarbeiter in Verdachtsfällen unter die Lupe nimmt. Gute Beobachter – einer der schwierigsten Jobs im nachrichtendienstlichen Gewerbe überhaupt – sind rar. So hat der BND ständig Schwierigkeiten, diese 55 Planstellen zu besetzen, zumal die Observateure nach einigen Dienstjahren vom Gegner aufgeklärt und damit »verbrannt« sind.

Observateure fahren mit Fahrzeugen unterschiedlichster Art vom LKW bis zum Porsche. BND-Fahrzeuge waren nach Erkenntnissen der Funkaufklärung des MfS auch an der Fahndung nach den Entführern von Arbeitgeberpräsident Hanns Martin Schleyer im September 1977 beteiligt[11], obwohl dies eine Inlandsoperation zahlreicher deutscher Sicherheitsbehörden war. Mit der Aktion »Fahrgeld«, der Installation von Videokameras in Observationsfahrzeugen, leistete sich der BND 1980 eine wenig gelungene Modernisierung: Anstelle der zu observierenden Person rutschten dauernd Fahrzeuge oder fremde Fußgänger ins Bild, so daß die Observationskommandos zum Fotografieren durch verschiedene Verfolger zurückkehrten. Doch nicht nur, wenn der nachrichtendienstliche Gegner mit im Spiel ist, birgt eine Observation für den BND Risiken, sondern auch, wenn diplomatische Kreise, Politiker und in ihrem Gefolge die Presse davon erfahren, daß der BND Spitzel auf Personen des öffentlichen Lebens angesetzt hat. Egon Bahr z. B. wurde bei seinen Gesprächen mit sowjetischen Diplomaten von 1963 bis 1967 observiert sowie 1967 bei geheimen Verhandlungen mit der KPI in Rom. Nachdem Kanzleramtschef Horst Ehmke seinem Dienst diese Bespitzelung vorgeworfen hatte, erläuterten führende BND-Mitarbeiter dem Axel-Springer-Inlandsdienst ASD, daß Bahr zu Recht im Visier Pullachs war, weil er im Ausland Kontakte zu Kommunisten pflegte.[12]

Aber nicht nur im Fall Egon Bahrs mußte der Auslandsnachrichtendienst zwischen Aufklärungsbedarf und Legalität abwägen, diese schwierige Entscheidung ist ein lehrgangsrelevantes Dauerthema: »Darüber hinaus kann eine Observation auch im

Inland ein gewisses politisches Risiko bedeuten – etwa bei politisch bedeutsamen Zielpersonen –, wofür es jedoch keine festen Kriterien gibt. ›Normale‹ Auslandskader des Ostblocks fallen jedoch nicht in diese Kategorie, da es weltweit üblich ist, Diplomaten, die unter ND-Verdacht stehen, mehr oder minder diskret zu überwachen. Dies gilt erst recht für andere Ostblockkader ohne diplomatischen Status.«

Selbst westliche Alliierte, insbesondere Frankreich und die Benelux-Staaten, reagieren empfindlich, wenn sie am Funkgerät mit Verschleierungszusatz, Autotelefon und Kameraausstattung erkennen, daß der BND in ihrem Revier wildert. »Observationen im Ausland sind möglich, beinhalten aber ein höheres operatives und vor allem auch politisches Risiko, besonders dann, wenn die Observation ohne Wissen und Duldung des Partnerdienstes erfolgt. Eben deshalb sind Observationen im Ausland an die Genehmigung des Abteilungsleiters 1 gebunden«, erläutert der Operative Sicherheitshinweis Nr. 27. Und der Abteilungsleiter 1 hat die erteilte Genehmigung zur Observation im Ausland mehr als einmal bereut, wenn er über den BND-Residenten im Zielland oder sogar über das Auswärtige Amt einen Rücklauf in Form einer Beschwerde erhielt.

Mit den Observateuren des BND wie mit denen der westdeutschen Verfassungsschutzämter spielte das MfS der DDR Katz und Maus. Wo der BND beobachtete, da beobachtete die DDR-Staatssicherheit den BND. Ein Bericht über »Gegnerische Observationshandlungen« (Spezieller Informationsbedarf der HVA und der HA VIII) des MfS vom 25. Februar 1985 notiert – neben einer Auflistung der Tätigkeit des Observationskommandos des Bundesamts für Verfassungsschutz, der Landesämter Hamburg, Niedersachsen, Hessen, Westberlin und des alliierten Observationsdienstes CHARLY in Westberlin – zum BND: »Vom 22. 2. bis 24. 2. 1985 führten Kräfte der BND-Dienststelle Nr. 98, Observationskommando Süd, Standort München, Observationshandlungen in München durch. Unter Kontrolle stand eine männliche Person. In den Nachmittags- und Abendstunden des 23. 2. 1985 hielten sich Kräfte des Zentralen Observationskommandos (ZOK) für Spezialaufgaben der BND-Zentrale, Standort München, im

Raum 8205 Kiefersfelden auf. Die Maßnahmen richteten sich gegen die oder einen Insassen eines Busses.«[13] Die MfS-Berichte über die Observation der Observateure gingen an alle MfS-Abteilungen, die Operationen in der Bundesrepublik führten, damit deren Leiter beurteilen konnten, ob einer ihrer Leute unter BND-Überwachung stand oder das besondere Interesse der Verfassungsschützer auf sich gezogen hatte.

Doch auch der BND konnte mit seinen Observationsergebnissen nachrichtendienstliche Strukturen und Treffs überwachen. So legte die damalige Abteilung IA4 im Februar 1976 eine Liste der Lokale in Westberlin vor, in denen der sowjetische KGB seine Agententreffs abwickelte: Vom Kastanienhof in Berlin 31 über den Altberliner Biersalon am Kurfürstendamm bis zum Pußta-Grill am Mehringplatz listete der Hinweis »Operative Sicherheit« Nr. 8 sechs Restaurants in Westberlin auf und enttarnte im Osten Gaststätten im Einzugsbereich des S-Bahnhofs Friedrichstraße und die Werneucherer Bierstuben als Stammlokale des KGB. Die Liste der Treffs resultierte aus Informationen von Partnerdiensten, Hinweisen des Berliner Landesamts für Verfassungsschutz sowie der Doppelagententätigkeit. Während der russische Geheimdienst noch in den 80er Jahren im Zentrum Berlins Agententreffs durchführte, hatte das MfS solche konspirativen Verabredungen schon früh in die Randbezirke Ostberlins verlegt.

Der Wirtschaftsverbindungsdienst des BND knüpft Verbindungen zu Angehörigen der bundesdeutschen Wirtschaft, vor allem zu den Osteuropareisenden unter ihnen. Er versucht sie zu gewinnen, über Wirtschaft und Technologie des Ziellandes zu berichten, da sie von ihren Gesprächspartnern nicht selten Neues dazu erfahren; überdies ist der BND an Personenhinweisen interessiert, da er aus dem Kreis ihrer Gesprächspartner Quellen zu gewinnen sucht. Diese Gesprächsaufklärung »gegenüber Gesprächspartnern aus Unternehmen und Verbänden der Bundesrepublik Deutschland und von Residenten gegenüber Gesprächspartnern aus ihren Einsatzländern« (BND-Schulungsunterlage) findet nicht immer unter BND-Flagge statt. Der Wirtschaftsverbindungsdienst erfindet für seine Mitarbeiter Legenden, die das nachhaltige Interesse am Ausland gegenüber ahnungslosen Informanten natürlich erscheinen lassen. Bei Gesprächspartnern aus »Behörden oder Wirtschaftsverbänden« dagegen firmiert der BND als BND, gelegentlich tritt aber auch die Pullacher Zentrale gegenüber Wirtschaftsverbänden unter Legenden auf. Der Wirtschaftsverbindungsdienst steuert überdies auch echte Agenten unter den deutschen Wirtschaftsmanagern, die z. B. kontinuierlich über die ökonomische Situation der UdSSR berichteten.

Eine beliebte Legende insbesondere für BND-Mitarbeiter, die im Ausland Wirtschaftsspionage betreiben, ist die eines Fachjournalisten. Da BNDler häufig fachlich überfordert waren, sich als Experten zu tarnen, waren die echten Fachjournalisten ein wichtiges Rekrutierungspotential für Pullach. Am 7. März 1974 verlangte Bundesaußenminister Hans-Dietrich Genscher die sofortige Freilassung des in Prag am 28. Februar in Brünn beim Kontakt mit zwei tschechischen Staatsbürgern verhafteten Journalisten Werner Gengenbach. Über *dpa* ließ das Auswärtige Amt verlauten, es halte »auf Grund seiner Informationen« den Spionagevorwurf gegen den 61jährigen für nicht gerechtfertigt.[14]

Werner Gengenbach (Arbeitsname Karl) führte von 1967 bis zu seiner Festnahme 1974 von Wien aus BND-Agenturen in der ČSSR, in Ungarn, Bulgarien, Rumänien und Jugoslawien. Der Wirtschaftsjournalist suchte Zugang zu Personen, die über wirtschaftliche und politische Informationen verfügten, hauptsächlich zum Thema RGW. Bestens über »Karls« Kontakte war Helmut Sethe informiert, zu jener Zeit Redakteur bei *Quick*. Die *Bild am Sonntag* fragte am 10. November 1974 besorgt, ob Gengenbach bereits das erste Opfer der Kampagne von Kanzleramtschef Ehmke sei, »den deutschen Auslandsnachrichtendienst systematisch zu ruinieren«. Doch Gengenbach war Opfer der engen Ver-Quikkung von BND und Journalisten des Hauses Springer, die den gegnerischen Nachrichtendiensten oft Anhaltspunkte für die erfolgreiche Aufdeckung von Pullachs Spähern lieferte.

In seinen Zielländern unterhielt »Karl« regelmäßige Kontakte zu Mitarbeitern der Konsularabteilungen der BRD-Botschaften. »Als Vertrauensmann Gengenbachs war vom ersten Tag an der Erste Sekretär und Konsul der deutschen Botschaft, Guido Heymer, der Verhandlung gefolgt«[15], schilderte *DIE WELT* die Treue des Dienstes nach der Enttarnung.

Werner Gengenbach desavouierte das Bonner AA durch ein Geständnis in einem Prozeß, der vom Justitiar des Deutschen Journalistenverbandes, Dr. Alfred Gerschel, als »in der Form korrekt« bewertet wurde.[16] Das Stadtgericht von Prag verurteilte »Karl« im Oktober 1974 zu 10 Jahren Freiheitsentzug.[17] Doch bereits im Januar 1978 wurde er freigelassen und nach Österreich ausgewiesen. Er lebte anschließend in Waldbröl und wurde bei der »Deutschen Welle« in Köln beschäftigt.

Die Agentenfürsorge des Auswärtigen Amtes, insbesondere in den Bereichen Haftbetreuung und Bemühungen um Austausch, setzt intensiv nach den Verurteilungen ein. Mit dem Strafmaß setzten die Gerichte der Warschauer Vertragsstaaten zugleich einen Preis für verbrannte Agenten fest – einen Preis, der im Zuge der Entspannungspolitik sank. So wurde der BND-Agent Petr Babinsky 1980 in der ČSSR zu 14 Jahren Freiheitsentzug verurteilt, aber bereits 1982 ausgetauscht und in Nordbayern zur nachrichtendienstlichen Ruhe gesetzt.

Der Wirtschaftsverbindungsdienst residiert jetzt nurmehr in Düsseldorf. Nachdem zunächst die Filialen in Frankfurt, Hannover, Köln und Stuttgart wegen Erfolglosigkeit aufgelöst wurden, ist zum Juli 1987 auch die vorletzte Stelle in Hamburg (AB 20) aufgegeben worden. Im Zuge der Umgliederung im Referat 11 B, das sich mit überregionaler Aufklärung auf den Gebieten Wirtschaft, Technik und Wissenschaft befaßt, war eine Zusammenfassung der Referate 11 B und 11 G erfolgt, zu der nun auch die Außenstelle AB 10, der Wirtschaftsverbindungsdienst in Düsseldorf, gehört.

Aufklärungsprioritäten des BND*

Überregionale Fragen   Priorität**

Warschauer Pakt

Pol. Integrationsbestrebungen	1
Militärdoktrin, -strategie, Streitkräfte	1
Militärpolitik	1
Elektronische Kampfführung	1
Streitkräfte	1
RGW polit. Integrationsbestrebungen	2
KSZE-Nachphase	4
Rüstungskontrolle/-Begrenzung	2
Nord-Süd-Konflikt	3
Internationale Erdöl- und Rohstoffpolitik	2
Terrorismus im Ausland	2
Gegnerische Dienste	2
Internationale Verschuldung	2

** Definition der Prioritätsstufen

1 Höchstes Interesse. Absolut vorrangiger Ansatz von Kapazität und Mitteln.
2 Hohes Interesse. Vorrangiger Ansatz von Kapazität und Mitteln.
3 Interesse. Ständiger Ansatz begrenzter Kapazität und Mittel.
4 Eingeschränktes Interesse. Ansatz von Kapazität nur bei besonderem Anlaß.
5 Geringes Interesse. Kein aktiver Ansatz von Kapazität. Weiterleitung anfallender Informationen.
6 Ohne Interesse. Keine Aktivitäten des BND. Weiterleitung anfallender Informationen.

Länderfragen

Warschauer Vertrag

DDR

Außenpolitik/Innerdeutsche Bez.	1
Innenpolitik/Machtstruktur	1–2
Wirtschaftspolitik/Wehrtechnik	2

UdSSR

Außen- und Innenpolitik	1
Militär, Militärpotential	1
Wirtschaftspolitik, Außenhandel	1
Zukunftstechnologie	1

ČSSR

Außen- und Innenpolitik	3
Militär	2
Wirtschaft	3

Polen

Außen- und Innenpolitik	2
Militär	2
Wirtschaft	2
Wehrtechnik	3

Ungarn

Außen- und Innenpolitik	4
Militär	3
Wirtschaft	3
Wehrtechnik	4

Bulgarien

Außen- und Innenpolitik	4
Militär	3
Wirtschaft	4
Wehrtechnik	4

Rumänien Länderpriorität	3–4
Jugoslawien Länderpriorität	3
Albanien Länderpriorität	4–5
Ostsee Militärpolitische Lage	2

Westliche Staaten

USA
Außenpolitik in bezug auf BRD und
Westberlin sowie Rolle der BRD im
Europa-Konzept der USA   2
Wirtschafts- und Technologiepolitik,
Lieferung lebenswichtiger Güter an
BRD wie Kernenergiestoffe oder
angereichertes Uran   2

Großbritannien EG-Politik   2

Kanada Uranexportpolitik   2

Frankreich Dt.-frz. Zusammenarbeit,
EG-Politik   2

Lateinamerika

Brasilien
Rohstoffpolitik, Belieferung
der BRD mit Uran   2
Militärpolitik/Wehrtechnik   2

Kuba Länderpriorität   3

Argentinien Kerntechnologie-Politik   3

Venezuela Erdölpolitik (OPEC)   2–3

Chile Kupferpolitik   3

Mexiko
Länderpriorität   3–4
Erdölpolitik   3

Fernost

VR China
Polit. Bez. zu Westeuropa/USA
sowie WP-Staaten   2–3
Wehrpotential/militärische Präsenz
im Grenzgebiet zur UdSSR   2

Indien
Polit. Bez. zu BRD und DDR   3
Militärpolitische Bez. in der Region   3

Naher und Mittlerer Osten

Ägypten Länderpriorität   2

Syrien Länderpriorität   2–3

Iran Länderpriorität   2–3

Irak Länderpriorität   3

Saudi-Arabien Länderpriorität   2

Afghanistan Länderpriorität   5

Libyen Pol.-milit. Einfluß der UdSSR   2

Afrika

OAE (Organisation f.
Afrikanische Einheit)   3

Zaire Rohstoffausfuhrpolitik   3

Nigeria Erdölpolitik   2

Angola Länderpriorität   3–4

Sambia Rohstoffpolitik   3

Republik Südafrika
Schwarzafrikapolitik   3
Rassenpolitik   3
Rohstoffpolitik   2

Südatlantik Wasserstraßen
und Wirtschaftszonen   2–3

Antarktis Kontinentpriorität   2–3

---

* Aus Aufklärungsaufträgen des BND für
die zweite Hälfte der 80er Jahre.

Gliederung des Bundesnachrichtendienstes 1988*

Präsident   Stellvertreter
90 C Verbindungsstelle Bonn

90 E Vorprüfungsstelle

90 A Leitungsstab
90 P Peronalrat

91 Schule des BND

90 B Büroleitung
90 D Personalärztlicher &
   sozialer Dienst
92 Inspekteur des BND

Abteilung 1 Operative Aufklärung

11 Zentrale Aufgaben und überregionale operative Aufklärung
11 A Nachrichtendienstliche Planung
11 B Überregionale Aufklärung Wirtschaft, Technik, Wissenschaft
11 C Unterstützung der Nachrichtenbeschaffung
11 D Maritime Aufklärung, Handelsschiffahrt, Seestreitkräfte
11 E Internationaler Kommunismus
11 F Sonderaufgaben
12 Sowjetblock
12 X stellv. Unterabteilungsleiter
12 A Auftragssteuerung, Meldungsbearbeitung Warschauer Pakt, Jugoslawien, Albanien
12 B DDR-Politik, Wirtschaft, Techn. & Wissensch.
12 C DDR-Süd Streitkräfte
12 D DDR-Nord Streitkräfte
12 E UdSSR, Comecon
12 F Polen
12 G Ungarn, Tschechoslowakei
12 H Bulgarien, Rumänien, Jugoslawien, Albanien
12 L Auswertung Gegenspionage kommunistischer Machtbereich und abhängige Staaten
12 LX Sonderaufgaben Gegenspionage
12 L Koordinator Gegenspionage
13 Westliche und übrige Welt
13 A Nordamerika, Großbritannien, Skandinavien
13 B Frankreich, Benelux, Schweiz
13 E Asien, Australien
13 F Afrika
13 G Lateinamerika
14 Rezeptive Aufklärung, Post- und Fernmeldekontrolle, Befragungswesen
14 A Grenzmeldenetz
14 B Post- und Fernmeldekontrolle
14 C Befragungswesen
16 Mittelmeerraum
16 A Nah-Mittelost, Nordafrika
16 B Südeuropa
16 C Internationaler Terrorismus

Abteilung 2 Technische Aufklärung

20 A Führungsunterstützung
22 Technische Aufklärung 1, Funküberwachung
22 A Nachrichtengewinnung, Militär, Politik, Wirtschaft
22 B Zentrale Nachrichtenbearbeitung
22 C Betriebsverfahren und -unterstützung
23 Technische Aufklärung 2, Funküberwachung
23 A Nachrichtengewinnung, Politik, Wirtschaft, Technik, Wissenschaft
23 B Zentrale Nachrichtenbearbeitung
23 C Betriebsverfahren und -unterstützung
24 Unterstützung Nachrichtentechnik
24 A Steuerung und Projektbearbeitung
24 B Nachrichtentechnik
24 E Technische Versorgung
24 F Technische Datenverarbeitungsunterstützung
24 G Fernmelde-Verbindungsdienst

Abteilung 3 Auswertung

31 Zentrale Aufgaben der Auswertung, Stab
31 A Führungsunterstützung
31 B Aktuelle Lage und Berichterstattung
31 C Gesamtlage und Auftrag
32 Auswertung Politik
32 A Lage und Berichterstattung
32 B UdSSR
32 C DDR
32 D Kommunistisch regierte europäische Staaten (ohne UdSSR und DDR)
32 F Nah-Mittelost, Nordafrika
32 G Ost-, Südost-, Südasien, Australien, Ozeanien
32 H Lateinamerika, Antarktis
32 I Afrika (ohne Nordafrika)
33 Auswertung Militär
33 A Grundsatzfragen
33 B militärische Gesamtlage, Lage- und Indikationszentrum

33 D Militär- und Rüstungskontrollpolitik, Militärstrategie, Sicherheitslage des Warsch. Pakts
33 E atlantischer und pazifischer Raum
33 F Nah-Mittelost, Afrika, Indien, PLO
33 G Gesamtstreitkräfte Warschauer Pakt,
Zivilverteidigung, Transport & Verkehr, ABC-
Waffen
33 H Landstreitkräfte Warschauer Pakt, Mongolei,
Jugoslawien, Albanien
33 J Luftstreitkräfte Warschauer Pakt, Mongolei,
Jugoslawien, Albanien
34 Auswertung Wirtschaft
34 A Energiewirtschaft
34 B Landwirtschaft und Industrie
34 C Kommunistisch regierte europäische und
asiatische Staaten (ohne DDR)
34 D DDR
34 E Westliche und neutrale Industriestaaten,
Antarktis, internationale Fragen
34 F Entwicklungsländer
35 Auswertung Technik und Wissenschaft
35 A Wissenschaftspotential, Technologietransfer
35 B Kernenergie, Physik, Raumfahrt, Geowissensch.
35 C Medizin, Biologie, Chemie, Werkstoffe,
Umweltschutz
35 D Wehrtechnik, Elektronik

Abteilung 4 Verwaltung

41 Organisation
41 A Planung, Grundsatz, EDV-Koordination
41 B Dienstpostenbewertung, Stellenbewirtschaftung, Sachmittelausstattung
41 C Haushalts-, Kassen- und Rechnungswesen
41 D Verteidigungsvorbereitungen
42 Personal- und Sozialwesen
42 A Personaleinsatz, Personalgewinnung, Aus-
und Fortbildung
42 B Grundsatzangelegenheiten Personal
42 C Statusreferat Beamte
42 D Statusreferat Soldaten
42 E Statusreferat Angestellte, Lohnempfänger
42 F Gebührnisse, Reisekosten
43 Verwaltung und Recht
43 A Kfz-Angelegenheiten
43 B Maßnahmen für den Krisen- und Verteidigungsfall
43 C Rechtsangelegenheiten
43 D Vergabewesen, Geräte- und Materialverwaltung

43 E Unterkunft, Wohnungsfürsorge
43 F Bauwesen

Abteilung 5 Sicherheit & Abwehrlage

51 Grundsatz- und zentrale Angelegenheiten
51 A Grundsatz- und zentrale Angelegenheiten
51 B Abwehrlage, Sicherheitsanalysen, Dokumentation
51 C Zentrales Personenauskunftswesen,
Personaldokumentation
52 Personelle, materielle, operative Sicherheit, Geheimschutzbeauftragter
52 A Personelle und materielle Sicherheitsangelegenheiten
52 B Operative Sicherheitsangelegenheiten
52 C Sicherheitsüberprüfung
**53 Überprüfung von Mitarbeitern, technische
Sicherheit**
53 A Bes. Sicherheitsangelegenheiten, Betreuung
53 B Technische Sicherheit
53 C Sicherheitsangelegenheiten anderer
Behörden

Abteilung 6 Zentrale Aufgaben

60 A Sonderaufgaben
60 B AKN
61 Datenverarbeitung und Dokumentation
61 A Datenverarbeitung
61 B EDV-Dokumentation
61 C EDV-Organisation
61 D Programmierung
61 E Zentralbibliothek
**62 Zentralstelle für das Chiffrierwesen Bonn-
Bad Godesberg**
62 A Allgemeine kryptologische und zentrale
Aufgaben
62 B Mathematiik
62 C Kryptotechnik
62 D Dechriffierung A
62 E Dechriffierung B
**63 Nachrichtendienstliche Technik und
technische Unterstützung**
63 A Nachrichtendienstliche Technik, Einsatzsteuerung
63 B Geheimverfahren
63 C Technische Physik

---

* Gliederung zu Jahresbeginn nach Umsetzung
der Umgliederungen insbesondere zum 1. Juli
1987.

2 Netze im Innern

Der rezeptive Bereich der operativen Aufklärung umfaßte Ende der 80er Jahre die Referate 14A (Grenzmeldenetz), 14B (Post- und Fernmeldekontrolle) und 14C (Befragungswesen). Das Grenzmeldenetz (GMN) definiert das BND-Amtsdeutsch als »Sammelbezeichnung für alle mit Sicherungs- und Kontrollaufgaben an den Grenzen und im grenzüberschreitenden Personen- und Güterverkehr befaßten Behörden und Dienststellen der Bundesrepublik Deutschland, die im Wege der Amtshilfe in Form der Beschaffung von geheimen Nachrichten und Personenhinweisen und der sonstigen Unterstützung der nachrichtendienstlichen Arbeit genutzt werden. Soweit das GMN durch Abschöpfung von Grenzmeldenetzquellen, Beobachtung, Beschaffung von Originalmaterial und Verwertung schriftlicher Unterlagen geheime Nachrichten beschafft, wird es als rezeptive Quelle genutzt«. 1979 wurde – aus einer internen Aufstellung des Bundesinnenministeriums – öffentlich bekannt, daß der BND selbst 23 Grenzübergangsstellen mit speziellen Fotoausrüstungen gespickt hatte und an weiteren 45 Übergangsstellen die Grenzpolizei Personalpapiere von Ausländern, aber auch von Bundesbürgern ablichtete. Die Reisedokumente, räumte das Bundesinnenministerium ein, würden fotografiert, »um Erkenntnisse über die Ausgestaltung von Dokumenten zu gewinnen, nicht aber Namen oder sonstige personenbezogene Daten«. Doch die Menge von monatlich 720 BND-Fotos sowie 180 der Grenzpolizeiposten[1] schien selbst Innenminister Gerhard Baum zuviel – er ordnete eine rechtliche Prüfung dieser Amtshilfe an.

Kurz nach dem Erscheinen von Berichten in der Westpresse über diese Grenzkontrollregelungen veröffentliche die (Ost-) *Berliner Zeitung* eine 19seitige Geheimverfügung des Bundesinnenministeriums, die alle Bonner Dementis und Versuche, diese Vorgänge herunterzuspielen, desavouierte. Abschnitt II der Verfügung listete die zu erfassenden Personen auf: »Bewohner der DDR. Namentliche Erfassung von Bewohnern der DDR mit Angaben zur Person, zum Auftraggeber, zum Zeitpunkt des Grenzübertritts, zum Reisezweck und zum Reiseziel in der Bundesrepublik Deutschland«; »Einreisende über die Grenze zur DDR und über Flughäfen auf Weisung der Grenzschutzdirektion; sie ergeht auf Antrag des Bundesnachrichtendienstes«; »Funktionäre der DDR und andere Reisende, die wegen ihrer politischen Aktivitäten oder ihres Reisezwecks bedeutsam erscheinen« sowie Rentner, Frührentner, Besuchsreisende, Gastarbeiter, Schiffsbesatzungen, Flüchtlinge, Abgeschobene, Umsiedler und Haftentlassene.[2] Das Grenzkontrollnetz diente also de facto einer weitgefächerten Personenfahndung, deren Ergebnisse dem BND, dem Verfassungsschutz und den BND-Partnerdiensten zugänglich gemacht wurden.

Im Herbst 1981 wurde die Amtshilfe zwischen Bundesgrenzschutz und BND neu geregelt, was – nach Insiderangaben – zunächst zu einem Rückgang der GMN-Meldungen von der Grenze zur DDR um etwa ein Drittel führte. Unter Baum-Nachfolger Friederich Zimmermann erreichte das monatliche Fotoaufkommen dann wieder seinen alten Stand.

Die Post- und Fernmeldekontrolle, als »(Haupt-)Stelle für spezielle Datenverarbeitung« legendiert, umfaßte Ende der 80er Jahre ca. 300 Mitarbeiter-/innen des BND in maximal 12 Außenstellen, u. a. in Bonn, in München, Hof, Bad Hersfeld, Frankfurt, Köln, Helmstedt und Hamburg. Der Vorsitzende der Deutschen Postgewerkschaft (DPG), Kurt van Haaren, gab im Januar 1990 an, bis zu 2000 Mitarbeiter des BND seien täglich mit der Überwachung des innerdeutschen Brief- und Telefonverkehrs beschäftigt[3], dies entspricht jedoch der Gesamtzahl aller BNDler in der Abteilung 2.

»Spätestens seit der Afghanistan-Krise, so ergaben Recherchen der *ZEIT,* nimmt der Bundesnachrichtendienst (BND) in Pullach bei München Tausende von Ferngesprächen auf, die mit dem östlichen Ausland geführt werden... in den acht Zentralvermittlungsstellen der Bundespost wohl, zumal in den Stellen 5 (Hannover) und 9 (Nürnberg). Hier wird auch der Richtfunk-Telefonverkehr mit der DDR und der ČSSR bewältigt«[4], recherchierte Michael Naumann 1980.

Bei der Post- und Fernmeldekontrolle werden nicht nur Briefpost und Telefongespräche gesichtet und ausgewählt, diese müssen zudem auch auf nachrichtendienstlich verwertbaren Inhalt überprüft werden; meldewürdige Informationen werden dann ausgewählt, bewertet und als Meldungen abgefaßt. Da die Erfasser überdies durch die Erarbeitung von Grundlagenmaterial und durch die laufende Erweiterung vorhandener Grundkenntnisse gefordert sind, verlangt der BND »ein wenigstens mittleres Bildungsniveau in Verbindung mit guter Auffassungs- und Beobachtungsgabe und die Fähigkeit zu selbständigem Arbeiten«[5], bevor die zukünftigen Spione den Grundlehrgang Post- und Fernmeldekontrolle besuchen dürfen. Welches quantitative Ausmaß die Briefkontrolle durch den BND hat, wurde im Oktober 1990 anhand der in Hamburg-Winterhude agierenden Dienststelle deutlich. Nach den Aussagen eines Postbeamten gelangten täglich mehr als 10 000 Privatbriefe aus der DDR und anderen Staaten des Warschauer Vertrags in die Willibaldstraße 11 zur nachrichtendienstlichen Auswertung, die mit zwei- bis dreitägiger Verspätung wieder in den Postlauf zurückgingen. »BND-relevante Erkenntnisse, vor allem über Bundesbürger, die regen Kontakt mit DDR-Bürgern pflegten, wurden gesammelt und teilweise an den Verfassungsschutz weitergeleitet«, berichtete *DER SPIEGEL* im Oktober 1990. Während der Vorsitzende der Postgewerkschaft, Kurt van Haaren, im Januar 1990 noch von ein bis zwei Beuteln täglich nach dem Zufallsprinzip sprach[6], würde dieser Umfang – hochgerechnet – bedeuten, daß in sieben Postkontrollstellen des BND werktäglich ca. 70 000 Briefe stichprobenartig kontrolliert worden wären, jährlich also über 2,1 Millionen Sendungen. Aus dem Urteil des Bundesverfassungsgerichts vom 20. Juni 1987[7] geht hervor, daß 1978 etwa 1,6 Millionen Briefsendungen von 188,4 Millionen insgesamt in diesem Jahr aus der und in die DDR sowie 60 Millionen Briefe in die und aus den übrigen WVO-Staaten vom BND zu Kontrollzwecken aus dem Postverkehr gezogen wurden.

Am 5. Februar 1990 gab der Staatsminister und BND-Kontrolleur Lutz Stavenhagen die Einstellung der G-10-Maßnahmen gegen Privatpersonen mit DDR-Kontakten bekannt.[8] Dennoch sah sich der BND im März 1990 einer Kampagne zur Enttarnung von Dienststellen im Bundesgebiet ausgesetzt, unter anderem durch mehrstündige Demonstrationen vor Postgebäuden, in denen BND-Mitarbeiter im Rahmen der Brief- und Telefonüberwachung tätig waren. Die Informationen über die Dienststellen des BND gingen möglicherweise auf den inzwischen aufgelösten DDR-Staatssicherheitsdienst zurück, verlautete aus »Bonner Sicherheitskreisen«.[9]

Begründet wird die durch ein Notstandsgesetz »zur Beschränkung des Brief-, Post- und Fernmeldegeheimnisses« legalisierte Kontrolle des Telefon- und Briefverkehrs mit der Notwendigkeit einer strategischen Überwachung, um so die Gefahr eines bewaffneten Angriffs auf das Bundesgebiet rechtzeitig zu erkennen. In mehreren Jahrzehnten »strategischer Kontrolle« ist nachweislich alles mögliche aus dem deutsch-deutschen Briefverkehr in den Akten des BND, ausländischer Partnerdienste oder der Verfassungsschutzbehörden gelandet, nur Hinweise auf einen »bewaffneten Angriff« hat es nie gegeben. Aber der zwanzigjährige Leerlauf der Strategischen Kontrolle bei der militärischen Frühwarnung war, so das Rechtfertigungsmuster, nicht vergebens: »Auch die Tatsache, daß derartige Indizien ausbleiben, ist von Erkenntniswert.«[10]

Im zweiten Golfkrieg wurde die Strategische Fernmeldekontrolle auf den Irak ausgedehnt, weil der Geheimdienstkoordinator Lutz Stavenhagen nach einem Bericht des *SPIEGEL* vom 12. April 1993 der Auffassung war, irakische Scud-Raketen könnten schließlich ein deutsches Schiff im Mittelmeer treffen. Daß die technischen Fähigkeiten einer solchen Rakete nicht ausreichen, aus dem Irak heraus ein Seeziel geringer Größe im Mittelmeer auch nur gezielt zu beschießen, zeigt, daß künftig ebenfalls außerordentlich dürftige Begründungen herangezogen werden könnten, wenn funkelektronische Großangriffe auf bestimmte Staaten im Interesse des BND oder der Bundesregierung liegen.

Daß die »strategische« Überwachung des Telefonverkehrs, die das Referat 12B vornahm, während die umfassende Richtfunkkontrolle über die Unterabteilung 21 lief, nur anonymen Gesprächsinhalten und nicht gezielt Personen galt, gehört zu den Legenden, die der BND verbreitet. Tatsächlich wurden sensible Regionen, wie das Gebiet um das DDR-Verteidigungsministerium in Strausberg, flächendeckend überwacht, um festzustellen, wer von den Bewohnern des Gebiets Telefonkontakte mit Westdeutschen pflegte. Mittels der namentlich erfaßten Gesprächsinhalte wurden dann potentielle Agenten in der DDR und potentielle Ansprechpartner dieser neuen Quellen in der Bundesrepublik rekrutiert.

Da angesichts eines kaum noch konstruierbaren Restrisikos eines bewaffneten Angriffs aus Osteuropa die grundsätzliche Legitimation der undifferenzierten Anwendung des G-10-Gesetzes zu schwinden droht, hat BND-Präsident Porzner im November 1991 gefordert, das Post- und Fernmeldegeheimnis zu überdenken: »Wir haben jetzt die groteske Situation, daß der BND zwar aus der weltweiten technischen Kommunikation Informationen über Drogengeschäfte und den illegalen Technologietransfer erlangt, daß er aber solche Informationen löschen muß, die eine deutsche Privatperson oder deutsche Unternehmen betreffen.«[11] Anstelle der »Roten Gefahr« werden künftig illegale Rüstungsexporte und die Drogenmafia zur Rechtfertigung für die fortgesetzten Grundrechtsverletzungen herhalten müssen.

Der derzeitige Leiter der Abteilung 2, Konteradmiral Gerhard Güllrich, hat im *SPIEGEL*-Gespräch 15/1993 erneut den »Staubsauger im Äther« gefordert, um die Kapazitäten der technischen Aufklärung gegen den internationalen Waffen- und Drogenhandel auf neuer Rechtsgrundlage einsetzen zu können. In diesem Interview räumte Güllrich überdies ein, daß die Lauschangriffe des BND keiner parlamentarischen Kontrolle unterliegen; seit 1979 regelt lediglich eine Weisung des damaligen BND-Präsidenten Kinkel, »alle im Rahmen der Fernmeldeaufklärung anfallenden

Einzelnachrichten, die von einer durch das Grundgesetz geschützten Person stammen oder an eine solche gerichtet sind, unverzüglich zu vernichten, sobald sie als solche erkannt werden«.

Aus der US-amerikanischen »Dienststelle für historische Forschungen« in der Münchner Maria-Theresia-Straße 16 wurde zu Jahresbeginn 1958 eine gemeinsame Aufklärungsstelle des amerikanischen, britischen und deutschen Nachrichtendienstes, die sich dem Aushorchen von Flüchtlingen aus der DDR und Osteuropa widmete. Filialen hatte der nachrichtendienstliche Dreibund in Stuttgart, Düsseldorf, Frankfurt/M., Gießen, Nürnberg, Hannover, Lübeck, Bad Soden, Kassel und Hamburg. Zum 1. April 1958 wurde diese Einrichtung aus alliierter Hoheit entlassen und als Hauptstelle für Befragungswesen mit BND-Beamten und -Angestellten sowie Verfassungsschützern etabliert.

Einen wesentlichen Teil seiner nachrichtendienstlichen Mosaiksteinchen verdankte der BND in den folgenden Jahren der Intensivbefragung von Flüchtlingen, Übersiedlern und Heimkehrern aus sowjetischer Kriegsgefangenschaft. Diese Hauptstellen für das Befragungswesen unterhielt der BND Ende der 80er Jahre in Düsseldorf, wegen des dortigen Durchgangslagers in Unna-Massen, in München, in Gießen mit einer Nebenstelle in Berlin-Marienfelde, in Hannover mit einer Nebenstelle im Grenzdurchgangslager Friedland, in Stuttgart, in Nürnberg-Zirndorf, in Mainz und in Hamburg mit einer Nebenstelle in Lübeck. Die größeren Befragungsstellen verfügten über knapp 20 BND-Mitarbeiter-/innen, die sich nicht mehr nur der Aussiedler aus Osteuropa, sondern zunehmend auch der Flüchtlinge aus Krisengebieten wie Afghanistan annahmen.

Parallel zu BND und Verfassungsschützern »arbeiteten« in den Aufnahmelagern auch Befrager von Militärgeheimdiensten der NATO-Partner – Briten und Franzosen in einigen Stellen, Amerikaner überall. Die 5. Kompanie der 18. Military Intelligence der in der Münchner McGraw-Kaserne residierenden 66. Military Intelligence Group zeichnete für die US-Interviews verantwortlich, und auch nach dem Abzug der US-Streitkräfte aus München wird das Dienstgebäude der US-Befrager in der Möhlenstraße 17, einer

Parallelstraße zur Maria-Theresia-Straße, weiter genutzt und streng bewacht.

Anfang der 80er Jahre schickte das MfS den Befragungsstellen in München einen Köder. Ein Unterfeldwebel der DDR-Grenztruppen wurde von den Amerikanern in der Dienststelle in der Traunsteiner Straße und vom BND in der Maria-Theresia-Straße befragt, allerdings nicht angeworben. So konnte der heimgeholte Provokateur aber später zumindest öffentlich im DDR-Fernsehen über die Befragungspraktiken der NATO-Geheimdienstler klagen.

Das *Neue Deutschland* zitierte im August 1976 – unter Berufung auf den sozialdemokratischen *Vorwärts* – empört aus den Vorladungsschreiben, die die Stelle in der Hamburger Gotenstraße an Aussiedler aus Polen und anderen Staaten verschickt hatte, um durch »Informationen über die DDR und andere kommunistische Länder ein zutreffendes Bild der dortigen politischen, wirtschaftlichen, psychologischen und kulturellen Lage« zu gewinnen.[12] Solche Vorladungsschreiben verschicken die rückwärtigen Befragungsstellen, wenn sie aufgrund der Protokolle der Erstbefrager eine vertiefende Befragung für erfolgversprechend halten. BND-Insider behaupten, daß diesen Vorladungen durchschnittlich mindestens zwei Drittel der Angeschriebenen Folge leisten, weil bewußt nicht darauf hingewiesen wird, daß das Erscheinen freiwillig ist.

Die Tätigkeitsbeschreibung für den Bürodienst im Grenzdurchgangslager Friedland, wo der BND seine Außenstelle DC 30 unterhält, zeigt, daß die Daten von Aus- und Übersiedlern regelmäßig in die Hände der sogenannten Partnerdienste gelangen:

»★ Vervielfältigen der Registrierscheine für die Befragungsdienststelle, die Führungsstelle und Partnerdienste,
 ★ Ergänzen, Verteilen und Versenden der R-Scheine an die zuständigen BefraDst, FüSt und Partnerdienste (mit Vorprüfvermerk) und sonstige Stellen (ohne Vorprüfvermerk),
 ★ Statistische Aufstellung der Aussiedler nach Anzahl und Herkunftsland,
 ★ Beschaffung der Tages- und Einweisungslisten bei der Lagerleitung und
 ★ Erledigung von Aufträgen in der Zentralkartei. «

Die BND-Vorschriften für das »Befragen der Um- und Aussiedler unter Legende des Grenzdurchgangslagers FRIEDLAND« zielen auf das Erfassen von Personalien, Militärdienst, Aufenthaltsorten und -zeiten, Mitgliedschaft in politischen Organisationen, Verbänden etc., um dabei »nd-relevantes Wissen zwecks Vorauswahl für eine Vorprüfung« und die Aussagewilligkeit festzustellen. Nachdem der Erstbefrager »leihweise« überlassenes Material, das ihm nd-verwertbar schien, fotokopiert oder fotografiert hatte, durfte er dann die »für das Grenzdurchgangslager und das Aufnahmeverfahren benötigten Registrierscheine anhand der ermittelten Angaben« erstellen. Erst später wurden möglicherweise sprudelnde Quellen mittels Vergleich mit Stadtplänen, »Listen mit Versorgungsdepots«, wehrtechnischen Fachbüchern, »Feindkräftehandbüchern« etc. einer ausführlichen Befragung unterzogen. Da routinemäßig auch die »Partnerdienste« Fotokopien der Einreiseformulare von Menschen aus Osteuropa erhielten, haben sich auch fremde Mächte an der Nachbefragung der inzwischen frischgebackenen Bundesbürger beteiligt.

Mit der Flut der DDR-Flüchtlinge im Herbst und Winter 1989 gerieten die Befragungsstellen nicht nur unter hohen Arbeitsdruck, sondern wurden auch Zielscheibe öffentlicher Kritik. Denn es sickerte durch, daß die Daten der Aus- und Übersiedler in der Zentraldatei ADOS des Bundesamts für Verfassungsschutz abgelegt werden, inklusive Herkunftsadressen, der Adressen ihrer früheren Arbeitgeber sowie des ersten Wohnsitzes in der BRD. Die Datenschutzbeauftragten der Länder halten diese Praxis für »höchst bedenklich«.[13]

Wie eine Geheime Verschlußsache der Spionageabwehr des MfS vom April 1987 deutlich macht, sank die Bedeutung dieser Stellen für alle beteiligten Geheimdienste auch in den 80er Jahren nicht: »Die Rolle des Befragungswesens wird auch durch neueste Erkenntnisse unterstrichen, die belegen, daß zukünftig im verstärkten Maße mit einer geheimdienstlichen Nutzung solcher ehemaligen DDR-Bürger zu rechnen ist, deren Rückverbindungen in der DDR im Staats- und Parteiapparat tätig sind. Eine entsprechende Vereinbarung zum arbeitsteiligen, abgestimmten Vorgehen gegen diese Zielgruppe wurde im Rahmen einer Beratung zur Koordinierung der Tätigkeit imperialistischer Geheimdienste im Sommer 1987 getroffen.«

Von 1988 bis 1991 hätten die 260 Mitarbeiter der Hauptstelle für Befragungswesen durchschnittlich 3000 Personen befragt, erläuterte die Bundesregierung auf eine parlamentarische Anfrage vom Oktober 1992 hin. 38 Prozent der Befragungen hätten sich auf militärische Sachverhalte im Irak und auf die Situation der sowjetischen Streitkräfte bezogen, je 18 Prozent der Berichte hätten politische Inhalte bzw. den Komplex Wirtschaft, Technik und Wissenschaft zum Gegenstand gehabt. 1992 ginge es dagegen vorrangig um Menschenrechtsverletzungen im ehemaligen Jugoslawien.

Bei den Befragungsstellen angesiedelt sind auch die »Gesprächsaufklärer« des BND, die durch Hausbesuche oder auch in öffentlichen Verkehrsmitteln Informationen »abschöpfen«. Die Gesprächsaufklärung in Zügen aus der DDR und ČSSR gehörte ausweislich der Tätigkeitsbeschreibung beim Referat DC 58 zu den anspruchsvolleren Jobs beim Sammeln von Mosaiksteinchen für das große Lagebild: »Für die konspirative Tätigkeit ohne fachliche Unterlagen ist umfangreiches Fachwissen erforderlich. Ein überdurchschnittliches Gedächtnis und psychologisches Einfühlungsvermögen sind unerläßlich. Der Gesprächsaufklärer hat ständig – und immer kurzfristig – Kontakte zu deutsch sprechenden Personen aus allen Bildungsstufen und Berufszweigen herzustellen. Hierbei muß er das Mißtrauen der im Ostblock lebenden Quellen beseitigen können. Die Einarbeitungszeit dauert im allgemeinen zwei Jahre.«

Was dem unbefangenen Beobachter wie ein Smalltalk im DB-Abteil erschienen sein mag, war – wenn man der Dienstanweisung für Gesprächsaufklärer Glauben schenken will – die hohe Schule der Konspiration. Gleich nach dem »Anmarsch zum Einsatzbahnhof« erfolgte die »Auswahl einer präsumtiven deutsch sprechenden Gelegenheitsquelle«, die »Festlegung der Methodik« und »die Kontaktaufnahme mit der ausgewählten Person durch legendengerechte und zielstrebige Gesprächseinleitung«. Sofern seine Zielperson᾽ »auftragsbezogenes Wissen« besaß und einem Plausch nicht abgeneigt schien, konnte der BNDler mit dem

Kernauftrag beginnen: »Konspirative Gesprächsführung mit dem Ziel, Sympathie und Vertrauen des Gesprächspartners zu gewinnen und die Unterhaltung auf das gewünschte Thema zu lenken, Abschöpfung des nachrichtendienstlich interessanten Wissens, zugleich Ausforschung von Einzelheiten zur Quellenbeschreibung. Nach der Abschöpfung Überleitung auf ein anderes Gesprächsthema, um den eigentlichen Gesprächsinhalt in der Erinnerung der Quelle zu neutralisieren.«

Nach dem »legendenmäßigen Lösen von der Quelle« ging es weiter zum nächsten Mitreisenden. Später brütete der Gesprächsaufklärer mit seinen Notizen über Rohberichten, in denen

---

Agentenkategorien des BND

IQ = Innenquellen

IQ WIR = Innenquelle in der Wirtschaft.

IQ TWI = im technisch-wissenschaftlichen Bereich.

AQ = Außenquellen

GEA = Gesprächsaufklärer mit Abschöpfverbindungen.

GEAR = reisender Gesprächsaufklärer, in der Regel Bundesbürger mit beständigen Abschöpfkontakten im Zielgebiet, die besuchsweise genutzt werden.

GEAS = stationärer Gesprächsaufklärer im Zielgebiet, der weitere Abschöpfverbindungen unterhält.

BEO = Beobachter nicht im Sinne von Observation, sondern geworbener Agent zur Überwachung bestimmter Sachverhalte oder Objekte.

BEOR = einreisender Beobachter, der sich zeitweilig an einem Zielort aufhält.

BEOD = durchreisender Beobachter als sogenannte Transitquelle.

BEOS = stationärer Beobachter vor Ort, der ein Objekt kontrolliert.

---

zunächst die Quellenangaben mit dem Basismaterial verglichen wurden, bevor sie beim »Meldekopf« in den Wissensschatz des Dienstes übernommen wurden.

Der Lehrer an der Schule der Hauptverwaltung ›Aufklärung des MfS‹, Heinz Günther, gab 1992 bekannt, daß durch die Gesprächsaufklärer auch Spionageabwehrarbeit geleistet wurde, indem »mitreisende Beobachter verdächtig aufgefallene Reisende in Gespräche zu verwickeln hatten, um dabei ihre Identität zu prüfen.«[14]

Um über Zugreisende oder Aussiedler hinaus mit Hilfe der Gesprächsaufklärung Informationen über sozialistische Staaten zu gewinnen, setzte der BND auch Hausbefrager ein, die sowohl westliche WVO-Touristen wie auch BRD-Bürger nach Besuchen in Osteuropa bei einem konspirativen Hausbesuch auszuhorchen suchten. Unter der Tarnbezeichnung einer Zentralstelle für wirtschaftliche und politische Forschungsfragen versuchte beispielsweise ein BNDler von einer Polenreisenden ihre Reiseeindrücke zu erfragen. Um ihr Vertrauen zu gewinnen, gab er an, bei der örtlichen Kriminalpolizei vorgesprochen zu haben. Die mißtrauische Polentouristin vergewisserte sich bei der Kripo und mußte feststellen, daß der BNDler dort unbekannt war. Die Kriminalpolizei ihrerseits ermittelte beim LKA und löste damit eine für den Gesprächsaufklärer peinliche Rückmeldung bei seinem Vorgesetzten aus.

Allzu forsches Auftreten der BND-Befrager gegenüber ihren Zielpersonen ist Thema einer ganzen Serie sogenannter Sicherheitshinweise, mit denen der Pullacher Dienst im Falsch-Richtig-Vergleich seine Außendienstler schult. Als durchgängig falsch bewertet ein solcher Hinweis das Auftreten eines Befragers, der einen Besuchsreisenden aus der ČSSR aushorchen wollte und statt seiner nur die Nichte antraf, der er als »Mitarbeiter einer deutschen Spezialbehörde« gehörig imponieren wollte: »Seinen Ausweis dürfe er nur Polizeidienststellen und Behörden vorzeigen, er müsse einige ›scharfe Fragen‹ an den Onkel richten, der habe in der ČSSR noch etwas gutzumachen. Der Onkel habe 60 Tage Aufenthaltsgenehmigung erhalten, während Berufstätige nur 14 Tage und Rentner höchstens 4 Wochen erhalten würden. Den Hinweis der Nichte auf die Harmlosigkeit ihres Onkels quittierte der MA mit: ›Zum Päckchen tragen ist er noch gut genug.‹ Er wisse, daß ihr Onkel bis 1956 der kommunistischen Partei angehört habe. Schließlich beantwortete der MA den Einwurf der Nichte, daß ihr Onkel gerade kein begeisterter Kommunist sei, mit: ›Seien Sie bloß vorsichtig mit Ihren Äußerungen‹.«

Der Ehemann der so drangsalierten Nichte meldete den Vorfall mit genauer Personenbeschreibung der örtlichen Polizei. Auf dem Dienstwege über die Landpolizeistation und das übergeordnete Präsidium landete die Anzeige dann wieder beim BND.

Zur Betreuung der aus der DDR geflüchteten NVA-Soldaten unterhielt der BND – finanziert vom Verteidigungsministerium – eine eigene Einrichtung, die »Deutsche Gesellschaft für Sozialbeziehungen«, die nach dem Bau der Mauer 1961 gegründet wurde. Die Hauptstelle in der Bonner Ubierstraße wurde von dem pensionierten Bundeswehroberst Rudolf Rothe geleitet, der aus der Organisation Gehlen in die PSV-Truppe (Psychologische Verteidigung) der Bundeswehr gewechselt hatte. Als der sozialdemokratische Verteidigungsminister Hans Apel 1980 die Finanzierung der Gesellschaft drosseln wollte, präsentierte der Mitstreiter Rothes, PSV-Mann Reichenberger, dem Leiter der Studiengesellschaft einen amerikanischen Dr. Schneider, vorgeblich vom amerikanischen Document Center in London, als möglichen Mitfinanzier der Gesellschaft. Im April 1983 hegte Rothe gegenüber dem angeblich 1945 aus Sachsen in die USA emigrierten Amerikaner, den er jahrelang mit seinen Analysen beliefert hatte, einen Verdacht und wandte sich an den MAD. Dieser überwachte Fregattenkapitän Reichenberger und seinen Umgang mit überlassenem Spielmaterial. Reichenberger wurde als Spion entlarvt, während Dr. Schneider sich absetzen konnte.[15] Im Prozeß gegen den Fregattenkapitän stellte sich 1985 heraus, daß der für das MfS unter dem Decknamen »Admiral« gearbeitet hatte.[16]

Der Bereich SBND – Schulen des Bundesnachrichtendienstes – ist einmal in der Zentrale selbst vertreten; darüber hinaus hatte der SBND aber auch zahlreiche Außenstellen, die sich unter den verschiedensten Tarnungen überwiegend im oberbayerischen Einzugsbereich der Pullacher Zentrale befanden. Die »Schulen des BND« wurden viele Jahre lang von Kurt Weiß geleitet – dienstlich Herr Winterstein –, einem der Führer der CSU-Seilschaft im BND.

Das Ausbildungsobjekt, in dem zweimal im Jahr fünf- bis sechsmonatige Lehrgänge für den höheren Dienst durchgeführt wurden, trug den Decknamen »Wildpark« und war am Haarsee nahe Weilheim in einer Villa versteckt. Der Dienst hat das Gebäude im oberbayerischen Pfaffenwinkel für mehr als 10 000 DM monatlich gepachtet. 1984 ist das Objekt für mehr als 500 000 DM aus Anlaß eines Treffens der Sicherheitschefs der westeuropäischen Nachrichtendienste renoviert worden. Ein Geheimtreffen war die Konferenz der obersten Geheimnisträger Westeuropas nicht, da der »Wildpark« regelmäßig vom MfS observiert wurde. Mitte der 70er Jahre entdeckten Forstarbeiter, daß Staatssicherheitsdienstler sogar die zur Villa führenden Telefonkabel angezapft hatten.

Ein ähnlich mondänes Schulungszentrum, das »Landhaus« in Feldafing, ist bereits vor 1985 geschlossen worden. Dagegen konnten die Schüler von »Torfmoos« auch in der zweiten Hälfte der 80er Jahre ihre Freizeit am Starnberger See verbringen – im Örtchen Berg, dessen Friedhof von der Grabstätte des BND-Gründers Reinhard Gehlen geziert wird. Die repräsentative Villa im Jugendstil (Monatsmiete DM 5000) läuft unter der Legende einer Außenstelle des Berufsförderungsdienstes der Bundeswehr.

Da in der Bundessprachenschule in Hürth zuwenig von dem Fachvokabular, das Auslandsresidenten des Dienstes im Umgang mit den Partnerdiensten benötigen, vermittelt wird, unterhält der BND über die Nutzung der Bundessprachenschule hinaus eigene Sprachlehrer und Schulungsstätten. Ein Teil der Sprachenschule befand sich in Tutzing, weitere in Oberpframmern, an der S-Bahn-Station Aying und nahe der Münchner Alabama-Halle. Das »Oberhaus« in der Gänselieselstraße in Waldperlach hingegen war eine ganz normale Villa für die Unterbringung von Angehörigen der Partnerdienste, die nach München zur Schulung kommen, sei es auf technischem oder auf reinem ND-Gebiet. Die konspirativen Zwergschulen wurden nach mehrjähriger Nutzung häufig wieder geschlossen, insbesondere wenn sie durch aufgeflogene Agenten dem nachrichtendienstlichen Gegner offensichtlich bekannt geworden waren, wie 1962 die Agentenschule in Holzkirchen, die der ukrainische Überläufer Ossip Werhun dem MfS offenbarte.[17]

Die Ausbildung von funktechnischem Personal für den BND und diverse Partnerdienste fand im »Kleefeld« statt, einem ausgedienten Bauernhof in Söcking bei Starnberg nahe der großen Aufklärungsanlage des BND. Im Dezember 1992 erregten Bauplanungen der »Bundesstelle für Fernmeldestatistik« die Gemüter im Bauausschuß der Stadt Starnberg. Auf dem Söckinger Grundstück des BND sollen nämlich drei mehrgeschossige Gebäude – ein Internats- und ein Verwaltungstrakt – auf bisher unbebauten Grünflächen hochgezogen werden. Den Alternativplanungen der Gemeinde zu einer verdichteteren Bebauung widersetzt sich der Bundesnachrichtendienst mit Hinweis auf nicht näher spezifizierte Sicherheitsbelange.[18] Offensichtlich möchte man der Öffentlichkeit Einblicke in den Ausbildungsbetrieb des Internats vorenthalten, weil die Wahrnehmung allzu vieler exotischer Lehrgangsteilnehmer die Neugier daran wecken könnte, wen der BND so alles schult.

Nur die BND-Mitarbeiter des gehobenen Dienstes konnten ihre Ausbildung bisher nicht im Süden der Bundesrepublik absolvieren, sie mußten dazu in den zweiten Schwerpunktraum des BND, nach Köln. Ihre Fachhochschule für öffentliche Verwaltung (»Objekt Eichenwald«) verfügt auch über ein angegliedertes Internat.

Seit 1986 wurde in der Gemeinde Haar im Landkreis München allerdings gerätselt, wer nach dem Ausbau der ehemaligen BGS-Kaserne für 10 Millionen DM dort Einzug halten würde. Am 23. August 1989 machte die *Süddeutsche Zeitung* den Spekulationen ein Ende: »Weder Mitarbeiter des BND noch Asylanten beziehen die neuen alten Räumlichkeiten an der B 304, sondern Bedienstete des Amts für wehrkundliche Statistik und Dokumentation der Bundeswehr, der Fachschule des Bundes für öffentliche Verwaltung und der Außenstelle Süd der Bundesbesoldungsstelle.«[19]

Der Autor des Artikels, Alfons Kraus, konnte zu jeder der drei Behörden mit zahlreichen Fakten aufwarten: Das Amt für wehrkundliche Statistik und Dokumentation habe unter Oberstleutnant Hans Jürss 30 Mitarbeiter sowie 15 Lehrkräfte, die 90 Schüler »in Fragen der Bürokommunikation, Dokumentation, Informatik, Fremdsprachen und Management« ausbilden würden. Die Außenstelle der Kölner Fachhochschule für öffentliche Verwaltung unter Professor Reinhard Karst würde mit zehn Lehrkräften 30 Studierende nicht nur in EDV, Verwaltung und Recht schulen, sondern auch in »bürgernahem Verhalten«, und die Bundesversorgungsstelle mit vier Computern und wenig Personal sei ein Pilotprojekt des Bundes, »um Kostensenkung durch Dezentralisierung« zu prüfen.

Von 180 Mitarbeitern und Lehrgangsteilnehmern 1989 werde das Ensemble der Bundesbehörden bis 1992 auf 250 bis 280 aufgestockt, berichtet der SZ-Journalist weiter und erstmals korrekt. Die Bundesbesoldungsstelle Süd ist die neue Legende der BND-Besoldungsstelle, die bis dahin als Bundesvermögensverwaltung – Abt. Sondervermögen – in der Münchner Lessingstr. 14/II untergebracht war. Überdies fungiert sie für alle BNDler als Tarnadresse beim Abschluß von Bausparverträgen und Verträgen mit Ersatzkassen, aber auch als Arbeitgeber gegenüber dem Finanzamt.

Mit dem »Amt für wehrkundliche Statistik und Dokumentation der Bundeswehr« und der zunächst als Außenstelle vorgeschickten »Fachschule für öffentliche Verwaltung« sollten bis 1992 alle nicht-technischen Ausbildungseinrichtungen der Schulen des BND im »Objekt Weberei« in Haar zusammengefaßt werden, einschließlich der bisher verstreuten Sprachschulen.

3 DDR, DDR, DDR

D en Schwerpunkt Osteuropa hatte der BND von jeher. Die Organisation Gehlen begann Ende der 40er Jahre mit der Operation »Bohemia« ihre erste Auslandsoperation gegen eine Außenstelle des ČSSR-Geheimdienstes in Karlsbad, und 1948 wirkte sie dem Strom nach Westdeutschland einsickernder Agenten einer Prager Geheimdienstschule durch die Rekrutierung eines hochrangigen Überläufers, Hauptmann Janda, entgegen.[1] Doch nicht erst unter der sozialliberalen Regierung, deren BND-Verantwortlicher Horst Ehmke die Aufklärungspriorität »DDR, DDR, DDR« beschwor, starrte Pullach vor allem auf den anderen deutschen Staat.

Nur zehn Prozent des Arbeitsaufwandes des BND habe der Aufklärung der DDR gegolten, verlautete im November 1991, als in Bonn das Vertrauensmännergremium, ein Unterausschuß des Haushaltsausschusses, tagte, um die Abrüstung der deutschen Geheimdienste nach dem Ende des Kalten Krieges in sinkende Etats und Personalreduzierungen umzusetzen. Im Bundesnachrichtendienst würden – anders als beim Verfassungsschutz – keine Referate zusammengelegt, aber ein Personalabbau vollzogen, der über 700 der 7000 Beschäftigten hinausginge, erläuterte BND-Präsident Porzner.[2]

Bereits die Feingliederung der für den »Ostblock« zuständigen Unterabteilung 12 zeigte eine intensivere Schwerpunktsetzung des BND auf den »Arbeiter- und Bauernstaat«. Neben der UA 12 A für Grundsatzfragen gab es allein drei für die DDR zuständige

Referate, von denen sich eines (12 B) mit der DDR-Politik beschäftigte, während die beiden anderen (12 C und D) analog zur Einteilung der DDR in die Militärbezirke III und V als Militäraufklärung DDR Süd und DDR Nord arbeiteten. Die Außenstelle BB 10 für DDR-Reisespionage war als – inzwischen aufgelöstes – Reisebüro Touro John Center in Bremen getarnt. Während die Politik der DDR und der südliche Militärbezirk V von Pullach und einigen benachbarten Außenstellen aus aufgeklärt wurden, residierte die UA 12 D DDR-Mil Nord in Bremen.

Demgegenüber war für die UdSSR und Polen jeweils nur ein Referat zuständig (12 E und F), während zwei weitere Referate die ČSSR und Ungarn (12 G) bzw. alle Balkanstaaten (Bulgarien, Rumänien, Jugoslawien, Albanien, 12 H) abdeckten.

Der Zusammenbruch des Warschauer Vertrags und die deutsche Vereinigung erlaubten es den Militäraufklärern der NATO, sich nunmehr beim Ex-Feind NVA selbst ein Bild über die Qualität ihrer Feindlagebeurteilung in der DDR zu machen. Völlig unterschätzt hatten sie nicht nur die Munitionsvorräte des potentiellen Gegners, sondern auch das geheime Militärstraßennetz in der DDR. Entsprechend herb fiel die Kritik eines britischen Nachrichtendienstlers aus: Wenn man nicht soviel Geld in die elektronische und die Satellitenaufklärung gesteckt hätte, sondern ebenso viele zivile LKW-Fahrer mit Erkundungsaufträgen in den Osten geschickt hätte, wie die Warschauer Vertragsstaaten es umgekehrt getan hatten, wäre der Wissensstand erheblich besser gewesen.[3]

Das war eine Anspielung auf die Praxis des MfS, einzelne Kraftfahrer der DDR-Spedition Deutrans zur Aufklärung von Militäranlagen und anderen kriegswichtigen Objekten einzusetzen, wozu diese zum Teil erheblich von ihren Speditionswegen abweichen mußten. Doch arbeiteten auch westdeutsche Fernfahrer mit Frachtaufträgen für Abnehmer in der DDR, Polen und Ungarn als Späher, in diesem Fall für Pullach. Sie wurden vom BND eigens geschult, um beispielsweise verschiedene Panzertypen unterscheiden zu können. Ihr Agentenlohn jedoch war eher bescheiden, zwanzig oder dreißig Mark, wenn sie auf Feindfahrt eine Beobachtung gemacht hatten. Einige sowjetische Kampfpanzer oder LKW-Kolonnen ließen sich vom Führerhaus aus immer registrieren, so daß das Nebeneinkommen der BND-Trucker zwar klein, dafür aber regelmäßig war. Überdies hatte der BND auch eine größere Anzahl von DDR-LKW-Fahrern für Ausspähaufträge gewinnen können, die er vornehmlich in der Hansestadt Hamburg anwarb. Doch selbst die Nachfragen der bayerischen Grenzpolizei über beobachtete Truppenbewegungen bei aus Osteuropa heimkehrenden Touristen vermochten nicht genug Mosaiksteinchen zu liefern, um fatale Fehleinschätzungen verhindern zu können. Als Ungarn im Januar 1991 bekanntgab, demnächst würden 100 000 sowjetische Soldaten abziehen, befielen die NATO-Aufklärer Selbstzweifel, hatten sie die Truppenstärke der Sowjets in Ungarn doch nur auf 45 000 angesetzt.[4]

Als weitere wichtige nachrichtendienstliche Kanäle schätzte der BND auch die Wasserstraßen in der DDR ein und führte etwa 30 Binnenschiffer als Agenten, die nach der Benutzung von Transitstrecken ihren Pullacher Betreuern Beobachtungen über Militärmanöver oder Baumaßnahmen mitteilten. Sicherheitshalber meldeten sich die BND-Süßwasserkapitäne bei Ankunft in Westberlin telefonisch bei ihrem Verbindungsführer – regelmäßig abgehört und damit identifiziert von der Funkaufklärung des MfS.

Rein quantitativ war das Informationsaufkommen des BND aus den Transitquellen hoch. Die Sicherheitsweisungen für diese Augenaufklärer wurden vielfach verschärft, da die Spionageabwehr der DDR häufig westdeutsche Transitquellen festnahm, die als selbständige Unternehmer anschließend hohe Schadensersatzansprüche in Pullach geltend machten. Die DDR-Militärstaatsanwaltschaft hatte noch im November 1989 sieben Jahre Haft für den 24jährigen Bundesbürger Peter S. beantragt, der wegen Spionage für den BND in Ostberlin vor Gericht stand. Nach einem Bericht der amtlichen Nachrichtenagentur ADN warf die Anklage dem früheren Steuermann auf einem Binnentankschiff vor, während seiner Fahrten über Elbe und Havel nach Berlin neun Übungsplätze der Nationalen Volksarmee und der sowjetischen Streitkräfte in der DDR für insgesamt 11 000 DM Agentensalär ausgespäht zu haben.[5]

Transit-Agenten suchte der BND Westberlins darüber hinaus

per Zeitungsannonce vornehmlich unter Studenten, die regelmäßig nach Westdeutschland pendelten. Doch das Aufklärungsaufkommen der BAföG-Agenten war offensichtlich nicht so groß, daß der BND damit NATO-Partner beeindrucken konnte.

Richtig voran ging es in der Militäraufklärung erst mit der politischen Entspannung, die den Austausch von Manöverbeobachtern und nach 1988 auch Vor-Ort-Inspektionen zu Abrüstungsverträgen zuließ. In den westdeutschen Beobachter- und Verifikationsteams arbeiteten je ein BNDler und ein Offizier vom Amt für Nachrichtenwesen der Bundeswehr. So ist es nicht verwunderlich, daß nach dem Verschmelzen der beiden deutschen Armeen seit 1991 ein Oberst der Armeeaufklärung der NVA wiederum im Verifikationszentrum der Bundeswehr Dienst tut.[6]

Unter BND-Präsident Hans-Georg Wieck wurde der Leistungsdruck zur Rekrutierung neuer menschlicher Quellen in der DDR nachhaltig erhöht. Das bestehende Agentennetz erschien dem ehrgeizigen BND-Chef unzulänglich: »Der BND hat aus diesem Grunde gezielte Maßnahmen konzeptioneller, struktureller und personeller Art eingeleitet, um die Agenturarbeit qualitativ zu verbessern. Diese Maßnahmen beinhalten vor allem:
– die Umstrukturierung agenturführender Dienststellen des BND,
– die Erweiterung der strukturellen und personellen Basis zur Verstärkung der Angriffe gegen das MfS,
– die Verstärkung der vom Territorium Westberlins ausgehenden agenturischen Angriffe. Eine wesentliche Ursache für die sich beim BND abzeichnenden Veränderungen ist in den wirksamen operativen Maßnahmen des MfS gegen den BND zu sehen, an denen auch die Diensteinheiten der Linie II (Spionageabwehr, der Verf.) einen wesentlichen Anteil haben. Hervorzuheben sind dabei mehrere gezielte offensive Maßnahmen gegen hauptamtliche Mitarbeiter des BND sowie die seit 1985 erfolgten Festnahmen bzw. die Entlarvung einer ganzen Reihe von BND-Spionen. Das führte zu einer erheblichen Verunsicherung in der Zentrale und in agentursteuernden Dienststellen des BND.

So konnte in beispielhafter Zusammenarbeit der Diensteinheiten der Linie II und XIX (Verkehr, Post, Nachrichtenwesen, der Verf.) in der Aktion ›Perspektive‹ das Agenturnetz des BND unter DDR-Kraftfahrern im grenzüberschreitenden Verkehr vollständig enttarnt und somit die Arbeitsfähigkeit der BND-Dienststelle ›Ring‹ weitgehend paralysiert werden.

Diese Schläge des MfS mußten fast zwangsläufig zu internen Überprüfungen im BND führen. In deren Ergebnis erfolgte offenbar die Versetzung mehrerer Agentenführer, um sie dem Blickfeld des MfS zu entziehen. Alle noch nicht vom MfS festgenommenen Agenturen unter dem Kreis der DDR-Kraftfahrer im grenzüberschreitenden Verkehr wurden abgeschaltet, darunter natürlich auch unsere IMB.«[7]

»Die Auftragserfüllung ist fast immer mit aufreibender Kleinarbeit verbunden«, tröstet eine Pullacher Schulungsunterlage die Kärrner an der Aufklärungsfront: »Der Verbindungsführer muß abwägen, ob der Auftrag den Fähigkeiten, Möglichkeiten, Kenntnissen, dem Wissens- und Ausbildungsstand, dem Einsatzwillen und der Sicherheitslage der eingesetzten Person entspricht. Ebenso ist die Abwehrlage im Einsatzland bzw. im Zielobjekt zu berücksichtigen.« Bei der Rekrutierung des aufklärenden Fußvolks in der DDR haben die Westberliner BNDler diese hehren Grundsätze offensichtlich mißachtet: DDR-Bürger, die in Westberlin beim Diebstahl ertappt wurden, gerieten über den Kaufhausdetektiv gleich in die Fänge der politischen Polizei. Von dort wurden sie, wenn es Anhaltspunkte für eine erfolgversprechende Werbung gab, an BNDler weitergereicht. Daß selbst mit Mundraub eine Akquirierung von Spähern möglich war, hing damit zusammen, daß die ertappten DDR-Bürger fürchten mußten, nicht wieder in den Westen einreisen zu dürfen. Häufig hingen bei älteren Menschen von der Erfüllung der Bestellungen ihrer Verwandten der soziale Rang und die familiären Kontakte aber gerade von ihrem Privileg zu Westreisen ab. So rekrutierte der BND eine Rentnerin aus Neuruppin, die fortan, von ihrem Häuschen am Rande des sowjetischen Fliegerhorstes aus, Flugbewegungen und russische KFZ-Kennzeichen notierte. Für diese Listen erhielt sie dann in Westberlin ein zusätzliches Begrüßungsgeld aus Pullach. Was der Besuch der alten Dame an Erkenntnissen brachte, die über die ständige Radarüberwachung des DDR-Luftraums nicht zu gewinnen waren, bleibt Dienstgeheimnis. Eine ähnlich »wertvolle« Quelle hatten auch die Verbindungsführer in Frankfurt/Oder, die jedoch wie ihr Neuruppiner Pendant enttarnt und von der DDR-Justiz mit Gefängnis bestraft wurde. Die »Abwehrlage im Einsatzland« ließ ohnehin nur auf eine begrenzte Überlebensdauer der »nachrichtenfähigen« Rentner rechnen, auf der anderen Seite aber bestimmte sich die Karriere eines BND-Verbindungsführers aus der Menge der akquirierten Quellen und der Höhe des Meldungsaufkommens.

Wie wenig der BND bei der Wahl seiner Quellen auf Qualität achtete, zeigen zwei Festnahmen der DDR-Spionageabwehr, die im August 1988 erfolgten, und ihre Vorgeschichte: »Während seiner privaten Einreisen in die DDR sammelte der Spion im Auftrag des BND Informationen militärischen Charakters in der DDR. Sein hauptsächlichstes Interesse galt dabei zwei Objekten der NVA im Bezirk Rostock sowie der Bau- und Verladetätigkeit im Rostocker Hafen, einschließlich des Militärgüterumschlages. Im Mai 1983 führte der Spion seinen Bruder, der im Rahmen einer Privatreise bei ihm weilte, dem BND zu. Vom Spion war der Geheimdienstmitarbeiter gegenüber seinem Bruder aus der DDR als ›Bekannter‹ ausgegeben worden. Unter aktiver Einbeziehung des Spions, der bei seinem Bruder bestehende Vorbehalte gegen die Spionagetätigkeit zerstreute und aufgezeigte Gefahrenmomente bagatellisierte, wurde auch dieser zur Erkundung militärischer Informationen und deren Übermittlung an den Spion bei dessen Besuchsaufenthalten in der DDR angeworben. Skrupellos nutzte der BND dabei auch die Naivität, Vertrauensseligkeit und den geringen Bildungsgrad – 6. Klasse Hilfsschule – des DDR-Bürgers aus. Daran zeigt sich zugleich der Erfolgszwang, unter dem sich die BND-Mitarbeiter befinden, um neue Spione in der DDR zur militärischen Außenaufklärung zu schaffen.«[8]

Am 3. Juli 1986 erhielt die Ständige Vertretung der Bundesrepublik in Ostberlin eine geharnischte Demarche des DDR-Außenministeriums, das sich dagegen verwahrte, daß der DDR-Rechtsanwalt Edgar Irmscher während beruflicher Aufenthalte in Westberlin sowohl auf offener Straße als auch schriftlich wiederholt kontaktiert wurde, um »ihn unter falschen Beschuldigungen der nachrichtendienstlichen Tätigkeit zur Zusammenarbeit mit dem BND und damit zum Verrat an der DDR zu zwingen«.[9]

Relativ viele angeworbene DDR-Bürger gaben ihre Anwerbung beim MfS zu Protokoll. Das glaubte ihnen die Standardausrede, der Kaufhausdiebstahl sei nur eine böse Finte gewesen, aber nicht und setzte die DDR-Bürger gelegentlich als Quelle für den BND ein. Nicht mit Spielmaterial, sondern mit ausgewählten echten Informationen, um so von Zeit zu Zeit die Interessenschwerpunkte des BND zu erkunden. Da die Treffs der BND-Verbindungsführer mit ihrer DDR-Quelle von Beobachtern des MfS und in Gaststätten zusätzlich mit Mikrofonen überwacht wurden, konnten die Abwehrspezialisten Ostberlins auch sichergehen, daß ihre Lockagenten kein Doppelspiel trieben. Ganz arglos waren die jeweils nach Westberlin eingeflogenen BNDler gegenüber ihren Ost-Agenten allerdings nicht. So konnte ein Hoteltreff schon einmal mit einer rüden Leibesvisitation beginnen, weil man sicherstellen wollte, daß der Agent keine Abhörtechnik am Leibe trug.

Die Frontstadt Westberlin war für den BND eigentlich völkerrechtlich tabu. Mit stiller Duldung der West-Alliierten etablierte er sich jedoch fest in der geteilten Stadt. Vom »Musikarchiv« im Stadtbezirk Steglitz aus operierten fünf bis acht ständige Mitarbeiter des BND, die unter anderem aus der Bundesrepublik eingeflogene Kollegen betreuten.

Neben dieser Vertretung in Berlin hatte der BND eine Filiale in Marienfelde mit sechs bis acht Mitarbeitern. Diese mußten immer dann als Sicherungskommando ausschwärmen, wenn ein BND-Mitarbeiter aus der Bundesrepublik einflog, um einen Agenten zu treffen. Für solche Treffs wählten die eingeflogenen Führungsoffiziere stets Hotels und Gaststätten, im Gegensatz zur Praxis des Westberliner Landesamts für Verfassungsschutz, das für seine Agententreffs konspirative Büros und Wohnungen mit hochkarätiger High-Tech-Absicherung nutzt. Beim Landesamt erklären böswillige Neider des BND diesen Arbeitsstil der Pullacher mit ihrem Hang zu geistigen Getränken: Nicht nur während der Agententreffs sollen viele BNDler auch Hochprozentigem zugesprochen haben, einige erschienen offenbar bereits stark promillermutigt zum Rendezvous mit ihrer Quelle.

Jede von der Bundesregierung erhandelte Reiseerleichterung im innerdeutschen Reiseverkehr wurde vom BND dadurch konterkariert, daß er sie für seine operativen Zwecke ausnutzte. Im zweiten Quartal 1986 z. B. begann der Pullacher Dienst, Personendossiers über Reisende in dringenden Familienangelegenheiten anzulegen. »Die daraus gewonnenen analytischen Ergebnisse veranlaßten den BND bereits 1986, seine agentursteuernden Dienststellen gezielt auf die geheimdienstliche Nutzung dieser Personenkategorie zur Organisation subversiver Angriffe gegen die DDR, insbesondere zur Schaffung neuer Spionagestützpunkte auf dem Territorium der DDR, zu orientieren«, warnte im April 1987 eine Geheime Verschlußsache des MfS. Das MfS-Papier warf dem BND überdies vor, Gründe für Reisen in dringenden Familienangelegenheiten zu fingieren, um neugeworbene Spione auszubilden oder langjährige Spione, die bisher ohne Reisemöglichkeit waren, zu überprüfen.

DDR-Innenminister Peter-Michael Diestel (CDU) trat im September 1990 mit der Behauptung an die Öffentlichkeit, der BND betreibe immer noch Spionage in der DDR. Er wisse, »daß noch immer Agenten des Bundesnachrichtendienstes in Ostberliner Ministerien unentdeckt sitzen«.[10] Da das MfS seit dem 31. März 1990 aufgelöst war, konnte der BND frei in der DDR agieren und einschlägige Informationen aus dem Umfeld von DDR-Politikern gewinnen: Die Gallenstein-Operation beim 77jährigen Honecker in einem Ostberliner Krankenhaus Anfang August 1989 sei abgebrochen worden, weil der Befund »inoperabel« lautete, konnte der BND – in Übereinstimmung mit dem Bulletin der behandelnden Ärzte – nach Bonn berichten.[11]

Auch Wirtschaftsspionage gegenüber der DDR gehörte zum Aufgabenfeld des BND. Im strategischen Bereich war sie darauf gerichtet, die gesamtwirtschaftliche Lage zu beurteilen und Anhaltspunkte für Finanzoperationen zur Schwächung der Planwirtschaft zu finden. VEB-Direktoren wurden auf Messen – zum Beispiel in Leipzig, lieber aber auf Auslandsreisen – von bundesdeutschen Geschäftsleuten ausgefragt, die als reisende Gesprächsaufklärer für Pullach arbeiteten. Noch 1989 liefen gegen mindestens drei hochrangige DDR-Wirtschaftsführer Strafverfahren wegen Spionage, die jedoch nach der Wende nicht weiter verfolgt wurden. Die Planwirtschaft der DDR war insbesondere an zwei Punkten verwundbar: Wenn westliche Bauteile zurückgehalten oder verweigert wurden, so daß ganze Fertigungslinien mit 90 Prozent DDR-eigenen Bauteilen nicht zum Abschluß gebracht werden konnten; oder wenn Produkte, die in der RGW-Arbeitsteilung von Ungarn oder der ČSSR eigentlich für das sozialistische deutsche Bruderland bestimmt waren, gegen harte Devisen in den Westen gegangen waren. Die anschließende Versorgungskrise durch das Fehlen dieser Artikel in der DDR trug zur politischen Destabilisierung bei und zeitigte dann wiederum so entscheidende Politbüro-Beschlüsse wie die Renationalisierung der Schnürsenkelproduktion.

Der Ex-Spionagechef der DDR, Markus Wolf, gibt in seinen sehr allgemein gehaltenen Berichten über die Wendezeit zum besten, daß er im Juli 1987 in Moskau vom Gorbatschow-Vertrauten Valentin Falin erfuhr, »daß die Westdeutschen Veränderungen im Hinblick auf die nationale Einheit mit langem Atem betreiben würden. Ein westdeutscher Politiker habe ihm gesagt, sie könnten die DDR innerhalb von zwei Wochen destabilisieren, wenn sie es wollten.«[12]

Diese Weisheit, für die Wolf Falin bemüht, war ihm selbst Mitte der 80er Jahre längst bekannt, ebenso wie die Tatsache, daß es selbst konservativen Politikern, wie Franz Josef Strauß, eben nicht darum ging, die wirtschaftlich desolate DDR zu destabilisieren, sondern vielmehr darum, zu Zeiten unberechenbarer Moskauer Reaktionen auf eine solche Strategie den anderen deutschen Staat selbst um den Preis großzügiger Kredite zu stabilisieren.

Als zu Beginn der 80er Jahre das Kriegsrecht über Polen verhängt wurde und das Gespenst einer sowjetischen Intervention über dem Jaruzelski-Staat schwebte, fingen die Funkaufklärer des MfS Informationen über die Lagebeurteilung in Pullach auf. Hardliner des BND frohlockten: Nun endlich seien die politischen Voraussetzungen gegeben, durch eine Wirtschaftsblockade des gesamten Ostblocks das System des Warschauer Vertrags zum Einsturz zu bringen. Nach nur sechswöchigem Embargo würden die Staatswirtschaften im RGW aus Mangel an Devisen und Rohstoffen einen Kollaps erleiden. Analytiker des westdeutschen Nachrichtendienstes jedoch, die in Betracht zogen, was danach an Instabilitäten in ganz Osteuropa als Bedrohung auf den Westen zukäme, setzten sich schließlich mit ihren Warnungen durch, daß eine solche Destabilisierung für den Westen ein Pyrrhussieg wäre.

Wirtschaftsspionage wurde nicht nur betrieben, um ein Gesamtbild der DDR-Wirtschaft zu erhalten, sondern auch direkt gegen Kombinate und Betriebe – insbesondere der Rüstungsindustrie – eingesetzt. So schickte der BND zu Beginn der 80er Jahre einen Bundesbürger zu einem Verwandten in die DDR, der beim VEB Mikroelektronik in Erfurt beschäftigt war. Jahrelang konnte der liebe Onkel aus dem Westen über seinen Informanten und unfreiwillige Subinformanten die Produkte der DDR-Mikroelektronik überwachen. Offensichtlich ging es ihm auch darum zu erfahren, welche Ergebnisse des Bereichs Technikspionage der HVA in die DDR-Produktion einflossen. Schließlich übernahm der BND den DDR-Bürger direkt als Quelle, und sein Westverwandter fungierte nur noch als Kurier. 1988 aber mußte Pullach die Quelle in Erfurt abschreiben, weil sie der Spionageabwehr der DDR in die Hände gefallen war.

Solche Verwandtenausnutzung, die mitunter auch ohne Wissen der Betroffenen geschah, war ein für die Abwehr der DDR höchst problematischer Bereich, da die Grenze zwischen echtem persönlichem Interesse und nachrichtendienstlichem Auftrag fließend war, und die Tätigkeit für den Geheimdienst ohne zusätzliche Indizien auch kaum belegbar. In zahlreichen Prozessen vor dem Militärobergericht der DDR in Ostberlin wurde die Tarnung der Spionagetätigkeit von BNDlern als Verwandtenbesuch in der DDR dennoch häufig deutlich.[13]

Von besonderem Interesse für die Wirtschaftsspionage des BND in der DDR war das Imperium des MfS-Obristen Alexander Schalck-Golodkowski, weil dort von Einblicken in die Devisensituation der DDR bis hin zu Waffenexporten eine Vielzahl nachrichtendienstlich relevanter Informationen abzuschöpfen war. Doch auch zum Thema »Parteienfinanzierung der DKP« war die Schalck-Holding eine ergiebige Quelle.

Das eigentlich nicht für die Plazierung von Agenten im Ausland zuständige Bundesamt für Verfassungsschutz hatte im Einvernehmen mit dem BND in zahlreiche Tochterfirmen des KoKo-Imperiums Informanten gesetzt, darunter die Quelle »Glasschüssel«, einen »hohen Funktionär im Außenhandel«, wie die Presse berichtete. Tatsächlich war die Quelle »Glasschüssel« ein Oberst des Ministeriums für Staatssicherheit. Oberst Eberhard Lehmann – MfS-Spitzname »Der Operetten-Oberst« – war jedoch erst Ende 1989 als Selbstanbieter zum BfV übergelaufen.

Der BND selbst glaubte, das KoKo-Imperium Alexander Schalck-Golodkowskis fest im Griff zu haben, weil zwei Innenquellen regelmäßig aus dessen Zentrum berichteten. Die dem Untersuchungsausschuß des Deutschen Bundestages zugeleiteten BND-Berichte zu KoKo sind im Vergleich zu dem Ex-DDR-Material aber eher dürftig. Das enthielt nämlich nicht nur neue Fakten über KoKo für den BND, sondern auch zwei bemerkenswerte Reisekostenabrechnungen zweier MfS-Offiziere. Denn die beiden KoKo-Manager des MfS waren auf Dienstreise nach London geschickt worden, zum Treff mit dem BND-Verbindungsführer, dem sie über Schalcks Imperium regelmäßig soviel berichteten, daß der Pullacher Wissensdurst gestillt wurde und dabei analysierbar blieb.

Nach Angaben des Bundesfinanzministeriums hatte der BND nichts Bedeutsames über die Aktivitäten des von Alexander Schalck-Golodkowski geleiteten Bereich »Kommerzielle Koordinierung« (KoKo) zutage fördern können. »Es war ein fruchtloses Unternehmen, den BND einzuschalten«, sagte der Parlamentarische Staatssekretär Joachim Grünewald (CDU) vom Bundesfinanzministerium im Oktober 1991 vor dem Schalck-Ausschuß des Bundestages.[14] Im August 1991 hatte das Bundeskanzleramt erklärt, Teile der BND-Unterlagen über den Bereich KoKo seien als »Geheim« eingestuft, um Quellen des BND zu schützen.[15] Die vom BND so geschützte Quelle heißt Günter Herb und war Chef der Außenstelle der INTRAG in Lugano, eines Mailänder Tochterunternehmens im KoKo-Imperium. Über die INTRAG lief ein wesentlicher Teil des Geldtransfers in die Schweiz. Der BND-Agent Günter Herb müßte also wesentlich zur Klärung einer der brennendsten Fragen des Untersuchungsausschusses des Deutschen Bundestages beitragen können, nämlich wo die verschwundenen Gelder Alexander Schalck-Golodkowskis gelandet sind. Der INTRAG-Chef und seine BND-Verbindungsführer enthalten dem Untersuchungsausschuß somit nicht nur Informationen vor, sondern versperren möglicherweise auch den Weg zu etlichen Millionen in westlicher Währung. Mit welchem Recht und mit welcher Absicht schützt Pullach seine Quelle Günter Herb, deren nachrichtendienstlicher Auftrag doch mit dem Erlöschen der INTRAG erledigt ist?

Als weiteren BND-Agenten im KoKo-Netz führte der BND Arthur Schuster, von 1973 bis 1980 Leiter der Kunst- und Antiquitäten GmbH, den seine Sekretärin und spätere Frau, eine von Witzleben, für den BND gewann. Arthur Schuster-Witzleben lebt heute 59jährig in Süddeutschland.

Die Bundestagsabgeordnete Ingrid Köppe vom Bündnis 90 warf BND und Verfassungsschutz im Oktober 1992 vor, dem Untersuchungsausschuß des Deutschen Bundestages auch nach der Wende Informationen von mehr als einem Dutzend hochrangiger Quellen aus dem KoKo-Bereich vorzuenthalten. Hingegen würden frühere SED-Kader, die für die westdeutschen Geheimdienste gearbeitet hätten, heute an führender Stelle in der Treuhandanstalt sitzen oder hätten profitable KoKo-Firmen weit unter ihrem Marktwert erhalten. Die frühere DDR-Bürgerrechtlerin beklagte insbesondere, daß die illegale Finanzierung der DKP vielfach durch Geldkuriere geschah, die BfV und BND nicht nur bekannt waren, sondern in deren Auftrag arbeiteten.[16] Im November 1992 haben Kanzleramtsminister Schmidbauer und BND-Chef Porzner dem Untersuchungsausschuß die Einsicht in die von MfS-Oberst Schalck-Golodkowski dem BND gegenüber gemachten Aussagen erneut verweigert und die Glaubwürdigkeit des BND gegenüber Informanten für vorrangig erklärt, auch wenn dadurch einem mit gerichtlichen Kompetenzen ausgestatteten Organ des Bundestags die Wahrheitsfindung erheblich erschwert oder unmöglich gemacht wird.[17]

Die Aufklärung gegenüber den Marinestreitkräften der Warschauer Vertragsstaaten bedeutete für den BND Dauerpriorität mit vorrangigem Einsatz seiner Kapazitäten. Dazu verfügte die Unterabteilung Ostblock über ein eigenes Referat (12 J), das bis zum Juni 1987 unter der Deckung eines Amts für See- und Schiffahrtswesen in der Hamburger Eiffestraße vornehmlich die Ostsee ins Visier nahm. Im Juli 1987 wurde diese Außenstelle der maritimen Aufklärung unter Leitung eines Marineoffiziers, Deckname Rabe, nach Bremen verlegt. Hauptauftrag von 12J war es, die Hafenkapazitäten der sozialistischen Ostseeanrainerstaaten auszuforschen, und zwar primär die Häfen Rostock und Stettin, Danzig, Kaliningrad, Riga, Tallin und Leningrad.

Dazu heuerte der BND Fahrensleute an, nicht unbedingt nur Deutsche, die mit der Kamera Aufnahmen von Hafenanlagen machen sollten. Der von einer Schiffsmaklerfirma in Lübeck als Aushilfskapitän angestellte Bundesbürger Johannes Wenzel wurde im Dezember 1973 von einem polnischen Militärgericht in Stettin zu zehn Jahren Gefängnis wegen Spionage verurteilt. Die Fotoaufklärung polnischer Häfen, so gab Wenzel vor Gericht an, habe er nicht wegen des Agentensalärs von DM 50,– pro Film bzw. DM 25,– pro Information betrieben, sondern weil der BND ihm gedroht habe, bei Verweigerung der Kooperation auf die Auflösung seines Arbeitsverhältnisses hinzuwirken.[18] Im April 1980 verurteilte dasselbe polnische Militärgericht den Bremer Kapitän Ingo Wagener wegen Spionage und versuchtem Menschenhandel, weil er mit seiner Jacht nicht nur den Hafen Danzigs ausgespäht hatte, sondern im September 1979 auch eine Gruppe von DDR-Bürgern in den Westen bringen wollte.[19]

4 Weiter nach Osten

Die auf die UdSSR und den Donauraum angesetzten BND-Referate operierten vielfach von Außenstellen in München aus, für die ČSSR war beispielsweise eine Dienststelle in der Landwehrstraße zuständig. Unter wechselnden Adressen wie »Amt für Schadensabwicklung«, »Bundesvermögensverwaltung, Abt. Sondervermögen«, »Bundesvermögensverwaltung, Studienstelle für Auslandsfragen« oder »Institut für zwischenstaatliche Wirtschaftsfragen« war in der bayerischen Landeshauptstadt stets eine größere, wenn auch ständig variierende Zahl von BND-Außenstellen aktiv. In der alten Bundeshauptstadt selbst und im benachbarten Köln hatte der BND darüber hinaus Außenstellen unter Tarnadressen wie »Bundesvermögensverwaltung, Abt. Sondervermögen – Bonn«, die wie die BND-Dienststellen in der Bonner Fritz-Schäfer-Straße bzw. in der Kölner Tiberiusstraße dem Auge der Dienste der WVO-Staaten nicht verborgen blieben. Von Köln und Bonn aus wurde die Anbahnung[1] von Botschaftspersonal der WVO-Staaten betrieben, wobei das Hauptinteresse der UdSSR galt.

Nach dem Schwerpunkt DDR rückte in den 80er Jahren zunehmend die Sowjetunion im Pullacher Prioritätenkatalog auf. So wurde die Auslandsresidentur in Wien nicht mehr von der Unterabteilung 12 H (Balkanstaaten) geführt, sondern ging in die Verantwortung der für die UdSSR zuständigen Unterabteilung 12 E über.

Die Regierungsdirektorin beim BND, Dr. Gabriele Gast, war zugleich 20 Jahre lang, davon 17 Jahre in Pullach, die Quelle »Gisela« des MfS. Als Sachbearbeiterin im Sowjetunion-Referat seit 1974 hat sie unter anderem als Mitarbeiterin bei der Analyse der Gesamtlage von 1983 bis 1987 und anschließend als stellvertretende Leiterin des Sowjetunionreferats bis März 1990 nicht nur Details aus ihrem jeweiligen Arbeitsbereich an den ostdeutschen Dienst übermittelt.

Die Liste der nach ihrer Festnahme in den Pullacher Diensträumen sichergestellten Schriftstücke zeigt, daß allein schon diese eine Quelle soviel aus dem Innenleben des BND an das MfS verraten hat, daß seine Einstufung als »geheimer« Auslandsnachrichtendienst paradox anmutet: »Aufstellung von BND-Angehörigen des höheren Dienstes mit Klar- und Decknamen; Schriftstück über ›organisatorische Veränderungen‹ im BND; Liste aller BND-Residenten im Ausland mit Klar- und Decknamen; Residenturen des BND und seiner Partnerdienste; Abteilungs-Codes des BND und der US-Geheimdienste; Verbindungsstellen in den Bundesländern; Planskizzen von BND-Objekten«[2] etc. Da Gabriele Gast zum Zeitpunkt ihrer Festnahme kein belastendes Material mehr in ihrem Pullacher Dienstzimmer aufbewahrte, muß diese Liste auf einer Rekonstruktion dessen beruhen, wozu sie offiziellen Zugang hatte; noch nicht berücksichtigt ist also, worin sie überdies Einblick nahm.

So sind über Jahre und Jahrzehnte hinweg die Analysen des BND von Wirtschaft, Politik und Rüstung der Staaten des Warschauer Vertrags, ebenso wie die der Innenpolitik, der Raumfahrtprogramme und der Rüstungskontrollverhandlungen dieser Staaten direkt in die Ostberliner Normannenstraße gewandert; außerdem Studien zur Ostpolitik des Vatikans, westliche Aufklärungsergebnisse über das Firmenimperium des Schalck-Golodkowski und CIA-Berichte zum westdeutschen Engagement im Irak.

Als der damalige Bundeskanzler Willy Brandt 1971 als Privatgast des sowjetischen Staatspräsidenten Breschnew in Oreanda auf der Krim weilte, soll ihn sein sowjetischer Gastgeber gewarnt haben, die gegen Polen arbeitende Kölner Außenstelle des BND müsse mit einer scharfen Reaktion auf ihre Arbeit rechnen. Seinen Nachrichtendienst – so wird Breschnew zitiert – habe er zwar in dieser

Hinsicht unter Kontrolle, aber eine Gewähr für die polnischen Freunde könne er nicht übernehmen. Wenig später wurde die Außenstelle CA 30, die ihren für den Osten bedrohlichen Erfolg überwiegend der hohen Zahl von »Selbstanbietern« aus Polen verdankte, verlegt.

Offensichtlich konnte Breschnew den polnischen Geheimdienst zügeln, doch nur so lange, wie in Bonn eine sozialliberale Bundesregierung am Ruder war. Ende 1981 erschien in der Zeitung des DDR-Außenministeriums *horizont* ein Artikel über »CIA und BND als Organisatoren der Konterrevolution in Polen«, der nicht nur mit drei faksimilierten BND-Papieren aufwartete, sondern auch mit einem vollständigen Dossier über die auf Polen gerichtete Tätigkeit zweier BND-Dienststellen in München und Köln, darunter »eine Dienststelle des BND in München 21, Elsenheimer Straße 59. In den oberen Etagen dieses mehrstöckigen Bürohauses residieren mehrere BND-Dienststellen. Hinter der offiziellen Tarnbezeichnung ›Bundesverwaltungsamt, Köln, Abteilung IV, Außenstelle München, Auslandsgebührenstelle‹ verbirgt sich das BND-Objekt ›Forum‹. Hier hat u. a. das BND-Referat ›Emigration‹ in der IV. Etage seinen Sitz, eine jener BND-Dienststellen, deren subversive Tätigkeit vorrangig gegen die VR Polen gerichtet ist. Das BND-Referat ›Emigration‹ leitet der 53 Jahre alte Dr. Diethelm Keil (BND-interne V-Nr. 40194) alias ›Dr. Wernberg‹ alias ›Dr. Klein‹. Keil gehört im BND zu den Kreisen, auf die die CDU/CSU besonders baut. Er ist seit 1962 Mitarbeiter des BND. ... Gemeinsam mit den Mitarbeitern des Referates unterhält Dr. Keil ein weitverzweigtes Agentennetz unter im Exil in westeuropäischen Staaten und in den USA lebenden Emigranten aus Bulgarien, Rumänien, Polen, der ČSSR, Ungarn und der UdSSR. Die Agenten und Kontaktpersonen dieses BND-Referates sind an besonders ergiebigen und bedeutsamen Positionen in polnischen Exilkreisen u. a. in London, an Universitätsinstituten von Oxford und Sussex, in Rom (mit Verbindungen zum Vatikan), in New York, in Stockholm, in Brasilien, in der Bundesrepublik sowie in Kanada placiert. «[3]

Die »Knotenpunkte des Komplotts« ortet der Autor in Rio de Janeiro, Rom, Paris, London und Stockholm jeweils unter Nennung der beteiligten BND-Mitarbeiter und Agenten mit Klar- und Decknamen. Das häufige Zitieren interner Dokumente aus Pullach bis hin zu den Zahlungsbelegen in dieser DDR-Zeitschrift macht deutlich, daß hier Akten des MfS zugrunde lagen, die von einer Quelle mit direktem Zugang zu den Materialien des Dr. Keil gespeist worden waren. Innerhalb von 14 Tagen löste der BND die offengelegten Dienststellen auf, nicht jedoch jene, die der *horizont*-Artikel nur als »Kölner Führungsstelle unter BND-Oberst Baltutis, Deckname Utrecht«, ohne Adresse bezeichnet hatte. Offensichtlich hegte man in Pullach die Hoffnung, daß die bis gegen Ende der 80er Jahre wirkende BND-Außenstelle in der Kaserne Butzweiler Hof unerkannt geblieben war. Das war sie zwar nicht, aber zum einen fanden solche Aufklärungsgefechte im Kalten Krieg mit kontrollierter Eskalation statt, und zum anderen enttarnten gegnerische Nachrichtendienste ihnen bekannt gewordene Dependancen des BND nur im Ausnahmefall, weil die fortlaufende Beobachtung für sie in der Regel ertragreicher war. Die Arbeit der Außenstellen der Referate 12 F (Polen) und 12 E (UdSSR) vom Butzweiler Hof in Köln aus stieß stets auf das besondere Interesse des polnischen Geheimdienstes, der so nicht nur die Stamm-Mitarbeiter in Köln ausmachen konnte, sondern auch deren nachrichtendienstliche Verbindungsleute in Polen und anderen WVO-Staaten.

Mit der Überwachung des Raums Köln durch die WVO-Dienste konnten die Deutsche Welle und der Deutschlandfunk gleich mit ins Visier genommen werden, wo regelmäßig BNDler als Journalisten getarnt arbeiten und wo – ebenso wie im Bundespresseamt – verbrannte Agenten ihr Auskommen finden. Im Fall der Spionage-Sekretärin Renate Schröter fungierte ein Korrespondent des Deutschlandfunks sogar als Ausschleuser. Er wurde aus Polen ausgewiesen und ging dann, nicht nur im Auftrag seines Senders, nach Madrid, bevor er im Bundespresseamt landete.

Die Spionagetätigkeit des BND gegen Polen wurde auch nach dem Ende des Ost-West-Konflikts, überwiegend mit denselben Agenten, fortgesetzt. So verurteilte ein polnisches Militärgericht erstmals in der nachkommunistischen Ära im April 1992 einen Polen wegen Spionage für die Bundesrepublik auf militärischem, politischem und wirtschaftlichem Gebiet von 1987 bis zu seiner Festnahme 1991 zu sieben Jahren Haft.[4] So selbstverständlich wie es scheinen mag, ist die Fortsetzung der Spionage nach dem Wandel der WVO-Staaten zu osteuropäischen Reformdemokratien nicht. Ungarn zum Beispiel hat sich im Januar 1990 offiziell für die jahrzehntelange Spionage gegen die NATO-Staaten entschuldigt. Nacheinander wurden der deutsche Botschafter Alexander Arnot und der US-Botschafter ins ungarische Außenministerium gebeten, um dort die Beteuerung zu hören, daß Ungarns neue Regierung die »irrige Politik der ehemaligen militärischen und politischen Leitung« verurteile.[5]

Um das Netz der geheimen BND-Außenstellen zu betreuen, muß die Unterabteilung 11 viele verschlungene Wege gehen. Das Objekt »Labyrinth« in München beispielsweise (11 B = Überregionale Aufklärung Wirtschaft, Technik und Wissenschaft) ist auf eine enge Zusammenarbeit mit dem »Sachbearbeiter Schein- und Tarnfirmen im Raum München und Ostbayern« angewiesen, dessen Tätigkeitsbeschreibung die ganze Mühsal der konspirativen Abdeckung einer BND-Außenstelle verdeutlicht:
- »Laufende Gespräche mit Referaten/Führungs- und Außenstellen zur Abstimmung der bei 11 CC gegebenen Möglichkeiten einer operativen Unterstützung mit den von den beschaffenden Stellen vorgetragenen Forderungen, insbesondere über Bereitstellung von Legenden, Geldschleusungen, Objektabdeckungen, FS-Abdeckungen, Personenabdeckungen; Vorschläge zur Errichtung neuer und Nutzung bestehender Schein- und Tarnfirmen für Zwecke der Anbahnung und Einsatzführung, insbesondere unter Berücksichtigung der von den Ref/FüSt und ASt geplanten nachrichtendienstlichen Aktionen im In- und Ausland; Anbahnung von Beschaffungshelfern als Geschäftsführer in Schein- und Tarnfirmen;
- Errichtung, Führung und Auflösung von Schein- und Tarnfirmen:
  Entwerfen von Verträgen unter Berücksichtigung des nachrichtendienstlichen Zwecks der Firma und ihres äußeren Erscheinungsbildes; Führen von Verhandlungen mit Notaren, Gerich-

ten und Behörden; Entwurf und Abwicklung des kaufmänni-
schen und Legendenschriftwechsels; Auftreten als Geschäftsführer von Schein- und Tarnfirmen.

– Anbahnung und Führung von Beschaffungshelfern als Deckadressen, Fernruf-/Telexstellen und operativen Kurieren im
Raum München für den Bedarf des Sachgebiets 11 CC.

– Einrichtung und Führung von Firmenkonten bei Postscheck-
ämtern und Banken im In- und Ausland zur Durchführung des
Firmenzahlungsverkehrs und von Geldschleusungen; Festlegung der Schleusungswege des termingebundenen Firmenzahlungsverkehrs; Steuern, Beiträge, Mieten, Gehälter an hauptamtliche Mitarbeiter; Vergütungen der Beschaffungshelfer.

– Beratung der Ref/FüSt und ASt für den Einsatz der Konten der
Tarn- und Scheinfirmen zu Geldschleusungen an: Quellen (im
In- und Ausland), Residenturen, Festlegung der Schleusungs-
wege unter Beachtung der Grundsätze der op. Sicherheit
(Schaffung von Schleusungen über mehrere inländische oder
ausländische Konten zur Tarnung der Verbindung zwischen
Zahlendem und Empfänger).

– Bearbeitung aller Angelegenheiten für konspirative- und
Legendenwohnungen; ständige Prüfung der Beschäftigungs-
verhältnisse von operativem Hilfspersonal auf weitere Notwendigkeit ggf. Vorschlagen der Abschaltung.«

Solche Dienststellen zur »Unterstützung der Nachrichtenbeschaffung« befinden sich nicht nur in München, sondern mit
Zuständigkeit für bestimmte Schwerpunktregionen auch in anderen Großstädten wie Köln. Mit der Enttarnung von Agenten des
BND fliegen zugleich die Tarnfirmen auf, während den BND nur
beherbergende normale Unternehmen häufig aufgrund der Verär-
gerung des Gastlandes wirtschaftliche Einbußen erleiden.

Bis zu seiner Festnahme in Rumänien 1979 war der Angestellte
einer Stahlexportfirma aus einer westfälischen Kleinstadt als Tipper – so der Pullacher Fachbegriff für Lieferanten von Hinweisen
auf zukünftige Quellen – für den BND tätig. Die meisten dienstlichen Pflichten, insbesondere Vertragsabschlüsse mit Vertretern
von Firmen aus sozialistischen Ländern, erledigte ein Kollege für

ihn, der über die Tätigkeit seines Kollegen für den BND ebenso informiert war wie über die Tatsache, daß der Kaufmann gleichzeitig auf der Gehaltsliste der CIA stand. Da der BND-Tipper immer mehr Geld brauchte, nahm er schließlich auch Aufträge für das Bundeskriminalamt in Wiesbaden an. In Rumänien wurde er wegen Spionage zu einer langjährigen Freiheitsstrafe verurteilt. Er gestand seine Tätigkeit, nannte Namen und gab Informationen über die Arbeit des BND und der CIA preis. Nach der Verbüßung eines Teils seiner Haftstrafe wurde er ausgetauscht. Doch selbst einige Gefängnisjahre hatten ihm seinen Traumberuf nicht verleiden können. Inzwischen Inhaber einer Handelsfirma, nahm er erneut Kontakt zum BND auf und versuchte, seine nachrichtendienstliche Tätigkeit fortzusetzen.

Der spätere Präsident des Verfassungsschutzes, Dr. Richard Meier, bezeichnete als BND-Abteilungsleiter der Abteilung 1 seine Anbahner offen als Tagediebe. Ende der 80er Jahre verfügte der BND über etwa 170 Anbahner, von denen mehr als 100 auf den Bereich »Sowjetblock« angesetzt waren. Es gibt Anbahner im gehobenen Dienst – Vorbildung: Hochschulreife und eine dreijährige Ausbildung an der Fachhochschule des Bundes und des BND – und Anbahner des höheren Dienstes, die von der Bundeswehr oder einer Universität kommen. Während die KGB-Zentrale in Berlin-Karlshorst knapp 100 Spione auf den BND und seine Einrichtungen angesetzt hatte, waren im westdeutschen Geheimdienst nur etwa 30 Anbahner im Bereich Gegenspionage tätig.

Die Aufgabe dieser »Tagediebe« liegt darin, einen Tip aus der Unterabteilung Zentrale Aufgaben (11) dahingehend zu prüfen, ob er für ihren regionalen oder thematischen Aufgabenbereich erfolgversprechend scheint. Auf der Basis eines vom Sachgebietsleiter genehmigungspflichtigen Operationsplans versuchen die Anbahner ihre zukünftigen Quellen vom beiderseitigen Nutzen einer Zusammenarbeit zu überzeugen. Die Basis dieser Zusammenarbeit kann sowohl ideologisch motiviert sein als auch eher materiell orientiert. Vom Bargeschäft über die Überweisung auf ein Schweizer Nummernkonto bis hin zur Förderung wirtschaftlicher Firmeninteressen im In- und Ausland bietet der BND ein weites Spektrum finanzieller Anreize. Selten nur setzt er auf Erpressung durch kompromittierende Geheimdienstinformationen, weil dies erfahrungsgemäß keine gute Basis für eine dauerhafte und engagierte Zuarbeit der Quellen ist.

BND-Mitarbeiter stellten einem ihrer Tipper Anfang 1980 die Aufgabe, einen Handelsvertreter aus einem sozialistischen Land, der oft zu Verhandlungen in Westberlin weilte, anzuwerben. Im Februar 1980 näherte dieser sich, als Firmenvertreter getarnt, im Hotel BERLIN einem der Besucher, den er von früheren »Wirtschaftskontakten« her kannte, und bat ihn um ein Treffen nach dem offiziellen Essen.

Da er nicht offiziell abgewiesen wurde, entfaltete der BNDler die üblichen Aktivitäten. In dem bekannten Luxusbordell KING GEORG wurden zwei Damen aus Israel ausgewählt und erwarteten den BND-Mann, seine Zielperson und unerwünschterweise weitere Delegationsmitglieder. In intimer Atmosphäre suchte der Tipper eine günstige Gelegenheit, um sich unter vier Augen mit seinem Partner über dessen Ansichten zur internationalen Lage zu unterhalten.

Spesen in Höhe von 1600,– DM mußte der BND für diesen Abend berappen, wenige Tage später zahlte die »Firma« für einen weiteren Bordellbesuch 3000,– DM. An diesem Abend kam zum ersten Mal eine mögliche Zusammenarbeit zur Sprache. Doch erst in einem Hotelzimmer in Mosbach machte der BNDler dann ein konkretes Angebot: Bezahlte Spionagetätigkeit und eine Übersiedlung nach sechs- bis siebenjähriger Zusammenarbeit. Wenn er den BND-Anweisungen folge, versicherte der zur Werbung übergegangene Tipper seiner Zielperson, würde anschließend bereits eine Existenzgrundlage in der Bundesrepublik für ihn vorbereitet sein. Er warnte ihn vor Kontrollen, übergab ihm 1500,– DM als Einstiegslohn und bot ihm zudem die Bezahlung eines Urlaubs in Spanien an. Da aber die Anwerbung vom ersten Kontakt in Berlin an bis zur Kooperationsvereinbarung in Mosbach von der Spionageabwehr des WVO-Landes beobachtet worden war, brachte die Tätigkeit des neu geworbenen Agenten dem BND nur einen von der Gegenseite genau regulierten Nutzen.

Unter derselben Legende tippte der Mitarbeiter Pullachs im Jahre 1980 in Mannheim einen Geschäftspartner aus einem sozialistischen Land und machte ihn mit einem Werber des BND bekannt, der sich »Ernst« nannte. Nach der »Anwerbung« des neuen Agenten erhielt dieser den Decknamen »Golf 48«, später »Golf 16«. Während der langjährigen Zusammenarbeit mit dem BND lieferte »Golf« regelmäßig Informationen über sein Land.

»Ernst« entfaltete die Zusammenarbeit mit »Golf« im großen Stil, was hieß, daß er nicht nur die Hälfte des Agentenlohns für sich behielt, sondern sich auch noch von »Golf« verschiedene Dinge schenken ließ. Seine persönlichen Treffs mit dem Agenten organisierte der BND-Verbindungsführer stets außerhalb der Bundesrepublik, vorrangig in Österreich, was er gegenüber »Golf« damit begründete, daß er kein Vertrauen zur deutschen Spionageabwehr habe. Für die Kollegen im Kölner Bundesamt für Verfassungsschutz fand der BNDler ohnehin nur wenig schmeichelhafte Worte, am häufigsten nannte er sie »eine Herde argwöhnischer Dummköpfe«.

»Golf« hatte neben der persönlichen Verbindung zu »Ernst« über Telefonnummern in München und Bonn sowie über Deckadressen Kontakte zum BND, weitere Informationen in Geheimschrift schickte er unter anderem an Edelgart Tank, Am Taubertsberg 2, in der US-amerikanischen Siedlung in Mainz. Ferner erhielt »Golf« von seinem Verbindungsführer »Ernst« zur Aufzeichnung von Gesprächen mit Personen, an denen der BND interessiert war, ein kleines Tonbandgerät (Nr. 14151). »Ernst« tat, wovor der BND seine Verbindungsführer nachdrücklich warnt, er fraternisierte mit seiner Quelle. Das gegenseitige Vertrauen zwischen »Ernst« und »Golf« ging so weit, daß »Golf« konkrete Angaben über die Arbeit des BND in die Hände bekam, insbesondere über Methoden zur Kontrolle der Finanzen und Handelstransaktionen eines speziellen Exportunternehmens. Damit war »Golf« für seinen eigentlichen Arbeitgeber – einen östlichen Geheimdienst – doppelt wertvoll: Er fütterte nicht nur jahrelang den Pullacher Dienst mit Lappalien oder Spielmaterial und erkundete die Interessenschwerpunkte des BND, sondern vertauschte überdies unbemerkt die Rollen von nachrichtendienstlicher Quelle und Abschöpfer derselben.

Zur nachrichtendienstlichen Anbahnung, aber auch zur Einsatzführung benutzt der BND Schein- und Tarnfirmen, die das Amtsdeutsch der »ND-Begriffsbestimmungen für den Bundesnachrichtendienst« säuberlich unterscheidet: »Scheinfirma (SFA) – Nur zum Schein existierende Firma oder sonstige Institution, deren Name eine nachrichtendienstliche Einrichtung tarnt und die auf keine Weise ihren nach außen hin vorgeschützten (Geschäfts-)Zweck verfolgt. Tarnfirma (TFA) – Firma oder sonstige Institution, deren Name eine nachrichtendienstliche Einrichtung tarnt und die daneben wenigstens teilweise ihren nach außen hin vorgeschützten Geschäftszweck verfolgt.«

Der BND zog selbstgegründete Scheinfirmen stets dem ebenfalls möglichen Einnisten in bestehende Wirtschaftsunternehmen vor, denn dort wird – so fürchtet eine Pullacher Schulungsunterlage – seine Handlungsfreiheit beschnitten: »Falls ein Unternehmer aus der freien Wirtschaft als Beschaffungshelfer mit seinem Klarnamen oder seiner Firma die Legende stützt, muß auf seine Interessen in hohem Maße Rücksicht genommen werden.«

Die Konstruktion von Scheinfirmen und die Nutzung von Tarnfirmen hat Journalisten immer wieder entzückt, weil sich das konspirative Gebaren der BNDler so typisch in ihnen spiegelt. Dem nachrichtendienstlichen Gegner des BND, dem MfS, blieben hingegen selbst Neugründungen nicht lange verborgen, weil dort dieselben bekannten BND-Kuriere ein und aus gingen. Eine so enttarnte BND-Firma meldeten die Aufklärer der HVA überdies gleich ihren Kollegen von der Hauptabteilung III für Funkaufklärung, die dann den Telefonverkehr der Schein- oder Tarnfirma abhörte.

Bei der Konstruktion von Rahmenlegenden waren die Planer in Pullach stets auf der Suche nach glaubwürdigen Tarnungen, und was bot sich für Befragungen zum Zwecke der Anbahnung eher an als ein Meinungsforschungsinstitut? So wurden in der Altbundesrepublik zwei Consulting-Gesellschaften gegründet, für den

Süden die inzwischen stillgelegte »Kontax, Walter Taxmann –
Consulting GmbH, Kiel–München«, eingetragen im Kieler Handelsregister unter der Nummer 1401, vormalig beheimatet in der
Münchner Ainmillerstraße; und für den Norden eine weitere
GmbH in der niedersächsischen Kleinstadt Garbsen, die jedoch
im Großraum Hannover selbst aus Tarnungsgründen nicht tätig
werden darf.

Die vorgedruckte Anmeldungskarte der niedersächsischen
Scheinfirma Helmut-Späth-Consulting (Nr. SN 16481) zeigt, wie
der Meinungsforscher des BND den Kontakt zu potentiellen
Quellen des BND herstellt: »Wir sind eine Beratungsgesellschaft,
die mit wissenschaftlichen Methoden die öffentliche Meinung zu
bestimmten Einzelfragen oder das Markt-/Konsumverhalten der
Bevölkerung, bzw. Bevölkerungsgruppen erforscht. Die Ergebnisse dienen staatlichen und privatwirtschaftlichen Institutionen
zur besseren Beurteilung von Problemen und als Entscheidungshilfen bei der Lösung derselben. Wir versichern: Ihre Angaben
bleiben anonym.« Das einzig Anonyme bleibt jedoch der
BNDler, der für jedes Interview einen neuen, von seinem dienstinternen Decknamen abweichenden Arbeitsnamen inklusive
Deckadresse verwendet, falls er die Zielperson »für persönlich-
private Kontakte gewinnen« will.

Zur Ausbildung am Arbeitsplatz gibt die Abteilung 1 des BND
jährlich zwei bis drei Dutzend »Hinweise Operative Sicherheit«
heraus, bei denen der pädagogische Zeigefinger aus Pullach zur
Rute erstarrt. Sie illustrieren anhand tatsächlicher Begebenheiten
aus dem Alltag der Agenten typisches Fehlverhalten. Im Sommer
1977 belegt der vertrauliche Hinweis Nr. 17, daß auch die forschen
Demoskopen nicht immer fehlerlos agieren, wenn sie ihre Zielpersonen (ZP) ansteuern: »Falsches Verhalten: Ein Interviewer der
SFA-Nr. 5074 (Süddeutschland) fährt mit einem PKW mit Münchner Kennzeichen bei der ZP in Kiel vor und behauptet, freier Mitarbeiter der SFA zu sein. Bemerkung: Das Verhalten ist nicht bran-
chengerecht. Demoskopische Firmen beschäftigen nicht zuletzt
deshalb freie Mitarbeiter, um Reisekosten zu sparen . . .

Wichtig ist auch, daß die für die ZP erkennbar werdenden
Utensilien des Interviewers zur Legende passen. Ein in Hamburg

wohnender Interviewer trägt kaum Anzüge mit Etikett von Hirmer (ein bekanntes Münchner Bekleidungshaus, der Verf.), Hüte von Breiter und benutzt Kugelschreiber von der MAHAG, Feuerzeuge von der Münchner Rück und Taschenkalender von der Hypo-Bank Filiale am Stachus. Eine solche Massierung von Hinweisen auf einen bestimmten Ort macht selbst Gutgläubige stutzig...

Auch SFAs sind schutzbedürftige Instrumente der geheimen Nachrichtenbeschaffung. Sie erhalten bei ihrer Gründung Deckbezeichnungen, die jedoch von vielen Dienststellen nicht oder unter Hinzufügung der Klarbezeichnungen verwendet werden. Ich bitte darauf zu achten, daß diesbezüglich künftig strengere Maßstäbe angelegt werden.«

Die strengen Maßstäbe sind spätestens im September 1981 in Pullach selbst verlorengegangen. Auf der untersten Stufe der Geheimhaltung »VS – Nur für den Dienstgebrauch« nennt schon der Betreff des »Merkblatts für den Interviewer« Deckbezeichnung und Klarnamen der niedersächsischen Demoskopen, bevor es zum eigentlichen Zweck der Meinungsumfragen kommt: »Falls die auf die SFA abgestützte (Interview-)Forschung die Werbungswürdigkeit der ZP ergibt, führt im allgemeinen derselbe Forscher auch die Werbung durch. Als Überleitung zur Klaransprache gibt der Forscher an, nur nebenberuflich (als freier Mitarbeiter) Interviews durchzuführen, hauptberuflich jedoch Angehöriger des BND zu sein. Die Nebentätigkeit erleichtere die hauptamtliche Aufgabe sehr...

Bei Werbungen bzw. Werbungsversuchen ist der betreffenden ZP die Verpflichtungserklärung (...) zur Unterzeichnung vorzulegen. Lehnt ZP die Unterzeichnung ab, muß ihr der Inhalt dennoch zur Kenntnis gebracht werden. Anschließend ist ein entsprechender Kurzvermerk auf der Erklärung anzubringen und das Papier zu den Akten zu nehmen.«

Der BNDler, der sich ein demoskopisches Zubrot verdient – hier scheinen die Legendenschöpfer selbst die Gutgläubigkeit der Zielpersonen überstrapazieren zu wollen.

Der Tragfähigkeit der Legende von Consulting-Gesellschaften gegenüber gegnerischen Nachrichtendiensten mißtrauten die westdeutschen Geheimdienstler und verboten daher strikt, diese Scheinfirmen bei Anbahnungsgesprächen im Ostblock zu nennen. In der Bundesrepublik geworbene Reisequellen, »deren nd-Aufgaben anläßlich von Reisen in den Ostblock zu erledigen sind«, wurden vergattert, »weder bei evtl. Befragungen in Ostblockländern noch bei sonstigen Gesprächen mit In- oder Ausländern zu erwähnen, jemals von einem demoskopischen Institut angesprochen worden zu sein.« Der am 16. August 1985 in Ostberlin wegen Militärspionage zu zehn Jahren Freiheitsentzug verurteilte BND-Agent Günter Maag hielt sich jedoch nicht an diese Weisung. Er gestand beim Militärgericht ein, 1979 von dem hauptamtlichen BNDler »Claus« als Spion angeworben worden zu sein, der sich ihm zunächst als Vertreter eines Meinungsforschungsinstituts genähert habe.[6]

Laut Hinweis Operative Sicherheit Nr. 13/77 des BND sind die Geheimdienst-Demoskopen sogar ins Visier ihrer Kollegen vom Verfassungsschutz geraten. Anstelle der vorgedruckten Anmeldekarten schrieb ein BND-Demoskop einen Legenden-Brief mit der Bitte um ein Expertengespräch. Der fachkundige Empfänger stellte schon anhand der Fragestellung Ungereimtheiten fest und fühlte sich nachrichtendienstlich umgarnt. So landete der Brief über das Landes- und das Bundesamt für Verfassungsschutz »mit spitzen Bemerkungen« wieder beim BND.

5 Quellen sprudeln und versiegen

Reise- oder stationäre Außenquellen bilden die große Mehrheit aller nachrichtendienstlichen Zugänge zu menschlichem Wissen. Der Traum eines jeden Anbahners ist jedoch die hochrangige Innenquelle. »Diese ist ständig in einem Zielobjekt tätig und hat Zugang zu dem dort vorhandenen Informationsbestand«, erläutert eine BND-Schulungsunterlage den nachrichtendienstlichen Wert solcher Agententräume. Die von ehemaligen BND-Mitarbeitern von 1977 bis Mitte der 80er Jahre herausgegebene Hauszeitung setzte einmal einen internen Dialog auf die Witzseite, um die Schwierigkeit des Zugangs zu Innenquellen zu kolportieren: Auf die Frage seines Führungsstellenleiters, wie viele Innenquellen er in diesem Jahr geworben habe, antwortet der Anbahner »Keine«. Der Vorgesetzte schüttelt nachdenklich seinen Kopf und kommentiert: »Also, keine ist für Innenquellen viel.«

Erfolge in der Anbahnung von WVO-Staatsangehörigen – zumal hochkarätigen Zielpersonen – waren sehr selten. Auf dem Territorium der Warschauer Vertragsstaaten selbst war die Anbahnung fast aussichtslos, so daß über Umwege – wie beim Aufenthalt von Bürgern sozialistischer Staaten im westlichen Ausland – eine Kontaktnahme versucht wurde. Insider schätzen die Zahl der erfolgreichen Anbahnungsversuche pro Jahr, je nach Zielland und Tipaufkommen, auf zehn Prozent. Bei 20 aufgegriffenen Tips pro Mann und Jahr erwiesen sich im Schnitt also maximal zwei als brauchbare Quellen. Damit lag das Jahresaufkommen an Anbahnungen bei mindestens 300 neuen Quellen weltweit, davon knapp 200 auf dem Territorium der Warschauer Vertragsstaaten.

Die Wahrscheinlichkeit, daß eine solche nachrichtendienstliche Verbindung in den kommunistischen Machtbereich hinein den gegnerischen Abwehrorganen auffiel, war außerordentlich hoch. »Über kurz oder lang mußte es jeden zweiten oder dritten treffen«, schildert ein BNDler die Verlustquote. Rund sechs DDR-Bürger, die für den BND gearbeitet hätten, seien jährlich enttarnt worden, hieß es dagegen von einem BND-Mitarbeiter in der ARD-Sendung »Bericht aus Bonn« im Mai 1991.[1]

Allein die Auswertung der jeweils im SED-Parteiorgan *Neues Deutschland* veröffentlichten Prozeßberichte gegen BRD-Agenten ergibt aber wesentlich höhere Verlustziffern: Im August 1985 meldete das *Neue Deutschland* die stolze Bilanz der DDR-Spionageabwehr: Vom 1. Januar 1984 bis zum Juni 1985 seien 168 Spione der Bundesrepublik, Verfassungsschutz und BND in der DDR festgenommen worden.[2] Im Dezember 1989 entließ die DDR-Regierung Modrow die letzen 34 wegen Spionage für den BND oder die CIA verurteilten Agenten, darunter mehrere Bundesbürger, ohne Gegenleistung in den Westen.[3]

Bei den Festnahmen durch die Spionageabwehr der DDR rangierte der BND mit durchschnittlich 58 Prozent, 1987 sogar mit 70 Prozent, stets auf Platz 1.

Mit der Etablierung der Ständigen Vertretung der Bundesrepublik in Ostberlin hatte diese die Betreuung der verurteilten BRD-BND-Agenten übernommen. Im Zuge der deutsch-deutschen Annäherung zu Beginn der 70er Jahre sank auch die durchschnittliche Verweildauer verurteilter Agenten in den DDR-Gefängnissen. Zwischen zwei und drei Jahre mußten die Kriegsgefangenen des Kalten Krieges ausharren, bis sie freigekauft oder ausgetauscht wurden.

Abgesehen von Erkenntnissen der Spionageabwehr der WVO-Staaten waren es häufig Fehler der BND-Mitarbeiter selbst, die die Pullacher Agentenzahl dezimierten; Fehler, die bis etwa 1970 häufig langjährige Haftstrafen und danach immer noch einige Jahre Gefängnisaufenthalt zur Folge hatten.

Ein Sicherheitshinweis vom Mai 1985 verdeutlicht, wie gefährlich die Bequemlichkeit von BND-Verbindungsführern (VF) den von ihnen geführten Agenten werden kann, und zwar am Beispiel eines Legalaussiedlers, der während der fast 13jährigen Operationsdauer eine Fülle von Einsatzreisen in WVO-Staaten durchführte: »Die Nachrichtendienstliche Verbindung (NDV) war beschäftigt und wohnte im unmittelbaren Grenzgebiet zum Kommunistischen Machtbereich (KMB) (ca. 6–10 km) und unweit eines Grenzüberganges in den KMB. Im Rahmen der Abschöpfung nach Einsatzreisen wie auch der Schulung für bevorstehende Einsatzreisen fanden im Verlauf der 13 Jahre 154 Treffs statt; hiervon über 140 Treffs (= 95 %) am Wohnort der NDV, davon 104 Treffs ausschließlich in der Wohnung der NDV und weitere 16 Treffs in unmittelbarer Umgebung der Wohnung/Grundstück der NDV. Eine Weisung der Führungsstelle, die bisherige Treffabwicklung in der Wohnung zu ändern und auf Trefflokale außerhalb des Grenzraumes BRD–KMB auszuweichen, wurde nicht eingehalten. Alle weiteren Treffs fanden anhaltend im Grenzraum BRD–KMB statt, die ›Trefffrequenz‹ in der Wohnung der NDV sank nur marginal. Vor oder nach der Treffabwicklung mit der vorgenannten NDV fanden (mindestens) 140 ›Berührungen mit anderen Operationen des BND‹ statt, d. h. Treffs mit weiteren NDVen, AbMAs (Anbahnungsmitarbeiter, der Verf.) bzw. Anbahnungsvorhaben, die bei unprofessionellem Vorgehen des VF zu sicherheitsmäßig bedenklichen Situationen hätten führen können. Dabei handelt es sich um (mindestens) 19 verschiedene NDVen und weitere vier Anbahnungsvorhaben, die somit direkt/indirekt in die vorgenannte Operation ›involviert‹ waren; in neun Fällen um NDVen mit Zielländern im SOWB. «

Die Leichtfertigkeit vieler BNDler beim Treff mit den von ihnen geführten Agenten prangert auch der Hinweis Operative Sicherheit Nr. 4 vom 26. November 1975 an: »Die Auswertung von Pannen, die in der letzten Zeit zu Verhaftungen und Verurteilungen von ND-Verbindungen im SOWB geführt haben, ergibt, daß unsere NDV häufig anhand von Fotografien überführt werden konnten. « Doch die regelmäßigen Belehrungen aus der Zentrale haben den unprofessionellen Schlendrian bei den BND-Verbindungsführern nie ausrotten können.

Ein NDR-*Brennpunkt* im Februar 1992 belegte, daß in der DDR bis 1981 mindestens 47 Männer und Frauen hingerichtet worden sind, die für westliche Geheimdienste gearbeitet haben. Neun von ihnen hatten sich bereits in den Westen abgesetzt, wurden jedoch von Kommandos des MfS zurückgeholt.[4]

»Hingerichtet worden seien selbst Leute, die dem Westen noch gar nichts verraten hatten. Der 1981 in Leipzig durch Genickschuß getötete Werner Teske, ein Untergebener von DDR-Spionagechef Markus Wolf, habe bis zu seiner Verhaftung lediglich Stasi-Material in seiner Waschküche gesammelt. Der Stasi-Offizier Gert Trebeljahr sei Ende 1979 wegen des Versuchs erschossen worden, Kontakt zur Ständigen Vertretung der Bundesrepublik in Ostberlin und zum Westberliner Verfassungsschutz aufzunehmen«[5], berichtet die *Süddeutsche Zeitung* über die »Justiz-Morde«.

Die Opfer der DDR-Strafjustiz waren nicht selten Opfer unprofessioneller Agentenführung des BND. Ein Operativer Sicherheitshinweis Nr. 32 vom 28. Juni 1983 rechnet mit den Rechtfertigungsversuchen von Verbindungsführern ab, deren Verhalten BND-Agenten im MfS das Leben kostete: »Der nachstehend geschilderte Fall liegt schon etliche Jahre zurück. Er ist dennoch von aktuellem Interesse, als jeder VF damit rechnen muß, daß eine Quelle, an deren Echtheit er glaubte, sich als feindgesteuert entpuppen kann.

In den Meldeweg einer seit rd. 12 Jahren tätigen stationären Quelle im Ostblock schaltete sich plötzlich ein Unbekannter ein, der sich alsbald als Fallführer des GND (Geheimer Nachrichtendienst, der Verf.) der vom Gegner überworbenen Quelle entpuppte. Der GND-Fallführer bot auf diesem Wege seine Dienste an. Es gelang, eine Verbindung mit ihm herzustellen, und seine Angaben erwiesen sich als unzweifelhaft echt. Er berichtete nicht nur über die oben erwähnte Quelle, die rd. 12 Jahre lang den führenden Dienst bespielt hatte; er gab auch noch Hinweise auf weitere Verbindungen im Ostblock, die ebenfalls feindgesteuert waren. Die Verbindung zu dem GND-Offizier – einer Quelle von höchstem Wert – hielt nicht sehr lange. Obwohl der gegnerische Dienst zunächst zu täuschen versuchte, wurde bekannt, daß der GND-Offizier verhaftet und wegen Verrats hingerichtet worden war.

Diese tragische Panne hatte ihren Ausgangspunkt in einer bereits zu Beginn der Verbindung erfolgten Maßnahme der führenden Stelle:

Der GND-Offizier hatte in seiner ersten Mitteilung dringend gebeten, ›unbedingt mit der feindgesteuerten Quelle weiterzuarbeiten, da sonst tödliche Gefahr für ihn bestehe‹.

Die feindgesteuerte Quelle wurde aber abgeschaltet.

Die feindgesteuerte Quelle hat 12 Jahre hindurch Erkenntnisse geliefert, die durchaus als ›meldewürdig‹ angesehen wurden. Der Gegner pflegt als Spielmaterial gutes Material zu liefern – jedenfalls in Normalzeiten. Es mußte nicht davon ausgegangen werden, daß sich die Meldungsqualität verschlechtern würde.

Es ging primär nicht um ein Gegenspiel mit der feindgesteuerten Quelle, sondern vorrangig um die Sicherheit des GND-Offiziers, der unter Gefahr für Leib und Leben seine Dienste angeboten und dabei auf die drohende Gefahr hingewiesen hatte.

Es handelte sich nicht darum, einer Quelle, die 12 Jahre im gegnerischen Auftrag gearbeitet hatte, ›durch scheinbares Weiterführen zu helfen‹. Der Gegner pflegt seine eigenen Agenten, solange sie in seinem Sinne tätig sind, nicht einzusperren. Insofern bestand keine Gefahr für den Agenten.«

Der nach der Wende am spektakulärsten aufgerollte Fall eines BND-Agenten, der durch den Dilettantismus Pullachs zu Tode kam, ist der des »Roten Admirals«. Der wegen Alkoholproblemen als führender Mitarbeiter des Militärischen Geheimdienstes der DDR und Leiter der operativen Abteilung 8 1970 entlassene Winfried Baumann nahm im November 1977 über seine neue Lebensgefährtin, die Ärztin Dr. Christa-Karin Schumann, Kontakt zu deren Bruder, dem Heidelberger Medizinprofessor Wolf-Dieter Thomitzek auf, um sich dem BND anzudienen. Im zweiten Anlauf lieferte der Mediziner Weihnachten 1978 in Dresden die nachrichtendienstliche Grundausstattung des neuen BND-Agenten aus, eine Anweisung zum Kauf eines speziellen Radios, um damit nachrichtendienstliche Sendungen zu empfangen, und Chiffrierunterlagen. Mündlich übermittelte er, daß der BND bereit sei, Baumann auszuschleusen und daß BND-Präsident

Klaus Kinkel sich persönlich für den Fall engagiere. Der potentielle Top-Agent galt in Pullach als Chefsache.

Über Funk und durch an Deckadressen gesandte Briefe in Geheimschrift verriet der Mielke-Zögling Baumann die ersten drei von insgesamt acht DDR-Spionen im Militärischen Abschirmdienst der Bundeswehr. Da dem BND offensichtlich nicht bewußt war, daß er es mit einem seit acht Jahren außer Dienst befindlichen Alkoholiker zu tun hatte, übermittelte er seinem Agenten immer neue Beschaffungsaufträge. So fragte er unter anderem an, ob die Sowjetunion in den Konflikt zwischen China und Vietnam eingreifen werde oder DDR-Reservisten eingezogen würden.

Der als Kurier von seinem Verbindungsführer Bierling eingesetzte Horst Hering traf Karin Schumann mehrfach in Berlin und arrangierte für Ostern 1979 erstmals eine Ausschleusung des Paares und der beiden Kinder der Ärztin über Ungarn, die jedoch scheiterte, weil Baumann aufgrund der schlechten Absicherung der Aktion einen Rückzieher machte. Denn die BNDler hatten dem »Roten Admiral« zwar einen perfekten Paß gefälscht, allerdings schlicht den Einreisestempel vergessen, so daß der Paß zur Ausreise aus Ungarn nicht taugte.

Nachdem der erste Versuch mißlungen war, Baumann »aus dem zugangserschwerten Machtbereich konspirativ herauszuschaffen«, sollte ein zweiter Versuch über Polen erfolgen. Doch das MfS hatte das Agentenpaar längst unter Kontrolle, weil einer der mit Geheimtinte geschriebenen Briefe an eine BND-Deckadresse bei einer Routineüberprüfung erkannt, analysiert und weitergeleitet worden war. Durch die Observierung des Postamts kam das MfS der Ärztin und ihrem Lebensgefährten auf die Spur, und MfS-Chef Mielke ordnete die Verhaftung Karin Schumanns und Winfried Baumanns für den 5. Juni 1979 an. Eine Durchsuchung der Wohnung förderte nicht nur ausreichendes Belastungsmaterial und neuerliche Fluchtpläne über Posen zutage, sondern versetzte die DDR-Spionageabwehr auch in die Lage, anstelle des festgesetzten Paars über Funk- und Briefverkehr den Kontakt zum BND aufrechtzuerhalten. Karin-Christa Schumann wurde noch im Gefängnis gezwungen, einen Brief mit Geheimtinte an den

BND zu schreiben, um die Ausschleusung neuerlich abzustimmen. Die Lebensgefährtin Baumanns spielte jedoch weiter doppelt und markierte den Brief mit einem Sicherheitszeichen. Sicherheitszeichen sind im BND-Amtsdeutsch definiert als »zwischen ND-Personen verwendete optisch oder akustisch wahrnehmbare Signale oder sonstige Vorkehrungen, mit deren Hilfe erkannt werden kann, ob die operative Sicherheit gefährdet oder ungefährdet ist. Ein Teil des Sicherungszeichens hat dabei gleichzeitig die Funktion, eine nachrichtendienstliche Handlung zu sperren (Sperrzeichen) oder freizugeben (Freizeichen).«

MfS-Offiziere bemerkten das Sperrzeichen und ließen den Brief in ihrer Fälscherwerkstatt ohne Warnhinweis noch einmal schreiben. Dem BND fiel die Fälschung nicht auf, und so wurde Kurier Horst Hering, Arbeitsname Sissi, mit neuen Ausweispapieren nach Polen geschickt. Er wurde dann am Posener Bahnhof verhaftet und im Einvernehmen mit den polnischen Behörden per Flugzeug nach Ostberlin gebracht. Zu lebenslanger Haft verurteilt, wurde Hering schließlich im Mai 1982 ausgetauscht. Karin-Christa Schumann konnte, obwohl nur zu 15 Jahren Gefängnis verurteilt, erst 1987 von der Bundesrepublik freigekauft werden[6], da ihr Lebensgefährte ihr die Namen von 21 DDR-Agenten im Westen diktiert hatte; und zumindest jene, die der Militärgeheimdienst der DDR nicht aufgrund von Baumanns Meldungen zurückrufen mußte, sollten noch lange weiterarbeiten können.

Abweichend von der Darstellung des *stern* behauptet der *SPIEGEL*, das CSU-Mitglied Hering sei ein Doppelagent gewesen, der vom MfS als IM »Alexander« geführt worden sei.[7] Hering war jedoch nur ohne sein Wissen bei Messebesuchen vom MfS regelmäßig abgeschöpft und so unter einem Quellenvorgang geführt worden. Selbst in der Untersuchungshaft hatte er sich beharrlich geweigert, auf Angebote des MfS zur Zusammenarbeit einzugehen. Wäre der BND-Kurier, der erst nach dreijähriger Haft ausgetauscht wurde, tatsächlich IM gewesen, dann hätte sich nicht MfS-Chef Markus Wolf selbst in Polen das Einverständnis zur Entführung des BND-Kuriers in die DDR einholen müssen.

Der Ex-Fregattenkapitän Baumann wurde nach einem dreitägigen Geheimprozeß am 18. Juli 1980 in Leipzig durch Genickschuß hingerichtet. Nach Informationen der Nachrichtenagentur ADN hatte Erich Mielke ein Gnadengesuch Baumanns an DDR-Staats- und Parteichef Erich Honecker abgefangen. Klaus Kinkel, damals Chef des BND, erklärte über seinen Sprecher, der BND habe keinerlei Möglichkeit gehabt, ihm zu helfen. Die DDR-Seite habe die Behandlung und Verurteilung von Baumann als absolute Geheimsache behandelt. Von der Verurteilung und der »wahrscheinlichen Hinrichtung« Baumanns habe der BND erst viel später erfahren.[8] Diese Schutzbehauptung Kinkels entspricht jedoch nicht den Tatsachen, da DDR-Rechtsanwalt Vogel das Innerdeutsche Ministerium bereits im Januar 1980 über den bevorstehenden Spionageprozeß informiert hatte und drei Monate später das Mandat für Baumann niederlegte. »Für Eingeweihte ist damit klar, daß der ehemalige Fregattenkapitän des Todes ist«[9], erläutert DER SPIEGEL im Herbst 1992.

Nach eigenem Eingeständnis hat der Fall Baumann den damaligen BND-Präsidenten Klaus Kinkel »saumäßig geschlaucht«,[10] und dazu gab es auch allen Grund; schließlich hatte der Dilettantismus des Dienstes in der »Chefsache Baumann« zum Tode eines Menschen und zur Verhaftung zweier weiterer geführt.

Daß der BND die persönliche Freiheit und das Leben von ihm geführter Agenten mehr als einmal aufs Spiel setzte, lag jedoch nicht nur an operativen Fehlern, sondern auch am Versagen seiner Spionageabwehr und der Unfähigkeit des Bereichs Sicherheit, der nicht nur bei der Einstellung von Gabriele Gast geschlafen hatte. Verfassungsschützer Klaus Kuron lieferte dem MfS überdies einige BND-Agenten aus, die mit dem Übertritt von Verfassungsschutzchef Tiedge in die DDR verhaftet wurden; und der ehemalige Leiter der Spionageabwehr des niedersächsischen Verfassungsschutzes hat wenigstens elf Agenten verraten, die daraufhin in der DDR zu langjährigen Haftstrafen verurteilt wurden.[11] 1974 wurden »einer beliebten westdeutschen Illustrierten« Hintergrundinformationen aus dem Bundesinnenministerium zum Fall Schultz/ Wiedemann zugespielt, was dazu führte, daß die Illustrierte in ihrer Veröffentlichung die Moskauer Quelle nannte und damit verbrannte.[12]

Im November 1991 verkündete das Münchner Landgericht nach einem gemeinsamen Verfahren gegen MfS-General Harry Schütt und MfS-Offizier Günter Böttger sowie von ihnen geführte Agenten im BND das Urteil: fünfeinhalb bzw. zehn Jahre Haft für die Bundesbürger, während die MfS-Offiziere mit zwei Jahren bzw. 14 Monaten Haft auf Bewährung davonkamen.[13]

Da Gabriele Gast von demselben Gericht zu nur sechs Jahren und neun Monaten Gefängnis verurteilt worden war, hätte die Härte des Urteils Fragen nach der Schwere des Vergehens aufwerfen müssen. Zu fünfeinhalb Jahren Haft verurteilt wurde der MfS-Kurier Ludwig Spuhler, technischer Angestellter des Max-Planck-Instituts in Garching; seinem Bruder, dem Bundeswehrhauptmann im BND Alfred Spuhler, galt die zehnjährige Gefängnisstrafe. Letzterer arbeitete im BND im Bereich DDR-Aufklärung bei 12 BB und hatte Zugang zum Quellencomputer. Darin findet man zwar nicht direkt die Klarnamen der Agenten, immerhin aber von den Verbindungsführern erstellte Charakteristiken, die dem Auswerter eine Bewertung der Meldungen des entsprechenden Agenten erlauben sollen.

Was die Quellenbeschreibung alles enthalten soll, erläutert eine BND-Schulungsunterlage: »Bei der Abfassung der Meldung zu gebende, keine Klarnamen enthaltende Darstellung der privaten und beruflichen Verhältnisse, des Persönlichkeitsbildes und der Motive zur Mitarbeit einer operativen Quelle sowie der zu der Meldung gehörenden Feststellungsumstände«, z. B. jüngeres Parteimitglied mit Zugang zur SED-Bezirksleitung Leipzig, das aus Geltungsdrang Westdevisen will und anläßlich von Messeterminen Fotokopien liefert.

Der Quellencomputer des BND wurde durch die Quelle Peter, wie Alfred Spuhler im MfS hieß, auch zum Quellencomputer des MfS, das mit Hilfe dieser Personenbeschreibungen vielfach Agenten aufdecken und bei Bedarf auffliegen lassen konnte.

Im Mai 1991 wurde in den Tagesthemen der ARD eine Erfolgsmeldung über den BND verbreitet, die in keiner der großen Tages- und Wochenzeitungen der Bundesrepublik publiziert wurde: Etwa 500 Agenten habe der Pullacher Dienst vor der Wende unter DDR-Bürgern gehabt, darunter auch MfS-Offiziere. Der ranghöchste Spion – so die Meldung – sei ein stellvertretender Minister der DDR gewesen.[14]

Solche Erfolgslegenden werden vom BND regelmäßig verbreitet. Seit Bestehen des MfS bis 1961 seien 300 MfS-Mitarbeiter übergelaufen, von 1961 bis 1981 immerhin noch weitere 50, ließ Pullach im März 1981 unter der Präsidentschaft von Klaus Kinkel verlauten.[15] Diese Aussagen halten hohe MfS-Offiziere rückblickend für die reinste Zahlenakrobatik. Allenfalls, wenn man die inoffiziellen Mitarbeiter und die Angehörigen der Transportpolizei mitrechne, die bis Mitte der 50er Jahre zum MfS gehörte, käme man auf 300 Überläufer vor dem Bau der Mauer. Von 1961 bis 1981 seien aber selbst nur 50 Überläufer aus dem MfS kein realistischer Wert. Höchstens die inoffiziellen Mitarbeiter, die MfS-Leute selbst und sämtliche andere geworbenen Staatsdiener der DDR zusammen könnten in etwa diese runde Summe ergeben. Der frühere Präsident des Bundesamtes für Verfassungsschutz (BfV) und langjähriger BND-Abteilungsleiter, Richard Meier, ließ im März 1991 wissen, bei der Anwerbung von »Quellen« in der früheren DDR habe es »Mißerfolg auf Mißerfolg gegeben«.[16]

So basiert auch die via Tagesthemen verbreitete Zahl von 500 Pullacher Spähern in der DDR auf kühner Zahlenakrobatik. Denn nur bei Addition aller Transitagenten, sämtlicher Reise- und stationärer Quellen sowie aller Kuriere käme man in eine solche Dimension. Ohnehin neigen jedoch BNDler dazu, in der Quellenstatistik Planübererfüllung zu suggerieren: Neben der eigentlichen DDR-Quelle führten sie deren Informanten nicht immer nur als Informanten mit einer Unternummer zur Quellennummer, sondern meist als eigene Quelle und nahmen häufig auch den Kurier in die Quellenstatistik mit auf, da diese unterwegs durch »Augenaufklärung Eigenfeststellungen machen« konnte.

Reine Agenten in der DDR mag der BND gut 300 gehabt haben. Im Prozeß gegen Alfred Spuhler in München wurde diese Zahl ungewollt bestätigt, indem dem Angeklagten der Zugang zu 300 Personen im Quellencomputer vorgeworfen wurde. Ein nicht unwesentlicher Teil dieser 300 BND-Agenten arbeitete mit Duldung der Kollegen von der anderen deutschen Seite. MfS-Offiziere geben die Anzahl der Doppelagenten, die Ende der 80er Jahre von der DDR gegen den BND geführt wurden, mit ca. 170 an; dabei ist nicht ganz sicher, wie viele doppelt Überworbene wiederum unter diesen gewesen sein mögen.

Die Quelle Peter versiegte ab 1988. Ein technischer Angestellter in der Fotostelle der Abteilung VIII der HVA, der die von Ludwig Spuhler gelieferten und bereits mit der Schere von allzu deutlichen Hinweisen auf seinen Bruder bereinigten Filme entwickelte, hatte Kontakt zu Westberliner Verfassungsschützern aufgenommen. Nachdem er dem LfV dann Material aus der Quelle Peter zuspielte, ermittelte die Spionageabwehr des BND. Kurier Ludwig Spuhler wurde von dem Zentralen Observationskommando unter Beobachtung genommen, allerdings erfolglos, weil das MfS inzwischen seine Quelle stillgelegt hatte. Aufgrund der Indizien konnte der BND den MfS-Agenten dennoch einkreisen. Von letztlich drei Verdächtigen war allerdings kein einziger eindeutig identifizierbar, bis MfS-General Harry Schütt sich dem BND öffnete. Dessen Haftstrafe »auf Bewährung« müßte korrekterweise »aufgrund von Bewährung« lauten.

Mit der Wende hatte der BND auf eine Flut von Überläufern aus dem MfS gehofft. Die Agenten und Spionageexperten aus dem aufgelösten Nachrichtendienst der DDR würden weltweit, insbesondere aber in Westdeutschland, ihren Beruf weiter ausüben wollen, wenn auch unter neuem Dienstherrn, so verlautete aus Pullach. Die von Schäuble und Stavenhagen zunächst ausgegebene Marschroute, daß in westdeutsche Dienste übernommen werden könne, wer sich keiner Straftat schuldig gemacht habe, schien insbesondere für die DDR-Auslandsaufklärer der HVA die Türen in Pullach und Köln zu öffnen. Zudem sprach sich Stavenhagen im Juni 1990 dafür aus, nach Wegen für eine Amnestie deutsch-deutscher Spione zu suchen, »allerdings mit Ausnahme derjenigen, die wirklich Blut an den Händen haben... Lieber Amnestie als für den KGB weiterspionieren.«[17]

»Drei Millionen Dollar soll der saudische Sicherheitchef Turki Ibn Feisal bereitgestellt haben, um entlassene Ostagenten anzuheuern. Auf dem Flughafen von Bagdad sollen bereits die ersten

Umsteiger angekommen sein – Ex-Agenten aus der DDR und Rumänien. Auch Syrien und Israel bieten sich als neue Dienstherren an«[18], meldete *DER SPIEGEL* unter Berufung auf Berichte westlicher Geheimdienste im Februar 1990. »500 ehemalige MfS-Mitarbeiter, die in den 80er Jahren in Angola eingesetzt waren, sollen dort nach der Wende Zuflucht genommen haben«[19], vermutete der *Münchner Merkur* im März 1991, zu Unrecht, da so viele MfS-Mitarbeiter dort niemals eingesetzt waren. Und bis auf wenige Ausnahmen blieben die DDR-Nachrichtendienstler im Lande.

Bei der Frage, wie viele ehemalige Mitarbeiter des Ministeriums für Staatssicherheit der DDR nach oder während der Auflösung des Apparats weiterhin nachrichtendienstlich tätig sind bzw. waren, muß man den Blick also zunächst auf das geeinte Deutschland richten. Der KGB, so ließen westdeutsche Sicherheitsbehörden und den Nachrichtendiensten verbundene Politiker immer wieder wissen, habe sich aus dem MfS-Personalbestand bedient und führe hauptamtliche Nachrichtendienstler und deren Quellen im Westen weiter. Aber auch die Übergabe von Agenten an den KGB blieb die Ausnahme. Sie war nicht vom MfS im Rahmen seiner Abwicklung systematisch geplant, sondern beruhte auf Einzelaktivitäten einiger MfS-Offiziere; und vom hauptamtlichen Personal der HVA ist überhaupt keiner in russische Dienste getreten.

Als der Journalist Luigi Forni, seit 1959 Korrespondent großer italienischer Zeitungen in Bonn, 1965 – vier Jahre nach der Schließung der deutsch-deutschen Grenze und ohne politische Perspektive auf eine baldige Wiedervereinigung – sein Buch »Spione Pankows, Spione Bonns« veröffentlichte, kam er zu dem Schluß, daß die Geheimdienste der beiden deutschen Staaten jeweils die besten seien, die diesseits und jenseits des Eisernen Vorhangs operierten. »Nach einer Wiedervereinigung der beiden Teile Deutschlands (werden) die Agenten vom Gehlen-Dienst im Westen und vom SSD im Osten sich zusammenschließen« und dann »mit vereinten Kräften und Erfahrungen in Ost und West den stärksten Spionageapparat der Welt bilden«[20], folgerte er. Wie auch immer man Ende der 80er Jahre die Qualität der Auslandsnachrichtendienste

der beiden deutschen Staaten beurteilt, ihr »Zusammenschluß« –
oder auch nur der Rückgriff des westdeutschen Dienstes auf Ressourcen und/oder Personal des ostdeutschen Dienstes – würde
sowohl den Informationsbestand als auch das Ausnutzen jeweils
gewachsener Beziehungen nachhaltig verändern. »Mit unseren
technischen Möglichkeiten und deren ND-Geschick, glaube ich,
würde uns so schnell niemand gewachsen sein«, urteilte ein BND-
Insider bereits vor der Wende.

In Wien beobachtete die nachrichtendienstliche Szene amüsiert,
wie zusammenwuchs, was zusammengehört. Traditionell residierten BNDler und BKA-Beamte in einem Kaffeehaus, Mitarbeiter von MfS und Militärattachédienst in einem gegenüberliegenden. Schon unter der Modrow-Regierung wechselten die
DDR-Spione zu ihren Kollegen ins Kaffeehaus, und zu Zeiten der
Regierung de Maizière fanden sich die Nachrichtendienstler beider deutscher Staaten auch schon einmal am selben Tisch wieder.

Einzelmeldungen über den Übertritt von MfS-Offizieren zum
BND erschienen ab August 1989. Damals ist, nach Angaben aus
Sicherheitskreisen, ein Offizier des DDR-Geheimdienstes in die
Bundesrepublik übergelaufen und wurde vom BND vernommen.[21] Der Beauftragte zur Auflösung des MfS, Werner Fischer,
erhob im März 1990 den Vorwurf, daß etliche der als Ex-MfS-
Mitarbeiter in der Volkskammer sitzenden Parlamentarier die Seite gewechselt hätten und inzwischen für den BND arbeiteten.
Entsprechende Hinweise ergäben sich aus Briefen ehemaliger
MfS-Agenten, unter anderem aus den Mitteilungen eines Mannes, der sich schon im Fall des über seine Spitzel-Vergangenheit
gestürzten Wolfgang Schnur als gut unterrichtet erwiesen
habe.[22]

Zwei frühere MfS-Offiziere haben dem *SPIEGEL* im März
1990 bestätigt, der Parteichef des Demokratischen Aufbruch,
Wolfgang Schnur, habe dem MfS für Beträge bis zu 1000 DDR-
Mark unter anderem Berichte über die kirchliche Opposition
geliefert. Doch nicht zuletzt wegen der vielen West-Reisen
Schnurs, so sagte einer der beiden Offiziere, seien in ihm Zweifel
gewachsen, ob der nicht als Doppelagent für den BND arbeite.[23]

Die Überläufer wurden systematisch vernommen, mit dem vorrangigen Ziel, dem BND einen Überblick über die MfS-Agenten in West und Ost zu verschaffen. Und so lagen dem BND im März 1990 Berichte darüber vor, welche Politiker der neuen Parteien in der DDR früher für den DDR-Staatssicherheitsdienst gearbeitet haben. Die Hinweise, daß diese ehedem als »informelle Mitarbeiter« der Staatssicherheit tätig waren, beruhten aber nach Angaben des Staatsministers im Bundeskanzleramt, Stavenhagen, lediglich auf mündlichen Informationen von Überläufern. Unterlagen über diese Tätigkeiten lägen dem BND nicht vor. Und sie zu beschaffen, gehöre nicht zu seinen Aufgaben.[24]

Ein ehemaliger MfS-Offizier, der wegen psychischer Probleme aus dem MfS ausscheiden mußte, schätzte die Gruppe der Überläufer auf »mindestens 1000 Mann stark«.[25] Doch diese Zahl entbehrt jeder realen Grundlage. Nicht einmal die Summe aller übergelaufenen Agenten und sämtlicher MfS-Bediensteter, die zum BND oder BfV gingen, ergäbe annähernd eine solche Menge. Doch der BND bemühte sich insbesondere um Spitzenleute des MfS ausgesprochen intensiv. Der Spezialist für das MfS in der ehemaligen UA 15 (Gegenspionage) des BND heißt privat Merker, dienstlich aber Stänger. Nach der Wende versuchte er, eine Vielzahl von Mitarbeitern der HVA und der Hauptabteilung IX des MfS »Untersuchungsorgan«, zuletzt geführt vom Generalmajor R. Fister, zum Arbeitgeberwechsel zu überreden. Von großem Interesse für den BND waren auch die MfS-Offiziere der Hauptabteilung II Spionageabwehr unter Generalleutnant Kratsch sowie die Auslandsaufklärer der DDR, die Hauptverwaltung Aufklärung (HVA).

Doch traten von den hochrangigen Offizieren des MfS trotz lukrativer Geldangebote aus Pullach nur etwa zehn zum BND über, darunter Oberst Wiegand, Leiter der Arbeitsgruppe Ausländer in der Linie II, und Oberst Lehmann, nominal stellvertretender Leiter der Hauptabteilung II (Gegenspionage).

Aus den anschließenden Enttarnungen von MfS-Spitzenagenten lassen sich die anderen höherrangigen Überläufer aus der HVA ablesen. Busch, stellvertretender Abteilungsleiter VII (Information/Auswertung), offenbarte die MfS-Quellen im militärischen

Bereich von NATO und Verteidigungsministerium sowie aus verwandten Bereichen. Karl Grossmann, stellvertretender Abteilungsleiter IX (Gegenspionage HVA) enttarnte die MfS-Agenten in den westdeutschen Nachrichtendiensten. Roitsch, stellvertretender Abteilungsleiter VI (Übersiedlungen) legte die Quellen im Bereich des Auswärtigen Amtes bloß. Der MfS-Agent bei MBB Siegfried Feuerstein, Enkel des Philosophen Ernst Bloch, wurde den westdeutschen Diensten von einem subalternen MfS-Mitarbeiter der Abteilung SWT übergeben. Und der stellvertretende Leiter der Abteilung II der HVA (Parteien und Massenorganisationen der BRD), Ingolf Freyer, half unter anderem die vom MfS bei der SPD-Geschäftsführerin Anke Fuchs plazierte Sekretärin zu enttarnen.

Im Herbst 1989 zählte die HVA insgesamt 4128 hauptamtlich Beschäftigte. Neben den fünf zitierten Spitzenleuten sind aus der unteren Ebene nach Insiderschätzungen dennoch kaum mehr als eine Handvoll MfS-Mitarbeiter zu den westdeutschen Diensten übergewechselt.

BND und Verfassungsschützer versuchten aber auch auf andere Weise, an MfS-Wissen und -Agenten zu gelangen. Bei der Stürmung der Zentrale des MfS in der Ostberliner Normannenstraße im November 1989 sind Mitglieder der Bürgerbewegung in den »Freßwürfel« eingedrungen, den Küchen- und Kantinentrakt. Nur eine Gruppe BND-gesteuerter MfS-Stürmer wußte, wo mehr zu finden war. Sie gelangten durch einen Brückengang zum Spionageabwehrtrakt, wo nur wenige Tage vorher das Archiv eingelagert worden war – ein Archiv, das die Unterlagen der für die Spionageabwehr des MfS arbeitenden BND-Angehörigen enthielt und das seither verschwunden ist. Gesucht haben die Sturmtruppen des BND auch die Akten der Protokollabteilung II/10, von denen sie Informationen über die Zusammenarbeit von MfS und den Partnerdiensten im Warschauer Vertrag erhofften.

Eine weitere Quelle der Erkenntnis sollte Alexander Schalck-Golodkowski werden, der formal zwar Oberst des MfS, aber in den Gesamtapparat nur als persönlicher Gesprächsaufklärer von

MfS-Minister Erich Mielke eingebunden war. Der BND hat nach Aussage seines Präsidenten vor dem Untersuchungsausschuß des Deutschen Bundestages den ehemaligen DDR-Devisenbeschaffer Alexander Schalck-Golodkowski nie betreut. Vor dem Schalck-Untersuchungsausschuß räumte Porzner im September 1991 dann aber ein, daß der BND Schalck Deckpapiere gegeben habe. Als Grund dafür nannte er Hinweise eines zuverlässigen BND-Informanten aus der ehemaligen DDR, wonach Schalcks Leben gefährdet gewesen sei. Schalck selbst sei aber niemals Informant oder Agent des BND gewesen. Auch sei er nicht in den Genuß der für Überläufer üblichen Betreuung gekommen. Er habe weder finanzielle Hilfen noch Zusagen über Straffreiheit erhalten; Wünsche Schalcks seien nicht erfüllt worden. »Der BND hat keine Integrationsunterstützung gewährt«, sagte Porzner, lehnte es aber ab, Einsicht in als vertraulich oder geheim eingestufte Akten des BND zu Schalck zu gewähren. Grund für diese Weigerung sei aber nicht die Person Schalck-Golodkowskis, er wolle damit lediglich Prinzipen eines Nachrichtendienstes wahren.[26]

Auch Kanzleramtsminister Lutz Stavenhagen (CDU) wies am 18. August 1991 in Bonn Berichte über eine enge Verbindung zwischen Schalck und BND zurück. Schalck sei kein BND-Agent gewesen, nicht vom BND betreut worden und habe keine Hilfen, Honorare oder Zusagen erhalten. Die Blumen vom BND habe Frau Schalck zu einem Geburtstag erhalten, eine Geste, die mit seiner Anweisung vom 16. Januar 1990 vereinbar sei – »Befragung Ja – Betreuung Nein«. Stavenhagen mochte aber nicht ausschließen, daß der damalige BND-Chef Wieck Schalck dennoch Zusagen gemacht habe. Die BND-Kontakte zu Schalck, einem einstigen MfS-Offizier und DDR-Regierungsvertreter, hätten am 22. Januar 1990 begonnen und seien am 18. März 1991 beendet worden, sagte Stavenhagen. In den Befragungen sei es um das MfS, Schalcks ehemaliges Firmenimperium KoKo, die Lage in der DDR, Waffenhandel und die Zusammenarbeit mit der Sowjetunion gegangen.[27] Ex-BND-Chef Hans-Georg Wieck hingegen desavouierte Kanzleramtsminister Stavenhagen höchstpersönlich, als er im September 1992 vor den Schalck-Untersuchungsausschuß des Bundestags trat. Die Bundesregierung sei – entge-

gen der Aussage des Staatsministers – im Januar 1990 durchaus
bereit gewesen, dem MfS-Obersten eine dauerhafte neue Identität
im Westen zu geben, und im Bundeskanzleramt sei eine begrenzte
Straffreiheit für Schalck-Golodkowski angesprochen worden.[28]

Ob »Schneewitchen«, so Schalcks Deckname beim BND, ein
Überläufer war oder nicht, erschließt sich weniger aus den Aussagen
Porzners und Stavenhagens; aufschlußreicher ist hierbei die
BND-amtliche Definition eines Überläufers. Die Bestimmungen
über die Führung von Überläufern vom Dezember 1982 definieren
operative (OPÜ) und rezeptive Überläufer (REZÜ): »Überläufer
(OPÜ, REZÜ) sind Quellen im Sinne der ND-Begriffsbestimmungen
für den Bundesnachrichtendienst, die Träger von
Geheimnissen eines fremden Machtbereiches sind, diesen Bereich
gegen den Willen der dortigen Staatsmacht verlassen und bereit
sind, ihr Wissen dem BND zur nachrichtendienstlichen Nutzung
zu überlassen.«

Alle drei Kriterien treffen auf den MfS-Obersten Schalck-Golodkowski
zu. Geheimnisträger war er unbestritten; die DDR
hat er gegen den Willen der Regierung verlassen, die sogar einen
Auslieferungsantrag stellte; und ausweislich der BND-Befragungen
war »Schneewitchen« auch bereit, sein Wissen zur nachrichtendienstlichen
Nutzung in Pullach preiszugeben. Und noch zwei
weitere Tatsachen weisen Schalck als waschechten Überläufer aus:
Nach einem Bericht der Illustrierten *stern* wurde Schalck nach den
BND-Vernehmungen in die USA geschickt, um dort beim US-Geheimdienst
CIA auszusagen; zudem kennzeichnet ein BKA-Vermerk
den BND als den »Schalck-Golodkowski betreuenden
Dienst«.

Die ersten Vernehmungen Schalcks durch den BND erfolgten
auch nicht zu den im Untersuchungsausschuß des Bundestages
genannten Themen wie Waffenhandel oder Devisenverbleib, sondern
in höchst eigenem Interesse. So wurde das erste Gespräch
von BND-Frau Granada aus dem Referat 12 LA geführt, das
grundsätzlich für die Gegenspionage gegen den kommunistischen
Machtbereich zuständig ist. Ziel der Vernehmung vom 20. Februar
1990 war es, von Schalck Informationen über potentielle Überläufer
aus dem MfS zum BND zu bekommen.

Die operativen Aufklärer Dr. Burgdorf und Dr. Reiss von 12 E (UdSSR, Comecon) vernahmen den MfS-Obersten danach ebenso wie ihr Referent Falbe von 12 EB. Doch nicht nur operative Beschaffer, sondern auch der Auswerter Pelikan von 34 E (Westliche und neutrale Industriestaaten, Antarktis, internationale Fragen) plauderte mit Schalck.[29]

Schalck-Golodkowski hatte – wie im Bonner Untersuchungsausschuß öffentlich wurde – eine ganze Reihe von Bedingungen für seine Aussagebereitschaft gegenüber dem BND aufgelistet. Unter anderem forderte er Straffreiheit, Tarnpapiere und die persönliche und materielle Absicherung. Diese Wunschliste habe der damalige BND-Präsident Wieck am 16. Januar 1990 dem Staatsminister im Kanzleramt übergeben, und noch am selben Tag habe Stavenhagen Schalcks Befragung genehmigt.[30]

Konrad Porzner hatte auch behauptet, Schalck sei nicht in den Genuß der für Überläufer üblichen Betreuung gekommen. Auch das ist – zumindest teilweise – eine falsche Erklärung vor einem – mit den Kompetenzen eines ordentlichen Gerichts ausgestatteten – Untersuchungsausschuß des Bundestages. Der MfS-Oberst wurde nämlich von BND-Veteran Joachim Phillip betreut.

Das Verfahren zur Auswahl des Betreuungspersonals wurde im BND 1982 neu geregelt und bestimmt: »Das Betreuungspersonal wird im Rahmen der verfügbaren Ausgabemittel in der Regel durch Abschluß von Werkverträgen mit ausgeschiedenen Mitarbeiter(-innen) gewonnen. 42 A übersendet an 52 C in den erforderlichen Abständen, mindestens jedoch einmal jährlich, eine EDV-Auflistung von Angestellten und Beamten, die in den folgenden 12 Monaten zur Pensionierung anstehen... 52 C wählt daraus die zu einer Betreuungsfunktion geeignet erscheinenden Mitarbeiter(-innen), in der Regel aus dem gehobenen oder höheren Dienst, aus und stimmt sich mit 42 A ab. «

Alexander Schalck-Golodkowski wurde also nicht zufällig vom früheren Landesverbindungsmann des BND in Bayern betreut, sondern erlaßgerecht von einem pensionierten BND-Mann des höheren Dienstes, BND-Oberst a. D. Phillip.

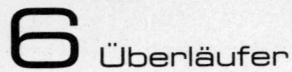
Die zahlreichen Prozesse gegen MfS-Agenten im BND ab 1990 legen nahe, daß der Apparat erst in jüngster Zeit Opfer von Verrat und Überläufern war. Doch dieser Eindruck trügt. Schon in der Glanzzeit General Gehlens arbeitete mehr als nur ein Spitzenmann des Pullacher Dienstes in erster Linie für den Osten.[1]

Der bekannteste historische Fall ist der von Heinz Felfe, der in Pullach ab 1953 als Referent für Gegenspionage tätig war, aber schon vorher in der Karlsruher Dependance des BND dem KGB zugearbeitet hatte. Felfe selbst hat 1986 in einem Buch beschrieben, welch umfassenden Zugang er zu BND-Interna hatte: »Operationen, die ich im Bundesnachrichtendienst ausführte, dienten der Gegenspionage und waren ziemlich kompliziert, jedenfalls für mich. Man bedenke: Ich baute mein Netz mit Doppelagenten im sozialistischen Lager, in der Sowjetunion und der DDR, auf und tat dies auch noch mit Wissen der sowjetischen Aufklärung. Was ich auch im operativen Feld der Gegenspionage tat, es mußte ›dreimal befunden‹ werden. Schnell konnte ein nicht wiedergutzumachender Fehler begangen werden. Ohne Beratung, insbesondere mit meinem Freund ›Alfred‹, lief nichts. In den Beratungen mit ihm ging es darum, wie wir die BND-Agenten wirken lassen und desinformieren konnten. Meine Erkenntnisse schöpfte ich aus dem gesamten BND, dem Personal und den Plänen, die ich hinter den Pullacher Toren in Erfahrung bringen konnte.«[2] Am 3. November 1961 wurde Felfe in Pullach festgenommen und nach über siebenjähriger Haftzeit im Februar 1969 – trotz gravierender

Bedenken des BND – ausgetauscht.[3] Nach der Verhaftung Felfes konnten die Spionageabwehrorganisationen in den WVO-Staaten, ohne Felfe zu schaden, alle über diese wichtige Innenquelle enttarnten BND-Agenten in Osteuropa verhaften. Hunderte wurden auf einen Streich festgenommen, während man andere noch eine Weile weiterarbeiten ließ, um den Informationsschwerpunkt des BND aufzuklären. BND-Insider schätzen den Gesamtverlust der konspirativen Quellen aufgrund von Felfes Doppelspiel auf bis zu 3000 BND-Agenten in Osteuropa.

Auch der seit 15. Juni 1951 bei der Org. Gehlen angestellte und 1958 beamtete Regierungsrat Hans Clemens arbeitete, mit Felfe zusammen, für den KGB, ebenso wie sein Kurier Triebel, der einsprang, nachdem ein anderer KGB-Kurier im BND in Karlsruhe verhaftet worden war und in der Untersuchungshaft Selbstmord begangen hatte.[4]

Daß der Dienst selbst Felfe, die Quelle Alfred des KGB, enttarnte, gehört zu den Legenden, die Gehlen verbreiten ließ. Bereits 1968 machte ein anonymer BNDler presseöffentlich, daß die Hinweise auf Felfes Doppelspiel nicht aus dem eigenen Lager kamen: »Wie fast alle großen Spione . . . wurde er von einem Überläufer verraten: von Anatol Golyzin, Major aus Moskaus KGB-Zentrale. Er lieferte Wennerström, Philby, Pacque. Und er gab Hinweise auf viele andere Agenten, die gleich Felfe, Clemens und Fuhrmann vom Militärischen Abschirmdienst (MAD) in Hannover ausgeschaltet werden konnten.«[5]

In der 1992 erschienenen Frühgeschichte der Org. Gehlen und des BND wird die Enttarnung des sowjetischen Spitzenagenten einem polnischen Informanten der CIA zugerechnet, dem Heckenschützen. Aufgrund anonymer brieflicher Hinweise dieses polnischen Geheimdienstlers hegten die US-Amerikaner ab März 1958 den Verdacht, daß die Spitzen des britischen und westdeutschen Geheimdienstes unterwandert sein könnten. Weitere Hinweise des im Januar 1961 übergelaufenen Heckenschützen – hinter dem sich der polnische Geheimdienstoffizier Michal Goleniewski verbarg – führten dazu, daß Felfe von der CIA überwacht und schließlich anhand eines abgefangenen Briefes mit verschlüsselten Anweisungen seines Führungsoffiziers enttarnt wurde. Da Goleniewski von den Sowjets jedoch bereits in Polen als undichte Stelle erkannt und mit Desinformationsmaterial gespickt worden war, ist nicht auszuschließen, daß Heinz Felfe vorsätzlich geopfert wurde, um dem BND dadurch schweren Schaden zuzufügen.[6]

Im Oktober 1968 beging der Vizepräsident des Bundesnachrichtendienstes, der von Gehlen alternativ zu Wessel als sein Nachfolger vorgeschlagene Generalmajor Horst Wendland, Selbstmord. »Immerhin brauchtes das Bundeskanzleramt in Bonn und die BND-Zentrale in Pullach eineinhalb Tage, um sich über die offizielle Version zu verständigen: eine schwere reaktive Depression führte nicht nur zu häufiger Niedergeschlagenheit und zu partiellen Ausfallerscheinungen bei dem BND-Vizepräsidenten, sondern auch zum Griff nach der Pistole. Die ganze Wahrheit kennt wahrscheinlich niemand«[7], vermutete die *Süddeutsche Zeitung* im Oktober 1968.

Im Fall von Horst Wendland glauben viele BND-Mitarbeiter, daß ihm die Pistole von Kameraden auf den Tisch gelegt worden ist, um ihn zum Selbstmord zu animieren. Heinz Felfe formuliert in seinem Buch über seine Zeit bei Gehlen, daß Wendland »wegen zu eigener und einseitiger Zusammenarbeit mit der französischen Seite von den eigenen Leuten in den Tod getrieben«[8] worden sei. Die gehobene Form preußischer Lynchjustiz galt einem Verräter, den Insider in Pullach zwar nicht des Doppelspiels mit Frankreich verdächtigten, bei dem es jedoch konkrete Hinweise darauf gab, daß er für den tschechischen Geheimdienst gearbeitet hat – Hinweise, die BNDler von einschlägigen Publikationen des früheren Generalstabschef der Tschechoslowakei bestätigt zu sehen glaubten.

Zum Fall des Flottillenadmirals Hermann Lüdke, der am 8. Oktober 1968 in der Eifel erschossen aufgefunden wurde, gibt es mehr als nur eine Querverbindung. Wendland und Lüdke waren persönlich eng miteinander befreundet, und beide starben im selben Monat.

Daß Lüdke für eine fremde Macht arbeitete, war dem BND bereits bekannt. Lüdke war so fahrlässig gewesen, am 23. September 1968 Filme von geheimen NATO-Dokumenten in einem ganz normalen Fotofachgeschäft in Bonn zur Entwicklung zu geben. Ein aufmerksamer Fotograf hatte die Brisanz des Films bemerkt und den Militärischen Abschirmdienst eingeschaltet. Daraufhin wurde Lüdke observiert, allerdings so dilettantisch, daß die Gegenseite dies merkte und die drohende Enttarnung ahnte. Am 27. September 1968 sollte der Generalbundesanwalt eingeschaltet werden. Dies scheiterte jedoch daran, daß dieser in seinem Urlaub lediglich zur Weiterführung der Ermittlungen zu bewegen war. Am gleichen Tag als er aus dem Urlaub zurückkehrte und endlich vollständig informiert werden konnte, starb Lüdke bei einem »Jagdunfall«, wie die offizielle Version lautete.

Als Chef des Stabes für Logistik beim NATO-Hauptquartier hatte der Flottillenadmiral Zugang zu allen wesentlichen militärischen Plänen der nordatlantischen Allianz einschließlich ihrer Atomkriegsplanungen.

BND-Insider haben den begründeten Verdacht, daß der Admiral ermordet wurde, schon alleine weil die Gutachter aus der Haltung des Gewehrs beim tödlichen Schuß auf fremde Mitwirkung schlossen. Die Pullacher Gerüchteküche wollte wissen, daß Lüdke von dem östlichen Geheimdienst, der ihn führte, liquidiert worden war. Und das CSU-Parteiorgan *Bayern-Kurier* witterte hinter dem Fall Lüdke einen gezielten kommunistischen Plan, die Bundesrepublik zu diffamieren und Unruhe in der NATO zu stiften[9], während einer der Hauspublizisten des MfS, Julius Mader, in Lüdke den langjährigen Mitarbeiter des Geheimdienstes einer befreundeten Macht sah.

MfS-Offiziere äußerten 1992 die Vermutung, Lüdke sei »wahrscheinlich beim französischen Geheimdienst angebunden gewesen. Für ihn waren jedenfalls insgeheim Honorare auf eine französische Bank überwiesen worden.«[10] Die Version, auf die der *Bayern-Kurier* zielte, scheint Insidern jedoch die wahrscheinlichste: Lüdke glaubte, für Frankreich zu arbeiten, war jedoch unter falscher Flagge von den Tschechen angeworben worden, die angesichts der drohenden Enttarnung die falsche Flagge hißten, um mit einer letzten operativen Verwendung ihres Mannes als mysteriöser Todesfall für Verstimmungen zwischen Paris und Bonn zu sorgen.

Mysteriöse Todesfälle von BND-Beschäftigten gab es auch noch in den 80er Jahren. Im Juni 1982 wurde bei Pullach, eineinhalb Jahre nach seinem Verschwinden, die skelettierte Leiche des Oberregierungsrats im BND Gantner gefunden.[11] BND-Oberregierungsrat Paul Fuchs, ein guter Schwimmer, ertrank vollständig bekleidet am 17. Juni 1981 in einem norwegischen See, und selbst die *Frankfurter Allgemeine Zeitung* benannte zahlreiche Indizien, die gegen die Unfalltheorie von BND und norwegischer Polizei sprachen.[12]

»Spionage, logisch, braucht Spione, und sie zeitigt Verräter; überall«, ließ 1985 ein Fachmann den *SPIEGEL* in einem Leserbrief zum Übertritt des Verfassungsschützers Tiedge in die DDR wissen. Dieser Fachmann, Joachim Krase, war bis 1984 stellvertretender Chef des Militärischen Abschirmdienstes und wurde 1990 posthum als MfS-Agent enttarnt.[13] Endland, Lüdke, Felfe und weniger hochkarätige Doppelagenten, wie die 1965 im ungarischen Fernsehen spektakulär als jahrelange Doppelagentin gegen Gehlen in Wien gefeierte Laszone Toth[14], hatten den BND seit seinen vorgeblichen Glanzzeiten unter Gehlen immer wieder erfolgreich unterwandert. Und Doppelspiel treibende Spione, wie der 1963 in Karlsruhe angeklagte BND-Mitarbeiter Bodo Schoenrock aus Westberlin, wurden zwar in der Ära Gehlen mitunter enttarnt, aber, wie Schoenrock, meist erst nach mehrjähriger Tätigkeit für die andere Seite.[15]

Der sowjetische KGB und seine Partnerdienste in Ungarn, der Tschechoslowakei oder Rumänien waren in den 50er und 60er Jahren führend beim Neutralisieren des BND. Wie die seit 1990 laufende Welle der Enttarnungen von Agenten in Spitzenpositionen sämtlicher deutscher Nachrichtendienste, aber auch in den Schaltzentralen von Politik und Wirtschaft, zeigt, hat seit den 70er Jahren allerdings das Ministerium für Staatssicherheit der DDR die erfolgreichsten Einbrüche in westdeutsche Geheimhaltungsbereiche erzielen können.

»Die Tatsache, daß die meisten Überläufer offenbar aus den Geheimdiensten selbst und nicht aus anderen Regierungsbehörden kommen, hat manche Beobachter der Geheimdienstszene verwirrt. Obgleich nur wenige Geheimdienstler es eingestehen würden, lautet die Antwort, daß die Angehörigen der Dienste oft mehr mit den Angehörigen eines rivalisierenden Dienstes gemeinsam haben als mit ihren Arbeitgebern«[16], urteilte Phillip Knightley 1986 und listete als wesentliche Gemeinsamkeit den Erfolgsdruck bei der Werbung von Agenten und bei der Beschaffung von Informationen auf, was zur Verbrüderung von Nachrichtendienstlern konkurrierender Dienste führen könne.

Aus psychologischer Sicht trägt zum verbreiteten Überläufertum mit bei, daß Geheimdienstler dienstlich ständig vor Anbahnungsversuchen der Gegenseite gewarnt werden und somit weit mehr Fälle von Überläufertum kennen als der Normalbürger. So hat das Überlaufen für sie etwas von einer berufsspezifischen Normalität, mit dem sich überdies, wenn die Arbeit für das Stammhaus zur Routine und damit langweilig geworden ist, die »Freude an der konspirativen Arbeit« wiedergewinnen läßt.

Zudem ist das Binnenklima in einem Geheimdienst für die Anfälligkeit seiner Mitarbeiter, zur anderen Seite überzulaufen, entscheidend. Der Chef der KGB-Nachfolgeorganisation Krjuschkow behauptet zwar, daß in den letzten fünfzehn Jahren nur fünfzehn KGB-Mitarbeiter die Seite gewechselt hätten, aber KGB-Insider bestreiten diesen niedrigen Wert. Allein 1990 seien aufgrund der Verkrustung des Apparats sechs KGB-Agenten übergelaufen, meinen sie.[17]

Der BND war allerdings nicht nur Opfer des Doppelspiels von Nachrichtendienstlern, sondern gelegentlich auch dessen Nutznießer. Spektakulär gefeiert in allen von Pullach beeinflußten Publikationen wurde der 1979 in den Westen geflohene MfS-Oberleutnant Werner Stiller. Das »eigene« Buch Stillers erschien 1986, »redigiert« vom BND, dem freilich mehr daran lag, Salz in die Wunden des MfS zu streuen, als der Wahrheit die Ehre zu geben.[18] In dem Buch von Heiner Emde, das Recherche und Dokumentation dem Quick-Journalisten Paul Limbach verdankt und das mit 4000 DM aus dem Etat des Bayerischen Verfassungsschutzes, Abteilung »Positiver Verfassungsschutz«, subventioniert wurde[19], findet sich eine Kurzfassung der Stiller-Geschichte im Stile einer Hofberichterstattung. So heißt es dort zum vorgeblich größten BND-Erfolg: »Oberstleutnant Werner Stiller (31), Diplom-Physiker, privilegierter Sachbearbeiter in der Elite des Ostberliner MfS, Erster Sekretär der SED in seiner Abteilung und damit von hohem Einfluß an seinem Arbeitsplatz, war im Westen. Der Frontwechsel des Doppelagenten war für den Bundesnachrichtendienst (BND) der größte Erfolg seit vielen Jahren – zugleich sprudelte, jetzt risikolos, eine der ergiebigsten Quellen für westliche Abwehr-Spezialisten und Ost-Analytiker.«[20]

Laut Emde war der »Frontwechsel« Stillers von Ost- nach Westberlin mit der »Disziplin eines Routiniers, der jahrelang ein lebensgefährliches Doppelspiel getrieben hatte«, gleichsam planmäßig erfolgt, und BNDler in Westberlin hätten den Überläufer bereits erwartet.

Im Mai 1992 hat Werner Stiller in einer SPIEGEL-Serie[21] einen Teil seiner Geschichte offenbart. Dem SPIEGEL zufolge war er nach seiner Flucht zwei Jahre lang vom BND und drei Monate lang vom US-Geheimdienst CIA betreut und abgeschirmt worden. Dann absolvierte er an der Washington University in St. Louis eine Managerausbildung und begann als Broker an der New Yorker Wall Street zu arbeiten. Nach kurzer Tätigkeit am New Yorker Finanzplatz wechselte Stiller zu einer Investmentbank in London und lebt nun, seit Frühjahr 1990, unter seinem neuen Namen als Bankmanager in Frankfurt.[22]

Der Erfolg des BND gegen das MfS war vorwiegend psychologischer Natur und brachte insbesondere den Chef des als uneinnehmbar geltenden DDR-Spionageapparats, Markus Wolf, in Schwierigkeiten. Den eigentlichen nachrichtendienstlichen Wert Stillers, dessen Überlaufen letztlich nur zu 17 Festnahmen führte, schätzte eine Staatssekretärsrunde 1980 als eher gering ein, obwohl dadurch so wichtige Industriespione – wie Klaus Fuelle, Finanzbuchhalter in der Wiederaufbereitungsanlage Karlsruhe – enttarnt wurden. Die Geringschätzung der Staatssekretäre mag vielleicht auch darauf zurückzuführen sein, daß 30 von Stiller enttarnte DDR-Spione rechtzeitig fliehen konnten.

Der französischen Strafverfolgung zugeführt hat Stiller aber zweifellos den Physiker Rolf Dobbertin, der nach mehrjähriger

Untersuchungshaft im Juni 1990 in Paris wegen Spionage für die DDR zu zwölf Jahren Haft verurteilt wurde. Durch Gerichtsbeschluß kam er jedoch im Januar 1991 wieder auf freien Fuß, wenn auch unter Polizeiaufsicht. Dobbertin war 1959 aus der DDR in die Bundesrepublik Deutschland übergewechselt und dann nach Frankreich gegangen. Seit 1962 gehörte er zu dem staatlichen Forschungsinstitut CNRS. In den folgenden Jahren leitete er mehrere hundert westliche Forschungsberichte an Auftraggeber in die DDR weiter. Seine Angaben im Prozeß, nur offene Forschungsberichte weitergeleitet zu haben, wurden vom Vorsitzenden des CNRS, Pellat, bestätigt.[23]

Stiller hatte 1975 auch den Institutsdirektor an den Universität Göttingen, Dr. Karl Hauffe, der früher für den KGB gearbeitet hatte, für das MfS reaktivieren können und ihn nach seiner Flucht enttarnt. Hauffe, MfS-Deckname Fellow, kam jedoch vor Gericht mit einer zur Bewährung ausgesetzten Freiheitsstrafe davon. BND-Insider glauben den Grund zu kennen. Der Göttinger Professor habe für beide deutschen Geheimdienste gearbeitet, MfS und BND. Da der BND diese Gemeinsamkeit nur ungern zugeben wollte, habe er zum Ausgleich hinter den Kulissen wenigstens für ein mildes Urteil gesorgt.

Um den vorgeblich so spektakulären Erfolg auch innerdienstlich zu krönen, bekam der Anbahner, der das erste Gespräch mit Stiller führte, das Bundesverdienstkreuz. Dieser war jedoch ehrlich genug zuzugeben, daß er den Orden eher als eine Art Finderlohn betrachte, da Stiller ja nicht angebahnt werden mußte, sondern sich sogar gleich zweimal selbst anbot. Verantwortlich für die Führung des Doppelagenten Werner Stiller war der BNDler Ackermann, der seine nachrichtendienstliche Karriere, wie viele BNDler der ersten Stunde, im Reichssicherheitshauptamt begonnen hatte. Unter Ackermann war der unmittelbar für Stiller verantwortliche Verbindungsführer sein langjähriger Mitarbeiter und Anbahner Zeller.

Das erste Mal sei sein Versuch, sich dem BND anzudienen, an der eigenen Schusseligkeit gescheitert, sagt Stiller heute; er habe Termine und Vereinbarungen einfach nicht einhalten können.

Doch als Reisekader, der sogar zur Fußballweltmeisterschaft 1974 nach Gelsenkirchen fahren durfte, ergaben sich für den MfS-Oberleutnant zahlreiche Gelegenheiten, den BND außerhalb der DDR zu kontaktieren. Seinen zweiten Versuch unternahm er über den westdeutschen Bruder seiner Freundin, den Pädagogen Kroß. So kam es im April 1978 zum ersten Gespräch mit dem BNDler »Ritter« und Ende Mai zu einem zweiten mit dessen Vorgesetzten.

Der Operative Sicherheitshinweis vom April 1983: »Die Arbeit mit Überläufern« erläutert, was der BND im besten Falle von einem Überläufer erwartet: »In jedem Einzelfall ist zu prüfen, wie ein Selbstanbieter bzw. Abspringer am besten genutzt werden kann. Operatives Hochziel ist die Gewinnung als Innenquelle, die nach Beendigung ihrer Auslandstätigkeit ihre ND-Arbeit im Zielland fortsetzt. Diesem Maximalziel nachgeordnet ist die Nutzung als Innenquelle im Einsatzland zumindest bis zur Rückberufung ins Heimatland.«

Selbst 1992 noch suggerierte *DER SPIEGEL*, was in den BND-Darstellungen seit 1979 behauptet wird: Jahrelang sei der MfS-Offizier im DDR-Nachrichtendienst für den BND tätig gewesen; er habe jahrelang via Agentenfunk, mit Kurieren und toten Briefkästen konspirativ gearbeitet, ohne daß ihn die Spionageabwehr der DDR entdeckt hätte. Schon mit seiner ersten Berichterstattung im März 1979 hat das Hamburger Nachrichtenmagazin die offizielle BND-Version kolportiert: »Seit Jahren arbeitet der MfS-Offizier mit dem Bundesnachrichtendienst zusammen. Wann er kommen, wie lange er aushalten sollte, überließen die BND-Leute unter ihrem neuen Chef Klaus Kinkel dem Risikogespür des Ostberliners«.[24]

Doch das operative Hochziel »Innenquelle« konnte Stiller für den BND nicht lange erfüllen. Zwischen dem BND-Chefgespräch Ende Mai 1978 und dem ersten Ausschleusungsversuch im Oktober 1978, der an einer Autopanne der Stiller-Freundin »Helga« scheiterte, lag nur ein knappes halbes Jahr. Und Stiller wurde vom BND zu Recht so früh abgezogen, denn seine Verhaftung stand nachweislich unmittelbar bevor. Mit der Legende vom Jahrhunderterfolg des BND und der Riesenschlappe des MfS wäre das

Eingeständnis einer so kurzen Doppelagententätigkeit jedoch nicht vereinbar gewesen.

Erst nach der Serie des Hamburger Nachrichtenmagazins meldete sich eine »Tatbeteiligte«, die Stiller-Freundin Uschi Mischnowski, zu Wort, und legte den Dilettantismus des BND im Fall Stiller teilweise offen. Zweimal war der vom BND arrangierte Versuch gescheitert, geheime Dokumente per Bahn auszuschleusen, weil die BND-Verbindungsführer entweder übersehen hatten, daß der vorgegebene Waggon nur schwerbewacht im Transit durch die DDR fuhr, oder – beim zweiten Versuch – die angeblich gelockerte Deckenplatte in der Zugtoilette fehlte, so daß die Agentin ihre Sendung entnervt hinter die Wasserleitung klemmte.

Nicht wegen, sondern trotz der BND-Vorbereitungen zur Flucht erreichte der MfS-Offizier nur wenige Tage vor der bereits geplanten Festnahme durch das MfS den Westen: »Denn die falschen Ausreisepapiere, die Stiller im Oktober 1978 zum raschen Verlassen der DDR bekam, erwiesen sich als grob fehlerhaft. Aus Stillers braunen Augen hatten die Pullacher Paßfälscher die ›Augenfarbe grau‹ gemacht, ein Umstand, den jeder DDR-Grenzer sofort bemerkt hätte. Außerdem war den Fälschern entgangen, daß die Ostberliner Behörden kurz zuvor die Farben der Einreisestempel geändert hatten. Und auch die Devisenbescheinigung, erinnert sich Mischnowski, ›war fehlerhaft‹ – ›mit den Papieren wären wir sofort aufgeflogen‹. So unterblieb die für Oktober 1978 geplante Flucht. Den nächsten Versuch am 18. Januar 1979 organisierte Stiller, trotz frischer Papiere vom BND, sicherheitshalber in eigener Regie: Er benutzte seine HVA-Sonderausweise, um von östlicher Seite aus den Berliner Bahnhof Friedrichstraße zu betreten und diesen, unkontrolliert, auf Westberliner Seite zu verlassen.

Uschi Mischnowski hingegen mußte noch tagelang schwitzen, weil der BND, wieder einmal, nicht funktionierte. Sie war verabredungsgemäß am gleichen Tag mit ihrem Sohn ins sozialistische Warschau gereist, wo sie in einem Postfach ihre Ausreisepapiere vorfinden sollte. Doch der BND-Agent hatte nicht geliefert – ›schlechtes Wetter‹, erfuhr sie, sei der Grund. Die Stiller-Freundin saß in Polen mehrere Tage lang ›auf einem Pulverfaß‹, bis die Ausreise über Helsinki gelang.«[25]

Der Legendenschreiber des BND, Heiner Emde, erfuhr 1986 nichts von der lebensbedrohlichen Zitterpartie der Stiller-Freundin. In seiner Version der Geschichte wußte Stiller die Angebetete, deren Mitausschleusung er zur Bedingung gemacht hatte, bereits in der Nacht des 19. Januar 1979 in Sicherheit: »Und noch in dieser Nacht wurde Oberleutnant Stiller, der sich endlich den Luxus von Nervosität und gezügelter Ungeduld leistete, informiert: ›Die Dame ist in Sicherheit. Sie werden sie in Süddeutschland treffen, nächste Woche.‹ ›Jetzt‹, der ältere Herr von der Westberliner BND-Filiale lächelte fein, ›jetzt sollten Sie die Dame erst mal anrufen‹. Er drehte die Scheibe am Telefon, murmelte etwas, reichte Stiller den Hörer, ging sachte hinaus.«[26]

In Wirklichkeit hatte Stillers Ankunft in Westberlin die dortige BND-Dienststelle völlig überrascht. Eiligst wurde ein Schutzkommando in der Pullacher Zentrale alarmiert, das daraufhin sofort nach Berlin flog. In einer PanAm-Maschine wurde der MfS-Überläufer dann mit diesem Geleitschutz nach München gebracht, nach Stillers Version ins Sheraton-Hotel. Von dort ging es per Hubschrauber nach Köln zu einer 60stündigen Dauervernehmung durch das dort ansässige Bundesamt für Verfassungsschutz.

Zurück in München, wurde Stiller zunächst im Hotel »Alter Wirt« in Grünwald und dann in einer Überläuferwohnung einquartiert. Zur Unterbringung und Betreuung von Überläufern hatte der BND eine stets wechselnde Zahl von Stammhotels, wie den »Seehof«; im Großraum München – bis hin nach Murnau – verfügte der Dienst zudem über mehrere Häuser zur getarnten Unterbringung, etwa das ehemalige Objekt »Pavillon« in Gröbenzell, das Objekt »Tannhof« in München oder das Objekt »Schauinsland« in Hohenschäftlarn.

Die Bestimmungen über die Führung von Überläufern vom Dezember 1982 regeln die Unterbringung von Überläufern, die verständlicherweise nicht in der Pullacher Zentrale selbst vernommen und betreut werden: »Die Unterbringung von Überläufern, die in die Zuständigkeit anderer FÜSt fallen, können in diesen Gästehäusern untergebracht werden, soweit dafür Kapazitäten frei sind. Bei Personen, die von außergewöhnlich hohem nachrichtendienstlichen Wert sind und aufgrund ihrer Position eine spezielle nachrichtendienstliche Abschöpfung, sicherheitsmäßige Behandlung und sonstige Betreuung erfahren müssen, mietet die zuständige FÜSt Unterkünfte (konspirative Wohnungen) außerhalb der Gästehäuser für die Unterbringung.«

Befragungen und die gemeinsame Analyse der etwa 20 000 mitgebrachten Schriftstücke zusammen mit BND-Kollegen hinter den Mauern eines von einem 20köpfigen Schutzkommando überwachten Überläuferobjekts füllten nun Stillers Tage, nur unterbrochen von Kurzurlauben auf Elba und am Gardasee, bis er Ende 1979 drei Monate an die CIA ausgeliehen wurde. Deren Resettlement-Gruppe gab ihm später auch seine neue Identität, allerdings ohne die von der *BILD-Zeitung* suggerierte Gesichtsoperation.

»Wir sind fast in das gesamte europäische Ausland plus Fernost geflogen. Da ging es darum, bestimmte Aktionen des BND vorzubereiten oder durchzuführen«[27], schilderte Stiller 1992 seine anschließende nachrichtendienstliche Arbeit unter dem neuen Dienstherrn. In Paris, London und Tokio sei es beispielsweise um Operationen gegen MfS-Residenten gegangen, spezifizierte er im März 1992 auf Nachfrage.

Der BND-Spitzenbeamte, der monatelang mit Stiller um die halbe Welt jettete, war Cadras, früherer Anbahner und Leiter der BND-Operationen im Bereich der Abteilung 12. Cadras leitete nicht nur die Versuche, mit Hilfe Stillers weitere Überläufer zu gewinnen, er reichte seinen Ex-DDR-Kollegen auch von einem Partnerdienst zum nächsten weiter.

Obwohl Cadras' Versuche, weitere Überläufer aus den MfS-Auslandsresidenturen zu rekrutieren, scheiterten, wurde er nach der Betreuung des MfS-Oberleutnants selbst zum Oberst befördert. Soviel müsse er doch mindestens aus dem intensiven Kontakt zu Werner Stiller gelernt haben, daß man ihn zum Leiter der Unterabteilung 15, also der Gegenspionage, machen könne, meinte man wohl in Pullach.

In Japan versuchte der BND noch 1986, einen Wissenschaftler der Ostberliner Humboldt-Universität anzubahnen, der bereits Jahre zuvor, gleich nach dem Überlaufen Stillers zum BND, als informeller Mitarbeiter der HVA stillgelegt worden war. Gleich in der ersten Woche seines achtwöchigen Studienaufenthalts in Tokio erhielt er morgendlichen Besuch von zwei Herren aus Pullach, denen er nach dem ersten Ansprechversuch mit dem Fahrrad entwischte. Beim zweiten Anlauf des BND am Abend verwahrte er sich dann dermaßen energisch gegen die Kontaktversuche der westdeutschen Geheimdienstler, daß der Werbeversuch nicht fortgesetzt wurde.

Knapp zehn Jahre nach der Flucht Werner Stillers setzte sich im Februar 1989 ein hochrangiger rumänischer Geheimdienstler, der Leiter der Abteilung für die deutschsprachigen Länder in Westeuropa, Livio Turcu, während einer Dienstreise nach Pullach ab. Nach Informationen der Tageszeitung *Die Welt* hatte Turcu bereits schon vorher für den BND gearbeitet. »Seit den siebziger Jahren waren wiederholt rumänische Geheimdienstler abgesprungen, darunter der Sicherheitsberater Ceausescus, Ion Pacepa. 1984 hatte das Auswärtige Amt die Ausweisung von fünf rumänischen Diplomaten verfügt, denen ›massive kriminelle Handlungen‹, darunter Sprengstoffdelikte und eine geplante Entführung, vorgeworfen wurden«.[28] Auch der Überläufer Turcu konnte zur Aufdeckung von Aktivitäten des rumänischen Geheimdienstes in der Bundesrepublik beitragen. Im August 1989 erhob die Generalstaatsanwaltschaft Stuttgart Anklage gegen ein 1978 aus Rumänien übergesiedeltes Ehepaar wegen Spionage[29]; und im November 1989 mußte sich ein 63jähriger Rentner vor dem Oberlandesgericht Düsseldorf wegen der Ausspähung rumänischer Exilorganisationen im Auftrag des CIE (Centru de Informatii Extern) verantworten.[30]
Überläufer aus gegnerischen Nachrichtendiensten bringen über die unmittelbare Enttarnung der ihnen bekannten Agenten hinaus auch Grundlagenwissen über die Operationsformen bzw. nationalen Vorlieben bestimmter Geheimdienste mit; so wurde aus diesen Quellen bekannt, daß die kunstsinnigen Tschechen ihre

illegalen Residenten häufig als Antiquitäten- oder Kunsthändler tarnten.

Im Frühsommer 1985 titelte die *Süddeutsche Zeitung*: »KGB-Oberst in den Westen übergelaufen.« Der damalige Regierungssprecher Peter Boenisch dementierte am nächsten Tag in Bonn sehr entschieden, und sein Dementi klang schon deshalb glaubhaft, weil man doch einen so schönen Erfolg für die westdeutschen Nachrichtendienste niemals verschwiegen hätte. Von Herzen bedauert hat das Regierungsdementi im Pullacher Camp Nikolaus allerdings der damalige Unterabteilungsleiter der UA 15 Gegenspionage, Herr Flemming. Bürgerlich heißt Flemming Udo Foertsch und ist Neffe des ersten Generalinspekteurs der Bundeswehr, Friedrich Foertsch. Er hätte für seinen größten Fall nur zu gern öffentliches Lob geerntet. Denn schließlich hatte dieser KGB-Oberst über 15 Jahre lang für den BND gearbeitet. Foertsch – so berichten BND-Insider – sei sogar einmal nach Moskau geflogen, um wenigstens Sichtkontakt zu seiner Innenquelle im KGB zu haben. Das öffentliche Lob wurde jedoch verhindert, und so sah sich Foertsch veranlaßt, fortan wenigstens im Kameradenkreis, z. B. bei dem Lehrgang für angehende BND-Residenten im Ausland, seine Leistung herauszustreichen.

Absetzen mußte sich der KGB-Oberst aus Moskau wegen krimineller Machenschaften – nicht seitens der Nachrichtendienste, sondern nach einem gewöhnlichen Einbruch. Die Diebe hatten nämlich aus seiner Wohnung auch sein Briefpapier mitgehen lassen, das vom BND chemisch vorbereitet war. Und nun fürchtete der KGB-Offizier, daß den Kollegen zunächst die Qualität und dann die Präparierung auffallen könnte, wenn das Briefpapier erst einmal auf dem Schwarzmarkt angeboten wurde.

Warum der wegen dieses unglücklichen Zufalls übergelaufene KGB-Oberst nicht beim BND blieb, erklärte Flemming nie. Wahrscheinlich hat die CIA den KGB-Mann wegen der Fixierung des KGB auf die US-Geheimdienste für sich reklamiert und diesen Anspruch in Bonn durchsetzen können, mutmaßten BND-Beobachter. Möglich sei auch, daß Foertsch den KGB-Oberst nur pro forma und eigentlich für die Agency führte; insbesondere deutschfreundlichen Abspringern östlicher Dienste mochte man nämlich auch dann keinen Nationalitätenwechsel des sie betreuenden Geheimdienstes zumuten, wenn sie für Partnerdienste wesentlich ergiebiger waren. Mit diesen Vermutungen kamen die BND-Insider der Wahrheit ziemlich nahe. Denn der Überläufer war Grigorij Gordiewski.

Oleg Gordiewski – auch er ein Überläufer – publizierte zusammen mit dem Journalisten Christopher Andrew ein Buch zu den Auslandsoperationen des KGB, in dem die wichtige Rolle dieses KGB-Obersten in der Ersten Hauptverwaltung des KGB und dessen Auslandsresidenturen beschrieben wird: »Nach einem Ausbildungsjahr 1962/63 verbrachte Gordiewski neun Jahre im Hauptquartier des KGB in Moskau (1963–1965 und 1970–1972) und in der Residentur in Kopenhagen (1966–1970). Er organisierte die Operationen von KGB-Illegalen, d. h. Agenten, die unter falscher Identität operieren und keine diplomatische Immunität genießen. Im Lauf der nächsten dreizehn Jahre arbeitete Gordiewski bei der Abteilung Politische Aufklärung (PR) in Kopenhagen (1974 bis 1978), in der Moskauer Zentrale (1978–1982) und in London (1982–1985).«[31]

Nach Darstellung in diesem Buch arbeitete der KGB-Oberst von seiner Rückkehr nach Kopenhagen 1973 an als Überzeugungstäter für den britischen Auslandsnachrichtendienst SIS. Im Mai 1985 sei er, angeblich wegen seiner bevorstehenden Beförderung zum Residenten in London, nach Moskau beordert worden; dort konfrontierte man ihn mit dem Verdacht, für die Briten zu spionieren; er wurde beurlaubt sowie bis zu seiner erfolgreichen Ausschleusung im Juli 1985 observiert.

Oleg Gordiewski und Grigorij Gordiewski sind identisch. Der Wohnungseinbruch, der ihn beinahe enttarnt hätte, wird in seinem Buch schlampigen KGB-Leuten angelastet, die jedoch außer einigen westlichen Büchern nichts gefunden hätten.[32] Wie im Fall Stiller sollte auch hier Überläuferliteratur dazu dienen, den gegnerischen Nachrichtendienst zu desinformieren.

Tatsächlich wurde Grigorij Gordiewski vom BND rekrutiert, von CIA und BND doppelt geführt und schließlich von der Agency für sich vereinnahmt. Die Spurensuche im KGB nach Gordiewskis Flucht konnte seine deutsch-amerikanische Verbindung eindeutig rekonstruieren; die Desinformation lief ins Leere. Doch brachte der vermeintliche Erfolg, mehr als ein Jahrzehnt eine hochrangige Innenquelle im KGB geführt zu haben, den britischen Kollegen wenigstens innenpolitische Vorteile. Nach den jahrzehntelangen Skandalen um die Unterwanderung des SIS durch den KGB schienen Londons Dienste nun wenigstens einen Anschlußtreffer erzielt zu haben.

Im September 1991 konnte der BND dann offiziell mit einem übergelaufenen KGB-Offizier aufwarten. KGB-Oberstleutnant Wladimir Fomenko, der getarnt als Vizekonsul dem sowjetischen Generalkonsulat in München angehörte, hat sich nach Informationen der Tageszeitung *Die Welt* zusammen mit seiner Frau dem BND zur Verfügung gestellt und wurde von diesem befragt.[33]

Daß östliche Nachrichtendienstler selbständig in die Bundesrepublik überlaufen konnten und nicht durch risikoreiche Ausschleusungen aus dem »zutrittserschwerten« fremden Machtbereich geholt werden mußten, ist die Ausnahme geblieben. Häufiger schon meldeten sich Abspringer oder Überläufer irgendwo im Ausland bei einer deutschen diplomatischen Vertretung, doch diese reagieren dann nicht immer den Wünschen des BND gemäß. Ein Operativer Sicherheitshinweis vom April 1983 erläutert die Schwierigkeiten des Auslandsnachrichtendienstes mit den Diplomaten im Auswärtigen Dienst: »Überläufer östlicher Nachrichtendienste haben wiederholt berichtet, sie seien bei dem Versuch, über Botschaften der Bundesrepublik Deutschland Kontakt zum BND aufzunehmen, auf Schwierigkeiten gestoßen. Die Beamten, mit denen sie verhandelten, seien über ihr Anliegen sichtlich bestürzt gewesen, hätten sie zunächst an den Sicherheitsdienst verwiesen, hätten jede Vermittlung abgelehnt und in anderen Fällen erst auf nachdrückliches Drängen die erbetene Unterstützung geleistet.

Die politische und rechtliche Problematik, mit der sich die Botschaften durch derartige Vermittlungswünsche konfrontiert sehen, wird nicht verkannt. Andererseits muß die nachrichtendienstliche Nutzung von Überläufern wegen ihrer Bedeutung für Nachrichtenbeschaffung, Spionageabwehr und Gegenspionage unbedingt gesichert werden und darf nicht am mangelnden Wissen von nicht orientiertem Botschaftpersonal scheitern.

Für die Botschaften der Bundesrepublik Deutschland ist bei Kontakten mit Überläufern der Erlaß des Auswärtigen Amtes vom 21. 8. 1972 zur ›Behandlung von Personen, die im Ausland eine Verbindung zum BND suchen‹ verbindlich . . . Dieser Erlaß regelt in vorsichtigen Wendungen, wie sich die Botschaft verhalten soll. Er ist jedoch nicht darauf ausgerichte, den Botschaften die hohe nachrichtendienstliche Bedeutung der Arbeit mit Überläufern darzustellen. Residenten sollten dies ihrerseits tun. «

Der Operative Sicherheitshinweis vom April 1983 »Die Arbeit mit Überläufern« enthält in dem Abschnitt »Besonderheiten auf dem Gebiet des Terrorismus (TE)« noch eine bemerkenswerte Aussage: »Bei Selbstanbietern oder Abspringern aus der TE-Szene ist das BKA in erster Linie an aktuellen Erkenntnissen über den Aufenthalt von gesuchten Terroristen und evtl. Kontaktpersonen/-linien interessiert, während der BND vorrangig die sich aus dieser Personengruppe ergebenden operativen Möglichkeiten im Auge hat. «

Im Klartext heißt dies, daß der BND sich nicht scheut, anstelle der Zuführung zur Strafgerichtsbarkeit Abspringer aus der Terrorszene als Agenten zu nutzen. Juristisch bedeutet dies, daß der Auslandsnachrichtendienst der Bundesrepublik – lange bevor es eine gesetzliche Kronzeugenregelung gab – dienstintern und ohne gesetzliche Grundlage entsprechend zu agieren beabsichtigte. Im Mai 1989 berichtete das Hamburger Magazin *stern* »unter Berufung auf zwei ranghohe Beamte deutscher Sicherheitsbehörden«, daß der Jordanier Marwan Khreesat 15 Tage nach seiner Verhaftung am 26. Oktober 1988 freigelassen worden war, obwohl er im Auftrag der »Volksfront für die Befreiung Palästinas« Radiobomben für Flugzeugattentate gebaut hatte, weil er Verbindungsmann des BND war. »Am 21. Dezember 1988 detonierte eine Radiobombe des Typs, wie sie nach Darstellung des *stern* von Khreesat in Neuss gebaut wurde, in der PanAm-Maschine über Lockerby.

Im April 1989 fand das Bundeskriminalamt in Neuss drei weitere Bomben, die vermutlich von dem 44jährigen Jordanier gebaut wurden. Eine explodierte beim Versuch des BKA, sie zu untersuchen. Ein Beamter starb, ein zweiter wurde verletzt«,[34] berichtete die *Süddeutsche Zeitung* im Mai 1989 und zeigt durch die BKA-Opfer zugleich auf, aus welcher deutschen Sicherheitsbehörde die Vorwürfe gegen den BND stammen.

Die Konkurrenz zwischen BKA und BND bei der Bekämpfung der RAF war stets erbittert, wie die Auseinandersetzung um die Aufnahme der RAF-Terroristen in der DDR deutlich macht. Den Nachrichtendiensten der Bundesrepublik Deutschland lagen seit fünf Jahren exakte und umfassende Hinweise auf Decknamen, Arbeitsstelle und Aufenthaltsorte von Mitgliedern der »Rote Armee Fraktion« in der DDR vor, konnte das ARD-Magazin *Monitor* im Juli 1990 nachweisen.[35] Bereits 1986 verfügte das BKA über sichere Erkenntnisse, was den Aufenthalt der RAF-Terroristin Silke Maier-Witt in Erfurt betraf, sagte auch der Leitende Kriminaldirektor beim BKA, Hessel, im August 1990 in Erfurt. Ein Ersuchen um Rechtshilfe sei vom DDR-Justizministerium aber abschlägig damit beantwortet worden, daß die Gesuchte in der DDR nicht bekannt sei. Wegen der »Reibereien« zwischen BKA und BND habe dann auch der Geheimdienst der Bundesrepublik keine weiteren Nachforschungen mehr angestellt.[36]

Wolfgang Schäuble, seinerzeit Kanzleramtsminister, sagte in *ZDF* im Juni 1990 zur Erkenntnislage im Jahre 1986, im Falle des RAF-Mitglieds Susanne Albrecht seien die Hinweise auf einen Aufenthalt in der DDR noch am dichtesten gewesen. Der Generalbundesanwalt habe 1986 im Fall Susanne Albrecht ein erfolgloses Rechtshilfeersuchen an die DDR gestellt, und der BND habe im Rahmen seiner Möglichkeiten versucht, Hinweisen dieser Art nachzugehen. Doch seien, so Schäuble, seine Möglichkeiten begrenzt gewesen.[37] Im Fernsehmagazin *stern TV* wurde im Juli 1990 allerdings ein ehemals führender DDR-Offizier mit den Worten zitiert: »Bevor 1980 die mutmaßlichen Terroristen bei uns Unterschlupf fanden, gab es höchst geheim gehaltene Absprachen zwischen Vertretern der Bundesregierung und der DDR-Führung.« Angeblich sollen diese Absprachen 1978, also kurze Zeit nach der Ermordung des Bankiers Ponto und des Arbeitgeberpräsidenten Schleyer getroffen worden sein. Der BND sei »von Anfang an in die Ergebnisse dieser Absprachen eingeweiht worden«. Das BKA habe dazu nur erklärt, »daß die Behauptungen des MfS-Offiziers nicht ohne weiteres von der Hand zu weisen seien«.[38]

Auf einer USA-Reise im März 1992 hat die Bundesabgeordnete Ingrid Köppe von ehemaligen US-Regierungsmitgliedern erfahren, daß die Bundesregierung schon viel früher als öffentlich zugegeben vom Untertauchen einiger RAF-Terroristen in der DDR gewußt haben muß. Der frühere CIA-Direktor William Colby und ein früherer Mitarbeiter der amerikanischen Botschaft in Bonn hätten ihr erklärt, so Köppe, daß damals sowohl das Kanzleramt als auch das Bundesamt für Verfassungsschutz und der BND über die CIA-Erkenntnisse unterrichtet waren, daß RAF-Terroristen in der DDR untergekommen seien und dort vom MfS unterstützt würden. Der für den BND zuständige Ministerialdirigent im Bundeskanzleramt, Staubwasser, sagte daraufhin, er könne nach allem, was er vom BND erfahren habe, definitiv ausschließen, daß schon früher etwas von RAF-Aussteigern in der damaligen DDR bekannt gewesen sei. Weitere Details könne er weder bestätigen noch dementieren.[39]

Vermutlich hat Staubwasser vom BND nicht alles erfahren und war so nicht in der Lage, über Verhandlungsbeginn und Verhandlungspartner, wissende und getäuschte Sicherheitsbehörden in der Bundesrepublik vollständig Auskunft zu erteilen. Veteranen in Pullach bekennen hingegen, sie hätten Ende der 70er Jahre zu den Gesprächen zwischen Politikern der beiden deutschen Staaten denselben Kenntnisstand gehabt, möglicherweise sogar einen besseren, weil sie das »Verdienst«, diese Terroristengeneration zum Teil in der DDR stillgelegt zu haben, nicht allein auf das Erfolgskonto der damals regierenden sozial-liberalen Koalition buchen lassen wollten. Der Milliardenkredit für die DDR 1983 habe doch gezeigt, daß nicht nur in Bonn westdeutsche Außenpolitik gemacht worden sei, fügen sie augenzwinkernd hinzu, lassen aber offen, wo im Dreieck München – Pullach – Rosenheim die Stütze der Bundesregierung angesiedelt war.[40]

7 Die Residenturen

Die Etablierung einer Residentur im westlichen oder neutralen Einsatzland wird zuvor mit den zuständigen Geheimdiensten des Gastlandes abgestimmt, das heißt, diese Auslandsposten des BND sind de facto bei den Nachrichtendiensten ihres Einsatzstaates akkreditiert. Die Errichtung einer Legal-Residentur ging in der Regel auf die Initiative des Pullacher Dienstes zurück, der damit neue Aufklärungsprioritäten bedienen wollte, oder auf einen Anstoß des Partners CIA, der damit im Gastland einen weniger geliebten Stellvertreter zu etablieren suchte. In Ausnahmefällen wurde auch eine Einladung des Aufnahmestaates ausgesprochen oder dem Auswärtigen Amt zumindest eine solche vom BND suggeriert.

Die Indonesier zum Beispiel boten dem BND eine Residentur an, weil sie sich Pullach gleich doppelt verpflichtet fühlten: »Im Jahre 1965 leistete der BND dem indonesischen Nachrichtendienst und den reaktionären Kräften beim Sturz des Präsidenten Ahmed Sukarno umfangreiche Hilfe, indem er die Attentäter mit Maschinenpistolen und Funkgerät in einem Gesamtwert von 300 000 DM ausrüstete«,[1] wobei die in der polnischen Quelle als Attentäter Bezeichneten Angehörige des Militärnachrichtendienstes waren, deren Chef, welch Zufall, gerade in Pullach weilte, als der Putsch gegen Sukarno inszeniert wurde. »Von Waffen und Gerät wurden die Nummernschilder abgeschlagen, der Geheimdienstchef in ein Sonderflugzeug nach Indonesien gesetzt. Dort fand man später die sowjetischen Waffen und Funkgeräte, und die indonesische Armeeführung konnte später damit die Beweise für eine langgeplante, vom Ausland unterstützte Verschwörung vorweisen«,[2] beschrieben die *Spiegel*-Journalisten Höhne und Zolling die vom BND auf Wunsch der CIA durchgeführte Operation. Zum zweiten plante Pullach unter maßgeblicher Beteiligung des späteren Chefs der CSU-Seilschaft, Kurt Weiß, nach erfolgreichem Putsch für das neue Regime Konzentrationslager, da die indonesische Armee »in der Folgezeit die Ausschaltung der gesamten kommunistischen Partei mit Konsequenz und Härte verfolgte«, wie sich Gehlen erinnert.[3]

Mindestens einmal jedoch hat Indonesien die Einladung zur Errichtung einer Legalresidentur bereuen müssen, als nämlich Ende der 70er Jahre Oberst Kirschbaum für den Dienst in Djakarta tätig war. Dieser betrieb dort unter Ausnutzung seiner diplomatischen Möglichkeiten einen schwunghaften Schwarzhandel mit Kraftfahrzeugen, und die Regierung in Djakarta sah sich gezwungen, auf seine Ablösung zu pochen. Also parkte ihn der BND einige Jahre an der Schule des Dienstes, bevor er in einer höheren Besoldungsgruppe nach Den Haag geschickt wurde. Doch wie Regierungsdirektorin Dr. Gabriele Gast in Erfüllung ihrer Pflichten bei der zentralen Auswertung nach einer Dienstreise im Einklang mit BND-Vizepräsident Paul Münstermann feststellte, wurde das Verhältnis dadurch nicht auf Dauer belastet. Die Rechnungsstelle des BND bemängelte allerdings, daß Münstermann bei seiner Dienstreise 1989 die Kosten für die Anmietung eines Callgirls als Reisebegleiterin nach Bali mit in seine Reisekostenaufstellung aufgenommen habe.[4]

In den Residenturen des deutschen Nachrichtendienstes im Ausland sind auch Vertreter anderer Sicherheitsbehörden tätig: Für ihren Schutz sorgen Angehörige des Bundesgrenzschutzes als sogenannte Hausordnungsdienste. Das Bundeskriminalamt delegiert Beamte in Schwerpunktvertetungen, beispielsweise Terrorspezialisten in Auslandsvertretungen im Nahen und Mittleren Osten oder Drogenfahnder in Schwerpunktländer des internationalen Drogenhandels im Mittelmeerraum, Südamerika und Asien. In manchen bundesdeutschen Residenturen – wie in Wien – sind sogar mehr BKA-Spezialisten tätig als BNDler.

Die Residenturen bestehen aus mindestens einem Residenten des höheren Dienstes und einer Bürokraft, nicht selten seine Ehefrau. Etwas größere Residenturen verfügen zudem über einen Sachbearbeiter. In Paris und London, Washington und Wien saßen Mitte der 80er Jahre jeweils allein drei BNDler des höheren Dienstes, drei Sachbearbeiter und eine Bürokraft.

Bei der Bitte des MfS an den tschechischen Geheimdienst um Amtshilfe bei der funkelektronischen Überwachung des BRD-Botschaftspersonals in Wien übermittelte das MfS den Kollegen in der ČSSR Ende der 80er Jahre eine Liste von insgesamt 16 bundesdeutschen Botschaftsangehörigen, die auf das nachrichtendienstliche Interesse der DDR-Staatssicherheit stießen. In den 80er Jahren wurde der Mitarbeiterbestand vornehmlich in den wichtigeren Residenturen wie in Paris, Genf, Tokio und in den USA deutlich aufgestockt.

Der Resident selbst ist in der Regel offiziell Sozial-, Presse-, Kulturattaché o. ä. Seit Mitte der 80er Jahre besteht die Tendenz, Auslandsdienstposten in zunehmendem Maße mit Soldaten zu besetzen, die dann häufig als Militärattaché deklariert werden. Militärattachés sind also nicht immer – wie es die »Information für die Truppe« im Februar 1977 überschrieb – »Botschafter des Vertrauens«, sondern vielfach Gesandte des Mißtrauens.[5]

In vielen Staaten jedoch sitzen Bundeswehroffiziere als BND-Residenten, ohne als Militärattaché getarnt zu sein. So war Ende der 80er Jahre in Pretoria ein Stabsoffizier der Bundeswehr BND-Resident, und der 1990 für Vietnam in den Listen der Hardthöhe ausgewiesene Dienstposten eines Oberstleutnants in Saigon dürfte ebenfalls darauf zurückzuführen sein, daß die Etablierung eines offiziellen Militärattachés politisch noch zu heikel schien. Die Militärattachés haben jeweils mindestens einen Unteroffizier als Sachbearbeiter in der Botschaft zur Verfügung. Nicht jeder von ihnen steht nachweislich im Dienst des BND, doch gab der Attachégehilfe, der 1990 bei der Auflösung der Botschaft Bagdad verlassen mußte, als Zieladresse für sein Privatgepäck Pullach bei München an.

Militärattaché-Stäbe der Bundesrepublik Deutschland
STAND: OKTOBER 1991

LAND & WEITERE ZUSTÄNDIGKEIT	SITZ	RANG DES ATTACHÉS
Ägypten	Kairo	Oberst
Algerien, Tunesien	Algier	OTL
Argentinien, Uruguay, Bolivien	Buenos Aires	Kapitän z. S.
Australien, Neuseeland	Canberra	OTL
Belgien, Luxemburg	Brüssel	OTL
Brasilien	Brasilia	OTL
Bulgarien	Sofia	OTL
Chile, Paraguay, Ecuador	Santiago de Chile	OTL
China	Peking	Oberst
Dänemark	Kopenhagen	OTL
Finnland	Helsinki	Oberst
Frankreich	Paris	Brigadegeneral
Griechenland	Athen	Oberst
Großbritannien, Irland	London	FL-Admiral
Indien, Nepal	New Delhi	Oberst
Indonesien, Malaysia, Brunei	Djakarta	OTL
Iran	Teheran	OTL
Israel	Tel Aviv	Oberst
Italien	Rom	Oberst
Japan, Philippinen	Tokyo	Kapitän z. S.
Jugoslawien	Belgrad	Oberst
Kanada	Ottawa	OTL
Korea	Seoul	OTL

Marokko	Rabat	OTL
Niederlande	Den Haag	F-Kptn
Norwegen	Oslo	F-Kptn
Österreich	Wien	Oberst
Pakistan	Islamabad	OTL
Peru, Kolumbien	Lima	OTL
Polen	Warschau	Oberst
Portugal	Lissabon	F-Kptn
Rumänien	Bukarest	OTL
Saudi-Arabien, Bahrain, Jemen (A. R.), Katar, Oman, Vereinigte Arabische Emirate	Riad	Oberst
Schweden	Stockholm	OTL
Schweiz	Bern	OTL
Spanien	Madrid	Oberst
Sudan, Somalia	Khartoum	OTL
Syrien, Jordanien, Libanon	Damaskus	OTL
Thailand, Birma, Singapur	Bangkok	OTL
Tschechoslowakei	Prag	Oberst
Türkei	Ankara	Oberst
Ungarn	Budapest	OTL
UdSSR	Moskau	Brigadegeneral
Nigeria	Lagos	OTL
Mexiko	Mexico City	OTL
USA	Washington	Brigadegeneral

OTL = Oberstleutnant. F-Kptn = Fregattenkapitän
Die Militärattaché-Stäbe in Nigeria und Mexiko wurden erst im Oktober 1991 eingerichtet und erhöhten die Gesamtzahl der Stäbe auf 44, deren Zuständigkeitsbereich jetzt 69 Staaten umfaßt.

Die Attaché-Verwendung mit monatlich bis zu 15 000 DM Besoldung und Diplomatenprivilegien wie vergünstigten Einkaufsmöglichkeiten etc. läßt diesen Dienstposten (intern spöttisch »Frühstücksdirektor« benannt) zum Objekt der Begierde für viele BND-Mitarbeiter werden, zugleich aber auch zum bevorzugten Kampfplatz konspirativer Intrigen. Dabei pflegte nicht nur die CSU-Seilschaft ihren legendären Protektionismus, auch die sozial-liberale Koalition handelte nach dem Prinzip »Protektion vor Sachverstand«. So war ursprünglich Dr. Ehling, fließend italienisch sprechender Experte in der Auswertung, für den Posten des Residenten in Rom vorgesehen. Tatsächlich ging dann aber der des Italienischen nicht mächtige BNDler Werther in die italienische Hauptstadt, den man zur Gruppe um die Sozialdemokraten Herbert Rieck (seit 1970 Abteilungsleiter IV, Deckname Heine) und Wolfgang Blötz (BND-Vizepräsident bis 1979) rechnete.

BND-Schulungsunterlage vom Dezember 1983
Einzelkriterien des psychosozialen Status eines Sowjetblock-Kaders im Westen

Subjektive Vorteile
– ist sorgfältig ausgewählt und überprüft
– gilt als zuverlässig
– ist auf Auslandseinsatz besonders vorbereitet
– ist gewöhnlich Parteimitglied (»Avantgarde«)
– genießt relative Privilegien
– hat günstige Karriereaussichten
– fühlt sich als Angehöriger der Elite
– vertritt sein Land und dessen Ideologie im
  »imperialistischen Lager«

Subjektive Probleme
– läßt häufig Frau und/oder Kinder in der Heimat
– lebt meist im »Ghetto«
– verbringt die Freizeit oft »kollektiv«
– hat nur wenige Freunde am Ort

- vereinsamt häufig
- hat eingeschränkten Bewegungsspielraum
- ist verstärkt privaten Spannungen ausgesetzt
- unterliegt verschärften Sicherheitsbestimmungen
- unterliegt scharfen Restriktionen bei Kontakten
  zu westlichen Staatsangehörigen
- ist dienstlichen und persönlichen Spannungen
  innerhalb seiner Dienststelle ausgesetzt
- ist Überwachungsmaßnahmen der Gastlandbehörden
  ausgesetzt
- kompensiert Frustrationen häufig durch Alkohol und
  dergl.
- wird durch Erleben der Verhältnisse im Westen
  politisch und ideologisch verunsichert
- ist allgemein den »Versuchungen« im Westen ausgesetzt.

Auslandskader: ab 6 Monaten Auslandsaufenthalt: Personal von Missionen, staatl. Auslandsniederlassungen, Journalisten, Entwicklungshelfer usw.
Auslandsreisekader: Teilnehmer an internationalen Konferenzen, Messen, wiss. Veranstaltungen, Export/Import-Kaufleute, Wartungsingenieure usw.

Mit der Verwaltung der in dem jeweiligen Land tätigen Agenten und der Durchführung von Operationen ist der Resident normalerweise nicht befaßt. Eine wichtige Aufgabe lag bisher darin, sogenannte Resow-Kontakte (Resow = Residenten des Sowjetblocks, der Verf.) zu knüpfen und zu halten, d. h., er sollte die Residenten von Nachrichtendiensten aus WVO-Staaten – Dienstdeutsch Sowjetblock – ansprechen und aushorchen. Das entsprach der grundsätzlichen Philosophie des BND in Sachen »Umweganbahnung«.

Dabei ging der BND davon aus, daß im Ausland eingesetzte Mitarbeiter anderer Staaten im Umfeld des Einsatzlandes leichter zu kontaktieren waren als über Agenten in ihren Heimatländern.

Diese Überlegungen bezogen natürlich auch die Vertreter der Sicherheitsorgane der WVO-Staaten mit ein. Bestimmte Kategorien der Auslandskader, vor allem aus dem wirtschaftlichen Bereich (z. B. Mitarbeiter in Außenhandelseinrichtungen, Servicepersonal), standen zudem nicht unter dem Einfluß des Kollektivs ihrer Auslandsvertretung, waren damit auch von den dort vorhandenen Kontrollmöglichkeiten weitgehend isoliert und somit leicht zu packen. Aufgrund der kadermäßigen Vorauswahl und der persönlichen Qualitäten der Auslandskader konnte im allgemeinen damit gerechnet werden, daß sie im System des Partei- und Staatsapparates – also in der »Nomenklatura« – entsprechende Positionen einnahmen.

Wo Anknüpfungspunkte für eine erfolgreiche Anbahnung bei »SOWB-Kadern« liegen konnten, vermittelt eine BND-Schulungsunterlage vom Februar 1984 im Lehrfach ND-Psychologie/-Soziologie. Von der Ablehnung der »kommunistischen Ideologie« über »Widerwillen gegen russische Vorherrschaft (bei osteuropäischen Satelliten)« und »persönlichen Groll gegen Arbeit, Status, Privilegien usw.« bis hin zu »Freude an konspirativen Kontakten usw.« werden insgesamt zwölf mögliche Motive für die Mitarbeit beim BND aufgelistet. Diese hat jedoch nicht der Pullacher Dienst eruiert, die Lehrunterlage weist eine andere Quelle aus: »Anbahnungsstudie des PD Farn«; sie stammt also von einem britischen Partnerdienst.

Im Rahmen dieser Schwerpunktorientierung auf SOWB-Kader genossen erkannte oder vermutete hauptamtliche bzw. inoffizielle Mitarbeiter der Geheimdienste dieser Staaten absolute Priorität. »Umweganbahnungen« versuchte der BND vornehmlich in kleineren Ländern vorzunehmen, wo die DDR-Vertretungen kleiner und schwächer gesichert waren, und die Isolation des einzelnen im Gastland zudem größer.

Als in Athen ein solcher Anbahnungsversuch mißlang, kolportierte der BND-Kasinoklatsch anschließend, wie unkonventionell die Kollegen aus dem anderen deutschen Staat reagierten. Weil er bis zur Offenbarung des BND-Kontakts eine Denkpause von zwei Tagen verstreichen ließ, verpaßten die DDR-Sicherheitskräfte dem Diplomaten einen Denkzettel, indem sie ihn – so der

BND-Kasinoklatsch – im Garten der Botschaft verprügelten. Die Auslandsverwendungstauglichkeit aber verlor er nicht.

Die unter vorrangiger Priorität betriebene Anbahnung von Diplomaten aus WVO-Staaten für den BND scheiterte übrigens nicht nur an der Standfestigkeit der sozialistischen Auslandskader, sondern häufig auch am eigenen Unvermögen. Als in Pullach Anfang der 80er Jahre Hinweise eingingen, daß sich der stellvertretende Botschafter Polens in Indonesien möglicherweise in den Westen absetzen solle, schickte der BND zwei Mitarbeiter – darunter Witigo von Wittke aus dem Polenreferat, Deckname Strelow – nach Djakarta. Bereits eine erste Kontaktaufnahme zeigte, daß der polnische Diplomat einem Übertritt in die Bundesrepublik nicht ganz abgeneigt war. Eines Tages jedoch war der Pole samt Familie verschwunden. Er tauchte in Australien wieder auf, weil der australische Geheimdienst, mit britischer Hilfe, schneller gewesen war als der BND. Das Anbahnungskommando aus Pullach hatte bei seinem vierwöchigen Indonesienaufenthalt schlicht übersehen, daß die Familie des Diplomaten in Djakarta intensiven Englischunterricht nahm, was bei dem vorgeblichen Zielland BRD mißtrauisch hätte stimmen müssen.

Ende der 80er Jahre scheiterte der BND wiederum in der indonesischen Hauptstadt bei dem Versuch, einen Diplomaten aus einem Warschauer Vertragsstaat zur Preisgabe von Informationen zu verleiten. Zwei BNDler lockten als angebliche Mitarbeiter des DDR-Außenministeriums einen ostdeutschen Diplomaten in ihr Kraftfahrzeug und versuchten, ihn auszufragen. Der DDR-Diplomat wurde schnell mißtrauisch, weil ihm die »mangelnde Regimekenntnis« der Werber auffiel. Wie so oft scheiterten die Außendienstler Pullachs auch diesmal daran, daß sie kaum Insiderinformationen aus dem gut überschaubaren Bereich der DDR-Diplomatie hatten. Als der Umworbene die zweite Legende, die BNDler seien Abgesandte des MfS, auch nicht schlucken wollte, gingen die Westdeutschen zur »Klaransprache« über. Um nicht mit leeren Händen aus Djakarta zurückzukehren, offenbarten sie sich als Angehörige des BND. Der Ostdeutsche brach das Gespräch daraufhin sofort ab und meldete den Sicherheitsleuten seiner Botschaft den verpatzten Kontaktversuch des BND.

Doch ganz ohne Erfolg blieben die ständigen nachrichtendienstlichen Werbungsversuche des BND nicht. Im Mai 1979 lief der damalige Abteilungsleiter der Hauptabteilung »Grundsatzfragen und Planung« im DDR-Außenministerium, Peter Schädlich, via Helsinki nach Bonn über. Der BND bestätigte, daß der ehemalige DDR-Botschafter in Stockholm seit längerem für ihn gearbeitet habe. Da Schädlich von 1968 bis 1971 Botschaftsrat an der DDR-Botschaft in Helsinki war,[6] dürfte er zu seinem Verbindungsführer in Finnland übergelaufen sein. Damit hätte der BND in diesem Fall die Krönung nachrichtendienstlicher Abwerbung erreicht, die darin besteht, daß absprungwillige Auslandskader sich ihre gutdotierte westliche Freiheit erst durch mehrjährige Arbeit als »Innenquelle« des Pullacher Dienstes erdienen müssen.

Aus Argentinien lief der DDR-Diplomat Winkler im August 1985 zum BND über, nachdem er 1983 als Botschaftsrat an die DDR-Botschaft nach Buenos Aires versetzt worden war. Regierungssprecher Sudhoff wollte allerdings auf die Frage, ob er in Süddeutschland vom BND oder von US-Diensten befragt würde, nicht näher eingehen.[7]

Fünf bis sieben Auslandskader bzw. Auslandsreisekader verlor die DDR in den 80er Jahren durchschnittlich pro Jahr, sowohl Selbstanbieter als auch vom BND Abgeworbene. Das Spektrum der Überläufer reichte dabei vom Kraftfahrer über den dienstreisenden Wirtschaftsfachmann bis zum Angehörigen des Diplomatischen Dienstes.

Die Errichtung von Residenturen des BND konnte nur in Abstimmung mit der Leitung des Auswärtigen Amts (AA), in der Regel mit Außenminister Hans-Dietrich Genscher persönlich, erfolgen. Jede Auslandsresidentur des BND wurde dort genehmigt, jeder einzelne neue BNDler im Ausland in Legal-Residenturen mußte vom AA bestätigt werden. Im AA selbst jedoch gibt es nach amtlicher Darstellung keine Positionen, die mit BND-Mitarbeitern besetzt sind. Im Rahmen der Amtshilfe erfolgte aber zumindest eine umfangreiche Unterstützung des BND in allen Sicherheitsfragen, wie baulicher Absicherung, Abhörsicherheit und Nachrichtenübermittlung. Das AA hingegen gewährte

Abdeckung und Arbeitsplätze. Die für den Einsatz vorgesehenen BNDler durften allerdings nicht zuvor im AA tätig gewesen sein. Sie kamen also direkt aus der Zentrale oder einer Außenstelle.

Dieser Mechanismus erleichterte dem operativen Gegner des BND – vornehmlich dem MfS – Vergleichsarbeiten zur Identifizierung neu eingesetzter BNDler. Durch sorgfältige Kontrolle der personellen Veränderungen in den Auslandsvertretungen, Überprüfung der Diplomatenverzeichnisse oder von Zirkularnoten, durch eine Vergleich von Neuzugängen in den Auslandsvertretungen mit der internen Länderliste des AA, auf der die Beschäftigten des AA aufgeführt waren, sowie durch eine Überprüfung der internen Nachfolgeregelung bei Position, Arbeitsraum und Wohnung waren frisch im Ausland eingetroffene BND-Mitarbeiter schnell identifiziert. Leicht machten es den gegnerischen Aufklärern insbesondere die Residenten des BND. Sie zogen fast ausnahmslos in die Häuser oder Wohnungen ihrer Vorgänger ein.

Ein abschließender Check der Telefon- und Adreßbücher von München und Umgebung lieferte meist ein weiteres wichtiges Indiz. Dabei konnte oft der Vorname der Ehefrau zur endgültigen Identifizierung genutzt werden. Vergleiche mit dem internen Telefon- und Mitarbeiterverzeichnis der Zentrale, das nur die dienstinternen Decknamen enthielt, erbrachten häufig auch noch die Identifizierung Deckname – Klarname, wenn man die in Frage kommenden Abgänge aus den entsprechenden Dienststellen sichtete, die für eine bestimmte Region zuständig waren. Bei Kontakten stellten natürlich die Verbindungsführer des BND ihre Nachfolger auch häufig ihren Quellen vor – darunter allen Doppelagenten –, oder der Nachfolger nahm den Kontakt unter Berufung auf seinen Vorgänger erneut auf. So wundert es nicht, daß zu den Unterlagen, die nach der Auflösung des MfS in der Ostberliner Normannenstraße in der Gauck-Behörde archiviert wurden,[8] ein fast vollständiges Verzeichnis aller BND-Mitarbeiter/-innen mit Klar- und Decknamen gehörte, das auch eine regionale Zuordnung der BNDler erlaubte. In der Gauck-Behörde ist diese Kartei heute nicht mehr auffindbar, westdeutsche Nachrichtendienste haben sie jedoch für ihre Arbeit sichergestellt, und der MAD hat sogar ein Gutachten dazu gefertigt.

Auch die CIA klagte 1992, daß die traditionelle Abdeckung ihrer Agenten über das Außenministerium durch einen Abgleich mit den Computerlisten des State Department zu einer schnellen Aufdeckung der tatsächlichen Identität ihrer Geheimdienstler führe. Deshalb gehe man dazu über, nach einer zweijährigen Arbeit an ihrer Legende Menschen aus dem mittleren Management amerikanischer Konzerne weltweit als Spione einzusetzen. Die expandierende Zahl dieser NOCs (Nonofficial Covers) werde durch das »Privatwissen« der Unternehmenschefs gedeckt.[9]

Eine der ersten deutschen Auslandsresidenturen wurde bereits zum Ende der 40er Jahre in Spanien, noch als Auslandsstützpunkt der Organisation Gehlen, eröffnet. »Gehlen mußte als Kostgänger der Amerikaner bei Wiederaufnahme der Kontakte mit den Spaniern sehr diskret vorgehen . . . Der erste Kontakt mit der spanischen Regierung wurde von Waldmann (dem US-Kontrolleur der Org., der Verf.) und Gehlen bei einem Treffen mit dem spanischen Militärattaché in Bern hergestellt, der für sie einen Flug nach Spanien zu Gesprächen mit dem Chef des spanischen militärischen Geheimdienstes arrangierte.«[10]

Die Auslandsresidentur in der Türkei zählt zu den ersten des BND. Zu dieser Dienststelle (in der deutschen Botschaft in Ankara) kam eine zweite in Istanbul hinzu. Von dort aus betrieben BND und türkischer Geheimdienst gemeinsam einen Stützpunkt zur Fotoaufklärung gegen sowjetische Kriegsschiffe, die den Bosporus passierten. Auch eine mögliche Beladung von Handelsschiffen mit Waffen für Partnerstaaten der Sowjetunion der Dritten Welt sollten durch diese Fotoaufklärung erfaßt werden.

Nach und nach wurden in fast allen NATO-Staaten Residenturen des deutschen Nachrichtendienstes eröffnet, bald darauf auch in Lateinamerika, Afrika und seit Beginn der 60er Jahre auch im Nahen Osten, so daß, als die CDU-Alleinherrschaft in der Bundesrepublik endete, mindestens 15 Legal-Residenturen im Ausland tätig waren.

Bis zum Ende des Schah-Regimes bestand auch eine Auslandsresidentur im Iran. Von 1960 bis 1965 war dort BND-Oberst Karl-

Otto von Czernicki – Deckname Cäsar – als Militärattaché eingesetzt. Im Oktober 1986 trat dann wiederum ein Stabsoffizier der Bundeswehr, Oberstleutnant i. G. Hartmut Schulz, die Nachfolge als Militärattaché an. Doch mit Khomeinis Revolution brach der BND-Stützpunkt Iran zunächst zusammen. Ein letztes Mal konnte der BND in den Revolutionswirren federführend für seine NATO-Partner einspringen, als es um die Ausschleusung der Nachrichtendienstler Kanadas, der USA und Großbritanniens ging. Für diese Leistung erhielt ein BNDler das Bundesverdienstkreuz, Herr von Bentivegni, Deckname Jürgens. Dieser kann wie manch anderer Pullacher auch einen nachrichtendienstlichen Stammbaum vorweisen. Schon sein Vater, Franz Eccard von Bentivegni, hatte eine bedeutende Position bei der Abwehr inne; Hitlers letzter Geheimdienstchef Schellenberg erwähnt ihn mehrfach in seinen Memoiren.[11]

Da sich die Revolution im Iran vornehmlich auf das Feindbild Amerika fixiert hatte, war der Spielraum der auch bei den Mullahs besser angesehenen Deutschen zunächst größer. Doch wurden die deutsch-iranischen Beziehungen in dem Augenblick schwer belastet, als iranische Studenten am 4. November 1979 beim Sturm auf die US-Botschaft feststellten, daß der CIA-Agent George E. O'Keefe über drei vom niedersächsischen Landesamt für Verfassungsschutz in Amtshilfe für die CIA auf den Namen Josef Markus Schneider ausgestellte gefälschte Dokumente verfügte.[12] Aber schon wenige Jahre nach der Machtübernahme der Fundamentalisten streckte der BND auf Ersuchen der CIA wieder seine Fühler in Richtung Iran aus und suchte erste Kontakte zu Khomeinis Geheimdienst SAWAMA.

Nach der Gründerzeit des BND wurden zunächst einmal die Beziehungen zu den Nachrichtendiensten in den Nachbarländern der ersten Auslandsstützpunkte mit Residenturen vertieft, sowohl in Afrika als auch in Lateinamerika geschah das in der zweiten Hälfte der 60er Jahre.[13] Die arabische Halbinsel eroberte der BND erst gegen Ende der 70er Jahre, als er in Dubai eine illegale Residentur für den Nahen und Mittleren Osten eröffnete.

Während für die ersten Nachkriegsresidenturen das Prinzip der Machbarkeit aufgrund gewachsener historischer Vorkriegs- und

Kriegsbeziehungen ausschlaggebend war und später das Prinzip der Einbindung in NATO-Strukturen vorherrschte, korrelierte seit Mitte der 60er Jahre die Eröffnung neuer Residenturen mit der Entfaltung außenpolitischer Eigeninteressen der Bundesrepublik. Das wirtschaftlich erstarkte Westdeutschland stieß dabei durchaus auf die Bereitschaft von Partnern, denen es insbesondere um Wirtschaftsverbindungen ging und die sich in diesem Zuge auch den nachrichtendienstlichen Interessen der Bundesrepublik zu öffnen nicht verweigern mochten.

So wurde die Residentur des BND in der pakistanischen Hauptstadt Islamabad eingerichtet, nachdem die Zusammenarbeit zwischen Pakistan und dem BND in der zweiten Hälfte der 60er Jahre intensiviert worden war.[14] In Karachi unterhielt der BND eine weitere illegale Residentur, die über eine nach 1979 im Afghanistan-Krieg etablierte Außenstelle in Peschewar Verbindung zu afghanischen Exil-Gruppen hielt. Der BND vermittelte ihnen Lieferungen von Kriegsgerät, die mit Bundeswehr-Maschinen transportiert wurden.

Nach der Welle der Anerkennung der DDR insbesondere durch Staaten der Dritten Welt drängte der BND das AA mit dem Argument, DDR-Aktivitäten und vor allem solche der HVA müßten kontrolliert werden, zur Bestätigung neuer Auslandsresidenturen.

Als Klaus Kinkel im Januar 1979 die Nachfolge General Wessels als BND-Präsident antrat, hatte der Dienst z. B. in Afrika nur in Pretoria und Addis-Abbeba Legalresidenturen und war in Lateinamerika lediglich in Argentinien und Brasilien präsent. Im Mai 1985 betrug die Anzahl der legalen Residenturen bei der BND-Abteilung 13 hingegen bereits 44.

Mehr noch als unter Kinkel und Nachfolger Blum war unter Wieck die Zahl der Auslandsresidenturen in die Höhe geschnellt, jährlich um etwa eine neue. Zu den klassischen Standorten in West- und Nordeuropa kamen Nairobi, Harare, Lagos und Dakar hinzu, die Präsenz in Lateinamerika und dem Fernen Osten wurde verstärkt, aber auch im Nahen und Mittleren Osten wurden weitere Residenturen, wie beispielsweise in Jordanien, etabliert.

Ende der 80er Jahre geben Insider in West und Ost die Menge der Legal-Residenturen mit mindestens 60 und höchstens 80 an. Die Übersicht der 1991 amtierenden Militärattachés weist auf die Ende der 80er Jahre in dieser Bestandsliste fehlenden hin und zugleich auf gänzlich neue, die mit dem Zerfall der Warschauer Vertragsorganisation in Osteuropa errichtet wurden. Neue Militärattachés in längst bekannten Residenturen – wie im Falle Nigerias – bedeuten wahrscheinlich, daß wieder einmal ein »Kulturattaché« durch einen Militärattaché ersetzt wurde.

Seit dem Amtsantritt der konservativ-liberalen Bundesregierung unter Helmut Kohl 1981 hat sich die Zahl der Legalresidenturen des Auslandsnachrichtendienstes der Bundesrepublik in zehn Jahren etwa verdreifacht. In der Übersicht über die Militärattachés ab 1991 wird deutlich, daß bereits in der ersten Hälfte der 90er Jahre wiederum ein Wachstum dieser Zahl zu verzeichnen ist.

In den USA und in der Schweiz residieren jeweils zwei BND-Dienststellen, einmal die »landesübliche« und dann je eine am Sitz der UNO. Diese Präsenz in der UNO, ihren Einrichtungen und Organisationen wurde über Jahre hinweg ausgebaut und dient in großem Maßstab zur Entwicklung weltweiter Kontakte. Auf die UNO und ihre Organisationen angesetzte BNDler sind zum Teil fest in die Arbeit einzelner Delegationen, Sektionen oder Arbeitsgruppen der UNO-Organisationen integriert. Der stellvertretende Leiter der Vertretung der Bundesrepublik in der Pariser UNESCO-Vertretung jedoch, Klaus von Raussendorf, arbeitete für einen anderen deutschen Geheimdienst, das MfS. Nicht – wie Generalbundesanwalt Kurt Rebmann und Außenminister Hans-Dietrich unisono verlauten ließen – durch umfangreiche Ermittlungen der Verfassungsschützer, sondern durch seinen übergelaufenen Führungsoffizier wurde der Diplomat im Frühjahr 1990 enttarnt.[15]

Der erste UNO-Generalsekretär Trygve Lie hatte bereits 1949 in dem nachrichtendienstlich intensiv durchdrungenen Bereich der Vereinten Nationen für einen Startvorteil der westlichen Intelligence Community gesorgt. Er vereinbarte mit der US-Regierung, »daß Dienstanwärter und Bedienstete des UN-Sekretariats ohne ihr Wissen von US-Beamten ›durchleuchtet‹ werden sollen.

Dieses Geheimabkommen betraf zwar in erster Linie amerikanische Staatsbürger . . ., wurde aber auch auf UN-Bedienstete anderer Nationalitäten angewandt und machte selbst vor UN-Organisationen im Ausland wie der UNESCO und der Ernährungs- und Landwirtschaftsorganisation nicht halt. «[16]

Jahrelang unternahm der BND immer wieder Vorstöße beim Bundesaußenminister, um die Genehmigung zum Einsatz von BND-Leuten in Auslandsvertretungen auf dem Territorium der Warschauer Vertragsstaaten zu erhalten. Aus pragmatischen politischen Erwägungen heraus – vorwiegend um politische Skandale bei einer möglichen Enttarnung zu vermeiden – lehnte die Leitung des Auswärtigen Amts diese Anträge jedoch immer wieder ab. Denn wo Mitarbeiter des AA in der Sowjetunion nachrichtendienstlich aktiv waren, so die Erfahrung des AA, blieben deren Aktivitäten der Sowjetunion nie lange verborgen. So wurde 1976 beispielsweise der Generalkonsul der Bundesrepublik in Leningrad, Alfred Blumenfeldt, »subversiver Aktivitäten« überführt.

Die Regierungsübernahme durch die konservativ-liberale Regierung Kohl/Genscher hatte in Pullach die Hoffnung geschürt, mit dem Ende der »falschen Entspannungspolitik« könnten nunmehr endlich BND-Residenten in die Hauptstädte der WVO-Staaten einziehen. Doch der weiterhin amtierende Außenminister vereitelte diesen Wunsch.

Eine Ausnahme machte Hans-Dietrich Genscher nur bei Moskau. Mit der Einschränkung, die Kommunikationsmittel der Botschaft stünden nicht zur Verfügung, durfte der BND Anfang der 80er Jahre seinen Mitarbeiter Kubbutat in Moskau einsetzen. Dieser aber stand von Anfang an unter Kontrolle des KGB, er wurde umfassend und recht erfolgreich bearbeitet, und so wurde dieser Einsatz bald beendet. Kubbutat ging in die Pullacher Zentrale zurück und wurde dort Referatsleiter ČSSR in der Auswertung, UA 32 »Politik«.

1988 unternahm der BND einen weiteren Versuch und etablierte den ehemaligen Luftwaffenattaché in Moskau, Hans-Joachim Barakling, als neuen Residenten. Abgedeckt wurde er als Verkaufsleiter eines deutschen Unternehmens. Aber auch der ehemalige Starfighter-Pilot stand bald unter umfassender Kontrolle des sowjetischen Geheimdienstes, zumal die Abdeckung eines deutschen Nachrichtendienstlers über ein Unternehmen weder neu noch originell ist: Der erste Resident des BND in Ägypten war offiziell Vertreter eines westdeutschen Industriekonzerns, und Dr. Otto John, als erster deutscher Inlands-Spionagechef der Bundesrepublik vom KGB verschleppt, war bereits seit 1937 als Syndikus der Lufthansa insbesondere in Portugal und Spanien nachrichtendienstlich tätig, für die Verschwörer um Stauffenberg sogar als Kontaktmann zum britischen Secret Service.[17] Die Lufthansa-Baracke auf dem Flugplatz Barcelona war sogar schon seit 1934 Stützpunkt der Abwehrorganisation von Admiral Canaris; der Aufbau der IBERIA durch den deutschen Partner Lufthansa war eine hervorragende Tarnung für Kurierdienste, Funkverbindungen und konspirative Treffs.

Um über die magere Ausbeute in der UdSSR und den übrigen WVO-Staaten hinaus ihre Vorgaben für das Meldeaufkommen mindestens annähernd zu erfüllen, versuchten die Abgesandten Pullachs, durch das Abschöpfen von Auslandskorrespondenten an meldefähige Informationen zu kommen, da diese sich im Gastland wesentlich freier bewegen konnten. Klaus Bednarz, heute Leiter der *Monitor*-Redaktion des WDR, erinnert sich, daß in den Jahren, die er als Auslandskorrespondent in Warschau und Moskau verbrachte, westliche Journalisten die bohrenden Frager schon durch ihre stramme Geisteshaltung als Kämpfer Pullachs im Hinterland des Feindes erkannten. Auch den Fernsehjournalisten Bednarz hatte 1974 ein Anbahner des BND im Visier. »Hätte ich jemals die geringste Bereitschaft gehabt, für den Auslandsnachrichtendienst der Bundesrepublik zu arbeiten«, erinnert sich der *Monitor*-Chef im April 1992, »allein das Auftreten des Werbers hätte sie zerstört.«

Offener für BND-Aufträge in der UdSSR war ein Kollege, der für mindestens ein Dutzend deutscher Blätter aus dem Kreml berichtete und enge Kontakte zu Mitarbeitern der *Iswestija* pflegte. Ihn versuchte der KGB sogar aktiv zu werben. Zwar blieb der Abwerbeversuch erfolglos, der BND zog den Medienmann, der später in Manila tätig wurde, aber trotzdem zurück.

Die BND-Aktivitäten in den anderen ehemals sozialistischen Ländern liefen nicht über den Einsatz hauptamtlicher Mitarbeiter in den Auslandsvertretungen der Bundesrepublik, die technische Amtshilfe bei den Fernmeldemitteln einmal ausgenommen. Agenten oder Mitarbeiter mußten sich also außerhalb der diplomatischen Vertretungen einnisten. Das bundesdeutsche Kulturzentrum in Bukarest fungierte so als Kontaktstelle, in der BND-Werber nicht nur Rumänen, sondern vor allem DDR-Bürger für ihre Zwecke auszuhorchen und manchmal auch als Agenten zu gewinnen suchten.

Erst im Frühjahr 1992 machte Bundeskanzler Helmut Kohl öffentlich den Vorschlag, Legal-Residenturen des BND in Moskau und Warschau einzurichten, um bei der Bekämpfung von Drogenhandel und Terrorismus besser zusammenarbeiten zu können.

Illegale Residenturen, die operativ durch die jeweiligen Führungsstellen geführt werden, hatte der BND Ende der 80er Jahre allenfalls zwanzig.[18] Diese befanden sich zwar vor allem in den WVO-Staaten, aber auch dort, wo parallel Legalresidenturen ihren Sitz hatten, beispielsweise in Portugal.

Dieses Land ist für den BND deshalb bedeutsam, weil die Beziehungen zu bedeutenden Rohstofflieferanten wie Mozambique, Angola, Äquatorial-Guinea, Guinea-Bissau u. a. die koloniale Ablösung ausgesprochen gut überdauert haben und daher an den Hochschulen Portugals viele Studenten aus schwarzafrikanischen Ländern studieren. Dieses akademische Potential der zukünftigen Führungseliten wollte der BND direkt oder über Tutoren und Professoren anbahnen und für eine zukünftige Zusammenarbeit gewinnen. Die Strategie der Umweganbahnung – das heißt, daß man potentielle Quellen lieber im befreundeten Ausland als im strenger überwachten Gastland zu gewinnen sucht – wurde vom BND nicht nur gegenüber Osteuropäern, sondern auch gegenüber Einwohnern der Dritten Welt verfolgt.

Als Außenstelle, die eine Anbahnung vorbereitet, ist die Legal-Residentur untauglich, weil bei Bekanntwerden derartiger Aktivitäten von Botschaftsangehörigen diplomatische Verwicklungen drohen. Fliegt hingegen eine dem Partnerdienst durchaus bekannte illegale Residentur auf, kann er jedes offizielle Wissen abstreiten. Völkerrechtlich schließt die diplomatische Mission Spionage ohnehin aus. »Der Empfangsstaat kann ein Mitglied der Mission ohne Angaben von Gründen zur persona non grata erklären und notfalls ausweisen, z. B. wenn das betreffende Missionsmitglied sich in die inneren Angelegenheiten des Empfangsstaats einmischt oder Spionage treibt.«[19]

Illegale Residenturen im Ausland können auch nicht unter der Deckung von Behördenlegenden arbeiten, allenfalls in Institutionen des Auswärtigen Amtes wie Auslandsschulen oder Goethe-Instituten. Sie stützen sich aber in der Regel auf Firmen, entweder eigene kleinere Tarnfirmen des BND oder von der deutschen Industrie wissentlich gewährte Abdeckungen.

Die Zahl von fast 80 Auslandsresidenturen des BND spiegelt jedoch noch nicht die Zahl der Verbindungen wider, die der Pullacher Dienst zu ausländischen Nachrichtendiensten unterhält. Einige Residenturen betreuen Nachbarländer und deren Dienste mit; so war die BND-Filiale in der Botschaft in Washington beispielsweise auch für die Zusammenarbeit mit »Rotdorn« – der BND-Name für Kanadas Nachrichtendienst – verantwortlich; Kolumbien wird von Costa Rica und die gesamte Karibik von Caracas in Venezuela aus bearbeitet. Überdies pflegt der BND häufig kooperative Beziehungen zu mehr als einem Nachrichtendienst in einem Zielland. Wo Staaten wie die Niederlande gleich fünf konkurrierende Nachrichtendienste, vom Auslandsnachrichtendienst über die Abwehr bis hin zu den Militärgeheimdiensten, haben oder die US-Partner bei CIA, NSA und DIA (Defense Intelligence Agency) sowie beim FBI plus diversen Militärnachrichtendiensten bedient werden müssen, da erhöht sich auch für den deutschen Auslandsnachrichtendienst die Zahl der Partner. In der Summe resultieren daraus mehr als 150 Partnerdienste[20], die vor der Reform des BND durch Kanzleramtschef Ehmke »befreundete« Dienste hießen.

Die Kontakte mit den Partnerdiensten variieren je nach Region und politischer Bindung der Bundesrepublik zu dem Aufnahmeland der Residenturen. Insgesamt umfaßten sie hauptsächlich:

1. Den Austausch von Informationen, da der BND nach interner Einschätzung nur dann in der Lage ist, bestimmte Aufklärungsaufträge zu verschiedenen Regionen und Fachgebieten zu erfüllen, wenn die entsprechenden Partnerdienste Material zur Verfügung stellen. Da ein relativ hoher Prozentsatz der eigenen Informationen aus der technischen Aufklärung stammt, ist es ohne größere Schwierigkeiten möglich, scheinbar bedeutsames Material für den Informationsaustausch anzubieten.

2. Die Vorbereitung des Besuchs von Delegationen des BND im Gastland bzw. umgekehrt der Reisen von Partnerdienstgruppen in die Bundesrepublik.

3. Die Abstimmung von Ausbildungs- und Ausrüstungshilfen der Bundesrepublik für weniger entwickelte Länder bzw. den Technologietransfer von Nachrichtentechnik zwischen BND und technologisch Höher- oder Gleichgestellten.

4. Das Einschwören des Partnerdienstes auf die besonderen Bedürfnisse des BND, insbesondere auf Hilfestellung oder mindestens die Gewährung von Handlungsfreiheit für direkte Operationen des BND gegen Zielpersonen, überwiegend aus der DDR und anderen WVO-Staaten, im Gastland; oder sogar die Entfaltung eigener Aktivitäten gegen Angehörige sozialistischer Staaten.

Daraus entwickeln sich vielfach intensive Kontakte mit Mitarbeitern von Partnerdiensten auf verschiedenen Ebenen, die auch für »Freundschaftsbeweise« unterschiedlichster Art genutzt werden können. Diese »persönlichen« Beziehungen zu Mitarbeitern der Partnerdienste werden in Pullach gespeichert, weil sie zugleich ein wertvolles Potential zur perspektivischen Einflußnahme auf diese Partnerdienste darstellen. Mit der Auswahl der Informationen beeinflußt die Leitung des BND letztlich auch die Schwerpunktbildung bei einigen – insbesondere kleineren – Partnern, die durch Pullach wiederum mit Material beliefert werden, das sie aus eigener Kraft nicht sammeln können.

8 Der Kern der Community

Zu den wichtigsten Partnern des BND bestehen stabile Informationskanäle, über die praktisch täglich Materialien ausgetauscht werden. Das trifft insbesondere auf die Nachrichtendienste der USA, Großbritanniens und Frankreichs sowie deren Residenturen und Dienststellen in Westdeutschland zu. Hier existieren personell und technisch gut ausgestattete Verbindungsstäbe, die mit der BND-Zentrale durch Fernschreib- und Telefon-Standleitungen verbunden sind. Der CIA-Verbindungsstab in München firmiert z. B. unter der Code-Bezeichnung »OCA 848«.[1]

In den ersten zwei Jahrzehnten der Bundesrepublik, bis zum Inkrafttreten des Notstandsgesetzes über die Beschränkung des Post- und Fernmeldegeheimnisses im Oktober 1968, observierten und belauschten die Dienste der westlichen Siegermächte die Bundesbürger ganz nach Belieben.[2] Aufgeben wollten sie die Vorteile dieses rechtsfreien Raumes jedoch auch später nur formaljuristisch. Auf Ersuchen der USA erklärte das Auswärtige Amt am 27. Mai 1968 in einer Verbalnote an die US-Botschaft, die Bundesregierung verpflichte sich zum Schutz der Stationierungskräfte zu wirksamen gesetzlichen Maßnahmen einschließlich der Spionage- und Terrorismusbekämpfung mittels der Post- und Fernmeldeüberwachung.

»Ein ›Geheim‹ eingestuftes Verwaltungsabkommen mit den USA und Großbritannien vom Oktober, mit Frankreich vom August 1969 regelt die Details der bundesdeutschen Beihilfe bei den Lauschangriffen. Seither wenden sich alle Entsendestaaten mit Truppen in der Bundesrepublik Deutschland an das Bundesamt für Verfassungsschutz oder den BND, wenn das Grundrecht eines Westdeutschen auf Vertraulichkeit des gesprochenen Worts gebrochen werden soll.«[3] Zu zählen, wie oft solche Ersuchen ausländischer Dienste um Amtshilfe von den Nachrichtendiensten des Bundes bedient wurden, sei eine unerfüllbare Fleißaufgabe, so die Bundesregierung im Innenausschuß des Bundestags 1989: »Zur zahlenmäßigen Feststellung der in den letzten zehn Jahren gestellten Anfragen wäre daher die Durchsicht einer nicht überschaubaren Anzahl von Unterlagen erforderlich.«

Der BND, das BKA und die Verfassungsschutzbehörden sowie militärische Stellen der Bundeswehr geben routinemäßig alle ihre Berichte an die Nachrichtendienste der NATO-Staaten, die Truppen in der Bundesrepublik stationiert haben, weiter.[4] Der Rückfluß von diesen Diensten jedoch ist eher mager. »Nur ab und an gab es klassifizierte Berichte von denen, zum Beispiel vom Partner Farn, das sind die Briten, oder eben von Hortensie«, erinnert sich ein BND-Insider.

Eigentlich ist Hortensie, wie der dienstinterne Deckname der CIA in Pullach lautet, ein Partnerdienst des BND. Sein Vorläufer OSS war Geburtshelfer der Organisation Gehlen, und auch heute noch ist die Agency mit einer eigenen Residentur in München und einer Verbindungsstelle in Pullach stärker präsent als jeder andere Partnerdienst. Der BND seinerseits hält die nachrichtendienstlichen Kontakte nach Washington über einen hochrangigen Verbindungsoffizier. Der zuständige BND-General, er wohnt in einem Münchner Nobelvorort, der an Pullach grenzt, flog in den 80er Jahren fast wöchentlich nach Washington.

Auf der anderen Seite sind die Geheimnisse amerikanischer Politik für die Bundesrepublik von größerer Bedeutung als Absichten und Operationen der NATO-Staaten und selbst der Ex-WVO-Länder. Ob es um die US-amerikanische Position bei Abrüstungsverhandlungen für Europa geht oder um die Einschätzung der bundesdeutschen Außen- und Innenpolitik seitens europäischer US-Botschafter und CIA-Residenten, das Wissen um die Position der westlichen Supermacht ist für Bonn stets zentral. Daher unterhält der BND einen operativen Schwerpunkt zur Aufklärung US-amerikanischer Absichten und Einschätzungen. Er stützt sich dabei nicht etwa überwiegend auf offene Quellen oder den für Pullach weitgehend unfruchtbaren Nachrichtenaustausch mit der CIA, sondern nutzt insbesondere seine funkelektronischen Aufklärungskapazitäten. »Der Hauptgrund, warum die Zusammenarbeit mit den USA so schlecht ist, ist zurückzuführen auf die nicht zu bestreitende Tatsache, daß es in Bonn immer wieder gravierende Verratsfälle gegeben hat. Ich erinnere nur an die Sekretärinnen«, entschuldigt ein BND-Insider die US-Vorbehalte gegen einen allzu offenherzigen Geheimnistausch mit dem Ziehkind der US-Nachrichtendienste in Pullach.

Über Jahre hinweg ist dieses angespannte Verhältnis presseöffentlich gewesen. 1971 meldete der *Bayern-Kurier*, daß der Austausch von Spitzeninformationen zwischen CIA und BND wegen der aus den laufenden *SPIEGEL*-Veröffentlichungen resultierenden Unsicherheit eingestellt worden sei.[5] 1976 suggerierte die Hamburger Tageszeitung *Die Welt*, daß die neue Ostpolitik und die Reorganisation des BND eine verstärkte Ostspionage im BND zur Folge hätte, was der CIA Sorgen mache.[6] Nach der Langemann-Affäre soll Kanzleramts-Staatssekretär Waldemar Schreckenberger im Januar 1983 bei der CIA aus der Angst heraus, »daß gerade die bedeutenden Partnerdienste, auf deren Informationen wir dringend angewiesen sind, ihre Informationen zurückhalten«, um Verständnis für die Panne gebeten haben.[7] Andererseits sperrte sich – nach einem Bericht der *Herald Tribune* – auch der BND 1975 zeitweise gegen zu große Intimität mit dem großen Bruder: »Seit den Enthüllungen im amerikanischen Kongreß und der Presse über die Missetaten der CIA, so äußern alliierte Experten, halten die Deutschen aus Furcht, die Vertraulichkeit bleibe nicht gewahrt, ihre heißesten Informationen zurück.«[8]

Von der CIA bezog der BND nicht nur Informationen, sondern auch gezielt zugespielte Desinformationen, vornehmlich militärischer Natur. Wo die Bundesrepublik drohte, zu zögerlich nachzurüsten, wurden Bedrohungspotentiale des Warschauer Vertrags vorgetäuscht, die gar nicht vorhanden waren; so ließ sich immer wieder mal eine Panzer- oder Raketenlücke suggerieren. 1989 unterschrieb die Bundeswehr beispielsweise zähneknirschend ein NATO-Papier, in dem aufgrund amerikanischer Angaben sieben

Depots mit chemischen Waffen in der DDR aufgeführt waren, obwohl sie weder der BND noch die Bundeswehr genau orten konnten; die amerikanischen Standortangaben waren zumeist auch nicht genauer als Dresden oder Leipzig. Dem Verteidigungsausschuß des Bundestags wurde dieses Bedrohungsbild dann in geheimer Sitzung vermittelt.

Die zahllosen routinemäßigen Zuarbeiten Pullachs für die verschiedensten US-Geheimdienste wurden jedoch trotz Bruderzwistes nie ernsthaft in Frage gestellt. Bei der Kriegsvorbereitung für den zweiten Golfkrieg übernahm der BND wiederum Kärrnerdienste für die CIA. Bereits im August 1990 hatten die US-Streitkräfte in Riad eine operative Einrichtung für die Zielplanung im Luftkrieg gegen den Irak etabliert. Um den Informationsbedarf dieser US-Kriegsplaner zu decken, gaben sowohl Frankreich als auch die Sowjetunion geheime militärtechnische Daten über die von ihnen an den Irak gelieferten Waffensysteme weiter.[9] Vom deutschen Partnerdienst erwartete die CIA nun Kampfunterstützung in Form von Informationen über die zahlreichen Bunker, die bundesdeutsche Firmen für Saddam Hussein gebaut hatten. Und so schwärmten BND-Befrager aus, um im Baugewerbe der Bundesrepublik fündig zu werden. Von den Bauplänen für das Gästehaus mit dem atombombensicheren 1800-qm-Bunker des irakischen Diktators gab es jedoch keine Kopie beim Großunternehmen Boswau + Knaur AG, so daß die im Irak eingesetzten Bauhandwerker befragt werden mußten. Der zuständige Polier des Kölner Unternehmens wollte sich jedoch partout nicht erinnern, wo die für den Einsatz präzisionsgelenkter Raketen wichtigen Lüftungsschächte in dem von Hans-Jürgen Wischnewski vermittelten 100-Millionen-DM-Projekt eingebaut worden waren. Genausowenig Erfolg war dem Versuch beschieden, bei dem Münchner Konstrukteur des Bunkers Einzelheiten des Baus und Grundrisse einzusehen. Der BND setzte ihm freundschaftlich verbundene Journalisten darauf an. Diese erfuhren nur, daß die großräumige Bunkeranlage unverwundbar sei. So hat Saddam Hussein den zweiten Golfkrieg wahrscheinlich vor allem deshalb überlebt, weil die BND-Befrager das Erinnerungsvermögen der Bunkerbauer nicht aktivieren konnten.

Nach dem Erhalt der vollen Souveränität durch die deutsche Einigung im Oktober 1990 zeichnet sich – zunächst bei den Verfassungsschützern – eine Wende im Verhältnis zu den US-Geheimdiensten ab. Das Bundesamt Bremen hat sich entschieden, seine Verfassungsschutzberichte nicht mehr an die US-Geheimdienste in der Bundesrepublik weiterzuleiten, und auch hochrangige Bundesverfassungsschützer werfen inzwischen die Frage auf, ob die CIA noch ein »befreundeter« Dienst sei.

Die britischen Dienste MI 5 und MI 6 (BND-Decknamen Farn und Aster) gelten in Pullach als faire Geschäftspartner. Sie waren auch die ersten, die die Aktion »Bomber«, eine Anregung von BND-Präsident Kinkel zur Kooperation, aufgegriffen haben. Haben die Briten beispielsweise einen deutschsprachigen Anbahnungsoffizier auf einen Ungarn angesetzt, der deutsch, aber nicht englisch spricht, dann benötigt der britische Partnerdienst Reisedokumente und andere als echt abgedeckte Papiere aus der Bundesrepublik, die ihm Pullach zur Verfügung stellt. Umgekehrt erhält der BND im Bedarfsfall für seine Operationen britische Dokumente, vom Paß bis hin zu Schiffspapieren. Von der reibungslosen Zusammenarbeit mit den gut funktionierenden britischen Diensten hat der BND sicher mehr als einmal profitiert, denn auf die Frage der Illustrierten *Bunte* hin, welcher der westlichen Geheimdienste seiner Einschätzung nach der beste gewesen sei, erwiderte Ex-MfS-Chef Markus Wolf im September 1991: »Vielleicht waren die Engländer die besten.«[10]

Höher noch stehen nach westlichen Insideraussagen die französischen Nachrichtendienste, BND-Decknamen Narzisse oder Wicke, in der deutschen Wertschätzung. Die Franzosen waren sogar bereit, im Rahmen der Hilfestellung für den BND gegen rechtsstaatliche Prinzipien zu verstoßen; so wurde zum Beispiel nicht nur einmal einem bestimmten DDR-Bürger, der gerade in Frankreich zu tun hatte, »etwas in die Tasche gelegt«, um dem BND aufgrund eines vorgetäuschten Diebstahlvorwurfs bei der Vernehmung eine Chance zur Anbahnung zu bieten.

Als Frankreich jedoch Mitte der 60er Jahre die Dominanz der USA in der westlichen Militärallianz kritisierte und zunehmend auf Distanz zur NATO ging, vereinbarten BND und CIA einen intensiven Nachrichtenaustausch über französische Militär- und Wirtschaftsgeheimnisse. Die diesbezüglichen Verhandlungen zwischen dem stellvertretenden Chef des US-Armeenachrichtendienstes, I. E. De Vries, und dem Oberregierungsrat im BND Wolfgang Freiherr von Buttlar wurden vom SED-Zentralorgan *Neues Deutschland* am 30. Dezember 1965 öffentlich gemacht.[11] Offensichtlich, um auch bei der Ausspähung Frankreichs auf Innenquellen zurückgreifen zu können, wurde ein persönlicher Freund des Bundespräsidenten Lübke, der Präfekt des elsässischen Departments Haut-Rhin, vom BND angeworben. Bevor Maurice Picard, inzwischen zum Leiter der Zivilverteidigung im Pariser Innenministerium aufgerückter Verantwortlicher für die zivil-militärische Zusammenarbeit, jedoch aus dem Kernbereich französischer Landesverteidigung plaudern konnte, wurde er im März 1968 von der französischen Spionageabwehr DSG festgenommen.[12]

Insgesamt funktionierte die Zusammenarbeit und der nachrichtendienstliche Austausch mit allen NATO-Partnern – insbesondere auf dem Feld der militärischen Aufklärung – reibungslos, variierte jedoch nach der jeweiligen politischen Nähe eines Staates zu Bonn. Außerordentlich gut klappte die Kooperation mit der Türkei, insbesondere mit dem Auslandsnachrichtendienst MIT; und fast ebensogut mit Italien, wo die erste illegale Residentur unter der Leitung des Bruders des ersten BND-Präsidenten, Johannes Gehlen, stand. Giovanni, wie er mit Arbeitsnamen hieß, steuerte sogar Quellen im Vatikan und in der Emigration.[13] Auch noch in den 80er Jahren haben sich italienische Geheimdienste, wie der militärische Geheimdienst SISMI (Servizio di Informazioni e di Sicurezza Militaire) und der Auslandsnachrichtendienst CEFAR (BND-Deckname Rose) und der BND gegenseitig Agenten überlassen; die Italiener solche, die für die Ausspähung der WVO-Staaten wichtig schienen, der BND diejenigen, die Informationen beschaffen konnten, die für die Italiener von besonderem Interesse waren.

Die nachrichtendienstliche Zusammenarbeit mit Spanien gilt im BND als beispielhaft. Belastet wurde das gute Verhältnis lediglich durch die Qualität der BND-Residenten in Madrid. In den frühen

80er Jahren war ein promovierter BND-Mann, Deckname Stein, Dienststellenleiter in Madrid und stets derart betrunken, daß er selbst die BGS-Beamten umrannte, die an der Deutschen Botschaft den Hausordnungsdienst stellten. Als die BND-Filiale in den 2. Stock verlegt werden sollte, hat er erfolgreich protestiert, weil er fürchtete, in seinem Zustand die Treppen nicht hochzukommen. Einer seiner Mitarbeiter wiederum, Deckname Dietfurt, hatte Schwierigkeiten mit der Landesmentalität. Nach einem heftigen Flirt mit einer Spanierin konnte er die BND-Residenz nicht mehr verlassen, weil die Verwandtschaft der Umworbenen den »Verlobten« holen wollte.

An Bundeskanzler Willy Brandt trug der spanische Sozialistenführer Gonzales die Bitte heran, die Bundesregierung möge ihm, der sich von den vielen Militaristen in seiner Nähe bedroht fühle, doch persönlichen Schutz angedeihen lassen. Dieser Wunsch ist dem BND über Horst Ehmke offiziell übermittelt worden, und tatsächlich wurden BNDler ausfindig gemacht, die spanisch sprachen und die als Schutztruppe für Felipe Gonzales brauchbar gewesen wären. Doch aus der Sorge heraus, daß spanische Bürger oder auch fremde Mächte herausfinden könnten, daß das spanische Regierungsoberhaupt sich von BND-Leibwächtern beschützen läßt, wurde der Plan dann schließlich doch fallengelassen.

In den Jahren 1988 und 1989 wurde der Aktionsradius der Außenstellen DDR-MIL Nord und Süd definitiv auf einige Nachbarstaaten erweitert, um mit Unterstützung der Geheimdienste dieser Länder verstärkt Maßnahmen gegen DDR-Bürger im Ausland durchführen zu können. Die Dienststelle DDR-Mil Nord agierte auch in den nordeuropäischen Ländern und den Benelux-Staaten, die Dienststelle DDR-Mil Süd in einigen Staaten Südosteuropas und des Mittelmeerraumes.

Als Eberhard Blum 1983 Klaus Kinkel als BND-Präsidenten ablöste, setzte der noch von Gehlen geschulte Spionage-Oldie wieder verstärkt auf menschliche Quellen. Zwar hatte die umfassende Technisierung unter Wessel und Kinkel Daten en gros erbracht, die zur Einordnung der Informationen wichtigen Stimmungsbilder aus den Zirkeln der Macht in den Zielländern jedoch fehlten. Deshalb wurden die Außendienstler des BND immer wieder angewiesen, mehr menschliche Quellen zu erschließen, und auch die Legalresidenten bestürmten die Partnerdienste im Ausland, bei dem Anwerben von Agenten behilflich zu sein.

Daraufhin wies der Partnerdienst des BND in Norwegen die norwegische Polizei an, DDR-LKW-Fahrern möglichst viele Vergehen gegen die Straßenverkehrsordnung oder die norwegischen Landesgesetze »nachzuweisen«. Befanden sich diese erst einmal in polizeilichem Gewahrsam, versuchte der norwegische Geheimdienst in Zusammenarbeit mit dem BND, die LKW-Fahrer durch Drohungen, aber auch Geldzahlungen als reisende BND-Agenten zu gewinnen. Die Spionageabwehr des MfS verzeichnete eine ständige Zunahme dieser norwegischen Hilfestellung für Pullach, und seit Mitte der 80er Jahre haben sich sechs bis acht versuchsweise angeworbene Fahrer dem DDR-Geheimdienst offenbart.

Solche weitgehende Operationsfreiheit hatte der BND in allen nordeuropäischen Ländern und auch in den Niederlanden.

Recherchen des norwegischen Journalisten Arild Aspoy im Frühjahr 1992 ergaben, daß die Norweger nun aber keineswegs nur nach kleine Fischen angelten; sie hatten es auch auf den höchsten DDR-Repräsentanten in Oslo abgesehen. Werner Krause war von 1977 bis 1983 DDR-Botschafter in Norwegen. Seine Frau Bärbel war vereinsamt, und ihre Ehe funktionierte nicht besonders gut. Der norwegische Verfassungsschutz hatte die Telefonleitung des DDR-Botschafters angezapft und so erfahren, daß Bärbel Krause eine intime Beziehung zu einer Norwegerin unterhielt. – eine lesbische Beziehung, die auch ihren Mann kompromittierte und somit zur erpresserischen Werbung geeignet war. Die Norweger übergaben dieses Material dem Bundesamt für Verfassungsschutz in Köln. Beide Nachrichtendienste planten dann eine gemeinsame Operation in Oslo, bei der vor allem aber Bärbel Krause angeworben werden sollte.

Um Hilfe beim BfV baten die Norweger ausgerechnet Klaus Kuron, den Spitzenagenten des MfS beim bundesdeutschen Verfassungsschutz, der im Februar 1992 in Düsseldorf zu zwölf Jahren Freiheitsentzug wegen Landesverrats in besonders schwerem Fall verurteilt wurde.[14] Kuron wandte sich sofort an das MfS. Das MfS setzte daraufhin alles daran, Bärbel Krause umgehend ohne größeres Aufsehen aus Oslo abzuziehen, was Anfang November 1983 gelang, als der norwegische Außenminister Ostberlin besuchte. Der DDR-Botschafter in Oslo wurde angewiesen, bei diesem Besuch persönlich und mit seiner Frau in der Hauptstadt der DDR anwesend zu sein.

In Berlin angekommen, wurde Bärbel Krause plötzlich krank. Sie landete zunächst in der Charité und wurde dann in andere Krankenhäuser verlegt. Die Krankheit wurde vom MfS diagnostiziert, das die Frau des Botschafters so unter Kontrolle halten und an der Rückkehr nach Norwegen hindern wollte. DDR-Botschafter Krause wurde drei Monate später ebenfalls aus Norwegen abberufen und trat eine Stelle im Berliner Außenministerium an. 1985 wurde die Ehe der Krauses dann amtlich getrennt.

Schon die Absicht des Kölner Bundesamtes für Verfassungsschutz, im Zusammenwirken mit dem norwegischen Verfassungsschutz den DDR-Diplomaten und seine Frau durch Erpressung zur nachrichtendienstlichen Zusammenarbeit zu bewegen, ist gesetzeswidrig. Das Gesetz über die Zusammenarbeit des Bundes und der Länder in Angelegenheiten des Verfassungsschutzes (VerfSchutzÄndG vom 7. 8. 1972) untersagt dem BfV eindeutig derlei Auslandsaktivitäten.

Die bestfunktionierende Zusammenarbeit – so lassen Insider verlauten – gäbe es mit Israel und seinem Dienst, dem Mossad. Am 23. Januar 1991, mitten im zweiten Golfkrieg, behauptete ein israelischer Diplomat in der ZDF-Sendung *Studio 1*, daß der BND von CIA und Mossad keine wirklichen Geheiminformationen bekäme, weil er zu durchlässig sei. Die Verleugnung des engen deutsch-israelischen Schulterschlusses auf nachrichtendienstlichem Sektor ist nichts weiter als permanente Desinformation; man will damit die deutsch-arabischen Beziehungen nicht gefährden, von denen wiederum auch der Mossad profitiert.

Die schon legendäre Zusammenarbeit bei der Plazierung von Wolfgang Lotze in Ägypten ist ein Lehrstück für diese Strategie. Die Organisation des ägyptischen Geheimdienstes und Ausbildungshilfe wurde 1952 von der Organisation Gehlen geleistet.

Der damalige Präsident, General Nagib, hatte darum gebeten[15], und man setzte im arabischen Raum vorwiegend geflüchtete Wehrmachtsoffiziere ein, die in Deutschland als Kriegsverbrecher gesucht wurden. Die Nachrichtendienste Ägyptens vertrauen dem BND, schon weil er ihnen vielfach in Gestalt von an Judenverfolgungen beteiligten Ex-Wehrmachtsoffizieren begegnete.

Bekannt wurde dann aber 1971 durch die Publikation der SPIE-GEL-Journalisten Höhne und Zolling, daß BND-Chef Gehlen am Residenten in Kairo, Regierungsrat Gerhard Bauch, vorbei einer israelischen Bitte von 1959 entsprochen hatte und 1961 den Geheimdienst-Major Zeev als Pferdehändler getarnt nach Ägypten einschleusen ließ. BND-Vizepräsident Worgitzky hatte nach der Enttarnung von Lotze große Schwierigkeiten, den ihm freundschaftlich verbundenen Bauch aus Kairo loszueisen; dieser saß dort »getarnt als Repräsentant einer westdeutschen Industriegruppe«.[16] Doch war dieses deutsche Doppelspiel mit dem ägyptischen Partner kein Einzelfall. Bereits im Mai 1961 war der Leiter eines westdeutschen Spionagerings, Jean Leon Thomas, mit 5000 militärischen Dokumenten der VAR Ägypten gefaßt worden; er hatte die Verbindung zum israelischen Geheimdienst über seine deutsche Frau, Kathy Badorf, gehalten.[17] Und 1969 wurde der Syrer Mohammed el Kudsy in Kairo wegen Spionage für die Bundesrepublik zum Tode verurteilt. Angeworben hatte ihn in Westdeutschland ein gewisser Kramer, »der für eine mit Israel zusammenarbeitende Agentenzentrale tätig«[18] war.

Im September 1988 beschuldigte die ägyptische Zeitung Le Journal d'Egypte den BND und zwei westdeutsche Journalisten, Israel bei der Aufklärung der Aktivitäten palästinensischer Widerstandsgruppen in Jordanien zu unterstützen. »Nach Angaben der Zeitung besteht zwischen den Geheimdiensten Israels und der Bundesrepublik eine Vereinbarung über den Austausch von Informationen, welche die Sicherheit beider Länder betreffen. Hauptaufgabe des Bundesnachrichtendienstes sei es, Israel bei der Aufklärung über Aktivitäten und Vorhaben der in Jordanien operierenden Widerstandsgruppen zu helfen.«[19]

Die Interessenidentität bei der Aufklärung des auf beide Staaten zielenden Terrorismus von arabischen Staaten aus bestimmte jahrzehntelang die Zusammenarbeit zwischen Mossad und BND. Die als zu proägyptisch empfundene Haltung der USA beim Friedensprozeß nach dem letzten ägyptisch-israelischen Krieg ließ den Mossad auf Distanz zur CIA gehen, und so nutzte der BND diese Chance und stellte nach den Friedensbemühungen des US-Präsidenten Nixon in Camp David den Fuß in die israelische Tür.

Aber auch allein unternahm der BND zahlreiche Anstrengungen, um der Bundesregierung bei der Terroristenbekämpfung – in Konkurrenz zum BKA – Erfolge zu präsentieren. Das Referat INTT (Internationaler Terrorismus) wurde zu einer Unterabteilung aufgestockt, der überdies die Auslandsresidenturen der Mittelmeeranrainerstaaten und einiger arabischer Länder unterstellt wurden. Im Inland suchte der BND Ende der 70er Jahre über anonyme Anzeigen in verschiedenen Tageszeitungen »abenteuerlustige junge Leute«. Er wollte damit vorwiegend vorbestrafte junge Menschen anwerben und diese dann in die Terroristenszene einschmuggeln, die man im Umfeld der Frankfurter Universität auszumachen glaubte. Die wenigen tatsächlich angeheuerten jugendlichen Straftäter jedoch lieferten keine nennenswerten Arbeitsergebnisse. So waren dem Referat Terrorismusbekämpfung unter seinem Referatsleiter, BND-Oberst Leger, keine operativen Erfolge beschieden. Die Informationslage des Referats galt intern jedoch als gut, vor allem weil der Partnerdienst Mossad hier mit Informationspaketen aus seinem Schwerpunkt aushalf.

Als im März 1985 Sicherheitsexperten und Politiker aus den USA, Israel und Westeuropa sich im Bildungszentrum der Hanns-Seidel-Stiftung bei Malaga zu einer Konferenz über Terrorismus trafen, verwies General Gideon Machanaimi, ein Berater des israelischen Ministerpräsidenten in Terrorismusangelegenheiten, darauf, »daß es bereits fruchtbringende Kooperationen mit Sicherheitsorganen der Bundesrepublik gegeben habe«.[20]

Übersetzungen der Mossad-Berichte verteilte der BND auch freizügig an andere Partnerdienste, um sie zu entsprechenden Gegenleistungen zu animieren. Mit dieser israelischen Unterstützung gelang es dem Referatsleiter dann sogar, die Karriereleiter über die Funktion des Leiters der Rezeptiven Aufklärung bis hin zum General und Schulchef des BND zu erklimmen.

Von Israel erhält der BND – verglichen mit den anderen Partnerdiensten – insgesamt das zweitgrößte Aufkommen an Informationen. Eine Gegenleistung des BND war das Gewähren weitgehender Operationsfreiheit für den Mossad in der Bundesrepublik. Außerdem ermöglichte Pullach ihm die Gründung einer Niederlassung in Bonn und half bei der ständigen Abschirmung dieser höchst anschlagsgefährdeten Residenz, die vornehmlich die Vorfeldaufklärung auf dem Gebiet »arabischer Terrorismus« erledigte.

Im Frühjahr 1992 bot sich dann dem BND die Chance, die Dankesschuld beim Mossad weiter abzutragen. Der israelische Geheimdienst verlegte sein europäisches Hauptquartier von Paris nach Berlin, denn die geopolitischen Veränderungen Ende der 80er Jahre ließen auch den Mossad die politische Mitte Europas weiter östlich orten. Als Abdeckung dieser neuen Europa-Residenz wurde eine Tarnfirma im Berliner Osten gegründet.

Was BND-Insider unter dem Begriff »Gewähren weitgehender Operationsfreiheit für den Mossad« verstehen, wird anhand zweier Fälle deutlich.

Aufgrund von Hinweisen des Partnerdienstes Mossad wurden Ende April 1979 palästinensische Terroristen in Westberlin sowie in Passau nach ihrer Einreise aus Österreich und in Elten nach der Einreise aus den Niederlanden mit Sprengstoffen und Zündern von westdeutschen Sicherheitsbehörden festgenommen. Anschließend wurden vier der inhaftierten PLO-Aktivisten in bayerischen Haftanstalten von einem »israelischen Fachmann« – so BND-Präsident Klaus Kinkel – in arabischer Sprache vernommen, wobei nicht einmal klar wurde, wer eigentlich die Vernehmung führte.«[21]

Der in Westberlin festgenommene El Harti allerdings – bereits in Beirut wegen Spionage für Israel verurteilt – erhielt von den Justizbehörden bereits knapp zwei Wochen nach seiner Ergreifung Haftverschonung und tauchte unter, nachdem er am 25. Mai 1979 ein zweites Mal von der Meldepflicht befreit worden war. Die übrigen PLO-Aktivisten hingegen wurden wegen Sprengstoffvergehen verurteilt.

In dem *ZEIT*-Dossier konnten Michael Naumann und Josef Joffe überdies Indizien dafür präsentieren, »daß der voll geständige Terrorist Hassan El Harti vor seinem Berliner Auftritt im April auf der Ersatzbank der überaus effizienten Mossad-Mannschaft gesessen hat«, um mit dieser Operation die seit 1978 verbesserten Beziehungen zwischen Bundesrepublik und PLO wieder aus dem Gleichgewicht zu bringen; denn die gründeten auf den Verzicht der PLO, auf dem Boden der Bundesrepublik terroristische Gewaltakte zu begehen.

Das zitierte *ZEIT*-Dossier dokumentiert zudem die Berechtigung einer Vermutung des Bonner PLO-Sprechers, Abdallah Frangi, der bei der Ermordung des für das Attentat von München verantwortlichen PLO-Terror-Chefs Ali Hassan Salameh durch eine in Deutschland lebende Mossad-Agentin namens Erika nicht nur Unterlassung jeder Strafverfolgung in der Bundesrepublik, sondern sogar eine deutsche Beteiligung unterstellte.

Das zweite Beispiel für das Gewähren von Operationsfreiheit ist jüngeren Datums. Nach einem Bericht der Zeitung *Al Khaleef*[22] haben gut unterrichtete jordanische Quellen am Sonntag, dem 11. Februar 1991, der französischen Nachrichtenagentur *AFP* in Amman mitgeteilt, daß in der Vorwoche ein jordanischer Luftwaffenoffizier hingerichtet worden sei, der der Spionage für Israel angeklagt war. Der 24jährige namens Ashoush war 1990 während einer Ausbildung in Deutschland vom israelischen Geheimdienst Mossad rekrutiert worden. *AFB* berichtete, daß der Offizier unter Beobachtung stand, bis er vor einem Monat verhaftet und schließlich verurteilt und hingerichtet wurde. Die *Los Angeles Times* ergänzte, der Freund des 1990 in der Bundesrepublik geschulten Piloten, ein Gemüsewagenfahrer, sei ebenfalls gehängt worden.[23]

Bereits 1985 hatten die US-Streitkräfte der jordanischen Armee 24 Kampfhubschrauber AH-1 COBRA überlassen, die zunächst aber bei den jordanischen Luftstreitkräften verblieben, da das Heer keine ausbildungsfähigen Piloten hatte.[24] Als die Luftwaffenpiloten dann im November 1990 im hessischen Hanau trainiert[25] wurden, hat der Mossad offensichtlich besagten jordanischen Piloten auf bundesdeutschem Territorium angeworben.

9 Neutralität

Eine nachrichtendienstliche Zusammenarbeit mit den neutralen Staaten in West- und Nordeuropa war und ist wegen der möglichen Verletzung der offiziellen Neutralität eine sensible Angelegenheit, die schon immer der besonderen Abschirmung bedurfte. So unternahm der Leiter des schweizerischen Dienstes Mitte der 70er Jahre eine Bergwanderung, um ein erstes Gespräch auf Spitzenebene mit dem BND zu führen. Doch selbst die Vorbereitung eines konspirativen Gipfeltreffens blieb den Nachrichtendiensten der Warschauer Vertragsstaaten nicht verborgen, und so fand die vertrauliche Alm-Konferenz inmitten von MfS-Mikrofonen statt.

Allein die Zusammenfassung westlicher und neutraler Staaten in einer Unterabteilung (UA 13) der Nachrichtenbeschaffung zeigt aber, daß neutrale Staaten für den BND eher zum eigenen Block gehören.

Der nachrichtendienstliche Austausch zwischen dem BND und den Schweizer Geheimdiensten war fest etabliert. Darüber hinaus hatte ein Offizier des Schweizer Nachrichtendienstes dem BND die »Schwarze Hand« gereicht, er hatte nämlich – so ein Schweizer Untersuchungsbericht von 1980 – »alle aus dem Osten stammenden und möglicherweise auch andere Berichte der militärischen und politischen Vertretungen unverändert in einen Umschlag gesteckt, verschlossen und mit einem Stempel einer schwarzen Hand versehen. Diese Umschläge erfuhren eine spezielle Behandlung auf dem diplomatischen Kurierweg und durften erst in der Zentrale des BND in Pullach geöffnet werden.«[1] Die spezielle

Behandlung erklärte der Geheimbericht der Geschäftsprüfungskommission des Schweizer Nationalrats vom 15. Dezember 1980 schlicht als Übergabe von Material über den vereinbarten Austausch hinaus an einen deutschen Attaché, was nach Angaben für die Parlamentarische Untersuchungskommission bei Entdeckung 1980 abgestellt worden sei.

Zu dieser Zeit überließ der Schweizer Geheimdienst dem BND sogar einen in der DDR-Botschaft geworbenen Agenten. Der Gehilfe des DDR-Militärattachés sollte nach Österreich versetzt werden und künftig bei den Wiener Verhandlungen über konventionelle Abrüstung in Europa MBFR (Mutual and Balanced Force Reduction) verwendet werden. Da diese Verhandlungen für die Schweiz von nur marginalem Interesse, für den BND aber zentrales Aufklärungsziel waren, wurde der DDR-Unteroffizier an den BND weitergereicht; die DDR-Spionageabwehr kam ihm allerdings auf die Schliche. Der Schein der Neutralität jedoch wurde selbst bei der Agentenübergabe gewahrt. Zwei Damen des Schweizer Geheimdienstes verabschiedeten ihren Agenten bei einem Treff in einem Restaurant in Wien. Erst als sie das Lokal verlassen hatten, nahmen zwei BNDler neben ihrer neuen Quelle Platz.

Schweizer Postbeamte haben zwischen 1969 und 1986 bei politisch verdächtigen Personen systematisch alle Telegramme erfaßt, die an Empfänger in der DDR adressiert waren. Die fotokopierten Telegramme wurden dann an einen ausländischen Nachrichtendienst weitergegeben. Ob es sich dabei um den BND gehandelt habe, wollte Moritz Leuenberger, Präsident der Parlamentarischen Untersuchungskommission zur Schweizer Staatsschutzaffäre, nicht sagen. Vereinzelt sei es allerdings schon einmal vorgekommen, daß bei namentlich nicht bekannten Auftraggebern der Telegramme Hotelmeldescheine und Akten der Fremdenpolizei zum Zweck des Schriftenvergleichs herangezogen wurden; in einem Fall sei sogar eine handschriftlich ausgefüllte Steuererklärung dazu benutzt worden. Die Aktion wurde im Frühjahr 1986 eingestellt, nachdem die Operation »im Ausland verraten worden war«.[2]

Doch geschah es auch nur in der Schweiz – und das trotz guter Spionagekooperation mit dem BND –, daß ein BND-Legalresident, Rajan, zur offiziell unerwünschten Person avancierte. Anfang der 80er Jahre versuchte der daraufhin nach Belgien versetzte Nachrichtendienstler, einen Schweizer Bürger zur Preisgabe militärischer Geheimnisse zu bewegen. Der schaltete jedoch sofort die dortigen Sicherheitsorgane ein, und man bedeutete der Deutschen Botschaft, sie möge den BND-Mann doch bitte auf der Stelle abziehen.

Die nachrichtendienstliche Partnerschaft zwischen den Geheimdiensten der Schweiz und der Bundesrepublik ist zu Beginn der 90er Jahre ins Wanken geraten. Die Einigung Deutschlands und der Machtzuwachs der jetzt souveränen und größer gewordenen Bundesrepublik haben im neutralen Alpenstaat Ängste vor der Wirtschaftsgroßmacht BRD ausgelöst, die sich im Neubau großer elektronischer Aufklärungsstationen niederschlugen. 1990 und 1991 wurden auf dem Hohen Randen bei Schaffhausen und auf dem Großen Kasten zwei hochmoderne Horchanlagen gebaut, deren Antennen auf die südliche Bundesrepublik ausgerichtet sind. Getarnt sind diese Stationen als Anlagen des BAMF (Bundesamt für Militärflugplätze) in Rüthi (Sankt Gallen) bzw. Merishausen (Schaffhausen). Die Spionagetechnik zur Aufklärung der Bundesrepublik kauften die Schweizer übrigens überwiegend beim »Feind«, bei Rhode & Schwarz in München. In welch großem Maßstab diese Neuorientierung des Schweizer Geheimdienstes eine Wende bedeutet, machen die geheimen Beschlüsse der Geschäftsprüfungskommission des Schweizer Nationalrats vom 15. Dezember 1980 deutlich; diese besagen, daß das Projekt Argus, Nachrichtenbeschaffung des AOND (Außerordentlicher Nachrichtendienst) im grenznahen Raum 1978 eingestellt wurde, »weil das politische Risiko der Nachrichtenbeschaffung in den benachbarten Ländern in Friedenszeiten als zu groß erachtet wurde (unnötige Belastung der nachbarlichen Beziehungen)«.
Vermutlich genießt die neue ELOKA-Aktivität des Schweizer Nachrichtendienstes die Rückendeckung des traditionell befreundeten französischen Geheimdienstes, dessen nachrichtendienstli-

ches Interesse für das vereinte Deutschland ebenfalls deutlich
gewachsen ist. Wie gut das nachrichtendienstliche Verhältnis
Schweiz – Frankreich auch nach dem Zweiten Weltkrieg funktio-
nierte, belegt ebenfalls der zitierte Untersuchungsbericht: »Div.
Weidenmann gab die Erlaubnis an den franz. Nachrichtendienst
SDECE, in der Schweiz tätig zu sein. Zweck war, in der Schweiz
aktive ND-Zellen gegen Osten und gegen die Linken auf die
Beine zu stellen. Dazu gab man den Franzosen die technischen
Möglichkeiten, sich bei uns zu installieren, mit der Gegenleistung
daß wir im Kriegsfall voll vom SDECE beliefert würden. Ziel der
Franzosen war, ein Ausweichzentrum in der Schweiz zu errich-
ten für den Fall, daß die Linken in Frankreich an die Macht
kämen.«[3]

In Österreich war die tatsächliche Aufgabe staatlicher Neutralität
auf dem Geheimdienstsektor schon 1959 zu verzeichnen, als –
finanziert durch US-Geheimdienste – die funkelektronischen Aufklärungsstellungen in Neulengbach und Königswarte modernisiert wieder in Betrieb genommen wurden.[4] Doch bei allen
Geheimverträgen Österreichs mit den USA, beispielsweise auch
bei dem über die Sicherheitsverfahren für militärische Technolo-
gieaufträge vom 4. Mai 1983, wurde schon früh die nachrichtendienstliche Bindung an das »Altreich« reaktiviert. Ein streng ver-
traulicher Vermerk über die Fernmeldeaufklärungsbataillone
(FMAB) aus den späten 50er Jahren prahlt: »Der BND wird weiterhin mit Erkenntnissen der FMAB durch den Chef der Funkab-
teilung des HNaA beliefert... Bei der Aussprache mit den maßgeblichen Herren des Funkaufklärungsdienstes aus München am
6. und 7. August in Freistadt, O. Ö., wurde festgestellt, daß die
Arbeitsteilung zwischen unseren beiden Stellen wie die bisherige
Zusammenarbeit und die zustande gekommenen Ergebnisse auf
dem Gebiet der Funkaufklärung beste Anerkennung gefunden
haben. Vereinbart wurde für weiterhin eine Verstärkung der Kom-
mandopeilungen.«

In Österreich lief Anfang der 50er Jahre auch eine der ersten Auslandsoperationen des BND-Vorläufers Organisation Gehlen. Die-

se durchstöberte in Zusammenarbeit mit dem britischen und französischen Geheimdienst bei der Operation »Fahrrad« den Müll der sowjetischen Streitkräfte in Wien nach nd-tauglichem Material. Von dem BNDler Roman Henlinger – Deckname Dr. Grau –, der beim Osteuropa-Institut in München tätig war, wurde in den späten 50er Jahren eine Spionageorganisation in mehreren österreichischen Städten geleitet, die 1956 eine Gruppe von Bandera-Leuten nach Ungarn einschleuste und 1959 zwei Delegationen unter der Tarnung ukrainischer Nationalisten zu den Weltjugendspielen schickte. Die BND-Agenten erhielten ihre falschen Ausweispapiere von österreichischen Polizeioffizieren.[5]

Beim für die Auslandsaufklärung zuständigen Heeresnachrichtenamt (HNaA) in Wien mit seinen 300 Zivilbeamten und Offizieren setzten sich die NATO-orientierten Offiziere gegen die Minderheit der engagierten Neutralisten durch, und Pullach profitierte vom Aufblühen der Chrysantheme, wie der BND-Deckname für den österreichischen Partnerdienst lautet. Ein hochrangiger Offizier des HNaA beschwerte sich beim österreichischen Verteidigungsminister Rösch über diese Entwicklung: »Eingeweihten ist bekannt, daß die Aufgabenstellung für unsere Nachrichtendienste z. T. weniger von österreichischen Stellen als aus Pullach erfolgt. Nicht wenige HNaA-Offiziere betrachten (und an diesen Zuständen hat sich wenig geändert) die Anstellung beim HNaA nur als eine Pensionsberechtigung und als einen Deckmantel ihrer Haupttätigkeit für den BND.« Obwohl der wegen des Verstoßes gegen den nachrichtendienstlichen Korpsgeist von Gewissensbissen geplagte Neutralist zahlreiche BND-Zuarbeiter namhaft machte, blieb seine Eingabe folgenlos. Dabei konnte er selbst Hinweise auf nachrichtendienstliche Wege und Treffs als Belege für die regelmäßige Verletzung der Neutralität der Alpenrepublik anführen: »Schlüsselpositionen nehmen dabei die Herren Chefs in Salzburg und in Klagenfurt ein. Mit Zustimmung ... wird der regelmäßige Kurierdienst zum BND weiter aufrechterhalten, und zwar über die Dienststelle Salzburg zum Starnberger See. Außerdem verkehren die Herren oft selbst mit hohen BND-Vertretern, meistens in Gmunden und in Salzburg (Hotel Germania oder

Österreichischer Hof). « Der für die Dienstaufsicht über die militärischen Nachrichtendienstler zuständige Generaltruppeninspektor Othmar Tauschnitz hingegen meinte im März 1989 ausschließen zu können, daß Mitarbeiter des HNaA für ausländische Nachrichtendienste arbeiten.[6]

Dabei hatte BND-General Joachim Schulte, Leiter der Technik, im Oktober 1980 alles getan, um die Verbindung zwischen dem Bundesnachrichtendienst und einem Obersten des Österreichischen Nachrichtendienstes aufzudecken. Er ließ einen wichtigen Brief an diesen österreichischen Obersten auf dem Dienstweg befördern, d.h. erstens über die Führungsstelle, zweitens über das Auswärtige Amt in Bonn, drittens über die Deutsche Botschaft in Wien, viertens über das österreichische Auswärtige Amt, fünftens über das österreichische Innenministerium und sechstens an den Empfänger unter voller Nennung des Absenders, General Schulte – BND. Damit war mindestens amtsintern überall deutlich geworden, daß jener Oberst des HNaA mit dem BND zu tun hatte.

Der vormalige Chef des österreichischen Nachrichtendienstes STAPO, Dr. Schulz, hat – so Insider – dem BND alle Türen geöffnet, die es nur zu öffnen gab. Nicht nur durch die Beteiligung an der Abhörstation Richtung ČSSR funktionierte die Kooperation glänzend. Schulz nahm Gefälligkeiten von nahezu allen Nachrichtendiensten an und auch kleine Präsente aus Ungarn, der ČSSR und der DDR, die aber auf eine Werbung des STAPO-Chefs schließlich verzichteten, weil er zwar als bestechlich galt, sich aber lieber vom Westen bestechen ließ.

Die Auslandsresidentur des BND in der österreichischen Hauptstadt nahm zunehmend größere Ausmaße an. Als 1988 mehr als 40 BND-Beschäftigte dort wirkten, bekam der BND ein eigenes Haus. Der Informationsfluß aus der österreichischen STAPO lief im BND unter einem eigenen Decknamen, das heißt, er wurde wie ein Quellenvorgang behandelt.

Wien hatte schon im 19. Jahrhundert als nachrichtendienstliche Drehscheibe gegolten. Im Kalten Krieg war der völkerrechtlich neutrale Boden dann Tummelplatz für Agenten aus Ost und West, aber schon bald auch wieder Einfallstor arabischer Staaten nach Europa. Hauptsächlich in Wien, aber auch in anderen Städten der Alpenrepublik agierten Observationsgruppen des BND im besten Einvernehmen mit den österreichischen Partnern, und Verbindungsführer des Pullacher Dienstes wickelten Treffs mit DDR-Quellen gern in Praternähe ab. Beteiligt waren bei solch konspirativen Aktionen aber fast immer drei deutschsprachige Geheimdienste, denn das MfS nahm die BND-Aktivitäten in Österreich mit funkelektronischer Aufklärung und durch eigene Observateure ins Visier.

Großes Interesse fand beim BND in Wien stets das sowjetische Generalkonsulat. Um dessen Mitarbeiter überwachen und gegebenenfalls anbahnen zu können, holten sich die Pullacher von ihren österreichischen Kollegen die Personendossiers und legten mit ihnen zusammen fest, über welchen Grenzübergang zur Bundesrepublik die sowjetischen Diplomaten ausschließlich ein- und ausreisen durften.

In Wien versuchte der BND auch, einen zumindest spektakulären Erfolg gegen die DDR zu erzielen. Als der DDR-Verteidigungsminister Heinz Hoffmann 1986 starb, saß sein Sohn Jura als DDR-Militärattaché in der österreichischen Hauptstadt. Dem BND schien er nunmehr reif für einen Abwerbeversuch, und so bot er Jura Hoffmann eine Million DM, falls er in die Bundesrepublik überliefe. Das »Geheimwissen« des DDR-Militärattachés, der vorher in Mexiko und Indien eingesetzt war, hätte den Preis sicherlich nicht gerechtfertigt; zweifellos aber wäre der Ministersohn ein Prestigegewinn für die ertragshungrigen Pullacher gewesen. Doch auch diesen Abwerbungsversuch mußte der Präsident des BND unter »Pleiten, Pech und Pannen« buchen, weil Jura Hoffmann den BND abblitzen ließ und dem MfS den Anbahnungsversuch meldete.

Die nachrichtendienstlichen Beziehungen zu Schweden wurden in der zweiten Hälfte der 60er Jahre[7] vertieft und entwickelten sich, insbesondere nach der Regierungsbeteiligung der SPD, zur vollen Zufriedenheit Pullachs.[8] Seither gehört der intensive Austausch von Erkenntnissen aus der funkelektronischen Aufklärung zum Standard, und selbst beim Auftauchen »unbekannter« U-Boote vor Schwedens Küsten ist die Kooperation des neutralen Landes mit BND und Bundesmarine eine Selbstverständlichkeit geworden.

Schon bald zeigte sich, daß auch dieser skandinavische Partnerdienst zu rauhbeiniger Amtshilfe bereit war, wenn es um die Anbahnung von Resow-Kontakten durch den BND ging; und der BND verdankt dem schwedischen Partner weit mehr als nur das erste Foto von HVA-Chef Markus Wolf.

Jährlich fanden auf US-amerikanischen Fliegerhorsten in Europa, wie in Ramstein oder Hahn, auf Einladung des Electronic Security Command sogenannte Regenbogenkonferenzen statt. In diesen multinationalen Luftwaffen-Konferenzen wurden die neuesten Erkenntnisse über die Gliederung der Luftstreitkräfte der WVO-Staaten ausgetauscht und – insbesondere von der US Air Force – neue Methoden und Techniken der elektronischen Kriegsführung und Aufklärung vorgestellt. Die deutsche Seite war dort nicht nur durch die Luftwaffenaufklärungsregimenter 70 und 71 vertreten, sondern auch durch den BND. Stets nahmen Vertreter des neutralen Schweden an diesen Regenbogen-Konferenzen teil, auf ihren ausdrücklichen Wunsch hin erschien diese Teilnahme jedoch nie im Tagungsprotokoll.

Etwas distanzierter, aber ebenfalls grundsätzlich kooperationsbereit zeigte sich das neutrale Finnland, das allerdings die Auflage machte, keine Offiziere – abgedeckt als Militärattachés - als Residenten in der Legalresidentur in Helsinki zu plazieren. Man wollte den russischen Nachbarn nicht über Gebühr verärgern.

Der BND stellte seine eigenen Erkenntnisse sowie die anderer Partnerdienste, vornehmlich über die sozialistischen Staaten, wiederum anderen Partnern zur Verfügung. Er operierte aber gegenüber anderen Ländern des Mittelmeerraumes auch mit israelischen Erkenntnissen zu Terrorismusfragen, um im Tauschgeschäft deren Erkenntnisse über WVO-Staaten bzw. deren Auslandskader zu erhalten. Die Jahreseinschätzung der Abteilung 3 Auswertung betonte regelmäßig, daß ohne den Informationsaustausch mit den Partnerdiensten die Informationsanforderungen der Bundesregierung nicht erfüllbar seien. Mit seinem hohen Aufkommen aus der elektronischen Aufklärung stand dem BND immer ausreichend Tauschmaterial zur Verfügung; er mußte also nicht auf Informationen aus möglicherweise gefährdeten menschlichen Quellen zurückgreifen.

Die Informationsfülle, die aus der Arbeit der Auslandsresidenturen resultierte, wuchs in den letzten Jahren ständig an. Allerdings bewerteten die Auswerter die zahllosen Meldungen sehr differenziert. So charakterisierte ein leitender Beamter der Abteilung 3 das Informationsaufkommen der Abteilung 1 als »Journalisten- und Diplomatengewäsch«. Unter dem Druck, möglichst viele Meldungen von menschlichen Quellen nach Bonn zu schicken, machten sich auch die BND-Residenten eine beliebte Praxis der Verbindungsführer zu eigen, das sogenannte Aufteilen und Andicken der Meldungen. Kam man durch eine menschliche Quelle an mehrere Informationen, so wurden daraus mehrere Einzelmeldungen verfaßt, jede wiederum mit Allgemeinplätzen und Vermutungen angereichert. Keinesfalls wollten die Residenten etwa in der Statistik hinter jenen BND-Residenten zurückfallen, der in den früheren 80er Jahren drei Jahre lang nicht eine einzige Meldung zu Resow-Kontakten zustande gebracht hatte.

Auch die zunächst für den – vom BND-Präsidenten Klaus Kinkel angeheuerten – Privatdetektiv Werner Mauss in der terroristischen Szene in Paris 1981 tätige Veronika B. lernte nach ihrer Übernahme als BND-Spionin diese Technik. »Vor allem im ›Andicken‹ spärlicher Informationen brachte sie es zu einer gewissen Meisterschaft. Sie war dabei in guter Gesellschaft, denn auch ihre Pariser BND-Führer beherrschten diese Kunst vortrefflich. Gemeinsam machte man sich ein flottes Leben auf Kosten des Bundesnachrichtendienstes und lieferte reichlich Märchen aus 1001 Pariser Nacht.«[9]

Mit dieser Erfahrung, was die Qualität von BND-Meldungen betraf, konnte Bundesminister Wolfgang Schäuble in der Rabta-Debatte des Deutschen Bundestages am 17. Februar 1989 Oppositionsführer Hans Jochen Vogel guten Gewissens entgegenhalten, »daß nachrichtendienstliche Meldeaufkommen häufig sehr vage Gerüchte wiedergeben«.[10]

10 Freunde in der Dritten Welt

Im Zuge der gewachsenen weltweiten Interessen der Bundesrepublik in politischer, wirtschaftlicher und militärischer Hinsicht wurden die Partnerdienstbeziehungen systematisch auf Staaten der Dritten Welt ausgeweitet. Die Orientierung auf die »Umweganbahnung« blieb nicht nur auf Diplomaten sozialistischer Staaten beschränkt, sie bezog auch Diplomaten beziehungsweise Auslandskader insbesondere der Dritten Welt mit ein.

»Also gerade im Nahen und Mittleren Osten kann ich nicht erkennen, daß der BND von dort nur dieselben Informationen liefert wie der Auswärtige Dienst«, erläuterte Geheimdienstkoordinator Lutz Stavenhagen im Sommer 1991 dem *SPIEGEL*[1], als er mit dem Vorschlag konfrontiert wurde, die erfahrenen Diplomaten des Auswärtigen Dienstes könnten doch den BND ersetzen.

Die für den Nahen und Mittleren Osten zuständigen BND-Abteilungen können auf langjährige Beziehungen zu den Partnerdiensten Israels, Ägyptens und Saudi-Arabiens zurückblicken; die Anfänge bildeten meist in den 50er Jahren besetzte Brückenköpfe für die spätere Durchdringung des gesamten arabischen Raums.

Als der König von Saudi-Arabien Attentate befürchtete, lieferte der BND ihm bereits 1958 Pistolen und Sprechfunkgeräte für seine Palastwache. Vertieft wurden die Beziehungen ab Mitte der 60er Jahre mit dem Aufbau und der Schulung des saudischen Geheimdienstes durch den BND.[2] Zu Beginn der 70er Jahre wurde dann eine Residentur in Riad eingerichtet, die auch die Scheichtümer am Golf betreute. »Probleme bei der Bekämpfung des internationalen Terrorismus« lieferten sowohl den Anlaß als auch die

Begründung für die Entwicklung von derartig engen Beziehungen zu den Nachrichtendiensten des Mittelmeerraumes und des Nahen und Mittleren Ostens.

Allerdings unterhält der BND nicht zu jedem Land im arabischen Raum enge Beziehungen. Obwohl Offiziere der Bundesmarine in den 80er Jahren Offiziere der omanischen Marine an den bei der Bremer Lürssenwerft erworbenen Kriegsschiffen schulten, herrscht an den Emiraten am Golf nur mäßiges Interesse, auch wenn die erste BND-Legalresidentur in der Region um Dubai errichtet worden war. Aus der Unterstützung der Bundesrepublik bei Ausbildung von Geheimdienstspezialisten anderer Länder im Nahen und Mittleren Osten (unter anderem im Nord-Jemen, in Jordanien und für Kräfte im Libanon) resultieren jedoch ausbaufähige beziehungsweise im Bedarfsfall aktivierbare Beziehungen.

Die syrischen Geheimdienste, die als skrupellos gelten, schwanken zwischen der traditionellen Bindung an den französischen Geheimdienst und der Orientierung auf die CIA. Mit der zunehmenden Anglikanisierung des Landes gewann die CIA gegenüber den Franzosen an Einfluß, Staatchef Assad jedoch steuerte nach seiner Machtübernahme gegen diesen Trend. Im zweiten Golfkrieg hat dann der syrische Geheimdienst, wie der jordanische auch, mit beiden westlichen Diensten einen regen Informationsaustausch gepflegt, um die von Saddam Hussein angedrohten Terrorakte gegenüber Staaten der Anti-Saddam-Koalition zu vereiteln.[3] Die Bundesrepublik hat – schon aufgrund der engen Bindung an die Türkei, den »Erzfeind« Syriens – keine nennenswerten Beziehungen zum syrischen Dienst. Das hat aber keineswegs mit Hemmungen zu tun, sich auf arabische Diktatoren einzulassen.

Dem Iran half der BND bereits in der zweiten Hälfte der 60er Jahre bei Aufbau und Schulung des Geheimdienstes.[4] Der langjährige Chef der CSU-Seilschaft im BND, Winterstein, erhielt dafür sogar einen Orden von Schah Reza Pahlewi.

Als am 24. April 1982 nach einem Besuch des irakischen Innenministers Shakir beim amtierenden BND-Präsidenten Klaus Kinkel mit dessen Genehmigung auf dem Flughafen München-Riem unverzollte Jagdwaffen als »Gastgeschenk« in die irakische Maschine geladen wurden, endete die Aktion mit einem der zahllosen kleineren Skandale des BND: Der illegale Export flog auf. BND-Landesverbindungsmann in Bayern, Oberst Joachim Phillip, hatte seine Schleuserqualitäten leichtfertig offengelegt.

Doch was war der eigentliche Besuchszweck des Irakers, der zwei Wochen nach seinem Pullach-Aufenthalt von Saddam Hussein zum Chef aller irakischen Geheimdienste gemacht wurde? Antworten darauf gibt Abdul Moniem Jebara, damals irakischer Kaufmann in München und, als Schulfreund Saddams, einflußreicher Vertreter irakischer Interessen in der Bundesrepublik, der das Gespräch im »Camp Nikolaus« dolmetschte. Zwischen Kinkel und dem irakischen Innenminister wurde vereinbart, daß der militärische Geheimdienst Saddam Husseins sowie der Auslandsnachrichtendienst des Irak Bazan al Takriti und der Geheimdienst der sozialistischen Baath-Partei von Spezialisten des BND ausgebildet werden sollten. Als Ergebnis der Pullacher Konferenz wurden zudem irakische Polizeioffiziere in den bayerischen Polizeischulen in Augsburg und in Rosenheim geschult und absolvierten Lehrgänge beim Landeskriminalamt (LKA) in München. In einer Antwort des Bayerischen Innenministeriums auf eine parlamentarische Anfrage zur Polizeihilfe für ausländische Staaten räumt Bayerns Innenminister, Edmund Stoiber, die polizeiliche Ausbildungs- und Ausstattungshilfe Bayerns für 17 Staaten – von Ägypten bis Tansania – zwischen 1985 und 1990 ein.[5] Drei Monate nach Ende des Golfkrieges verschweigt er jedoch die Hilfe für die Polizei Saddam Husseins. Abdul Moniem Jebara allerdings erinnert sich, daß es noch 1986 solche Ausbildungshilfen Bayerns für den Irak gab; auch sei ein bayerischer Verfassungsschützer im April 1986 routinemäßig zu Dienstgeschäften nach Bagdad geflogen. Als die Zusammenarbeit mit dem Irak Anfang der 80er Jahre institutionalisiert war, bat der damalige bayerische Ministerpräsident Franz Josef Strauß in einem Brief den Bundesinnenminister und CSU-Parteifreund Friederich Zimmermann, doch sicherzustellen, daß die irakisch-deutsche Zusammenarbeit auf dem Polizeisektor exklusiv vom Bundesland Bayern geleistet werde. Die Geheimdienstoffiziere von Saddam Hussein schulte der Bundesnachrichtendienst in seiner Schule für den höheren Dienst, der gut getarnten Villa am Haarsee bei Weilheim in Oberbayern. Die Ausbildung im Objekt »Wildpark« erfolgte jeweils in Kleingruppen von fünf bis sechs Geheimdienstoffizieren, denen ein Dolmetscher die Vorträge der BNDler ins Arabische übersetzte.

Nach Aussage des – so die *Süddeutsche Zeitung* – »Obersten des irakischen Geheimdienstes« Jebara hat Saddam Hussein die Offiziere seines Geheimdienstes von den USA, der UdSSR und der Bundesrepublik schulen lassen. Die deutsche Ausbildung sei zwar nicht die beste gewesen, aber man wollte die Chance nicht ungenutzt lassen, sich breit über die verschiedenen Methoden der einzelnen Dienste zu informieren. Die Kenntnis der speziellen Arbeitsweisen eines anderen Dienstes könne insbesondere dann nützlich werden, wenn es sich bei einer Operation nicht um einen kooperierenden, sondern einen konkurrierenden Dienst handele.

Gewohnt haben die ständig wechselnden Gruppen irakischer Nachrichtendienstler während ihrer zwei- bis sechswöchigen Lehrgänge beim BND meist in Gästehäusern des Pullacher Dienstes, wenn Abdul Jebara sie nicht auf irakische Staatskosten in Münchner Hotels, wie dem Hotel International, einquartierte.

Im Objekt »Wildpark« wurden regelmäßig Angehörige fremder Nachrichtendienste ausgebildet, je eine Nation zur selben Zeit, darunter arabische Geheimdienstler, aber vor allem Nachrichtendienstler aus den jungen Nationalstaaten Afrikas. Diese, gewöhnlich Söhne der herrschenden Oberschicht, waren nicht nur am Erfahrungswissen des BND interessiert, sondern verstanden ihren Ausbildungslehrgang in der Bundesrepublik auch als Urlaub. Und so hatte der Partnerverbindungsdienst des BND auch so seine Schwierigkeiten mit den Erwartungen der afrikanischen Kollegen. Einer wollte in München-Riem partout nicht in das Abholfahrzeug vom Typ Opel Senator steigen, weil es keinen Stern auf der Haube trug, und mußte mit einem Mercedes-Taxi befördert werden; andere wünschten sich vor der konspirativen Knochenarbeit vor allem eine weiße Frau, die der Partnerverbindungsdienst aus einem festen Zirkel von Münchner Prostituierten rekrutierte.

Besonders deutlich kamen die geostrategischen Interessen der Bundesrepublik Deutschland im afrikanischen Raum zum Ausdruck. Auf den Punkt bringen das Vogel und Günter Poser 1980 in ihrem Beitrag zu Schriftenreihe der Deutschen Afrika-Stiftung »Afrika und deutsche Sicherheit«: »Wer Afrikas natürliche Reichtümer kontrolliert und seine geographische Position nutzen kann, verfügt über strategische Faktoren, die für das Überleben und die Verteidigung Westeuropas entscheidende Bedeutung haben. Das gilt für alle europäischen Nato-Staaten... Der Westen braucht dringend eine entschlossene, ideologiefreie und pragmatische Interessenpolitik in Afrika.«

In den Verdacht, daß Mitarbeiter der Deutschen Afrika-Stiftung e. V. selbst zu dieser »pragmatischen Interessenpolitik« beitragen, waren sie im Januar 1962 durch die (Ost-)*Berliner Zeitung* geraten: »Agenten des Gehlen-Dienstes ›arbeiten‹ in Nordafrika für die ›Deutsche Afrika-Gesellschaft e. V.‹. Die dort gesammelten Informationen werden vom Gehlen-Hauptquartier in Pullach bei München im Austauschverfahren den OAS-Vertrauensleuten ausgehändigt.«[6] Berufen konnte sich die BZ bei ihrer Attacke, der BND unterstütze eine französische Terrororganisation mit dem Ziel, die algerische Souveränität zu verhindern, auf zwei westeuropäische Quellen: Der *France Observateur* meldete, daß Umschlagplätze für eine deutsche Unterstützung der OAS mit Waffen Hamburg, Hannover und Frankfurt seien. Die belgische Zeitung *Le Drapeau Rouge* wiederum berichtete von Verbindungen des belgischen SS-Mannes Degueldre, einem Hauptorganisator der OAS, zur Zeitschrift *Nation Europa*, die dem Gehlen-Dienst unterstehe.

Namhaft gemacht wurde in diesem Zusammenhang auch eine Sonderkommission der Sicherungsgruppe Bonn des BKA unter dem BND-Mann Homann, die in Zusammenarbeit mit dem 2. Büro des französischen Generalstabs potentielle Mitglieder der algerischen Befreiungsfront FLN und die algerische Exilregierung überwachen sollte. Aus einer vertraulichen Akte des Bundeskriminalamts, so das *Neue Deutschland* im November 1961, gehe hervor, daß zur Amtshilfe der deutschen Behörden auch die Unterdrückung von Ermittlungen gegen die »Rote Hand« gehöre[7], einer Terrororganisation der OAS, die der BND mindestes seit November 1959 unterstütze.

Doch nicht überall in Nordafrika wurden die Aktivitäten des BND begrüßt. So wurde in Marokko, dessen Geheimdienst von Frankreich ausgebildet wurde[8], der Ex-Oberst der Wehrmacht, Rudolf Recke, im April 1962 in Rabat zu zweieinhalb Jahren Gefängnis und einer Geldstrafe verurteilt, nachdem er vor Gericht die Spionage zugunsten Westdeutschlands eingestanden hatte.[9]

Im Süden des Kontinents, wo aufgrund der Kolonialgeschichte Frankreich, Großbritannien und Belgien über großen Einfluß verfügten, war der BND – in der Regel in Übereinstimmung mit den Diensten der ehemaligen Kolonialmacht – bei Aufbau und Schulung der Geheimdienste aktiv. Entsprechend betätigte er sich in der zweiten Hälfte der 60er Jahre im Kongo[10], nachdem zur Unterstützung des Sturzes von Lumumba 1961 Flugzeuge und Druckerpressen von Pullach geliefert worden waren, in Tansania[11] und später auch in Simbabwe, dessen Geheimdienst als Partnerdienst des BND in Pullach »Mangrove« heißt.

Einen deutlichen Schwerpunkt setzte der westdeutsche Auslandsnachrichtendienst allerdings immer dort, wo es nicht nur darum geht, assistierend für NATO-Partner zu wirken, sondern eine spezielle deutsche Einflußzone aufzubauen. Bereits seit 1963 leistet die Bundesrepublik Militärhilfe in Nigeria[12], einem ehemals britischen Protektorat, das von frankophonen Nachbarn umgeben ist. Spannungen zwischen den Nationalitäten im Vielvölkerstaat führten zu Sezessionsbestrebungen in Ostnigeria und lösten 1967 den Bürgerkrieg aus, der die Kehrtwendung in der Politik Nigerias zum Militärstaat einleitete. Die Streitkräfte wuchsen von 10 000 auf 250 000 Mann an. Militärausgaben wurden mit zeitweise 33 Prozent ein Hauptposten im Staatsbudget.

Der Bundesnachrichtendienst war bereits im Vorfeld dieses Bürgerkriegs über von ihm vermittelte Waffengeschäfte aktiv. Und solange der Krieg um Biafra nicht entschieden war, wahrte er die deutschen Interessen nach beiden Seiten hin und lieferte über die Hamburger Firma Dobbertin ab 1966 Waffen und Munition an beide Bürgerkriegsparteien.[13]

Das Verhältnis der siegreichen Regierung Nigerias zu West-deutschland war nach dem Bürgerkrieg aber nicht nur deshalb getrübt; auch die engen Beziehungen der Bundesrepublik, die darauf beharrte, mit allen Staaten unabhängig von deren politi-schen Systemen Handel zu treiben[14], spielten dabei zum Apart-heidstaat Südafrika eine wichtige Rolle. Überlegungen Nigerias, deutsche Firmen mit Verbindungen zu Südafrika zu boykottieren, scheiterten allerdings an seiner wirtschaftlichen Abhängigkeit: 250 deutsche Firmen, von der Niederlassung der Deutschen Bank über Maschinenbauer bis hin zu ingenieurtechnischen Unterneh-men wie der Prakla-Seismos AG, einer Tochter der bundeseigenen IVG, residieren in Nigeria.

Durch die Ölkrise von 1973 wurde der Militärstaat reich und stieg zur militärischen und ökonomischen Hegemonialmacht in Afrika auf. Daher nimmt er für den Auslandsnachrichtendienst der Bundesrepublik eine Schlüsselrolle ein. Nigeria selbst verfüg-te bis 1976 lediglich über militärische Geheimdienste, eine Spezi-alabteilung der Polizei und die Aufklärungsstelle des Außenmini-steriums. Dann jedoch wurde als zentraler Geheimdienst die NSO (Nigeria Security Organization) gegründet, die sich aus Polizeioffizieren zusammensetzte, aber weder 1981 beim Grenz-konflikt mit Kamerun noch beim Einsatz im Tschad in der Lage war, fundierte Analysen vorzulegen. Der nachrichtendienstliche Apparat wurde 1984 mit der DIA (Defence Intelligence Agency) gegründet und später mit der Einrichtung einer Price Intelligence Agency und einer Petroleum Agency aufgebläht. Die nach US-amerikanischem Vorbild vorgenommene Einrichtung zahlreicher – dabei schlecht koordinierter und miteinander konkurrierender – Dienste wurde 1986 reformiert: Als neue Zentralstellen wurden die NIA (National Intelligence Agency) und der SSS (State Securi-ty Service) geschaffen. Die Aufgabenteilung zwischen ihnen, Auslandsaufklärung und -operationen einerseits (NIA), innere Sicherheit und Spionageabwehr andererseits, entspricht nunmehr dem deutschen Modell; ebenso wie die gleichzeitig etablierte Funktion eines Koordinators der Dienste beim Staatschef.[15] »Die partielle Namensgleichheit unserer beiden Staaten«, ließ Richard von Weizsäcker den Präsidenten der Bundesrepublik Nigeria,

General Babangida, bei dessen Staatsbesuch am 24. Februar 1992 wissen, »weist auf starke Ähnlichkeiten in Staatsaufbau und Staatsverständnis hin, so unterschiedlich die Entstehungsursachen auch waren«[16]. Demokratie kann der Bundespräsident damit nicht gemeint haben, wohl aber die Übereinstimmung der Struktur der Nachrichtendienste, die wiederum nicht zufällig ist, sondern das Ergebnis bundesdeutscher Beratung und nachrichtendienstlicher Ausbildungshilfe der Residentur des BND in Lagos.

Wesentlich älter als die Kontakte zu Nigeria sind allerdings die Beziehungen zu Nigerias Erzfeind, dem Apartheidsstaat Südafrika. Die Residentur des BND in der Republik Südafrika existiert seit Beginn der 60er Jahre. Horst Mellenthin, Mitarbeiter im Stab von Gehlen und sein Bruder Friedrich Wilhelm, 1960 Leiter der Fluggesellschaft »Trek Airways« in Südafrika, sind die ersten namentlich bekannten BNDler, die im Apartheidsstaat residierten. Friedrich Wilhelm Mellenthin war 1961 Mitinitiator eines militärischen Geheimabkommens zwischen der Bundesrepublik und Südafrika. Dabei dürfte die Ausbildungshilfe des BND für den Nachrichtendienst des Apartheidsstaats nur einen Teil der geheimen Zusammenarbeit ausmachen; die Zusammenarbeit bei der strategisch wichtigen Aufklärungsstation ADVOOKAT von AEG-Telefunken, die 1975 in der Silbermine von Simonstown in Betrieb genommen wurde, ist zweifellos ein weiterer gewichtiger Punkt.

Zu Südafrika und seinem Geheimdienst NIS[17] (National Intelligence Service), BND-Deckname Panter, unterhält der BND seit 1981 wieder sehr gute Kontakte. Resident in der deutschen Botschaft ist ein Bundeswehrstabsoffizier, der nicht nur die drei Aufklärungsprioritäten des BND dort (Schwarzafrikapolitik, Rassenpolitik, Rohstoffpolitik) bearbeitete, sondern auch die Koordination deutsch-südafrikanisch-amerikanischer Operationen im Süden Afrikas übernahm. Der *Vorwärts* berichtete im Februar 1983 unter Berufung auf die *Pretoria News*, daß nach der Regierungsübernahme durch Helmut Kohl die Zusammenarbeit zwischen dem BND und dem NIS regelrecht aufgeblüht sei.[18] Doch auch, als noch die sozial-liberale Regierung am Ruder war, besuchte der südafrikanische Geheimdienstchef Hendrick van den Bergh regelmäßig die Bundesrepublik; und der Kommandeur des militärischen Geheimdienstes, General de Toit, konsultierte drei- bis viermal jährlich den MAD, während seine Spezialeinheiten in Westdeutschland eine Sonderausbildung erhielten.[19]

Was der bis 1978 amtierende zweite BND-Präsident Gerhard Wessel 1985 zurückblickend schrieb, gilt in besonderem Maße für die Zusammenarbeit des BND mit dem Partnerdienst in Südafrika: »Der generelle Erkenntnisaustausch mit befreundeten Diensten ist eine im allgemeinen nur bilateral praktizierte Methode der Gewinnung zusätzlicher Nachrichten aus gemeinsamen Aufklärungsgebieten. Eine Methode, die bisweilen sogar bis zu einer Art Arbeitsteilung entwickelt ist und in nicht wenigen Fällen auch dann reibungslos fortgesetzt wurde, wenn es in den offiziellen Beziehungen der jeweiligen Länder untereinander zu einer Abkühlung oder sogar zu Spannungen kam. In solchen Fällen konnte der Bundesnachrichtendienst mehrfach helfend dort eingreifen, wo der Diplomatie die Hände gebunden waren.«[20]

Der »Diplomatie« waren bei Südafrika die Hände durch international verbindliche Zusagen verschiedener Bundesregierungen sowie Beschlüsse der Vereinten Nationen und allgemein geltendes Völkerrecht gebunden. Der BND jedoch konnte auch im Apartheidstaat »mehrfach helfend eingreifen«, wenn sich die Interessen der Bundesrepublik – insbesondere bei Rohstoffen und Einflußzonen – nicht anders durchsetzen ließen.

Nicht einmal ein Teil aller »Aktionen« des BND, denen besondere nachrichtendienstliche Aufträge der Bundesregierung oder besondere Beschaffungsoperationen zugrunde liegen, können mit wissenschaftlichen oder journalistischen Mitteln auch nur annähernd vollständig recherchiert werden, sofern nicht ein Überläufer aus dem BND darüber »auspackt«. Doch mit den Enthüllungen des ehemaligen bayerischen Staatsschutzleiters und vormaligen BND-Spitzenbeamten Hans Langemann hat sich solch seltener Glücksfall ergeben. So spricht vieles dafür, daß die von Frank P. Heigl und Jürgen Saupe unter dem Titel »Operation EVA« 1982 veröffentlichte Dokumentation nicht nur eine Summe von Einzelaktionen, sondern eine Momentaufnahme der gesamten operativen Tätigkeit gegen Ende der 60er Jahre wiedergibt.

Dr. Hans Langemann, Deckname Lückrath, war Chefoperateur des Abteilungsleiters für den Strategischen Dienst Langkau. 100 Dokumente aus den Jahren 1957 bis 1970 hat er als Basis für seine Enthüllungen vorlegen können und auf Anforderung an BND-Präsident Klaus Kinkel nach Pullach zurückgeschickt.

Der Strategische Dienst bestand aus zwei Hauptsträngen, dem Strang Winterstein, der auch die Gegenspionage umfaßte, und Langemanns Dienstbereich, der etwa dem des heutigen Referats »Sonderoperationen« entspricht. »Dr. Lückrath (Leitender Regierungsdirektor Dr. Langemann). Er führte die Zentrale Operationsgruppe mit illegalen Residenten in Äthiopien, Frankreich, Griechenland, Hongkong, Italien, Japan, Malta, Österreich, Südamerika, Südvietnam und Vatikan und hatte die operationelle Aufsicht über die Dienststellen.«[21]

Der Basis EVA 71 (Führungsstelle I/JACQUES alias Dr. Hans Langemann) unterstanden im Ausland:
- EVA 21 – Führungsstelle VII/KARDINAL = Dr. Wilhelm Haas. Residentur in Wien mit Graf Roland von Vermes, Deckname Baumann;
- EVA 55 – Führungsstelle III/Dr. JACOBS Residentur in Paris für Ost/West/Belgien;
- EVA 77 – Führungsstelle V/MARIANNE = österreichische Philologin;
- EVA 85 – Führungsstelle II/FISCHER = Langkau-Sekretärin Marie-Luise von Koenneritz, Deckname Körner;
- EVA 102 – Führungsstelle IV/MARIANO = Marquese de Mistura. Residentur in Rom mit Schalt- und Sicherheitsbereich Mittelmeerraum und Funkstelle HELIOS
- EVA 130 – Residentur und Operationsstab in Athen mit Unterresidenturen in Beirut, Damaskus, Kairo und Nikosia sowie den Quellenbereichen Balkan und SU/USA-Politik im Mittelmeerraum
- EVA 150 – Führungsstelle VI/SUSANNE = Susanne Sievers-Zill, Deckname Ferrari. Residentur in Hongkong mit Unterresidenturen in Tokio, Manila, Djakarta und Singapur.

Langemanns Unterabteilung führte operative Westagenten (EVA-BELINDA), bearbeitete operative Angelegenheiten in Süd-Ost-Asien (EVA-FACKEL), im Mittelmeerraum und Nordafrika (EVA-PALME), im fernöstlichen und pazifischen Raum (EVA-TAIFUN), im Dauerkrisenherd Nahost (EVA-Y), den äthiopischen Nachrichtendienst (EVA-71/ISABELLA) und die Schaltungen in kriegsnahen Spannungszeiten (EVA-ORIGON Las Palmas) betreffend. Die Dienststelle EVA-AGENTURA organisierte dabei weltweit Schalt- und Tarneinrichtungen, zum Beispiel eine Universitätsstelle in der japanischen Hauptstadt. Allein die Operation 500 führte fünf Agenten in Vietnam, eine Chefstewardeß der Air Vietnam als Kurier, einen Pater in Tokio und als Sonderverbindung den Großindustriellen Modi Modihadar in Neu Delhi.[22]

Die Operation 901 führte mit Aristidie Brunello einen Prälaten der Kurie, Deckname Bruno, und unter ARISTIDES ein internationales katholisches Korrespondentennetz. Die Operation 1000 war für Sondereinsätze zuständig und pflegte internationale Kontakte, während sich die Operation 300 auf die Innenpolitik Italiens und die kommunistischen Parteien Italiens und Frankreichs konzentrierte.

Von anfänglich 146 Meldungen im Jahre 1962 stieg das Meldungsaufkommen bis 1965 auf 1374. Maximal standen dem Strategischen Dienst 40 Millionen DM an operativen Sachmitteln zur Verfügung, während der offizielle BND-Etat in diesen Jahren knapp unter der 70-Millionen-DM-Grenze blieb.[23]

Daß der BND die katholische Kirche sowohl im Vatikan selbst als auch beim Wiener Kardinal König anläßlich der neuen Ostpolitik des Vatikans ins Visier nahm, hat die deutsche Presse an den Langemann-Enthüllungen am intensivsten beschäftigt.[24] Dabei sind die Emanzipation Pullachs von den Westalliierten, die nun selbst zu einem klandestinen Aufklärungsgegenstand wurden, die intensive Orientierung auf den asiatischen Raum von Tokio bis Djakarta und die Verdichtung der Verbindungen beiderseits des Mittelmeeres wohl die drei bemerkenswertesten Erkenntnisse über den BND dieser Zeit.

11 Hilfe für Terroristen

Hans-Georg von Studnitz wies 1970 darauf hin, daß Großbritannien mit der Aufteilung in Intelligence Service als Nachrichtensammelorganisation und Secret Service als operativem Instrument politischer und wirtschaftlicher Stellen zwei nachrichtendienstliche Aufgabenbereiche auch organisatorisch voneinander getrennt hat.[1]

Der stellvertretende Direktor der US-Central Intelligence Agency, Robert M. Gates, formulierte 1987 drei Aufgabenbereiche für seinen Nachrichtendienst: »Zuerst ist die CIA verantwortlich für die Sammlung und Analyse von Nachrichten und ihre Verteilung an Politiker ... Zum zweiten führte die CIA verdeckte Operationen durch und setzt auf diesem Feld Politik um ... Drittens, und am bedeutendsten, ist die Rolle bei der Kommunikation, insbesondere in Washington, zwischen den Nachrichtendiensten und der Politik.«[2] Gates quantifiziert die Arbeitsbereiche der CIA mit über 95 Prozent für die Sammlung und Analyse der Daten sowie mit etwa drei Prozent für verdeckte Operationen der Agency.

Im militärischen NATO-Sprachgebrauch ist »Operation« definiert als »Militärische Handlung oder Durchführung eines militärischen Auftrages auf dem Gebiet der Strategie, Taktik, Versorgung, Ausbildung oder Administration. Durchführung von Kampfhandlungen; hierzu gehören Bewegung, Versorgung, Angriff, Verteidigung und alle Maßnahmen, die erforderlich sind, um die mit einer Schlacht oder einem Feldzug verfolgten Ziele zu erreichen.«[3]

Im BND-Amtsdeutsch hingegen ist mit »Operation« nicht die »Erledigung sonstiger nachrichtendienstlicher Aufträge der Bundesregierung« gemeint, sondern das Pullacher Wörterbuch definiert ND-Operationen wie folgt: »Von der Methodik bestimmte Planungs- und Durchführungsmaßnahmen mit dem Ziel der Gewinnung (= Anbahnungsoperation) und Nutzung (= Einsatzführungsoperation) von Quellen und Beschaffungshelfern sowie der Abwehr eines gegnerischen Ansatzes (= Abwehroperation)«.

Was gemeinhin unter der Operation eines Geheimdienstes verstanden wird, heißt in Pullach »Aktion«, nämlich die »Operation eines Geheimdienstes mit dem Ziel, die Willensbildung fremder Mächte oder ihre aktuellen politischen, militärischen und wirtschaftlichen Verhältnisse durch unterstützende oder störende Maßnahmen zu beeinflussen. Durch die Aktion wird ein Auftrag ausgeführt, dessen Erfüllung der eigenen Regierung mit anderen Mitteln nicht möglich oder opportun erscheint. Aktionen in Form von störenden Maßnahmen sind namentlich die Desinformation, die Sabotage und die Zersetzung.«

In den Finanzierungshearings für die US-Geheimdienste bezüglich des US-Haushaltsjahrs 1991 ist in den USA erneut die Debatte entbrannt, wo verdeckte Aktionen beginnen und wie sie demokratisch kontrolliert werden können.[4] In diesem Hearing wurde auch ausführlich die Definition von »covert actions« diskutiert: »Der Bedarf nach einer neuen Definition von ›verdeckte Aktion‹ ergibt sich aus dem Umstand, daß gegenwärtig zwei Definitionen existieren, womit einmal die gesetzliche und einmal die exekutive Anordnung derselben gemeint ist und erstere durch letztere interpretiert wird und ihr vorausging. Keine von beiden schließt jedoch vermeintliche oder tatsächliche Ausnahmen mit ein, die von Exekutivbehörden aber faktisch gemacht werden. Der ›Hughes-Ryan‹-Verfassungszusatz war immer nur als Provisorium gedacht, das durch weitere Ergebnisse aus der Aufsicht des Kongresses über verdeckte Aktionen verbessert werden sollte.

Tatsächlich aber haben die CIA im besonderen und die Exekutive im allgemeinen den Hughes-Ryan-Verfassungszusatz seit seiner Verabschiedung 1974 tendenziös interpretiert, um dessen breiten Gültigkeitsbereich einzuengen und veröffentlichten exekutive

Anweisungen zur Definition ›besonderer‹ Aktivitäten, die sich auf Interpretationen von Ansichten des Kongresses stützten und seither zur Beurteilung von Fällen in der Praxis dienten.

Die Folge ist eine teilweise verwirrende Auflistung von Ausnahmen und Fall-zu-Fall-Unterscheidungen, die sowohl Legislative als auch Exekutive hinsichtlich der Bestimmungsparameter verdeckter Aktionen im unklaren ließen. Es ist allerdings klar, daß bestimmte Aktionen wie verdeckte paramilitärische Einsätze, Propaganda, politische Aktionen, Wahlkampfhilfe und ähnliches im allgemeinen als verdeckte Aktionen gewertet werden. Andere Aktivitäten, die eigentlich unter die Definition verdeckter Aktionen fallen würden, für die eine Zustimmung von Präsident und Kongreß auf Grundlage von Einzelfallentscheidungen aber zu umständlich wäre, werden nicht zu den verdeckten Aktionen gerechnet. Bis zu einem gewissen Grad hat der Kongreß von dieser Praxis gewußt, sie toleriert und entsprechend mit der Exekutive zusammengearbeitet, um so eine für beide Seiten annehmbare Auffassung zum Umfang der Berichterstattungsvorschriften zu erzielen.«[5]

Die analytische Trennung zwischen einer Beschaffungsoperation, mit der Informationen gewonnen werden sollen, und einer Aktion fällt auch bei BND-Aktivitäten nicht immer leicht. Ende 1988 beispielsweise wurde von BND-Mitarbeitern ein nachrichtendienstlicher Angriff auf die DDR in Australien gestartet. Sie nahmen Kontakt zum DDR-Generalkonsul in Melbourne auf, den sie für einen langjährigen inoffiziellen Mitarbeiter der HVA hielten. Dabei stellten sie sich als Sonderbeauftragte von MfS-Minister Erich Mielke vor und behaupteten, den Auftrag zu haben, Hinweisen auf Unregelmäßigkeiten und möglichen Verrat in der australischen Residentur nachzugehen. Der vermutete IM sollte über seinen Führungsoffizier bzw. den Residenten ausführlich Bericht erstatten. Als »Beweis« für die Echtheit ihrer Identität hatten die BNDler neben gefälschten Dokumenten auch eine angebliche »Sonder-Funkverbindung« zur Zentrale in Berlin hergestellt. Die Gegenstelle war aber nicht in Berlin, sondern in einem PKW in nur geringer Entfernung installiert. Auch an diesem Dilettantismus scheiterte die Operation. Nicht nur auf nachrichtendienstlicher Ebene, auch völkerrechtlich ist diese »Aktion« schwer einzuordnen. »Völkerrechtliche Schranken nachrichtendienstlicher Tätigkeit sind zu beachten, wenn in die Gebietshoheit eines Staates eingegriffen wird, ohne daß dessen Einwilligung oder ein anderer völkerrechtlicher Rechtfertigungsgrund vorliegt. Als Hoheitsakt auf fremdem Staatsgebiet gilt jegliches offene oder heimliche Handeln im Ausland, das im Zusammenhang mit der Erfüllung staatlicher Aufgaben und Funktionen steht. Demnach ist auch die geheime Nachrichtenbeschaffung durch staatliche Nachrichtendienstorgane in all ihren tatsächlichen und rechtlichen Erscheinungsformen, die sich im Aufenthaltsstaat in irgendeiner Form schädigend auswirken, als völkerrechtswidriger Hoheitsakt zu qualifizieren«, formulierte 1990 die Schweizer Parlamentskommission zur Untersuchung von Geheimdienstskandalen unter Berufung auf ein Gutachten von Professor Daniel Thüner.[6]

Nun durfte der BND nach seiner dortigen Quasi-Akkreditierung zweifellos frei in Australien agieren, andererseits war er in die Botschaft der DDR und damit in deren Hoheitsgebiet eingedrungen. Sofern die australische Regierung Proteste der DDR nicht als schädigend ansah und der nachrichtendienstliche Angriff de facto folgenlos blieb, wurde nicht gegen das Völkerrecht verstoßen. Hätte der BND-Angriff jedoch DDR-Interessen erfolgreich geschädigt, wäre er eindeutig völkerrechtswidrig gewesen.

In den USA werden die Haushaltstitel für bestimmte verdeckte Operationen öffentlich gemacht. So wurde der versuchte Sturz Saddam Husseins 1992 unter einem Haushaltstitel abgerechnet, der 1993 von bisher 15 Millionen US-Dollar auf 40 Millionen US-Dollar erhöht werden soll.[7] Im Grunde ist in den USA damit von der Gesetzeslage her die Kontrolle des Parlaments über den sensibelsten Bereich der Außenpolitik garantiert. Doch wie die Iran-Contra-Affäre und die zahlreichen nachrichtendienstlichen Operationen der CIA unter Reagan zeigen[8], unterlaufen die US-Geheimdienste diese öffentliche parlamentarische Kontrolle nicht eben selten. Der BND tut solches nicht, was aber nicht seiner

Ehrenhaftigkeit zu verdanken ist. Eine öffentliche Kontrolle seiner »Aktionen« ist schlicht nicht vorgesehen. Mitglieder der Parlamentarischen Kontrollkommission des Deutschen Bundestags haben in den zurückliegenden Jahrzehnten bei jedem öffentlich gewordenen Skandal um den BND beklagt, daß sie über die Aktionen des westdeutschen Auslandsnachrichtendienstes im unklaren gelassen werden.

Der langjährige Kanzleramtsminister der Regierung Schmidt, Egon Bahr, formulierte im März 1992 im *stern*: »Welcher Geheimdienst in Ost und West mordet denn nicht. Das verdrängen wir.«[9] Ob der finale Rettungsschuß auch zum Repertoire der operativen Außenpolitik des BND gehört, wie ihn beispielsweise ein westdeutsches Killerkommando des MfS 1975 in der Bundesrepublik exekutierte[10], muß offen bleiben. Nachrichtendienstler aus Osteuropa und dem arabischen Raum behaupten zwar, daß auch aus Pullach schon Exekutionsbefehle kamen, bleiben den Nachweis aber schuldig. Das *Neue Deutschland* beschuldigte im Jahr 1963 den BND, den FDP-Bundestagsabgeordneten Wolfgang Döring umgebracht zu haben, bevor er mehr über die Hintergründe der *SPIEGEL*-Affäre und die Rolle der konkurrierenden deutschen Geheimdienste dabei veröffentlichen konnte[11], und DDR-Quellen nach soll der BND-Agent Gianni Nardi 1972 den italienischen Kommissar Calabresi ermordet haben, nachdem dieser auf ein Depot italienischer Faschisten mit Waffen aus der Bundesrepublik gestoßen war.[12]

Im Kalten Krieg wurde vieles über Aktionen des BND von den »Kriegsgegnern« in Osteuropa veröffentlicht. So ließ das MfS regelmäßig Informationen in ost- aber auch in westdeutsche Medien durchsickern, die aus seinen, wie man heute weiß, zahlreichen Innenquellen in den westdeutschen Nachrichtendiensten und Politikbereichen stammten. Nicht selten stammten diese Artikel im Osten vom Hauspublizisten Julius Mader. Doch galt es im Westen als unseriös, ihn zu zitieren. So monierte Alfred Schikkel, als er das 1972 erschienene Buch von Thomas Walde »Die Rolle der Geheimen Nachrichtendienste im Regierungssystem der Bundesrepublik Deutschland« in der Wochenzeitung *Das Parla-*

ment rezensierte, daß Walde sich auf »Zitate von Amateuren« stützte, »ganz zu schweigen von Julius Maders Pamphlet ›Die Graue Hand‹«.[13] Doch ließ Julius Mader bereits 1988 im Ostberliner Presseclub durchblicken, daß er die Informationen, die seinen Publikationen zugrunde lagen, aus der Normannenstraße bekam, und diese seien zwar »nicht immer vollständig, aber sicher nie unwahr«.[14]

Denn auch wenn die Desinformation zu den Praktiken aller Nachrichtendienste gehört, wissen die Dienste doch sehr genau, daß das gezielte Spielen mit echten Informationen auf lange Sicht glaubwürdiger ist und größere Wirkung erzielt.

So spiegeln die in Maders Büchern dargestellten BND-Aktionen einen großen Teil des MfS-Wissens wider. Die BND-Aktionen im Zeitraum von 1967 bis 1975 hat er in Form einer unvollständigen Chronik subversiver Aktionen in 33 Staaten untergliedert in:
- »gegen 8 sozialistische europäische Staaten (UdSSR, DDR, ČSSR, VR Polen, Ungarische VR, VR Bulgarien, SR Rumänien und SFRJ [Jugoslawien; der Verf.]);
- gegen 15 afrikanische Staaten (Ägypten, VR Mozambique, Algerien, Guinea, Zaire, Lesotho, Libyen, Nigeria, Senegal, Äthiopien, Somalia, Sudan, Tunesien, Tschad, Uganda);
- gegen 7 asiatische Staaten (DRV [Nordvietnam; der Verf.], Irak, VDR Jemen, Jordanien, Libanon, Südvietnam, Syrien);
- gegen 3 Staaten Lateinamerikas (Argentinien, Chile, Guatemala)«[15] gerichtete.

Die von Mader aufgelisteten Subversionsversuche in diesen neun Jahren umfassen die Ausbildung von Oppositionellen und Waffenlieferungen an diese, Unterstützung von Putschversuchen etc., in aller Regel mit Einverständnis oder im Einvernehmen mit der CIA.

»Ihr Besuch macht deutlich, daß die Beziehungen zwischen unseren beiden Ländern und Völkern im Laufe der zurückliegenden Jahre enger und vielfältiger geworden sind. In ihm kommt zugleich unsere Anteilnahme am Schicksal Mozambiques und an den Entwicklungen im gesamten südlichen Afrika zum Ausdruck«, begrüßte Bundespräsident Richard von Weizsäcker am 25. September 1991 bei einem Abendessen in der Villa Hammerschmidt in Bonn den Präsidenten von Mozambique, Joaquim Alberto Chissano. Diese Worte galten dem Staatsoberhaupt eines Landes, dessen staatliche Existenz durch die Außenpolitik der Bundesrepublik Deutschland im Zusammenwirken mit der CIA und der Republik Südafrika gezielt zunichte gemacht werden sollte.

Durch die Unterstützung der Terrororganisation RENAMO sollte der sozialistische Staat Mozambique destabilisiert werden, um nicht als Modell für andere Staaten im südlichen Afrika dienen zu können.

Die deutsche Hilfe für die Terroristen setzte bereits Mitte der 70er Jahre ein, als Angehörige der RENAMO (Resistencia National Mocambiquana) in einer bayerischen Polizeischule in Augsburg ausgebildet wurden. Richard von Weizsäcker war zu dieser Zeit stellvertretender Vorsitzender der CDU/CSU-Bundestagsfraktion.

Die FRELIMO (Frente de Libertacao de Mocambique) erhielt als erste afrikanische Befreiungsbewegung seit 1969 Waffenhilfe von der DDR.[16] Westliche Geheimdienste ließen die Hamburger Tageszeitung *Die Welt* im Mai 1975 wissen, daß die DDR nicht nur Waffen lieferte; 103 FRELIMO-Angehörige sollen in Volkspolizei-Schulen der DDR eine militärische Ausbildung erhalten haben.[17] Als Mozambique am 25. Juni 1975 seine Unabhängigkeit erklärte und die Guerillabewegung FRELIMO das Land als marxistischleninistische Einheitspartei zu regieren beginnt, beschließt die DDR, ihre Militärhilfe fortzusetzen und leistet dieser »sozialistische Bruderhilfe« bis Ende der 80er Jahre.

Die FRELIMO regiert nach wie vor das Land, sie selbst hat sich allerdings gewandelt. Beim V. Parteikongreß im Juli 1989 bekannte sich die Staatspartei nicht mehr zum Klassenkampf und zum Marxismus-Leninismus, sondern nur noch in allgemeiner Form zum Sozialismus. Anfang 1990 wurde der Entwurf zu einer neuen Staatsverfassung vorgelegt, welche die Rechte des einzelnen stärker betont und allgemeine und freie Wahlen mit mehreren Kandidaten vorsieht. Seit der Unabhängigkeitserklärung 1975 steht die von Portugal ausgebeutete und in einem erbärmlichen Zustand zurückgelassene ehemalige Kolonie im Bürgerkrieg, besser gesagt im Kampf gegen die auf die systematische Zerstörung aller Lebensgrundlagen zielende Terrororganisation RENAMO.

Der Frankfurter Fernsehjournalist Jürgen Roth hat 1990 in seinem Buch »Die Mitternachtsregierung« die deutsche Unterstützung für die RENAMO geschildert, die schon vor der Unabhängigkeit Mozambiques um die Macht im Staate kämpfte, »mit südafrikanischer Hilfe gegen die Zentralregierung in Maputo, gegen den gottlosen Kommunismus, gegen die teuflischen Marxisten der ›Frelimo‹, die marxistisch-leninistische Einheitspartei von Mozambique. Über achtzig Prozent des Landes kontrollieren sie zwar nicht, wie sie behaupten, aber auch die Regierung kontrolliert es nicht. Niemandsland, in dem der Terror das Leben der Menschen prägt. Mit dabei sind der südafrikanische Nachrichtendienst, der deutsche Bundesnachrichtendienst und die amerikanische CIA.«[18]

Zwar lehnte das State Department die Hilfestellung für die Terroristen ab, die CIA jedoch unterstützte eine Fraktion der RENAMO. Und ebenso wie aus der alten Kolonialmacht Portugal erhalten die RENAMO-Kämpfer Unterstützung aus der Bundesrepublik: »Ein ehemals führendes Mitglied der RENAMO, Changinga Chivaca Joao, bekundete im November 1989 auf einer Pressekonferenz, daß zwar nicht die Bonner Regierung die RENAMO unterstützt, aber daß der Bundesnachrichtendienst ihnen sowohl finanzielle Mittel zur Verfügung stellte als auch für die persönliche Sicherheit des führenden RENAMO-Repräsentanten, der in der Bundesrepublik lebt, verantwortlich zeichnete . . . Immerhin fand schon 1981 auf dem Boden der freiheitlich-demokratischen Grundordnung ein Treffen der RENAMO-Führer statt. Während dieses Treffens wurde das einzige, bisher veröffentlichte politische Programm der RENAMO formuliert. Im März 1983 versammelte sich sogar der gesamte RENAMO-Nationalrat in Köln, und, der Höhepunkt, im April 1988 fuhren die Verbrecher aus Mozambique – wieder einmal – in die Bayerische Staatskanzlei zu Franz-Josef Strauß. Alles ging top-secret vor sich, zu anrüchig waren die Repräsentanten der RENAMO.«[19]

Politische Unterstützung und Hilfe beim Aufbau eines politikfähigen Images erhielten die Rebellen nicht nur von Franz Josef Strauß, sondern auch von Werner Kaltefleiter: »Der Professor für politische Wissenschaften und Vizepräsident der Universität Kiel leitet ein Institut für Sicherheitspolitik. Hier veranstaltet er jährlich ein sogenanntes ›Sommerseminar zur Nationalen Sicherheit‹. Die Veranstaltung ist zumeist hochkarätig besetzt. RENAMOs Außenminister Fonseca, eingeladen mit dem Briefkopf der Uni Kiel, hatte so Gelegenheit zum Plausch mit wichtigen Leuten. Mit dem ehemaligen Nato-Generalsekretär Bernard Rogers zum Beispiel oder dem Staatssekretär im Bundesverteidigungsministerium, Oberstleutnant a. D. Peter Kurt Würzbach. Diese Seminare mit RENAMO-Beteiligung wurden bislang öffentlich gefördert. 1985 mit 90 000 Mark von der Kieler Landesregierung.

Skrupel kennt der südafrikafreundliche Kaltefleiter nicht – dafür wichtige Leute. So referierte 1986 zum Thema ›Geheimdienste‹ Eberhard Blum, damals Chef des Bundesnachrichtendienstes (BND). Gerüchte über Verbindungen zwischen dem BND und der RENAMO kursierten zumindest im südlichen Afrika schon lange. Oliveira über Kaltefleiter: ›Er ist der andere wichtige Mann. Ich habe erfahren, daß Kaltefleiter häufig nach Pretoria fuhr. Er hat dort eine Farm. Kaltefleiter arrangierte Möglichkeiten für uns in Kiel, im Norden Deutschlands. Zahlreiche Treffen der RENAMO-Führung haben dort stattgefunden. Es gab dort auch ein Treffen des Nationalen Rates der RENAMO. Und als es ein ähnliches Treffen 1983 in Pretoria gab, da war Kaltefleiter ebenfalls anwesend. Die Bindungen zwischen dem Professor für Sicherheitsfragen und dem Banditenchef Alfonso Dhlakama gingen so weit, daß dieser 1983, auf Einladung von Kaltefleiter, für sechs Wochen in die Bundesrepublik reisen konnte. Kaltefleiter verfaßte darüber hinaus ein Empfehlungsschreiben für die RENAMO-Delegation, gerichtet an das CSU-Mitglied Hans Graf Huyn. Er bat Huyn um die Vermittlung von Kontakten zu weiteren wichtigen Bundestagsabgeordneten. Erfolgreich. Auf der ›Tour de propagande‹ traf die RENAMO-Delegation Vertreter der CSU-nahen Hanns-Seidel-Stiftung. Höhepunkt aber war damals das Treffen mit dem CSU-Chef Franz Josef Strauß.«[20]

Der amtierende Staatspräsident Chissano, Nachfolger des 1986 verstorbenen Staatsgründers Machel, nimmt den Dialog mit den militanten RENAMO-Rebellen auf. Ein hierzu im Sommer 1989 vorgelegtes 12-Punkte-Grundsatzpapier war nicht nur mit dem alten Verbündeten Sowjetunion, sondern auch mit den neuen Freunden, den USA und Großbritannien, abgesprochen worden.[21] Doch bis Ende 1989 hatten die Gespräche der Regierungsvertreter mit RENAMO-Unterhändlern noch keinerlei Ergebnisse gebracht.

Die Ziele der RENAMO beschreibt ihr General-Plan Nr. 1 vom 24. Februar 1984 so:

»1. Zerstörung der mozambiquanischen Wirtschaft in den ländlichen Regionen.

2. Zerstörung der Verkehrsverbindungen, um Exporte und Importe von und nach außen sowie den Transport heimischer Produkte im Lande selbst zu unterbinden.

3. Verhinderung der Aktivitäten von Ausländern (Kooperanten). Sie stellen die größte Gefahr dar, weil sie die Wirtschaft wiederaufbauen helfen.«

Mit welchen drastischen Methoden die RENAMO diese Ziele durchzusetzen suchte, beschreibt der Jahresbericht von amnesty international für 1989: »Berichten zufolge entführte die RENAMO Hunderte Zivilisten, unterzog einige von ihnen der Folter und tötete sie. Im Mai griffen RENAMO-Rebellen die Ortschaft Massinga an; sie schnitten – so wurde berichtet – sieben Männern die Hoden ab, vergewaltigten und töteten drei Frauen und entführten 50 weitere Bewohner. In der Provinz Gaza haben RENAMO-Guerillas im August Berichten zufolge zahlreiche gefangengenommene Zivilisten gefesselt und dann mit Äxten und Schlaghölzern getötet.«[22]

Die Bundesregierung ignoriert solche Berichte über die Massaker in Südostafrika seit Jahren. Die Berichte des BND hingegen konzentrieren sich auf die Angriffe der von ihm unterstützten Rebellenorganisation auf die Infrastruktur des Landes, wie der Tagesbericht des BND für das Bundeskanzleramt vom 4. September 1987 zeigt: »3. Mozambique: Angriffe auf wichtige Transportverbindungen. Die Rebellen der RENAMO scheinen als Teil ihrer

Bemühungen, die Wirtschaft zu zerstören und die militärische Initiative zu behalten, ihre Angriffe auf die wichtigsten Transportstrecken Mozambiques zu verstärken. (Geheim – NF REL FRG)

Bisher haben die Aufständischen die Strecke in diesem Jahr 37mal angegriffen, ein leichter Anstieg gegenüber den vergleichbaren Zahlen des letzten Jahres. Nach den Berichten sollen sie auch ein Dutzend Angriffe gegen die Beira-Pipeline unternommen haben, die etwa 90 Prozent des Öls von Zimbabwe transportiert. (Geheim – NF REL FRG)

Wie verlautet, ist die RENAMO in den letzten Monaten längs der Nacala-Strecke in Mozambique aktiver geworden. Der Wiederaufbau der Strecke, die nach Malawi führt, geht langsam voran, da die RENAMO-Einheiten Züge und Gleise zerstören, auf Züge schießen und Reparaturkolonnen stören. (Vertr. – NF REL FRG)

Trotz größerer Häufigkeit der RENAMO-Angriffe soll das Transportvolumen auf der Beira- und der Nacala-Strecke allmählich steigen. Dies hat die Regierung von Mozambique ermutigt, die teilweise offene Bahnverbindung Chicualacuala–Maputo wieder in Schwung zu bringen, die ebenfalls von der REMANO angegriffen wird. Wie es heißt, ist auf dieser Strecke früher der Großteil der Importe und Exporte aus und nach nichtafrikanischen Staaten transportiert worden. (Vertr. – NF REL FRG)

Kommentar: Obwohl die militärische Lage insgesamt ziemlich gleich geblieben ist, fallen die zunehmenden Angriffe der RENAMO auf Transportverbindungen mit den Bemühungen der Aufständischen zusammen, im Süden und Norden ihre Aktivitäten zu verstärken, beides Gebiete, in denen im allgemeinen die Regierung die Kontrolle hat. (Geheim – NF REL FRG)

Bisher waren die Angriffe auf Transportstrecken geringfügig und haben offenbar keinen sehr großen Schaden angerichtet. Die RENAMO wird fast sicher weitere derartige Operationen in dem Versuch durchführen, Präsident Chissanos Bemühungen zu vereiteln, die Wirtschaft Mozambiques wiederzubeleben. Die Taktik der RENAMO zielt wahrscheinlich auch darauf ab, den regionalen Verbündeten Maputos die potentiell kürzeren und kostengünstigeren Alternativen zu den südafrikanischen Handelswegen zu nehmen, um sie so zu entmutigen, sich an Maputo zu binden. Etwa 800 Soldaten aus Malawi helfen bei der Bewachung von Teilen der Nacala-Strecke innerhalb von Mozambique, und viele der 7000 Soldaten aus Simbabwe, die Maputo unterstützen, sind längs des Beira-Transportkorridors stationiert. (Geheim – NF REL FRG)«.

Diese Meldungen aus dem BND-Tagesbericht sind nicht nur geheim, sondern auch NF REL (NON FOREIGN RELEASE), d.h., sie dürfen nicht an Partnerdienste weitergegeben werden. Diese Klassifizierung macht deutlich, welch hervorragende Informationsquellen der Pullacher Dienst zumindest 1987 hatte.

Deutlich wird auch, daß Südafrika den Wirtschaftskrieg gegen Mozambique unter anderem deshalb führte, damit die anderen Staaten der Region gezwungen waren, ihre Aus- und Einfuhren über den Apartheidsstaat zu regeln. Eines jedoch unterschlug der Bericht nach Bonn: Die Angriffe der vom BND unterstützten RENAMO-Aktivisten auf Reparaturkolonnen richteten sich auch gegen Deutsche, nämlich die Eisenbahnreparaturkolonnen an der Nacala-Strecke; um den Abtransport der Erze aus den Minen Mozambiques zu sichern, in denen auch DDR-Bergleute fördern halfen, kümmerte sich die DDR um die nötige Infrastruktur.

Jürgen Roth durfte in Maputo ein Interwiev mit dem auf ein Amnestieangebot der Regierung hin übergelaufenen Paulo Oliveira führen, der von 1985 bis 1987 in Lissabon als Sprecher der RENAMO für Westeuropa saß. Er gab Roth Auskunft über Waffenlieferungen an die Terrororganisation, die der BND bezahlt und Südafrika geliefert hatte: »›Bei einer Sache, von der ich weiß, war etwa eine Million Dollar im Spiel, die vom BND bereitgestellt worden waren, um Waffen zu kaufen. Es handelt sich um Raketen des Typs SAM 7, die auf dem Schwarzmarkt gekauft wurden und aus Polen kamen.‹

Paulo Oliveiras Enthüllungen über die Kontakte zwischen der RENAMO und dem BND sind inzwischen auch durch die Aussagen von Joao, nach dessen Bruch mit der RENAMO, bestätigt worden: ›Das war einer der Punkte, die mit den Südafrikanern zusammmen arrangiert wurden. Sie leiteten die Ausrüstungsgegenstände in die richtigen Kanäle. Es war auf jeden Fall der BND, der uns unterstützte.‹«[23]

Wolfgang Richter, ab 1989 als BND-Agent in Südamerika tätig, war der für die logistische und finanzielle Unterstützung der RENAMO zuständige Beamte des Bundesnachrichtendienstes. Wie in vielen Fällen auch lieferte der BND seinem Partner Fernmeldetechnik ›Made in Germany‹, um die Kommunikation zwischen dem RENAMO-Hauptquartier und den operierenden Terrorbanden sicherzustellen, und finanzierte Waffenkäufe, unter anderem in Taiwan.

Die schon zu Zeiten der Regierung Helmut Schmidts begonnene und unter Helmut Kohl noch einmal forcierte Destabilisierung Mozambiques wurde von vier BND-Präsidenten in unterschiedlicher Intensität geleistet: Gerhard Wessel und Klaus Kinkel haben sie zwar mit initiiert; als jedoch der Strauß-Intimus Eberhard Blum 1983 ins Amt kam, versuchte der BND, die RENAMO auch politisch salonfähig zu machen und steigerte die logistische Hilfe. Und unter Hans-Georg Wieck nahm die Hilfe für die südostafrikanischen Terroristen noch einmal größere Ausmaße an. So wurden in den Jahren 1988 und 1989 auch von der BND-Residentur in Kenia aus Hauptstadt Nairobi Unterstützungsmaßnahmen für die RENAMO in Mozambique gesteuert. Sie vermittelte unter anderem hochrangige Kontakte zwischen RENAMO-Führern und der Leitung des BND, von denen sich die Terrororganisation weitere technische Unterstützung versprach.

Schadensbegrenzung für die Unterstützung der RENAMO-Terroristen durch den BND hingegen mußte dann das Auswärtige Amt im Rahmen der militärischen Ausstattungshilfe für den Nachbarstaat Mozambiques, Simbabwe, leisten. Eine Vorlage des AA vom 22. August 1991 erläutert den Bundestagsabgeordneten die Zielsetzung der seit 1981 gewährten westdeutschen Militärhilfe an Maputo als notwendigen Schutz der Einwohner vor den BND-Schützlingen: »Durch zahlreiche bewaffnete Übergriffe von RENAMO-Einheiten im simbabwisch-mozambiquanischen Grenzgebiet ist die dort lebende Zivilbevölkerung permanent bedroht. Mit einem Beitrag zur Verbesserung der Beweglichkeit sowie der Kommmunikationsmöglichkeiten der simbabwischen Streitkräfte helfen wir Simbabwe, seine bedrohten Bürger zu schützen.«

Im April 1983 brachten – nach einer Erklärung des südafrikanischen Außenministeriums – zwei Küstenschutzschiffe einen südafrikanischen Trawler in mozambiquanischen Gewässern auf und schleppten ihn in den Hafen der Hauptstadt Maputo.[24] Geladen hatte der Frachter Material für die RENAMO, finanziert vom deutschen BND. Die Nationalität der Kaperschiffe war ebenfalls deutsch, ostdeutsch. Daß DDR-Schiffe die von der Bundesrepublik bezahlte Konterbande in die Hände ihres Schützlings Mozambique bringen konnten, rechneten sich MfS-Offiziere stolz als Verdienst an.

Diese verdeckte deutsch-deutsche Konfrontation war nicht die einzige Schlacht des Kalten Krieges, die vor der Küste des afrikanischen Staates geschlagen wurde. Die DDR hatte ein Radarnetz zur See- und Luftverteidigung der Volksrepublik Mozambique aufgebaut und elektronische Überwachungsbojen in den Küstengewässern installiert. Von der Radarstation bei Ponta Milibangalala aus, die von MfS-Technikern besetzt war, wurde Ende Juli 1976 ein südafrikanischer Dampfer beschossen.[25]

So mutet es als Ironie der Geschichte an, daß sich unter den ersten Hilfslieferungen des Internationalen Roten Kreuzes für Mozambique im Juli 1991 eine Kleiderspende der Bundesrepublik befand. Sie bestand aus mehreren Tonnen von Uniformen der ehemaligen Nationalen Volksarmee. Und die Ironie gipfelte darin, daß der Schweizer Vertreter des IRK, Hans-Ulrich Spieß, am 21. Juli 1991 in Maputo verhaftet wurde, weil mozambiquanische Beamte das Abtrennen der DDR-Hoheitszeichen beobachteten und auf die Vernichtung von Beweismitteln einer weiteren deutschen Unterstützung der RENAMO schlossen. Und trotz eines Entschuldigungsbriefes von Prinz Bodo zu Sayn-Wittgenstein, Vorsitzender der deutschen Sektion des IRK, an den Außenminister von Mozambique, in dem er das »Mißverständnis« bedauerte, mußte der IRK-Vertreter nach dreitägiger Haft das Land als unerwünschte Person verlassen.[26]

12 Asyl

Im Januar 1970 erregte der »Informationsaufenthalt« des ehemaligen Geheimdienstchefs Südkoreas sowie drei seiner führenden Mitarbeiter in Pullach Aufsehen. Sie waren auf Einladung des BND nach Deutschland gekommen, um die Überwachung der Exilkoreaner in der Bundesrepublik durch ein Spitzelsystem der asiatischen Militärdiktatur lückenloser zu gestalten.[1] Der Besuch diente allerdings nur der Vertiefung der schon bisher praktizierten gemeinsamen Bemühungen, die oppositionellen Süd-Koreaner in der Bundesrepublik zu kontrollieren. Bereits im Juni 1967 waren koreanische Studenten vom Geheimdienst ihres Landes über den Flughafen Hamburg-Fuhlsbüttel entführt worden. »Nach Informationen aus gut unterrichteten Diplomatenkreisen in Bonn haben Südkoreas CIA-Beamte schon Ende Mai 1967... gegenüber einem Verbindungsmann westdeutscher Behörden in Seoul Aktionsabsichten durchblicken lassen.«[2] Daß der deutsche Botschafter und der Verbindungsmann des BND diesen Hinweis verstanden hätten, wurde offiziell dementiert. Doch einen anderen asiatischen Partner, Rotchina, müssen deutsche Sicherheitsbehörden seit Anfang der 70er Jahre wissentlich bei der Überwachung von Studenten in der Bundesrepublik unterstützt haben. Nach Rückkehr in ihr Heimatland wurden die Studenten in Peking regelmäßig mit ihren politischen Aussagen und Aktivitäten an westdeutschen Hochschulen konfrontiert. Und knapp eine Woche nach dem Massaker auf dem Tiananmen-Platz in Peking im Juni 1989 reisten 50 chinesische Sicherheitsbeamte in die Bundesrepublik ein. Fünf von ihnen kamen nach Hamburg, um über Gespräche im Konsulat vermeintliche Oppositionelle einzuschüchtern. Der Chef des Hamburger Verfassungsschutzes, Christian Lochte, mochte grundsätzlich keine Auskunft darüber geben, »ob und wieweit wir über die Tätigkeit ausländischer Nachrichtendienste informiert sind«.[3]

Auf eine »Überwachung der in der Bundesrepublik lebenden Algerier und Exilgruppen anderer Nationalitäten« hatte sich eine Konferenz von Vertretern des Bundesinnenministeriums und der Innen-Staatssekretäre der Länder aber bereits im Oktober 1959 geeinigt. Die Möglichkeiten der Ausländerpolizeiverordnung sollten durch schärfere Überwachung verdächtiger Ausländer ausgeschöpft werden, wobei durchaus überlegenswert erscheine, die Ausweise aller Algerier mit Fingerabdrücken zu versehen, meldete *DIE WELT* seinerzeit.[4]

Über den Geheimdienst des Schah-Regimes im Iran erstellte der Wissenschaftliche Fachdienst des Deutschen Bundestages 1976 eine Dokumentation, die die Rolle der systematisch folternden SAVAK in der 1953 errichteten persischen Diktatur schilderte: »1957 wurde die SAVAK gegründet, die alle gegen das Regime gerichteten Aktivitäten innerhalb und außerhalb des Iran zu kontrollieren sucht und die von Experten der israelischen Geheimpolizei und der amerikanischen CIA ausgebildet sein soll... Die Herrschaft der SAVAK ist nahezu absolut und nur begrenzt durch den Willen des Schah... Die Aktivität dieser Geheimorganisation reicht inzwischen weit über die Grenzen des Iran hinaus. Eine rege Tätigkeit soll der Dienst in den Ländern des Nahen und Mittleren Ostens entfalten sowie unter iranischen Studenten im Ausland, insbesondere in den USA und in der Bundesrepublik.«[5]

Die Bundesregierung räumte 1977 ein, daß bundesdeutsche Geheimdienste seit 1959 mit der SAVAK zusammenarbeiteten. Schah-Gegner in der Bundesrepublik erlebten nach ihrer Rückkehr in den Iran häufig, daß die Geheimdienstler dort über politische Aktivitäten, vertrauliche Gespräche in Studentenheimen und selbst über den Inhalt von Telefongesprächen, die sie in Westdeutschland geführt hatten, genau unterrichtet waren und auch Fotokopien von Briefen vorliegen hatten. Das Vorstandsmitglied der oppositionellen Studentenvereinigung Cisnu, Mehdi Tehrani, bei dem die Polizei 1977 u. a. die Mitgliedskarte der Frankfurter Stadtsauna beschlagnahmte, konnte in der Teheraner Tageszeitung *Keyhan* bald darauf nachlesen, daß er Mitglied eines Nudistenclubs sei. »Sogar die Mitgliedsnummer wußte das Blatt.«[6] Doch die Bundesregierung beharrte darauf, nur bei der Abwehr terroristischer Aktivitäten gegen konsularische und diplomatische Vertretungen des Schah-Regimes mit der SAVAK kooperiert zu haben. Und der Präsident des Hamburger Verfassungsschutzes Horchem, der für das Abhören der Telefone im Inland zuständig gewesen wäre, dementierte jegliche Zusammenarbeit mit iranischen Behörden.

Doch fand die angeblich nicht existierende Zusammenarbeit sogar über den Sturz des Schah-Regimes hinaus ihre Fortsetzung. Als im Juli 1979 eine Liste mit 143 SAVAK-Agenten in der Bundesrepublik kursierte, wurden 55 Khomeini-Anhänger verhaftet, weil sie angeblich Leben und Sicherheit der Folterknechte des Schah in der Bundesrepublik bedrohten. Der Staatsrechtler Professor Ulrich Klug machte die Strafverfolgungsbehörden der Bundesrepublik vergeblich darauf aufmerksam, daß sie nach dem Legalitätsprinzip Prozesse gegen die SAVAK-Agenten einleiten müßten[7], statt sich auf die von ihnen verfolgten Khomeini-Anhänger zu konzentrieren.

Auch die seit etwa 1987 stattfindende vorsichtige Annäherung der deutschen Außenpolitik an den Iran mündet wiederum in ein Zusammenwirken mit dem Geheimdienst SAVAMA, im Rahmen dessen auf dem Boden der Bundesrepublik erneut Prinzipien des Rechtsstaats gebeugt werden. Vier führende Funktionäre der Kurdischen Demokratischen Partei des Iran wurden am 17. September 1992 in einer Berliner Gaststätte mit Maschinenpistolen niedergemetzelt. Die Sonderkommission des BKA ermittelte als mutmaßliche Täter zwei Libanesen und einen Iraner sowie als Operationschef den 33jährigen Iraner Kazem Darabi, der bis zu seiner Festnahme die Berliner Hisbollah-Filiale leitete. Die Aussagen der inhaftierten Attentäter machten deutlich, daß der iranische Geheimdienst den Anschlag über mindestens zwei in der Bundesrepublik akkreditierte Diplomaten gesteuert hatte. Doch um die gerade wieder angelaufenen diplomatischen Kontakte nach Teheran und eben erst eingefädelten Exportgeschäfte der deutschen Wirtschaft nicht zu gefährden, sollten – nach einem Bericht des *stern* vom Januar 1993[8] – diese Ermittlungsergebnisse unterdrückt werden. Lediglich die Ablösung der beiden involvierten Diplomaten soll auf einer Sitzung beim Geheimdienstkoordinator im Bundeskanzleramt, Bernd Schmidbauer, am 8. Dezember 1992 im Einvernehmen mit dem iranischen Botschafter beschlossen worden sein.

Im Zusammenhang mit dem SAVAK-Skandal 1977 wurde auch öffentlich, daß der Verfassungsschutz mit der Geheimpolizei des spanischen Franco-Regimes, DSG, eine ähnliche Kooperation zur Verfolgung Oppositioneller pflegte, mit monatlichen Informationsgesprächen und der Vereinbarung, eine »Bekanntgabe der Kontakte gegenüber der Öffentlichkeit und anderen Behörden«[9] zu vermeiden.

Zur Überwachung von in Deutschland lebenden Türken, insbesondere Asylbewerbern aus der Türkei, hat *DER SPIEGEL* im Zusammenhang mit einem Prozeß vor dem Berliner Kammergericht im Frühjahr 1983 einige Fakten recherchiert. Der Datenschutz für türkische Asylbewerber gegenüber ihren Verfolgern spielt so gut wie keine Rolle: »Vieles deutet darauf hin, daß aufgrund enger Kooperation zwischen Sicherheitskräften in Bonn und Ankara Erkenntnisse von Bundesbehörden über türkische Oppositionelle an die Militärregierung gelangen. Wer an die Türkei ausgeliefert wird, muß mithin damit rechnen, daß ihm dort vorgehalten wird, was er zur Begründung seines Antrages auf Gewährung politischen Asyls in der Bundesrepublik angegeben hat . . . Gerade die Asylakten seien ›den betroffenen Regierungen und ihren Diensten fast nahtlos bekannt‹. Im Fall der Türkei etwa gebe es ein zwischen deutschen und türkischen Diplomaten ausgehandeltes Verfahren, wonach eine ›Tabuliste‹ mit den Namen von Personen und Gruppierungen geführt werde und ›Nachrichtenaustausch‹ vereinbart sei.

In dem Berliner Prozeß mußte der stellvertretende Leiter des Bundesamtes Wolfgang Weickhardt als Zeuge einräumen, daß neben dem Verfassungsschutz auch der Bundesnachrichtendienst (BND) über eine Außenstelle in Zirndorf verfügt. Beide Dienste hätten im Rahmen der Vorprüfung von Asylverfahren Zugang zu Asylakten. «[10]

Als der Justitiar des Pullacher Dienstes, Dr. Horst Reinecker, im ersten Drittel der 80er Jahre eine gutachterliche Stellungnahme darüber abgeben mußte, ob ein aus der Bundesrepublik abgeschobener Türke in seiner Heimat mit Verfolgung zu rechnen habe, hat er dies in seiner Expertise verneint. Diese erwies sich später als fataler Irrtum, denn der daraufhin abgeschobene Türke wurde bei seiner Rückkehr sofort verhaftet. Dr. Reinecker sagte vor dem Berliner Kammergericht aus, eine Weitergabe von Daten, die von der »Vorprüfgruppe A« des BND im Zirndorfer Bundesamt gewonnen wurden, an den türkischen Geheimdienst würde in Pullach »als grober Pflichtverstoß« geahndet.[11]

Im Revisionsverfahren zu dem Prozeß vor dem Berliner Kammergericht erschien als Zeuge der BND-Vizepräsident Norbert Klusak und widersprach dort den Aussagen des BND-Justitiars Reinecker entschieden: »Für den internationalen Terrorismus sei seine Behörde dagegen nicht zuständig. Man nehme solche Informationen wohl zur Kenntnis, eigene Aufklärung würde im Terroristenbereich vom BND jedoch nicht bestritten. Gegenteilige Aussagen eines BND-Mitarbeiters im vorangegangenen Verfahren wischte er kurzerhand vom Tisch. «[12] Bei den Aufklärungsprioritäten des BND hat »Terrorismus im Ausland« die Priorität 2, was »Hohes Interesse, Vorrangiger Einsatz von Kapazität und Mitteln« bedeutet, und mit der Unterabteilung 16 C »Internationaler Terrorismus« existiert eine darauf genau zugeschnittene Beschaffungsabteilung des BND. Der Vizepräsident des BND, der dem Gericht gegenüber beteuerte: »Wir lassen uns an Rechtsstaatlichkeit weiß Gott von niemandem übertreffen«, hat somit eine uneidliche Falschaussage gemacht.

Im April 1990 wies die Bundesregierung 15 Agenten des türkischen Geheimdienstes MIT, »die im Schutz der türkischen Konsulate in der Bundesrepublik ihre Landsleute ausgespitzelt und anzuwerben versucht«[13] hatten, aus der Bundesrepublik aus. Die Geheimdienstler hatten in der gesamten Bundesrepublik religiöse, nationalistische und politische Emigranten ausgeforscht und zum Teil auch erpreßt. Strafrechtlich waren die MITler jedoch nicht zu belangen, da die vom Verfassungsschutz vorgelegten Telefonabhörprotokolle nach Auffassung des BGH unter Verletzung der »völkerrechtlich anerkannten Grundsätze der Immunität von Konsularbeamten« zustande gekommen waren. Als Vergeltungsaktion wies die türkische Regierung acht BRD-Diplomaten unter dem Vorwurf der Spionagetätigkeit aus Ankara aus. Lag hier – bereits vor dem Warnschuß in Form eines zeitweisen Lieferstopps von Bundeswehrwaffen – eine Wende in der traditionell guten Zusammenarbeit mit dem türkischen Partnerdienst vor? Schlug sich hier bereits die neue Solidarität Genschers mit den türkischen Kurden nieder? Ein vom AA dementierter Vorgang vom Dezember 1991, über den die *Berliner Zeitung* berichtete, spricht dafür. Auf einem Kongreß der HEP, des politischen Arms der in der Türkei verbotenen PKK, sei neben einem Schweizer Botschaftsrat und einer Vertreterin der US-Botschaft auch ein Botschaftsvertreter der Bundesrepublik namens Hermann Keitel zugegen gewesen und habe die Solidarität der Bundesregierung gegenüber der Arbeiterpartei Kurdistans (PKK) bekundet. »Nach Angaben aus diplomatischen Kreisen handelt es sich bei Keitel um einen Mitarbeiter des Bundesnachrichtendienstes.«[14] Eine Stellungnahme zu dem Auftreten des BNDlers auf dem HEP-Parteitag, der »Provokation der Separatisten«, lehnten sowohl die deutsche Botschaft als auch das türkische Außenministerium ab.

Die Summe der bisherigen Presseveröffentlichungen macht deutlich, daß deutsche Sicherheitsbehörden – ob BND oder Verfassungsschutz – gegenüber bestimmten Partnerdiensten in zahlreichen Fällen Informationen über Asylbewerber an deren Verfolger im Herkunftsland weitergereicht haben. Insbesondere die Befragungsstellen für Aus- und Übersiedler, Flüchtlinge und Asylbewerber schienen dabei ein Fundus für die Nachrichtendienste gewesen zu sein. Der BND allerdings dementierte am 4. April

1985, nachdem das Berliner Urteil aus dem Jahr 1983 über die Berücksichtigung der deutsch-türkischen Verfolgergemeinschaft in Asylverfahren revidiert worden war, »Informationen aus Asylakten türkischer Staatsangehöriger, deren Daten beim Zirndorfer Bundesamt für Anerkennung ausländischer Flüchtlinge gelagert sind«, zu gewinnen. Das Bundesamt für Verfassungsschutz gäbe Daten nicht unmittelbar weiter und seit Frühjahr 1983 erfolge auch keine »mittelbare Weitergabe über Dienste von Drittländern«[15] mehr. Die Dienstanweisung für Befrager in Friedland der BND-Stelle DC 30 mit der Anweisung: »Vervielfältigen der Registrierscheine für ... Partnerdienste«, straft diese Dementis allerdings Lügen. Und doch sind diese skandalösen, mit dem Recht der Bundesrepublik nicht zu vereinbarenden Vorgänge nur die Spitze des Eisbergs, weil das BND-Dementi, in den Daten der Ausländer für Partnerdienste zu wildern, für Zirndorf zutrifft.

Die Zentrale, in der alle Daten von Ausländern in der Bundesrepublik erfaßt sind, ist das Ausländerzentralregister des Bundesverwaltungsamtes in Köln. Im November 1991 wurde ein Bonner Regierungsdirektor verhaftet, der dort seit den 70er Jahren für das Ministerium für Staatssicherheit der DDR spionierte.[16] Mathias Reichert – Deckname Beck – arbeitete von 1979 bis 1987 im Ausländerzentralregister[17], bevor er ins Innenministerium wechselte. Das Interesse des MfS-Agenten galt jedoch nicht nur den Ausländerdateien im Bundesverwaltungsamt, sondern auch der Dienststelle des BND, die dort die Ausländerakten für die Bedürfnisse Pullachs auswertet. Insbesondere die Daten asylsuchender Ausländer und die aus den Grenzüberwachungen resultierenden Reisebewegungen von Ausländern werden dort vollständig dem Datenbestand des BND einverleibt.

Dazu gibt der BND dem Ausländerzentralregister Listen, zum einen mit Namen, zum anderen mit Ländern, an denen er ein operatives Interesse hat, an die Hand. Auch das Bundesamt für Verfassungsschutz schickt solche Wunschlisten. Bei der EDV-Erfassung der Ausländer durch das Bundesamt wird das BND- oder BfV-Interesse an der Person mit codiert, so daß in Kürze eine Datei mit allen nachrichtendienstlich gewünschten Informationen abgerufen werden kann.

Im Sommer 1979 irrten BND-Präsident Klaus Kinkel und BKA-Chef Heinrich Boge an der Hand des deutschen Botschafters durch Bagdad. Drei Tage lang antichambrierten die beiden deutschen Spitzenpolizisten vergeblich, um mit der irakischen Führung ins Gespräch zu kommen. Schließlich erinnerte sich Boge, daß das LKA Bayern über Wilhelm Schmutterer enge Beziehungen zu einem irakischen Kaufmann in München unterhielt, der wiederum mit Saddam Hussein zusammen die Schulbank in Takrit gedrückt hatte. Durch die telefonische Vermittlung von Abdul Moniem Jebara erreichten Kinkel und Boge schließlich ihr Ziel: Verhandlungen mit dem irakischen Innenminister, Dr. Fadehel Albarak, und Gespräche mit dem Geheimdienstchef des Landes, einem Bruder von Saddam Hussein.

Die Sorge um die Sicherheit des internationalen Flugverkehrs treibe sie nach Bagdad, ließen die deutschen Behördenchefs ihre irakischen Gesprächspartner wissen, um gleich danach auf das eigentliche Thema zu kommen, die Rote Armee Fraktion (RAF). Sollten sich die irakischen Behörden bereit erklären, bei der Terrorismusbekämpfung mit Bonn zusammenzuarbeiten, sei man dort zu Gegenleistungen bereit, die Rüstungslieferungen, Ausbildung von Polizei und Geheimdiensten und selbst die Überwachung von in Westdeutschland lebenden Irakern umfaßten.

Als Kinkel und Boge mit der Lufthansa LH 611 von Bagdad nach Frankfurt zurückflogen, konnten sie ihre Befriedigung darüber nicht verbergen, daß ihrer Mission Erfolg beschieden gewesen war. Die Irakis hatten sich den deutschen Vorschlägen nicht ganz abgeneigt gezeigt. 1980 flog Heinrich Boge ein weiteres Mal in die irakische Hauptstadt, um die Verhandlungen zum Abschluß zu bringen.

Bereits bei diesem, seinem ersten Besuch in Bagdad 1979 hatte der damalige BND-Präsident Klaus Kinkel dem irakischen Innenminister regelmäßige Informationen über die in der Bundesrepublik lebenden Iraker, insbesondere Oppositionelle und Asylbewerber, versprochen. Seit Kinkels Kontaktaufnahme mit dem irakischen Geheimdienst wurden daraufhin regelmäßig Aktensammlungen, die auch alle Asylanträge von Irakern enthielten, nach Bagdad übermittelt. Manchmal erhielten irakische Geheimdienstler diese Akten aber auch bei ihren Besuchen oder Ausbildungsaufenthalten in Pullach, wo sie anschließend in der Präsidentenvilla mit Klaus Kinkel speisten, in anderen Fällen bekam sie ein irakischer Verbindungsmann in München. Nachdem im Oktober 1986 mit den offiziellen Residenturen des BND in Bagdad und des Barzan al Takriti in Bonn feste Partnerdienstbeziehungen etabliert waren, erfolgte die Überstellung der Ausländerakten über diese Residenturen.

Die Iraker waren schon beim ersten Besuch Kinkels überrascht gewesen, daß die Initiative zur Überwachung der in der Bundesrepublik lebenden Iraker vom BND ausging und daß ihnen nicht nur die »Amtshilfe« im Einzelfall angeboten wurde, sondern komplette Datensammlungen über alle Iraker.

Das Interesse des BND bei diesem »großzügigen« Umgang mit Daten von Exil-Irakern war durchgängig von einem Thema bestimmt: Die RAF und immer wieder die RAF. Saddam Hussein sollte wenigstens einige Mitglieder der Roten Armee Fraktion an den BND oder das BKA ausliefern. Doch der irakische Diktator weigerte sich, obwohl seine Wünsche nach polizeilicher und nachrichtendienstlicher Ausbildungsunterstützung durch die Bundesrepublik erfüllt wurden. Als Teilerfolg verbuchte BKA-Präsident Heinrich Boge dann, daß die RAF-Mitglieder auf deutschen Druck hin wenigstens aus dem Irak in den Jemen abgeschoben worden waren. Die speziellen Kontakte zum Irak, insbesondere bei Fragen der Terrorismusbekämpfung, unterhielt der Leiter des Referates Sonderoperationen LXA in der BND-Abteilung 1, Deckname Stammberger.

Die nachrichtendienstlichen Beziehungen zwischen Irak und Bundesrepublik waren Anfang der 80er Jahre so stabil, daß sie auch Belastungen vertrugen. Als in Westberlin drei irakische Diplomaten festgenommen wurden, die zu einem jüdischen Kongreß mit Bomben im Gepäck angereist waren, schaltete Bagdad Jebara ein. Der irakische Kaufmann aus München rief BKA-Chef Boge an und drohte mit einer gravierenden Verschlechterung der Beziehungen, wenn die irakischen Diplomaten nicht aus dem Gewahrsam der Berliner Polizei freigelassen würden. Heinrich Boge spurte: Drei Tage nach ihrer Verhaftung saßen die Iraker in einem Flugzeug nach Bagdad. Vorsorglich meldete Boge die Abschiebung telefonisch vor Abflug der Maschine noch nach München – mit der Bitte um sofortige Weiterleitung nach Bagdad.

Mit der Abkühlung der deutsch-irakischen Beziehungen in der zweiten Hälfte der 80er Jahre suchte der irakische Geheimdienst allerdings auch eigene nachrichtendienstliche Zugänge zum Auswärtigen Amt in Bonn. Der 1987 zum Islam konvertierte Mohammed Jürgen Gietler wurde im Herbst 1990 als mutmaßlicher Spion festgenommen und angeklagt, nicht nur östliche Geheimdienste, sondern auch den Irak mit Verschlußsachen aus der Registratur des Nah-Ost-Referats des AA beliefert zu haben.[18]

In Konkurrenz zum BND versuchte das BKA eigenständige Erfolge bei der Bekämpfung der RAF zu erzielen. Das Wiesbadener Amt wandte sich auch nicht, wie Pullach, an den Irak, sondern versuchte sein Glück bei einem anderen arabischen Alleinherrscher. »Innenminister Baum, FDP, setzte sich Ende 1978 mit Libyens Staatschef Muammar el-Ghaddafi zusammen, um mit dem weltberüchtigten Finanzier sogenannter ›nationaler Befreiungskämpfe‹ Terrorschonzeit für die Bundesrepublik zu verabreden«[19], ermittelten Josef Joffe und Michael Naumann 1979. Um diese für die Bundesrepublik entscheidenden Zugeständnisse des libyschen Revolutionsführers zu erreichen, mußte Gerhard Baum persönlich nachrichtendienstlich tätig werden.[20]

Der im September 1982 zurückgetretene Bundesinnenminister, der damalige BKA-Präsident Horst Herold und sein Stellvertreter Günter Ermisch haben den libyschen Oberstleutnant Junes Belqasem Ende der siebziger Jahre bestürmt, für die deutschen Sicherheitsbehörden tätig zu werden. Er sollte nicht etwa seine Ämter als Direktor des libyschen Nachrichtendienstes und Ghaddafis Minister für Außensicherheit aufgeben, sondern in diesen Funktionen auch dem BKA zuarbeiten.

Seit langem war die oberste deutsche Polizeibehörde bei ihren Versuchen zur Terrorismusbekämpfung bemüht, die Bewegungen und Aktivitäten der Ghaddafi-Anhänger in der Bundesrepublik zu kontrollieren und deren Verbindungen zur Roten Armee Fraktion (RAF) zu untersuchen. Das BKA wollte die Identitäten und Staatsangehörigkeiten der Personen ermitteln, die mit den libyschen Unterstützerkreisen des Terrors in Westdeutschland in Verbindung standen und wollte sich dazu der Unterstützung des libyschen Revolutionsführers versichern.

Die RAF-Verfolgung bedurfte Ghaddafis Zustimmung, von der Kontrolle seiner eigenen Nachrichtendienstler und der von Libyen unterstützten politischen Kräfte hingegen durfte er nicht einmal etwas ahnen.

Mit Belqasem hatte das BKA eine geeignete Spitzenquelle in den Schaltzentralen der libyschen Politik gefunden, die schon Diener vieler Herren war. Belqasem, einer der dienstältesten Beamten bei der libyschen Polizei, hatte seine Berufslaufbahn als Polizist bereits bei der faschistischen italienischen Polizei in Libyen eingeschlagen. Er blieb Polizist im Königreich Libyen und vervollkommnete sein Wissen durch einen Ausbildungslehrgang beim Bayerischen Landeskriminalamt in München. Nach der Revolution 1977 behielt Revolutionsführer Muammar-el-Ghaddafi den kaum entbehrlichen Spezialisten im Staatsdienst, obwohl er ihm nie völlig traute.

Das BKA versprach dem libyschen Polizeioffizier bei der Anwerbung, seine Stellung in Tripolis zu stärken, indem man behilflich sein wollte, libysche Wünsche auf polizeilichem Sektor zu erfüllen. Man käme Ghaddafi damit entgegen, daß das BKA Hilfe bei der Unterdrückung der libyschen Opposition in der Bundesrepublik Deutschland gewähre und zudem die Aktivitäten und Bewegungen ihrer Mitglieder überwache. Für Belqasem persönlich solle diese Tätigkeit ebenfalls kein Schaden sein, denn durch die zugesagte Hilfestellung beim Einholen von Exportgenehmigungen für elektronische Spionage- und Abhörgeräte aus der Bundesrepublik würde er beträchtliche Provisionen kassieren.

So hat Junes Belqasem gleichzeitig sowohl für Ghaddafi als auch für das BKA gearbeitet. Das BKA versorgte er mit exakten Informationen, die es tatsächlich ermöglichten, Fahndungserfolge bei RAF-Terroristen zu erzielen. So berichtet die *Frankfurter*

Rundschau vom 12. April 1985, daß der überzeugende Erfolg des Bundeskriminalamts bei der Bekämpfung der deutschen Terrororganisation auf die engen Beziehungen zurückzuführen sei, die es mit Belqasem unterhielt. Insider behaupten, daß bereits die Festnahme zweier RAF-Aktivisten der ersten Generation 1978 in Hannover-Langenhagen ohne den Tip aus Tripolis nicht möglich gewesen wäre.

Um sich weiterhin die Rückendeckung Ghaddafis zu sichern, mußte nun aber auch Belqasem Erfolge vorweisen, zu denen das BKA seinem Doppelagenten auch verhalf. Im Mai 1983 wurde der Libyer Baschir Ahmid, der wegen der Ermordung seines Landsmannes Al-Mahdawi in Bonn 1980 zu lebenslänglichem Freiheitsentzug verurteilt worden war, freigelassen. Vorsichtshalber hatte der mißtrauische Ghaddafi drei Bundesbürger in Libyen als Geiseln gehalten, die jedoch nach der Freilassung Ahmids ebenfalls freigelassen wurden.

Die beiden Libyer Mustafa Al-Zaidi und Abdilah Yahya, die im November 1982 in der Residenz des libyschen Botschafters in Bonn Dr. Al-HaAl Gheriani und Ahmed Scheladi gefoltert hatten, wurden ebenfalls aus deutschen Gefängnissen entlassen. Als Gegenleistung hatten die libyschen Behörden wiederum acht Bundesbürger, die in Tripolis festgehalten worden waren, ausfliegen lassen.

1983 wandte sich Belqasem mit einer Bittschrift an die deutschen Behörden, um für sich und seine Familie eine Daueraufenthaltsgenehmigung für die Bundesrepublik zu erhalten, da ihm die Rolle als Doppelagent langsam zu unheimlich wurde. Das Gesuch blieb geheim und wurde zunächst nicht positiv beschieden, weil dem BKA ein Verbleib des Oberstleutnants in seinem Amt in Tripolis von größerem Nutzen schien.

Das BKA war auch eifrig bestrebt, das Ansehen des Oberstleutnants bei anderen westlichen Nachrichtendiensten zu heben. So wurde ihm die Gelegenheit gegeben, einige Direktoren westlicher Geheimdienstinstitutionen kennenzulernen; bei der Verabschiedungsfeier zu Ehren des BKA-Präsidenten Horst Herold in Wiesbaden wurde er dem Präsidenten der CIA wie auch dem Direktor des Mossad vorgestellt.

Doch Ghaddafi wollte mehr als nur die Rückgabe seiner im Ausland zur Bekämpfung der Opposition eingesetzten Agenten. Die Bundesregierung sollte auch oppositionelle Libyer an ihn ausliefern, nachdem das BKA Ermittlungsverfahren gegen Ghaddafis politische Gegner eingeleitet hatte. Eine hochrangige Delegation des BKA reiste daraufhin im Juli 1984 in die libysche Hauptstadt, um mit den libyschen Behörden zu verhandeln, und ging dort auf das Angebot ein, zum Beweis für die Verbrechen der Exil-Libyer Häftlinge in libyschen Gefängnissen zu verhören.

Chef dieser Delegation war Gerhard Boeden, Vizepräsident des BKA. In seiner Begleitung reisten die BKA-Beamten Möller und Kordus, die am 25. Juli 1984 im Büro Belqasems in Tripolis die beiden libyschen Staatsangehörigen Usamah Schalluf und Al-Aref Dekhiel vernahmen. Als Übersetzer fungierte bei diesem Verhör Khaled Sekuni, der Dolmetscher der libyschen Botschaft in Bonn.

Die Verhöre in libyschen Zellen müssen belastendes Material zutage gefördert haben, obwohl die Befragten sich in Widersprüche verwickelten. In der Bundesrepublik jedenfalls wurden anschließend Häuser und Wohnungen von Exil-Libyern durchsucht. Doch die von Ghaddafi gewünschten Beweise, daß Oppositionelle in der Bundesrepublik Teilnehmer der Operation »Bab Al-Azizzia« an Waffen ausgebildet hatten, ließen sich nicht herbeizaubern.

Am 17. September 1984 wurde gegen den libyschen Studenten Gabriel Al-Dinali Anklage wegen der geplanten Entführung des libyschen Militärattachés in Bonn, Oberstleutnant Farag Maatouk Al-Barrani, erhoben. Das Bundeskriminalamt hatte Al-Dinali verhört und seine Wohnung durchsucht, ohne irgendwelches Belastungsmaterial zu finden, das die Anklage gegen ihn untermauert hätte. Aber drei libysche Agenten, Abdulrazzaq Al-Taher Belhag, Mohamed Abu Al-Qasem Al-Qalawi und Mouchtar Farshat Ali, waren als Zeugen geladen und belasteten Gabriel Al-Dinali mit falschen Aussagen.

Das Gericht fällte zwar kein Urteil, aber das Verfahren gegen Al-Dinali wurde auch nicht eingestellt. Dennoch konnten die Akten am 6. April 1985 geschlossen werden. An diesem Tag nämlich wurde Gabriel Al-Dinali von einem libyschen Agenten in der Bundesrepublik ermordet. Zwar hatte die libysche Opposition im Januar 1985 das BKA gewarnt, daß Fahti Al-Tarhuni in die Bundesrepublik einreisen werde, um einen Oppositionellen zu ermorden, aber das BKA reagierte nicht. So kam Al-Tarhuni am 22. Januar 1985 in die Bundesrepublik und konnte am 14. Februar 1985 in Bonn sogar seine Aufenthaltsgenehmigung verlängern; es blieb ihm also genug Zeit, Ghaddafis Todesurteil an dem Studenten Al-Dinali knapp zwei Monate später zu vollstrecken.

Das Bundesinnenministerium ließ im Berliner Revisionsverfahren vom Rechtsvertreter der Bundesrepublik nach dem erstinstanzlichen Urteil neu erlassene Dienstvorschriften vom 8. Juni 1983 vorlegen. Diese untersagten explizit, Erkenntnisse aus Asyluntersuchungen an Nachrichtendienste von Verfolgerstaaten weiterzugeben; eine weitere Dienstvorschrift vom 26. Juli 1983 regelt zudem, daß Erkenntnisse aus Asylakten an andere Dienste nur mit Zustimmung des Innenministeriums weitergegeben werden dürfen. Diese scheinbare Rechtssicherheit läßt in Wahrheit die Möglichkeit offen, mit Zustimmung des Bundesministeriums (BMI) Asyldaten weiterzuleiten; und vor allem erlaubt sie, diese einem inländischen Dienst, dem BND, zuzuleiten, den die erste Weisung des Weitergabeverbots an Verfolgerstaaten nicht berührt, da er nicht dem BMI untersteht.

Doch konnte dieser Trick mit den innerdienstlichen Weisungen zwar das Berliner Kammergericht zur Revision des ersten Urteils bewegen, die BND-Aktivitäten aber nicht legalisieren. Kurz bevor Klaus Kinkel dem irakischen Diktator Saddam Hussein die regelmäßige Überwachung der in der Bundesrepublik lebenden Iraker zusagte, fällte der Bundesgerichtshof am 22. September 1980 ein Urteil zur geheimdienstlichen Agententätigkeit gegen in der Bundesrepublik lebende Ausländer. Der BGH meint, »der Tatbestand des Paragraphen 99 Abs. 1 Nr. 1 sei regelmäßig auch dann erfüllt, wenn die geheimdienstliche Agententätigkeit eines fremden Nachrichtendienstes sich gegen Ausländerorganisationen in der Bundesrepublik Deutschland oder sonst gegen hier lebende Ausländer richte. Ob sich die Agententätigkeit gegen die

Bundesrepublik richte, d.h. gegen deren Interessen, bestimmte sich nach den Interessen der Bundesrepublik an dem Gegenstand der Ausforschungsbemühungen. Dies sei hinsichtlich des Bestehens, der inneren Verfassung, der Planungen und Tätigkeiten ausländischer Organisationen auf dem Gebiet der Bundesrepublik gegeben. Daraus ergebe sich das Interesse auf Abwehr der darauf gerichteten Ausforschung fremder Geheimdienste. Dieses Abwehrinteresse bestehe ebenfalls hinsichtlich der Ausforschung der Verhältnisse von in der Bundesrepublik lebenden Ausländern, unabhängig von deren Mitgliedschaft oder Verbindung zu Ausländerorganisationen.«[21] Anstelle der Beihilfe bei der Verfolgung von Asylbewerbern und Auslandsoppositionellen wäre es Aufgabe der deutschen Behörden gewesen, den politisch Verfolgten in der Bundesrepublik Schutz vor weiterer Verfolgung zu gewähren.

Der spätere Justiz- und jetzige Außenminister der Bundesrepublik, Klaus Kinkel, trägt nicht nur die politische Verantwortung für die Aushöhlung des grundsätzlich garantierten Asylrechts. Er hat als amtierender BND-Präsident persönlich, in routinemäßiger Fortführung der Praxis seiner Amtsvorgänger, dafür gesorgt, daß die Daten irakischer Oppositioneller, die in der Bundesrepublik um Asyl nachsuchten, an deren irakische Verfolger übermittelt wurden. Politisch Verfolgte genießen in der Bundesrepublik Asylrecht, werden zugleich aber auch im Rahmen der Amtshilfe des BND für seine »Partnerdienste« weiter politisch verfolgt.

Dabei hatte die *Neue Zürcher Zeitung* den ersten Zivilisten auf dem Sessel des BND-Präsidenten noch mit Vorschußlorbeeren überschüttet: »Der neue BND-Chef Kinkel dürfte sowohl das Nachrichtenbedürfnis der Regierung als auch die verfassungsrechtlichen Grenzen, die dem Dienst gesetzt sind, konkret und vorsichtig einschätzen können... Das Problem liegt darin, daß man den drei Diensten bisher gerne einen eigenmächtigen Spielraum einräumte, solange es nicht zu öffentlichen Pannen und Skandalen kam. Jetzt muß man einmal mehr abwägen zwischen einer als notwendig empfundenen politischen Kontrolle der Dienste und ihrer Funktionstüchtigkeit, die davon nach Möglichkeit nicht berührt werden soll.«[22] Der Nachfolger von Hans-Dietrich Genscher im Amt des Außenministers, Klaus Kinkel, hat sich jedoch gleich zu Beginn seiner Amtszeit in Pullach in dem Konflikt zwischen verfassungsgemäßem Handeln und dem Funktionieren des Auslandsnachrichtendienstes gegen die Verfassung entschieden.

Informationen über die Flut von Asylbewerbern sind für den BND nachrichtendienstliche Tauschware; Informationen von Asylbewerbern dagegen interessieren den Pullacher Dienst nur im Einzelfall, wie der Operative Hinweis vom April 1983 für die Arbeit mit Überläufern ausweist: »An Kontakten mit Asylbewerbern ohne ND-auftragsgerechtes Wissen hat der BND kein Interesse. Als Minimalforderung gilt, daß der Überläufer nicht ›mit leeren Händen‹ Kontakt zum BND mit der Bitte aufnimmt, ihm bei der Bewältigung seiner Probleme zu helfen. Der Überläufer bzw. sein Wissen muß von nachrichtendienstlichem Interesse und seine Bereitschaft zur Zusammenarbeit muß erkennbar sein.«

Die Ausforschung von Ausländern in der Bundesrepublik durch den BND und die Weiterleitung der Kenntnisse an einen Geheimdienst des Herkunftslandes war, zumindest in einigen Fällen, keine Einbahnstraße. »Die deutsche Botschaft in Stockholm besitzt eine vollständige Kartei über sämtliche in Schweden ansässigen Bundesbürger. Viele der Karteiblätter sind mit Fotografien versehen. Die Karteiblätter enthalten nicht nur Angaben zur Person, sondern auch detaillierte Einzelheiten über das Privatleben der Registrierten, über ihre politische Gesinnung und eventuelle politische Aktivität,«[23] entdeckte ein Mitarbeiter einer Stockholmer Zeitung 1969. Er konnte ausmachen, daß diese Datei in der administrativen Sektion der deutschen Botschaft verwaltet wurde, dort, wo leitende bundesdeutsche Nachrichtendienstler saßen.

Doch nicht nur der schwedische Geheimdienst hat in den 60er Jahren Informationen über Bundesbürger an die BND-Residentur geliefert, der irakische Geheimdienstoberst Abdul Moniem Jebara berichtet, daß der irakische Geheimdienst seine Beobachtungen über Bundesbürger – und DDR-Staatsbürger – im Irak auch noch Ende der 80er Jahre dem BND-Residenten in Bagdad zur Kenntnis brachte.

Insider des Bundesnachrichtendienstes schätzen, daß gegen Ende der 80er Jahre mindestens drei Viertel der aus nicht offenen Quellen gewonnenen Informationen des BND aus dem Bereich der elektronischen Aufklärung stammten, ohne daß damit etwas über die Qualität der Informationen ausgesagt wäre. Diese umfangreiche elektronische Ausbeute verdankte man im BND Aufklärungsstellen der Bundeswehr, BND-eigenen Horchstationen und anderen elektronischen Aufklärungsmöglichkeiten.

Von den Dienststellen waren hierfür die strategische Telefonkontrolle der Unterabteilung 14, die gesamte Abteilung 2 (Technische Aufklärung) mit über 2000 Mitarbeitern und Bereiche der Abteilung 6 (Zentrale Aufgaben) verantwortlich. Daß diese Abteilung 6 im Frühjahr 1984 überhaupt geschaffen wurde[1], führen Insider ohnehin weniger auf sachliche Gründe zurück, als vielmehr darauf, daß nach der Amtsübernahme durch Eberhard Blum für den (zugunsten des CDU-Manns Möller-Wagenetz[2]) als Abteilungsleiter 4 abgelösten Sozialdemokraten Herbert Rieck eine Abteilungsleiterstelle geschaffen werden mußte.

Damit niemand die Gebäude mit den großen Antennen etwa für Fernmeldeämter mit Publikumsverkehr hält, wurde in Pullach ein Tarnbegriff gesucht und gefunden. Die funkelektronischen Anlagen firmieren als »Bundesstelle für Fernmeldestatistik« mit ca. 400 BND-Mitarbeiter/-innen. Die Grundlegende der Bundesbehörde mit damaliger Hauptverwaltung in der Münchner Weinstraße 6 stammt vom August 1970 und benennt wahrheitsgemäß das

»Anwachsenen der Aufgaben, das sich im wesentlichen aus den Bedürfnissen der mit Fernmeldemitteln arbeitenden Behörden ergibt«. Um das weite Spektrum elektronischer Nachrichtengewinnung durch den BND seit Anfang der 70er Jahre zu tarnen, umfaßt die Abdeckung acht vorgebliche Aufgaben, die von der »Statistischen Erfassung aller Fernmeldeanlagen«, über die »Beobachtungen zur Feststellung der Verkehrsdichte und Beanspruchung der Fernmeldemittel« bis hin zur »Feldstärkemessung von Funksendern und Erfassung von Störungen in Funkverbindungen« reicht.[3]

Die Hauptstelle liegt doppelt getarnt als Meßstelle 3 des Bundesamts in der Wanneystrasse 10 in Stockdorf bei München, eine Adresse, die zugleich das Institut für Nachrichtentechnik beherbergt. Hier sind Aufklärungs- und Übertragungssysteme wie »Harpune« und »Schnellbahn« in enger Zusammenarbeit mit Firmen wie Siemens, Rhode & Schwarz und AEG-Telefunken sowie anderen namhaften deutschen Elektronikherstellern entwickelt worden, deren Produktpalette von BND-Wissenschaftlern auf ihre Verwendbarkeit für nachrichtendienstliche Zwecke überprüft und gegebenenfalls übernommen oder aber weiterentwickelt wurde. Insider rühmen als Eigenentwicklung des BND die »Schnellbahn«, ein System, das die schnelle und verschlüsselte Übertragung von Dateien aus elektronischen Speichern über jedes Telefon erlaubt. So konnten BND-Agenten in der DDR Decktelefone in der Bundesrepublik, die oft nur mit einem Anrufbeantworter besetzt waren, anrufen und parallel zu einem belanglosen Satz via »Schnellbahn« Meldungen absetzen. Computergesteuerte Abhöranlagen des MfS konnten die unterlegten Meldungen allerdings genauso mitschneiden wie den gesprochenen Text.

Seine Großrechner kaufte der BND überwiegend beim US-Hersteller Hewlett Packard, setzte aber selbstentwickelte Software ein. Die Gleichheit der Hardware ist, selbst unter dem Aspekt der Abschottung gegenüber befreundeten Diensten, kein Problem. So gibt es weltweit nur fünf Hersteller von Chiffriergeräten, bei denen sich alle Staaten eindecken müssen. Der Erfolg des Geheimschutzes hängt von der Überschlüsselung dieser Hardware durch eigene Computerprogramme ab, und auf diesem Sektor genießt der Pullacher Dienst Weltruf.

Die Antennentürme in Stockdorf standen stets nur auf Empfang eingestellt, während vom Objekt »Mühle« in Kreuzholzhausen aus Agentenfunk und der Fernmeldeverkehr zu den Auslandsresidenturen aktiv betrieben wurden. Der BND verfügte dazu über seinen Rundspruchdienst (RSD), der »zu bestimmten Zeiten und auf Frequenzen, die nicht im Hinblick auf einzelne Teilnehmer, sondern in Sprache ausgestrahlte, verschlüsselte Anweisungen und Mitteilungen für nachrichtendienstliche Verbindungen im europäischen Bereich« absetzte; den Schnellinformationsdienst, der auch im außereuropäischen Bereich »gleichzeitig auf allen von ihm benutzten Frequenzen in verhältnismäßig kurzen Abständen wiederholt ausgestrahlt« wurde; und den Sonderblinkfunkdienst, der »auf die individuellen (Sonder-)Verhältnisse abgestimmt« die Möglichkeiten der Morsetelegrafie nutzte. Dieser Fernmelde-Verbindungsdienst zu den Agenten sendete die seit der extensiven Berichterstattung über MfS-Agenten zum Allgemeinwissen gewordenen Zahlenkolonnen, die den Spionen die Wünsche ihrer Auftraggeber übermitteln. Mit ca. 70 Mitarbeitern war 24G deutlich größer als die meisten anderen Referate, deren Mitarbeiterstäbe meist Größenordnungen von etwa 50 Beschäftigten nicht überstiegen.

Um das Anpeilen sendender Agenten zu erschweren und sie nicht an bestimmte Tageszeiten zu binden, entwickelten die Techniker in Stockdorf das Empfangssystem »Harpune«: In Radios östlicher Bauart wurde ein Zusatzsystem installiert, das auf ein Funksignal aus Stockdorf hin die gespeicherten Informationen komprimierte und in Sekundenschnelle empfing, so daß die gegnerische Funkaufklärung den Zeitpunkt der Sendung und den Aufenthaltsort von Verdächtigen nicht mehr als Indiz zusammenführen konnte. Agenten des BND in Osteuropa, aber auch Agenten und Residenturen im Nahen und Mittleren Osten, waren so weniger durch die Funkpeilungen der jeweiligen Spionageabwehrorganisationen gefährdet, die dank vom BND gelieferter Konvertoren in den 60er Jahren so manchen Agenten hatten auffliegen lassen.

Der Verkauf von »Harpune« an NATO-Partner soll dem BND 20 Millionen DM eingebracht haben. In Polen konnte die Spionageabwehr 1986 und 1987 so Harpune-Geräte bei Agenten finden, die für den britischen Geheimdienst gearbeitet hatten.

Im »Objekt Planet« war auch der technische Notdienst untergebracht, der per Flugzeug nach Djakarta oder Buenos Aires eilte, wenn ein Auswertungscomputer oder die Sendeanlage der Botschaft den Dienst versagten.

Um ihre Hauptstelle in Stockdorf scharten sich die übrigen »Fernmeldestatistiker« besonders dicht; mit dem Amt für Fernmeldestatistik am Münchener Lenbachplatz, einem großen Antennenkomplex in Maising bei Starnberg und der Prüfstelle/Erprobungsstelle in Tutzing lagen gleich drei verwandte Dienststellen in der Nachbarschaft. Unter der Legende »Südlabor GmbH« hatte die »Bundesstelle für Fernmeldestatistik« schon im April 1952, also bereits vier Jahre vor der Übernahme der Organisation Gehlen als Bundesnachrichtendienst, beim Landratsamt in der oberbayerischen Gemeinde Tutzing den Bau von Bürohäusern beantragt und wenig später von der Traubinger Straße 67 aus begonnen, den Telefon- und Funkverkehr in Osteuropa aufzufangen. Mitte Februar 1991 teilte die Bundesstelle dem Bürgermeister ihren Auszug aus dem 1958 ausgebauten und später in Bundesbesitz übergegangenen Objekte mit.[4] Hier hat der BND augenscheinlich auch noch nach der deutschen Einigung Telefonverkehr in der Ex-DDR abgehört.

Die Bundesstelle für Fernmeldestatistik in einer Braunschweiger Bundeswehrkaserne wurde 1979 von den Friedensforschern bei SIPRI als größere fernmeldeelektronische Aufklärungsstation mit einem AN/QRC-259-Empfangssystem »operated by BND« enttarnt.[5] Ihre Schwesterstelle in einer Kaserne in Kassel operierte bis zum Spätherbst des Jahres 1990 auch vom Grenzaufklärungsturm der Bundeswehr im niedersächsischen Woltersdorf aus. Bei den Abhöroperationen setzten die BNDler Richtmikrofone ein, deren Ausrichtung bei den Bundeswehrsoldaten den Verdacht erregte, daß die Pullacher nicht etwa die DDR im Visier hatten, sondern Kernkraftgegner im Einzugsbereich von Gorleben.

Weiter BND-eigene Fernmeldeaufklärungsstellen waren über die ganze Altbundesrepublik verstreut; sie fanden sich in Bad Münstereifel und im badischen Achern, die Horchstelle »Dacapo« in Krailling zählte ebenso dazu wie die Funkleitstelle »Forsthaus« und bis 1992 eine Telefonabhöranlage nahe dem Frankfurter Hauptbahnhof. Nach der Phase der quantitativen Hochrüstung Ende der 60er Jahre wurden in den 80er Jahren zahlreiche Stellen wieder außer Dienst gestellt. Größere Neubauten übernahmen ihre Aufgaben mit, und überdies waren aufgrund des technischen Fortschritts nicht mehr so viele Peiler notwendig. »Drehpunkt«, »Sennhütte«, »Stemmbogen«, »Gipfelkreuz« und »Hochwald« etc. finden sich heute nur mehr im Pullacher Archiv des BND, der übrigens als einzige Bundesbehörde keine Akten im Bundesarchiv in Koblenz einlagert.

Die Allgemeine technische Einsatzunterstützung, Außenstelle Hannover, schnitt das DDR-Fernsehen mit, zum Aufzeichnen des ČSSR-Fernsehens verfügte der BND zu Beginn der 80er Jahre sogar über eine mobile Station.

Mitte der 80er Jahre setzte ein Modernisierungsschub für Lauschanlagen ein; der deutsch-französische Abhörturm auf dem Berliner Flughafen Tegel (»Arbeitsgruppe für Vergleichsuntersuchungen«) oder die Horchfunkstelle in Berlin-Spandau wurden leistungsstärker. Nachdem der nachrichtendienstliche Ertrag Ende der 70er Jahre wegen der verbesserten Kommunikationsmittel der WVO-Staaten geringer geworden war, konnte mit den technischen Modernisierungen der 80er Jahre erneut zu allen gewünschten Fernmeldeverbindungen Zugang gefunden werden.

Bei Monschau in der Eifel lauschte der BND nicht gen Osten, sondern hörte den Fernschreib- und Funkverkehr sämtlicher wichtiger Botschaften in Bonn ab; 90 Mitarbeiter/-innen in der Abhörzentrale in Höfen waren Tag und Nacht mit dieser Aufgabe beschäftigt. Daß auch die Ständige Vertretung der DDR von dort aus belauscht wurde, offenbarte 1984 ein Prozeß gegen einen Beamten des Kölner Bundesamtes für Verfassungsschutz, der sich der DDR-Vertretung telefonisch angedient hatte und sich im Verfahren vor dem Oberlandesgericht Düsseldorf mit Wortprotokollen seiner Anrufe konfrontiert sah.[6]

Eine Tätigkeitsbeschreibung des BND für seine Fernschreibkontrolleure zeigt, daß man nicht nur am Fernschreibverkehr der Botschaften des Warschauer Vertrags interessiert war: »Lesen der von der EDV ausgedruckten Texte in deutscher, englischer und französischer Sprache.« Die Sachbearbeiter beschränkten sich jedoch nicht auf das Lesen; sie wählten Texte aus, die meldewürdige Informationen enthielten, und sammelten systematisch Nachrichten zu bestimmten Gebieten. Wie aus der Flut der Fernschreiben bereits elektronisch eine Vorauswahl gewonnen wurde, erläutert ebenfalls die Tätigkeitsdarstellung: Die WORTBANK für das EDV-System AUSTIN 2 wählt Texte aus, die vorprogrammierte Trefferworte enthalten. Die Auswerter aktualisieren die Wortbank, indem sie »Trefferwortstrichlisten und -karteien zur Kontrolle der Trefferworte in bezug auf ihre Selektionsergebnisse« führen. Nach den Trefferwortlisten der Wortbänke wählen Abhörsysteme in zweiter Instanz Gespräche nach einer vorgespeicherten Telefonnummer aus, die dritte Kennung ergibt sich aus im Computer registrierten Stimmprofilen bestimmter Zielpersonen.

Die Europapolitik der USA und insbesondere die Rolle, die dabei der Bundesrepublik zugewiesen wurde, war für den BND von größtem Interesse und erforderte infolgedessen den vorrangigen Einsatz seiner Kapazitäten und Mittel. Und so stützten sich die BNDler bei diesem operativen Schwerpunkt nicht auf offene Quellen oder den weitgehend unergiebigen Nachrichtenaustausch mit der CIA, sondern vor allem auf ihre funkelektronischen Aufklärungskapazitäten. Fast ebenso groß war das BND-Interesse an der britischen und der französischen EG-Politik. Und so erfuhr das Bundeskanzleramt zumindest, was die Botschafter mit ihren Außenministerien in London und Paris darüber austauschten, aus Monschau-Höfen und einer weiteren Dependance der Bundesstelle für Fernmeldestatistik in der Mainzer Straße in Bonn.

Die größte heimische Funkaufklärungsanlage liegt bei Husum und nennt sich Prüfstelle der Bundesstelle für Fernmeldestatistik. In dieses Objekt »Kastagnette« wollte der BND allein zwischen 1988 und 1993 40 Millionen DM zur baulichen Erneuerung stecken, verständlicherweise nicht aus dem eigenen Säckel, sondern aus dem Verteidigungshaushalt. Nach der Aufrüstung und Modernisierung bereits vorhandener Stationen folgten Neubauten, wie 1988 in Bad Aibling, wo in unmittelbarer Nähe der zweitgrößten US-Aufklärungsstation in Europa, WILDBORE bei Mietraching, das Objekt »Seeland« entstand. Gemeinsam mit den USA hatte der BND jahrelang große Anstrengungen auf die Erfassung und Auswertung der Troposcatter-Funkverbindungen der Hauptkommandos der Warschauer Vertragsstaaten unter Nutzung stratosphärischer Streuverbindungen verwandt. Was die Bodenstation des Molninaya-Kommunikationssatelliten in Wünsdorf beim Hauptquartier der sowjetischen Streitkräfte in Deutschland an die Stäbe in der ČSSR und Polen funkte, sollte natürlich ebenso erfaßt werden wie die Kommunikation mit dem übergeordneten Fronthauptquartier. Mit »Seeland« stand dem westdeutschen Dienst nun ein von den USA unabhängiges Instrument zur Verfügung, mit dem die elektronische Aufklärung sowjetischer Raketentruppen, der Marine und des Generalstabs betrieben werden konnte. Und wenn der BND im Juli 1991 beim Putsch gegen Gorbatschow relativ schnell nach Bonn melden konnte, daß die Führung der sowjetischen Streitkräfte nicht voll hinter den Putschisten stehe und keine Generalmobilmachung erfolgt sei, dann war dies vor allem dem Bad Aiblinger Antennenkomplex zu verdanken.

Doch die funkelektronischen Aufklärungsaktivitäten im Süden der Bundesrepublik galten nicht immer nur dem Osten. Richtfunkstrecken über den Balkan in den arabischen Raum wurden ebenso kontrolliert wie die Fernkabel, die über Österreich, die Schweiz und Italien die Verbindungen in den Nahen und Mittleren Osten aufrechterhalten.

Die US Field Agency Station in Gablingen bei Augsburg – die größte Wullenweber-Aufklärungsanlage in Europa[7] – soll von den US-Streitkräften noch in diesem Jahr aufgegeben werden. Der BND würde dieses weltweit aufklärende Antennenfeld gern übernehmen, doch brauchte er dazu mindestens tausend Techniker, weit mehr, als die »Fernmeldestelle Süd der Bundeswehr«, eine für die elektronischen Partnerdienstbeziehungen zu den USA zuständige BND-Dienststelle, in dieser US-Station hat. Und da die Bundeswehr zu Zeiten des Truppenabbaus nicht bereit ist, der Konkurrenz in Pullach soviel technisches Personal zu überlassen, wird sich dieser Wunsch voraussichtlich nicht realisieren lassen.

Im November 1991 meldete die Fachzeitschrift *Flug Revue*, daß der Münchner Elektronikhersteller Rhode & Schwarz »im Auftrag des Bundesamtes für Post und Telekommunikation... ein fernbedienbares Netz aus über 50 vollautomatischen Funkmeßstationen (lieferte). Damit kann der Funkbetrieb im Frequenzbereich von 10 kHz bis 1800 MHz überwacht werden. Kernstück der Meßstationen sind die Spectrum Analyzer FSAD und die VLF-HF-Empfänger EK 890.«[8] Die Ankoppelung an das öffentliche Fernmeldenetz ermögliche die telefongesteuerte »Messung von Feldstärkepegeln, Frequenzspektren und Modulationsparametern«. Diese technische Beschreibung eines neuen flächendeckenden Netzes mit über 50 Abhörstationen entspricht fast wortgetreu der Legende, mit der der BND seine »Bundesstellen für Fernmeldestatistik« 1970 ausgestattet hat. Die vielfältig nutzbaren Anlagen von Rhode & Schwarz können Telefongespräche abhören, insbesondere und ohne Zusatzausstattung auch die mit drahtlosen Telefonen geführte; sie können aber auch ganze Gebiete gegen »Feindfunk« sichern.

Die Aufgabe der Funkabwehr wird jedoch überwiegend vom Bundesgrenzschutz wahrgenommen. Der Funkbeobachtungsdienst des BGS unterhält dazu vier Einrichtungen in Heimerzheim, Lübeck, Leer und Rosenheim.[9]

In welch großem Umfang in diesem Bereich auch nach dem Ende des Kalten Krieges aufgerüstet wird, macht die Tatsache deutlich, daß mit den 50 neuen Systemen, die sowohl vom Bundesamt für Post und Telekommunikation in Mainz aus als auch von jeder Funkkontrollmeßstelle fernbedienbar sind, ein Netz verdichtet wird, das vorher aus nur sechs Stationen in Westdeutschland bestand.[10]

Die Tatsache, daß das im Bundesland Baden-Württemberg in Rheinhausen angesiedelte Ionosphäreninstitut eine nachrichtendienstlich relevante Einrichtung ist, ist seit der Anwort des im

Bundeskanzleramt für die Koordinierung der Nachrichtendienste zuständigen Staatsministers auf eine Kleine Anfrage im Bundestag im August 1990 nicht mehr wegzudiskutieren: »Das Ionosphäreninstitut in Rheinhausen/Südbaden ist eine Einrichtung des Bundes und dient Zwecken der Landesverteidigung. Auskünfte über Einzelheiten der Organisation und der Tätigkeit dieser Stelle können nur der Parlamentarischen Kontrollkommission nach dem Gesetz über die parlamentarische Kontrolle nachrichtendienstlicher Tätigkeit und dem Vertrauensgremium gemäß 10a Abs. 2 der Bundeshaushaltsordnung gegeben werden.«[11] Wäre diese technische Einrichtung für die westdeutschen Nachrichtendienste nicht von zentraler Bedeutung, so wäre weder die Parlamentarische Kontrollkommission noch die G-10-Kommission über dieses Institut informiert worden, die nur bei Eingriffen in das Post- und Fernmeldegeheimnis unterrichtet werden müssen. Die Legende als Ionosphäreninstitut dient schlicht zur Tarnung des BND-Referats für Satellitenaufklärung. Von hier aus peilen die Pullacher Späher der Unterabteilung 21 Kanäle eigener und fremder Satelliten an.

Gebaut wurde das »Ionosphäreninstitut« des BND ausnahmsweise nicht aus Mitteln des Verteidigungshaushalts; für diesen riesigen Antennen- und Gebäudekomplex am Rhein sollen verdeckte Mittel in Höhe von etwa 90 Millionen DM aus dem Etat des Bundespostministeriums geflossen sein.

Schon frühzeitig unternahm der BND große Anstrengungen, um die europäischen Satellitenprogramme für seine Zwecke nutzen zu können. So erhielt die Sternwarte in Bochum in den Jahren 1970 und 1975 jährlich eine halbe Million DM an Betriebskostenzuschüssen von der Zentralstelle für das Chiffrierwesen (Unterabteilung 62 des BND) in Bonn–Bad Godesberg als Entgelt für den Zugang zu sowjetischer Satellitenkommunikation. Zu den Investitionskosten der Weltraumbeobachtungsstation des Bochumer Professors Heinz Kaminski hatte die Bundesregierung zudem 6,2 Millionen DM beigesteuert.[12] Und selbst der Deutsche-Amateur-Radio-Club (DARC) soll nach Insideraussagen für seine zentrale Club-Funkstelle in Baunatal BND-Zuschüsse für seine Satellitenkommunikationsausrüstung erhalten haben. Auch ins europäische Raumfahrtzentrum in Kourou in Französisch-Guayana delegierte Pullach eigene Spezialisten, was darauf hindeutet, daß in die mit den ARIANE-Raketen gestarteten zivilen Satelliten auch BND-Technik eingebaut wurde.

Aufschlußreiche Satellitenaufnahmen haben die Amerikaner bereits in den 70er Jahren sogar der Volksrepublik China präsentiert, um deren Position gegenüber Moskau zu stärken, nicht aber dem BND. Und das ist nicht das einzige Beispiel dafür, daß der BND nur wenig von den amerikanischen »Freunden« erfährt. So ist selbst unter konservativen BND-Offizieren die Zahl strammer Vertreter amerikanischer Belange in der Bundesrepublik stark gesunken. Sie wollen nicht einsehen, daß die Partner von CIA und NSA wie selbstverständlich alle Ergebnisse des BND für sich beanspruchen, ohne im Gegenzug etwas Nennenswertes zu liefern.

Nach Informationen des *SPIEGEL* wollte der BND die Bundesregierung im Juli 1989 zur Anschaffung eines mindestens vier Milliarden DM teuren Spionage-Satelliten bewegen. Die Bonner Ministerien rechneten allerdings mit zehn Milliarden Mark Gesamtkosten. Wegen der hohen Kosten prüften daraufhin die europäischen NATO-Staaten, ob nicht eine gemeinsame Finanzierung möglich sei.[13] Die Alternative lag im rein optischen Aufklärungssatelliten im europäischen Verbund der WEU (Westeuropäische Union), da sich die Europäer nach Aussage des damaligen Koordinators der Nachrichtendienste im Bundeskanzleramt, Lutz Stavenhagen, durch die Gewinnung eigener Rohdaten von den USA emanzipieren wollten.[14] Nachdem Regionalmächte wie Israel 1990 und 1991[15] und selbst die Türkei 1991 mit dem Turksat unter Beteiligung von MBB[16] eigene Nachrichtensatelliten in den Orbit gebracht hatten, mochten die Europäer nicht länger zurückstehen. Im November 1991 haben die Verteidigungsminister Frankreichs, Großbritanniens, Italiens, Spaniens und Deutschlands in London ein Militärsatellitenprogramm beschlossen, das bis zum Jahre 2000 realisiert sein soll. Für zunächst zwei optische HELIOS-Satelliten müssen 2,6 Mrd. DM aufgebracht werden. Auf dem spanischen Militärflugplatz Torrejon wurde bereits 1992 mit dem Bau eines Trainingszentrums und einer Datenauswertestation begonnen, an der wiederum Pullacher beteiligt sind. Und als Nachfolgeprojekt hat der französische Verteidigungsminister Joxe bereits einen HELIOS III ins Gespräch gebracht, der mit einem Synthetic Aperture Radar ausgestattet sein wird und so die Erdoberfläche auch nachts und bei dichter Bewölkung aufklären kann. Bis das ehrgeizige Projekt verwirklicht ist, nutzen die Aufklärer der WEU kommerzielle Satellitenbilder – vornehmlich die des Umweltsatelliten ERS-1 der ESA in Darmstadt.[17]

Insgesamt werden auf der Basis eines WEU-Ministerratsbeschlusses vom 27. Juni 1991 76,5 Millionen DM für die experimentelle Dreijahresphase des Analyse- und Ausbildungszentrums ausgegeben und weitere 10 Millionen DM für die Studiendurchführung investiert. Doch nach dem zweiten Golfkrieg zielen die WEU-Satellitenoptionen nicht mehr hauptsächlich auf die Verifikation von Rüstungskontrollvereinbarungen; als Mangel der bis zum Jahre 2000 verfügbaren zivilen Beobachtungssatelliten wird bereits jetzt thematisiert, »daß diese Systeme nicht das für Bildauswertung und Analyse militärischer Ziele erforderliche Auflösungsvermögen besitzen. Der Golfkrieg hat diese Vorstellungen erheblich verändert, die europäischen Staaten haben in der Folge ihre Bemühungen um eine unabhängige Informationsbasis verstärkt. Anfänglich galt die Aufgabe Krisenbewältigung als sekundär.«[18]

In die WEU-Satellitenprogramme bringen die Franzosen ihren 1986 gestarteten Spot-1-Satelliten ein, dessen Bilder der private Betreiber weltweit verkauft. Für Fotos der Weltraum-Kamera Mk4 mit bis zu fünf Metern Auflösung beträgt der Stückpreis bis zu 1800 US-Dollar. Soviel zumindest waren dem BND 1988 Fotos von Spot-1 wert, auf denen die libysche Giftgasfabrik bei Rabta zu sehen war.[19]

Wenn dem BND – ob allein oder mit reservierten Anteilen – ein WEU-Satellit zur Verfügung steht, dann kann er zweifelsohne auch die US-Technologie von Beobachtungssonden nutzen. Mindestens zehn solcher Sonden haben die US-Aufklärer Ende der 80er Jahre in der DDR ausgebracht. MfS-Abwehrspezialisten fanden sie beim NVA-Depot in Storkow, beim sowjetischen Fliegerhorst in Finnow und auch beim Mobilmachungsdepot einer DDR-Reservearmee bei Chemnitz. Die Funde nötigten den MfS-Experten Respekt ab. Denn diese Sonden konnten, differenziert nach der Gewichtsklasse und Richtung, Bewegungen von PKWs, LKWs, Panzern oder Zügen messen und in wöchentlichen Meldungen von nur 300 Millisekunden Länge absetzen. Für den Fall massiver militärischer Fahrzeugbewegungen war ein Alarmmeldesystem mit Sofortwarnung an die NSA eingebaut. Plaziert zwischen dem russischen Flugtreibstofflager und der Startbahn oder am Zufahrtsweg zum Depot wären so Mobilmachungsmaßnahmen der Streitkräfte der Warschauer Vertragsstaaten sofort erkannt worden. Über Spezialsonden zur Aufklärung von Radioaktivität waren auch Atomwaffentransporte aufspürbar.

Bereits Ende der 80er Jahre hatte der BND alle Vorbereitungsmaßnahmen abgeschlossen, um künftig nach dem Vorbild der USA die Kommunikation mit Agenten und Residenturen ausschließlich satellitengestützt abzuwickeln.

Im Hochtechnologiebereich der fernmeldeelektronischen Aufklärung stützen sich die Nachrichtendienste der Bundesrepublik neben eigenen Forschungen und Entwicklungen sowie Aufträgen an die heimische Industrie auch auf ein wissenschaftliches Institut: Das in Wachtberg-Werthoven bei Bonn in der Neuenahrstraße 20 angesiedelte Institut für Fernmeldetechnik und Elektronik betreibt eine größere Forschungs- und Entwicklungsanlage für elektronische Aufklärung und führt auch entsprechende Analysen durch. Der Forschungsschwerpunkt liegt auf der Radartechnik.[20]

Im September 1984 war das Institut Gastgeber eines Workshops, bei dem die biologischen Wirkungen von Niedrigwellenstrahlung diskutiert wurden. Verschiedene Experten aus NATO-Staaten legten auf dieser Tagung, die von der Defense Research-Group (Panel VIII) der NATO gesponsert wurde, Arbeitspapiere vor.[21]

In den Jahren 1986 bis 1990 erfolgte ein Ausbau dieses Institutes aus Mitteln des Verteidigungshaushalts, bei dem allein die baulichen Verbesserungen 11,2 Mio. DM verschlangen. Eine Besichtigung der Anlage zeigt, daß Prototypen aller gängigen Aufklärungsantennen auf dem Gelände stehen. Als ein Fernsehteam im November 1991 eine Kamera auf das Institut richtete, stürzte aufgeregt eine Mitarbeiterin aus dem Gebäude und versuchte, die Aufnahmen mit Hinweis auf einen – allerdings nirgendwo ausgeschilderten – militärischen Sicherheitsbereich zu unterbinden.

Die Schilder am Tor der Anlage wiesen als dort ansässige Institutionen weiterhin eine mathematische Gesellschaft aus, was für Chiffrier- und Dechiffriermethoden steht, und den Verein für angewandte Naturwissenschaften. Der Registerauszug für den e.V. nennt als Vereinsmitglieder von Amts wegen Vertreter des Bundesverteidigungsministeriums und des Bundeskanzleramts sowie ordentliche Mitglieder von neun Elektronikunternehmen, darunter AEG, SEL und Siemens, also die einschlägigen Zulieferer und Entwickler für den Bereich der fernmeldeelektronischen Aufklärung.

Das Kartell der Spionagetechnikproduzenten finanziert den Verein allerdings nur marginal. Gerade eben 310 000 DM eigene Einnahmen verzeichnet der Geschäftsbericht für 1987, nicht einmal ein Prozent des finanziellen Grundbedarfs von 40,923 Mio. DM (1986 36,665 Mio.). Über 40 Mio. DM erhielt der Verein 1987 hingegen vom Verteidigungsministerium, davon wurden 24,726 Mio. DM allein als Personalkosten verbraucht. Mit den Mitteln aus diesem stolzen Vereinshaushalt wurden im Jahr 1987 169 wissenschaftliche Themen bearbeitet (1988 176), im Jahr 1988 38 Industrie-Projekte begleitet und in 19 Fällen das Verteidigungsministerium bei Industrieprojekten beraten. Der Verein betont im Protokoll der Mitgliederversammlung vom 5. Mai 1988, daß in den »Panels, Research Groups etc.« der NATO durch ihn 54 Positionen zu besetzen seien.

Diese Forschungsgesellschaft für Angewandte Naturwissenschaften (FGAN) rang mit dem zuständigen Finanzamt um seine Anerkennung als gemeinnützige Einrichtung; der Leiter der Mitgliederversammlung der FGAN, Dr. F. Wiekhorst, beklagte auf der Mitgliederversammlung im Mai 1988, daß »das Finanzamt Sankt Augustin die Gemeinnützigkeit der Gesellschaft anzweifele, da gemäß § 1 Absatz 2 der Satzung die Forschungsberichte nicht der Öffentlichkeit zugänglich seien, sondern nur dem BMVg zur

Verfügung gestellt würden«. Sein Stellvertreter, Ministerialdirigent Dr. Meisel, konnte die Zweifel der Finanzbeamten an der Gemeinwohlorientierung der geheimen Lauschinstrumenteschmiede nicht nachvollziehen. Laut Protokoll der Mitgliederversammlung setzt er darauf, die Finanzbürokratie von der Gemeinnützigkeit geheimer Grundlagenforschung zu überzeugen: »Dem Finanzamt gegenüber müsse deutlich gemacht werden, daß grundlegende Erkenntnisse und neuartige Verfahren erarbeitet werden. Nicht die Anwendung stehe im Mittelpunkt, sondern vielmehr gehe es darum, Erkenntnisse voranzutreiben.«

14 Bundeswehr und BND

Die Zusammenarbeit des Bundesnachrichtendienstes mit der Bundeswehr bei der fernmeldeelektronischen Aufklärung beschreibt das Weißbuch des Bundesministers der Verteidigung aus dem Jahre 1979 folgendermaßen: »In der Bundeswehr wird die Auswertung militärischer Nachrichten und der Ergebnisse der Fernmelde-/Elektronischen Aufklärung Aufgabe einer zentralen Stelle, des Amtes für Nachrichtenwesen der Bundeswehr. Dort wird aus den – in Zusammenarbeit mit dem Bundesnachrichten-dienst (BND) – gewonnenen Erkenntnissen ein geschlossenes Urteil über die militärische Lage gebildet.«[1] Folglich warem beim BND in Pullach jeweils ein Lagezentrum des Heeres, der Luftwaffe und der Marine präsent.

Die enge Verzahnung von Militär und Nachrichtendienst sowie die militärische Priorität bei der operativen Außenpolitik wird auch durch die in den Verteidigungsweißbüchern der Jahre 1979 und 1985 dargelegte Rolle des Bundesministers der Verteidigung im Bundessicherheitsrat deutlich: »Der Bundesminister der Verteidigung ist Mitglied und gleichzeitig beauftragter Vorsitzender des Bundessicherheitsrates (BSR), eines Kabinettsausschusses der Bundesregierung für Sicherheitspolitik.«[2] – »Zur Koordinierung sicherheitspolitischer Fragen von grundsätzlicher Bedeutung verfügt der Bundeskanzler über das Instrument des Bundessicher-heitsrates, eines Kabinettsausschusses. Der Bundessicherheitsrat dient dazu, ressortübergreifende sicherheitspolitische Optionen, Pläne und Dokumente zu beraten und Kabinettsentscheidungen vorzubereiten. In einigen Aufgabengebieten, zum Beispiel beim

Rüstungsexport oder der Ausrüstungshilfe, entscheidet der Bundessicherheitsrat abschließend.«[3]

Eine Ausarbeitung des wissenschaftlichen Dienstes des Deutschen Bundestages vom Juni 1992 zu »Aufgaben und Arbeitsweisen des Bundessicherheitsrats« macht deutlich, daß die Entscheidungs- und Vorentscheidungskompetenz des am 6. Oktober 1955 gegründeten Geheimgremiums verfassungsrechtlich auf Bedenken stößt, und zitiert ein juristisches Standardwerk aus dem Jahre 1964 mit der Aussage: »Es liegen Anzeichen einer durch die Verfassung zwar keineswegs gedeckten, aber gleichwohl andauernd betätigten und von den Beteiligten als verfassungsmäßig anerkannten Übung vor, die schließlich zu einer Verfassungswandlung führen wird.«

Historisch betrachtet spielte der BND-Vorläufer, die Organisation Gehlen, eigentlich sogar Geburtshelfer für die Bundeswehr. In der Doktorarbeit von Karlheinz Höfner, der Zugang zum Nachlaß führender, vom Dritten Reich in die Dienste der Bundesrepublik übernommener Generale und zu unveröffentlichten Akten hatte, heißt es dazu: »Als schließlich ab 1955 Führungspersonal für die soeben gegründete Bundeswehr eingestellt wurde, stand mit Adolf Heusinger ein langjähriger Mitarbeiter der Org. G. in der militärischen Spitze der neuen Streitkräfte. Die Mehrheit der nach Alter und politischer Vergangenheit noch verwendungsfähigen ehemaligen Generalstabsoffiziere hatte auf Dauer oder zeitweilig für FHO-Nachfolgeorganisation gearbeitet. Viele der Obersten und Generale der jungen Bundeswehr zogen aus der ehemaligen ›Rudolf-Heß-Siedlung‹ in Pullach in eilends hergerichtete Bundeswehrbaracken um.

In der unter den zahlreichen Gesprächsrunden wohl wichtigsten militärpolitischen Berater- und Planungsgruppe der Nachkriegsjahre um Speidel, Heusinger und Foertsch waren Mitarbeiter der Org. G., mit Zahlenmaterial über die Feindlage bestens ausgerüstet, führend tätig. Aus der Fülle der in Pullach residierenden Generalstabsoffiziere war eine spezielle Arbeitsgruppe gebildet worden, die mögliche Wege der westdeutschen Aufrüstung inhaltlich vorzeichnete... Der Einfluß der Organisation Gehlen und ihres Dienstherrn seit Ende 1947, der amerikanischen CIA, auf Inhalte und politische Zielrichtung der ›Wiederbewaffnung‹ und auf die Auswahl des militärischen Führungspersonals ist kaum zu überschätzen.«[4]

Adenauers Sicherheitsberater Graf Schwerin, der Ende Oktober 1950 nach Auseinandersetzungen mit Gehlen wegen eines allzu offenherzigen Pressehintergrundgesprächs über die Wiederbewaffnungspläne des Kanzlers demissionieren mußte, hatte in einem Vermerk vom 4. August 1950 vor den militärpolitischen Aktivitäten des Wohnungsbauministers Wildermuth sowie General Gehlens und seiner Offiziere gewarnt, weil er darin eine Gefahr für das Primat der Politik vor militärischen Belangen sah. Für den fachlich hochqualifizierten Panzergeneral waren »Leute wie General Gehlen und seine Freunde ohne allen Zweifel die letzten, denen man in einer jungen Demokratie Macht in die Hand geben darf«.[5]

Doch immer, wenn es um militärpolitische Grundüberlegungen im Nachkriegsdeutschland ging, ob um die Himmeroder Denkschrift zur Wiederbewaffnung oder das Personal für die (Neu-)Aufstellung der Bundeswehr, kamen entscheidende Anteile daran aus Pullach.

Allerdings war die Zusammenarbeit von Bundeswehr und BND seit dem Versuch von Verteidigungsminister Franz Josef Strauß, den reinen Spionageabwehrauftrag des MAD auf militärische Aufklärung zu erweitern, von Konkurrenzdenken geprägt. Als SPD-Verteidigungsminister Hans Apel 1980 das Amt für Nachrichtenwesen der Bundeswehr (ANBw) etablierte, erscholl heftige Kritik aus den Reihen der CSU. Ihr Landesgruppenvorsitzender Friedrich Zimmermann warf Apel vor, einen weiteren Auslandsnachrichtendienst unter seiner Regie gründen zu wollen, und warnte vor dem Nebeneinander ziviler und militärischer Auslandsaufklärung, was zu einer »heillosen Zersplitterung der Kräfte, keineswegs aber zu mehr Effizienz«[6] führen würde. Zimmermann artikulierte damit verklausuliert den Unwillen des BND darüber, daß etwa 150 Pullach zur Verfügung gestellte Bundeswehrspezialisten nun zum ANBw abgezogen wurden.

1993 arbeiten in Bad-Neuenahr-Ahrweiler 750 Spezialisten an allen Aspekten des Wehrpotentials fremder Staaten. In drei bis vier Jahren werden sie einen sechsstöckigen unterirdischen Bunker bei Gelsdorf beziehen, der für insgesamt 90 Millionen DM seit 1989 gebaut wird.[7]

Eine Gesamtübersicht aller ELOKA-(Elektronische Kampfführung) und Aufklärungsanlagen (Stand 1990) sowie der Änderungen, die durch das Ressortkonzept des Bundesministers der Verteidigung bis 1994 avisiert sind[8], zeigt, daß es nach dem Ende des Ost-West-Konflikts zwar Reduzierungen, aber keine wesentlichen Einbrüche im Bestand der Bundeswehraufklärungsstationen gibt.

Die Marine-Peilzentrale der Bundeswehrpeilbasis in Husum soll auch über 1994 hinaus betrieben werden, der Marine-Fernmeldestab 70 bleibt unverändert in Flensburg, und der Marine-Fernmeldesektor 71 – verantwortlich für die fernmeldeelektronische Aufklärung von drei Schiffen der Flottendienstgruppe aus – wird 1995 lediglich verlegt. Die drei ELOKA-Schiffe der Oste-Klasse kontrollieren auch nach dem Ende des Ost-West-Konflikts alle Schiffsbewegungen von Kriegsschiffen der ehemaligen WVO-Staaten.[9]

In Arkona auf Rügen übernimmt die Bundesmarine zusätzlich eine Aufklärungsstellung des Ex-Gegners NVA, die als Marine-Ortungsstelle A geführt wird.

Das Amt für Nachrichtenwesen der Bundeswehr selbst betreibt von Bad Neuenahr-Ahrweiler aus eine übergeordnete Erfassung sowie die Auswertung der fernmeldeelektronisch gewonnenen Ergebnisse (Deckname GRAU). Es bearbeitet auch die sogenannten »Schwarzen Löcher« in der Aufklärung und setzt dazu gezielt mobile Peilbasen ein. Von 1988 bis 1993 ist hierzu ein Ausbau für etwa 100 Mio. DM geplant.

Beim Fernmeldeführungskommando Heer in Daun steht das Antennenfeld, auf dem die Aufklärungsergebnisse der Bundeswehr allabendlich zusammenlaufen und zum Lagebild für die Hardthöhe zusammengefaßt werden. Die eigene Erfassungsstation der Befehlsstelle hat den Decknamen SCHWARZ.

Auch die 1971 von den US-Streitkräften übernommenen AN/FLR-12-Antennen des Amts für Nachrichtenwesen der Bundeswehr im bayerischen Hof bleiben erhalten, nur die Außenstelle in Wunsiedel wird nach 1994 abgeschafft. Für die 250 dort tätigen Abhörspezialisten, knapp die Hälfte Bundeswehrsoldaten, werden andere Aufklärungsziele gesteckt, erläuterte der Dienststellenleiter, Kapitän zur See Bodo Schimborski, im Februar 1992.[10]

Das Heer hat den Betrieb seiner grenznahen Türme 1990 aufgegeben, seit 1991 werden sie fast ausnahmslos aufgelassen. Es konzentriert sich in Zukunft bei der Überwachung der östlichen Nachbarn auf wenige Großstationen und Peilbasen im Hinterland. Nur die Aufklärungsstellung Kötzting im bayerischen Wald wird auch nach 1994 aktiv bleiben; sie wird dann von dem umgegliederten Fernmeldesektor F und der Heeres-Fernmeldekompanie 12 mit Zielrichtung ehemalige ČSFR genutzt werden. »Die Bundesrepublik ist auch künftig daran interessiert zu wissen, was in unmittelbarer Nachbarschaft um sie herum vorgeht«, erläuterte General Paul Westhoff vom Luftwaffenführungsdienstkommando bei einem Besuch in Kötzting im Juli 1992. Er stellte auch eine wesentliche Aufstockung des Personalbestandes in der Aufklärungseinheit in Aussicht, da diese zum Ausbildungszentrum für mobile Aufklärungskomponenten aufsteigen könne.[11]

Die Heeres-Peilzentrale II (Deckname ZITRONE) in Diepholz und die Heeres-Peilzentrale V in Übersee am Chiemsee (Deckname WEIDE) werden bis 1994 aufgelöst. Die Heeres-Peilzentrale III in Mainz (Deckname WINZER) jedoch wird ebenfalls über 1994 hinaus betrieben.

Das Fernmeldebataillon 320 in der Burgwald-Kaserne im hessischen Frankenberg betreibt eine Horch- bzw. Erfassungsstelle (Deckname GRÜN). Es wurde 1992 zum Fernmelderegiment ELOKA des Heereskommandos Süd umgegliedert. Ebenso bleibt das Fernmeldebataillon 220 ELOKA in Donauwörth (Deckname der Aufklärungsstation BLAU) erhalten.

Die Erkenntnisse aus der rückwärtigen und grenznahen Militäraufklärung dienten gleichermaßen der Lagebeurteilung der Bundeswehr, der NATO und des BND. Sie waren stets geheim. Nur einmal nutzte der damalige Bundesverteidigungsminister Manfred Wörner in einer aktuellen Stunde des Bundestages im November 1984 die Gelegenheit, mit einem Abhörprotokoll eines Heeresaufklärungsturms das verblassende Feindbild in der Bundesrepublik aufzufrischen. Er berichtete von einem sowjetischen Angriffsmanöver der 3. sowjetischen Stoßarmee aus dem Raum Magdeburg in Richtung Hannover und über einen Manöverunfall der Sowjets. Am 8. Oktober 1984 gegen 3.30 Uhr ereignete sich zwischen einem sowjetischen Panzer und einem zivilen PKW auf dem Weg zum Truppenübungsplatz Letzlinger Heide ein folgenschwerer Unfall. Mit drei angeblich dabei aufgefangenen Funksprüchen zwischen dem sowjetischen Bataillonskommandeur und dem Melder am Regulierungspunkt wurde suggeriert, daß der sowjetische Kommandeur sekundenschnell den Weitermarsch befahl, obwohl in dem Trabant Menschen verbrannten. In Wirklichkeit jedoch war das gesamte Funkprotokoll durch drastische Kürzung verfälscht worden. Bundeswehrinsider berichten, daß das Band mit dem vollständigen Funkverkehr rechtzeitig vor der Ministerrede vernichtet wurde. »Ich überlasse die Schlußfolgerung aus diesem Vorgang Ihnen und den Bürgern unseres Landes«, formulierte Wörner im Bundestag, gab aber gleich anschließend eine Interpretationshilfe: »Wir in der Bundesregierung ziehen daraus den Schluß: Wir tun auch in Zukunft gut daran, unsere Verteidigung so stark zu halten, daß wir eine solche Armee auf unserem Territorium nicht dulden müssen.«[12]

Im Januar 1991 wurde bei einer Besprechung in Daun intern bekanntgegeben, daß keine fernmeldeelektronische Aufklärung mehr gegen die ehemaligen Vorfeldstaaten der Sowjetunion betrieben werde, sondern nur noch eine strategische Aufklärung in das Territorium der Sowjetunion selbst. Folgerichtig begrüßte der Kompanie-Chef der Fernmeldeausbildungskompanie 942 in Daun auch seine am 1. Juli 1992 einrückenden Wehrpflichtigen, die entweder als Sprechfunkaufklärer russisch oder als Tastfunker eingesetzt werden sollten, mit dem Hinweis: »So erlernen die einen die Grundkenntnisse der russischen Sprache, die Zahlen, das kyrillische Alphabet, die Grammatik sowie militärische Redewendungen aus der Funksprache. Die anderen erlernen das Morsealphabet.« Der Sicherheitsbeauftragte des Dauner Bataillons jedoch verlangte zuvor das Ausfüllen einer Sicherheitserklärung, in der unter anderem Fragen nach »Reisen in und durch Länder mit besonderen Sicherheitsrisiken« wie Polen oder Laos sowie – eineinhalb Jahre nach ihrer Auflösung – in die »UdSSR« beantwortet werden sollten.

Die Luftwaffe betreibt seit 1991 ebenfalls eine nur strategische Fernmeldeaufklärung gegen die Staaten, die aus dem Zerfall der Sowjetunion resultieren, modernisiert dazu aber ihre Aufklärungsmittel. Dazu der Brigadegeneral Wibel vom Führungsstab der Luftwaffe im August 1989 in einem Vortrag zur Rüstungsplanung der Luftwaffe in Decimomannu auf Sardinien: »Das Erfassungs- und Auswertungssystem der Fernmelde- und Elektronischen Aufklärung der Luftwaffe am Boden wird modernisiert. Das System soll im Frieden, in Krisen, im Spannungsfall und im Kriege durch die ständige systematische Aufklärung elektromagnetischer Ausstrahlungen des Gegners Beiträge zur Lagefeststellung und Unterstützung der Einsatzführung und -durchführung liefern. Zu diesem Zweck sollen sowohl Kommunikations- und Führungsverbindungen als auch Radarausstrahlungen erfaßt werden.

Bei dem Projekt werden bereits vorhandene Aufklärungsgeräte mit neuen, in der Entwicklung oder Beschaffung befindlichen zu einem System integriert. Durch weitgehende Automatisierung in der Erfassung, Datenübertragung und Auswertung soll eine zeitverzugsarme Informationsgewinnung erreicht sowie Personal eingespart werden.

Fünf Systemanteile sind notwendig, um unterschiedliche Funktionen im Gesamtsystem zu erfüllen:

Erfassung von Ausstrahlungen, deren Empfang quasi-optische Verbindung erfordert, in grenznahen Türmen;

Erfassung von Ausstrahlungen im Kurzwellenbereich in Anlagen im Hinterland;

Verbesserung der Aufklärungsfähigkeit im Kriege durch eine mobile Komponente;

Analyse und Weiterleitung von Aufklärungsergebnissen in einer zentralen Auswertungseinrichtung;

Verbindung der Einzelkomponenten durch ein leistungsfähiges Datenverbundsystem.

Bis 1997 soll das aus nahezu 100 Gerätevorhaben bestehende Gesamtsystem eingeführt sein. Die einzelnen Systemanteile befinden sich zur Zeit in verschiedenen Projektstadien, sowohl in der Entwicklung als auch in der Beschaffung.«

Die Luftwaffe unterhält ihren von 1987 bis 1991 für 13,4 Mio. DM erneuerten Aufklärungsturm in Grossenbrode an der Ostsee und den Fernmeldesektor 62 sowie den Fernmeldebereich 70 ELOKA in der General-v.-Seidel-Kaserne in Trier auch über 1994 hinaus. Der Bau einer verbunkerten Auswerte- und Erfassungsanlage ist zwischen 1992 und 1998 für etwa 90 Mio. DM geplant. Und selbst die Peilzentrale IV des Luftwaffen-Fernmeldebereichs 72 in Eriskirch bleibt erhalten, nur der Fernmeldesektor Q der Luftwaffe in Hambühren wird ab 1994 aufgelöst.

Unter der Tarnung einer Luftwaffendienststelle begann 1992 auch die erste Übernahme der durch die deutsche Einigung und den Abzug der GUS-Streitkräfte in die Hände der Bundeswehr fallenden ELOKA-Stellungen in der Ex-DDR. Schon 1983 witterte *DIE WELT* auf dem Brocken eine sowjetische Aufklärungsstellung, deren Ausbau sich insbesondere gegen die PERSHING-2-Kommunikationsanlagen der US-Streitkräfte richten würde. Nach dem Abzug der NVA firmiert das 44,6 Hektar große Areal auf dem Berg des Harzes als »Aufklärungszentrum Satellit« der Bundesluftwaffe in Schierke. Nach 1993 hat diese bereits von Hitlers Luftmarschall Göring errichtete Stellung einen sowjetischen Nachbarn, der den Gipfel jedoch in Kürze räumt. Als das Unabhängige Institut für Friedens- und Konfliktforschung in Königs Wusterhausen diesen Tatbestand der Übernahme durch die Bundesluftwaffe in einer Studie veröffentlichte,[13] dementierte die Hardthöhe. Ein Sprecher des Verteidigungsministeriums erklärte, es gäbe »Ideen der Bundesanstalt für Flugsicherung, auf dem Brocken eine zivile Flugsicherungsanlage zu errichten... Die Bundeswehr selbst würde Armeepersonal zur zivilen Arbeit freistellen, das lediglich in Krisenfällen die Uniform anzieht.«[14] Die

Frankfurter Bundesanstalt für Flugsicherung wollte keine Stellungnahme zu dem Brockenprojekt abgeben. Wie sollte sie auch erklären können, Ambitionen auf eine Anlage zu haben, die im Katalog der Bundeswehr über die künftigen Standorte in den fünf neuen Ländern als Objektnummer 07348 geführt wird.

Die grenznahen Aufklärungstürme der US-Streitkräfte, Briten und Franzosen wurden 1990/91 ebenfalls geräumt. Vielfach saßen die Aufklärer der NATO-Partner auch in Türmen der Bundeswehr. Dennoch gab es ein strenges Kontaktverbot: US-Aufklärer im Deck 2 einer Station durften mit BND- oder Bundeswehrkollegen in Deck 1 kein dienstliches Wort wechseln. Der Austausch von Informationen blieb den Chefetagen der Nachrichtendienste vorbehalten. Welche zentrale Rolle die Verfügungsgewalt über nachrichtendienstlich gewonnene Informationen spielt, macht die Tatsache deutlich, daß innerhalb der NATO die Informationsgewinnung in Konkurrenz zueinander betrieben wird, wobei die USA als Besitzer des größten Apparats ihre Aufklärungsergebnisse zu monopolisieren versuchen. Der amerikanische NATO-Oberbefehlshaber Rogers beklagte 1985 in einem Hearing vor einem Unterausschuß des amerikanischen Repräsentantenhauses, daß der westeuropäischen Öffentlichkeit trotz seines Drängens auf große Publizität die von Jahr zu Jahr wachsende Bedrohung und der offensive Charakter der Sowjetunion vorenthalten werde. Verantwortlich für diese »Zensur« sei die Intelligence Community der USA. Der für die Nachrichtendienste zuständige Senator Goldwater stimmte ihm darin zu: »You know we have some hard-nosed people in intelligence. We also have a pretty hard-nosed President.«[15]

Dickschädelig, was die Weitergabe von Informationen an NATO-Verbündete betraf, war offenbar auch die Militärachse Washington – Bonn. Die »Deutsche Militärische Verbindungsgruppe (DtVO)« mit ihrem Büro im 3. Stock der Bonner US-Botschaft geriet 1992 ins Blickfeld der Öffentlichkeit, als das Bündnis 90/ Die Grünen im Bundestag eine parlamentarische Anfrage dazu stellten. Die Abgeordneten wollten wissen, welche Aufgaben die

DtVO und eine »Special Allied Group (SAG)« insbesondere bei der Koordination von Beschaffung und Weiterleitung östlicher Rüstungsgüter hätten.[16] Der damalige Parlamentarische Staatssekretär im Verteidigungsministerium, Willy Wimmer, mochte in seiner Antwort vom 20. Februar 1992 öffentlich zur DtVO nicht mehr sagen, als daß sie im Auftrag des BMVg mit US-Dienststellen Aufgaben gemeinsamen Interesses bearbeite. Zum zweiten geheimdienstlichen Gremium betonte er: »Eine SAG ist hier nicht bekannt«. Sein Nachfolger als Staatssekretär, Bernd Wilz, strafte ihn wenig später, auf drängende Nachfrage, Lügen. Eine SAG »als Organisationseinheit« habe es zwar nie gegeben, den für die Kontrolle der Nachrichtendienste zuständigen Gremien des Bundestags könne die Bundesregierung jedoch weitere Auskünfte dazu erteilen.

Eine Telefonliste der SAG vom Oktober 1985 weist 29 deutsche und amerikanische Offiziere aller Teilstreitkräfte auf, als Chef der Gruppe wird Oberst i. G. von Plate genannt. Egbert von Plate war 1983/84 Militärattaché in Wien und kehrte 1986 auf diesen Posten zurück. Bei der Chefposition in der SAG-Gruppe, die für die Koordination des wehrtechnischen Austausches zuständig war, handelte es sich offensichtlich um eine Zwischenverwendung des Generalstäblers, den nachrichtendienstliche Kreise in Wien als BND-Mann führten.

Welche geheimen Aufgaben von gemeinsamem Interesse mit US-Dienststellen die DtVO erledigt, war bereits 14 Jahre vorher bei Karl Eduard von Schnitzler öffentlich geworden. Der 1978 in die DDR übergelaufene Kapitänleutnant Erhard Müller berichtete – durch MfS-Informationen in seinem Wissensstand ergänzt – im »Schwarzen Kanal« des DDR-Fernsehens über eine streng geheime »Verbindungsgruppe USA/BRD«, deren Mitglied er war. Ihre Aufgabe beschrieb er folgendermaßen: »Sie sortiere die elektronischen Informationen in die Kategorien ›gut‹ und ›böse‹ für die NATO-Endverbraucher. Wolle zum Beispiel Dänemark störrisch nicht weiterrüsten, serviere die ›Gruppe‹ den renitenten Skandinaviern gepfefferte ›Erkenntnisse‹ über den Ostblock, um sie so unter Druck zu setzen.«[17]

15 Eine deutsche NSA

Aufgrund der aus Bonn verordneten Aufklärungsprioritäten richteten sich die fernmeldetechnischen BND-Interessen natürlich in erster Linie auf die DDR. Die Aufklärung der Richtfunkverbindungen in der ČSSR lief unter dem Tarnnamen »Nachernte«, Kommunikationswege der SED wurden im Projekt »Laus« abgehört, dessen ertragreichste Station in der französischen Kaserne Quartier Napoléon in Westberlin lag; und die elektronische Ausspähung der NVA durch den BND lief unter dem Decknamen »Roman«. Die militärische Fernmeldeaufklärung der Bundeswehr schickte ihre Abhörergebnisse aus Osteuropa unter dem Tarnbegriff »Concordia« nach Pullach; lateinisch: die Eintracht.

Im September 1991 geriet der BND in Verdacht, er habe Lothar de Maizière in seiner Zeit als CDU-Chef der DDR gezielt abgehört. Doch Pullach dementierte: Es habe nur eine »Information« über de Maizière vom 5. Dezember 1989 gegeben. Sie sei im Rahmen der Beobachtung des Bereichs Kommerzielle Koordinierung und des früheren DDR-Devisenbeschaffers Alexander Schalck-Golodkowski angefallen.[1] Diese BND-Auskunft ist fast richtig, da das KoKo-Imperium automatisch in die Gesamtkontrolle der vierstelligen Einwahl ins Netz der DDR-Regierung fiel.

Schwerpunkt der gegen das Ost-Militär etablierten Aufklärung waren die Luftstreitkräfte und Luftverteidigungsstrukturen. Aber selbst wenn sie durch schwedische oder dänische Kampfflugzeuge herausgelockt wurden, oder wenn TORNADOS der Bundesmarine mit Abfangjägern und Radarüberwachern vor der Küste Rügens Katz und Maus spielten, war der Verdacht berechtigt, daß nicht die für den Kriegsfall vorgesehenen Luftverteidigungsverfahren exekutiert wurden, sondern eher ein militärisches Spielverhalten.[2]

Als es galt, den vom israelischen Geheimdienst Mossad für die Bundeswehr konspirativ beschafften Stör- und Täuschsender CERBERUS zu erproben, zeigten wiederum Tests an der Westflanke des Warschauer Vertrags nicht die echten Reaktionen der gegnerischen Luftverteidigung. So kam der BND auf die Idee, einer Anfang der achtziger Jahre vorgebrachten Bitte des chinesischen Geheimdienstes zur Technologiehilfe beim Ausspähen der Sowjetunion mit einem Tauschgeschäft nachzukommen. Bei der Operation »Pamir« wurde im Grenzgebirge zwischen Rotchina und der Sowjetunion von durch den BND gelieferten Stationen Radaraufklärung betrieben, wobei auch der CERBERUS getestet wurde. »In der zweiten Hälfte der achtziger Jahre lieferte der Bundesnachrichtendienst elektronisches Horchgerät der AEG im Wert von etwa fünfzig Millionen Mark nach Rotchina. Für diese brisante Aktion konstruierte der BND ein verwirrendes Geflecht von Scheinfirmen. Der Sitz einer dieser Firmen war die Adresse des Regierungsdirektors im Verteidigungsministeriums, Norbert Gilles ... Das Pamir-Geschäft war ein illegaler Technologietransfer, eingefädelt vom deutschen Geheimdienst und bezahlt aus der Kasse des Verteidigungsministeriums«.[3]

Nachdem US-Präsident Nixon mit seinem Besuch im Februar 1972 das Eis der politischen Isolation des Reichs der Mitte gebrochen hatte, eröffnete die Bundesrepublik etwa ein Jahr später ihre Botschaft in Peking. Schon bald danach entsandte Bonn Militärattachés: Zunächst Oberst Ulrich von Schoffer und darauf Günther von Lüpke. Doch erst deren 1982 in Peking akkreditierter Nachfolger, Reinhart Dietrich, wurde in der DDR-Botschaft als »Mann aus Pullach« identifiziert. Welche Gegenleistungen der neue Partnerdienst in Peking für die High-Tech-Aufklärungsanlagen im Wert von 50 Millionen DM, von denen mindestens 20 Millionen aus dem Haushaltstitel »Systemzuschlag Tornado« des Verteidigungsministeriums flossen, erbrachte, blieb vorläufig im dunkeln.

Die Operation »Pamir« blieb für den BND zeitlich begrenzt, während sich anschließend die US-amerikanische Abhöragentur NSA (National Security Agency) mit zwei Stationen in dem chinesisch-russischen Grenzgebirge etablierte. Solche Ausflüge der High-Tech-Späher von BND und Bundeswehr waren jedoch selten. Von bundesdeutschem Boden aus wurden nicht nur im unmittelbaren Einzugsbereich der Bundesrepublik liegende elektromagnetische Ausstrahlungen erfaßt. Das Objekt »Kastagnette« in Husum beispielsweise überwachte den gesamten atlantischen Raum. Im Falkland-Konflikt zwischen Argentinien und Großbritannien 1982 war der BND dank dieser Station als einziger westlicher Geheimdienst in der Lage, den Funkverkehr der argentinischen Seite zu entschlüsseln. Zwar hatten auch die US-amerikanische NSA und das britische GCHQ (Ground Communication Headquarters) die Signale zwischen Buenos Aires und den Malvinas empfangen, konnten sie aber nicht decodieren. Erst durch den schnellen Entschlüsselungserfolg der Dechiffrierstelle des BND, der seine Erkenntnisse dem britischen und amerikanischen Geheimdienst zur Verfügung stellte, war Großbritannien in der Lage, elektronischen Einblick in die Militärkommunikation zwischen der umkämpften Insel und dem argentinischen Oberkommando zu nehmen. Dieser BND-Erfolg hatte der BND der Erbmasse der deutschen Geheimdienste des Zweiten Weltkriegs zu verdanken. Die Argentinier hatten nämlich den Schlüssel benutzt, den die deutsche Abwehr von den Franzosen im Zweiten Weltkrieg erbeutet hatte und der so in die Organisation Gehlen gelangt war, wo er sich noch vierzig Jahre später als überaus nützlich erwies.

Ein ähnlicher Glücksfall für den BND war die deutsche Einigung im Oktober 1990. Durch die Übernahme des Materials des Ministeriums für Staatssicherheit verfügen die Pullacher nunmehr als einziger westlicher Dienst über die in allen Warschauer Vertragsstaaten gemeinsam genutzten Schlüsselsysteme. Die Einführung neuer Schlüssel wäre eine milliardenschwere Investition, die sich in absehbarer Zukunft weder die GUS-Staaten oder Rußland und noch viel weniger die übrigen Staaten bzw. Reformdemokratien wie Polen und Ungarn leisten könnten. Der BND hat damit über Jahre einen wesentlichen Vorsprung gegenüber anderen Geheimdiensten, wenn es darum geht, die geheime Telekommunikation in Osteuropa mitzulesen.

Fachleute sagen ein weiteres Anwachsen der elektronischen Spionage voraus, die ungemein ertragreich ist, aktuelle Informationsflüsse zuläßt und vor dem Einsatz menschlicher Quellen die Vorteile hat, daß es erstens nicht zu diplomatischen Verwicklungen kommen kann und zweitens die elektronischen Spione kein Doppelspiel treiben können. Die Bundesrepublik hat bei dem Wettlauf um Informationen den geopolitischen Vorteil einer europäischen Zentrallage, den technischen Vorteil einer auf diesem Gebiet leistungsfähigen Wissenschaft und Industrie sowie den praktischen Vorteil langjähriger Erfahrung der BND-Spezialisten.

Für die Entschlüsselung von aufgefangenen Informationen war die Bundesdechiffrierstelle am Mehlemer Kreuz zuständig, welche sowohl die von der Bundeswehr als auch die vom BND selbst erfaßten codierten Informationen dechiffrierte und überdies für die Verschlüsselung eigener Kommunikationsnetze des BND und des Auswärtigen Amtes verantwortlich war. Vormals bei der Abteilung 4 als Referat 46 anhängig, wurde die Zentralstelle für Chiffrierwesen (ZfCH) bei der Schaffung der Abteilung 6 Zentrale Aufgaben dort zur Unterabteilung 62. Die Stellenbeschreibung für einen Mathematiker-Dienstposten im ZfCh Abteilung I vom Januar 1977 erwartet von dem Bewerber neben guten mathematischen Kenntnissen und der Beherrschung von zwei Fremdsprachen auch praktische Erfahrungen in der Fernmeldeaufklärung und Kryptologie, damit er den drei Tätigkeitsfeldern gerecht wird: »Selbständiges Entschlüsseln von bekannten Chiffrierverfahren, selbständiges Entziffern von teilweise bekannten Chiffrierverfahren und mathematischen Methoden und Mitarbeit an der mathematischen Analyse unbekannter Chiffrierverfahren.«

Dechiffriert werden müssen allerdings nicht nur verschlüsselte elektronische Daten, sondern auch die diversen Geheimschriften, derer sich Nachrichtendienste, Militärs und Diplomaten bedienen. Westliche Quellen wie MfS-Insider behaupten übereinstimmend, daß der BND zum Beispiel die Kurierpost seiner NATO-

Verbündeten in Brüssel, aber auch in militärischen Kommandobehörden wie in Ramstein, abfängt, kopiert und mit Erfolg entschlüsselt.

Die vom BND geschulten Chiffrierexperten saßen nicht nur in den deutschen Botschaften im Ausland, sondern auch in der deutschen NATO-Vertretung in Brüssel, in der Telefongespräche, aber auch verschlüsselter Fernmeldeverkehr von den High-Tech-Abhörern des MfS mitgeschnitten wurden.[4] Im April 1990 wurde der deutsche Chiffrierexperte in der Bonner NATO-Vertretung, Heinz-Helmuth Werner, als MfS-Agent enttarnt. Seit 1987 hatte er in dieser Funktion unter anderem Informationen über die deutschlandpolitischen Pläne Bonns, die Position der westlichen Staaten bei den Wiener Abrüstungsverhandlungen und den NATO-internen Streit um die atomaren Kurzstreckenraketen nach Ostberlin übermittelt.[5]

Wegen seiner insgesamt 20jährigen Tätigkeit für das MfS wurde der frühere Bundeswehrsoldat – Insidervotum: wertvoller als Guillaume – vor Gericht gestellt, obwohl er sich eigentlich um den Frieden verdient gemacht hat: Als die Sowjets wegen der starren amerikanischen Haltung nahe daran waren, die INF-Verhandlungen über die Abrüstung landgestützter Atomraketen mit 500 bis 5000 Kilometern Reichweite abzubrechen, erhielten sie vom MfS vertrauliche Hinweise aus Brüssel, daß die USA schon bald eine kompromißfähige Haltung einnehmen würden.

Die Enttarnung Werners wurde als Erfolg des BND gewertet, war jedoch eher Beispiel für die mangelnde Effizienz des Dienstes. Bereits seit 1979 verfügten deutsche und amerikanische Experten über Hinweise darauf, daß in Brüssel ein Top-Agent für östliche Dienste arbeite. Eifersüchteleien unter verschiedenen NATO-Nachrichtendiensten und mangelnde Geduld des BND im Kompetenzdschungel des NATO-Hauptquartiers hatten jedoch seine Enttarnung verhindert. Als in Datensammlungen des MfS 1990 hunderte geheimer NATO-Dokumente unter dem Stichwort TOPAS auftauchten, hofften die BNDler aus dem TOPAS-Material Aufschlüsse über den MfS-Agenten zu gewinnen. Die NATO-Partner jedoch waren sehr verärgert, zum einen, weil die

Deutschen die Geschichte hatten durchsickern lassen, zum anderen, weil sie den Namen des MfS-Agenten nicht von seinem Führungsoffizier hatten in Erfahrung bringen können.[6]

Ein im Auftrag der Bundestagsfraktion DIE GRÜNEN im März 1990 vorgelegtes Gutachten beschreibt die Veränderungen, die im Bereich der Informationstechnik (IT) und bei den Informations- und Kommunikationssystemen (IuK) zu einer deutlichen Ausweitung staatlicher Kontrolle führten: »Entsprechend der Aufgabenerweiterung um den Bereich Computersicherheit wurde die ZfCH 1989 in Zentralstelle für Sicherheit in der Informationstechnik (ZSI) umbenannt. Zur Zeit werden von der ZSI ca. 10 IuK-Systeme evaluiert, ein IT-Evaluationshandbuch erstellt und Vorarbeiten für ein IT-Sicherheitshandbuch geleistet. Nach dem nun von der Bundesregierung gebilligten Rahmenkonzept zur Gewährleistung der Sicherheit bei Anwendung der Informationstechnik (IT) soll die ZSI um 300 Planstellen erweitert und ab 1. 1. 1991 in eine obere Bundesbehörde im Geschäftsbereich des Bundesministers des Innern umgewandelt werden... In ihrer Arbeit ließen sich ISIT und ZfCH von der Entwicklung in den USA leiten. Dort wurden bereits vor einigen Jahren Sicherheitskriterien für informationstechnische Systeme entwickelt (Orange Book), die es ermöglichen sollen, Sicherheitserfordernisse zu definieren und IuK-Systeme entsprechend ihren Sicherheitseigenschaften zu klassifizieren. «[7]

Die Gefahren für die informationstechnische Unversehrtheit privater und wirtschaftlicher Kommunikation, die aus der neuen, am US-amerikanischen Vorbild NSA orientierten Behörde resultieren, sahen die Autoren des Gutachtens im fortgesetzten Primat der geheimdienstlichen Belange: »So sollte nach den Plänen der Bundesregierung dieses Bundesamt der Rechts- und Fachaufsicht des Bundesinnenministers unterstellt werden. Dieser kann damit in allen Verfahrens- und Sachangelegenheiten bindende Weisungen erteilen. Da dieser zugleich Aufsichtsbehörde für das Bundeskriminalamt, den Bundesgrenzschutz und den Verfassungsschutz ist, dürften intensive Beziehungen zu diesen Behörden zu erwarten sein. Zwar soll der für den staatlichen Geheimschutz wichtige

Bereich der ›Entzifferung‹ in Fortführung des BSI-Vorläufers Zentralstelle für das Chiffrierwesen (ZfCH) ausgegliedert und direkt dem Bundeskanzleramt unterstellt werden, das für die Geheimdienste zuständig ist. Dennoch sind durch die personelle Kontinuität zwischen ZfCH und BSI und in Anbetracht des Mangels an Kryptoexperten fortdauernde Beziehungen zu den Geheimdiensten zu erwarten. Außerdem hat das Bundesamt weiterhin Leistungen im Bereich militärischer Sicherheit und staatlicher Geheimhaltung zu erbringen. Durch die so festgeschriebenen und vorprogrammierten Verflechtungen zwischen Sicherheitsbehörden, Geheimdiensten und dem Bundesamt sind für die Zukunft Interessenkonflikte absehbar, die die Verletzlichkeit erhöhen und sich sehr nachteilhaft auf die Bürgersicherheit auswirken können. So sollen nach dem Rahmenkonzept für zertifizierte Produkte über den Bereich von Kryptosystemen hinaus Ausfuhr- und Vertriebsbeschränkungen angeordnet werden können. Damit besteht tendenziell die Gefahr, daß bestimmte Sicherheitsprodukte im zivilen Bereich nicht verwendet werden können und dort das technisch mögliche Sicherheitsniveau nicht erreicht wird.

Nachteile für die Bürgersicherheit könnten entstehen, wenn Sicherheitsbehörden über das Innenministerium oder direkt wirkungsvolle Verschlüsselungssysteme im zivilen Bereich blockieren, um sich Zugriffsmöglichkeiten auf Datenbanken, Telefon, Informationssysteme und andere IuK-Systeme zu erhalten. Die durch die IuK-Technik geschaffenen Möglichkeiten sicherer und anonymer Teletransaktionen, die den Schutz der Bürger vor Beobachtung und Verdatung garantieren, könnten durch diese Interessenkonstellation verhindert werden.«[8]

Das Personal des BSI – bisher 153 Leute – soll in den kommenden Jahren um 50 aufgestockt werden. Der Parlamentarische Staatssekretär im Innenministerium, Waffenschmidt, erklärte, die neue Behörde werde die erforderlichen Informationen, etwa »Erkenntnisse aus Hackerfällen oder Abhörpraktiken fremder Nachrichtendienste«, erhalten. Das Amt werde Sicherheitsrisiken bei der Anwendung moderner Informationstechniken analysieren und »in enger Zusammenarbeit mit der Wirtschaft geeignete Sicherheitsstandards entwickeln«.[9]

Obwohl mit dieser Neugründung in Anlehnung an die US-amerikanische National Security Agency ein deutsches Instrument zur
Marktsteuerung in der Kommunikationstechnik geschaffen wurde, behielt die NSA NATO-weit ihre Rolle als Vormund über
Schutztechniken in der Telekommunikation. So blockierte sie
1991 die Lieferung von Spezialchips eines US-Herstellers an eine
deutsche Firma, die als Teil des Datenzugriff-Schutzsystems
»Macs« die Ver- und Entschlüsselung von Computerdaten zur
Sicherung gegen Hacker und bei der Datenfernübertragung
ermöglichen sollten. Für dieses Produkt hatte die Münchner Schi-
koras Fast Comtec GmbH bereits Vorbestellungen aus der westlichen Großindustrie und von Regierungsdienststellen Norwe-
gens, Kuwaits und Australiens vorliegen.[10] 1992 verhinderte die
NSA die Einführung eines Autorisierungsverfahrens mit einem
extrem sicheren Algorithmus für Fax- und Electronic-Mail-Ver-
fahren, bei dem eine Chipkarte die Unversehrtheit des übertrage-
nen Textes und die Authentizität der Unterschrift garantiert. Das
Verfahren wurde auf Druck der USA den COCOM-Exportre-
striktionen unterworfen. Für die TeleTrusT, einen 1989 erfolgten
Zusammenschluß deutscher Kommunikationshersteller, erläuterte deren Vorsitzender Raubold die US-Vorbehalte: »Wenn es
RSA-Verschlüsselungsequipment für jedermann aus dem Regal zu
kaufen gibt, dann sind auch die Ghaddafis dieser Welt in der Lage,
ihre Nachrichten so zu verschlüsseln, daß Kode-Brecher sie nicht
dekodieren können.«[11] Überdies könnten bei Besitzern dieses
Systems selbst richterlich genehmigte staatliche Eingriffe in die
Telekommunikation von Privatleuten und Unternehmen nicht
mehr gelingen. Die polizeiliche Kriminalstatistik für 1991 weist
aus, daß in den alten Ländern der Bundesrepublik »106 Fälle auf
Fälschung beweiserheblicher Daten oder Täuschung im Rechts-
verkehr bei Datenverarbeitung, 122 Fälle auf Datenveränderung
oder Computersabotage, 58 Fälle auf Ausspähung von Daten«[12] in
der erstmals geführten Rubrik Computerkriminalität auftauchen.
Die – technisch mögliche – Verbrechensbekämpfung auf diesem
Feld jedoch wird von den Geheimdiensten der Bundesrepublik
und der USA aus wohlverstandenem Eigeninteresse verhindert.

Im Herbst 1989 verblüffte das WDR-Fernsehmagazin *Monitor* seine Zuschauer mit der Vorführung des Abhörens von »kompromittierender Strahlung«, die als Abstrahlung von elektrischen Schreibmaschinen oder Computern mit Hilfe einer Antenne, eines Oszillatoren und eines Videoaufnahmegeräts aus Entfernungen bis zu 500 Metern mitgeschnitten werden kann. Mit einem solchen Abhörset können aus einem PKW die laufenden Arbeiten mehrerer in einem Raum gleichzeitig betriebener Rechner getrennt aufgezeichnet werden. Der Bundesnachrichtendienst schützt alle Anlagen in seinem Verantwortungsbereich, d. h. eigene und solche des Auswärtigen Amtes im Ausland, durch ein Ensemble von Schutztechniken, das den Bildschirm, die Kabel, den Stromanschluß und die Rechnerelemente abschirmt. Zivile Nutzer werden am Kauf solcher Schutztechniken gehindert. Der Elektronikhersteller Siemens fertigt für die NATO TEMPEST-Schutztechniken für die Datenfernübertragung und gegen kompromittierende Strahlung, setzt sie jedoch auch verbotenerweise intern zum Schutz seiner Forschung ein. Darauf angesprochene Siemens-Manager fragten allenfalls süffisant zurück, wer denn bei welchem Eindringversuch meinte, dies festgestellt zu haben.[13]

Dieser Form mobiler Abhörtechnik, die das Erfassen von Datenverarbeitung im privaten und öffentlichen Bereich erlaubt, bedient sich ein BND-Kommando der Abteilung 6 im Ausland ebenfalls regelmäßig. Der Dienst nutzt sie jedoch auch im Inland, insbesondere im Bonner Botschaftsviertel, weil auch Chiffriermaschinen nicht abstrahlungsfrei arbeiten und so durch das Abhören des Chiffriervorgangs der Schlüssel geknackt werden kann. Vor allem, wenn Funker aus Versehen Textstellen zweimal senden, wird der Schlüssel verraten.

Seit Hacker für das KGB 1989 in wesentliche Datenbanken von US-Regierungsbehörden eindrangen, ist die Öffentlichkeit für das Problem des Datendiebstahls sensibilisiert. In der Bundesrepublik ist die Bundespost gesetzlich zur Amtshilfe bei der Telefonkontrolle und bei der Hackertätigkeit der Dienste verpflichtet. »Nach dem Gesetz zu Artikel 10 Grundgesetz und nach 100 a und 100 b StPO hat die Deutsche Bundespost die Verpflichtung, die darin zugelassenen Kontrollmaßnahmen zu ermöglichen«, ließ die Bundesregierung 1988 verlauten.

Der Umfang der Telekommunikation wächst stetig. Bundesbürger und deutsche Unternehmen sind Weltmeister, was Auslandsferngespräche betrifft. Mit 621 Telefonen pro 1000 Einwohnern liegen sie zwar unter dem USA-Wert von 770, aber während die Nordamerikaner 1989 lediglich 2439 Auslandsferngespräche pro 1000 Einwohner führten, waren es allein in der Alt-Bundesrepublik 9836,1.[14] Im Jahre 1991 wurden in der Bundesrepublik eine Viertelmillion Fax-Geräte verkauft, und der Umsatz bei Akustik-Kopplern und Modems zur Übertragung von Computerdateien, BTX-Kommunikationsmitteln etc. steigt stetig.

Mit dem wachsenden Spektrum und der explodierenden Zahl von Telekommunikationsträgern haben die Nachrichtendienste aus ihrer Sicht einen analogen Nachrüstungsbedarf und neue Betätigungsfelder, insbesondere dort, wo statt kooperativer staatlicher Stellen nunmehr private Anbieter den Markt erobern. So wurde 1989 in einer Novelle zum Abhörgesetz festgelegt, daß nicht nur die Bundespost, sondern auch »jeder andere Betreiber von Fernmeldeanlagen« Auskünfte erteilen und »die Überwachung und Aufzeichnung des Fernmeldeverkehrs zu ermöglichen« hat.

Der Datenschutzbeauftragte der Bundespost, Alke, erfuhr 1989 beim Postministerium, daß der Überwachungsanspruch selbst bei Mailboxen gilt. »Zwar könnten nun auch Mailboxen überprüft werden, damit werde aber lediglich der Tatsache Rechnung getragen, daß durch das Poststrukturgesetz neben die Bundespost auch private Anbieter von Fernmeldeanlagen getreten seien. Das bedeute, so das Innenministeium, daß sowohl der Inhalt eines Faches eines Mailboxenbenutzers als auch dessen Kommunikationsdaten, wie etwa der Zeitpunkt der Einspeisung einer Nachricht, herauszugeben seien. Dies soll mit rigiden Strafen durchgesetzt werden ... Während kleine Mailbox-Unternehmen keine legale Chance haben, dies abzulehnen, kann ein multinationales Unternehmen wie das Geo-Net seinen Kunden/-innen zur Zeit noch empfehlen, den Datenverkehr dem Zugriff deutscher Organe zu entziehen.«[15]

Im BND versuchte das Referat 60 A in die EDV-Netze anderer Staaten einzudringen und hatte zumindest bei den technisch weniger gut ausgestatteten Nationen und natürlich allen privaten und unternehmerischen EDV-Nutzern damit auch Erfolg. Mitarbeiter dieses Referates waren in aller Welt tätig und drangen nicht nur in Regierungsdatennetze, sondern auch in Netze von größeren Unternehmen.

Sie erforschten auch die Wege, die bestimmte Hard- und Software nahm, wenn sie von West nach Ost transferiert wurde: In die Ware, deren Verbleib es festzustellen galt, wurde ein Minisender eingebaut. Wenn dieser dann monatelang aus Swerdlowsk funkte, konnte man illegalem Technologie-Transfer mit falsch deklariertem Importland auf die Spur kommen.

Beim elektronischen »Nahkampf«, wenn nicht ferne Antennen, sondern die besser als »Wanzen« bekannten Kleinstsender mithören sollen, müssen Agenten des BND, deren Verbindungsführer und die Spezialisten der Abteilung 6 zusammenarbeiten, was sie mit mehr Erfolg taten, als öffentlich bekannt wurde: Dem Chef der Hauptverwaltung Aufklärung der Nationalen Volksarmee hat der BND 1986 durch eine Angestellte des DDR-Verteidigungsministeriums eine Abhörwanze in Oberspree auf den Schreibtisch plaziert. Die Entdeckung war Anlaß, nicht Ursache, der Ablösung des trinkfreudigen NVA-Generalmajors Gregori durch seinen Amtsnachfolger NVA-General Krause.

Doch auch beim Wanzenlegen agiert der BND nicht nur im östlichen Ausland. Insider behaupten, die US-Botschaft in Bonn sei wie die Botschaften aller wichtigen Zielländer – mit der »chinesischen Mischung« gebaut: Zwei Wanzen je Sack Zement. Für die Amerikaner, die 1987 Alarm schlugen, weil die US-Botschaft in Moskau völlig verwanzt war, ist auch die Deichmannsaue 14 in der alten Bundeshauptstadt eine »Area of High Risk«. Laut den Intelligence-Hearings im zuständigen Senatsausschuß im Juli 1990 war die Absicherung von Botschaftsgebäuden in politischen Risikozonen unzureichend und soll künftig durch enge Kooperation von State Department und den US-Geheimdiensten optimiert werden.[16]

Selbst in Großbritannien, das politisch und nachrichtendienstlich eng mit den anderen führenden westlichen Industrienationen verbunden ist, wurde die US-Botschaft vom einheimischen Geheimdienst mittels Wanzen überwacht – wie übrigens auch die deutsche.[17]

Im Inland legt der BND überdies Wanzen in Amtshilfe für die Sicherheitsbehörden der Länder, also Landeskriminalämter und Landesämter für Verfassungsschutz, oder aber – wie die *Süddeutsche Zeitung* im Dezember 1976 berichtete – gerechtfertigt durch einen außergesetzlichen Notstand. Weil eine vom MAD im Antikorruptionsreferat des Verteidigungsministeriums installierte Abhöranlage nicht funktionierte, installierte der BND ein Abhörmikrofon, das nach amtlichen Angaben von 1987 zwar seit 1968 technisch präsent war, aber wegen der Rechtswidrigkeit der Installation nicht genutzt wurde.[18]

1975 leistete der BND mit Genehmigung des Staatssekretärs Schüler im Bundeskanzleramt dem Landesamt für Verfassungsschutz in Baden-Württemberg wiederum Amtshilfe beim Abhören von RAF-Häftlingen in der Haftanstalt Stuttgart-Stammheim. Regierungssprecher Bölling führte zur Rechtfertigung ein gemeinsames Gutachten von Justiz- und Innenministerium aus dem Jahre 1969 an und wollte »nicht ausschließen, daß es auf der Basis dieses Gutachtens in vergleichbaren Fällen ähnliche Abhöroperationen gegeben hat.«[19]

Während 1976 der Militärische Abschirmdienst elf und der Verfassungsschutz sechs wanzengestützte Lauschoperationen in den vergangenen Jahren vor dem Abhörausschuß des Bundestages einräumten, gab BND-Präsident Kinkel nur zu, daß, aber nicht wie oft der BND in der Bundesrepublik Wanzen eingesetzt hatte.[20]

Im Mai 1992 signalisierte die SPD-Bundestagsfraktion ihre Bereitschaft, zum Zweck der Bekämpfung des Rauschgifthandels und der organisierten Kriminalität einer Änderung der bestehenden Rechtslage zuzustimmen. Auf Anordnung eines Richterkollegiums soll für jeweils zwei Wochen Wohnungen Verdächtiger abgehört werden dürfen.[21] Die Amtshilfe des BND bei solchen

Operationen könnte wiederum zu einer Informationsabschöpfung für den Eigengebrauch Pullachs führen. Zwar sind nach konservativer Auffassung Anbahnungen und Werbeversuche auf der Basis von Abhörerkenntnissen durch den BND legitim, weil der Umworbene sich letztlich frei für oder gegen eine Tätigkeit für den deutschen Auslandsnachrichtendienst entscheiden könne, aber angesichts von erfolgten Kompromat-Werbungen – wie Nachrichtendienstler den Tatbestand der Erpressung beschönigen – könnte gerade die Entscheidung einer abgehörten Zielperson so frei nicht sein.

In der Abteilung 6 des BND ist Ende der 80er Jahre auch die EDV-Dokumentation angesiedelt. Immer wieder hat es Spekulationen über den Datenbestand des westdeutschen Auslandsnachrichtendienstes gegeben, insbesondere darüber, wie viele Personen in den Dateien des BND gespeichert sind und in welchem Umfang personenbezogene Daten weitergegeben werden. Überdies hatte der BND natürlich Zugang zu der beim Bundesamt für Verfassungsschutz in Köln vom Vor-EDV-Zeitalter geführten manuellen Zentralen Kartei-Nachweis. Diese Registraturdatei wurde zu Beginn der 70er Jahre in das Nachrichtendienstliche Informationssystem NADIS überführt. »Die innerdienstlichen Regelungen zum Umgang mit NADIS wurden nachträglich mit den NADIS-Richtlinien von 1975 geschaffen.«[22]

Im Mai 1975 hat der spätere Leiter des EDV-Referats im BND, Deckname Spannrad, in einem Lagebericht zu »Situation und Möglichkeiten der EDV im Bundesnachrichtendienst« den Umfang der Pullacher Personendokumentation im Frühstadium der elektronischen Speicherung vorgetragen: »Wir haben es mit einer Kartei von mehreren Millionen Namen zu tun, gegen die über 1000 Anfragen pro Tag laufen.«[23] Mit verbesserter EDV ab Mitte der 70er Jahre und ihrem ständigen Ausbau erfolgte ein deutliches Anwachsen des Bestandes. Insider sprechen Ende der 80er Jahre von ca. vier bis sechs Millionen registrierten Personen, die in verschiedenen Einzeldateien des BND gespeichert sind. Darüber hinaus hat der Pullacher Dienst über NADIS Zugriffsmöglichkeiten auf weitere Personen- und Objektdaten. Zwar sind

BND und MAD keine direkten Verbundteilnehmer bei NADIS, doch sie haben »die Möglichkeit der Einzelanfrage oder des Bandabgleichs . . . Jede datenverarbeitende Stelle will ihre EDV so einsetzen, wie es nur geht. Damit geht der Weg unaufhaltsam von den Registraturdateien zu den Aktenerschließungssystemen. Zu Dateien also, die den Blick in die Akte in mehr oder weniger großem Umfang ersetzen und vor allem möglichst viele Recherchier- und Auswertungsmöglichkeiten gestatten sollen«, warnte 1989 ein bemerkenswert kritischer Aufsatz eines Bonner Ministerialrats. Dieser enthielt auch den Appell, »das Recht der Verfassungsschutzbehörden und der anderen Nachrichtendienste in verfassungs- und das heißt hier vor allem datenschutzkonformer Weise zu regeln und Abschied von der Flucht in Generalklauseln zu nehmen«.[24]

NADIS ist bereits als breitbandige Hinweisdatei angelegt: »Es zerfällt in die Personenzentraldatei (PZD) und das Zentrale Objektverzeichnis (ZOV). Die PZD enthält neben Namen und weiteren, die Identifizierung einer Person ermöglichenden Angaben (Geburtsdatum, Geburtsort, Staatsangehörigkeit, Anschriften – gelegentlich auch Telefonnummern, Kraftfahrzeugkennzeichen, Konto- und Schließfachnummern) die Aktenzeichen von Unterlagen, die bei NADIS-Teilhabern über die betreffende Person vorhanden sind.«[25]

Diese Daten holen sich die Nachrichtendienste aus den Einwohnermeldedateien und dem KFZ-Zentralregister in Flensburg, zu dem sie legal Zugang haben. Konto- und Schließfachnummern jedoch können nur durch Zugriff auf die entsprechenden Dateien bei Bankzentralen erlangt werden, d.h. in der Regel durch das »Hacken« in den Datenströmen der Geldinstitute oder durch dort untergebrachte »Vertrauensleute«.

Auch was die 1975 BND-intern genannten 1000 Anfragen pro Tag betrifft, hat sich durch die Modernisierung der Dateiverwaltung ein quantitativer Schub ergeben. Nicht nur für den Eigenbedarf und in Amtshilfe für andere Bundes- oder Landesbehörden, sondern auch für die Partnerdienste fließen reichlich personenbezogene Daten. In der Antwort der Bundesregierung auf Fragen im

Innenausschuß des Deutschen Bundestages aus dem Jahre 1988 wird nicht nur das Bemühen um Geheimhaltung des Datenausverkaufs deutlich; sie zeigt auch, daß es sich bei Anfragen nicht um Einzelfälle handelt: »Ersuchen um informationelle Amtshilfe ausländischer Dienste werden von den Nachrichtendiensten des Bundes nicht als solche registraturtechnisch erfaßt. Zur zahlenmäßigen Feststellung der in den letzten zehn Jahren gestellten Anfragen wäre daher die Durchsicht einer nicht überschaubaren Anzahl von Unterlagen erforderlich, unter denen entsprechende Ersuchen nach den jeweiligen fachspezifischen Gesichtspunkten abgelegt worden sind. Der damit verbundene personelle und zeitliche Aufwand ist nicht leistbar.«[26]

Über die personenbezogenen Datenbanken hinaus verfügt der Pullacher Dienst über eine Vielzahl spezieller Datenbanken, die von der Speicherung wissenschaftlicher Experten über Partnerdienst- und Industriedaten bis zu der in Zusammenarbeit mit dem Amt für Nachrichtenwesen der Bundeswehr geführten Datei zu den Streitkräften der Warschauer Vertragsstaaten und ihrer Nachfolgestaaten reicht.

16 Geheime Techniken

Nachrichtendienstliche Technik bezieht sich nicht nur auf das Feld der elektronischen Kriegführung. Das klassische Repertoire von getarnten Transportbehältern bis zur Geheimtinte wird beim BND in der Unterabteilung 63 ausgetüftelt. Dort gibt es die Referate für technische und sonstige Amtshilfen, die Produktion aller nachrichtendienstlichen Hilfsmittel in verschiedenen Labors und Werkstätten, die sich nur zum geringen Teil in Pullach befanden, überwiegend aber im »Objekt Alpina«, das durch eine Tarnfirma in Traubing bei Tutzing gedeckt war.

Der BND fälscht Dokumente vom Ausweis bis zum Frachtbrief – und dies in einer Qualität, um die ihn westliche Partnerdienst beneiden. Stolz illustrieren die Fälscher dies regelmäßig mit einer Anekdote aus den Anfängen ihrer Arbeit. Bei der Akkreditierung eines schwarzafrikanischen Diplomaten wurde dessen Diplomatenpaß in Bonn versehentlich von einer neuen Angestellten gestempelt. Das verunzierte Stück wurde per Flugzeug in die BND-Fälscherwerkstatt gebracht und innerhalb eines Tages durch ein neues Duplikat ersetzt, das der Diplomat erhielt. Der echte Ausweis hingegen landete in der Asservatenkammer des BND.

Da nahezu alle nachrichtendienstlichen Operationen unter Arbeitsnamen erfolgen und vielfach Dokumente zur Desinformation benötigt werden, ist das zuständige Referat gut ausgelastet. Zudem müssen Dienstausweise des Militärischen Abschirmdienstes nachgemacht werden, die der BND zur Abdeckung eigener

Inlandsoperationen gebraucht. Außerdem gibt es noch die Vereinbarung »Wanderfahrten«, eine Übereinkunft von NATO-Geheimdiensten, sich gegenseitig mit für operative Beschaffung erforderlichen Papieren aller Art zu unterstützen; hier mischen übrigens auch die neutralen Schweden mit. Voller Stolz berichten ehemalige BND-Angehörige, über die weltgrößte Sammlung von gefälschten oder beschafften Stempeln zu verfügen.

Bei der Erstürmung der MfS-Zentrale in der Ostberliner Normannenstraße im November 1989 sowie aus anderen Dienststellen des DDR-Geheimdienstes hat sich der Bundesnachrichtendienst mit diversen Stempeln, Schreibmaschinen, Formularen und Papier des MfS ausgerüstet. Seither müssen auftauchende MfS-Akten nicht zwingend auch vom Ostberliner Geheimdienst vor seiner Auflösung angelegt worden sein.

Im Jahre 1979 fälschte der BND auch einen französischen Paß für einen Iraner, der nach der Revolution Khomeinis aus dem Land geschleust werden sollte. Dies geschah allerdings nicht für den nachrichtendienstlichen Eigenbedarf, sondern war eine Gefälligkeit für die Siemens-Tochter KWU (Kraftwerk Union).[1]

Technische Probleme bei der Papiertechnik ergaben sich weniger, wenn hochwertige Papiersorten nachgemacht werden mußten, sondern wenn das grau-gelbe sozialistische Alltagspapier gebraucht wurde. Zunächst hatte der Dienst erfolglose Versuche unternommen, an Originalmaterial aus der DDR heranzukommen. In der HZ, der Hauszeitung des Dienstes, wurden dann die BNDler ernsthaft aufgefordert, bei privaten Kontakten in die DDR als Gegenleistung für Päckchen einmal einen Zeichenblock für den Enkel o. ä. zu erbitten. Die Leser der HZ witterten darin jedoch eher einen besonders naiven Versuch der Sicherheit, verbotenen Ostkontakten auf die Schliche zu kommen.

Da sich dieses Vorgehen als wenig erfolgreich erwies, blieb dem BND nichts anderes übrig, als ein eigenes Papierwerk für ca. vier Millionen DM zu errichten und entsprechendes Fachpersonal zu gewinnen. Die Aufgabenbeschreibung für den im Sommer 1979 neu zu besetzenden Dienstposten verlangte einen graduierten Ingenieur mit langjähriger Berufserfahrung zur »Beschaffung,

Manipulationen/Veränderung oder Herstellung von Papier aller Art« in Zusammenarbeit mit Behörden, Industrie und Partnerdiensten.

Im »Objekt Alpina« befand sich auch die Nachfertigungstechnik für die konspirative Kommunikation zwischen den Ost-Quellen und ihren jeweiligen Führungsoffizieren beim BND – beispielsweise die auf radiochemischen Wege aufgedampfte Nachricht auf einer Schürze oder anderen Gegenständen, die die Grenzsicherungsorgane der WVO-Staaten dem täglichen Bedarf zuordnen mochten. Auch die Nachfertiger unterhalten vor allem neue Kollegen aus anderen Dienstbereichen gern mit Anekdoten über frühe Erfolge: Ein betagter Jude, der in Tallinn für den BND Schiffsbewegungen im Hafen beobachtete und dafür jahrelang durch Lebensmittelpakete entlohnt worden war, äußerte eines Tages auf dem vereinbarten Meldeweg einen ausgefallenen Wunsch: Während seines Studiums in Wien hätten ihn seinerzeit die Cancan-Tänzerinnen entzückt, und nun fehle es bei einer neugewonnenen Partnerin nur an den Strapsen, um an das erhebende Jugenderlebnis anzuknüpfen. Sein Verbindungsführer sandte ihm eine Korsettage, der auf dem Träger jedoch weitere Anweisungen an den Agenten eingedampft wurden. Der Dankesbrief aus Tallinn war überschwenglich, auch wenn dieser Träger ersetzt werden mußte, weil er durch die chemische Behandlung zum Lesbarmachen der Geheimnachricht die Farbe gewechselt hatte.

So richtig sicher waren die vom BND entwickelten Geheimschriftverfahren jedoch nicht. Ein Sicherheitshinweis warnte im Oktober 1975, daß mit dem Ende der 50er Jahre verwendeten Verfahren Paula-D angebrachte Geheimschriften vom Gegner inzwischen lesbar gemacht werden könnten. Bedauerlicherweise gäbe es auch keine überzeugenden Alternativen: »Der einzige Ausweg für Ersatzverfahren wäre eine Umrüstung auf Wärmekontaktverfahren, z. B. NYMPHE oder NEPTUN. Da diese Verfahren aus den G-Verfahren DOLOMITEN und PAULA-D entwickelt worden sind, dürfte auch hier dem Gegner die Entwicklungsmethode bekannt sein. «

Woher das MfS das Rezept der BND-Geheimtinte kannte, ist im Zuge der Aufklärung der Affäre um den »Roten Admiral«

öffentlich geworden: »Ein Diplomat aus Schwarzafrika, der beim BND zur Schulung gewesen war, hatte beim Rückflug über Berlin-Schönefeld dort einen Koffer vergessen. Darin befand sich die Anleitung zur Herstellung der Geheimtinte.«[2]

Mit der Verbesserung der Reisemöglichkeiten für Anbahner und Verbindungsführer in die DDR wurde der Postverkehr zwischen dem BND und seinen Quellen geringer; teilweise erhielt er Reservefunktion oder wurde für dringende Botschaften benutzt. Ganz aber verzichtete der BND nicht auf die Möglichkeit des innerdeutschen Postverkehrs, wie eine Geheime Verschlußsache der Spionageabwehr des MfS im April 1989 deutlich machte: »Gleichzeitig setzt sich die Tendenz fort, in Fällen der bisher regelmäßigen Übermittlung von Geheimschriftsendungen den Meldetakt zu vergrößern, zum Teil auf Zeitabstände von 2 bis 3 und auch noch mehr Monate. Agenturen, bei denen der monatliche Melderhythmus beibehalten wird, sind meist so ausgerüstet, daß jede der ihnen übergebenen Deckadressen im Zeitraum von 15 oder mehr Monaten nur einmal angeschrieben wird.

Die aktuellen erkannten Mittel und Methoden, die auf postalischem Verbindungsweg vom Spion zum Geheimdienst zum Einsatz kommen, sind:

Die Übermittlung von Informationen mittels im Durchschreibe- oder Kontaktverfahren gefertigter Geheimschrift in Briefen, Streifband- oder Drucksachensendungen sowie die Signalisierung von Reise- und Treffterminen und auch von Hinweisen zur persönlichen Sicherheitslage mittels Bildpostkarten, sogenannten Signalkarten.

Als Träger für Geheimschrift werden weiter überwiegend vorgeschriebene, aber auch zum Teil noch von Spionen eigenständig gefertigte Briefe genutzt. Geheimschrift in Streifbandsendungen wird auf einzelne Seiten der betreffenden Zeitschrift bzw. Zeitung oder auf die Innenseite der Banderole aufgetragen. Auch hier gehört zur Methode sowohl die eigenständige Adressierung der Banderole durch Spione als auch die Nutzung von Geheimdienst vorgefertigter Aufkleber.«

Über die Anwendung von Geheimschriftverfahren hinaus benutzte der BND auch »individuell vereinbarte Merkmale bzw. Codierungen im offenen Text oder andere äußere Kennzeichnung wie z. B. spezielle Anordnung der Briefmarken.«

Nicht nur als Meldeweg parallel zu Kurieren, toten Briefkästen und Funk wurde der Postverkehr genutzt, sondern – laut Lagebeurteilung der Hauptabteilung II des MfS – auch als erstes Kontaktmittel und Anbahnungshilfe: »Aktuelle Erkenntnisse belegen, daß imperialistische Geheimdienste zunehmend den Postverkehr mißbrauchen, um Werbungsangebote und erste Instruktionen an Zielpersonen, vor allem aus sicherheitsrelevanten Bereichen und Territorien der DDR, zu übermitteln. Überwiegend handelt es sich dabei um ausgewählte Werbekandidaten, die über keine Reisemöglichkeiten und mitunter über keinerlei Kontakte zu Personen im Operationsgebiet verfügen. Operativ belegt ist, daß der BND eindeutige Werbeangebote an solche Personen unter Einsatz von Kurieren im nationalen Postverkehr der DDR zum Versand bringt oder sie in bestimmten Fällen direkt in die Hausbriefkästen der Zielpersonen einwerfen läßt.«

Der gute Ruf »Alpinas« wurde durch einen Zufall weiter gefestigt. Als die Israelis mit Sprengbriefen zu arbeiten begannen und Jugoslawen gegenüber Exilkroaten in der Bundesrepublik diese Mordtechnik nachahmten, wurde im Objekt »Alpina« ein zu untersuchendes Sprengpaket zufällig neben Bakterienkulturen deponiert. Ein Chemiker bemerkte lebhafte Bewegungen der Bakterien, die aufhörten, nachdem er das Sprengpäckchen weggeräumt hatte. Bis der Stand der Technik eine weniger umständliche Entdeckung von Sprengstoffen erlaubte, wurden solche Bakterienkulturen auch in Botschaften und Konsulaten zu diesem Zwecke gehalten.

Einem Fernsehteam von Radio Bremen gewährte der BND im Herbst 1992 stolz Einblick in seine konspirativen Fertigungstechniken.[3] In der Pullacher Zentrale wurde den Journalisten ein Container vorgeführt. Der anonymisierte Spezialist des Dienstes erläuterte, wie typische Gepäckstücke als Verstecke zum Transport nachrichtendienstlichen Materials präpariert werden: Er präsentierte eine Spraydose, deren Boden in bewußt gewählter falscher Drehrichtung geöffnet werden kann, um an den vor Zollkontrollen verborgenen Transportraum zu gelangen. Zur Produktpalette von »Alpina« zählen auch Spezialbehälter, die den Durchleuchtungskontrollen an Flughäfen z. B. anstelle einer Handfeuerwaffe das Bild eines Elektrorasierapparats zeigen, oder Miniaturbehälter für Mikrofilme.

Zum Aufgabenfeld der BND-Spezialisten gehört außerdem Hilfe bei der Abwehr von Lauschangriffen und die Untersuchung erkannter Abhöroperationen. Eine Abhöraffäre hat dem BND-General Grossler, dem Vorgänger von General Schulte als Chef der Funkspionage, viel Arbeit bereitet: Am 14. Januar 1978 konnten der damalige bayerische Ministerpräsident und CSU-Chef Franz Josef Strauß und der Chefredakteur des *Bayernkurier*, Wilfried Scharnagl in der *Süddeutschen Zeitung* ein Telefongespräch nachlesen, das sie am 28. September 1976 geführt hatten. Es war der Münchner Tageszeitung auf kopiertem Formularpapier des BND zugespielt worden. »Die Lauscher wurden nie gefunden. Ein geheimer Bericht der Bundespost weiß inzwischen von ›geschnittenen Leitungen‹ im 11. Stockwerk des damaligen Wohnhauses von Strauß«, berichtete *DIE ZEIT* im März 1980,[4] nachdem auch der Bericht des Untersuchungsausschusses des Deutschen Bundestags vom 20. März 1980[5] nicht besonders erhellend war.

Der BND war sich intern nach Abschluß der Untersuchungen sicher, daß weder der beschuldigte MAD noch der Dienst selbst die Telefonate von Strauß und Scharnagel abgehört hatten. Ein östlicher Dienst, das MfS, hatte nach Pullacher Erkenntnissen mitgeschnitten und seine Ergebnisse auf BND-Papier der bundesdeutschen Presse zugespielt. Doch so recht geglaubt haben selbst die Verantwortlichen im Bonner Kanzleramt dem BND-Bericht nicht.

Erst 1992 ist durch die Erinnerungen der zuständigen MfS-Offiziere auch diese Affäre und ihr Verlauf öffentlich geworden: »Die Aktion ›Gänsebraten‹ hatte vielversprechend angefangen.

Wir hatten der Hauptabteilung III – funkelektronische Aufklärung – mitgeteilt, für welche westlichen Politprominenten wir uns besonders interessierten. Die Abhörer lieferten uns daraufhin eine Aufstellung der von ihnen mitgeschnittenen Telefonate mit kurzer Inhaltsangabe. Darin lasen wir auch von einem Gespräch zwischen Strauß und dem damaligen Chefredakteur des *Bayernkuriers*, Wilfried Scharnagl. Sie hatten sich über den Streit um angeblich oder tatsächlich verschwundene Akten im Lockheed-Skandal unterhalten ... Lockheed und alle Verdächtigungen, die sich um die Geschäftspolitik dieses amerikanischen Rüstungskonzerns rankten, waren nach wie vor eine Fälschung wert.«[6] Doch der Versuch, zugleich den BND mit einer illegalen Abhörmaßnahme und Franz Josef Strauß mit dem Geruch der Bestechlichkeit bei der Beschaffung der Starfighter-Flugzeuge für die Bundeswehr zu belasten, schlug im Hauptziel fehl. Strauß konnte die allzu dilettantischen Textfälschungen nachweisen und sich so vom Verdacht der Bestechlichkeit in diesem Fall reinwaschen.

Zwei Jahre zuvor hatte eine andere Abhöraffäre für Spekulationen gesorgt: Damals konnten der CDU-Parteivorsitzende Helmut Kohl und sein Generalsekretär Kurt Biedenkopf wesentliche Gesprächsinhalte eines Telefonats in der Tagespresse wiederfinden. Der Bundesnachrichtendienst, der mit der Untersuchung des Falls beauftragt war, glaubte schnell ermittelt zu haben, daß weder westliche noch östliche Agenten das Telefon angezapft hatten, obwohl das MfS eine Spur gelegt hatte, die amerikanische Stellen in Verdacht bringen sollte.[7] Die Manipulationen waren dergestalt plump und die Beschädigungen an der Telefonanlage so offensichtlich, daß nach dem Urteil des BND nur Amateure, etwa Privatdetektive, für die Tat in Frage kamen. Kurt Biedenkopf lebte zum Zeitpunkt der Abhöraktion getrennt von seiner Frau, die Scheidung war bereits eingereicht, und Frau Biedenkopf hatte nachweislich ein Detektivbüro mit Ermittlungen über das Privatleben ihres Gatten beauftragt. Zwar hatte sich der Detektiv damit strafbar gemacht, aber nur durch Strafvereitelung im Amt meinten BND und BND-Kontrolleure sicherstellen zu können, daß die Reputation des damaligen CDU-Generalsekretär nicht noch mehr in Mitleidenschaft gezogen wurde. Dabei entsprachen die Beteuerungen des Privatdetektivs, er habe die Mitschnitte nicht an die Presse gegeben, der Wahrheit. Das MfS hatte von Biedenkopfs Eheproblemen und dem Einsatz des Detektivs erfahren und – ausnahmsweise – vorsätzlich stümperhaft abgehört, um eine falsche Fährte zu legen.

Der Einsatz technischer Hilfsmittel ging beim BND jedoch nicht so weit wie bei den Operationen der CIA gegen die DDR. Hier zählten sogar Lügendetektoren zum Handwerkszeug der Verbindungsführer, wie eine Geheime Verschlußsache der Spionageabwehr des MfS vom April 1989 deutlich macht: »Entscheidungen über die Aufnahme bzw. die Fortführung einer Zusammenarbeit mit Agenturen werden grundsätzlich mit von einem mehrstündigen Polygraphtest abhängig gemacht... Des weiteren wurden – zum Teil resultierend aus Gegenmaßnahmen sozialistischer Sicherheitsorgane – schärfere Testbedingungen festgelegt. Die CIA geht deshalb davon aus, daß ca. 90 % aller Entscheidungen, die auf der Grundlage des Polygraphtests getroffen werden, richtig sind... Wollen wir auch künftig abgestimmt mit der HVA qualifizierte IMB im Agenturnetz der CIA plazieren, um vor allem Voraussetzungen zum Eindringen in den hauptamtlichen Mitarbeiterbestand und zur Bekämpfung agenturischer Angriffe der CIA und andere US-Geheimdienste zu schaffen, so müssen wir genau prüfen, abwägen und durchdenken, wie dies auch unter den Bedingungen des Polygraphtests möglich ist.«

17 Funkelektronik im Ausland

Funkelektronische Auslandsaufklärung betreibt der BND weitgehend von deutschem Boden aus. Um sie überhaupt stationär vom Ausland aus vornehmen zu können, sind Nachrichtendienste auf besonders enge und dauerhafte Beziehungen zum Gastland angewiesen. So wundert es nicht, daß der BND diese vor allem dort entwickeln konnte, wo er auch die ersten Auslandsresidenturen errichtet hatte. Auf einem Berg in Kreta, wo auch die U.S. Air Force eine Abhöranlage unterhielt, und am Schwarzen Meer in der Türkei fanden sich Auslandsaußenstellen der Abteilung 2. Im türkischen Samsun wurde auf einer NATO-Luftverteidigungsstellung des NADGE-Systems in Zusammenarbeit mit den Partnerdiensten aus Ankara und der USA funkelektronische Spionage getrieben. 1975, als die Regierung in Washington ein Waffenembargo wegen der türkischen Besetzung Zyperns verhängte, wurden die Amerikaner dort herausgeworfen. US-Nachrichtendienstler durften erst 1980 wieder in die Aufklärungsstationen einziehen, nachdem sie den Türken in einem Geheimvertrag gleichberechtigten Zugang zu den Ergebnissen zugesagt hatten.[1]

Der BND unterhielt darüber hinaus in Taiwan auf »dem Herrschaftsgebiet von Tschiang Kai-schek . . . in den 60er Jahren die damals modernste Funkanlage der Welt. «[2]

Transatlantik- und andere Seekabelverbindungen leisten einen wesentlichen Beitrag zur internationalen Telekommunikation. Sie können durch die Verlegung parallel laufender Abhörkabel oder durch den Einbau von speziellen Wanzen für Nachrichtendienste durchaus abgehört werden, allerdings oft nur unter schwierigen Bedingungen. Zudem können solche Abhörinstallationen relativ leicht erkannt werden. Die USA haben in den 80er Jahren sogar eine U-Boot-Operation durchgeführt, um ein von Murmansk ausgehendes Seekabel der Sowjetunion anzuzapfen, und 1983/84 wiederholten sie eine solche Aktion bei Wladiwostok.

In Spanien und Portugal befinden sich zentrale Knotenpunkte von Seekabeln: Das Seekabel Libanon und das Seekabel Libyen laufen bei Bari zusammen und von dort aus – als Verbindung zwischen Spanien und Nahost – weiter zur spanischen Mittelmeerküste. An der spanischen Atlantikküste kommen bei Conil die Seekabel aus den USA, Südamerika und Westafrika an, während Lissabon durch ein Seekabel mit London verbunden ist. Die Seekabel selbst sind schwer abzuhören, aber die Verbindung zwischen all diesen Seekabeln läuft über zwei Richtfunkstrecken von Conil nach Jimena und nach Gibalin in Portugal. Zusammen mit dem spanischen Nachrichtendienst betrieb der BND bei Conil nahe Cadiz eine komplexe elektronische Aufklärungsanlage mit dem Decknamen »Eismeer«, die den Fernmeldeverkehr auf diesen Richtfunkstrecken empfing und damit an der Schaltstelle aller kabelgebundenen Gespräche zwischen Nord- und Südamerika, Westafrika, Großbritannien und dem arabischen Raum saß. Wie ertragreich die Kooperation mit dem spanischen Dienst an diesem Knotenpunkt weltumspannender Telekommunikation war, suggeriert bereits der Deckname der Operation »Delikatesse«. Als sicherste Nachrichtenverbindung gilt den US-Amerikanern die von dem Electronic Security Command der Air Force betriebene Satellitenkommunikation, die Botschaften, Streitkräfte und CIA nutzen. In die drang der BND jedoch von der deutsch-spanischen Station der Cadiz ein.

Solche nachrichtendienstliche Gastfreundschaft erweisen die Spanier nicht jedem NATO-Partner. Am 16. Februar 1985 berichtete die spanische Presse von der Ausweisung von Dennis E. McMahan, dem 2. Sekretär der US-Botschaft, der als CIA-Mann in Moskau schon einmal zur unerwünschten Person erklärt worden war, und des NSA-Technikers John F. Massey, der unter militärischer Tarnung auf dem US-Stützpunkt Torrejon stationiert war. Die beiden hatten sich nicht mit dem Eindringen in die internationalen Richtfunkstrecken begnügen wollen, sondern waren am 28. Januar 1985 in der Nähe des Madrider Regierungspalastes verhaftet worden, als sie einen Lauschangriff auf die Moncloa vorbereiteten.

Hilfe durch Weitergabe von ELOKA-Erkenntnissen an Partnerdienste oder an zeitweilig Verbündete gehört zur Routine aller Nachrichtendienste. So hat die UdSSR im Falkland-Krieg Argentinien mit Satellitenaufklärungsergebnissen unterstützt und das MfS Chiles Allende vor dem von den USA unterstützten Putsch Pinochets im September 1973 gewarnt, weil es durch seine Funkspionage »aus nachrichtendienstlichen Quellen«[3] (MfS-Chef Markus Wolf) von den amerikanischen Absichten erfuhr.

Nicht immer können die Empfänger solcher Geschenke auch sicher sein, daß sie richtig informiert und nicht desinformiert werden. Im ersten Golfkrieg unterstützten die USA regelmäßig ihren Verbündeten Saddam Hussein mit Aufklärungsergebnissen der CIA, später jedoch auch den Iran. Dieser jedoch erhielt falsche Informationen, um den durch die geheimen US-Waffenlieferungen entstandenen Vorteil wieder einzuschränken. Die Iraker wiederum beklagten, sie hätte den Ölhafen Fao an der kuwaitischen Grenze nur aufgrund irreführender US-Aufklärungsberichte verloren. Die CIA dementierte die gezielten Fehlinformationen, während andere Geheimdienstquellen in Washington differenzierter argumentierten: Man habe dem Iran falsche Daten über irakische Truppenstärken zukommen lassen, um ihn von einem Angriff abzuhalten; dagegen sei der Irak nicht falsch, sondern allenfalls unvollständig informiert worden.[4]

Die irakischen Geheimdienste werfen ihren ehemaligen Verbündeten bei CIA und BND auch vor, bereits in der Endphase des ersten Golfkrieges zugunsten des Kriegsgegners Iran das aus der engen Kooperation erwachsene Wissen weitergegeben zu haben: Durch ein iranisches Einsatzkommando wurde 1987 die aus der Bundesrepublik importierte Abhörzentrale im Bagdader Fernmeldeministerium gesprengt. Das Überfallkommando der Mullahs wußte dabei genau, in welchen Räumen des Hochhauses die Lauschzentrale residierte.

Der BND verteilt seine Kenntnisse aus der Ausbeute der technischen Hauptabteilung 2 freigebig an viele seiner etwa 150 Partnerdienste. Besonders enge Freunde bekommen überdies eigene fernmeldeelektronische Aufklärungsgeräte aus Pullach. Im Sommer 1988 z. B. wurde vom BND mit einem Schiff via Zypern eine hochmoderne Aufklärungsanlage einschließlich Computerhard- und -software an christliche Gruppen in Beirut zur fernmeldeelektronischen Aufklärung des arabischen Raumes geliefert. Der BND wartet diese Anlage und kopiert die Ergebnisse.

Dem pakistanischen Partnerdienst vermittelten die Pullacher aus Bundeswehrbeständen im April 1986 eine funkelektronische Aufklärungsstation[5], Argentinien, Saudi-Arabien, Südafrika und Nigeria sind weitere Empfänger solcher nachrichtendienstlichen Hörhilfen. Libyens Ghaddafi erhielt vom BND sogar eine verbunkerte Telefonabhörzentrale und entsprechende Ausbildungsunterstützung für seine Elektronik-Spitzel.

Insgesamt schätzen Insider die Zahl der ausländischen Nachrichtendienste, die sich nicht an die USA wenden wollten und daher im Einvernehmen mit dem BND die qualitativ gleichwertige Spionageelektronik der deutschen Industrie kauften, auf über 100. Diese Länderliste ist nicht ganz deckungsgleich mit der Liste der Partnerdienste, weil deutsche Abhörelektronik auch an zahlreiche Staaten in der Dritten Welt ging, zu deren Diensten der BND ansonsten wegen des Mangels an nachrichtendienstlichem Ertrag keine weiteren Beziehungen unterhält. So hat beispielsweise der ugandische Diktator Idi Amin mit Beihilfe des Ex-BNDlers und damaligen bayerischen Staatsschutzchefs Langemann in den 70er Jahren Abhörgeräte erhalten.[6]

»Telefunken System Technik (TST), Rohde & Schwarz, Standard Elektrik Lorenz (SEL) und Siemens spielen eine Schlüsselrolle auf dem diskreten, aber blühenden Markt der elektronischen Kriegführung sowohl auf heimischen wie auf Exportmärkten«, meldete die US-Fachzeitschrift *Defence Electronics* im November 1991 und gab überdies einen Einblick in die Spezialgebiete der Einzelfirmen. Die DASA-Tochter TST fertigt land-, see- und luftgestützte Aufklärungssysteme, Rohde & Schwarz in München ist auf Peilsysteme, Funküberwachung und Antennenbau spezialisiert, und Siemens liefert nicht nur Bauteile, sondern entwickelt auch über Siemens Plessey Aktivitäten in britischen Aufklärungsstellungen.[7]

Die Produktion und der Export von Aufklärungssystemen für den Bedarf der Streitkräfte, Auslandsnachrichtendienste und innerstaatlicher Überwachungsapparate wird selbst in der militärischen Fachpresse kaum öffentlich gemacht, obwohl die Systeme weltweit weitgehend aus den Militärhaushalten finanziert werden. Bei dem für die Jahre von 1981 bis 1989 vom Bundeswirtschaftsminister genehmigten Export von »Elektronik wie Computern, Radar und Chiffriergeräten (Wert: etwa 500 Millionen Mark)«[8] in den Irak weist allein der Begriff »Chiffriergerät« darauf hin, daß die Bundesrepublik in großem Umfang nachrichtendienstliche Technik exportiert hat.

Dabei wurde nicht nur der Irak bedacht: So hat wiederum die Firma Rohde & Schwarz 1991 an die chinesische Regierung Antennenanlagen vom Typ PA 055 zur Lokalisierung von in Autos untergebrachten Wanzen geliefert, mit deren Hilfe die Fahrten von Diplomaten und Journalisten von Hausdächern aus verfolgt werden können. Das Münchener Unternehmen bildete im Herbst 1991 überdies vier chinesische Geheimdienstler an diesen Geräten aus. Obwohl nach dem Massaker auf dem Tienanmen-Platz durch einen Beschluß des Bundestages und eine EG-Resolution der Export militärisch verwendbarer Güter verboten war, erteilte das Bundesamt für Wirtschaft eine Exportgenehmigung, da die Chinesen versicherten, sie würden die Elektronik zum Ausbau des zivilen Kommunikationsnetzes verwenden.[9]

Die Ermittlungen des NDR-Magazins *Panorama* in der CERBERUS-Affäre um die Beschaffung eines Störsenders für das Kampfflugzeug TORNADO ergaben im Juli 1990, daß ein Spitzen-Experte der Bundeswehr für elektronische Kampfführung 1985 und 1986 an die deutsche Botschaft in Peking gekommen ist, daß er noch 1990 dort weilte und über enge Kontakte zum BND verfügt.[10]

Bei der Lieferung politisch sensibler Spionagetechnik war es in der Regel der Bundessicherheitsrat, der die Ausfuhr genehmigte, während der BND in der Regel für die praktische Durchführung sorgte. Die weltweiten Lieferungen nachrichtendienstlicher Technik konnten an den Pullachern mit ihrem flächendeckenden Netz von Partnerdiensten nicht vorbeigehen. Vor diesem Hintergrund ist auch der Fall des 1976 verschollenen Geschäftsführers der Micro Electronic GmbH & Co KG, Erwin Reichenberger, neu zu bewerten, der als Minispion-Hersteller u. a. den britischen Geheimdienst sowie Kunden in Griechenland, Südamerika und in den arabischen Ländern belieferte. Der Geschäftsmann, gegen den die Hamburger Staatsanwaltschaft wegen seiner Exporte ermittelte, wurde zuletzt 1978 in einem Bagdader Gefängnis gesehen.[11]

Diese Ausrüstungshilfe des BND, insbesondere bei der Bereitstellung angeblich modernster Chiffrier- und Dechiffriertechnik, weist die branchenübliche Doppelbödigkeit auf. So ist der Auslandsnachrichtendienst der Bundesrepublik in der Lage, die chiffrierten Verbindungen von mehr als einem Dutzend belieferter Länder zu entschlüsseln, zu denen unter anderen Italien, Japan, Pakistan, Israel und Libyen gehören. Er gewinnt daraus sogenannte »Gelbstrich«-Informationen, die auch innerhalb des BND als besonders sensibel behandelt werden.

Auch auf diesem Gebiet erbringt der BND regelmäßig Dienstleistungen für seine Partnerdienste. Nach Informationen der Tageszeitung *DIE WELT* hat der US-Geheimdienst sein Rohmaterial aus dem verschlüsselten Fernmeldeverkehr zwischen dem libyschen Volksbüro in Ostberlin und Tripolis – welches zur Aufdeckung der Anschläge auf den Flughäfen Rom und Wien 1985 und auf die von US-Soldaten besuchte Diskothek »La Belle« in Westberlin am 5. April 1986 dienen sollte – dem BND zum Code-Knacken überlassen. Die Spezialisten des BND entschlüsselten den libyschen Code und sollen so den USA bestätigt haben, daß das libysche Volksbüro den Anschlag auf die Diskothek am Vortage angekündigt hatte.[12]

Bereits in den 60er Jahren hatte die CIA den Vorsprung der Briten auf dem Sektor der Abhörtechnik eingeholt, und die Gründung der NSA führte bei den Geheimdiensten der USA zu weiteren Technologieschüben. Der Journalist Bob Woodward machte in »Geheimcode Veil« deutlich, daß insbesondere Joint-ventures der beiden Agenturen den Vereinigten Staaten vorher undenkbare Spionagemöglichkeiten eröffneten: »Ende 1983 arbeiteten an etwa einem Drittel der US-Botschaften im Ausland solche Gemeinschaftsteams aus CIA und NSA. Oft nur zwei oder drei Mann stark, arbeiteten die Teams unter strengster Geheimhaltung und verbanden das technische Expertenwissen der Leute der NSA mit den eher praktisch orientierten und Mut erfordernden Aktionen der CIA-Agenten. Die Teams wurden Special Collection Elements oder Special Collection Sites genannt und lieferten hervorragendes Nachrichtenmaterial, besonders wenn die US-Botschaft günstig auf einem Hügel gelegen war oder in der Nähe des Außen- oder Verteidigungsministeriums und anderer wichtiger Ministerien oder Amtssitze des Gastlandes.«[13] Anders als Woodward suggeriert, ging es der Agency nicht nur um die Ausspähung von Einrichtungen des Gastlandes. Hinweise auf die »special collection« hatte die Spionageabwehr der DDR in Kairo schon seit längerer Zeit. Der ägyptische Geheimdienst hatte ein Objekt in günstiger Lage zur Botschaft der DDR mit weitgehender Unterstützung der CIA ausgebaut und offensichtlich für umfangreiche Lauschangriffe auf die DDR-Botschaft genutzt. Doch auch nachdem der Lauschangriff von der HVA erkannt worden war, ließ sich nicht feststellen, wie groß die Beute der ägyptisch-amerikanischen Operation war.[14] Die neue Technik hinterließ keine Spuren im Objekt: »Telefonleitungen und Zimmer konnten abgehört werden, ohne daß es eine physische Verbindung gab oder jemand vorher in den Raum eingedrungen war. Gespräche im Zimmer konnten über das Fenster abgehört werden, indem man die Schwingungen des Glases mit einem kleinen, unsichtbaren Strahl maß. Der Strahl ging von einem mehrere hundert Meter entfernten

Sender aus, wurde im spitzen Winkel vom Fenster zurückgeworfen und von einem ebenfalls einige hundert Meter entfernten Empfänger aufgenommen und verstärkt. Eine andere Methode hatte man Ende der 70er Jahre beim US-Nachrichtendienst entwickelt: das Mikrophon eines ganz normalen, aufgelegten Telefonhörers gab schwache Impulse durch die Leitungen weiter, die isoliert und in Ton umgewandelt werden konnten. Wer sich Zugang zu den Telefonleitungen verschaffen konnte und die entsprechende hochentwickelte Ausrüstung zur Verfügung hatte, konnte das in den Telefonhörern aller Zimmer und Büros eingebaute Mikrophon als Wanze benützen.«[15] Diese sogenannte Harmonika-Wanze, Stückpreis DM 2 700, kann von einem Telefon aus aktiviert werden und überträgt dann nicht nur die Telefongespräche, sondern alle Geräusche aus dem Zimmer.

Die Ergebnisse der »special collection«, insbesondere die Erfolge mit der Technik des reflektierten und umgewandelten Laserstrahls, welche von zahlreichen US-Botschaften aus angewandt und ständig technisch perfektioniert wurde, veranlaßten den Washingtoner CIA-Chef Casey, immer mehr von seinen Agenten zu verlangen – und dies insbesondere im Hinblick auf den seit 1985 zum Aufklärungsziel Nr. 1 avancierten libyschen Staatschef Ghaddafi. Da es in Tripolis jedoch keine US-Botschaft gab, konnte die CIA mit ihrer »special collection« nicht selbst in Libyen operieren. So wandte sie sich im Jahre 1986 mit der Bitte um Unterstützung an den Partnerdienst, dem man die besten Verbindungen zu Libyen zutraute: den BND. Die Agency wollte die neue Technik in mindestens drei Ländern einsetzen, in denen die USA selbst nicht mit Auslandsvertretungen oder -residenturen präsent waren. Daraufhin beantragte der BND beim Auswärtigen Amt die Errichtung von Auslandsresidenturen in diesen Ländern mit Priorität für Libyen, um für die CIA diese Maßnahmen zu realisieren und natürlich an den Ergebnissen zu partizipieren.

Bereits im Herbst 1986 stand in Pullach fest, wer als Resident nach Tripolis gehen sollte. Eingeweihte im »Camp Nikolaus«, die jedoch nichts von dem CIA-Auftrag wußten, waren über die neue Residentur in Nordafrika verwundert, weil sie sich kaum vorstellen konnten, was der libysche Geheimdienst an Partnerleistungen einbringen könnte – außer Tips zum Terrorismus. Und man hatte große Zweifel daran, daß Ghaddafis Nachrichtendienstler ihr Wissen über die RAF herausrücken würden. Anfang 1987 war dann die BND-Residentur in Tripolis etabliert. Die CIA überließ dem BND als Dankeschön für die Amtshilfe eine umfangreiche Sammlung von Tonaufzeichnungen in der exotischen Sprache Amharisch. Dem Pullacher Dienst traute sie wegen seiner langjährigen Präsenz in Äthiopien die Analyse des Funkverkehrs in einer dort verwendeten Sprache zu. Und dem BND gelang zur beiderseitigen Zufriedenheit die Auswertung der Tonbänder, wie die CIA später vermerken konnte.

Inzwischen sind die »Harmonika«-Wanze (TRM 3130), eine digitale Telefonüberwachung mit Aufzeichnung (TRM 3330) oder das Laserraumüberwachungssystem auch bei einer Hamburger Spezialfirma erhältlich – nur für den Export, versteht sich. »Sie müssen einen geheimen Überwachungsauftrag durchführen, sind aber nicht in der Lage, den entsprechenden Raum betreten zu können, um dort einen Abhörsender zu plazieren. Die Lösung Ihres Problems ist unser Laser-Raum-Überwachungssystem TRM 7800. Mit diesem System ist es jetzt endlich möglich, auch von außerhalb des Gebäudes eine Überwachungsaktion unbemerkt durchzuführen«, informiert der Firmenprospekt seine Kunden, zu denen auch der Bundesnachrichtendienst zählt.

Durch die legale Residentur des BND in Tripolis wuchsen auch die Erkenntnisse aus Ghaddafis Reich in militärpolitischer Hinsicht, wie der Tagesbericht des BND vom 26. August 1987 zeigt:
»1. Persischer Golf: Lagebericht
Iran – Libyen: Mögliche Weitergabe akustischer Minen
Libyen könnte dem Iran modernste magnetisch-akustische Seeminen geliefert haben. Ein militärischer Transportflug der Libyer soll diese Woche in den Iran abgehen. Aus Meldungen geht hervor, daß am 23. August keine iranischen Flugzeuge auf den Flugplätzen von Tripoli standen. (Geheim – sensitiv – NF REL FRG)

Kommentar: Der Iran verfügt über ausreichend Kontaktminen und kleine Boote und hätte wahrscheinlich seine Flugzeuge nur dann nach Libyen geschickt, wenn Tripoli modernere magnetisch-akustische Minen von der Art derjenigen liefern würde, wie sie 1984 im Roten Meer zum Einsatz kamen. Solche Minen, die am Grund liegen und von Schall- und Magnetwellen von Schiffen gezündet werden, wären schwerer zu orten und zu räumen. Der Iran verfügt allerdings über keinerlei Erfahrung mit dieser Art von Minen, und libysche Unterstützung wäre in gewissem Umfang erforderlich. Die Flugzeuge der Iraner könnten anstelle von Tripoli Flugplätze in Tobruk oder Sirte anfliegen, damit sie nicht entdeckt werden. (Geheim – NF REL FRG) . . .

8. Internationale Kurzberichte

Aus Berichten geht hervor, daß Libyen den Flugplatz von Aozou im Tschad verstärkt. Verstärkung durch. . . 2 Flogger-Kampfflugzeuge, 9 Hind-Hubschrauber . . ., Raketenabschußbatterie, leichte Infanteriebrigade, um den Flugplatz zu verteidigen oder Dörfer anzugreifen. (Geheim – NF REL FRG). «

Dem Fachmann erschließt sich die Herkunft der BND-Informationen schnell: Die Informationen, die am 26. August in Bonn über die Lage am 23. August vorliegen, können nicht aus Agentenmeldungen stammen, sondern sind der schnellen elektronischen Aufklärung zu danken.

18 Auswertung und Prognosen

Die Abteilung 3 des BND verarbeitet das Informationsaufkommen aus allen offenen und den folgenden nachrichtendienstlichen Quellen des BND:
- aus den nachrichtendienstlichen Operationen (mit relativ geringem Informationsaufkommen),
- aus der fernmeldeelektronischen Aufklärung (mit dem höchsten, aber in der Qualität oft fragwürdigen Informationsaufkommen),
- aus Partnerdienst-Beziehungen,
- aus den Meldungen der Residenturen,
- aus dem Aufkommen der Quellen,
- aus der Amtshilfe anderer Dienste in der Bundesrepublik,
- aus dem ertragreichen rezeptiven Bereich der Post- und Fernmeldekontrolle und
- aus der Dechiffrierung ausländischer Verbindungen (»Gelbstrich«-Informationen).

Zu Beginn der 70er Jahre schätzten Experten, daß das Informationsaufkommen für die Auswertung des BND zu je einem Viertel aus offenen Quellen wie Presse oder Fernsehen und aus den Berichten der diplomatischen Vertretungen stammt, zu 30 Prozent aus Berichten der Militärattachés und nur zu 20 Prozent aus der Nachrichtengewinnung des BND selbst. Agenten-, Foto- oder Gesprächsaufklärung hätten am Schnittpunkt der Ära Gehlen/Wessel nur mehr ergänzende Funktion gehabt.[1]

Eine 1989 von einem Mitarbeiter des Beauftragten für die Nachrichtendienste im Bundeskanzleramt vorgelegte Übersicht über die Nachrichtendienste quantifiziert die Materialbasis ähnlich.[2] Bei den 20 Prozent aus geheimen Quellen geschöpften Materials dominieren hier die Ergebnisse aus der elektronischen Spionage mit mindestens 75 Prozent, während 20 Prozent aus der rezeptiven Beschaffung über das Befragungswesen und über die Post- und Fernmeldekontrolle stammen und allenfalls fünf Prozent von menschlichen Quellen, vorwiegend von Agenten, kommen. Damit stammt insgesamt nur etwa ein Prozent aller in die Auswertung gehenden Materialien aus der menschlichen Spionage. Zu den offenen Quellen gehört auch die Nutzung aller wesentlichen Nachrichtenagenturen, die der BND abonniert hat. Lediglich die sowjetische Nachrichtenagentur TASS wurde schwarz abgehört.

Für die Schweiz erklärte die Geschäftsprüfungskommission des Nationalrats in einem Geheimbericht vom Dezember 1980, daß der Nachrichtendienst 60 Prozent des Nachrichtenbedarfs aus öffentlich zugänglichen Quellen decke, während 30 Prozent der Informationen mit geringem Risiko und 10 Prozent mit erhöhtem Risiko gewonnen würden. »Die außerordentliche Nachrichtenbeschaffung ist mit großem Risiko verbunden. Es wird nötigenfalls die Verletzung fremder Rechtsordnungen mit allen ihren Folgen in Kauf genommen ... Die Beschaffung der letzten 10 % der benötigten Nachrichten kann jedoch sehr wichtig sein: als Austauschmaterial an der Nachrichtenbörse und – bei erhöhter Bedrohung – für die eigene rechtzeitige Vorwarnung.«

Bei den operativ beschafften Informationen werden die Zuverlässigkeit der Quelle und der Wahrheitsgehalt des Quelleninhalts in der Auswertung nach unterschiedlichen Sechserrastern bewertet (siehe Kasten).

Die Auswertungsergebnisse finden ihren Niederschlag in verschiedenen Berichten, dem BND-Tagesbericht für das Bundeskanzleramt, monatlichen oder anderen periodischen Berichten zu Standardthemen der Aufklärung sowie Einzelberichten zu von den verschiedenen Bedarfsträgern geforderten Einzelbeschaffungsaufträgen. Hauptbedarfsträger sind das Bundeskanzleramt, das Auswärtige Amt und das Bundesministerium der Verteidigung, regelmäßig bedient wird – beziehungsweise wurde – aber auch das Wirtschafts- und Innenministerium sowie das Ministerium für innerdeutsche Beziehungen. Neben weiteren Ministerien und Bundesbehörden gehen bestimmte Berichte auch an einzelne Politiker, darunter den Oppositionsführer im Bundestag.

Zuverlässigkeit der Quelle:
- A = zuverlässig (completely reliable)
- B = allgemein zuverlässig (usually reliable)
- C = ziemlich zuverlässig (fairly reliable)
- D = nicht immer zuverlässig (not usully reliable)
- E = unzuverlässig (unreliable)
- F = kann nicht beurteilt werden (cannot be judged)

Wahrheitsgehalt des Quelleninhalts
- 1 = von anderer Seite bestätigt (confirmed by other sources)
- 2 = wahrscheinlich zutreffend (probably true)
- 3 = möglicherweise zutreffend (possibly true)
- 4 = zweifelhaft (doubtly true)
- 5 = unwahrscheinlich (improbably true)
- 6 = unbewertbar (truth cannot be judged)

Was der BND jedoch nach Bonn liefert, findet dort nicht immer die richtige Resonanz. Zur Kontrolle des BND, so formulierte Josef Joffe im Dezember 1991, »gehört auch ein Respekt vor der Institution, den der BND in Bonn nicht genießt oder nicht bekommt. Einmal in der Woche darf der Chef im Bundeskanzleramt vortragen – auf untergeordneter Ebene . . . Wer seinen Zuarbeitern keinen Respekt zeigt, darf sich nicht wundern, wenn die in einen müden Trott verfallen oder eigene Süppchen kochen.«[3]

Glaubt man einer Geheimen Verschlußsache der Spionageabwehr des MfS vom April 1987, dann würzt der BND sein Süppchen auch mit einer Zutat aus der nachrichtendienstlichen Giftküche, der Desinformation; »denn die imperialistischen Geheimdienste beschaffen und analysieren nicht nur Erkenntnisse über unser Land, sondern sie filtrieren sie auch und wählen aus, welche Informationen in die Entscheidungsfindung ihrer Regierungen eingehen. Und das geht einher mit gezielten Verfälschungen und Verzerrungen, deren Auswirkungen oft bis in die zwischenstaatlichen Beziehungen zu spüren sind. «

Die Abteilung 3 Auswertung hatte 1988 fünf Unterabteilungen, die UA 31 für zentrale Aufgaben wie Gesamtlage und Berichterstattung, UA 32 Auswertung Politik mit acht länder- bzw. regionbezogenen Referaten, UA 33 Auswertung Militär mit ebenfalls acht geographisch orientierten Referaten, UA 34 Auswertung Wirtschaft mit sechs und UA 35 Auswertung Technik und Wissenschaft mit vier Referaten (siehe die Übersicht auf Seite 57 f.).

Die in der Traditionslinie der Abteilung »Fremde Heere Ost« liegende Schwerpunktarbeit des BND bei der Militäraufklärung im Zusammenwirken mit der Bundeswehr wurde in der Unterabteilung 33 analytisch bearbeitet.

Diese Unterabteilung 33 war ausschließlich mit militärischen Angelegenheiten befaßt und dementsprechend mit Soldaten der Bundeswehr besetzt. Ihre Gliederung vom Oktober 1984 zeigt folgende Referatsbesetzungen:

33 A	Grundsatzfragen	Oberst i. G. Krause, Luftwaffe
33 B	Indikationszentrum	Kapitän zur See Livonius, Marine
33 C	Gesamtlage	Oberst i. G. von Rensen, Heer
33 D	Ost	Oberst i. G. Sand, Heer
33 E	West	Oberst i. G. Hitz, Heer
33 F	Übrige Welt	Oberst i. G. Bahr, Heer
33 G	Transport/Verkehr	Oberst i. G. Somnierer, Luftwaffe
33 H	Land	Oberst i. G. Pfundstein, Heer
33 I	Luft	Oberst i. G. Kampfmann, Luftwaffe
33 K	See	Kapitän zur See Mehner, Marine

Bemerkenswert bei dieser Referatsbesetzung ist zum einen der Teilstreitkraftproporz (viermal Heer, dreimal Luftwaffe, zweimal Marine), zum anderen die hohe Dotierung der Dienstposten mit den Besoldungsgruppen A 16 bzw. B 3 sowie die Tatsache, daß es sich bei den Auswertern durchweg um ausgebildete Generalstabsoffiziere handelt.

Die Militäraufklärung des BND im Zusammenwirken mit der Bundeswehr war auf gutem Stand. Die G2-/A2-Handbücher, die als Frucht dieser gemeinsamen Aufklärung bei den Bundeswehrdienststellen einliefen, lieferten detaillierte und exakte Informationen über die Friedensdislozierung der gegnerischen Streitkräfte. So konnte zum Beispiel die Stationierung von neuen HIND-Kampfhubschraubern zum sowjetischen Fliegerhorst in Parchim nach Zahl und Einsatzbereitschaftsstand zum Ende der 70er Jahre präzise angegeben werden. Zwar unterstellten insbesondere die Sowjets ihre Verbände ständig wechselnden Großverbänden und ließen Truppenteile über Übungsplätze und durch Kasernen rotieren, aber die Anwesenheit eines neuen sowjetischen Panzerbataillons an einem neuen Standort blieb den westdeutschen Aufklärern nie lange verborgen. Die Kriegsplanungen der Warschauer Vertragsstaaten jedoch konnten aus der Friedensdislozierung nicht erschlossen werden, und keine Innenquelle verschaffte dem BND und der Bundeswehr jemals Klarheit über die operativen Absichten des Vereinigten Oberkommandos. Sie mußten weitgehend durch Analyse und Interpretation der Friedenserkenntnisse gewonnen werden.

So beklagten NATO-Militärs häufig eine Erkenntnislücke, die jedoch nicht aus einem Mangel an Ausklärungsergebnissen resultierte. Die Beschäftigung mit den technischen und personellen Aufklärungskapazitäten der NATO-Staaten überzeugt schnell vom Gegenteil: Die National Security Agency der Vereinigten Staaten mit ihren fast 500 000 Mitarbeitern in aller Welt druckt täglich alle Erkenntnisse aus, die der Zentrale über Satellitenkommunikation zugehen: Papier mit 60 Tonnen Gewicht. Zahlreiche weitere Dienste – von der CIA bis zu den einzelnen Nachrichtendiensten der Teilstreitkräfte – ergänzen dieses Lagebild.[4] Nicht im Mangel an Information liegt also das Problem, sondern im Überfluß. Bei der Selektion aus der Informationsflut wird nicht mit analytischem Kalkül, sondern auf zweifach ineffektive Weise vorgegangen: Zum einen listet man Informationen gleicher Art rein additiv in Tabellen auf, statt sie und ihr Umfeld zu reflektieren; zum anderen werden bestimmte Informationen nach vorurteilsbehaftetem Erkenntnisinteresse aus der Flut gepickt.

Für die BND-Auswerter hatten Technik, Wissenschaft und Industrie (TWI) ausländischer Staaten wachsende Priorität, weil diese Faktoren das Rüstungs- und Wirtschaftspotential sowie den außenpolitischen Spielraum der Industrienationen in Ost und West, aber auch der Schwellenländer der Dritten Welt bestimmen. Der langjährige Leiter der zuständigen Unterabteilung, Deckname Dr. Grenzenberg, hat den Rahmenauftrag und die Schwerpunkte dieses Bereichs dienstintern so dargestellt: »35 forscht und entwickelt nicht selbst, sondern beobachtet TWI-Potential und -Aktivitäten fremder Staaten, soweit sie die Sicherheitslage der Bundesrepublik Deutschland bestimmen oder künftig bestimmen können; wertet dazu operativ, rezeptiv und technisch beschaffte Nachrichten und offen zugängliche Informationen aus, um in Form von Meldungen, Aufzeichnungen, Vorträgen und Beratungen den Bedarfsträgern die von ihnen benötigten Erkenntnisse und Entscheidungshilfen zu liefern.

Die Arbeit einer TWI-Auswertung muß sich notwendigerweise auf geographische und fachliche Schwerpunkte konzentrieren. Im Rahmen des Auftrags der Bedarfsträger dient die Arbeit von 35 vornehmlich folgenden Zwecken:

- Analyse rüstungstechnisch kritischer Gebiete von Wissenschaft und Technik der WP-Staaten, vor allem der UdSSR, für Beiträge zur Feststellung der Bedrohung und zu Bedrohungs-Prognosen (Hauptabnehmer BMVg FüS und Rü). In diesem Zusammenhang ist besonders der Beitrag zu den NATO-Dokumenten MC 161 und MC 265 zu erwähnen; der nationale Beitrag zu letzterem wird allein von 35 (im Auftrag von BMVg) erarbeitet.
- Technische Informationen an die für eigene rüstungstechnische Entwicklungen zuständigen Stellen (BMVg und nachgeordnete Stellen einschließlich Industrie). 35 ist beratend in Studiengruppen und Fachausschüssen vertreten.
- Ermittlung von Spitzenleistungen, vor allem der RGW-Staaten, in Wissenschaft und Technik, die politisch und wirtschaftlich von diesen Staaten genutzt werden oder genutzt werden können, z. B. in Form von Kooperationsangeboten (Hauptabnehmer AA, BMFT, BMWi).

– Ermittlung von wissenschaftlich-technologischen Lücken der RGW-Staaten. Technologietransfer West – Ost und mögliche militärische und wirtschaftliche Folgen (Hauptabnehmer AA, BMVg, BMWi).
– Beratung des BMWi in Embargofragen und bei Erstellung der COCOM-Listen ...

Schwerpunkte fachlicher Arbeit:
Wissenschaftspotential, Technologietransfer West – Ost, Embargo-/COCOM-Umgebung;
Kerntechnik und Kernwaffentechnologie, Non-Proliferation;
Physikalische Fortschrittsgebiete, z. B. Halbleitertechnologien, LASER (mil. Nutzung; Strahlwaffen), alternative Energien;
Raumfahrttechnik, Weltraumaktivitäten;
Geotechnik, Meerestechnologie;
Wehrmedizin, Gesundheitswesen;
Biologische Kampfmittel, Seuchenlage, Toxikologie, Pharmazie;
Chemische Kampfmittel, ABC-Schutz, Explosivstoffe, Umweltschädigungen (insbesondere grenzüberschreitende);
Werkstoffe für besondere Beanspruchungen;
Flugzeug- und Flugkörpertechnik, strategische Waffenentwicklungen;
Technik für Feuer und Bewegung (gepanzerte und ungepanzerte Fahrzeuge, Pioniergerät, Rohrwaffen, Munition);
Ortung, Navigation und Lenkung (z. B. RADAR, SONAR, ECM, Suchköpfe von Raketen)
Fernmelde- und Datentechnik«.

Dr. Grenzenberg sieht keinen dominierenden Hauptbedarfsträger, sondern eine Vielzahl von Ressorts als Bedarfsträger, obwohl schon Schwerpunkte bei der Hauptabteilung Rüstung des Verteidigungsministeriums und bei den Führungsstäben der Bundeswehr lägen. Für die NATO erarbeitet nicht etwa die Hardthöhe, sondern die UA 35 den deutschen Beitrag zum Dokument MC 265 »Soviet Science and Technology«. Zu den Besonderheiten dieser Unterabteilung zählt aber vor allem die »Industrie als Bedarfsträger«, verbunden mit »Vorträgen bei Ressorts und Industrie und Mitwirkung in beratenden Gremien«.

Die speziellen Anforderungen an fast jeden Dienstposten in der TWI-Auswertung bringen zahlreiche Probleme mit sich. Zum einen ist das wissenschaftliche Fachpersonal oft nur schwer zu gewinnen, da zum anderen die Spezialisten nicht beliebig austauschbar sind, gibt es eine Menge unterbeschäftigter Fachleute.

Die Breite der bei UA 35 tätigen Spezialisten und Spezialistinnen wird durch die spezifischen Tätigkeitsbeschreibungen deutlich. Die Aufgabe eines Experten liegt in der »Gesamtbeurteilung der Ernährung, Land- und Forstwirtschaft in Ost, West und in den Entwicklungsländern, dabei insbesondere Beurteilung der Welternährungspolitik, der Hochseefischerei, der Ernteprognosen, der Erzeugung spezieller Produkte der Dritten Welt (Tee, Kaffee)«. Er erfüllt diese Aufgabe durch die »Beobachtung, Analyse und Beurteilung nachrichtendienstlich und offen beschafften Materials über die Ernährung, Land- und Forstwirtschaft in der UdSSR, in Ungarn, Rumänien, Jugoslawien, Bulgarien, Albanien, den asiatischen Volksrepubliken und den Staaten der westlichen Welt, insbesondere Agrarstruktur, -politik und Produktionsverhältnisse, Erzeugung von Agrarprodukten, insbesondere von Nahrungsmitteln, Maßnahmen und Verfahren zur Produktionssteigerung, Abhängigkeiten, Engpässe, Produktionsausfälle, Versorgungsstörungen, Versorgungsbilanzen, Reservehaltung«. Ein anderer Spezialist beschäftigt sich mit der »Geotechnik (Rohstoffe und Lagerstättenerkundung) und Meerestechnologie (Meeresbodenforschung und -nutzung)«. Der BND verfügt also über eine Vielzahl von Fachwissenschaftlern: »So sind z. B. mehr als 50 akademische Berufe vertreten.«[5]

Ein weiterer Experte derselben Unterabteilung konzentriert sich auf das »Sichten, Auswählen und Aufarbeiten von nachrichtendienstlich beschafftem und offenem Material (überwiegend in russischer Sprache – Leistungsstufe C –) über Einzelobjekte der chemischen Industrie, der Holz-, Zellulose-, Papier- sowie der Baustoffindustrie (mit Ausnahme der Petrochemie und synthetischen Chemieerzeugung) der kommunistischen Länder sowie der Entwicklungsländer, insbesondere über: Lage der Objekte; Produktionsstand und -entwicklung, Ausrüstungen und Anlagen, Energie-, Rohstoffversorgung, Arbeitskräfteeinsatz, Produktionsengpässe, Betriebsstörungen, Lieferungen und Bezüge chemischer Rohstoffe und Erzeugnisse der UdSSR, der DDR und der VR China nach Mengen«.

Eine technisch-wissenschaftliche Dokumentation und Information im medizinischen Bereich umfaßt »Biologie, Mikrobiologie, Toxikologie, Pharmazie, Chemie, chemische Technik, C-Kampfmittel und ABC-Schutz, Treib- und Sprengstoffe, Motorentreibstoffe und Schmiermittel, metallische und nichtmetallische Werkstoffe«.

Diese Dokumentation nutzt auch der Referent für das »Sichten, Auswählen, Aufbereiten von nachrichtendienstlich und offen beschafftem Material (überwiegend in englischer, z. T. aber in französischer und russischer Sprache) unter ingenieurmäßigen und auch wissenschaftlich-technischen Gesichtspunkten oder die für den Verteidigungsfall und für die Bedarfsträger besonders relevanten und wichtigen Gebiete der Chemie und chemischen Technik im SOWB und in den westlichen Industriestaaten, insbesondere: offensive chemische Kampfmittel einschließlich Ausbringungsmittel sowie der dabei verwandten Techniken; Brand-, Nebel-, Signal-, Sperr- und Tarnmittel; mechanischer (Filter, chemischer Dekontamination) und z. T. medizinischer (Dekont, Salben) ABC-Schutz einschließlich Nachweisverfahren für chemische Kampfmittel; internationale C-Verbotspolitik einschließlich Möglichkeiten der technischen, ökonomischen und nachrichtendienstlichen Verifikation; chemische und mechanische Wasseraufbereitung.«

Von einem anderen Spezialisten verlangt der BND das »Sichten, Auswählen und Aufbereiten von überwiegend englisch-, französisch- und ostsprachlichem nachrichtendienstlich und offen beschafftem Material unter ingenieurmäßigen Gesichtspunkten über die Fachbereiche Strahlenwaffen, Energieforschung, insbesondere Hochleistungslaser (Schwerpunkt waffentechnische Anwendungen), Plasmaphysik, MHD, thermonukleare Fusion,

Energietechnologie (außer Veredelungstechnologien für fossile Brennstoffe), Energieumwandlung, -übertragung, -speicherung (Systeme und Komponenten), Sonnenenergienutzung, Solarzellen«. Diesen Aufgaben hat er ca. 50 Prozent seiner Arbeitszeit zu widmen, während für das »Erarbeiten von schriftlichen Entwürfen für die Berichterstattung« 30 und für das »Entwerfen von Einzelaufklärungsforderungen für die Beschaffung« ca. 20 Prozent aufgewandt werden müssen.

Die Zahl der Spezialisten steht oft im Mißverhältnis zu dem Material, das für ihren Arbeitsbereich eingeht. Zwei der früheren Abteilungsleiter der Abteilung 3, Dr. Schauer und Elsässer, ließen denn auch dienstintern wissen, man könnte die Hälfte der Leute eigentlich entlassen, wenn dann nicht das Problem auftreten würde, daß in bestimmten gelegentlich auftretenden Einzelfällen der entsprechende Spezialist fehlte und nur schwer durch einen willigen Wissenschaftler einer zivilen Forschungseinrichtung ersetzt werden könne. Ein Spezialist, der sich beispielsweise mit modernen ABC-Kampfstoffen befaßt, bräuchte Jahre, um einen Wissensstand zu erreichen, welcher ihm erlaubt, zweifelsfrei zu beurteilen, welche Konsequenzen die Einführung eines Kampfstoffes in der Sowjetunion für die Einheiten der Bundeswehr hätte.

Eine überdurchschnittlich hohe Scheidungsrate sagen Insider der Abteilung 3 nach, wobei nicht selten der Scheidungsgrund am Schreibtisch nebenan saß. Die Auswerter und Auswerterinnen sind nicht in einen straffen Produktionsprozeß eingebunden und finden viel Zeit zum Umgang miteinander. Überdies sind viele Mitarbeiter und Mitarbeiterinnen auch noch in den 80er Jahren erst durch einen Mitarbeitervorschlag in den Dienst gekommen, und mancher hat seinen Vorschlag auch unter dem Gesichtspunkt persönlicher Sympathie eingebracht.

Als weiteres Problem der Auswertung stellt sich dar, was Dr. Grenzenberg das »Tal der Tränen« taufte: Die wachsende Flut von Grundlagenmaterial, das die Nutzung externer Fachwissenschaftler immer notwendiger werden ließ. Da das Image des BND den Zugang zu Spezialisten an bundesrepublikanischen Hochschulen nicht immer erleichtert, greift man lieber auf Bundesinstitute zurück, die nicht der Bildungshoheit der Länder unterstehen.

Die Hauptabteilungsleiter für die Auswertung kommen in der Regel von einem Hauptbedarfsträger des westdeutschen Auslandsnachrichtendienstes, dem Auswärtigen Amt. Ein Spitzenbeamter, der an chronischem Geldmangel litt, wurde dem BND in den 70er Jahren vom AA zugeschoben. Bereits bei seinem Dienstantritt in Pullach war seine Geldgier unangenehm aufgefallen. In seiner Umzugskostenrechnung versuchte der Bonner Beamte DM 20000 für umzugsbedingte Verluste bei seiner Katzenzucht geltend zu machen. Als die BND-Führung auf den »von außen« kommenden, und damit per se verdächtigen Beamten das Münchener Observationskommando ansetzte, wurde der tatsächliche Grund für die ständige Flaute auf seinen Konten offenbar. Der Leiter des Beobachtungstrupps meldete dem Chef der Sicherheit: »Es dürfte in der Bundesrepublik keinen Puff geben, den er nicht von innen gesehen hat.« Für jeden nachrichtendienstlichen Gegner, der seine Schwäche für Rotlichtviertel erkannt hätte, wäre er eine leichte Beute geworden.

Der *stern* berichtete im März 1979 über Kinkels Bemühungen, auf den Stuhl des Chefs der Auswertung einen Gesandten aus Washington zu setzen: »Hans Walter Schauer soll am 1. April Leiter der Abteilung III (Auswertung) und damit Nachfolger des Brigadegenerals Tzschaschel (Deckname: Tischner) werden ... Bisher hatten AA-Beamte auf dem Posten des Chef-Auswerters wenig Glück: Robert Borchardt konnte sich bei den Abnehmern von BND-Erkenntnissen in der Bonner Ministerialbürokratie nicht durchsetzen, und Jürgen von Alten wurde durch eine Intrige aus dem Amt geekelt.«[6]

Jürgen Magnus von Alten war als Vortragender Legationsrat im Auswärtigen Amt 1973 zum Leiter der Auswertung in Pullach aufgerückt. Am 19. Mai 1976 wurde er wegen des Verdachts geheimdienstlicher Tätigkeit gegen die BRD vom Dienst suspendiert; man durchsuchte seine Dienstwohnung und schob ihn schließlich auf einen unbedeutenden, aber fürstlich bezahlten Posten im Bundesdienst ab. Im Januar 1977 wurde von Alten rehabilitiert, durfte jedoch nicht in den BND zurückkehren. »Im nachrichtendienstlichen Bereich müssen wir sehr pingelig sein«, war der einzige Kommentar, der dem Geheimdienstkoordinator im Bundeskanzleramt, Manfred Schüler, zu dem Vorgang zu entlocken war.[7]

BND-Tagesberichte für Bonn – so wird vielfach gespottet – übersteigen selten das Niveau der *Neuen Zürcher Zeitung*. Wenn die Analysen aus Pullach doch einmal gute politikwissenschaftliche Arbeiten bieten – und dies nicht einmal durch Zugriff auf besonders geheime Quellen, sondern dank langjähriger Beschäftigung mit einem Thema –, werden diese Berichte von den Empfängern nicht angemessen gewürdigt. BND-Präsident Wieck klagte, daß die Akzeptanz der Pullacher Berichte in Bonn durchgängig gering sei. Dies mag damit zusammenhängen, daß die Empfänger von BND-Berichten insbesondere im Auswärtigen Amt an den geheimen Auslandsnachrichtendienst höhere Erwartungen stellen als an wissenschaftliche Institute, die ihnen politische Prognosen stellen. Ihre Beschaffungsaufträge orientieren sich ja gerade an den Lücken akademischen Wissens. Der BND aber enttäuscht diese Erwartungen, was, so BND-Chef Blum, daran liege, daß sie einfach zu hoch geschraubt seien, und zwar bei jeder Regierung.[8]

Wo der BND Analysen vorlegt, die nicht im Einklang mit den Einschätzungen staatsnaher Forschungsinstitute oder den Vorurteilen und Zielsetzungen der Regierung stehen, können Bonner Politiker unter Verweis auf den Ruf des BND solche Analysen ignorieren. So hat der Bundesnachrichtendienst 1985 eine bemerkenswert kritische Studie zum amerikanischen SDI-Programm erarbeitet. Das System sei angesichts der zahllosen technologischen Probleme nicht machbar, die deutsche Industrie werde nicht – wie versprochen – einbezogen.[9] Aus »Bündnistreue« unterstrich die Bundesregierung dennoch die »militärpolitische Vernunft« des Projekts und hielt die deutsche Rüstungsindustrie mit dem Versprechen auf Beteiligungschancen bei der Stange. Erst die Entwicklung am Ende der 80er Jahre zeigte, daß diese Prognose des BND richtig und die Regierung Kohl auf dem Holzweg war.

Am 1. August 1989 warf der damalige SPD-Vorsitzende Hans-Jochen Vogel der Bundesregierung in einem Schreiben an Bundeskanzler Helmut Kohl vor, Brasilien werde mit Hilfe deutscher Technologie in die Lage versetzt, Atomwaffen zu bauen. Falls Bonn nicht sofortige Konsequenzen zöge, käme die Bundesrepublik in eine international höchst prekäre Situation, weil sie gegen Verpflichtungen aus dem

Atomwaffensperrvertrag verstieße und der internationalen Verbreitung von Atomwaffen indirekt Vorschub leiste.

»Aus Sicherheitskreisen verlautete seinerzeit, die Bundesregierung habe aufgrund der scharfen Kritik der SPD den BND mit der Überprüfung der Angelegenheit betraut, und nach dessen Erkenntnissen könne deutschen Stellen in diesem Zusammenhang nicht der Vorwurf eines Verstoßes gegen den Nichtverbreitungsvertrag gemacht werden. Die Stellungnahme bestärke die Regierung im übrigen in ihrer Einschätzung, daß das autonome, nicht den internationalen Kontrollen unterworfene Atomprogramm Brasiliens rein zivilen Charakter habe. Den Sicherheitskreisen zufolge lagen dem BND keine Anhaltspunkte für einen militärischen Hintergrund vor.«[10]

Die internationale Atomkontrollbehörde IAEA hatte bereits im Juli 1989 kritisiert, daß Importeur Brasilien und Exporteur Bundesrepublik Pflichtangaben zum nuklearen Technologietransfer unterlassen hatten. Laut einem Bericht des Auswärtigen Amts vom 26. Oktober 1987 sind 20 Prozent der in der Bundesrepublik ausgebildeten brasilianischen Atomwissenschaftler und -techniker in das militärische Atomprogramm einbezogen worden. Die von Siemens seit 1975 nach Brasilien gelieferte Anreicherungstechnologie sei nutzlos für militärische Programme, erklärten deutsche Regierungsvertreter. Doch das brasilianische Außenministerium fiel den Deutschen in den Rücken, als es am 14. September 1988 erklärte, daß die Anreicherungsanlage ins Parallel-Programm integriert werden könne. Nach einem Bericht des Kernforschungszentrums Karlsruhe hat die in São Paulo ansässige deutsche Firma Interuhde eine Pilot-Wiederaufarbeitungsanlage an Brasilien verkauft, die jährlich 25 kg Plutonium produziert.[11]

Entweder hat der BND ihm zugängliche offene Quellen übersehen oder er hat dem Kanzler ein Gefälligkeitsgutachten geschrieben, um den Kritikern Helmut Kohls – nach den vielen bekanntgewordenen deutschen Beihilfen zur Atomrüstung in arabischen Staaten – den Wind aus den Segeln zu nehmen. Im ersten Fall könnte – zum Vorteil der Bundesrepublik – jede Nachrichtenagentur an seine Stelle treten, im zweiten Fall könnte er durch das Bundespresseamt ersetzt werden.

Die langfristige Prognosefähigkeit von Reinhard Gehlen, dem angeblich qualifiziertesten BNDler, läßt sich vor dem Hintergrund des totalen Sieges der NATO über den Warschauer Vertrag am Ende der 80er Jahre auf den Prüfstand stellen. 1971 hatte der BND-Gründer nämlich prophezeit: »Bei einer weiteren politischen Passivität des Westens ist für die achtziger Jahre, folgend aus den Leitlinien der sowjetischen Politik und auf Grund bestimmter Entwicklungen, wahrscheinlich mit einer außerordentlichen Zuspitzung der weltpolitischen Lage (nach dem ›Generationswechsel‹ in Moskau und Peking) zu rechnen. In diesem Zusammenhang sind die Führungsprobleme an der Spitze der Sowjetunion von besonderer Bedeutung. Als wichtigste Vorgänge im Verlauf der achtziger Jahre lassen sich vermuten:
– Ausschaltung der Volksrepublik China (in Form der Unterwerfung unter Einsatz militärischer Mittel) als Rivalen in der Frage der Vormachtstellung im gesamten kommunistischen Bereich, falls bis dahin die ohne Krieg angestrebte ›Eingliederung‹ nicht gelungen sein sollte.
– Steigerung der Aktivität in den Schlüsselbereichen (Westeuropa, Mittelmeerraum) mit erstrebter Einbeziehung Westeuropas und der an den Südraum der Sowjetunion angrenzenden Länder in den sowjetischen Machtbereich unter Einsatz aller Mittel des in diesen Ländern entwickelten revolutionären Kampfes und der Zersetzung.
– Abschluß aller Vorbereitungen für die entscheidende Auseinandersetzung mit den USA.«[12]

Geheimdienste werden in der Öffentlichkeit vornehmlich an ihrer Fähigkeit gemessen, weltpolitische Veränderungen – insbesondere den bevorstehenden Ausbruch von militärischen Konflikten – zeitgerecht vorherzusagen. Auch die US-Nachrichtendienste wurden in einem Hearing vom 22. April 1991 im US-Repräsentantenhaus kritisiert, weil sie den Fall der Mauer und die Veränderungen in der sowjetischen Wirtschaft und Militärpolitik nicht vorausgesehen hatten. Auf diese Vorwürfe reagierte die US-Geheimdienstgemeinde gelassen: »Jetzt und in Zukunft wird es Ereignisse wie diese geben, die sich jeder Wahrnehmung oder

Erklärung ihrer Entwicklung entziehen, den Journalisten, den Wissenschaftlern und den Nachrichtendienstlern.«[13]

Der BND war nicht über den Putschversuch gegen den sowjetischen Staatspräsidenten Michail Gorbatschow im Juli 1991 informiert. Der für die Nachrichtendienste zuständige Staatsminister Lutz Stavenhagen erklärte im August 1991, der BND habe immer regelmäßig über die krisenhafte Lage in der Sowjetunion informiert und eine Entmachtung Gorbatschows nicht ausgeschlossen. Auf eine Frage, wann genau so etwas eintreten könnte, hätte er, wie andere ausländische Nachrichtendienste auch, wohl eine Antwort schuldig bleiben müssen.[14] Selbst die indizienreichen Veränderungen in Osteuropa zum Ende der 80er Jahre wurden vom BND unterschätzt, da dieser mehr auf das Machterhaltungsstreben der sozialistischen Staatsführungen vertraute als auf die Kraft gewaltfreier Revolutionen.[15]

Diese Kernaussage, der BND habe eine bestimmte Entwicklung zwar nicht ausgeschlossen, aber ihr Eintreten auch nicht konkret prognostizieren können, gilt für viele zentrale politische Ereignisse der Nachkriegszeit. Zwar behauptet der BND, den Bau der Mauer im August 1961 vorhergesagt zu haben, tatsächlich jedoch hat er allenfalls seit 1956 solche Optionen nicht ausgeschlossen. Von dem tatsächlichen Schritt der DDR-Führung wurde er vollständig überrascht. Daher hatte er es versäumt, neue Kontaktmöglichkeiten zu seinen Quellen in der DDR auch nur zu planen.

Den Einmarsch der Truppen des Warschauer Vertrags in die ČSSR 1968 hatte der Pullacher Dienst mit Hilfe militärelektronischer Aufklärungsmittel vorausgesagt, seine Lagemeldungen wurden aber in Bonn zurückgestellt, weil die CIA keine gleichartigen Erkenntnisse vorliegen hatte und die US-Regierung bemüht war, »die Dinge wegen Vietnam herunterzuspielen«.[16] 1979 – in der Ära des BND-Präsidenten Kinkel – wurden die westlichen Nachrichtendienste auch von der sowjetischen Invasion Afghanistans überrascht.[17] 1984 lieferte BND-Chef Blum eine krasse Fehleinschätzung zur Frage der Nachfolge des sowjetischen Staats- und Parteichefs Jurij Andropow. 1981 weilte Kanzler Helmut Schmidt ohne jede Vorwarnung aus Pullach zum Staatsbesuch in der DDR, als in Polen das Kriegsrecht verhängt wurde. All diese und zahllose weitere Aussetzer des politischen Frühwarnsystems im Isartal ließen Kanzler Helmut Kohl zu demselben Urteil über den BND gelangen wie seinen Amtsvorgänger: dieser Dilettanten-Verein.[18]

Im Einzelfall kamen aus Pullach allerdings auch richtige Prognosen. Der Ausbruch des Yom-Kippur-Krieges wurde richtig vorhergesagt, weil der Partner Mossad die entscheidenden Informationen lieferte wie auch das Ende des arabischen Öl-Embargos im Sommer 1974.[19] Der Beginn des zweiten Golfkrieges am 17. Januar 1991 konnte exakt bestimmt werden, weil die USA der Angreifer waren. Gewöhnlich aber liefen die entscheidenden politischen Veränderungen an Pullach vorbei.

Die aufgelisteten Fehlurteile oder Falschprognosen des BND waren deckungsgleich mit ähnlichen Falschprognosen von CIA, Secret Service und anderen westlichen Geheimdiensten. Über die Qualität des BND im Vergleich zu seinen engsten Partnerdiensten gibt es die unterschiedlichsten Urteile. BND-Gründer Reinhard Gehlen äußerte in einem Interview mit der Zeitung *Christ und Welt* im Oktober 1974: »Für besonders gut habe ich immer die Engländer gehalten und den kleinen israelischen Dienst, auch die CIA ist nicht schlecht. Ich möchte den BND nicht einordnen. Aber vielleicht soviel: ›Wir konnten uns sehen lassen‹«.[20] Der Gebrauch des Imperfekts sollte den Tenor des Gesamtinterviews unterstreichen, welches den Titel trug: »Der BND wird ruiniert«.

Das US-Magazin *TIME* brachte im Februar 1978 einen kurzen »Spionageführer« mit der Charakteristik einiger Nachrichtendienste. Darin wurde dem französischen SDECE unterstellt, er sei von kommunistischen Agenten unterwandert und der BND wäre »großartig« in bezug auf Ostdeutschland und andere WVO-Staaten, auch wenn sein Ansehen durch das Eindringen von Ostagenten in westdeutsche Ministerien ramponiert sei.[21] Dies ist die Sicht der CIA, für die die französische KP nie so staatstragend war, daß ihr nahestehende Beamte Mitglieder des Geheimdienstes hätten sein können, und die den BND für das Versagen der Spionageabwehr, also des Verfassungsschutzes, verantwortlich machte.

Im Mai 1974 stellte sich der BND bei einem Pressegespräch selbst ein gutes Zeugnis aus. BND-Präsident Wessel behauptete, sein Dienst könne sich mit jedem anderen westlichen Dienst, auch der CIA, messen und verschaffe der politischen Führung in Bonn wertvolle Entscheidungshilfen. BND-Vize Blötz ergänzte, daß die Arbeitsergebnisse an Umfang und Qualität erheblich zugenommen hätten.[22]

Der frühere DDR-Spionagechef Markus Wolf hat dem BND ein schlechtes Zeugnis ausgestellt, die Abwehrarbeit des Verfassungsschutzes hingegen eher positiv beurteilt. In einem Interview mit der Illustrierten *Bunte* vom September 1991 erklärte Wolf, die Quellenlage des BND sei nie besonders gut gewesen. Der Verfassungsschutz dagegen sei »in manchen Dingen ganz effektiv geworden, in seinen analytischen Methoden, dem Ausrastern unserer Leute«. Mit einem Schlag hätte die DDR 30 oder 40 mühselig untergebrachte Leute zurückziehen müssen.[23]

Ist die in der Geschichte des BND unübersehbare Menge an Pannen und Fehlern einmalig unter den westlichen Diensten? War er wegen der Konfrontation mit einem anderen deutschen Geheimdienst vielleicht ungleich verwundbarer als der Geheimdienst des britischen Inselreichs oder des Tausende von Meilen entfernten Nordamerika? Pannen, Verräter und Irrtümer haben auch die anderen westlichen Nachrichtendienste aufzuweisen, nur bei weitem nicht so häufig wie der Auslandsnachrichtendienst der Bundesrepublik.

Entsteht ein verzerrtes Bild vom BND, weil jeweils Versagen und Pannen öffentlich werden, gute Routinearbeit und gelungene Geheimoperationen aber kaum in die Medien dringen und auch Zeitzeugen im BND nur über Spektakuläres und nicht über den grauen Alltag berichten? Ganz zu schweigen vom Büchern, wie »Pullach intern«, die als journalistische Produkte denselben Wahrnehmungsrastern von der Überakzentuierung des Skandalösen unterworfen sein könnten?

Gegen diese Vermutung, daß durch solche Mechanismen in der Öffentlichkeit ein einseitig negatives Bild des BND entstanden ist, sprechen die geheimen Untersuchungsberichte der jeweiligen Nachrichtendienstkontrolleure, die in die Giftschränke des Kanzleramts wanderten. Was von ihnen an die Öffentlichkeit drang, waren stets Hinweise auf strukturelle Defizite. »Der SPD-Bundestagsabgeordnete Martin Hirsch hatte am 16. Mai 1969 dem Parlament den Abschlußbericht einer Arbeitsgruppe unter seinem Vorsitz über Nachrichtendienste der Bundesrepublik Deutschland unterbreitet. Die erschreckten Abgeordneten mußten zur Kenntnis nehmen, daß die Dienste schlichtweg zu ungenügend sind, um die Sicherheit des Staats zu gewährleisten. War Martin Hirsch in seiner Analyse schon unmißverständlich genug, so übertraf ihn der einstige Staatssekretär Reinhold Mercker offenbar an peinlichen Feststellungen. In dem sogenannten ›Mercker‹-Bericht stehen nach orakelhaften Angaben der wenigen Vertrauenspersonen, die das Dokument in die Hände bekamen, Hinweise auf so katastrophale Mängel und Fahrlässigkeiten, daß es postwendend in den sichersten Panzerschränken der Bonner Regierungsbüros verschwand.«[24] Alle Untersuchungsausschüsse des Bundestags, die je mit dem BND befaßt waren – von der Guillaume-Affäre bis zum Schalck-Ausschuß –, waren durch erschreckende Einblicke in die Strukturen des BND gekennzeichnet.

Mit der Auflösung des MfS und der anschließenden Teilenttarnung ostdeutscher Agenten in westdeutschen Sicherheitsbehörden ist deutlich geworden, daß dem westdeutschen Auslandsnachrichtendienst in seinem Schwerpunktbereich außer dem Anhäufen elektronisch gesammelter Informationen nur wenig gelingen konnte. Für den Osten war der BND weitgehend durchsichtig und damit paralysiert, in der Dritten Welt allerdings, wo kaum starke nachrichtendienstliche Gegenwehr etabliert ist, hat er im System und in der Arbeitsteilung der NATO-Staaten – rein handwerklich betrachtet – seinen nachrichtendienstlichen Auftrag zufriedenstellend erfüllt.

Der Sieg des MfS über den BND war jedoch nicht verbunden mit dem Sieg der DDR über die Bundesrepublik, Sieger und Besiegte vertauschen ihre Rollen, wenn es um den Staat geht, dem sie dienten. Das immerhin macht deutlich, daß selbst ein perfekt ausgestatteter Apparat mit intelligent rekrutierten Mitarbeitern kein Garant für den Erfolg der Außenpolitik oder gar die Selbstbehauptung eines Staates ist.

19 Kosten und Rekrutierung

Ex-BND-Chef Eberhard Blum bezeichnete das Mißverhältnis zwischen Aufwand und Ertrag seines Geheimdienstes als »oft grotesk«. Bei einer Kosten-Nutzen-Analyse des Auslandsnachrichtendienstes der Bundesrepublik stellt sich zwangsläufig die Frage, wie teuer der beschränkte Nutzen des Pullacher Dienstes denn erkauft ist, die Frage nach dem Haushalt des BND. »Im Jahre 1956 betrug er etwa 23 Mio. DM, im Jahre 1960 waren es 43,4 Mio. DM und im Jahre 1970 schon 80 Mio. DM. In den folgenden Jahren betrug der Haushalt des BND laut einigen Quellen um die 180 Mio. DM jährlich; anderen Quellen zufolge sogar 450 Mio. DM. Der Haushaltsplan des BND ist geheim. Daher können alle Informationen darüber nur annähernd der Wirklichkeit entsprechen. Der wahrscheinlichste Betrag ist der von 450 Mio. DM jährlich, denn allein vom Haushalt der Bundesregierung erhält der Bundesnachrichtendienst einen Zuschuß in Höhe von 135 Mio. DM jährlich«[1], wurde 1971 geschätzt.

Offiziell beträgt der im Haushaltsplan des Bundeskanzleramts pauschal ausgewiesene BND-Titel nur etwa ein Viertel der tatsächlichen Kosten. Der *SPIEGEL* gab den Gesamthaushalt des BND im Herbst 1990 mit ca. 800 Millionen DM für 1991 an. Das Hamburger Nachrichtenmagazin nannte für 1983 jedoch annährend dieselbe Summe, 216 Millionen DM als offiziell ausgewiesene Mittel im Haushalt des Bundeskanzleramts und 600 Millionen DM, die in anderen Haushalten versteckt werden.[2] 1987 schätzte ein BND-Insider, daß die Bundeskasse jährlich eine Summe zwischen 800 und 900 Millionen DM für Pullach anweist, während unter dem Haushaltstitel 54101-019 etwa 240 Millionen ausgewiesen sind. 1991 mußte der Finanzminister etwa eine Milliarde DM für den BND ansetzen. Offiziell werden im Bundeshaushalt für dieses Jahr 228,195 Millionen DM und für 1992 227,680 Millionen DM genannt. Der offizielle BND-Haushalt ist damit im Jahre zwei nach dem Ende des Kalten Kriegs um 0,2 Prozent zurückgegangen und betrug noch 95 Prozent der offiziellen Aufwendungen im Jahr des Sieges der NATO über die WVO 1989.

DDR-Autor Julius Mader ging davon aus, daß der BND abgesehen vom im Haushalt des Bundeskanzleramts offen ausgewiesenen Teil seine Mittel aus fünf Bereichen erhielt:
» – aus in anderen Etatposten des Bundeshaushalts der BRD getarnt untergebrachten Haushalts-Kapiteln und -Titeln;
– aus Monopol- und Konzernkreisen;
– aus BND-eigenen, illegalen Waffengeschäften;
– aus Valuta- beziehungsweise Devisenmanipulationen auf schwarzen Märkten ausländischer Staaten und
– aus über den Zweiten Weltkrieg geretteten ausländischen Finanzdepots der faschistischen Geheimdienstzweige«.[3]

Im Etat des Bundeskanzleramtes, des Bundespostministeriums, des Bundesministeriums für Bildung und Wissenschaft, des Ministeriums für Innerdeutsche Beziehungen, des Auswärtigen Amts und vornehmlich im Verteidigungshaushalt, aus dem auch die Soldaten im BND finanziert werden, stecken verdeckte BND-Mittel. Die größeren Liegenschaften des BND sind – nach dem Schutzbereichsgesetz von 1956 – militärische Schutzbereiche und werden aus Mitteln der Hardthöhe gebaut und unterhalten.
Es gibt kaum ein Bonner Ressort, in dessen Haushaltsplänen nicht auch verdeckt Sach- oder Personalkosten für den Auslandsnachrichtendienst der Bundesrepublik ausgewiesen sind. Wenn mehrere hundert Millionen DM im Bundeshaushalt »versteckt« werden können, wirft dies ein bezeichnendes Licht auf das angeblich vornehmste Rolle des Parlaments, die Haushaltskontrolle. Im Juli 1989 hat die Bundesregierung in ihrer Antwort auf die Kleine Anfrage des Abgeordneten Such zu den Strukturdaten von Nach-

richtendiensten erneut erklärt, daß die Veröffentlichung von Angaben zur Haushalts- und Personalentwicklung der Geheimdienste »mit den Belangen der Sicherheitsbehörden nicht vereinbar« sei.[4] Im Gegensatz zur BND-Praxis gibt das Bundesamt für Verfassungsschutz diese Informationen neuerdings preis. BfV-Präsident Eckart Werthebach nannte 1991 für seine Behörde 2486 Beschäftigte und einen Jahresetat von 215 Millionen DM.[5]

1986 wurde bekannt, daß der BND von Privatunternehmen für die Suche nach den Giftfässern von Seveso 1983 350 000 DM erhalten hatte, von denen er 230 000 DM verbrauchte. Bundesinnenminister Zimmermann hatte die Zahlungen, die bar über sein Münchner Büro liefen, dem für die BND-Aufsicht zuständigen Bundeskanzleramt verschwiegen.[6]

Lange bevor die Privatfinanzierung des BND für bestimmte Aktionen im Interesse von Wirtschaftsunternehmen öffentlich wurde, hat der britische Geheimdienstexperte Edward H. Cookridge 1971 veröffentlicht, daß Gehlen wie sein US-Amtskollege Allen Dulles nach privaten Quellen für seinen Dienst suchte. »Dieser ließ sich seinen Geheimdienst auch durch Privatunternehmen finanzieren. Industrie, Großbanken und Versicherungskonzerne stellten dem BND diskret Geldmittel zur Verfügung.«[7]

Unter BND-Präsident Klaus Kinkel spendeten zehn deutsche Industrieunternehmen dem BND etwa 400 000 DM, um den Privatdetektiv Werner Mauss auf die Terroristenjagd nach den Mördern von Arbeitgeberpräsident Hanns-Martin Schleyer zu schikken.[8] Ein »Stilles Begräbnis für die BND-Spendenaffäre« konstatierte die *Neue Zürcher Zeitung* am 18. November 1985: »Alle Parteien waren sich im Bundestag einig, daß die Finanzierung von staatlichen Sicherheitsaufgaben durch private Mittel grundsätzlich nicht akzeptiert werden kann. Minister Schäuble versicherte, die jetzige Bundesregierung habe Vorkehrungen getroffen, daß solche Vorgänge sich nicht mehr wiederholen könnten. Doch trotz der Beteuerung, der zügige Abschluß dieses Falles sei nicht der Versuch, Peinliches möglichst schnell unter den Teppich zu kehren, wirkt die unübliche gegenseitige Rücksichtnahme der

Parteien in dieser Angelegenheit für die meisten Beobachter irgendwie verdächtig.«

In einer Fragestunde des Bundestages am 5. Dezember 1974 begehrte der SPD-Abgeordnete Hansen zu wissen, ob »der BND, wie öffentlich verlautbart, über eigenes Vermögen verfügt, das nicht im Haushalt ausgewiesen ist und damit nicht der Kontrolle durch den Haushaltsausschuß oder den Bundesrechnungshof unterliegt«? Die Parlamentarische Staatssekretärin beim Bundeskanzler, Marie Schlei, beruhigte ihn: »Der Bundesnachrichtendienst verfügt nicht über Vermögen, das nicht der Kontrolle des für ihn zuständigen Unterausschusses des Haushaltsausschusses des Deutschen Bundestages und der Kontrolle des Bundesrechnungshofes unterliegt. Beide Kontrollgremien haben vollkommene Übersicht. «

Eingeräumt hatte die Staatssekretärin damit immerhin, daß der BND über Vermögen verfügt, was sich zwangsläufig daraus ergibt, daß er mehrere Dutzend Scheinfirmen besitzt, die als GmbH seinerzeit 25 000 und heute mindestens 50 000 DM an Kapital aufweisen müssen.

Ein größeres Auslandsvermögen, das sich Gehlen laut Behauptungen aus der DDR nach 1945 verschafft haben soll, und die zitierten Devisenspekulationen wurden in Westdeutschland kaum als BND-Finanzquellen ausgemacht. Lediglich Einzelfälle in dieser Richtung sind belegt. So wurden für eine Polizeischule in Äthiopien 30 Millionen DM investiert, von denen der BND eine sechsstellige Summe zurückerhielt. Zwei BND-Spitzenbeamte zahlten das Geld auf ein Züricher Konto ein, dessen Kontostand so auf 591 188,95 Franken wuchs.[9] In dem 1992 erschienenen Buch von Mary Ellen Reese zur Frühgeschichte der Organisation Gehlen und des BND allerdings finden sich zwei neue Hinweise auf größere Finanzreserven, die der BND aus dem nationalsozialistischen Deutschland hinübergerettet haben könnte: Zum einen erklärte ein Informant, habe ein SS-Obergruppenführer Mitte April 1945 auf einer Konferenz in Deisenhofen bei München ausgeführt, daß operative Gelder des Reichssicherheitshauptamtes nach Spanien und in die Schweiz transferiert worden seien, um über die Finanzierung einer antibolschewistischen Front das Vierte Reich zu errichten.[10] Zum anderen waren Mitarbeiter Gehlens seit 1945 bemüht, in den letzten Kriegsmonaten angelegte Verstecke aufzuspüren und ihren Inhalt erneut an geheimen Orten zu deponieren. »CIC-Berichte über zum Teil umfangreiche Goldfunde legen jedoch nahe, daß es sich dabei um eher noch Wertvolleres gehandelt haben muß. (Allein bei einer kurzen Operation stellten die Amerikaner beinahe acht Tonnen Goldbarren sicher, die von den Deutschen versteckt worden waren.)«[11]

Bei der Affäre um die deutsch-israelische Connection zur Beschaffung des TORNADO-Störsenders CERBERUS wurde deutlich, daß Beträge in Millionenhöhe nicht nachvollziehbar in einer Kladde abgerechnet wurden, weil der Rechnungshof bei operativen Geldern keine Belege prüft. BND-Insider räumen auch ein, daß der Dienst Mark der DDR mit erheblichem Gewinn schwarz tauschte und so Operationen in der DDR zum Spartarif durchführen konnte. Außerdem verweisen sie auf eine mögliche weitere Quelle des BND für Gelder und Kredite: Das Bundesbankgesetz erlaube bereits vor der Abführung der Gewinne an den Bundeshaushalt Zahlungen aus Frankfurt an Behörden.

Der BND-Haushalt ist seit dem Ende der 50er Jahre stets überproportional zum Bundeshaushalt gestiegen. Die Wachstumsraten der offiziell ausgewiesenen Mittel waren sogar größer als jene des Verteidigungshaushalts. Diese Steigerungen erfolgten unabhängig von der parteipolitischen Zusammensetzung der Regierung und betrugen 1966 unter der CDU-Regierung 68 Millionen DM, 1968 – während der Großen Koalition – 70,2 Millionen DM und 1970 unter der sozial-liberalen Koalition 75,4 Millionen DM.[12]

Der offizielle BND-Etat betrug von 1972 bis 1977 zusammen 605 Millionen DM. Im gleichen Zeitraum wurde für die elektronische Kriegführung des BND eine Milliarde DM ausgegeben[13], was deutlich macht, daß auch unter der sozial-liberalen Regierung die Schere zwischen offen ausgewiesenem BND-Haushalt und den tatsächlichen Ausgaben weiter auseinanderging. Die offiziellen Ausgaben im Haushalt des Bundeskanzleramts machen aber auch deutlich, daß nach der »Wende« zur konservativ-liberalen Bundesregierung Kohl/Genscher der BND sprunghaft mehr Geld erhielt. Im Jahre 1979 betrugen die amtlichen Ausgaben noch 135 Millionen, 1983 wurde der BND-Etat auf 203,2 Millionen DM erhöht, was eine Steigerungsrate von 12,1 Prozent gegenüber dem Vorjahr bedeutet.[14]

Was Agentenlöhne betrifft, so geben Umworbene in der DDR an, der BND zahle deutlich besser als CIA, Briten oder Franzosen. Der Pullacher Dienst hatte überdies ein Entlohnungssystem für seine Quellen entwickelt, bei dem neben Einstiegsprämie, Agentenfestlohn und Informationshonorar jeweils ein bestimmter Anteil auf ein Sparbuch gelegt wurde. Dies hatte den Vorteil, daß die Quelle nicht durch den Besitz von ungewöhnlich viel Westgeld auffiel. Überdies band diese betriebliche Altersversorgung den Agenten langfristig. Nach der Wende haben MfS-Offiziere BND-Quellen, vornehmlich solche, die eigentlich für das MfS arbeiteten, auf ihre Guthaben in Pullach hingewiesen, um den BND ein letztes Mal abzuschöpfen. Mit Erfolg, wie sich zeigte. Wer sich von einer Münchner Telefonzelle in Pullach mit seinem alten Agentennamen meldete, wurde zu einem Treff bestellt, bei dem ihm das Sparguthaben mit Zins und Zinseszins ausgehändigt wurde.

Ein Unterausschuß des Haushaltsausschusses des Bundestages überprüfte bis 1984 den BND-Haushalt. Mit dem Haushaltsgesetz für 1984 wurde dann eine kleine Kommission von Mitgliedern des Haushaltsausschusses analog zur Parlamentarischen Kontrollkommission (PKK) gebildet, von der die Fraktion der GRÜNEN allerdings ausgeschlossen blieb.

Der Bundesrechnungshof prüft den Jahreshaushalt des BND, in dem Personal-, Sach- und Verwaltungskosten belegbar ausgewiesen sind, während die operativen Gelder pauschal angegeben werden. Dazu verfügt der Rechnungshof über drei Prüfer aus Frankfurt für den BND, die im Auftrag des Präsidenten des Bundesrechnungshofes einmal jährlich die Haushaltsführung kontrollieren. Offensichtlich begnügen sich die Prüfer nicht nur mit einem Blick in die Zentrale, denn BND-Präsident Hans-Georg Wieck ließ in der anläßlich des NATO-Geheimdienstgipfels 1986 ausgebauten BND-Schule »Wildpark« einige teure japanische Vasen vor den Haushaltskontrolleuren verstecken.

Horst Ehmke war auch auf diesem Sektor bemüht, die BND-Kontrolle zu verstärken: »Die Bundesregierung hat 1969 auf Veranlassung des damaligen Chefs des Bundeskanzleramts für den Bundesrechnungshof dadurch bessere Prüfungsmöglichkeiten geschaffen, daß sie ihm Vorgänge im Bundesnachrichtendienst zugänglich macht, die vorher abgeschottet waren. Die Intensivierung dieser Kontrolle hat sich als sehr zweckmäßig erwiesen.«[15]

Nachrichtendienste zeigen als staatliche Institutionen stets auch die Tendenz, sich über eine wachsende Zahl bürokratischer Regularien ein immer größeres – um hochdotierte Stellen erweitertes – Feld zu erobern. So ist bei den verschiedenen Strukturformen im BND der Wasserkopf der Verwaltung aufgebläht worden. Auf dem Weg von drei Hauptabteilungen im BND der 50er Jahre zu sechs Hauptabteilungen der 80er Jahre wurden nicht nur die technischen Bereiche ausgeweitet. Zu den Gewinnern im Kampf um dienstinterne Ressourcen zählte stets auch die Verwaltung.

Zwischen dem operativen Seiltanz von Spionen und einem ordnungsgemäßen Verwaltungsgang liegen häufig Zielkonflikte, die auch den Alltag von BNDlern belasten. Die Geräteerfassung und -verwaltung des BND (GERV – Referat 64R) – »Gerven kann nerven«, spottet man intern – erfaßt alle technischen Geräte und plazierte ihre Plaketten plötzlich auch auf die Kameras von Observanten. Erst nach langen Auseinandersetzungen sahen die Bürokraten ein, daß sich mit diesem Markenzeichen schlecht konspirativ knipsen ließ.

»Zu den Organisationsprinzipien des BND zählt auch das der Abschottung: Jede Arbeitseinheit wird ausschließlich mit Dingen befaßt, deren Kenntnis für ihre eigene Arbeit zwingend erforderlich ist. Totale Transparenz stellt sich nicht einmal bei den regelmäßigen Abteilungsleiterbesprechungen ein, weil vor allem Details aus dem operativen Bereich auch hier nicht offengelegt werden«, erläuterte 1989 Falko Ritter, Mitarbeiter des Beauftragten für die

Nachrichtendienste im Bundeskanzleramt, das in allen Geheimdiensten praktizierte Abschottungsprinzip.

Dieses Prinzip wird nicht nur horizontal zwischen verschiedenen Abteilungen praktiziert, sondern auch vertikal. Dies hat zur Folge, daß die BND-Amtsleitung in aller Regel von Vorgängen, über die sie keine Informationen anfordert, nichts erfährt. Die zuständigen Abteilungsleiter halten sich auch in den Abteilungsleiterbesprechungen bedeckt und nennen nur allgemeine Daten zum Beispiel über die Anzahl rekrutierter Agenten oder die Summe eingegangener Gelbstrich-Informationen.

Mehr erfährt auch der BND-Präsident nur, wenn er sich gezielt bei dem jeweiligen Abteilungsleiter erkundigt. Und der wiederum erhält die entsprechenden Informationen nur, wenn er die jeweiligen Unterabteilungsleiter fragt, welche wiederum ihre Referatsleiter konsultieren müssen. Denn erst auf dieser Ebene der Referatsleiter beziehungsweise der Leiter spezieller Operationen ist die erforderliche Detailkenntnis für die Beurteilung der Zweckmäßigkeit, juristischen Zulässigkeit oder auch nur sachgerechten Durchführung vorhanden. Nur im Einzelfall holt sich der BND-Präsident Informationen aus diesem Bereich, vornehmlich dann, wenn er sich genötigt sieht, zu bekanntgewordenen Pannen Stellung zu nehmen.

Bei den Inspekteuren des BND – der direkt dem Präsidenten unterstellte Kontrollinstanz – handelte es sich stets um Persönlichkeiten mit wenig Durchsetzungsvermögen, die zudem nicht über ausreichende Kompetenzen verfügen und insgesamt eher als Feigenblatt denn als rechte Hand des Präsidenten bei der Dienstaufsicht gelten müssen.

Diese schwache Kontrolle in der Behörde selbst ist noch relativ stark im Verhältnis zu den Kontrollmöglichkeiten, die der BND über seine Mitarbeiter im Außendienst hat. Die geheimdienstspezifischen Arbeitsmethoden schotten das Verhalten der Außenstellenleiter und Verbindungsführer nicht nur vor den gegnerischen Ausspähversuchen ab. Quasi automatisch entsteht vielmehr ein Freiraum auch gegenüber den Vorgesetzten. Wenn ein Verbindungsführer in einer konspirativen Wohnung unter vier Augen eine Quelle trifft, steht es ihm anschließend frei, den mündlichen

Bericht der Quelle »anzudicken«. Und wenn er dieser Quelle als Agentenlohn 300 DM auszahlt, sich aber 500 DM quittieren läßt, wird ihm keine Dienstaufsicht diese häufig beobachtete Praxis von BND-Verbindungsführern zur Aufbesserung des eigenen Beamtenlohns nachweisen können.

»In bestimmten Fällen werden bei der Anwendung nachrichtendienstlicher Mittel auch Straftatbestände verwirklicht. Das ist beispielsweise der Fall, wenn Personen in eine Organisation eingeschleust werden, bei der bereits die bloße Mitgliedschaft strafbar ist. Derartiges muß dennoch möglich sein, wobei es juristisch offenbleiben kann, ob man in der erlaubten Anwendung nachrichtendienstlicher Mittel einen eigenständigen Rechtfertigungsgrund sieht oder ob man auf das generelle Institut des übergesetzlichen Notstandes zurückgreifen will«, erläutert der Mitarbeiter des BND-Aufsichtsorgans im Bundeskanzleramt die Begleitkriminalität nachrichtendienstlicher Arbeit. Die Kriminalität von Amts wegen umfaßt ein weites Spektrum von Straftaten, welche von der Urkundenfälschung über den Meineid bis zur Erpressung reicht. Wenn das Agieren in rechtsfreien Räumen zur Routine wird, vollzieht mancher BNDler den Schritt von der dienstlich inspirierten zur »persönlichen« berufsspezifischen Begleitkriminalität, welche nur selten in die offizielle Kriminalstatistik Eingang findet. Murray Sayle, Korrespondent der *Sunday Times*, hat diesen Aspekt des Agentendaseins auf den Punkt gebracht. Für ihn »ist die Spionage eine eigene, seltsame Art von Abenteuer – man ist ein Halbkrimineller, aber einer mit Rückhalt höherenorts«.[16] Und nicht selten schlägt die halbe Kriminalität in eine ganze um. Im März 1978 fand vor dem Oberlandesgericht in München ein Prozeß gegen Roger Hentges statt, der beschuldigt wurde, zwanzig Jahre zuvor 36 000 DM von der Frankfurter Firma Radio A. I. R. an seinen Bonner Arbeitgeber, den Diplomingenieur Friedrich Großkopf, nicht abgeführt zu haben. Der Angeklagte nahm auf seinen Eid, als Verbindungsmann des BND zu dem Rüstungsproduzenten gearbeitet zu haben, und erklärte, ohne Aussagegenehmigung aus Pullach könne er den Grund für die Einbehaltung des Geldes nicht offenbaren. Bundeskanzleramt und BND teilten dem Anwalt des Klägers mit, Hentges sei zu keiner Zeit Mitarbeiter des BND gewesen. Doch eine nun eigentlich fällige Klage wegen des Offizialdelikts Meineid gegen Hentges wurde aber von der Staatsanwaltschaft nicht erhoben.[17]

Im März 1973 berichtete das *Hamburger Abendblatt* über den 50jährigen Dr. Wolfgang Schröder, der seit seiner Studentenzeit als BND-Mitarbeiter tätig gewesen war und nun gegen seine fristlose Entlassung klagte. Pullach hatte diesen Schritt damit begründet, daß Schröder insgesamt 2700 DM für eine Tarnfirma unterschlagen habe.[18] Im April 1973 erhielt Schröder, Deckname Lukas, recht, weil das Gericht den BND als eine Institution sah, »bei dem entsprechend seiner Tätigkeit vieles undurchsichtig sei. Folglich könne dem Angeklagten auch nicht mit letzter Sicherheit nachgewiesen werden, daß er Agentengelder wirklich unterschlagen habe.«[19] Im Februar 1982 beging in München ein Oberstleutnant im BND Selbstmord, weil er überführt worden war, seine Dienstpistole in Zuhälterkreise verkauft zu haben.[20]

Der britische Geheimdienstexperte Phillip Knightley benennt als »Problem, das übrigens alle Geheimdienste bis auf den heutigen Tag beschäftigt, ... daß die Sorte von Männern, die sich zu einer Spionagetätigkeit hingezogen fühlte, häufig nicht über genügend Charakterfestigkeit verfügte, um den vielen Verlockungen, die diese bot, zu widerstehen. Dazu gehörte unter anderem das Erfinden von Nachrichten durch die Agenten selbst, um ihre eigene Existenz zu rechtfertigen, ober aber der Mißbrauch der großen Geldsummen, die ihnen zur Verfügung standen.«[21]

Selbst fachlich hervorragende und lange Zeit als integer geltende Beamte des BND konnten gelegentlich nicht der Versuchung widerstehen, ihre Stellung beim Geheimdienst zu mißbrauchen. So ließ Dr. Richard Meier, Abteilungsleiter 1 beim BND und späterer Chef des Bundesamts für Verfassungsschutz, nach Aussagen eines BND-Insiders für seine Freundin falsche Papiere herstellen, die so auf den Namen seiner Ehefrau reisen konnte. Allerdings mußte der BND seinen Abteilungsleiter anschließend aus einer Grenzsituation retten. Weil Zollbeamte den Führerschein von Meiers Begleiterin sehen wollten, der nun nicht mit dem gefälschten Ausweis übereinstimmte, wurden der Geheimdienstler und seiner Freundin unter Terrorismusverdacht so lange an der Grenze festgehalten, bis der erlösende Anruf aus seinem Amt kam.

Der Mercker-Bericht vom 24. Juli 1969 zog aus der Eingabe eines BNDlers den Schluß, daß Korruption im BND vorliege und die Unterschlagungen größeren Umfangs grundsätzlich nicht bei der Staatsanwaltschaft angezeigt würden. »Um dem Verdacht im Personal entgegenzuwirken, daß Unterschlagungsfälle und sonstige Unregelmäßigkeiten aus unkorrekten Gründen vom Dienst gedeckt werden, empfiehlt die Kommission, daß künftig der BND dem Staatssekretär des Bundeskanzleramtes über größere Unterschlagungen und Unregelmäßigkeiten sowie über die aus diesem Anlaß geplanten Maßnahmen berichtet.«[22]

»Der Dienst könne die Notwendigkeit einer Dienstaufsicht nicht unter Berufung auf die besondere Geheimhaltungsbedürftigkeit seiner Tätigkeit bestreiten. Im Gegenteil sei gerade deshalb, weil die Vorgänge im Bundesnachrichtendienst einer Kontrolle durch die Öffentlichkeit entzogen bleiben müssen, eine (natürlich besonders geartete) Aufsicht dringend erforderlich. Ohne eine solche Dienstaufsicht würde der Bundesnachrichtendienst zum »Staat im Staate« werden. Selbstverständlich müsse dem Chef des Bundeskanzleramtes für die Ausübung der Dienstaufsicht über den Bundesnachrichtendienst ein Apparat zur Verfügung stehen, an dessen Leiter und Mitarbeiter besondere Anforderungen zu stellen seien«[23], resümierten Frank P. Heigl und Jürgen Saupe den Mercker-Bericht.

Die politischen Kontrolleure des BND sitzen von jeher im Bundeskanzleramt. Von Beginn an bis zum September 1963 bekleidete Hans Globke dieses Amt, dann bis zum November 1966 Ludger Westrick, gefolgt von Werner Knieper bis zum Dezember 1967 und Carl Carstens bis zum Machtwechsel in Bonn im Oktober 1969. Unter der sozialdemokratischen Ägide leitete zunächst Horst Ehmke bis Dezember 1972 das Bundeskanzleramt; sein Nachfolger war Horst Grabert, der im Februar 1975 von Manfred Schüler abgelöst wurde. Letzter sozialdemokratischer Kanzleramtschef war Manfred Lahnstein 1981. Kohl-Intimus Waldemar Schreckenberger wurde 1984 von Wolfgang Schäuble abgelöst, dem Rudolf Seiters, Lutz Stavenhagen und im November 1991 Friedrich Bohl folgten.

Auf Empfehlung der Eschenburg-Kommission[24] wurde zum 1. Januar 1975 mit Franz Schlichter ein für die BND-Dienstaufsicht und den Geheimschutz zuständiger Spitzenbeamter als »Beauftragter für die Nachrichtendienste« im Bundeskanzleramt eingesetzt. Er leitete auch den »Ständigen Ausschuß Nachrichtendienste«, der sich aus den zuständigen Abteilungsleitern im Bundeskanzleramt, Bundesinnen- und Bundesverteidigungsministerium sowie den Leitern der drei Nachrichtendienste zusammensetzt.[25]

Nachfolger Schlichters wurde im Mai 1981 Gerhard Ritzel, der spätere Botschafter in Norwegen, der ČSSR und Iran. Seit Juli 1983 wurde die Funktion des Koordinators der Geheimdienste von Herrmann Jung wahrgenommen, der sich seine Sporen als Sekretär des Bundestagsausschusses für Auswärtige Angelegenheiten verdient hatte.

Der Mannheimer Völker- und Verfassungsrechtler Rudolf Dolzer übernahm im Februar 1992 im Bundeskanzleramt die für den BND und für die Koordinierung der Nachrichtendienste des Bundes zuständige Abteilung VI. Er löste Herrmann Jung in dieser Funktion ab, der den Brief von BND-Präsident Wieck an Staatsminister Stavenhagen in Sachen Schalck-Golodkowski ungeöffnet in seinem Panzerschrank abgelegt hatte.[26]

Diese Kommunikationspanne war nicht die einzige ihrer Art. Im Juli 1986 war das – ohne Eilvermerk abgeschickte – BND-Fernschreiben zum Fall des DDR-Überläufers Professor Meißner samstags in die Routineablage gewandert, wo Staatssekretär Schreckenberger es montags erst fand, nachdem Meißner in die DDR zurückgekehrt war.[27]

Vordergründig betrachtet, liegt das Grundproblem der Kontrolle des BND durch das Bundeskanzleramt in der räumlichen Distanz zwischen Bonn und Pullach. Erschwerend komme hinzu, daß der BND-Präsident selbst nicht alle Vorgänge in seiner Behörde im Griff hat. Die eigentliche Crux aber besteht darin, daß der jeweilige Kanzleramtschef, der dem BND die besonders heiklen nachrichtendienstlichen Aufträge der Bundesregierung gibt und de facto verantwortlich ist für die Aktionen, für welche die Bundesregierung öffentlich keine politische Verantwortung übernehmen will, zugleich auch die Dienstaufsicht über den Auslandsnachrichtendienst hat. Wer jedoch die Operationen anordnet, deren Veröffentlichung ihn das politische Amt kosten würde, kann zu einer ernsthaften Kontrolle nicht mehr in der Lage sein, weil er sich in Abhängigkeit von dem Dienst begeben hat.

So ist der Chefkontrolleur des BND eher dessen oberster Pannenreferent als aufsichtsführendes Organ. »Von informierter Seite wird vermerkt, daß sich Globke verschiedentlich schützend vor den Bundesnachrichtendienst gestellt habe«[28], und auch prominente BND-Kontrolleure wie Carl Carstens und Horst Ehmke haben sich dieser Rolle nicht verweigern können, als es um die Waffengeschäfte des BND in den 60er und 70er Jahren ging.

Die Geschäftsprüfungskommission des Schweizer Nationalrats stellte im Dezember 1980 in ihrem Geheimbericht zur Führung und Organisation des Schweizer Geheimdienstes UNA fest, daß sich Mitte der 70er Jahre »im Auslandnachrichtendienst kleine Königreiche bildeten und die Zusammenarbeit vernachlässigt wurde. Solche Schwierigkeiten mag es schon immer gegeben haben. Sie liegen in der Natur des Nachrichtendienstes.«

Für solche »kleinen Königreiche« ist der BND seit seinen Gründungsjahren bekannt. Seilschaften gab und gibt es seit jeher nach innen und nach außen in Pullach; Seilschaften als Kampfgemeinschaften von Parteibuchbeamten, besonders ausgeprägt mit der CSU – lange Zeit im »Rosenheimer Kreis« von Franz Josef Strauß fest etabliert. In kleinerem Umfang agieren in Pullach auch SPD-Kreise, die Gegenklüngel bildeten. Es gab Generationsseilschaften insbesondere der BNDler mit Weltkriegserfahrung und ihrer Anführer, die sich im Haus der Witwe Reinhard Gehlens, Herta von Seydlitz-Kurzbach, noch lange nach seinem Tod im Juni 1979 zu Gesprächsrunden zusammenfanden. Es gibt Seilschaften nach Hauptabteilungen – Auswerter gegen Beschaffer, Verwaltung gegen Technik etc. – und Seilschaften nach Herkunftsgruppe, zum Beispiel Soldaten versus Zivilbeamte.

»Das Betriebsklima ist dabei wie in der Ostzone, so wie dort die

Bevölkerung, sind in Pullach Beamte, Offiziere bis zur letzten Sekretärin gegen die Leitung eingestellt. Da man aber wehrlos ausgeliefert ist, paßt man sich an«[29], urteilte eine anonyme CSU-Studie zum BND 1980 über die Motivation der Geheimdienstler nach dem Machtwechsel in Bonn. Dabei hatte der BNDler aus der CSU-Seilschaft in Pullach, der die Studie verfaßte, für sein Urteil noch nicht einmal gesicherte empirische Grundlagen. Erst einige Jahre später gab es eine Umfrage zum Betriebsklima im »Camp Nikolaus«. Bezeichnend, sagen BND-Insider, sei für das Ergebnis, daß sich nicht einmal die Hälfte der Mitarbeiter und Mitarbeiterinnen überhaupt daran beteiligen mochte.

Die Auseinandersetzung unter den Angehörigen der verschiedenen Seilschaften wird mit demselben Instrumentarium geführt wie auch in anderen Großorganisationen, in denen ein angespanntes Betriebsklima herrscht: mit Intrigen. Bedingt durch den Beruf sind Intrigen unter Geheimdienstlern jedoch professioneller angelegt.

Von einer Dienstreise zurückgekehrt, legte sich ein BND-Major 1979 abends neben seine Frau ins Pullacher Bett. Doch mitten in der Nacht wird er durch ein schrilles Piepen geweckt. Damit begann die Affäre um den Vizepräsidenten und sein Verhältnis zu seiner Sekretärin, Deckname Nelke. Dieter Blötz hatte nämlich seinen Europieper im Bett der Geliebten vergessen, der über die Geräteerfassung leicht als Eigentum des zweiten Mannes in Pullach zu identifizieren war.

»Lange Zeit hatten der für den BND zuständige Kanzleramtsstaatssekretär Manfred Schüler und der neue BND-Chef Klaus Kinkel gezögert, ehe sie ein Vorermittlungsverfahren wegen disziplinarrechtlicher Verfehlungen gegen den Geheimdienstvize in Gang setzten. Auslöser waren dann zwei Briefe an den Bundesdisziplinaranwalt Hans Rudolf Claussen. Abgesandt hatte die Schreiben, die auch bei Zeitungen eingingen, das Münchner Anwaltsbüro Elmar Seiler im Auftrag eines anonymen Mandanten, den die Regierung zwar im BND, jedoch nicht in der ›Führungsschiene des Dienstes‹ vermutet... Das Anschwärzen von Blötz werten führende Bonner Regierungsbeamte als späte Rache jener Unionsseilschaft im Nachrichtendienst, deren Mitglieder nicht vergessen können, daß der damalige Kanzleramtschef Horst Ehmke im Jahre 1969 dem Außenseiter Blötz zur Parteibuchkarriere in Pullach verholfen hat.«[30] Die Bonner Regierungsbeamten lagen mit ihrer Vermutung fast richtig. Zu der konservativen Grundhaltung des anonymen Briefschreibers kam jedoch auch noch, daß Blötz dem ihm unterstellten Mitarbeiter eine saftige Disziplinarbuße aufgedonnert hatte.

Als der Fehltritt des BND-Vizes dienstöffentlich wurde, aber Kinkel keine Anstalten machte, ihn ernsthaft zu ahnden, da sah dieser BNDler mit dem Decknamen Rittger, seine Chance gekommen, durch anonyme Einschaltung des Bundesdisziplinaranwalts Rache an seinem Vorgesetzten zu nehmen. Und er erreichte sein Ziel: Blötz, mittlerweile geschieden und fest mit seiner Sekretärin liiert, mußte 1979 seinen Hut nehmen.

Den Intimfeind Blötz attackierte der BND-Mitarbeiter aus München noch im April 1984 in einem Leserbrief an den *SPIEGEL*: »Die falsche Personalpolitik sollte man weder dem früheren noch dem jetzigen Präsidenten Blum vorwerfen, denn das Kanzleramt hat jeweils ab Abteilungsleiter-Ebene Parteigänger in die höchsten Positionen gehievt, wobei die SPD zum 1. Mai 1970 noch weit rigoroser vorgegangen ist, als dies die Herren Schreckenberger und Teltschik mit dem befreundeten, im BND jedoch unbekannten Herrn Werner getan haben.«[31] Intrigen sind in Bereichen, wo die Menschen von Berufs wegen ständig konspirativ denken und handeln, wo gegenüber dem operativen Gegner Intriganz zum ausgebildeten Handwerk zählt, an der Tagesordnung. Und sie werden von BNDlern auch über die Presse ausgetragen. Als in der *WELT* vom 12. März 1989 ein »Rätseln über die Urheber der Vorwürfe gegen Münstermann« angestellt wurde, der eine Dienstreise nach Djakarta falsch abgerechnet und sich in Bali mit Callgirls vergnügt haben sollte, erging sich der Autor des Artikels in Andeutungen: »In diesem Zusammenhang wurde von amtlicher Seite in Erinnerung gerufen, daß es schon wiederholt Versuche gegeben habe, Wieck selbst mit ›Kampagnen‹ aus seinem Amt zu drängen. Auch hier habe es sich um ›Schüsse aus dem Hinterhalt‹ gehandelt. Jetzt wurde die Vermutung geäußert, daß ein

›unzufriedener‹ Abteilungsleiter des Dienstes mit Hilfe einer ›Anlaufstelle‹ im Kanzleramt hinter den Beschuldigungen gegen Münstermann stecken könnte.« Eingeweihten wurde bei der Lektüre des *WELT*-Artikels klar, daß es sich wiederum um einen ›Schuß aus dem Hinterhalt‹ auf das Bonner Kanzleramt handelte – mit dem Ziel, Kanzlerberater Horst Teltschik zu signalisieren, daß Rolf Werner, der von ihm protegierte Abteilungsleiter 1, als Intrigant eingeschätzt wurde.

Nicht jede Intrige im westdeutschen Auslandsnachrichtendienst wurde jedoch öffentlich, wie die folgende Geschichte illustriert. Der BNDler Steck, der sich dienstlich in Hamburg aufhielt, fuhr nicht mit der Bahn zurück, sondern wählte auf eigene Kosten das Flugzeug. Da es in München regnete, nahm er sich ein Taxi, das er spontan vor einem Restaurant halten ließ. Nach dem Essen lernte er am Nebentisch die Liebe seines Lebens kennen, mit der er bereits nach zwei Wochen das Aufgebot bestellte. Erst Wochen nach der Eheschließung fiel ihm ein, daß er eigentlich eine Personenanfrage zu seiner Zukünftigen hätte stellen müssen. Das Ergebnis der nachgeholten PA brachte ihn in schwere Bedrängnis, denn seine Frau war erst einige Monate vorher aus der DDR gekommen, wo sie nach ihren eigenen Angaben aus politischen Gründen inhaftiert gewesen war. Alle Indizien sprachen dafür, daß bei einer Kette von Zufällen – Flugzeug statt Bahn; Taxi wegen Regen; spontane Lokalwahl – auszuschließen war, daß der operative Gegner dem BND-Mann die spätere Lebensgefährtin »serviert« hätte, zumal diese bereits in dem Restaurant saß, als Steck eintraf. Dennoch konstruierte BND-Mann Imhorst einen konspirativen Zusammenhang, und bestand auf der Ablösung Stecks von seinem Posten. Die Nachrichtenküche im »Camp Nikolaus« glaubte, den eigentlichen Grund für das Abschieben Stecks zu kennen: Imhorst war Anbahner und Verbindungsführer im Bereich Sowjetblock gewesen, und Steck war ihm, als es um Beförderungen ging, vorgezogen worden.

Da Werner Schäfer, wie Steck außerhalb des Camps heißt, ein enger Freund der Familie Kiesinger war, ließ er sich vom Sohn des Alt-Bundeskanzlers vor dem Bundesverwaltungsgericht in Berlin anwaltlich gegen diese Entscheidung des Dienstes vertreten. Er gewann den Prozeß und erhielt 1984 eine neue leitende Stellung als Chef der Studienstelle in der Münchner Tangastraße, dem »Abschiebebahnhof« des BND. Auch in Bonn blieb von dem Verdacht gegen Steck etwas hängen. Als dieser sich um die Auslandsresidentur des BND in Genf bei der UNO bemühte, lehnte ihn das Kanzleramt ab. Steck zeigte sich im übrigen selbst einer konspirativen Intrige der Kollegen gewachsen: Ein verlockendes Stellenangebot, das ihm eine Tarnfirma des BND machte, lehnte er ab, so daß ihm nicht – wie geplant – mangelnde Betriebstreue nachzuweisen war.

Schon die Mercker-Kommission hatte im Juli 1969 konstatiert, daß die Einleitung von Sicherheitsüberprüfungen im BND zu einem Mittel der Einschüchterung von Beschwerdeführern mißbraucht wurde und zum anderen »insbesondere der Vorwurf der Feindsteuerung zur Begründung von Maßnahmen gegen unbequeme Mitarbeiter herangezogen worden ist«.[32] Obwohl das Kanzleramt von solchen Methoden der Personalführung in Pullach weiß, hat sich auch in den 80er Jahren daran nichts geändert.

Ein Instrument der CSU-Seilschaft im Dienst war stets der Betriebsrat, in dem die konservativen Kräfte die Mehrheit hatten. Am 18. März 1976 trat der von einem CSU-Mann geführte Personalrat aus Protest gegen die durch Umbauten bedingten Engpässe im Camp zurück. In Bonn wurde BND-Präsident Wessel noch am gleichen Tage von CSU-Landesgruppenchef Richard Stücklen scheinheilig befragt, ob er noch einen Betriebsrat habe.[33] Bei den Personalratswahlen im Mai 1976 kamen wiederum nur drei der vom sozialdemokratischen Vizepräsidenten Dieter Blötz gestützte Bewerber durch und blieben in dem CSU-dominierten 21-Mann-Gremium eine machtlose Minderheit.[34]

Von den über 7000 Mitarbeitern des BND sind nur etwa 750 in der Gewerkschaft Öffentliche Dienste, Transport und Verkehr (ÖTV) organisiert, allenfalls 30 dürften Mitglieder der Deutschen Angestellten Gewerkschaft (DAG) sein. Innerhalb der ÖTV ist der BND-Bereich ein Tabuthema, da sich die gewerkschaftlich orientierten Auslandsgeheimdienstler nicht einmal mit den Kollegen und Kolleginnen vom Verfassungsschutz in einer Gruppe zusammenfinden. Die Zahl der gewerkschaftlich organisierten Mitarbeiter – so ein BND-Insider – wäre erheblich höher, wenn statt der politisch als zu links empfundenen ÖTV die Gewerkschaft der Polizei für den BND offenstände.

Die politische Balance zwischen der CSU-Seilschaft und der kleineren Fraktion sozialdemokratisch orientierter BNDlern war selbst nach dem Regierungsantritt Helmut Kohls stabil, weil das Ostberliner MfS für ausgleichende Gerechtigkeit sorgte, wie zwei ehemalige MfS-Offiziere 1992 berichteten: »Wir informierten die SPD-Führung regelmäßig über die ›Umtriebe der Seilschaften‹ im und außerhalb des BND. Die sozialdemokratische Fraktionsspitze um ihren Vorsitzenden Herbert Wehner und ihren Geschäftsführer Karl Wienand sowie den seit 1972 im Bundeskanzleramt für den BND verantwortlichen Staatssekretär Horst Grabert haben wir über offizielle und inoffizielle Kuriere unterrichtet, die angeblich im Auftrag des DDR-Ministerrats, des Staatssekretärs Michael Kohl oder des Presseamts reisten. In Wahrheit waren darunter auch Boten von Markus Wolf. Diese Verbindung funktionierte bis zum Ende der DDR.«[35]

Mit dem Ende der DDR und der vorausgegangenen Auflösung des MfS ist dieses Korrektiv parteipolitischer Seilschaften in Pullach verschwunden. Wenn auch die CSU zunehmend auf dem Weg zu einem machtpolitisch gleichgeschalteten CDU-Landesverband ist, so verfügt sie dank der geheimdienstlichen Hausmacht an der Isar über exklusive Informations- und Einflußkanäle. Das erklärt auch, warum sich die Partei Theo Waigels so vehement für neue Aufgaben und Schwerpunkte des BND in der internationalen Verbrechensbekämpfung einsetzt, wie sie es im Positionspapier der CSU-Landesgruppe vom September 1992 tat.[36] Weitaus gefährlicher für die deutsche Demokratie ist jedoch, daß es in Pullach offensichtlich auch Symphatisanten Schönhubers gibt. Als der BND-Oberstleutnant Udo Bösch nach 23 jähriger Dienstzeit 1992 pensioniert wurde, avancierte er zum neuen Organisationsleiter der rechtsradikalen Republikaner.[37]

20 Innenansichten einer Elite

Der Transfer von Spitzenbeamten zwischen den einzelnen Geheimdiensten wird in Bonn ausgehandelt. So konnte Albrecht Rausch, Leiter der Abteilung 4 beim Bundesverfassungsschutz, im Oktober 1975 in Pullach Leiter der Abteilung 1 werden, weil sein Vorgänger auf diesem Posten, Richard Meier, zum 16. September aus Pullach nach Köln zurückkehrte, um das Amt des BfV-Präsidenten anzutreten.[1] Aber auch auf der unteren Ebene gibt es eine Fluktuation zwischen den verschiedenen Sicherheitsbehörden der Bundesrepublik, von der die Öffentlichkeit jedoch nicht in diesem Umfang erfährt. So war ein 1986 beim BKA georteter Beamter Ende der 60er Jahre BND-Resident in Stuttgart.[2]

Während die Spitzenbeamten des BND zwangsläufig irgendwann öffentlich werden, sind die durchschnittlichen Mitarbeiter und Mitarbeiterinnen durch die Geheimhaltung abgeschottet. Selbst allgemeine Angaben über Alterskegel, Herkunft und Qualifikation aller BNDler sind nur im Einzelfall oder bruchstückhaft bekannt geworden. 1971 hieß es in einer Untersuchung: »Die Zahl der Beschäftigten im Bundesnachrichtendienst nimmt ständig zu: Im Jahre 1946 betrug sie 50 Mitarbeiter, im Jahre 1956 schon 1245 Mitarbeiter; zu Beginn der siebziger Jahre waren es 5500, im Jahre 1978 schon 6000, wovon etwa 2000 Personen Soldaten und 4000 Zivilbedienstete waren. In der Zentrale in Pullach arbeiten etwa 3500 Personen. In den Außenstellen sind ungefähr 2500 Mitarbeiter beschäftigt. Die eigentliche Spionagetätigkeit wird von einigen hundert Agenten sowie von etwa 10 000 geheimen Mitarbei-

tern ausgeübt. «[3] Im Jahre 1991 hatte der BND über 7000 festange-
stellte Mitarbeiter und Mitarbeiterinnen. Die Anzahl der Soldaten
ist dabei analog zur Aufstockung des Gesamtpersonalbestandes
von ca. 600 in den 70er Jahren auf ca. 900 zum Ende der 80er Jahre
gewachsen. Durch mehrere Verbeamtungswellen ist die Zahl der
Beamten von etwa 800 auf ca. 2000 gestiegen. Den Hauptteil der
Belegschaft bilden also ca. 4000 Angestellte des öffentlichen Dienstes, neben denen es noch einige Arbeiter gibt. Zum höheren
Dienst zählen etwa 1000 Mitarbeiterinnen und Mitarbeiter.

Nach dem Ende des Kalten Krieges und nach der deutschen Vereinigung sollen die deutschen Geheimdienste Personal abbauen.
Der BND wird laut Auskunft seines Präsidenten Konrad Porzner
vom November 1991 in den kommenden drei Jahren mehr als 700
seiner insgesamt mindestens 7000 Stellen abbauen. Beim Bundesamt für Verfassungsschutz in Köln sollen 400 der insgesamt rund
2500 Beschäftigten gehen.[4] Da die Personalfluktuation beim
BND jährlich etwa fünf Prozent beträgt – also 350 Stellen neu
besetzt werden –, hat Porzner mit dieser Rückbauplanung dafür
gesorgt, daß nicht nur nicht entlassen, sondern in bestimmten
Bereichen auch weiterhin neu eingestellt werden kann.

BND-Gründer Gehlen hat eine Vielzahl von alten Generalstäb-
lern und anderen Offizieren um sich geschart. Diese Tradition ist
bis heute ungebrochen, zumindest, was die Besetzung höherwer-
tiger Dienstposten betrifft. Zwar sind nur 900 von den 7000
Bediensteten des BND Soldaten, doch sie stellen über 50 Prozent
der Referats- und Sachgebietsleiter.

Für Soldaten ist eine zeitweise Verwendung beim BND karrie-
refördernd, eine Dauerverwendung bringt neben der Vielzahl
hochdotierter Dienstposten immerhin den weiteren Vorteil einer
monatlichen Sicherheitszulage, welche bei einem Stabsoffizier
etwa 400 DM beträgt. Militärs besetzen nicht nur militärrelevante
Aufklärungs- und Auswertungsposten, sondern naheliegender-
weise auch strategisch wichtige Positionen. Ein Beispiel dafür ist
die Stelle als Leiter des Einstellungsreferates: Als es gelang, einen
Oberst der Bundeswehr, Deckname Schwabes, auf diesen Posten
zu lancieren, konnten sich seine Offizierskameraden weiterer
Pfründe sicher sein.

Bei den Soldaten gibt es einen gewissen Beförderungsautomatismus. Wer als Soldat zum »Amt für Militärkunde« kommt, kann sofort oder nach fünfjähriger Verwendung im Dienst entscheiden, ob er im Dienst verbleiben will. Wenn er bleiben will, muß er am Auswahlverfahren für die Aufnahme in den höheren Dienst des BND teilnehmen (Das »Blötz-Abitur«, wie BNDler spotten). Von jenen, die gleich zu Anfang zum Bleiben entschlossen sind, fallen über 50 Prozent bei diesem Verfahren durch, während es nach fünf Jahren fast jeder schaffe, urteilt ein BND-Zivilist über die ungeliebten Kameraden im Waffenrock.

Vor allem die ungleichen Voraussetzungen für den Zugang zum höheren Dienst haben die zivilen Spitzenbeamten im BND immer wieder gegen die »Soldateska« aufgebracht. Während Zivilisten ein abgeschlossenes Hochschulstudium nachweisen müssen, reicht für Offiziere das »wissenschaftliche Anbrüten« an der Führungsakademie der Bundeswehr in Hamburg. Insbesondere die auf dem freien Markt oder an Universitäten geworbenen Wissenschaftler mit abgeschlossenem Hochschulstudium stehen den Bundeswehroffizieren mit ihrem an der Führungsakademie – spöttisch als »Durchlauferhitzer« bezeichnet – eingepaukten Halbwissen kritisch gegenüber. Zudem entwickeln sie Sozialneid und Fatalismus im Hinblick auf den eigenen Aufstieg, weil das System den Militärs die Möglichkeit gibt, häufig schneller Karriere zu machen und die maßgeblichen Positionen zu besetzen.

»Die Bundeswehr bemüht sich, ihr Topmanagement aus einer Mischung von Fürsorgedenken und Leistung zu bestimmen«[5], charakterisiert ein den Streitkräften nahestehender Autor 1979 die Qualität des höheren Offizierkops. Der berufliche Aufstieg in der Offizierslaufbahn kann also durchaus aus Fürsorge für eher leistungsschwache Männer resultieren. Zu den Reformvorschlägen für den Auslandsnachrichtendienst zählte daher häufig die Forderung, auch an Bewerber aus der Bundeswehr höhere Maßstäbe anzulegen oder deren Zahl zu begrenzen. Die Geschäftsprüfungskommission des Schweizer Nationalrats stellte im Dezember 1980 in ihrem Geheimbericht eine ähnliche Forderung: »Die nachrichtendienstliche Karriere ist vermehrt auch qualifizierten Leuten außerhalb des Berufsmilitärs zu öffnen. «

Zum 30jährigen Bestehen des BND 1986 charakterisierte BND-Präsident Hans-Georg Wieck das Selbstbild vieler Mitarbeiter des Dienstes folgendermaßen: »Die Arbeit ist mühevoll und verlangt viel Entsagung bei den Menschen, die sie durchführen.« Also Entsagung und Mühe in einem Geheimorden von – überwiegend – Männern, denen privat und öffentlich die Würdigung ihrer Arbeit oft versagt bleibt, die aber dennoch an einer unsichtbaren Front in aufreibendem Kampf stehen. Man betrachtet sich als Elite, wie es der ehemalige Bundesverfassungsrichter und Bundestagsabgeordnete Martin Hirsch 1984 auch für den Geheimdienst forderte. Allerdings verstand er dies als Zielprojektion, während er im Hinblick auf die tatsächliche Qualität des BND-Personals feststellte, »daß häufig Beamte in Geheimdienste gingen, die es beim Militär, in der Verwaltung oder bei der Polizei ›zu nichts gebracht‹ haben«.[6]

Nicht nur die regelmäßig wiederkehrenden großen BND-Skandale offenbaren, daß zwischen dem elitären Berufsethos und der Alltagspraxis oft Welten liegen: »Da ließ einer seinen Koffer mit BND-Ausweis und Dienstakten im Auto liegen – der Wagen wurde aufgebrochen, der Koffer war fort. Ein anderer vergaß seine Unterlagen im Zug, ein dritter verlor seine Akten im Suff auf dem Heimweg – ›nach vorliegenden Erkenntnissen muß davon ausgegangen werden, daß ein gegnerischer Nachrichtendienst Einblick genommen hat‹. Ein vierter ließ Geheimmaterial in einem Hotelzimmer unbewacht zurück – ausgerechnet in einem Hotel, von dem der BND wußte, daß es ein Nest der Konkurrenz war.«[7]

Die Mischung aus Beamtenrecht, Vetternwirtschaft bei der Rekrutierung von wenig qualifiziertem Personal und der in diesen Strukturen möglichen Vertuschung von Inkompetenz macht Karrieren möglich, die in anderen Bürokratien so nicht denkbar wären. Zum Beispiel versuchte ein BND-Verbindungsführer vom Referat 12B – Deckname Lissing – getarnt als Klaus Müller immer wieder vergeblich, DDR-Bürger als Agenten zu gewinnen. Seine große Chance sah er, als ein Kandidat nach Kairo ging. Als Lissing jedoch in Ägypten versuchte, sich an ihn heranzumachen, entpuppte der sich als Lockvogel: Das MfS unternahm seinerseits einen allerdings erfolglosen Werbeversuch bei dem BNDler. Geheimdienste ziehen verbrannte Führungsoffiziere eigentlich zurück. Doch der BND beförderte Lissing auf einen der begehrten Auslandsposten bei der UNO-Residentur in New York.

Durch das von BND-Gründer Gehlen eingeführte und bis heute gültige Konzept, den BND-Nachwuchs vornehmlich über Vorschläge aus der BND-Gemeinde selbst zu rekrutieren, sind vielfach Verwandte von BNDlern in den Dienst gekommen. Die Pullacher Vetternwirtschaft wurde im September 1974 vor dem Untersuchungsausschuß zur Aufklärung der Spionageaffäre Guillaume öffentlich. Zu einem Bericht des Bundeskanzleramtes hieß es: »Reinhard Gehlen, zum Abwehr-As aller Zeiten hochstilisiert, hievte in seiner Dienstzeit als BND-Präsident (bis 1968) allein 16 Verwandte auf sichere Geheimdienstposten, unter ihnen einen Bruder, einen Schwager, einen Sohn und einen Schwiegersohn ... Es waren etwa 130. Verwandte gut bezahlter BND-Spezialisten dienten als Archivare, Auswerter, Buchhalter, Datenverarbeiter und Schreibkräfte. Viele wurden nur selten in der Dienststelle gesehen, andere zerschnippelten ausländische Zeitungen und bereiteten sie zu neuesten BND-Meldungen auf. Dafür kassierten die Agenten einschließlich ihrer teilzeitbeschäftigten Verwandten noch mehr als nur Gehälter. Es fanden sich fingierte Hotel- und Arztrechnungen, großzügig wurden Gefälligkeitshonorare gezahlt und Reisekostenzuschüsse vergeben.«[8]
    Durch die Praxis, Decknamen zu verwenden, ist die Verwandtenwirtschaft selbst für Insider schwer durchschaubar. So wurde beispielsweise im BND-internen Telefonbuch von 1987 der Referatsleiter in der Sowjetunion-Aufklärung unter dem Decknamen Dr. Brandt geführt, während seine Frau, ebenfalls Referatsleiterin, unter einem anderem Decknamen verzeichnet war. Hießen beide im »Camp Nikolaus« wie im Pullacher Telefonbuch gleich, wäre die Verwandtschaft auch im Dienst offensichtlich. Das gleiche gilt für Frau von Bentivegni – Deckname Wegscheit –, die in den 70er Jahren als Sekretärin von Winterstein-Stellvertreter Stadt arbeitete, und für ihren Mann – Deckname Jürgens –, der zunächst

in Paris und anschließend bis 1979 in Teheran für den BND tätig war.

Die Prozeßvertreterin des BND vor dem Arbeitsgericht in München gehörte zu den späten Altlasten der Familien-Rekrutierung. Alt-Präsident Wessel hatte sich für die Tochter eines Ex-Kameraden aus seiner Soldatenzeit verwendet. Dies wirkte, obwohl sie im Auswahlverfahren von dem zuständigen Gremium übereinstimmend als »primitiv« abgelehnt wurde.

Vor dem Arbeitsgericht München, das für alle BND-Bediensteten zuständig ist, befürwortete sie häufig die Wiedereinstellung von entlassenen Alkoholikern, die der Dienst dann doch verwarf. Ihre positive Einstellung zu den Alkoholikern rührte daher, daß sie selbst unter dieser Krankheit litt, was ihr mehrfach Ermittlungen wegen Alkoholmißbrauchs einbrachte.

Dennoch wurde sie im Frühjahr 1982 in die Besoldungsgruppe A 15 befördert, weil eine günstige Beurteilung von ihrem Vorgesetzten Wohlbrecht, dem Leiter des Referates 42C, vorlag. Wie die BND-Gerüchteküche schnell wußte, hatte Wohlbrecht dabei lediglich seine persönliche Karriere im Auge gehabt: Er bekam selbst als Referatsleiter nur A 15 und konnte nach den Richtlinien erst nach A 16 aufrücken, wenn ihm mindestens ein A 15-Dienstposten nachgeordnet war.

Durch Gehlens Rekrutierung aus dem Offizierkorps der Hitler-Wehrmacht, wo eher preußisch und weniger nationalsozialistisch orientierte Offiziere sich im Reichssicherheitshauptamt und vornehmlich um Abwehrchef Canaris gesammelt hatten, gelangten überdurchschnittlich viele Adelige in den BND und holten über die Verwandtenrekrutierung weitere nach. Im Klarnamenverzeichnis Pullachs finden sich daher die Fitztums, die Fugger-Babenhausen, die von Buttlar, die von Koenneritz, die von Weitershausen, die von Wittke und andere. Da auch sie einen bürgerlichen Decknamen bekommen, kann man zum Beispiel den Herrn Wilhelm, Unterabteilungsleiter 41, nicht als Bruder einer bekannten Filmschauspielerin identifizieren. Für das MfS waren damit der genealogische Kalender und diverse Adelshandbücher eine sichere Quelle, um BNDler aufzuspüren. Wessen Geschlecht ohnehin in Pullach vertreten war, dessen Angehörige mit der Berufsbezeichnung Soldat oder Bundesbediensteter wurden auch in den späten 80er Jahren noch in eine Verdachtskartei aufgenommen. In mehr als 90 Prozent aller Fälle ergab die Einzelüberprüfung dann tatsächlich den Hauptberuf BND-Mitarbeiter bzw. -Mitarbeiterin. Eine ähnlich hohe Trefferquote erzielte das Verfahren, die Kinder adeliger BNDler mit Vollendung des 20. Lebensjahres in die Datei potentieller BNDler zu übernehmen. Dank der fortgesetzten Verwandtenrekrutierung landeten wiederum neun von zehn Kindern irgendwann in Pullach.

Nur wenn höhere Beamte – beispielsweise aus dem Auswärtigen Amt – zum BND wechseln, legt man ihnen einige Decknamen zur Auswahl vor. Normale Berufsanfänger in Pullach bekommen den Decknamen ebenso zugeteilt wie zusätzliche Arbeitsnamen für bestimmte Operationen. Einmal nur – so der Kantinenklatsch in Pullach – habe ein Neuling protestiert, weil er im »Camp Nikolaus« partout nicht »Brüstle« heißen wollte. Inzwischen herrscht in Pullach schon ein Namensgebungsnotstand, weil sich Deck- und Arbeitsnamen in der ganzen Geschichte des BND nicht wiederholen sollen.

Der Anteil von Frauen am hauptamtlichen BND-Personal ist unbekannt. Oberhalb der Referatsleiterebene trat außer der MfS-Spionin Gabriele Gast niemals eine Frau in Erscheinung, und selbst dort sind sie dünn gesät. Im Bereich der unbedeutenderen Verwaltungs- und Schreibkräfte – also in den unteren Lohngruppen – stellen sie jedoch die Mehrheit. Im operativen Bereich – als Verbindungsführer, Anbahner etc. – sind sie jedoch deutlich in der Minderheit. 1969 hat Gert Bucheit Expertenschätzungen zum »Anteil der Frauen, die zur Spionage angeworben und besonders ausgesucht werden« von 15 Prozent zitiert. Seine Vorurteile über »Die Frau in der Spionage« machen deutlich, warum die traditionellen Rekrutierungsmuster Männer vorzogen: »Diese Vorsicht gegenüber Frauen als Agentinnen hat verschiedene Gründe. Beim Einsatz von Frauen spielt die Sexualität eine besonders gewichtige Rolle . . . Sie vermögen eben meist nicht ihre sachlichen Aufträge von Emotionen und erotischen Empfindungen zu trennen . . . Bei

Frauen hängt eben Erfolg oder Mißerfolg ihrer Mission mehr oder weniger von ihrem gefühlsbedingten Allgemeinzustand ab, der bekanntlich oft wechselt. Auch sind sie, zumal wenn sie intelligent sind, was man bei einer Agentin voraussetzt, meist ehrgeiziger und daher hartnäckiger als Männer, was nicht immer zum Vorteil gereicht.«[9] Frauen, lautet die Botschaft, sind unberechenbare Gefühlswesen, deren Sexualität, geschlechtsspezifische Stimmungsschwankungen oder Ehrgeiz sie zum sachlich-harten Job als Spion eher untauglich machen.

1993 sind in den britischen Nachrichtendiensten 40 Prozent Frauen beschäftigt, die meisten »vorläufig noch in einer Art Sandwich-Position: in der Hierarchie nicht mehr ganz unten, jedoch auch noch nicht ganz oben«.[10] Beim BND jedoch waren auch in den späten 80er Jahren von den insgesamt etwa 120 Referatsleiterstellen weniger als fünf mit Frauen besetzt – in der operativen Beschaffung und der Technik fand sich keine Frau, allenfalls in der Auswertung und Verwaltung.

»Der BND kann seine Kräfte nicht einfach über das Arbeitsamt anfordern oder durch Stellenanzeigen in Zeitungen suchen. Das Risiko, daß auf diese Weise Agenten gegnerischer Geheimdienste eingeschleust würden, wäre viel zu groß«[11], ließ die *Süddeutsche Zeitung* im Juni 1970 ihre Leser wissen, als es um die Werbung geeigneten akademischen Nachwuchses an Universitäten ging.

Wo die Anwerbung bekannt wurde – wie im soziologischen Seminar der Universität Kiel oder über den BND-Berater in Tübingen, Professor Theodor Eschenburg –, reagierten Studenten und Medien mit heftigen Protesten[12]; aber der zuständige BNDler, ein von Rodenkirch und Panthen, durchstreifte unbeirrt weiter westdeutsche Hochschulen auf der Suche nach Nachwuchs.

Nachdem unter Reinhard Gehlen Selbstbewerbungen beim BND grundsätzlich abgewiesen worden waren, setzte Nachfolger Wessel unter dem Zwang technologischen Wandels in der Geheimdienstarbeit selbst auf die staatliche Arbeitsvermittlung. Die Arbeitsämter in der Bundesrepublik erhielten Mitte der 70er Jahre aus Pullach Werbebroschüren, die den BND als vielseitigen Arbeitgeber priesen. Ab diesem Zeitpunkt erschienen auch Stellenanzeigen unter anderem in der *Süddeutschen Zeitung* und der *Frankfurter Allgemeinen*. Gesucht wurden Hochschulabsolventen verschiedenster Fachrichtungen, vornehmlich aber Naturwissenschaftler. Die Suche nach dem neuen Typ des BND-Mitarbeiters gestaltete sich zu Beginn der 70er Jahre nicht einfach, wie die *WELT AM SONNTAG* vom 6. Mai 1973 zu berichten wußte: »Kaum ein Geheimdienst in Ost und West leidet zur Zeit unter so drückenden Personalproblemen wie der BND . . . Denn selbst die 5000 BND-Leute können aus ihrem Umkreis nicht die hochkarätigen Wissenschaftler aus über 70 akademischen Berufen rekrutieren, die der Dienst heute braucht.«

1978 behauptete der BND, die Wende auf dem Arbeitsmarkt habe seine Personalprobleme gelöst. »Man kann es sich leisten, auf Anhieb rund 70 Prozent der Bewerber auszusortieren, weil sie fachlich nicht gut genug sind oder den hohen Sicherheitsanforderungen nicht genügen.«[13] Das jedoch war eher Zweckpropaganda, denn was Ozeanographen, Sinologen und andere vom BND händeringend gesuchte Spezialisten betraf, herrschte auf dem zivilen Arbeitsmarkt kein qualitativ überzeugendes Überangebot. Wo nicht genügend Freiwillige strömten, da suchte der BND 1982 über Mittelsfirmen akademisch gebildete Arbeitskräfte unter jungen Arbeitslosen[14] – wiederum nicht gerade die erste Wahl.

Mit der Öffnung des Dienstes für Selbstbewerbungen stieg auch der Posteingang in Pullach, auf den allerdings nicht nur der BND Zugriff hatte. So hatten die Eheleute Magdeburg im Auftrage des MfS zu Beginn der 80er Jahre die Postschließfächer von Sicherheitsbehörden ausgeräumt, darunter auch das Postfach 120 in Pullach. Das vom MfS eingesetzte Agentenpaar kopierte die Bewerbungsunterlagen. War der Absender später nach München umgezogen, konnte das MfS ihn als BND-Mitarbeiter in seine Kartei aufnehmen. Doch nicht nur die 10 bis 15 Prozent berücksichtigten Bewerbungen waren von nachrichtendienstlichem Interesse. Die Nichtberücksichtigten stellten für die Gegenseite ein Potential zur Anbahnung »unter falscher Flagge« dar. MfS-Agenten suchten sie mit gefälschtem Ausweis auf, behaupteten, die Bewerbung sei wegen eines Mangels an Planstellen abgewiesen und boten den nicht angenommenen Interessenten eine nebenamtliche Tätigkeit beim »BND«.

Ganz traute der BND den eingestellten Selbstbewerbern auch nach der Sicherheitsüberprüfung nicht. Ihre Personalakten erhielten den roten Punkt, der eine Verwendung in besonders sicherheitsrelevanten Bereichen aufschiebt.

Ohne roten Punkt gelangte die 1990 enttarnte MfS-Spitzenagentin Gabriele Gast in den BND. Sie hatte in Aachen Politologie bei Professor Klaus Mehnert studiert, der ihr auch das Thema für ihre Doktorarbeit vorschlug: »Die politische Rolle der Frau in der DDR«. Dafür nahm sie Recherchen bei ihren Verwandten in der DDR auf, die sie mit ihrem späteren Agentenführer des MfS in Kontakt brachten. Auf Vermittlung ihres Doktorvaters erhielt Gabriele Gast eine Stelle beim Münchner »Forschungsinstitut für Sicherheit und internationale Fragen« und spähte als mittlerweile ausgebildete Agentin des MfS die CSU-nahe Einrichtung aus. Als das Institut 1973 aus vorgeblichem Geldmangel geschlossen wurde, bewarb sich die Politikwissenschaftlerin beim Auswärtigen Amt, wurde jedoch vom BND umworben. »Durch eine Empfehlung und durch ihre interessante Dissertation«[15], zitiert die Serie des *stern* die Antwort des Werbers auf die Frage, wie man auf sie gekommen sei.

Sollte der ordentliche Professor Mehnert an der Technischen Hochschule in Aachen BND-Werbern gegenüber besonders kooperativ gewesen sein, oder reichte die helfende Hand des Doktorvaters von Gabriele Gast bis in den Auslandsnachrichtendienst der Bundesrepublik? Geheimdienstlern in West und Ost war der Reiseschriftsteller Klaus Mehnert kein Unbekannter. Von Adolf Hitler hatte er das Kriegsverdienstkreuz bekommen, weil er als Agent von Admiral Canaris für den Achsenpartner Japan den US-Stützpunkt Pearl Harbor erfolgreich ausgekundschaftet hatte.[16] In Afghanistan beriet er im Februar 1960 den damaligen Premier Daoud, der sich seit dem Ende der 50er Jahre beim Aufbau der »Politischen Polizei« auf Westdeutschland stützte.[17]

Da Julius Mader, Hauspublizist des MfS, im Oktober 1961 »Die Karriere des Agenten Klaus Mehnert« in einer Broschüre darstellte, darf man sicher sein, daß das MfS die Studentin Gabriele Gast wegen der einschlägigen Beziehungen ihres Doktorvaters anbahnte und so der vorgeblich so sicheren Rekrutierung des Personals über altvertraute Tipper ein Bein stellte. Perspektivisch aufgebaut war Gabriele Gast eigentlich für eine MfS-Verwendung im Auswärtigen Amt. Als sie für den BND geworben wurde, überlegten die MfS-Zentrale in Berlin und die Führungsstelle in Leipzig jedoch lange, ob ihre Quelle Gisela die Sicherheitsüberprüfung beim BND überstehen würde oder ob sie das nachrichtendienstliche Angebot nicht besser ablehnen sollte, da ihr im Fall einer negativen Entscheidung auch der Zugang zum Auswärtigen Amt verschlossen sein würde. Der Ehrgeiz des MfS siegte über die Bedenken, und so begann der Aufstieg von Gabriele Gast zu einer der wertvollsten Innenquellen, die der DDR-Geheimdienst je hatte.

Nachrichtendienste hegen stets kaum Bedenken gegenüber dem Personalzuwachs aus der Inzucht. Um so größer ist ihr Argwohn gegenüber Menschen, die ungefragt zu ihnen kommen. »Es gab bei der CIA wie bei allen Geheimdiensten ein grundlegendes Problem, das kein Gesetz und kein Direktor ausmerzen konnte. Die Maulwurfsjagden, die die Agency in den sechziger Jahren zerrissen hatten, waren ein Symptom dieses Problems und wurden von den einsichtigeren Geheimdiensten als solches erkannt. Es hat viele Namen: Verschwörungsneurose, Verfolgungswahn, Geheimdienstmentalität, Agentenmanie oder schlicht ›krankhaftes Denken‹. Der springende Punkt ist, daß Leute, die beim Geheimdienst arbeiten, immer Gefahr laufen, ein Opfer destruktiver Phantasien zu werden und überall Verschwörungen zu wittern.«[18]

Den ausgeprägtesten Verfolgungswahn zeigt im BND die »Sicherheit«, also die Abteilung, die letztlich für oder gegen die Einstellung eines neuen Bewerbers entscheiden muß. Ihre Fehler sind dort öffentlich geworden, wo später als MfS-Agenten enttarnte BNDler bedenkenlos eingestellt worden waren. Aber Fehler machte sie aufgrund der von Verschwörungstheorien geleiteten Einschätzung auch da, wo sie Bewerbungen ablehnte, vornehmlich bei der Rekrutierung von Akademikern für den Dienst. Ein Slawist, Jahrgang 1955, hatte sein Studium nicht nur mit der

Prüfungsnote 1 abgeschlossen; überdies war der Doktorand am Institut für Slawistik der Universität Erlangen sechs Monate lang als Austauschwissenschaftler in Leningrad gewesen. Der BND warb ihn als Sprachlehrer bei der Bundeswehr ab, denn er suchte händeringend nach einem Fachmann, den er schwerlich selbst ausbilden konnte, weil die Ausbildungs- und Prüfungsordnung für Slawisten unabdingbar einen Aufenthalt im Mutterland der Sprache voraussetzt.

Da der angehende BNDler nach seinem Aufenthalt in der Sowjetunion von der Bundeswehr als Sprachlehrer akzeptiert worden war, entschied BND-Präsident Kinkel, ihn in die Probezeit zu übernehmen, um den Engpaß seines Dienstes aufzufangen. Am Tage vor Ablauf der sechsmonatigen Probezeit wurde der Slawist, Deckname Sowa, zum Unterabteilungsleiter Personal zitiert, welcher ihm dann im Auftrage der Sicherheit eröffnete, daß er für ein Arbeitsverhältnis auf Dauer nicht in Frage käme. Als Grund nannte die Sicherheit intern, Sowa habe »geschüttelt« – so nennt man es beim BND, wenn sich jemand gezielt einer Observation entzieht. Weil der Slawist den nicht gerade als herausragend bekannten Observanten des Dienstes während sechsmonatiger Beobachtung einmal abhanden gekommen war, blieb die Sprachlehrerstelle unbesetzt. Nur weil Sowa über eine Ausbildung zum Rettungssanitäter verfügte, fand er eine Anstellung in einem Münchener Krankenhaus und stürzte nicht ins soziale Nichts. Der zuständige Unterabteilungsleiter war zwar beauftragt worden, bei dem inzwischen nach Bonn gewechselten Alt-Präsidenten Kinkel um die Vermittlung einer Stelle im Auswärtigen Amt oder beim Verteidigungsministerium zu bitten. Doch beide lehnten den vom BND zum »Sicherheitsrisiko« gestempelten Sprachlehrer ab.

Die Sicherheitsbedenkler schafften es auch, Bewerber zu enttarnen, bevor diese überhaupt eingestellt waren. Stammberger, Leiter des Bereichs Sonderoperationen, suchte 1983 einen Sinologen, der – dem Anforderungsprofil des Auswärtigen Amtes folgend – glaubhaft die Rolle eines Kulturattachés spielen könne. Bei dem Bewerber aus Radolfzell wurde die Referenzpersonenbefragung so plump durchgeführt, daß die ganze Nachbarschaft von der BND-Zukunft des Sinologen erfuhr.

Mit dem Wechsel zu einer sozial-liberalen Regierung in Bonn 1969 änderte sich in Pullach auch einiges an den konspirativen Verhaltensregeln für Mitarbeiterinnen und Mitarbeiter im BND. Wenigstens seiner Ehefrau durfte ein BNDler nunmehr auch offiziell mitteilen, bei welcher Firma er arbeitete, und der Grundsatz, Selbstbewerber auf jeden Fall abzulehnen, wurde nicht mehr um jeden Preis aufrechterhalten. Doch auch der damalige BND-Präsident Wessel hat von seinem Personal nicht »die Käseglocke weggenommen«[19], wie die *Süddeutsche Zeitung* es ausdrückte. Die Legenden und Sonderlegenden für die BND-Dienststellen regelten weiterhin im einzelnen, nach welchen konspirativen Regeln ein Pullacher sein Privatleben zu gestalten hatte. Von Tarnangaben gegenüber Bauspar- und Ersatzkassen über komplizierte Regelungen, wie beim Finanzamt Kosten für den Weg zur Arbeitsstätte anzugeben seien, bis zu fiktiven Arbeitsfeldern, Vorgesetzten und Mitarbeitern waren alle Details eines Agentenlebens festgeschrieben. Gegenüber Nachbarn, entfernten Verwandten und vor allem gegenüber neuen Bekanntschaften hegen die BNDler ohnehin ein institutionalisiertes Mißtrauen, das die normale Kommunikation mit den Mitmenschen erheblich einschränkt.

Der sowjetische Geheimdienst KGB verfügte zum Ende der 80er Jahre über ca. 2000 Psychologen, und auch das MfS setzte zur Mitarbeiterbetreuung und -ausbildung zahlreiche Angehörige dieses Berufszweiges ein. Im Bundesnachrichtendienst waren solche Fachwissenschaftler eher ungeliebt.

Der BND verfügte mit Dr. Schimmer über einen Psychologen, der alle Welt der Spionage für alle möglichen Einrichtungen bezichtigte, einschließlich der Präsidenten, Vizepräsidenten und Abteilungsleiter. Er hatte in Westberg einen qualifizierten Psychologen, aber nur für kurze Zeit: Westberg wurde Mitte der 70er Jahre in den Bereich der politischen Auswertung in Schwarzafrika versetzt und arbeitete zehn Jahre später als Lagerhausverwalter. Der Psychologe Müritz, der Sachgebietsleiter in der Personalgewinnung, hielt sich relativ lange, beantragte aber schließlich, entnervt durch die Grabenkämpfe mit der Sicherheit und deren Technik des Rufmordes, seine Versetzung. 1987 wurde er dann Sachgebietsleiter in der Westaufklärung. Auch einige weitere BNDler aus dieser Sozialwissenschaft konnten sich nicht durchsetzen, nicht einmal eine gelernte Neurologin.

Außer bei der Personalwerbung sollten Psychologen im BND insbesondere die psychologischen Fähigkeiten der Anbahner schulen. Westberg war für diese Aufgabe kurzzeitig eingeplant. Von einem »vulgären Seelenkundler« aber wollten sich die praxisorientierten Anbahner – überwiegend zum BND übergewechselte Bundeswehroffiziere – nicht in das konspirative Handwerk pfuschen lassen. So hielt Strelow, Klarname Witigo von Wittke, Verbindungsführer bei 12F nach Polen, seine Basisqualifikation als Ingenieur für vollkommen ausreichend zur Agentenführung. Er schob es auf die stellvertretende polnische Generalstaatsanwältin, die er als Quelle führte, daß sie ihn nach dem dritten Treff als menschliches Schwein bezeichnete. Zwischen den alten Hasen aus der Bundeswehr und den jüngeren, über offene Personalwerbung gewonnenen Anbahnern gab es im BND der 80er Jahre einen Generationenkonflikt, der auch aus der Verschiedenartigkeit der Ausbildung resultierte. Für die Niederungen nachrichtendienstlicher Feldarbeit, so behaupteten die Platzhirsche, seien sie zehnmal besser geeignet als Absolventen der Fachhochschule des BND. Vollgestopft mit abstrakten Theorien über die staatsrechtlichen Grundlagen eines Nachrichtendienstes, seien die Nachwuchsanbahner unfähig, sich im Kalten Krieg gefechtskonform zu verhalten. Die so Gescholtenen beklagten an der alten Garde wiederum deren mangelnde Flexibilität, ihre aus den 50er Jahren stammenden Feindbilder und die Unfähigkeit, sich von dem Lehrsatz »Das machen wir seit dreißig Jahren so« zu lösen.

Die jüngeren Anbahner und Verbindungsführer profitieren von der Tatsache, daß ihre älteren Kollegen dem nachrichtendienstlichen Gegner bekannt sind und somit jede von ihnen geworbene Quelle gleich »verbrannt« war. Doch nicht nur gegenüber alten Bekannten, sondern gerade auch gegenüber Anfängern sah die Spionageabwehr des MfS im April 1987 gute Chancen für Gegenoperationen: »Das bedeutet für den Feind, vor allem junge Agentenführer zu entwickeln, darunter auch Frauen. Diese Kräfte sind

aber genauso mit Fehlern behaftet wie unsere jungen Tschekisten –
führen wir uns das doch plastisch vor Augen. Und gerade solche
Erkenntnisse müssen wir verstärkt herausarbeiten, um dort, wo
unerfahrene Agentenführer wirken, unsere Angriffe schwer-
punktmäßig und psychologisch geschickt vorzutragen. Dabei
kalkulieren wir ein, daß es sich ein junger Agentenführer gründlich überlegt, ob er eine Meldung über Aktivitäten von uns gegen
ihn absetzt oder dies im Interesse seiner weiteren Entwicklung
unterläßt. Durch unsere breit angelegten Maßnahmen, die bis zur
Gewinnung zu konzipieren sind, müssen wir diesen Agentenfüh-
rern bereits in jungen Jahren die Grenzen ihres Wirksamwerdens
zeigen.«

Zum 1. Januar 1982 errichtete der BND eine neue Dienststelle,
deren Funktionsfähigkeit – so der Abteilungsleiter 4, Herbert
Rieck mit dem Decknamen Heine im November 1981 – dem
BND-Präsidenten Kinkel sehr am Herzen liege: »Ihre Aufgabe
wird es sein, die Fachreferenten aller Abteilungen durch Übernahme von Aufträgen aller Art zu entlasten, soweit deren Bearbeitung
eine VS-Ermächtigung Voraussetzung. In vielen Referaten fallen
ständig Vorgänge an, die – befreit vom Routinedruck – einer
gründlichen Aufbereitung und gedanklichen Durchdringung
bedürfen. Oft genug beeinträchtigen sie die gezielte Wahrnehmung der eigentlichen Tagesarbeit. Als Beispiel sind hier u. a. zu
nennen:
– Auswerten von offenem Material für die Fachabteilungen;
– Auswählen, Erfassen und inhaltliches Erschließen von Fachlite-
  ratur;
– Vorbereitung von Arbeits- und Schulungsunterlagen für die
  Aus- und Fortbildung in Lehrgängen und am Arbeitsplatz;
– Gutachtliche Stellungnahmen zu Themen allgemeiner oder
  grundsätzlicher Art.

Infolge ihrer personellen Zusammensetzung (Chemiker, Juristen,
Volkswirte, Psychologen, Verwaltungsfachkräfte u. a.) ist bei 49F
der für die Bearbeitung von Abteilungsaufträgen notwendige
Sachverstand vorhanden.«

So neu war die Einrichtung nicht, sondern eine Nachfolgeeinrichtung der Dienststelle BDU – die intern als »Bund der Unfähigen« verspottet wurde. Unter Gehlen hieß diese Stelle »Terminus« oder schlicht »Elefantenfriedhof«. Ihr Fachpersonal jedoch bestand stets aus Spielern und Neurotikern; bei den meisten handelte es sich um mehr oder minder ausgeprägte Alkoholiker. In dem 50köpfigen Referat, das zur Mitte der 80er ein noch von Gehlen geförderter BNDler – Deckname Dr. Schimmer – leitete, werden die geheimdienstunfähigen Sicherheitsrisiken aufbewahrt. In der Münchner Tangastraße läuft für sie eine Beschäftigungstherapie bis zum Ruhestand.

Doch nicht alle Trinker im Auslandsnachrichtendienst der Bundesrepublik können bei 49F untergebracht werden. Dem Präsidenten Hans-Georg Wieck war rasch aufgefallen, daß aus dem Bereich Westaufklärung (UA 13) kaum jemals Arbeitsergebnisse vorgelegt wurden. Statt zu rezeptiver Beschaffung im Westen zog es die Aufklärer zu Hochprozentigem. Alkoholismus ist beim Dienst ein Problem, mit dem nicht nur die Anonymen Alkoholiker und zwei Betriebsfürsorgerinnen in Pullach kämpfen.

Die Geschichte der sexuellen Belästigung im geheimen Auslandsnachrichtendienst der Bundesrepublik Deutschland ist lang. Dr. Pinchobius, seit Gründung des Dienstes bis in die 60er Jahre Leiter des ärztlichen Dienstes des BND, war der Schrecken der weiblichen Bürokräfte, die sich auch dann ganz ausziehen mußten, wenn es ihnen völlig überflüssig schien. Ende der 80er Jahre kündigte eine Schreibkraft in einer Außenstelle am Starnberger See, noch bevor sie den Auftrag der Scheinfirma erkannt hatte, weil ihr einziger Kontakt zum Dienstherrn in einem wöchentlichen Besuch des Vorgesetzten bestand, der augenscheinlich nur kam, um sie zu betatschen.

Ein Observationslehrer in der Fachhochschule des BND in Köln, Fachoffizier der Bundeswehr, wurde 1985 in die Streitkräfte zurückversetzt, weil er vielfach weiblichen Lehrgangsteilnehmern vorab die Prüfungsaufgaben gab, vorausgesetzt, sie waren willig, mit ihm zu schlafen.

In flagranti ertappt wurde der Referatsleiter von 31A mit einer

Dame vom nordrhein-westfälischen Landesamt für Verfassungs-schutz. Ein Wach- und Schließbeamter machte aktenkundig, daß er beide nächtens auf dem Schreibtisch in Pullach vorgefunden hatte.

Der Jargon im »Camp Nikolaus« kennt eine Unterleibsmafia. Der Unterleib, dem die Mafiosi ihre Karriere beim Dienst verdan-ken, gehört der Ehefrau, die meist ebenfalls BND-Mitarbeiterin ist. Zu Beginn der 80er Jahre schickte der Leiter der Bremer Außenstelle, die sich mit Anbahnung in Richtung DDR Nord befaßte, einen seiner Sachbearbeiter häufig auf Dienstreisen, um mit der Ehefrau ungestört zu sein. Als der Vorgesetzte in die Zen-trale zurückging, folgten ihm kurze Zeit später der Sachbearbeiter und seine Ehefrau. Das zweite Kapitel der Affäre blieb dem Ehe-mann nicht verborgen, und so ging der Liebhaber statt der losen nunmehr eine feste Bindung mit der Kollegin ein.

Eine Germanistin, welche im Rahmen der Terroristenfahndung für das Bundeskriminalamt auf dem Flughafen Fiumicino in Rom deutsche Pässe von Passagieren prüfte, die wenig germanisch aus-sahen, wurde dem BKA vom BND abgeworben. Nach nicht ganz einem Jahr kündigte sie jedoch wieder, weil ihr Dienstvorgesetz-ter sie unablässig bedrängt hatte.

Als die Sicherheitsabteilung den Hinweis erhielt, eine Mitarbeite-rin habe Verbindung zu einem Tschechen, wurde das Münchner Observationskommando auf sie angesetzt. Bei der Ermittlung kam heraus, daß der Tscheche ein harmloser Sudetendeutscher war. Den Beobachtern fiel jedoch bei ihrer Arbeit auf, daß die BND-Frau bereits morgens um fünf Uhr ihre Wohnung zu verlas-sen pflegte, um zum Schwabinger Krankenhaus zu fahren und auf einem Parkplatz davor im Wagen zu warten. Von dort aus betrach-tete sie dann per Feldstecher immer ein bestimmtes Fenster des Schwabinger Krankenhauses, hinter dem der Umkleideraum der Krankenschwestern für die Frühschicht lag. Die Observanten bemerkten weiter, daß ihre Kollegin beim Anblick einer bestimmten Krankenschwester stets in sichtliche Erregung geriet. Die Ermittlungen ergaben, daß die BND-Frau sich als Patientin im Schwabinger Krankenhaus hoffnungslos in die Krankenschwester verliebt hatte. Obwohl sie nie lesbische Kontakte hatte, wurde der BND-Mitarbeiterin die Kündigung nahegelegt, weil eine gleichgeschlechtliche Neigung beim BND nicht nur in den 70er Jahren als Sicherheitsrisiko galt.

Wie sehr die Pullacher Bürokratie hinter dem allgemeinen gesellschaftlichen Bewußtsein hinterherhinkt, illustriert auch die Weisung, die zur Mitte der 80er Jahre das Ablegen des Bikini-Oberteils im BND-eigenen Freibad untersagte: »Der Einwand, daß außerhalb des BND das Baden ›oben ohne‹, ja sogar ›ganz ohne‹ bereits weit verbreitet sei, ist in diesem Zusammenhang nicht ohne weiteres stichhaltig. Naturgemäß unterliegen in einem Nachrichtendienst manche Dinge der Geheimhaltung, die anderswo offen dargelegt werden können.«[20]

Gewiß wurde seit 1970 durch die Pensionierungswelle von einigen hundert BND-Mitarbeitern der Geruch eines NS-Nachfolgeorganisation beseitigt; auf die frei werdenden Positionen gelangten jüngere Hochschulabsolventen[21], und durch die Technisierung der Spionage kamen zahlreiche Techniker aus dem Bereich der Bundespost in den Dienst. Doch die höheren und mittleren Chargen, die das Bild und den Dienstbetrieb des BND prägen, sind in einer sozialen Nische geblieben.

Gesellschaftliche Entwicklungen der späten 60er, der 70er und der 80er Jahre in der Bundesrepublik, wie die (Teil-)Emanzipation der Frau, die Liberalisierung des Weltbildes und das Schwinden von Ängsten vor der angeblichen Bedrohung aus dem kommunistischen Lager, haben dank der vielfach fortbestehenden Selbstrekrutierung des Personals, dank der Dominanz älterer Offiziere und dank der Sozialisierungspraktiken gegenüber dem Potential aus dem zivilen (Hochschul-)Leben im Auslandsnachrichtendienst kaum Niederschlag gefunden. Weltoffen blieb Pullach nur für Informationen und dubiose Partner in der Dritten Welt. An den Krankheiten des Patriarchats – Alkoholismus und Sexismus, zu Fehlern führende Selbstüberschätzung und autoritärer Führungsstil – leidet der BND auch heute noch.

21 Die Präsidenten

Im Amt des BND-Präsidenten gab es seit der Gründung des Dienstes einen beständigen Wechsel von geheimdienstlichen Insidern und Außenseitern. Auf die professionellen Nachrichtendienstler Reinhard Gehlen und Gerhard Wessel folgte der Politiker Klaus Kinkel, auf ihn wiederum die Berufsgeheimdienstler Eberhard Blum, Heribert Hellenbroich und Hans-Georg Wieck, dessen Nachfolger Konrad Porzner wiederum ein Außenseiter aus der Politik war. Für die Geheimdienstler Gehlen, Wessel, Hellenbroich und Blum sowie für den Politiker Porzner ist dieser Posten zugleich Endstation, während der Geheimdienstler Wieck – zumindest nach eigener Karriereplanung – und der Politiker Kinkel dies nur eine Etappe ihrer politischen Laufbahn war.

Als mit Abstand professionellsten Chef – zumindest für die Zeit, in der er noch im Vollbesitz seiner geistigen Kräfte war – betrachten viele BNDler auch heute noch Reinhard Gehlen. Die Mär vom Altmeister der Spionage hält sich hartnäckig. Der Historiker Hans-Heinrich Wilhelm hat jedoch bereits 1974 in einer Abhandlung über »Die Prognosen der Abteilung Fremde Heere Ost 1942 – 1945«[1] mit der Legende aufgeräumt, daß Gehlen als Leiter dieser Abteilung erfolgreiche Feindaufklärung betrieben habe. Insbesondere die Berichte aus der Endzeit der Ära Gehlen. machen deutlich, daß die Fähigkeiten des ersten bundesdeutschen Geheimdienstchefs eher auf dem Feld der Imagepflege und des Personenkults lagen als im nachrichtendienstlichen Handwerk. Aber eine tatsächliche wissenschaftliche Würdigung der Ära des BND-Gründers steht noch aus, und die ihm wohlgesonnene

Presse rückt nur zögernd von den jahrelangen Lobhudeleien ab. Anläßlich seines 75. Geburtstags 1977 würdigte *DIE WELT* Gehlen noch als »eine konservative, im guten Sinne preußische Erscheinung: wenig reflektierend vielleicht, aber von achtbarer Konsequenz«. Bei der Lektüre von Gehlens Buch »Verschlußsache«[2], das 1980 postum erschien, muß man sich die Frage stellen, ob der erste BND-Präsident in autistischer Verblendung bereits selbst an das Bild glaubte, das er jahrzehntelang von sich zeichnete.

Gerhard Wessel, Pfarrerssohn aus Neumünster, hatte das nachrichtendienstliche Geschäft von der Pieke auf gelernt. Der »Vater des Militärischen Abschirmdienstes der Bundeswehr« war zuvor schon einmal Nachfolger Gehlens geworden: Er hatte ihn als Chef der Abteilung »Fremde Heere Ost« beim Oberkommando des Heeres am 9. April 1945 abgelöst. Über zahlreiche militärische Verwendungen, bei denen er bis zum Vertreter im Ständigen Militärausschuß der NATO aufstieg, verdiente er sich seine Sporen, um am 1. Mai 1968 das Amt des BND-Präsidenten anzutreten.

Seine Mitstreiter in Pullach bewunderten seine weltmännische Art, seine umfassende Bildung und seine Fähigkeit, aus dem Stegreif druckreife Vorträge zu halten, mit der er nicht zuletzt Kanzler Kurt Georg Kiesinger beeindruckte. Da er, anders als Gehlen, überdies menschlich mit Mitarbeitern umzugehen wußte, galt er für viele als der ideale Präsident. Unter der Großen Koalition in Bonn und besonders seit dem Wechsel zur sozial-liberalen Regierung unter Willy Brandt, geriet Wessel jedoch zwischen die Fronten: Die politischen Vorgaben aus Bonn ließen sich schwer mit den Erwartungen seiner konservativ dominierten Führungsmannschaft vereinbaren. Eine schon an der Sprache als BND-internes Produkt erkennbare Studie aus der CSU-Zentrale vom Frühjahr 1980 macht deutlich, daß Wessel sich dem Primat der Politik mehr beugte, als der konservativen Truppe in Pullach lieb war: »Man muß Wessel gewisse mildernde Umstände für seine Amtsführung zubilligen, erhielt er doch damals als Vizepräsidenten und dazu als Leiter einer der vier Hauptabteilungen sehr bald zwei SPD-Apparatschiks aus der Bonner Baracke aufgedrückt. Als völlige Laien im ND-Geschäft spielen sie zunächst keine wesentliche Rolle. Wessel meinte optimistisch, sie umzuziehen zu können... Diese Erwartung zerstob aber schlagartig nach der Machtübernahme der Viererbande Brandt, Ehmke, Bahr und Wehner... Bei den nun erfolgenden Eingriffen in den BND-Betrieb, die radikalster Art waren, hätte Wessel beweisen können und müssen, daß mehr in ihm an Charakter und Zielstrebigkeit im Interesse seiner Aufgabe steckte, als er zeigte. Aber er kapitulierte vor einer Horde roter Proleten.«[3]

BND-Präsidenten
01. 04. 56 – 30. 04. 68 Reinhard Gehlen
01. 05. 68 – 31. 12. 78 Gerhard Wessel
01. 01. 79 – 31. 12. 82 Klaus Kinkel
01. 01. 83 – 31. 07. 85 Eberhard Blum
01. 08. 85 – 27. 08. 85 Heribert Hellenbroich
04. 09. 85 – 30. 09. 90 Hans-Georg Wieck
seit dem 01. 10. 1990 Konrad Porzner

BND-Vizepräsidenten
24. 05. 57 – 30. 03. 67 Hans-Heinrich Worgitzky
01. 04. 67 – 08. 10. 68 Horst Wendland
08. 10. 68 – 04. 05. 70 unbesetzt
05. 05. 70 – 31. 08. 79 Dieter Blötz
01. 04. 80 – 27. 02. 86 Norbert Klusak
seit dem 30. 04. 1986 Paul Münstermann

Der erste Zivilist unter den BND-Präsidenten, der Jurist Dr. Klaus Kinkel, erhielt zahlreiche Vorschußlorbeeren, bevor er zum 1. Januar 1979 nach Pullach wechselte. Der Arztsohn aus Metzingen war von 1968 bis 1979 im Bundesinnenministerium tätig gewesen und hatte dort im Referat Aufsicht über den Verfassungsschutz die Richtlinien für die Zusammenarbeit der Geheimdienste verfaßt. Später hatte er im Planungsstab des Auswärtigen Amts die Arbeit von BND und AA aufeinander abgestimmt.[4]

Klaus Kinkel begann seine Amtstätigkeit mit einer Rundreise zu fast allen Partnerdiensten in der ganzen Welt mit Ausnahme des australischen, weil er erst im Oktober 1978 als Mitglied der Delegation von Bundespräsident Walter Scheel in Neuseeland und Australien geweilt hatte. Frühzeitig begann er das weltweite BND-Netz auszubauen. Die Durchsetzung seiner neuen Residenturen fiel ihm durch die Zeit bei Außenminister Hans-Dietrich Genscher naturgemäß leichter.

Klaus Kinkel hatte es nicht leicht mit der alten Garde im BND. So mußte er schließlich dem Beamten vom Dienst zeitweise untersagen, weitere Anrufe der Abteilungsleiterin Frau Fürbeck zu ihm durchzustellen. Frau Fürbeck – bürglich Gräfin Isabell von Fugger-Babenhausen – versuchte Kinkel dauernd zu umgarnen, um sich anschließend in ihrem Freundes- und Bekanntenkreis zur rechten Hand des BND-Chefs hochzustilisieren. Als Hauptabteilungsleiter General Schulte 1982 am Eingangstor eine Routinekontrolle über sich ergehen lassen sollte, lieferte er einen bühnenreifen Wutausbruch. BND-Insider, die Zeuge des Vorfalls wurden, schildern, er habe die Aktentasche auf den Boden geworfen und sei darauf herumgesprungen; außerdem habe er seine Sonnenbrille auf den Boden geschleudert und zertreten. Schließlich durfte er doch unkontrolliert passieren. Da sich die Geschichte wie ein Lauffeuer im Dienst verbreitete, mußte Kinkel ein ernstes Wörtchen mit seinem Hauptabteilungsleiter reden. Anschließend mußte jeder Mitarbeiter durch seine Unterschrift bestätigen, daß er sich mit Torkontrollen grundsätzlich einverstanden erkläre.

Solches Durchsetzungsvermögen gegenüber dem Apparat war in der Ära Kinkel eher die Ausnahme. Am 2. Juni 1982 setzte sich der Oberstleutnant der DDR-Grenztruppen Klaus-Dieter Rauschenbach in die Bundesrepublik ab. Verantwortlich für die Betreuung dieses Überläufers waren der General Herrling, Deckname Gegert, der Verbindungsreferent des Dienstes zur Landesregierung in Bayern, Joachim Phillip, Deckname Panten, und der BND-Mitarbeiter Gorski.

Zwei Tage später kehrte Rauschenbach unter ungeklärten Umständen nach Ostberlin zurück. Am 3. September 1981 führte Kinkel mit leitenden Mitarbeitern des BND ein Gespräch, bei dem sich 80 Prozent der Anwesenden gegen die Entscheidung Kinkels im Fall Rauschenbach aussprachen. Dies berichtete die Tageszeitung *DIE WELT* im Januar 1982, ohne die Ursache des Streits in der BND-Führung zu nennen.[5]

Klaus Kinkel war verärgert gewesen, weil die Herren bei der Vernehmung von Rauschenbach rechtswidrig ein Tonband hatten mitlaufen lassen und sogar das Gespräch zwischen Rauschenbach und seiner Frau in einer konspirativen Wohnung in München abgehört hatten. Trotz Kinkels Mißbilligung haben die drei anschließend dienstintern, aber durchaus vernehmlich verlauten lassen, sie würden dies auch jederzeit wieder tun.

Der Chef des Bundeskanzleramts ordnete nach Unterrichtung durch den BND-Präsidenten an, die Verantwortlichen von ihren Pflichten zu entbinden oder aber in den einstweiligen Ruhestand zu versetzen. General Herrling war zu diesem Zeitpunkt schon aus dem Dienst ausgeschieden, die beiden andern aber wurden befördert. Joachim Phillip war nämlich ein unangreifbarer Protegé von Franz Josef Strauß; Gorski wurde in den besonders sensiblen Bereich Sonderoperationen versetzt.

Gegenüber BND-Oberst Günter Baltutis, Deckname Utrecht, hatte Kinkel am 14. Oktober 1981 eine Disziplinarmaßnahme verhängt. Dieser hatte den CDU-Bundestagsabgeordneten Friedrich Vogel über die dienstinterne Sitzung unterrichtet, und die Folge dieser Indiskretion war der kritische Artikel der *WELT* über Kinkel gewesen. Bei einem Gespräch zwischen dem für Sicherheitsfragen zuständigen CDU/CSU-Bundestagsabgeordneten und Kinkel weigerte sich der BND-Präsident, diese Disziplinarmaßnahme zurückzunehmen, und drohte mit seinem Rücktritt. Daraufhin stellte sich Generalinspekteur Heinz, der oberste Disziplinarvorgesetzte aller Soldaten auch im BND, gegen Kinkel und hob die Maßnahme auf, weil die Unterrichtung des Abgeordneten durch Baltutis kein widerrechtlicher Schritt gewesen sei und es keinen ursächlichen Zusammenhang zwischen dem Gespräch und dem Zeitungsartikel gäbe.

Auch zum Ende seiner Amtszeit hat sich Klaus Kinkel nicht gegen die starken und in konspirativen Intrigen erfahrenen Seilschaften im BND durchsetzen können. Die Chance, es anschließend als Koordinator für die Geheimdienste im Bundeskanzleramt nachzuholen, wurde ihm zum Jahresende 1980 verweigert, weil sich die SPD keinen FDP-Aufpasser ins Kanzleramt setzen lassen wollte. Offiziell wurde diese Ablehnung mit haushaltsrechtlichen Problemen begründet. So ging der geheimdienstmüde Klaus Kinkel, nachdem in der Koalitionsrunde im Oktober 1982 das Justizministerium an die FDP gefallen war, als Staatssekretär zu Hans Engelhard und wurde dessen Nachfolger. Im Mai 1992 löste er dann seinen Ziehvater Hans-Dietrich Genscher im Außenministerium ab.

Rolf Zundel hat dem ersten zivilen BND-Chef 1985 in der ZEIT ein gutes Zeugnis für seine BND-Zeit ausgestellt. Bei diesem Amt, so Zundel, handele es sich um »eine der heikelsten Aufgaben in diesem Lande, die schadlos zu überstehen nicht nur Tüchtigkeit, sondern auch Glück verlangt«.[6] Daß er erst 1985 von »der Kameraderie der Mächtigen eingemeindet (wurde), eingefügt in jene inoffizielle Machtstruktur, die hinter der dröhnendlauten Außenseite der Bonner Politik wirkt, leise und subtil, aber sehr nachhaltig«, kann nur behaupten, wer die offensive Machtpolitik des BND unter Kinkel und die Kompromisse, die der Verwaltungsjurist mit dem Recht und den Seilschaften im BND einging, nicht kennt.

Kinkels Nachfolger Eberhard Blum gehörte wiederum zur Alten Garde der Gehlenmannschaft. Mit seinem nachrichtendienstlich bedeutenden Vorlauf kehrte der 63jährige aus dem vorzeitigen Ruhestand ins Berufsleben zurück. Während des Ruhestandes allerdings war er auf der Basis eines Beratervertrags mit BND-Chef Kinkel jährlich mehrere Male zur Kontaktpflege in die USA gereist.

Sinnfälligster Ausdruck der Rückkehr der alten Strukturen aber war, daß unmittelbar nach Kinkels Wechsel nach Bonn Kurt Weiß, Deckname Winterstein, wieder in Pullach aus und ein ging.

Der langjährige Anführer der CSU-Seilschaft, Winterstein, war unter Kinkel in den vorzeitigen Ruhestand versetzt worden, weil er über seinen Intimus, den CDU-Abgeordneten Dr. Werner Marx, versucht hatte, die CDU- und CSU-regierten Bundesländer dazu zu bewegen, dem Dienst die benötigten Ausweise und Legenden nicht mehr zur Verfügung zu stellen, um damit die amtierende sozial-liberale Bundesregierung in erhebliche Schwierigkeiten zu bringen. Im dienstinternen Machtkampf zählte die Funktionsfähigkeit des BND bereits weniger als Positionsvorteile im Grabenkrieg. Hintergrund des Kleinkrieges war der Versuch der Pullacher CSU-Seilschaft, mit konspirativen parteipolitischen Verbindungen die neue Ostpolitik der sozial-liberalen Bundesregierung zu bekämpfen.[7] Nach der Flucht von Marx' Sekretärin Inge Goliath, einer MfS-Agentin, wurden diese Machenschaften überdies öffentlich. Trotzdem hatte Blum keinerlei Bedenken, seinem alten Verbündeten wieder Zutritt zur Zentrale zu gewähren, und beauftragte ihn sogar, die Geschichte des Dienstes zu schreiben.

Als BND-Präsident hatte Blum nicht etwa nur ein Mann des Übergangs, sondern auch des Ausgleichs zwischen den unterschiedlichsten Interessen und Gruppierungen im Dienst sein wollen. Dieser gute Vorsatz ließ sich jedoch mit diesem Anknüpfen an alte Seilschaften und der gezielten Desavouierung seines Vorgängers Kinkel kaum vereinbaren. »Blum nahm sich vor, durch Nettigkeit zu führen, Feindschaften und Intrigen im Dienst einzudämmen. Allzuweit jedoch ist der BND-Präsident in knapp eineinhalb Jahren mit seinen Vorsätzen nicht gekommen. Das Betriebsklima hat sich nicht gebessert«, urteilte *DER SPIEGEL* im Frühjahr 1984.

Die häufigen Dienstreisen Blums in alle Welt schienen manchen seiner Mitarbeiter denn auch mehr vom Fluchtinstinkt als von operativer Notwendigkeit diktiert. Nach zweieinhalbjähriger Amtszeit in Pullach kehrte Blum, der nach dem Kriege ein Hofgut in Oberfranken erworben hatte, in den Ruhestand zurück.

Nach der Ära Blum wurde der BND von Heribert Hellenbroich, dem Ex-Chef des Bundesamts für Verfassungsschutz, geleitet, doch die Amtszeit des neuen Präsidenten dauerte offiziell gerade drei Wochen. Nachdem sich der BfV-Spitzenbeamte, Hans Joachim Tiedge, in die DDR abgesetzt hatte, wurde Hellenbroich Ende August 1985 in den Ruhestand versetzt, worüber er sich heftig beklagte: Wenn der Chef eines Geheimdienstes bei jeder Panne den Kopf hinhalten müsse, würde dies dazu führen, daß »die jeweiligen Amtschefs aus Angst um ihre Posten vor der Übernahme von Risiken zurückschreckten«.[8]

Tatsächlich – so berichten BND-Insider – sei der neue Präsident des BND verärgert gewesen, weil Bundesinnenminister Friedrich Zimmermann dem Kanzler eine Koalitionskrise angedroht hatte, falls man ihn in Bonn für die Affäre Tiedge verantwortlich machen würde. Statt dessen forderte er den Kopf Hellenbroichs, da die CSU-Seilschaft in Pullach ohnehin befürchtete, daß der Insider aus der »Konkurrenzfirma« BfV durchgreifende Reformen beim BND in Angriff nehmen würde. Der geschaßte BND-Präsident nutzte denn auch in einer Talk-Show von *Radio Luxemburg* die Gelegenheit, auf einen weiteren Fehler des amtierenden CSU-Innenministers hinzuweisen, der sich gegen eine von Hellenbroich dringend empfohlene Telefon- und Postüberwachung des später übergelaufenen DDR-Spionageehepaars Willner gesperrt hatte.

Hans Georg Wieck wurde auf Vorschlag Eberhard Blums zum Präsidenten des BND ernannt, obwohl er sich mehr als zwölf Jahre lang ausschließlich im Ausland aufgehalten hatte, in Washington und London jedoch immerhin als Vertreter des BND-Präsidenten.

Wieck kam als NATO-Botschafter aus Brüssel nach Pullach. Zuvor war er in Teheran und in Moskau gewesen. Zu welcher konservativen Clique im BND er sich zählte, wurde auch dadurch deutlich, daß einer der ersten Antrittsbesuche ihn in die bayerische Staatskanzlei führte, wo er eine lange Unterredung mit Franz Josef Strauß hatte.

Wieck galt als profunder Denker und Analytiker, dessen Urteil jedoch gelegentlich von einer Weltverschwörungstheorie getrübt wurde. Mit missionarischem Sendungsbewußtsein flog er nicht mehr nur einmal in der Woche nach Bonn zum Lagevortrag, sondern jeden Dienstag und Freitag. Dort mußte sich dann Professor Waldemar Schreckenberger, der Staatssekretär im Kanzleramt, mit seinen dynamischen Bedrohungsvorstellungen auseinandersetzen.

An Reisefreudigkeit übertraf Wieck selbst Kinkel. Kaum aus Südamerika zurück, jettete er in die Niederlande, um Tage später die nächste Fernreise anzutreten. Auf Langstrecken reiste er stilvoll mit einer Linienmaschine der Lufthansa, weil dort der Komfort einfach besser war. Die eigene Dienstmaschine aber blieb im Radarschatten der Lufthansamaschine, weil die Mystere beim Sprung von Staat zu Staat mehr Annehmlichkeiten bot.

Für die transkontinentalen Flüge, aber auch für Reisen zum Routinevortrag nach Bonn verfügt der BND-Chef über eine eigene zweistrahlige Maschine. Seine Mobilität ist also größer als die der Bonner Minister, wenn man einmal vom Vertreter des Außenressorts absieht. Der Jet flog zwar vom Flughafen München-Riem ab, aber gewartet wurde er bei Dornier in Unterpfaffenhofen. Die höheren Mitarbeiter waren sehr verbittert, weil Wieck das Dienstflugzeug fast ausschließlich für sich reservierte, während seine Vorgänger im Amt ihren Mitarbeitern immer Mitflugmöglichkeiten von Riem nach Bonn angeboten hatten. Deren Sozialneid hatte er ohnehin schon geweckt, als er zwei gepanzerte Mercedes-500-Limousinen für seinen Dienstgebrauch verlangt hatte.

Wieck hatte die Abteilungsleiterbesprechungen von Freitag auf den Samstagvormittag verlegt, was das Ende der Fünf-Tage-Woche im BND bedeutete. Daß Wiecks Arbeitseifer nicht nur auf die Verbesserung der dienstlichen Leistungen zielte, sondern auch deutlich neurotische Züge trug, merkten die Abteilungsleiter an seinem dringlichen Wunsch, um 20 Uhr mit ihm die *Tagesschau* anzusehen, die für die Chefetage des geheimen Auslandsnachrichtendienstes doch nur begrenzten Informationswert haben dürfte. Der Workaholic ließ seine engsten Mitarbeiter schon morgens um sechs vortragen, ließ ihnen kaum Zeit zur Mittagspause, trieb sie bis achtzehn Uhr abends an, um dann noch auf gemeinsamem Ausgleichsport zu bestehen. Sein persönlicher Referent muß abends mitjoggen, um anschließend noch bis 24 Uhr weiterzuarbeiten. Der erste, Moretti, warf das Handtuch. Der zweite, Geber, wurde der Arbeitswut seines Chefs nur mit Mühe gerecht. Da Wieck selbst auf der kurzen Fahrt vom Münchner Flughafen zur Zentrale im Isartal nicht darauf verzichten wollte, seine Mitarbeiter zur Arbeit anzuhalten, war er trotz des vorgeblich abhörsicheren ECOVOX-Autotelefons eine ergiebige Quelle für die Funkaufklärung des MfS. Er machte vom Wagen aus Termine, bestellte Referenten und orderte Berichte – und erreichte damit, daß der nachrichtendienstliche Gegner aus dem Munde des BND-Präsidenten selbst von der Dringlichkeit bestimmter Dinge erfuhr.

Trotz aller Begeisterung für die intellektuellen Fähigkeiten des BND-Präsidenten galt Wieck im Camp bald als psychisch kranker Mann, der nicht darüber hinwegkam, daß ihn nach dem Tode seiner Frau seine vier erwachsenen Kinder verlassen hatten, und in der Arbeit Verdrängung suchte. Dank der zahlreichen Pullacher Drähte nach Bonn blieb die Stimmung in den gestreßten Chefetagen des BND auch dem Bundeskanzleramt nicht verborgen. Zum Oktober 1990 wurde Wieck auf den Posten des Botschafters in Indien versetzt. Der dienstinterne Unmut dürfte bei dieser Entscheidung mindestens die gleiche Rolle gespielt haben wie die vorgeblichen Spannungen zwischen Pullach und Bonn wegen der Affäre um die libysche Giftgasfabrik in Rabta.

Als aussichtsreichster Kandidat für die Wieck-Nachfolge galt der im Februar 1986 verstorbene BND-Vizepräsident Norbert Klusak, der in Pullach fachliches Ansehen genoß. Dr. Paul Münstermann – Deckname Dr. Heidecker –, der am 30. April 1986 Klusaks Nachfolge im Amt des ND-Vizepräsidenten antrat, hatte dagegen nie ernsthaft als Wieck-Nachfolger zur Debatte gestanden. Er war 1967 von der Post zum BND gekommen und lange Jahre Referatsleiter im Bereich der Post- und Fernmeldekontrolle gewesen, bevor er 1984 den erzkonservativen Mang als Leiter der Abteilung Sicherheit ablöste. Münstermann ist CSU-Mitglied, einstiger Intimus von Franz Josef Strauß und Staatssekretär Erich Riedl (CSU). Ohne diese Protektion, so behaupten BND-Insider, wäre der promovierte Jurist nicht einmal Abteilungsleiter geworden. Als Alternative zu Münstermann war Heinrich Rosenlehner im Gespräch gewesen. Wenn jedoch schon einer der Abteilungsleiter zum Präsidenten bestimmt werden sollte, würde kein Weg an Münstermann vorbeiführen. Als dienstintern die Chancen der Abteilungsleiter durchdiskutiert wurden, zeichnete sich bereits ab, daß der »Neue« wohl »von außen« kommen würde.

Dr. Rudolf Werner, Abteilungsleiter 1, kam »mangels Format« nicht für diesen Posten in Frage. Kanzleramtsberater Horst Teltschik, Gönner von Werner, Deckname Dr. Kempe, bereute bereits, daß er seinem Studienfreund soviel Protektion hatte angedeihen lassen, daß dieser unter Blum von einem A-15-Dienstposten in der Polenaufklärung direkt auf den B6-Posten des Abteilungsleiter avancierte und damit sein Monatseinkommen etwa verdoppelte.

General Schulte, Abteilungsleiter 2, soll sich zwar persönlich Hoffnungen auf die Präsidentschaft gemacht haben, aber als Militär schied er von vornherein aus.

Dr. Dingens, Abteilungsleiter 3, wurde auch nicht gerade als Favorit gehandelt. Zwar galt er als CDU-Sympathisant, aber als »Leihgabe« des Auswärtigen Amts verfügte er kaum über nachrichtendienstliche Erfahrung.

Möller-Wagenetz, Abteilungsleiter 4, wurde im BND als versierter Jurist geschätzt, der der CDU nahestand. Was aber Kooperation und Menschenführung betraf, hielt man ihn für unfähig. Rausch, Abteilungsleiter 5, brachte Erfahrungen im Verfassungsschutz mit. Unter der sozial-liberalen Koalition war er zunächst Abteilungsleiter 1 im BND, dann Leiter der Schule. Er war zwar nicht Mitglied der SPD, aber den Sozialdemokraten zumindest nahestehend, und schied so im Personalkarussell nach dienstinterner Einschätzung aus.

Auch Riek, Abteilungsleiter 6 und erklärter Sozialdemokrat, schien unter einer schwarzen Regierung nicht den Hauch einer Chance zu haben.

»Die Leiter der mit der inneren Sicherheit befaßten Behörden des Bundes sind sämtlich, der Zufall fügt es so, in vorgerücktem Alter«[9], berichtete die *Frankfurter Rundschau* im Dezember 1989 und illustriert den Unterschied zum Beginn der Kanzlerschaft Helmut Kohls: »Die Besetzung der Sicherheitsorgane – mit den Präsidenten Meier (Bundesverfassungsschutz), Kinkel (Bundesnachrichtendienst) und Herold (Bundeskriminalamt) – um das Jahr 1980 – trug jedenfalls Zeichen ausgeprägter Initiative, sowenig die Präsidenten auch in absoluter Harmonie miteinander gelebt haben mögen.«

Heinrich Boge (SPD), der Präsident des Bundeskriminalamts, war 1989 über 60 Jahre alt. Generalbundesanwalt Rebmann war 65 und von Alkoholproblemen geplagt. Der Präsident des Bundesamts für Verfassungsschutz, Gerhard Boeden (CDU), ging nach zweimaliger Verlängerung seiner Amtszeit als Vizepräsident des BKA 1987 in den Ruhestand, um wenige Wochen später im Alter von 64 Jahren als BfV-Chef reaktiviert zu werden. Vom Alter her war BND-Präsident Wieck mit seinen 61 Lebensjahren zwar noch nicht »ablösungsreif«, aber er hatte durch die Affäre um den Bau der libyschen Giftgasfabrik in Rabta das Vertrauen der Bundesregierung eingebüßt.

So bestand schon deshalb Handlungsbedarf, weil bei zwei der vier Spitzen der Sicherheitsbehörden eine abermalige Verlängerung der Amtszeit unmöglich war. Die Parteivorsitzenden Bundeskanzler Helmut Kohl (CDU), Theo Waigel (CSU) und Otto Graf Lambsdorff (FDP) erörterten am 24. Januar 1990 Neubesetzungen an der Spitze von BND, BfV und Bundesanwaltschaft. Kohl erwog nach einem Gespräch mit dem SPD-Vorsitzenden Hans Jochen Vogel, das Amt des Generalbundesanwalts mit dem stellvertretenden SPD-Fraktionsvorsitzenden Wilfried Penner zu besetzen. Lambsdorff wandte ein, daß die FDP in keinem dieser Ämter mit einer Führungsperson vertreten sei, und erhob für seine Partei Anspruch auf das Amt des Generalbundesanwalts. Nach Auskunft von Insidern blockierte er den SPD-Mann, weil er Wilfried Penner seine kämpferische Rolle als Vorsitzender des Flick-Untersuchungsausschusses nie verziehen hatte.[10]

Das Ergebnis des Proporz-Gerangels ist bekannt: Alexander von Stahl wurde auf dem FDP-Ticket Generalbundesanwalt, das Amt des BfV-Chefs erhielt am 28. Februar 1991 der aus dem Bundesinnenministerium kommende CDU-Sympathisant Eckardt Werthebach, siebter BKA-Chef wurde 1990 Hans-Ludwig Zachert, und zum siebten Präsidenten des BND erhob Helmut Kohl zur Verwunderung von Freund und Feind zum 1. Oktober 1990 den SPD-Bundestagsabgeordneten und Fraktionsgeschäftsführer Konrad Porzner.

Mit der Einbeziehung eines SPD-Mannes in das Personalkarussell sorgte Kohl dafür, daß die Kritik der SPD bei den künftigen

BND-Affären zahm ausfallen würde. Außerdem äußerte sich sogar die *Frankfurter Allgemeine* lobend über die Amtsauffassung des Sozialdemokraten.

Sie wußte, was »Porzner, ein nachrichtendienstlicher ›Außenseiter‹ wie viele seiner Vorgänger auch, in seiner freundlichen Beharrlichkeit zu tun hat. Wenn er in der Parlamentarischen Kontrollkommission (PKK) berichtet, spürt er keine Unterschiede zwischen den Parteien, was die ›Akzeptanz‹ des BND angeht. Er verliert sich, was die Leitung des BND angeht, nicht in Details, kennt die Grenzen eines Außenseiters, dessen Mitarbeiter Schutz brauchen, bemüht sich, dem Dienst ein loyaler Vorgesetzter zu sein, ohne sich vereinnahmen zu lassen«.[11]

Porzner wurde gleich zu Beginn seiner Amtszeit dem Erwartungsbild vom schützenden Patron aller BNDler gerecht, der zwar von ihrem Handwerk wenig versteht, aber seine Aufgabe darin sieht, den anderen Politikern und den Medien deutlich zu machen, daß der Dienst vor allem Verständnis braucht. In den Skandalen um die Lieferung von Ex-NVA-Ausrüstung nach Israel und die Schalck-Golodkowski-Affäre hat er sich frühzeitig als politischer Libero in der Abwehrreihe des BND versucht.

Anfang Juli 1992 trat Porzner auch in die Fußstapfen seiner Amtsvorgänger, was die Weitergabe von Informationen über in Deutschland agierende politische Organisationen von Ausländern betrifft. Begleitet von Kanzleramtsminister Schmidbauer und BfV-Präsident Werthebach traf er in Mittelanatolien Vertreter des türkischen Außenministeriums und des Geheimdienstes MIT, die dabei über die Aktivitäten der Arbeiterpartei Kurdistans PKK in Deutschland unterrichtet wurden.[12]

Daß der gelernte Lehrer Konrad Porzner seiner Rolle als Mittler zwischen Bonn und Pullach gerecht werden kann, daran hegen die Abteilungsleiter im BND mehrheitlich Zweifel. In dieser Mittlerrolle aber liegt insbesondere für fachfremde Präsidenten ihre eigentliche Aufgabe. Ihr Einfluß auf das nachrichtendienstliche Konzept des BND ist sehr begrenzt. 1978 urteilte Rolf Zundel, auch unter Gerhard Wessel habe der BND »die alte Freicorpsmentalität noch nicht ganz abgelegt, den Ordensgeist, die Einbildung, in unserer Demokratie könne der Geheimdienst ruhig abseits der gültigen Ordnung arbeiten und brauche auf Gesetze und Grundgesetz nicht sonderlich genau zu achten«.[13] Und diese Wertung läßt sich auch 1993 fortschreiben.

Insofern müssen Versuche, die Nachrichtendienste aus einer »Sozio-Psychologie« ihrer Präsidenten zu analysieren, zwangsläufig scheitern. Hans Halter hat dies 1993 mit der kühnen Behauptung unternommen: »Man muß den Ersten also für das Ganze nehmen, und man darf das auch: Der Erste wird ja nicht durch Geburt herausgehoben, sondern ganz ausdrücklich deshalb, weil man sicher ist, daß der Erste auch zugleich der Beste ist.«[14]

Klaus Kinkel ist daran gescheitert, daß er nachrichtendienstliche Angelegenheiten zur Chefsache zu machen versuchte – im Fall Stiller, im Fall Baumann, im Fall Rauschenbach, im Fall des Privatdetektivs Werner Mauss. Wer als BND-Präsident die ihm vom Dienst zugewiesenen Kompetenzen als Marketing-Direktor der BND-Arbeit in Bonn überschreitet, den läßt der Dienst scheitern.

Wie die intensive Reisetätigkeit aller BND-Präsidenten nach Wessel belegt, hat der Präsident Spielraum bei der Diplomatie gegenüber Partnerdiensten und beim Erschließen neuer Kontakte. Hier konnte der Diplomat Klaus Kinkel erfolgreich agieren und unter anderem das Verhältnis zu den britischen Diensten verbessern, während Eberhard Blum die Beziehungen zu den US-Diensten wieder ins Lot gebracht haben soll.

Konzeptionell soll der BND-Vizepräsident als Insider die interne Kontrolle des Apparates übernehmen. Von Blötz bis Münstermann wurde der Vizepräsident jedoch immer als politisches Gegengewicht zum Präsidenten gesehen – Blötz gegen Wessel, Münstermann gegen Porzner –, so daß eine wirkliche Kontrolle über die Abteilungsleiter in den letzten zwanzig Jahren nie gewährleistet war.

22 Inoffizielle Mitarbeiter

Inoffizielle Mitarbeiter, kurz IM, hatte das MfS zu Tausenden, der BND hat sie offiziell nicht. Dafür verfügt er über eine Menge analoger Spezialisten, die nicht fest beim BND angestellt sind:[1]

1. Die Auskunftsperson – Beschaffungshelfer im eigenen Machtbereich, der wegen seines Sachwissens in nachrichtendienstlichem Interesse zur Klärung bestimmter Fragen über Personen, Sachen oder Sachverhalte herangezogen wird. In der Regel wird die AP nicht in die näheren nachrichtendienstlichen (ND-)Hintergründe eingewiesen.

2. Beschaffungshelfer – früher überwiegend »op. Hilfspersonen« genannt. ND-Verbindungen, die in der überwiegenden Mehrzahl bei der Anbahnung und Führung operativer Quellen eingesetzt werden. Nicht eingewiesene Beschaffungshelfer werden neutrale Beschaffungshelfer (NBSH) genannt.

3. Einführungsperson – Beschaffungshelfer, der aufgrund seiner Beziehungen den Kontakt zu Gesprächspartnern vermittelt. Die EP ist ein Beschaffungshelfer der rezeptiven Beschaffung.

4. Gesprächspartner – Eingewiesene rezeptive Quelle, die durch Gesprächsaufklärung auf geheime Nachrichten abgeschöpft wird.

5. Informant – Nichteingewiesene operative Quelle mit den Zugangsmöglichkeiten einer Innen- oder Außenquelle, die von einem Gesprächsaufklärer oder von einem Bediensteten im Wege der Gesprächsaufklärung unter Legende auf geheime Nachrichten abgeschöpft wird.

6. Tipper – Beschaffungshelfer, der Tips aufgrund eigenen oder fremd bezogenen Wissens abgibt.

Wie groß der Kreis der Personen ist, die – mehrheitlich bewußt, teilweise unwissentlich – für den BND arbeiten, ohne ein festes Arbeitsverhältnis in Pullach zu haben, läßt sich nur schätzen. Wenn in dem Schwerpunktgebiet DDR insgesamt 300 Agenten für ein Fünftel der gebietsbezogenen Beschaffungsreferate tätig waren, dürfte weltweit die Zahl der reinen Agenten höchstens 2000 betragen.

Bereits 1976 wurde jedoch die Zahl der Menschen, die »freiberuflich« für den BND arbeiteten, auf 6000 geschätzt[2], was der Zahl der festen Mitarbeiter entsprach. Bei 2000 von ihnen soll es sich um Agenten handeln, die restlichen 4000 werden anderweitig im Dienst Pullachs eingesetzt. Wenn die Zahl dieser freien Mitarbeiter analog zum Stammpersonal des BND gestiegen ist, dürften zum Ende der 80er Jahre knapp 2000 Agenten und 5000 Menschen in anderer Weise für den westdeutschen Auslandnachrichtendienst arbeiten – wobei die überwiegende Anzahl von ihnen wiederum nicht im Ausland, sondern in der Bundesrepublik selbst tätig sein dürfte.

Diese Schar von Geheimdienstmitarbeitern besteht seit Gehlens Zeiten aus »Personen in exklusiven Arbeitsverhältnissen in politisch wichtigen Einrichtungen. Sie erhielten für ihre BND-Tätigkeit eine ›Grundvergütung‹; dazu kamen sogenannte Werkverträge. Über die arbeitsrechtlichen Fragen in diesem Zusammenhang hat sich in den 70er Jahren ein BND-Experte in Studien ausgelassen.«[3]

Die Kanzlerweisung von 1955, daß Inlandsaufklärung dann möglich ist, wenn sie dem Auftrag des Bundesnachrichtendienstes dienlich ist, hatte der Inlandsspionage Tür und Tor geöffnet. Am Ende der Ära Gehlen verfügte der BND über Hunderte von Personendossiers über für ihn wichtige Bundesbürger. »Schlimmer war, daß der BND dem Staate, dem Staatsverständnis der Bundesrepublik und ihrer demokratischen Staatsräson immer wieder tiefe Wunden geschlagen hat. Das begann unter dem ersten Präsidenten Gehlen, dem ›Doktor‹, der den Auslandsnachrichtendienst mehr und mehr zur Inlandsbespitzelung einsetzte. Er ließ Journalisten als V-Leute anheuern, die über ihre Gespräche mit Prominenten Berichte ablieferten (›Sonderakten‹ nannte er das haarspalterisch); er ließ die Sozialdemokraten systematisch ausforschen... Und sein Geist wirkte über Gehlens Amtszeit hinaus.«[4]

Vor dem Untersuchungsausschuß des Bundestages mußte der ehemalige Chef-Beschaffer des BND einräumen, daß über den wegen sexuellen Mißbrauchs Minderjähriger zurückgetretenen Wehrbeauftragten des Bundestags, Helmuth von Grollmann, eine kompromittierende Gehlen-Datei angelegt war. In lediglich 17 von 54 Fällen sind, laut Generalmajor a. D. Wolfgang Langkau, auf Wunsch der Betroffenen BND-Akten angelegt worden; aber nicht er, sondern möglicherweise andere Abteilungsleiter hätten Gehlen mit Informationen über Persönlichkeiten des öffentlichen Lebens versorgt.[5] Im Januar 1975 wurde bekannt, daß nicht nur BNDler die »Sonderakte SPD« gefüttert hatten, sondern viele Informationen über die Genossen durch den langjährigen Leiter des Ost-Büros der SPD, Helmut Bärwald, an Gehlen gelangt waren.[6]

Im Januar 1975 tauchten aus der Sonderkartei Gehlens drei verschollene Akten über Herbert Wehner, ZEIT-Verleger Gerd Bucerius und Bundesverfassungsrichter Fabian von Schlabrendorff auf. »Bei den Geheimpapieren handelt es sich um Kopien der ursprünglichen Gehlen-Akten, die auf Mikrofilm übertragen wurden. Die zuständigen Stellen in Bonn sind davon überzeugt, daß noch weitere Ablichtungen aus der Sonderkartei des Bundesnachrichtendienstes existieren. Zugleich wurde aber angezweifelt, daß sie noch gefunden werden«[7], meldete DIE WELT im Januar 1975. Diese Zweifel waren berechtigt, weil ohne Hausdurchsuchungen bei führenden aktiven und ehemaligen BNDlern und in geheimen BND-Außenstellen die Akten unauffindbar bleiben mußten.

Nach dem Regierungswechsel 1969 wurde die BND-Zentrale in Pullach zwar nach dem Material aus der verbotenen Inlandsaufklärung durchforstet, aber laut BND-Insidern waren zuvor in einer Eilaktion massenweise Akten weggeschafft worden. Kanzleramtsminister Horst Ehmke konnte dennoch die Existenz von Personendossiers anhand von 54 Akten beweisen. Nach ihrer Übertragung auf Mikrofilm wurden die Reste der Sonderkartei auf Weisung von Wessel und Ehmke vernichtet.

Daß Horst Ehmke trotz der Aktenverschleppung überhaupt fündig geworden ist, lag nur daran, daß einige BNDler sich die Gunst der neuen Regierung sichern wollten, indem sie Akten vor dem Abtransport beiseite schafften. Die Presse jedoch behauptete, daß Gerhard Wessel Ehmke diese Akten überreicht habe.

Mit der Diskussion um die Inlandsaufklärung des BND geriet auch der Zugriff des Dienstes auf Journalisten als Quellen in die öffentliche Kritik. Nachdem Horst Ehmke vor dem Guillaume-Untersuchungsausschuß am 9. Oktober 1974 erklärt hatte, es gäbe »regelmäßige Geldleistungen an Presseangehörige, deren Gegenleistung, falls es überhaupt eine Gegenleistung gab, jedenfalls nicht auf dem Gebiet der Auslandaufklärung lag«, forderte Regierungssprecher Klaus Bölling den BND-Präsidenten Gerhard Wessel auf, eine Liste der journalistischen Mitarbeiter des BND zu veröffentlichen. Wessel verweigerte dies unter Hinweis darauf, daß mit einer Preisgabe von V-Leuten die Funktionsfähigkeit des Dienstes gefährdet sei. In Bonn kursierte dennoch bald darauf ein solches Verzeichnis, das zahllose erste Adressen der westdeutschen Medienlandschaft umfaßte.[8]

Manfred Bissinger klassifizierte 1987 die Zusammenarbeit von BND und Medien: »Erste Form: Der Dienst hatte einzelne Redakteure, vor allem Korrespondenten in den osteuropäischen Staaten, unter Vertrag und zahlte monatliche Gehälter für deren Berichte. Das schwankte je nach Ergiebigkeit des Standorts (Moskau wurde besser bezahlt als Warschau) zwischen 1000 und 8000 DM monatlich. Die Journalisten hatten Agentennummern und Agentenführer. Letztere gehörten meist zu Tarnfirmen, die der BND für solche Zwecke unterhielt... Die zweite Form der Zusammenarbeit mit Pullach war die der gelegentlichen Mitarbeit. Der Dienst stand mit Redakteuren oder Reportern in loser

Verbindung und vergab Aufträge – selten direkt, meist über die schon erwähnten Tarnfirmen. Die zum Beispiel luden die Redakteure zu Auslandsreisen ein, von denen dann eben nicht nur für das eigene Blatt, sondern auch für den BND berichtet wurde ... Die dritte Art der gemeinsamen Arbeit lief über sogenannte ›Einfluß-Agenten‹. Diese lieferten selten Berichte. Sie hatten Berichte zu lancieren. Meist wurden sie nach Pullach gebeten und durften dort in regelmäßigen Abständen im Eßzimmer hinter dem Chefbüro mit dem Präsidenten oder seinem Vize dinieren ... Nach meinen Schätzungen, die ich in Gesprächen mit hohen BND-Leuten überprüfen konnte, arbeiten gut fünf Prozent aller Redakteure für irgendeinen der Dienste, sei es der BND, sei es der Verfassungsschutz oder gar irgendein ausländischer Verein.«[9]

Eine vierte Form besteht darin, daß eine Person in ihrer Eigenschaft als Journalist vom BND geworben wurde. So wurde der freischaffende Journalist Horst Hering, nachdem er sich als CSU-Mitglied beim *Bayernkurier* beworben hatte, vom BND für den »Verlag Sport und Mode« in Wiesbaden angeheuert. Als der Kurier des »Roten Admirals« am 5. Juni 1980 vom Militärobergericht in Ostberlin wegen Spionage in besonders schwerem Fall zu lebenslanger Haft verurteilt wurde, hatte er unter dem Decknamen »Sissi« jahrelang für den BND als Spion und als Kurier in der DDR, Polen und der ČSSR gearbeitet.[10]

Der deutsche Presserat hat im Frühjahr 1988 entschieden, daß eine Arbeit als V-Mann mit dem Berufsethos des Journalisten von Geheimdiensten nicht vereinbar ist. »Diese Auffassung mag der eigenen berufsständischen Sicht des Journalisten entsprechen; für den Nachrichtendienst dagegen ist kein Gesichtspunkt erkennbar, unter dem er die mögliche Mithilfe eines Journalisten zurückweisen sollte«[11], erläutert ein Mitarbeiter des Koordinators der Dienste im Kanzleramt 1989. Für die scharenweise Beschäftigung von Medienvertretern sprechen aus der Sicht des BND eine Menge von Gesichtspunkten: Abschöpfgespräche können mit der berufsmäßigen Neugier der Journalisten gedeckt werden, Desinformation aus befreundeten Redaktionsstuben ist schnell und glaubhaft zu organisieren, und gute Journalisten sind wertvolle Tauschpartner von Informationen.

Die Liste der geouteten BND-Journalisten ist lang. Der Schrift-steller Jürgen Torwald, vom *SPIEGEL* als »Hofchronist« Gehlens apostrophiert, hat selbst lange als Quelle für den BND gearbeitet und ist später regelmäßig als Tipgeber tätig gewesen.

In der *SPIEGEL*-Affäre sind die eigenen Kontakte des Ham-burger Nachrichtenmagazins zum BND seit 1954 deutlich gewor-den. Der damals involvierte BND-Oberstleutnant Adolf Wicht[12] wurde nach seiner Pensionierung als Brigadegeneral 1971 Aus-landsbeauftragter des *SPIEGEL*-Verlags, *SPIEGEL*-Redakteur Peter Rullmann wurde 1971 in Belgrad wegen Spionage zu sechs Jahren Haft verurteilt und nahm danach seine Arbeit in Hamburg wieder auf.[13] Und dem *SPIEGEL*-Verlagsdirektor und Geheim-dienstexperten Detlev Becker wurde 1978 von der DDR-Nach-richtenagentur ADN – untermauert durch Aufklärungsergebnisse des MfS über seine Gehlen-Kontakte – vorgeworfen, er sei ein »verlängerter Arm des Bundesnachrichtendienstes«.[14]

Als »illustriertes Hausorgan« des BND bezeichneten Insider 1989 jedoch die 1993 eingestellte *Quick*. Im Oktober 1975 veröf-fentliche der *stern* auf der Basis von Materialien des MfS, daß der Redaktionsdirektor der *Quick*, Heinz von Nouhuys, jahrelang als Doppelagent sowohl für das MfS (Deckname Nante) als auch für den BND (Deckname Handwerker) gearbeitet hat. Laut *stern* erhielt Nouhuys für 123 Treffs und ca. 100 Berichte vom MfS 200 000 DM und lancierte gleichzeitig im Auftrag des BND gehei-me Regierungsdokumente in die Illustrierte. »Die östliche Agen-tenarbeit von Nouhuys war in der Vergangenheit dreimal Gesprächsgegenstand von Ermittlungsverfahren und Gesprächen im Bonner parlamentarischen Vertrauensmännergremium. In allen Fällen seien die Verdachtsgründe durch den Bundesnachrich-tendienst ›abgewürgt‹ worden«[15], berichtete die *Westfälische Rund-schau* im Oktober 1973.

In den elektronischen Medien hat der BND eine ähnlich feste Verankerung wie in den Printmedien. Nicht nur im »Haussender« *Bayerischer Rundfunk* sitzen laut BND-Insidern dem Nachrichten-dienst gegenüber durchaus positiv gesinnte Funk- und Fernsehre-dakteure, sondern auch an anderen politischen Schaltstellen in öffentlich-rechtlichen und privaten Elektronik-Medien.

Die *Deutsche Welle* in Köln dient nicht nur – wie das Bundespresseamt – als Alterssitz verbrannter Spione, welche sich als Einflußagenten weiterhin um den BND verdient machen, sondern ist für den Auslandsnachrichtendienst der Bundesrepublik wegen seines internationalen Ausbildungszentrums interessant, das im Oktober 1990 sein fünfundzwanzigjähriges Bestehen feierte. »In den zweieinhalb Jahrzehnten wurden hier mehr als 2000 Rundfunkmitarbeiter aus 90 Ländern ausgebildet... Die Hälfte der Teilnehmer kam aus Afrika, die restlichen Teilnehmer verteilen sich auf Länder Asiens, den Nahen und Mittleren Osten sowie auf Lateinamerika. Mehr als 2000 ›Ehemalige‹ sind zu Rundfunkführungskräften in ihren Ländern aufgestiegen.«[16] In dieser »Journalistenschmiede für die Dritte Welt« konnte der BND zahlreiche Angehörige der Eliten dieser Staaten gewinnen. Diese wurden schon dank ihrer Deutschkenntnisse von den BNDlern im Ausland geschätzt.

Einflußagenten brauchte der BND auch beim Anschluß der fünf neuen Länder, die im Führungskollektiv des Ex-DDR-Rundfunks nur zu gewinnen waren, wenn sie kompromittierbar waren. »Aus meiner eigenen früheren Arbeit ist mir ein solcher Fall bekannt – ein IM, der seit 1965 für die HVA tätig war, den ich bis Mitte der 80er Jahre führte. Dieser IM hatte im DDR-Rundfunk eine führende Position inne, rückte in der Wende unmittelbar in die Leitung des Staatlichen Komitees für Rundfunk auf und ist danach einer der engsten Berater von Herrn Mühlfenzl gewesen. Wer es nachprüfen möchte: IM ›Maser‹ wurde unter der Registriernummer XV 108-65 geführt«[17], schrieb der 1986 entlassene MfS-Offizier Abramowski. Der Beschreibung nach kann es sich nur um den im DDR-Rundfunk vom Chef der Soziologie zur grauen Eminenz aufgerückten Mann handeln, der nach der Wende bei Mühlfenzls Abwicklung des Senders entscheidende Weichen stellte.

Auch bei der Anwerbung von wichtigen journalistischen Mitarbeitern unterliefen dem BND Pannen. Ein promovierter Jurist aus Mainz mit guten Sprachkenntnissen sollte zum 1. Oktober 1983 mit der Vergütungsgruppe BAT 2A beim BND eingestellt werden. Da er für den sensiblen Bereich 90b, Sonderoperationen, vorgesehen war, sollte er seine konspirative Arbeit gleich unter der Legende eines Volontariats bei einer Wiesbadener Zeitung aufnehmen. Die Sicherheitsüberprüfung aus Pullach war bei ihm besonders gründlich und langwierig. Während das Einstellungsreferat dem künftigen Kollegen aufgrund einer Voranfrage bei der Sicherheit suggerierte, diese Formsache sei bald abgeschlossen, bekam der Jurist in seinem Umfeld von der Sicherheitsüberprüfung mehr zu spüren, als ihm lieb war. Nachdem er einen empörten Anruf seiner ehemaligen Lebensgefährtin wegen einer BND-Befragung zu seiner Person noch als Irrläufer abtun konnte, schrieb er am 31. August 1983 verärgert nach Pullach: »Mit großer Verwunderung habe ich heute Ihr Schreiben vom 29. 8. dieses Jahres erhalten, mit dem von mir nochmals Angaben erbeten werden, die Ihnen z. T. schon bekannt sein müßten, bzw. die ich außerstande bin noch zu liefern. Bei dieser Gelegenheit möchte ich Ihnen gegenüber kein Hehl aus meiner Enttäuschung darüber machen, wie zögerlich das Procedere sich nunmehr über viele Monate hinzieht. Bei vollstem Verständnis für alle Sicherheitsbelange erforderte es von mir ein ständig steigendes, nun jedoch volles Maß an Interesse an der Sache, Einsatzbereitschaft und Geduld. Erschwerend kommt hinzu, daß mir Ihre Vorgehensweise eine Operation zu gefährden scheint, die von der Grundkonzeption her hervorragend durchzuführen ist. Aufgrund meiner Ihnen wohlvertrauten beruflichen Situation würde dies jedoch eine unverzügliche, wenn nicht sofortige Abklärung einer ganzen Reihe von Fragen und Details im direkten Kontakt voraussetzen. Ferner bitte ich nicht die Erklärungsnöte von jemandem zu unterschätzen, der, wie allseits bekannt, längst seinen Anstellungsvertrag zum 1. 10. bei der Presse in der Tasche hat, über den dennoch in seinem persönlichen Umfeld noch staatlicherseits Ermittlungen angestellt werden. Daß hierbei ständig wechselnde Anstellungsbehörden ins Spiel gebracht werden, ist für mich nicht gerade eine Erleichterung. Zumindest eine einheitliche Sprachregelung hätte ich für sehr vorteilhaft gehalten.«

Die Angaben, die der BND von seinem künftigen Agenten so

dringlich erbeten hatte, betrafen die Reaktion der *Frankfurter Rundschau* auf eine Bewerbung im Januar 1983 (Absage postwendend), die Namen weiterer Teilnehmer einer Reise mit einer Studentenverbindung nach Leipzig im Jahre 1978 sowie Namen und Anschrift der Studenten, die ihm 1973 in Frankreich den Tip gegeben hatten, sich für einen Ferienjob bei der DSG zu bewerben.

Doch der angehende Volontär konnte weder die Kommilitonen aus zahlreichen westdeutschen Universitätsstädten ermitteln, die mit ihm in Leipzig gewesen waren, noch die Personen nennen, die ihm zehn Jahre zuvor geraten hatte, sich während des Studiums als Schlafwagenschaffner zu verdingen. An dieser letzten Gedächtnislücke scheiterte die Rekrutierung des neuen Spions. Der Unterabteilungsleiter in der Sicherheit, Deckname Imhorst, widerrief die vorläufige Einstellungsfreigabe in letzter Minute und führte zur Begründung an, der Anwärter habe als Schlafwagenschaffner bei der DSG gejobbt. Schlafwagenschaffner aber seien bekanntlich alle irgendwann einmal vom Ministerium für Staatssicherheit der DDR angesprochen worden, weil sie Reisedokumente verwahrten und möglicherweise nächtliche Beobachtungen in Zügen machten, die zur Erpressung von Personen geeignet sein können.

Als die amtliche Absage kam, war der sprachkundige Jurist bereits bei der Zeitung, und so machte er notgedrungen aus seiner Legende einen Beruf. Bis 1984 arbeitete der Journalist im Politikressort des Regionalblatts und wechselte dann nach Bonn. Vom BND verlangte der verhinderte Agent Schadensersatz von sechs Monatsgehältern. Nach interner Prüfung in Pullach erhielt er sie ohne Rechtsstreit.

Regionalblätter sind nicht die einzigen Legendengeber in der Presselandschaft des Rhein-Main-Gebiets, behaupten Insider und verweisen auf die Zeitung für Deutschland, wie der Untertitel der *Frankfurter Allgemeinen Zeitung* lautet.

Der *Ilmgau-Verlag* in Pfaffenhofen ist ein Hausverlag Pullachs. Bei ihm handelt es sich nicht um eine Tarnfirma: Bei dem Verlag erscheinen einschlägige Bücher etwa über »Hilfsorganisationen des Weltkommunismus«, das wie viele Ilmgau-Werke tonnenweise nach Pullach geliefert wurde. An den angeblichen Verfasser Robert Orth war jedoch keines adressiert, denn er ist nur Pseudonym für ein Autorenkollektiv des BND, das dieses Handbuch verfaßte. Aber auch bei *v. Hase & Koehler* in Mainz erschienen nicht nur die Gehlen-Bücher, sondern auch das Buch Stillers und andere Publikationen aus dem Dunstkreis des Dienstes.

Die Kirchen stehen weltweit unter besonderer Beobachtung der Nachrichtendienste, weil sie zum einen maßgebliche innenpolitische Faktoren sind und zum anderen über eine Vielzahl internationaler Organisationen verfügen. Auf Genfs »Heiligem Berg«, wo sich die Zentrale des Lutherischen Weltbundes befindet, spionierten Agenten des MfS; das KGB nahm über die russisch-orthodoxe Kirchenführung Einfluß auf den Weltkirchenrat[18]; und selbst der Schweizer Geheimdienst UNA (Unterabteilung Nachrichten und Abwehr) schleuste einen Spitzel in die Vorbereitungsgruppe der im Mai 1989 in Basel abgehaltenen europäischen Kirchenkonferenz »Frieden in Gerechtigkeit«, um die »angebliche Strategie der Kirche des Ostens, kirchliche Veranstaltungen als ideologische Plattform der Kommunisten zu nutzen«[19], auszuspähen. Kirchliche Einrichtungen sind und waren jedoch nicht nur Objekt von Nachrichtendiensten, sondern auch Instrumente, deren sich Geheimdienste als Hilfsorgane ihrer operativen Politik bedienten.

Von welchen westlichen kirchlichen Organisationen sich DDR und UdSSR am meisten bedroht fühlten, geht aus dem letzten gemeinsamen Fünfjahresplan hervor, den der Leiter der Hauptabteilung XX des MfS, Generalmajor Kienberg, und der Leiter der V. Verwaltung des KGB, Generalleutnant Abramov, 1986 festlegten. Nicht nur die »Forschungsstelle für unabhängige Literatur und gesellschaftliche Bewegungen in Osteuropa« an der Universität Bremen oder das »Internationale Zentrum zum Studium der russischen Kunst des 20. Jahrhunderts« an der Universität Bochum wurden von der kooperierenden Hauptabteilung XX des MfS und der V. Verwaltung des KGB ins Visier genommen. Ein Schwerpunkt war vielmehr die »Bekämpfung der unter religiösem Deckmantel subversiv gegen sozialistische Staaten wirkenden gegnerischen Organisationen, Einrichtungen und Kräfte. Mit dem Ziel der wirksamen Entlarvung ihres subversiven Charakters, speziell der Beweisführung für die Zusammenarbeit mit Geheimdiensten der NATO-Staaten sowie der Aufdeckung und Ausschaltung ihrer Verbindungskanäle und Stützpunkte in der DDR und UdSSR sind die Aufklärung und Bearbeitung der nachstehenden Organisationen gemeinsam fortzuführen und vorrangig Voraussetzungen für ein inoffizielles Eindringen zu schaffen bzw. auszubauen:

›Glauben in der 2. Welt‹ (Zollikon–Zürich/Schweiz), ›Christlich paneuropäisches Studienwerk‹ (Brüsewitz-Zentrum – Bonn/BRD), ›Christliche Ostmission‹ (Bad Nauheim-Schwalheim/BRD), ›Vision Verlag GmbH‹ (Frankfurt/M./BRD), ›Missionsbund zur Ausbreitung des Evangeliums – Licht im Osten‹ (Korntal-Münchingen (BRD), ›Zentrum zum Studium von Religion und Kommunismus‹ (Großbritannien), ›Missionswerk Evangelica‹ (Amberg/BRD), ›open doors‹ (Ermelo/Holland), ›Schwedische slawische Mission‹ (Bromma/Schweden), ›Christliche Osthilfe‹ (Friedberg-Ockstadt/BRD), ›Evangeliums-Rundfunk-International‹ (Wetzlar/BRD), ›Mission für Süd-Ost-Europa‹ (Siegen/BRD), ›Osteuropa-Mission Deutschland‹ (Hüttenberg/BRD), ›Missionswerk Friedensstimme der Vereinigung heimgekehrter Baptisten-Brüdergemeinden‹ (Gummersbach/BRD), ›Missionswerk Operation Mobilisation Deutschland‹ (Heilbronn/BRD) ... inoffizielles Eindringen bzw. Ausbau inoffizieller Möglichkeiten zur Aufklärung und Bearbeitung von ›Radio Vatikan‹, ›Ostpriesterhilfe‹ (BRD), ›Königsteiner Anstalten‹ (BRD), ›Kirche in Not‹ (BRD), ›ZK der Katholiken der BRD‹, ›Opus dei‹«[20], stand auf der Aufgabenliste des MfS.

Wie im Rahmen der Nachforschungen zur Langemann-Affäre bekannt wurde, gingen die kirchenpolitischen Nachrichten des BND zum Ende der Ära Gehlen an einen besonderen Verteiler. »Vertrauenspersonen des BND waren neben Dr. Otto Roegele, im Dienst mit Decknamen Dr. OB geführt, der Münchener Monsignore Dr. Forster, Leiter der katholischen Akademie, ferner Kardinal Döpfner (mit dem Decknamen Eigenheim) und der evangelische Militärbischof Dr. Kunst, mit dem Decknamen Künstler.«[21] Dieser Kirchenservice wurde fortgesetzt. Ende der 80er Jahre waren der Evangelische Landesbischof von Bayern, Johannes Hanselmann, sowie sein katholischer Kollege, der Erzbischof von München und Freising, die Adressaten der BND-Berichte, berichtet ein Pullacher Insider.

Die evangelische und die katholische Kirche erhielten aus der Außenstelle 3D5 durch den Referatsleiter der Auswertung Böhlau etwa einmal monatlich kirchenrelevantliche Erkenntnisse übermittelt. Wenn zum Beispiel im Bereich der Auswertung in Erfahrung gebracht worden war, daß die DDR-Staatsführung neue Maßnahmen gegen die Kirche plante, wurde im Vorfeld die westdeutsche Kirchenleitung vom BND unterrichtet, damit sie die Schwestern und Brüder im Osten warnen konnte.

Unter den Bildungseinrichtungen der Evangelischen Kirche galt insbesondere die Akademie in Tutzing während des Kalten Krieges als eine Stätte der Begegnung und Diskussion zwischen Ost und West. Bundesaußenminister Hans-Dietrich Genscher und andere Politiker haben das Forum am Starnberger See häufig genutzt, um abseits des offiziellen Charakters der Bonner Szene politische Vorstöße zu unternehmen. Über lange Zeit, zuletzt unter dem Kontaktmann zur Kirche und Referatsleiter in der Auswertung, Böhlau, wurden die internationalen Konferenzen dieser Evangelischen Akademie am Starnberger See vom Bundesnachrichtendienst beobachtet.

Dienstintern prahlte man, es sei quasi offiziell gestattet, bei den Spitzengesprächen zwischen Vertretern der EKD und der evangelischen Kirche der DDR in Tutzing zugegen zu sein. Oberkirchenrat Claus Roepke, der frühere Leiter der Akademie, der diese Konferenzen leitete, bestreitet entschieden, daß BND-Mitarbeiter offiziell an den internationalen Begegnungen teilnehmen konnten. An einen interessierten Gast namens Böhlau kann er sich jedoch erinnern.

Die Inhalt der politischen Diskussionen in Tutzing wurden auf jeden Fall nachrichtendienstlich registriert. Einer Lehramtsanwärterin, die das Land Bayern aufgrund des Extremistenbeschlusses nicht einstellen wollte, wurden ihre Äußerungen auf einer Tagung der Evangelischen Akademie vorgehalten.

In einer norddeutschen Erwachsenenbildungs- und Kongreßstätte gewann der BND mit dem Institutsdirektor und seiner Frau gleich zwei Agenten in Schlüsselpositionen.

Ein »Internationales Institut für Politik und Wirtschaft«, das Haus Rissen in Hamburg, war für westliche Geheimdienste als Stätte des Ost-West- und Nord-Süd-Dialogs von großem Interesse. Träger des Hauses Rissen ist die gemeinnützige »Gesellschaft für Politik und Wirtschaft e. V.«, deren Beirat ebenfalls nachrichtendienstlich unterwandert war: Als US-Vertreter gehörte ihm der CIA-Agent George A. Glass an, der anschließend in die Moskauer CIA-Residentur ging und von dort – gleich nach der Wende – nach Berlin wechselte.

Für eine wissenschaftliche Unterfütterung der Arbeit des BND durch die intensive Zuarbeit befreundeter Wissenschaftseinrichtungen wurde bereits zu Beginn der 60er Jahre gesorgt. Die Stiftung Wissenschaft und Politik in Ebenhausen wurde als politische Beratungseinrichtung für die Bundesregierung 1962 gegründet. Ihr erster Direktor wurde Prof. Dr. Klaus Ritter, der vorher Leiter der politischen Auswertung beim BND gewesen war.[22] Die aus dem Haushalt des Kanzleramts finanzierte Stiftung liefert aus ihrer wissenschaftlichen Arbeit Ergebnisse an die Auswertung in Pullach und überläßt dem BND zudem die im Dokumentationsbereich erstellten Summaries von Aufsätzen und Büchern.

Die Industrie-Anlagen-Betriebsgesellschaft IABG – eine 1961 von Franz Josef Strauß begründete bundeseigene Beratungsgesellschaft – »unterhält enge Beziehungen zum Bonner Verteidigungsministerium und zum Bundesnachrichtendienst«[23], weshalb das MfS dort auch lange Jahre einen Agenten in der Entwicklungsabteilung für elektronische Kampfmittel untergebracht hatte, der erst im Jahre 1992 enttarnt wurde.

Im politikwissenschaftlichen Bereich interessierte den BND, seinem vorrangigen Aufklärungsinteresse entsprechend, vornehmlich die gesamte Osteuropaforschung in der Bundesrepublik, die von ihm auch maßgeblich beeinflußt wurde. Der 1981 durch die Enttarnung in der DDR-Zeitschrift *horizont* verbrannte Referatsleiter des BND-Referats Emigration in der Münchner Forum-Dienststelle, Dr. Diethelm Keil, bekleidete anschließend zahlreiche Funktionen in den Führungsriegen westdeutscher Ostforschung, z.B. als Mitglied des Vorstands der »Deutschen Gesellschaft für Osteuropakunde«. Aus dem Kölner Bundesinstitut für ostwissenschaftliche und internationale Studien (BIOST) bezog die Pullacher Auswertung nicht nur die öffentlichen Publikationsreihen, sondern auch ausführlichere Berichte, die speziell für sie erarbeitet wurden. Führende Mitarbeiter dieses Instituts wurden nach MfS-Erkenntnissen als bezahlte Quellen des Bundesamts für Verfassungsschutzes und des BND mit Agentennummer geführt.

Im Bereich der Dritte-Welt-Forschung stützte sich Pullach u. a. auf die Ergebnisse der Deutschen Afrika Stiftung und des Münchener Süd-Ost-Asien-Instituts.

Doch auch an den freien Universitäten hatte der BND zahlreiche Professoren auf seiner Gehaltsliste. Am Osteuropa-Institut der Freien Universität Berlin zum Beispiel waren es drei Experten für spezifische Politikbereiche in den WVO-Staaten. Einer von ihnen, Prof. Dr. Alexander Osadczuk-Korab, der bereits 1943 vom deutschen Geheimdienst in Zagreb rekrutiert worden war, hatte nach 1945 für die CIA und den Münchener US-Propagandasender Radio Free Europe gearbeitet, bevor er als Professor an der FU für den BND tätig wurde.

Auch Heinrich Lummer begann seine Laufbahn als wissenschaftlicher Assistent an der FU, bevor er Leiter des Besucherdienstes im Berliner Reichstag und anschließend CDU-Fraktionsgeschäftsführer in Berlin wurde. Einer der Hauptbeteiligten der Korruptionsaffäre, die die CDU in Berlin zur Senatsumbildung und Lummer zum Rücktritt zwang, war der Wuppertaler Autohändler Otto Putsch. Putsch war Agent des BND und hatte mindestens eine der 17 Libanonreisen des CDU-Politikers finanziert.[24] Unklar ist immer noch, ob und welche nachrichtendienstlichen Aufträge Lummer durchführte und ob der Verbindungsoffizier des MfS, Oberst Jewgeni Ditschenkow, aus diesem Grunde von hoher sowjetischer Stelle den Hinweis erhalten hat, man möge auf die Bearbeitung des rechtskonservativen Politikers durch das MfS verzichten.[25]

Emigranten aus Osteuropa wurden nicht nur abgeschöpft, sondern häufig, sofern sie Wissenschaftler waren, langfristig für den BND genutzt – als Fachleute mit aktuellem Wissen über ihr Herkunftsland und wegen der nachrichtendienstlich möglicherweise nützlichen Verbindungen in ihre Heimat.

Auch Hermann von Berg, DDR-Flüchtling und intimer Kenner der DDR-Wirtschaft, stand nach Erkenntnissen des MfS auf der Besoldungsliste in Pullach. Vor seiner Flucht in die Bundesrepublik hatte von Berg »als Vertrauter der Abteilung X der HVA gearbeitet und politische Kurierdienste bei Ost-West-Kontakten geleistet«.[26] Auf die Gehaltsliste des BND ist er laut Insidern erst nach seinem Übertritt in den Westen geraten.

Die Stiftungen der Parteien wurden von den osteuropäischen Nachrichtendiensten verdächtigt, nicht nur Instrumente der ideologischen Diversion zu sein, sondern auch als Tarnadressen für nachrichtendienstliche Aktivitäten zu fungieren. Während die sozialdemokratische Friedrich-Ebert-Stiftung insbesondere in Griechenland, Portugal, Spanien, Argentinien und Brasilien zu Zeiten der Militärdiktaturen mit den Mitteln operativer Außenpolitik gewerkschaftliche und sozialistische Oppositionelle unterstützte, galten die Konrad-Adenauer-Stiftung der CDU und die Hanns-Seidel-Stiftung der CSU mehr als außenpolitische Hilfstruppen bei der Zusammenarbeit mit nicht demokratischen Kräften in der Dritten Welt. Sie operierten überwiegend in Afrika, wie die Aktivitäten der Hanns-Seidel-Stiftung in Togo und Zaire[27] sowie die Unterstützung der mit dem südafrikanischen Geheimdienst kooperierenden Inkatha-Partei Buthelezis durch die Adenauer-Stiftung[28] zeigen. Um den Münchner Dunstkreis von Hanns-Seidel-Stiftung, BND und Bundeswehr auszuhorchen, bediente sich das MfS mehr als dreißig Jahre lang eines Inoffiziellen Mitarbeiters.

»Die Werbung unter fremder Flagge ist eine spezifische Methode, um Personen mit reaktionärer Grundhaltung unter Täuschung über den Beziehungspartner für die Lösung operativer Aufgaben des MfS zu gewinnen... Die Varianten bei Werbungen unter fremder Flagge reichen vom Einsatz eines Werbers mit einfach legendiertem Hintergrund bis zum Einsatz einer Werbegruppe mit systematisch aufgebauter Basis bzw. echt unter der feindlichen Flagge tätiger IM«[29], erläuterte die Richtlinie Nr. 2/79 für die Arbeit mit Inoffiziellen Mitarbeitern im Operationsgebiet (GVS MfS 0008-2/79).

Der IM »Schwarz« war eine solche »Person mit reaktionärer Grundhaltung«, die fest davon überzeugt war, daß sie für den französischen Geheimdienst arbeitete. IM »Motor«, der Agentenführer des MfS, bestärkte »Schwarz« in dem Glauben, indem er jahrelang überzeugend die Rolle eines führenden französischen Geheimdienstlers spielte. 1985 schlug er »Schwarz« bei einem Treff in der Schweiz zum Ritter der Ehrenlegion. 1986 wagte sich »Motor« sogar in die Bundesrepublik, um in Garmisch-Partenkirchen den Werber »Veit« mit »Schwarz« bekanntzumachen.[30]

Der IM »Schwarz« war eine Allround-Quelle mit Kontakten zur CSU, insbesondere zur Hanns-Seidel-Stiftung, zur CDU (hier vor allem zur Konrad-Adenauer-Stiftung), zum Landesamt für Verfassungsschutz in Bayern und zu militärischen Kreisen in Bonn, aus denen er aktuelle interne Dokumentationen lieferte.

Zum 75. Geburtstag der wertvollen Quelle am 19. September 1987 konnte »Motor« jedoch nur telefonisch gratulieren und ankündigen, daß ihn auf der Feier am 24. September der Resident des französischen Büros für den deutschsprachigen Raum vertreten würde. MfS-Oberst Brüning spielte als »Motor II« diese Rolle. Zusammen mit einem weiteren MfS-Mitarbeiter, der als »Motor III« die Begegnung absichern sollte, reiste er mit einem bundesrepublikanischen Paß über Wien nach Innsbruck. Der langjährige Instrukteur von »Schwarz«, IM »Trautmann«, und der Werber »Veit« reisten auf getrenntem Weg an.

Im Blauen Salon des Schloßhotels von Igls bei Innsbruck war eine kleine Feier arrangiert, deren Ablauf das MfS akribisch geplant hatte: »1. Geburtstagsgratulation im Namen des ›Chefs‹ und persönliche Übergabe der Geschenk-Prachtausgabe Th. Storm, 2 Bd. in Leder gebunden (IM ist ein großer Verehrer dieses

Schriftstellers). Dank für die jahrzehntelange gedeihliche Zusammenarbeit, insbesondere für die in den letzten Jahren entwickelten Aktivitäten zur Erlangung von Informationen aus dem BND und dem Verfassungsschutz und bei der Bearbeitung von ›Zange‹ – verbunden mit einer Sonderprämie von 5000 DM. Das alles verbunden mit der Würdigung seines Wirkens besonderer Art für ein ›ausgewogenes und gedeihliches deutsch-französisches Verhältnis‹, das noch in der heutigen Zeit seine Früchte zeigt und seinen besonderen Stellenwert hat.«

Der Festakt war jedoch zugleich ein Arbeitsessen, bei dem Einzelheiten der Anwerbung des BNDlers »Zange« bis hin zur Preisgabe der Deckadresse »Madelaine«, in Paris besprochen wurden. Durch die Übermittlung von Informationen aus Frankreich, »die dem allgemeinen Arbeitsgegenstand von ›Zange‹ entsprechen« sollten, bei einem ersten Treffen von »Schwarz«, »Veit« und ihrer Zielperson sollten sowohl »Zanges« Eindruck als auch »mögliche andere Reaktionen im Gefolge« studiert werden.

Obwohl der IM »Schwarz« wegen seines hohen Alters eigentlich seine Aktivitäten auf ein »angemessenes Maß« zurückschrauben sollte, besuchte ihn sein Instrukteur IM »Trautmann« bereits vier Tage später wieder zu einem ausführlichen Quellen- und Informationstreff in seiner Heimatstadt München.

Im Rahmen der Debatte um die Nachwuchswerbung des BND an Hochschulen erläuterte ein BNDler der *Süddeutschen Zeitung* im Juni 1970, der BND wolle nur Jungakademiker für den höheren Dienst rekrutieren. »Unerfahrene, junge Kräfte etwa als Agenten einzusetzen, würde bedeuten, dem BND selbst den schlechtesten Dienst zu erweisen.«[31] Doch bereits 1968 hatte der BND versucht, an der Universität Kiel Jungakademiker für den Einsatz in Entwicklungsländern zu gewinnen.[32]

Westberliner Studenten wurden als Transitquellen rekrutiert. Und am 6. Januar 1992 wurde ein Doktorand der Universität Tübingen als Spion in einem Sperrbezirk um das Atomzentrum vom Kahuta verhaftet, wo nach Auffassung westlicher Militärexperten an der pakistanischen Atomwaffe gearbeitet wird. »In Hoffmanns Tagebüchern, so die pakistanische Version, seien detaillierte Angaben über militärische Anlagen gefunden worden.«[33] Nach sechstägiger Haft zunächst freigelassen, wurde der Geograph, der im Rahmen eines Projekts für die Deutsche Forschungsgemeinschaft die Routen von Wanderarbeitern untersucht haben soll, bei der Ausreise erneut festgesetzt. Erst eine direkte Intervention von Staatsminister Helmut Schäfer, der sich »aus anderem Anlaß in Pakistan aufhielt,[34] brachte dem Doktoranden dann endgültig die Freiheit wieder«.[34]

Möglicherweise war der BND, was die Atomrüstung Pakistans betrifft, in Beweisnot. Ende Oktober 1991 hatte der BND dem Bundeskanzleramt in einem Bericht zur »Proliferation von ABC-Waffen und Raketen in Staaten der Dritten Welt« gemeldet, Pakistan besitze »eigene A-Waffen in nicht bekannter, geringer Stückzahl« und »das Land verfüge über die A-Bomben-Technik und kooperiert in der Rüstungstechnik mit Syrien und dem Iran«. Diese Einschätzung des Pullacher Dienstes ging deutlich über die Erkenntnisse von CIA und Mossad hinaus, die mit einer einsatzbereiten »islamischen« Bombe in Pakistan erst in den nächsten Jahren rechnen.[35]

Am 7. Juni 1982 vereinbarten US-Präsident Ronald Reagan und Papst Johannes Paul II. in Rom, die Kapazitäten der katholischen Kirche und des US-Geheimdienstes für eine verdeckte Kampagne in Polen zu bündeln, um den Zusammenbruch des kommunistischen Reichs in Osteuropa herbeizuführen.[36] Hierbei sollte die polnische Gewerkschaftsbewegung unter Lech Walesa eine Schlüsselrolle spielen. »Das Netzwerk, das Reagan und Johannes Paul II. knüpfen ließen, versorgte Solidarnosć in den folgenden Jahren bis zur Wiederzulassung 1989 mit Geld, Ausrüstung und Beratung. Die Gewerkschaft bekam Geld aus CIA-Mitteln, vom National Endowment of Democracy, vom Vatikan und westlichen Gewerkschaften.«[37]

Als Juniorpartner von CIA und Vatikan wirkten der größte amerikanische Gewerkschaftsbund AFL-CIO, europäische Gewerkschaften und die Sozialistische Internationale an der kontrollierten Destabilisierung des Regimes Jaruzelski mit. »Zum Zentrum der halb verdeckten, halb öffentlichen Solidarnosć-Solidarität wurde das Büro der Gewerkschaft in Brüssel. CIA-Agenten, AFL-CIO-Aktivisten, Vertreter der Sozialistischen Internationale, Pfaffen, Kuriere, hier gingen sie ein und aus, tauschten Informationen aus, klärten den Bedarf an Material für die illegalen Aktionen von Solidarnoŝć und planten Routen, es ins Land zu schaffen.«[38]

Bei dieser Operation von Vatikan und CIA spielte der BND nur eine kleine Assistentenrolle. Er schleuste Mitarbeiter als Angehörige von humanitären Hilfsorganisationen in das osteuropäische Land ein, die nicht nur als Reisequellen eigene Eindrücke sammelten, sondern auch versuchten, Pullachs dünnes Agentennetz in Polen dichter zu knüpfen.

Einflußnahme auf Gewerkschaften, Steuerung der Presse, Infiltration der wissenschaftlichen Forschung oder geheime Zusammenarbeit mit der Kirche gehören zum Alltagsgeschäft des BND. In manchen wesentlichen Bereichen der Gesellschaft sind mehr inoffizielle Mitarbeiter als hauptamtlich Beschäftigte tätig. Der Erfolg des BND besteht hier weniger darin, daß er sich als effizienter Auslandsnachrichtendienst bewährt, sondern darin, daß es ihm gelungen ist, sich neben den drei offiziellen Staatsgewalten und wirklich unabhängigen Medien weitgehend unerkannt als fünfte Gewalt im Staatsgefüge der Bundesrepublik etabliert zu haben.

Möglicherweise ist ein geheimer Auslandsnachrichtendienst auf inoffizielle Mitarbeiter angewiesen. Im Einklang mit der Rechtsordnung der Bundesrepublik dürfte er sie aber nicht dort rekrutieren, wo der Gesetzgeber ein besonderes Vertrauensverhältnis bestimmt hat: Bei Ärzten, Anwälten und Pfarrern wegen deren Schweigepflicht, bei Journalisten wegen ihres verbrieften Informantenschutzes sowie bei Behörden und Banken, weil deren Daten strengen Schutzbestimmungen unterliegen. Mindestens bedenklich ist auch eine Verwendung von Hochschullehrern, welche über die fachwissenschaftliche Beratung des BND hinaus geht. Ein Universitätslehrer, der ohne Einverständnis des Betroffenen dem BND Tips über mögliche akademischen Nachwuchs gibt, löst damit eine umfassende Ausforschung des Privatlebens der ihm anvertrauten Studentinnen und Studenten aus.

Fraglich ist überdies eine klandestine Einflußnahme auf Bundestagsabgeordnete, die über Exklusivinformationen geködert werden, weil auf diese Weise Abhängigkeiten geschaffen werden, die die freie Gewissensentscheidung des Parlamentariers beeinträchtigen können. Gänzlich unverantwortlich ist eine Agententätigkeit von Bundestagsabgeordneten für den BND, wie sie der CDU-Bundestagsabgeordnete Kurt Birrenbach in den 60er Jahren als Spion gegenüber den USA leistete.[39]

Die Affäre um den CDU-Bundestagsabgeordneten Julius Steiner, dessen Stimme beim Mißtrauensvotum Rainer Barzels gegen Willy Brandt am 27. April 1972 gekauft worden war, zeigt welche Gefahr die nachrichtendienstliche Verstrickung auch nur eines Abgeordneten für die Demokratie mit sich bringt. Sie führte zu zahlreichen Spekulationen darüber, ob das MfS, die SPD oder Gegner Barzels im konservativen Lager dahintersteckten. Steiner hatte zweifellos vom MfS 50 000 DM erhalten, andererseits arbeitete er als Doppelagent für den BND – auch Pullach dürfte also zum Scheitern von Rainer Barzels Mißtrauensvotum beigetragen haben.[40] Julius Steiner war vom BNDler Dr. Erwin Hauschildt mindestens seit 1961 und bis zum 30. April 1963 zur Überwachung der geplanten und gescheiterten Gründung einer deutsch-sowjetischen Gesellschaft als Agent angeworben worden und wurde anschließend vom Rechtsanwalt Dr. Erwin Hauschildt langjährig juristisch beraten.[41]

NATO-weites Aufsehen erregte 1990 die Aussage Giulio Andreottis über eine italienische Geheimarmee, die im Falle eines Angriffs von seiten der Warschauer Vertragsstaaten den »Unorthodoxen Krieg« führen sollte. Der italienische Ministerpräsident erklärte, nahezu alle Staaten des westlichen Bündnisses hätten seit den frühen 50er Jahren solche »GLADIO-Verbände«. 1972, so Andreotti weiter, hätte diese Untergrundarmee aufgelöst werden sollen, doch sei sie auch in den 80er Jahren noch aktiv gewesen.[1] »Betrachtet man die offizielle Version der italienischen Regierung – die als symptomatisch gelten kann –, so war es Aufgabe von ›Gladio‹, im Fall einer feindlichen (vom Warschauer Vertrag durchgeführten) Invasion und Besetzung wichtige Führungskräfte aus Wirtschaft, Politik und Wissenschaft etc. außer Landes zu bringen, ein Widerstandsnetz aufzubauen, Aufklärung und Sabotage hinter den feindlichen Linien zu betreiben sowie Kontakte zur Exilregierung herzustellen.«[2]

Andreottis gezielt erregtes Aufsehen führte dazu, daß die Medien und Oppositionspolitiker in zahlreichen europäischen Staaten nach den jeweiligen nationalen Geheimarmeen forschten und über die nationalen Besonderheiten hinaus von gemeinsamen Wurzeln und Strukturen erfuhren. Dies mag wiederum daran liegen, daß sich Nachrichtendienstler aus Großbritannien, Frankreich, der Bundesrepublik, Spanien, Norwegen, Luxemburg, Belgien und Italien nach dem Bekanntwerden der Existenz von GLADIO ab dem Oktober 1990 mehrfach trafen, um gemeinsame Strategien gegenüber parlamentarischen Untersuchungsausschüssen oder Untersuchungsrichtern festzulegen.[3]

»Bei den unter ›Gladio‹ oder ›Stay Behind‹ bekanntgewordenen Geheimverbänden handelt es sich um ein nachrichtendienstliches Verbundsystem von Spezialkräften der späteren NATO-Staaten. Den Start dafür gab im Rahmen der Kriegsplanung die Weisung NSC-10-2 vom 18. 6. 1948 des amerikanischen Sicherheitsrats. In diesem Dokument wurden erstmals die Ziele für verdeckte Operationen, Schweigenetze und Aktionen im feindbesetzten Gebiet formuliert... Die Geheimkräfte und Schweigenetze bestanden von Beginn aus nationalen, territorial gebundenen Kontingenten. In Italien wurde Gladio 1950 durch das ›Büro R‹ des Nachrichtendienstes gegründet. Der niederländische Teil der Organisation mit der Bezeichnung O & I (Operation and Intelligence) folgte 1952 und 1953... Trotz aller europäischen Koordinierungen blieb die Rolle des amerikanischen Geheimdienstes CIA dominant. Ein Beispiel dafür ist der 1956 zwischen dem CIA und dem italienischen Nachrichtendienst SIFAR abgeschlossene Geheimvertrag über die Bedrohungsanalyse und ihre Abwehr. Auch die Finanzierung des türkischen Teils der Sondereinheiten bis 1974 durch die USA und die Präsenz einer türkischen Führungsgruppe für verdeckte Operationen im Gebäudekomplex des amerikanischen militärischen Nachrichtendienstes sind Indizien dafür.«[4]

Nach der Türkei (1953) wurde 1955 in Griechenland unter dem Decknamen »Schafsfell« in Zusammenarbeit mit der CIA eine zuletzt 3500 Mann starke Geheimarmee aufgestellt[5], und in Frankreich waren bereits 1948 Geheimkommandos aktiviert, die seit 1958 – abgekoppelt von der NATO-Struktur und als »Windrose« getarnt – knapp einhundert Reservisten des Geheimdienstes DGSE umfaßten.[6] In der Franco-Ära versuchten französische Geheimdienstler erfolgreich auch die spanischen Geheimdienstkollegen in das GLADIO-Netz zu integrieren, obwohl Spanien nicht NATO-Mitglied war. Als Spanien 1980 Mitglied der westlichen Militärallianz wurde, konnten so – schon wegen des geheimen und verbindlichen Zusatzes zum NATO-Vertrag, der die Beteiligung an GLADIO betraf, die diesbezüglichen spanischen Aktivitäten in das NATO-Netz integriert werden.

In Belgien wurde die nachrichtendienstliche Untergrundorganisation 1949 durch einen Vertrag mit dem britischen Geheimdienst etabliert und 1952 vom Ministerpräsidenten gebilligt. In den Niederlanden hatte es Ministerpräsident Ruud Lubbers wie seine Vorgänger selbst unternommen, »Agenten seines Vertrauens in die Direktionsetagen von international bekannten niederländischen Unternehmen, Flughäfen, der Post und Bahn einzuschleusen«[7]. Selbst Luxemburg ist Teil des Netzes gewesen, und Norwegen wie Dänemark verfügten über GLADIO-Geheimverbände.

Mit Unterstützung der skandinavischen Partner Dänemark und Norwegen erreichte die CIA bereits in den 50er Jahren, daß sich auch das neutrale Schweden zum Aufbau einer NATO-konformen Widerstandsorganisation bereitfand, die auch noch 1989 nachweislich aktiv war. Schweden wiederum hat seinen Einfluß geltend gemacht, um das durch einen Freundschaftsvertrag an die Sowjetunion gebundene Finnland für den Plan zu gewinnen, im Ernstfall eine Exilregierung in Schweden und in den USA zu errichten.[8]

Eine Schweizer Parlamentskommission konnte bei ihrer Untersuchung zu den Auslandsbeziehungen der Schweizer Widerstandsorganisation immerhin feststellen, daß Mitte der 80er Jahre von einer deutschen Firma neue Funkgeräte für die P-26 beschafft wurden: »Als Adressat dieser Bestellung wird ein mit Decknamen versehener, nicht näher identifizierter Dienst eines europäischen NATO-Staates erwähnt, der nach außen die Beschaffung auch für die Schweiz tätigen sollte, so daß die Schweiz gegen außen nicht in Erscheinung trat«.[9] Um welchen Geheimdienst es sich dabei handelte, konnten die Schweizer Geheimdienstkontrolleure allerdings ebensowenig klären wie die Frage, zu welchem NATO-Staat bilaterale Beziehungen und Ausbildungskontakte in Sachen Widerstandsorganisation bestanden. Den Namen des ab 1985 eingeführten Übermittlungsgeräts konnten sie jedoch feststellen: Es handelte sich um »Harpune«, eine Eigenentwicklung des BND aus seinen Labors in Stockdorf. Wie sich herausstellte, unterhielt der Schweizer Geheimdienst »bilaterale« Beziehungen mit Großbritannien, von wo aus die CIA alle europäischen GLADIO-

Armeen koordinierte und führte. Der britische Geheimdienst hatte auch die »Harpune«-Geräte für die P-26 erworben. Die Züricher *Weltwoche* berichtete schließlich über den Kommandeur der P-26, Efrem Cattelan (Jahresgehalt 240 000 Franken), seine Basler Tarnfirma Consec AG und deren Aktivitäten zur Ausbildung einer illegalen Truppe von etwa 400 Widerstandskämpfern.[10]

Gerade die Beteiligung neutraler Staaten warf die Frage auf, ob die westliche Militärallianz NATO oder der US-Geheimdienst CIA Patron aller GLADIO-Verbände war. Der belgische Verteidigungsminister Guy Coeme bekannte im November 1991, daß sich Vertreter der GLADIO-Organisation noch im Oktober 1990 unter belgischem Vorsitz in Brüssel getroffen hätten. Die NATO, so Coeme, sei über die Widerstandsorganisation informiert, er glaube jedoch nicht, daß die verbliebenen Gruppen mit ihr zusammenarbeiten würden.[11] Das NATO-Hauptquartier SHAPE »band die nationalen ›Gladio‹-Gruppen in Übungen ein und betreute sie fachlich. Seit 1954 heißt die NATO-Abteilung für die Betreuung der Untergrundorganisation ›Allied Coordination Committee‹ (ACC).«[12] Wegen der Einbeziehung neutraler Staaten war der Widerstandsverbund jedoch offiziell keine NATO-Angelegenheit, sondern institutionalisiertes Kooperationsfeld westlicher und vorgeblich neutraler Geheimdienste.

Wie groß das multinationale Unternehmen zum Ende der 80er Jahre noch angelegt war, zeigt die Berechnung der *Österreichischen Militärzeitschrift* (ÖMZ) vom Februar 1991. 854 Agentenfunkgeräte seien im Jahre 1989 von der Firma AEG-TST angekauft worden, berichtet der Fachautor. Nach Abzug der Doppelausstattung von Knoten und Trupps sowie einer Umlauf- und Verstärkungsreserve käme man auf »400 Funksysteme für 200 bewegliche Trupps außerhalb der Quellenknoten. Die Stärke eines Trupps kann mit vier Mann, die Besatzung der stationären Quellenknoten mit drei Personen angenommen werden. Diese Rechnung ergibt bei der stärksten Ausweitung von Stay Behind 600 Mann für die Knoten und 800 Mann bei den Trupps, also einen Gesamtrahmen von 1400 Mann.«[13] Da für den BND 138 der 854 Funkgeräte bestimmt waren, dürfte sich sein Anteil auf gut 16 Prozent belaufen haben – mithin 1989 auf etwa 200 Mann.

Im Zuge der italienischen Enthüllungen sind Fragen nach den Vorbereitungen des BND für den wirklich heißen Krieg, den GLADIO-Planungen und der Rolle des Pullacher Dienstes im sogenannten V-Fall ausgeworfen worden. In diesem Zusammenhang wurde deutlich, daß die Trennung von PKK und Vertrauensmännergremium des Haushaltsausschusses ein ernstes Dilemma darstellt. Während die Abgeordneten des Haushaltsausschusses seit langem von der BND-Gruppe »Stay Behind« gewußt hatten, waren die Mitglieder der Parlamentarischen Kontrollkommission (PKK) nicht informiert gewesen.[14] Von der Existenz solcher BND-Strukturen konnten jedoch eigentlich nur PKK-Mitglieder nichts gewußt haben, die die einschlägige Literatur über den BND nicht kannten. Und dies, obwohl DDR-Zeitungsartikel seit den 60er Jahren regelmäßig über ein Netz von »Schweigefunkern« berichtet hatten, die erst im Kriegsfall als meldende BND-Quellen auftauchen sollten. Auch das 1971 erschienene Standardwerk »Pullach intern« machte deutlich, daß Gehlen und seine Mitarbeiter bereits 1945 nach dem Zusammenbruch der Wehrmacht ein System von Partisanen, aufklärenden Generalstabsoffizieren in Zivil und geheimen Waffendepots hinter den sowjetischen Linien erwogen hatten.[15]

Die Anfänge der westdeutschen GLADIO-Organisation reichen also bereits in die Zeit der Organisation Gehlen zurück – ebenso wie die engen Verbindungen zu nazistischen Organisationen. Der Kölner Fernsehjournalist Leo A. Müller hat 1990 die 1952 von den USA und der Regierung Adenauer finanzierten Vorläuferorganisation von GLADIO, den »Bund Deutscher Jugend« und die »Technische Organisation« mit bis zu 2000 Mitgliedern in der Bundesrepublik ausgeleuchtet. Diese durchgängig von deutschen Faschisten dominierten Verbände hatten nicht nur die Partisanentätigkeit im Kriegsfall vorbereitet, sondern in Proskriptionslisten auch die Ergreifung und Ermordung von Gewerkschaftlern und Sozialdemokraten wie Herbert Wehner geplant.[16]

Die Dementi-Fraktion war im Fall GLADIO ausgesprochen breit. Nur Informationsminister Hans Klein (CSU) räumte am 17.

November 1990 ein, daß der Vorgang allen Bundesregierungen seit dem Ende der 50er Jahre bekannt gewesen sein müsse.[17] Nach Recherchen des *SPIEGEL* waren weder der frühere SPD-Kanzleramtsminister Horst Ehmke noch Kohls Koordinator der Nachrichtendienste, Waldemar Schreckenberger, weder Ex-BND-Präsident Klaus Kinkel noch ACC-Mitglied Heribert Hellenbroich, weder Ex-Verteidigungsminister Georg Leber noch Ex-Verteidigungsminister und NATO-Generalsekretär Manfred Wörner oder Wolfgang Altenburg, der Ex-Generalinspekteur der Bundeswehr, über GLADIO informiert. Der für das militärische Nachrichtenwesen zuständige General Georg Bautzmann, vormals BND, behauptete gegenüber dem Kanzleramt, die Bundeswehr habe mit der Angelegenheit nichts zu tun. Und Herrmann Jung, der Leiter der im Bundeskanzleramt für die Koordination der Nachrichtendienste zuständigen Abteilung VI, teilte mit, in den Akten des Kanzleramtes seien erste Hinweise erst im Jahre 1977 zu finden, ebenso wie der Deckname »Stay Behind«.[18]

Möglicherweise hätte der Kanzleramtsbeamte Jung, der sich noch nie durch rasche Erfolge beim Aufdecken von Vorgängen hervorgetan hat, in den 1974 erneut aufgelegten ND-Begriffsbestimmungen für den Bundesnachrichtendienst nachschlagen sollen. Dort wird die »Stay-behind-Organisation« definiert als »Gesamtheit aller ND-Verbindungen, die den Auftrag haben, bei Feindbesetzung im Land zurückzubleiben und geheime Nachrichten zu beschaffen, geheimdienstliche Aktionen durchzuführen und die nachrichtendienstliche Arbeit insbesondere durch Schleusungen zu unterstützen«. Mit »Aktionen« sind laut derselben Quelle insbesondere Sabotage, Desinformation und Zersetzung gemeint.

Die westdeutsche GLADIO-Truppe bestand aus Reservisten der Bundeswehr, die in Friedenszeiten ihrem Zivilberuf in Städten und Dörfern im erweiterten Grenzgebiet zur DDR nachgingen. Regelmäßig wurden diese Reservisten zu Wehrübungen einberufen, die mit der Verteilung von Funkgeräten und Waffen aus geheimen Depots begannen. Die potentiellen Untergrundkrieger verfügten sogar über ein eigenes Verbandsabzeichen.

Laut den Auskünften des Kanzleramts soll Sabotage nur bis etwa 1973 zum Repertoire der Untergrundtruppe gehört haben.

»Als ›Quellennetz‹ für derartige Operationen seien 50 militärische, 125 allgemeine und 25 ›Schleusungsquellen‹ vorgesehen worden, die im V-Fall kriegswichtige Persönlichkeiten aus dem besetzten Land herausholen sollten. Beim BND seien für eine sogenannte ›Steuerungsorganisation‹ 75 Stellen eingerichtet worden. Doch im Laufe der Zeit sei dieser Apparat stark reduziert worden. 1981 seien nur noch vier Mitarbeiter beim BND für die Sabotage-Einheiten zuständig gewesen, und die ›Steuerungsorganisation‹ sei auf 35 Personen begrenzt worden.«[19]

Wenn man davon ausgeht, daß diese 35 knotensteuernden BNDler über je zwei Assistenten verfügen und zu diesen 110 GLADIO-Aktivisten in den Knoten und in den Zentralen im Saarland und in Großbritannien incl. Reserve, welche über 78 Funkgeräte verfügen, ca. 30 Trupps mit je vier Reservisten und zwei Funkgeräten pro Person hinzuzählt, so wäre die Berechnung der ÖMZ auch durch diese Kanzleramtsangaben verifiziert. In diesem Falle hätte Geheimdienstkoordinator Stavenhagen, der gegenüber der Bild am Sonntag behauptet hatte, es habe lediglich in den 70er Jahren eine Truppe von 200 Mann gegeben, Desinformation betrieben.[20]

Westlich des Flüßchens Ilmenau in der Lüneburger Heide, von dessen erhöhtem Westufer aus niederländische NATO-Verbände unter Preisgabe des Dannenberger Zipfels ihre Verteidigungsstellungen beziehen sollten, »entdeckten Waldarbeiter im Oktober 1981 33 zusammengehörige Erddepots, gefüllt mit Ausrüstungsgegenständen, Waffen und Kampfmitteln. Man behauptet, die aufgefundenen Lager seien von dem Rechtsextremisten Lembke angelegt worden. Diese Erklärung hatte jedoch einen Schönheitsfehler. In diesen Depots befanden sich neben automatischen Waffen, chemischen Kampfmitteln und annähernd 14 000 Schuß Munition auch 509 Panzerabwehrrohre, 156 kg Sprengstoff sowie 230 Sprengköpfe und 258 Handgranaten. Es ist kaum denkbar, daß in einem Staat mit umfangreichen Sicherheitsmaßnahmen gegen Terroristen ein Diebstahl oder die Abzweigung einer derartigen Menge an Kampfmitteln unbemerkt geblieben wäre. In der deutschen Presse mehrten sich die Stimmen, die diese Erklärung des Waffenfundes von Uelzen in Frage stellten. Der Rechtsextremist Lembke beging im November 1981 in der Haftanstalt Selbstmord.

Aber zurück zur Stärkeberechnung. Wenn jedes Depot für zwei Mann bestimmt war, ergibt das einen regionalen Kräfteumfang im Einsatzfall von 66 Mann«[21], urteilt die *ÖMZ*. Eine solche Menge an Sprengmitteln und Panzerabwehrwaffen kann nicht zur Selbstverteidigung von Schleusungsagenten und Aufklärern bestimmt gewesen sein. Viel wahrscheinlicher ist, daß sie der Durchführung von Sabotageakten dienen sollte. Doch Kanzleramtsminister Stavenhagen, der Koordinator der deutschen Geheimdienste, dementierte kategorisch, daß überhaupt Depots mit Sabotagemitteln angelegt worden sind. In der Schweiz wurden 50, in Belgien 6, in den Niederlande 20 und in Italien sogar 139 geheime Waffendepots für GLADIO-Aktivitäten entdeckt, aber der wichtigste Frontstaat der NATO, die Bundesrepublik, soll keine solchen Vorratslager gehabt haben. Da jedoch, wie das Kanzleramt eingeräumt hatte, vier BNDler sich 1981 hauptamtlich mit der Vorbereitung von Sabotageakten im Kriegsfall beschäftigten, hätten diese Beamten fahrlässig gehandelt, wenn sie die zur Erfüllung der geplanten Operationen erforderlichen Sachmittel nicht bereitgestellt hätten.

Der damalige niedersächsische Innenminister Egbert Möcklinghoff äußerte »am 2. November 1981 mit Blick auf das Ausmaß des Fundes, die Waffen könnten nicht nur aus Diebstählen bei der Bundeswehr stammen, sondern müßten regelrecht angeliefert worden sein«. Heftige Kritik übte der Landesminister auch an dem »kriminaltaktischen Schildbürgerstreich«[22] der Bundesanwaltschaft, die die Ermittlungen »kaum in der Sache begründet« an sich gezogen habe. Stavenhagens Dementi mußte aus zwei Gründen erfolgen: Da das Depot von dem Rechtsradikalen Lembke angelegt worden war, wären erstens in der Bundesrepublik wie in Italien, Griechenland, der Türkei und in Belgien Fragen nach der Zusammenarbeit der geheimdienstlichen GLADIO-Organisation mit faschistischen Gruppen und deren Unterstützung bei rechtsradikalen Terrorakten laut geworden; und zweitens hätte dieser Zufallsfund von 1981 die Legende zerstört, daß seit 1973 auf die Planung von Sabotageakten durch deutsche GLADIO-Kämpfer verzichtet worden sei. So mag eher die Aussage des ehemaligen CIA-Direktors, Admiral Stansfield Turner, gegenüber dem *stern* im November 1990 zutreffen, laut der die Sabotageeinheiten erst 1983 aufgelöst worden waren[23] – sofern sie nicht erst mit der für den April 1991 angekündigten Gesamtauflösung der GLADIO-Organisation verschwunden sind. Die »Sonderaufgaben Verteidigungsfall« – früher als Stay-Behind-Programm bei 1 E3 angesiedelt – wurden zum Ende der 80er Jahre vom Unterreferat 12 CC des BND in München wahrgenommen, also in einem Arbeitsbereich, der für die Aufklärung der Militärlage in der DDR zuständig war. Das wirft die Frage auf, ob die GLADIO-Krieger – wie ihre Kameraden von den Fernspähkompanien der Bundeswehr – sich nicht nur überrollen lassen wollten, sondern auch tief hinter die feindlichen Linien vordringen sollten.

Die Bundeswehr geizte jedoch mit aktiven Soldaten für das Stay-Behind-Programm des BND: Sie sah darin eine Konkurrenz für ihre Fernspähkompanien, die denselben Auftrag zur Aufklärung hinter den feindlichen Linien haben und überdies mit denselben Funkgeräten, über die auch die GLADIO-Reservisten verfügen, ausgerüstet sind.

Daher lehnte die Bundeswehr auch die Bereitstellung von Transportmaschinen für Übungen der GLADIO-Krieger ab. Sie hat Stay-Behind-Aktivisten sogar eine Fallschirmspringer- oder Einzelkämpferausbildung an ihren Schulen verweigert. So mußte der BND Briten und Amerikaner bitten, den GLADIO-Reservisten wenigstens einige dieser militärischen Techniken zu vermitteln.

Auch wenn Bundeswehroffiziere und deutsche NATO-Befehlshaber jedes Wissen um die Stay-Behind-Truppen leugneten, war die GLADIO-Organisation doch auch zu Ende der 80er Jahre bei allen großen NATO-Übungen dabei: und zwar nicht nur bei der zweijährlichen Stabsrahmenübung WINTEX-CIMEX, sondern auch bei allen größeren Gefechtsübungen in der Bundesrepublik. Unter regelmäßiger Kontrolle der Funkaufklärung der Hauptabteilung III des MfS übte man beispielsweise das Aufklären und Melden oder die Erkundung von Luftlandeplätzen in

Gebieten, die etwa fünfzig Kilometer hinter der Grenze zur DDR lagen.

Das Kriegsunternehmen GLADIO jedoch sollte nach den Planungen des BND funktechnisch von Großbritannien aus geführt werden, wo auch die Schweizer und NATO-Partner bereits im Frieden feste Funkstellen installiert hatten. Anstelle des Friedensfunkplans 1 mit Reichweiten bis 450 Kilometer von Höhenkirchen aus stand für den Kriegsfall der Funkplan 2 des BND mit Reichweiten bis 4500 Kilometern in Reserve.

Die ehemalige Rudolf-Heß-Siedlung im Isartal und die Münchener City-Dependancen waren den Militärplanern des BND als Hauptquartier für den befürchteten Krieg mit Massenvernichtungsmitteln in Deutschland zu unsicher. So gehörte zu den Kriegsplanungen des BND nicht nur die GLADIO-Untergrundarmee, sondern vor allem die eigene Mobilmachung in Richtung Westen. Wie Bundes- und Landesregierungen, Rundfunkanstalten und Kommandostäbe der NATO suchten sie nach sicheren Kriegshauptquartieren.

Großzügig zeigte sich die Bundeswehr, als es darum ging, ausrangierte LKWs für den Rückzug des BND aus seinen Friedenszentralen im V-Fall zur Verfügung zu stellen. Im Camp »Nikolaus« befindet sich ein langer Lagerschuppen mit einem guten Dutzend Militär-LKWs und anderen Fahrzeugen. Aus diesem Fundus an ausrangiertem Bundeswehrgerät hat der BND gelegentlich auch Partnerdienste versorgt und LKWs nach Mali oder Togo verschifft.

Eine »Materialerfassungsgruppe Süd«, die zudem Kraftfahrzeuge und Material für die Verlegung in die Kriegseinsatzräume bereitstellen sollte, lag auf dem Fliegerhorst Neubiberg im Süden Münchens, während das analoge »Rüsthaus Nord« in Monschau-Höfen in der Eifel untergebracht war.

Zur ersten Rückzugsbastion der Organisation Gehlen wurde bereits zum Ende der 40er Jahre Spanien. Es bot »einen großen und vollständig ausgestatteten Rückzugsort für den Fall eines Krieges oder einer anderen Kalamität, die ihre Evakuierung aus

Deutschland nötig gemacht hätte. Pläne für eine Notevakuierung der Organisation nach Spanien wurden bis in die letzte Einzelheit ausgearbeitet«[24]. Der BND suchte sich später frontnähere Ausweichquartiere. Von Orten im Saarland und in Nordfrankreich aus sollte der gesamte Nachrichtendienst seine Tätigkeit von der Auswertung bis zur Analyse unter Gefechtsbedingungen fortführen. Teile von Militärischem Abschirmdienst und Verfassungsschutz sollten in denselben Gebieten Zuflucht suchen. Auf diese Weise würde es zu der – im Frieden verbotenen – Bildung eines einzigen großen Geheimdienstes kommen.

Wie alle wesentlichen Interna des geheimen Auslandsnachrichtendienstes der Bundesrepublik waren auch diese Planungen in Ostberlin bekannt. Auf die Umzugspläne reagierte man dort mit der Planung militärischer Gegenoperationen: Die »Wolfsschanze« des BND sollte schon in der Anfangsphase eines militärischen Konfliktes von den Luftlandesturmtruppen der Armeen des Warschauer Vertrags »besucht« werden. Dank der sogenannten Offizieraufklärung des MfS lagen in dem versiegelten Umschlag mit dem Kriegsauftrag des Kommandeurs einer NVA-Eliteeinheit zahlreiche Fotos und Zeichnungen von verwundbaren Punkten wie Lüftungsschächten und Notausgängen der Betonfestungen.

Für die Sicherung rückwärtiger Gebiete im Kriegsfall war in der Bundesrepublik das Territorialheer verantwortlich, genauer gesagt die Heimatschutzverbände und -einheiten aus altgedienten Reservisten. Weil diese »Wochenend-Krieger« über die Sicherheit der Führungsbunker wachten, konnten sich die Elitesoldaten der NVA und die polnischen sowie sowjetischen Fallschirmspringer gute Chancen ausrechnen, den Knauf des römischen Kurzschwerts GLADIO und die gesamte BND-Führung schnell in die Hand zu bekommen.

Ihre Kenntnis über die Stay-Behind- und Mobilmachungsplanungen des BND verdankten die östlichen Nachrichtendienste einer BND-Mitarbeiterin. Heidrun Hofer war Büroangestellte bei dem damaligen Kapitän zur See Meißner, der mit der Ausgestaltung der Mobilmachungspläne für den Ernstfall beschäftigt war. Bei Meißner in der Elsenheimer Straße in München lagerten alle Unterlagen über die Bediensteten des BND, die im Falle eines Angriffs auf die Bundesrepublik mit ihrem Material in dafür bereitgestellten Fahrzeugen die vorgeplanten Bereitstellungsräume verlegen sollten, soweit nicht die Militärs und Techniker des BND direkt als Reservisten bei der Bundeswehr eingezogen würden.

Heidrun Hofer ist als junge Büroangestellte des Bundesnachrichtendienstes an die Pariser Botschaft versetzt worden. Gegnerische Dienste hatten bald erkannt, für welche »Behörde« sie arbeitete. Die junge Frau ging zwar privat kaum aus, suchte aber in dienstlichem Auftrag Bibliotheken und Institute auf. Observateure des KGB haben in Paris festgestellt, welche Männer Heidrun Hofer gefielen und welche Art der erotischen Anbahnung erfolgversprechend schien. Als Muster diente ihnen dabei die Affäre mit von Bentivegni – Deckname Jürgens –, der wegen seines Verhältnisses mit der BND-Büroangestellten disziplinar bestraft und später nach Teheran versetzt wurde.

Schließlich setzte das KGB einen Agenten auf die mittlerweile nach München zurückversetzte Bürokraft an. »Hans« erhielt eine hieb- und stichfeste Legende aus den Personaldaten eines schon seit langen Jahren in Schweden lebenden bundesdeutschen Geschäftsmannes und ging mit gefälschten Ausweisen für etwa zwei Jahre nach Argentinien, um dort Zugang zu deutschnationalen Kreisen zu suchen. Mit besten Empfehlungen an gleichgesinnte politische Freunde in der Bundesrepublik ist er dann nach München übersiedelt.

Mit diesem Image als deutschnationaler Kaufmann knüpfte »Hans« Kontakt zum Vater von Heidrun Hofer, einem ehemaligen Offizier, der alle bisherigen Anwärter auf die Hand seiner Tochter abgelehnt hatte, wie die Umfeldrecherchen des KGB ergeben hatten. Als nun ein Mann auftauchte, der seiner Tochter gefiel und zudem keinen Zweifel daran ließ, daß er weder Amerikaner noch Russen, Engländer oder Franzosen sonderlich mochte, da entschied Vater Hofer: »Den heiraten wir«.

»Hans« informierte seine Verlobte dann eines Tages, daß er nicht in irgendeiner Firma arbeite, sondern im geheimen für eine deutschnational ausgerichtete Organisation tätig sei. Insbesondere verblüffte er sie dadurch, daß er reihenweise Klarnamen und Decknamen von führenden BND-Mitarbeitern nennen konnte und zudem deren Funktion kannte. Alle diese Kollegen, suggerierte der KGB-Mann der BND-Bürokraft, seien seit langem Mitglieder in dem rechtskonservativen Zirkel. Hauptsächlich erwähnte er Offiziere, von denen Heidrun Hofer wußte, daß sie noch während des Dritten Reiches gedient hatten.

Die BND-Bürokraft fühlte sich als Teil einer nationalen Insiderclique des Pullacher Dienstes und vertraute ihrem Mann alles an, was sie wußte – darunter die gesamten Bereitstellungspläne für den Kriegsfall. Später schätzten Experten den Schaden für BND und NATO auf ca. 100 Millionen DM, weil sämtliche Bereitstellungsräume aufgegeben und neue gesucht und technisch ausgestattet werden mußten.

Heidrun Hofer ist nicht, wie BND-Präsident Wessel in einem Rundschreiben behauptete, »vom Dienst in einer gelungenen Abwehroperation enttarnt worden«. Vielmehr hatten einzelne Mitarbeiter Verdacht geschöpft, weil die nach BAT 6B bezahlte Angestellte Einkaräter am Finger trug, einen für ihre Verhältnisse zu teuren Sportwagen fuhr und kostspielige Urlaubsreisen unternahm. Überdies schwärmte sie zwar häufig von ihrem »Hans«, der aber auf Festen im Kollegenkreis nie anzutreffen war, weil er natürlich den persönlichen Kontakt zu den vorgeblich so vertrauten Rechtskonservativen scheute.

Als der BND dann im Dezember 1976 zuschlug, hatte Heidrun Hofer sechs Jahre lang unwissentlich für den KGB gearbeitet. Der KGB-Mann befand sich bei diesem Zugriff zwar in der Wohnung von Heidrun Hofer, entkam aber, weil die rückwärtige Front des Münchner Hauses unbewacht blieb.

Die Geschichte fand ein tragisches Ende. Heidrun Hofer wurde der Spionage beschuldigt und ist bei den Vernehmungen durch das Landeskriminalamt in München aus dem sechsten Stock gesprungen. Der Schock darüber, daß sie nicht Gesinnungsfreunden Dienstgeheimnisse preisgegeben hatte, sondern einem Agenten des sowjetischen Geheimdienstes auf den Leim gegangen ist, traf die konservativ erzogene Frau tief. Sie überlebte den Sturz als

Schwerbeschädigte und lebte anschließend von der Sozialhilfe in Norddeutschland.

Gerichtlich verurteilt wurde sie nicht, obwohl drei Jahre nach ihrer Festnahme Anklage erhoben worden war. Nicht nur, um dem BND die öffentliche Blamage zu ersparen, sondern weil sie glaubhaft beweisen konnte, daß sie die Geheimdokumente »Hans« überlassen hatte, um die Arbeit einer dienstinternen Geheimorganisation zu unterstützen, wurde das Verfahren 1987 wegen Verjährung eingestellt.

Die »Anbahnung unter falscher Flagge« ist im Spionagehandwerk nicht selten. Daß als »falsche Flagge« in diesem Fall erfolgreich die Seilschaft der ehemaligen Wehrmachtoffiziere und Hitler-Geheimdienstler in Pullach dienen konnte, hat den BND tief getroffen.

Am 22. November 1990 erklärten die nunmehr über GLADIO unterrichteten Mitglieder der PKK, »daß über die Geheimorganisation für die Zeit vor 1977 überhaupt gar keine Unterlagen existieren«.[25] Dafür gibt es nur zwei Erklärungen: Entweder hat Heidrun Hofer unbemerkt über Jahre alle BND-Akten im Original mitgehen lassen, oder die Mitglieder der Parlamentarischen Kontrollkommission des Deutschen Bundestages ließen sich in der geheimen Sitzung von der Bundesregierung einen Bären aufbinden.

24 Wehrtechnischer Austausch

D as Schreiben mit der Nummer 240/29 an das Auswärtige Amt trägt die Aufschrift ›streng vertraulich‹ ... Zu Recht. Sollten doch sechs deutsche Panzer – getarnt als Traktoren – ins Ausland verschifft werden. Der Absender ist aber nicht der Bundesnachrichtendienst, und es geht nicht um NVA-Flugabwehrpanzer für Israel. Die Geheimnote stammt von Generalmajor Werner von Blomberg, der am 14. Mai 1929 Reichsaußenminister Gustav Stresemann darüber informiert, daß sechs deutsche Panzerprototypen in Stettin zum Abtransport nach Rußland bereitstehen. Daß die Reichswehr mit dieser Aktion auch ein Vorbild für spätere Generationen schuf, hat der Frankfurter Historiker und Slawist Manfred Zeidler bei der Erforschung eines der bestgehüteten Geheimnisse der Zwischenkriegszeit herausgefunden – der Zusammenarbeit zwischen der Reichswehr und der Roten Armee.«[1] Wehrtechnische Zusammenarbeit quer zu den politischen Fronten ist keine Neuerung deutscher Außenpolitik nach dem Zweiten Weltkrieg. Die USA haben seit 1980 für 40 Millionen Dollar modernste Militärtechnik aus sowjetischer Produktion in Rumänien gekauft[2] und im März 1987 sowjetische T-72-Kampfpanzer vom Iran erworben, die dieser im Krieg mit dem Irak erbeutet hatte.[3] Die Bundesrepublik hat – nach Insiderangaben – ebenfalls zwei T-72 gekauft, was die Bundesregierung auf eine Kleine Anfrage hin jedoch nicht bestätigen wollte.[4]

Als vier Kampfpanzer vom Typ Leopard in Libyen auftauchten, klingelten bei den westlichen Geheimdiensten die Alarmglocken. Aber der BND konnte Entwarnung geben, weil nur die technologisch abgespeckte Version aus italienischer Lizenzfertigung an Ghaddafi gegangen war.

Der vormalige Chef der Abteilung Auswertung, Analyse und Berichterstattung beim BND, Generalmajor a. D. Hans-Christian Pilster, hatte im Mai 1984 in Kiel bereits Fälle operativer Beschaffung des BND öffentlich gemacht: »Zum Beispiel das Foto eines sowjetischen T-62-Panzers mit einem nicht ganz dazu passenden Nachtschießgerät. Weitere Nachforschungen ergaben, daß es sich um das Infrarotgerät des deutschen Leopard-I-Panzers handelte. Nach Monaten gelang es den deutschen Behörden über viele Umwege, einen sowjetischen T 62 in die Hand zu bekommen. Dabei zeigte sich: Das sowjetische Originalzielgerät taugte nichts. Ein zufriedenes Lächeln zeigte Pilster während seines Vortrages nur noch einmal. Als er kurz ein Exemplar der Felddienstvorschrift der sowjetischen Landstreitkräfte hochhielt. So etwas zu bekommen, gehöre zu den Sternstunden.«[5] In der Bundeswehr war bald darauf eine Heeresdienstvorschrift verfügbar, in der diese Beute aus Sternstunden übersetzt worden war.

Die *Augsburger Allgemeine* berichtet 1985 von »Ausschlachten mit Pflichtgefühl« in der Wehrtechnischen Erprobungsstelle in Manching, wo sowjetische Bomber vom Typ SU-20 aus Ägypten erprobt wurden, sowie von Tests an Kampfpanzern des Typs T-62 auf dem Truppenübungsplatz Hohenfels. Die sowjetischen Kampfflugzeuge wurden im Nahen Osten erworben und absolvierten bis Ende 1985 zwölf Flugstunden über bundesdeutschem Luftraum.[6] Der »Umgang mit sowjetischem Kriegsgerät gehört für die bundesdeutschen Streitkräfte inzwischen schon zur Routine... Hauptlieferant von Sowjetwaffen war in der Vergangenheit traditionell Israel... Allerdings dürfte diese Art des militärischen ›Technologietransfers‹ keine Einbahnstraße sein.[7]

Beim Waffenaustausch zwischen Israel und der Bundesrepublik kam es 1991 zu einer schweren Panne. Die Polizei in Hamburg hatte am Abend des 26. Oktober, einem Samstag, 14 Großpaletten und zwei Container auf dem israelischen Schiff Palmah II beschlagnahmt, die nach Haifa gebracht werden sollten, nachdem die Ladung den Zoll bereits passiert hatte. Der Geschäftsführer der Astramaris Schiffahrtskontor GmbH Hamburg erklärte, das Schiff sei von Rotterdam über Bremen nach Hamburg gekommen, die Ware sei vor ein oder zwei Wochen von einer Hamburger Spedition geordert worden, und die Begleitpapiere seien in Ordnung gewesen.[8]

Der BND hatte es versäumt, bei diesem Waffenschmuggel neben der Verkehrspolizei und dem Zoll auch die Wasserschutzpolizei über diesen Transfer von »landwirtschaftlichem Gerät« nach Israel zu informieren. Geplatzt wäre der Deal dennoch nicht, wenn es nicht zum einen eine zweitägige Verspätung beim Auslaufen der Palmah II gegeben hätte, der Ladeplan am 26. Oktober morgens hätte eingehalten werden können und die beiden zur Abwicklung in Hamburg weilenden BND-Mitarbeiter nicht freitags um 13.00 Uhr von Hamburg aus nach München zurückgeflogen wären, um dort das Wochenende zu verbringen.[9]

Wochen später legte das Verteidigungsministerium eine Liste des in Hamburg sichergestellten Rüstungsmaterials vor, das der BND Israel zugedacht hatte: ein Luftraumüberwachungsradar und ein Flugzielerfassungs- und -verfolgungsradar jeweils auf Kettengestell, eine Transport- und Starteinrichtung für Flugabwehrraketen, zwei Flugabwehrsysteme mit Zielverfolgungsradar, drei Abschußgestelle für Radarstörkörper, ein Radarstörkörperwerfer, zwei Stabs- und Verbindungsfahrzeuge, drei Lkw »Typ Mehrzweckfahrzeug«, ein Lkw »Typ Nachschubfahrzeug«, ein Wartungsfahrzeug für Flugabwehrsysteme, vier Transportfahrzeuge für Pionierbrückenelemente und zwei Ersatzteilpakete.[10]

Die Lieferung wurde von Vertretern der BND und des Mossad am 8. Oktober 1991 in Augenschein genommen. Israel sollte die Verpackung mit seinem Personal durchführen, die Kosten für den Gesamttransport tragen und die Verschiffung ab Freihafen Hamburg übernehmen. Der BND organisierte den Landtransport von Meppen nach Hamburg und deklarierte die Lieferung als »land- und forstwirtschaftliches Gerät«.

»Eigentümliche Aufregung um ein ›Alltagsgeschäft‹ mit Israel« – so kommentierte die *Frankfurter Allgemeine* am 31. Oktober 1991 die Panzeraffäre und rechtfertigte ihr Eintreten für den kleinen

Waffenexport mit dem Hinweis auf Dankesschuld: »Wie wertvoll diese Zusammenarbeit für die Deutschen bisher war, läßt sich erahnen, wenn man weiß, daß die Israelis noch vor der Wiedervereinigung, zu Zeiten also, als die Streitkräfte des Warschauer Pakts mit offensivfähigen Armeen in der DDR standen, erbeutete T-72-Panzer sowie moderne Flugabwehrraketen sowjetischer Herkunft, etwa die ›SA-9‹, nebst manchem anderen zur technischen Auswertung den Deutschen zur Verfügung stellten.«

Zwei Monate später konnte die *Zeitung für Deutschland* dann das ganze Ausmaß des Austausches von Rüstungsgütern darlegen: »Die deutsch-israelische Zusammenarbeit in der Rüstung reicht bis in das Jahr 1958 zurück. Von 1958 bis 1963 hat Israel Rüstungsgegenstände im Wert von 60 Millionen Mark in die Bundesrepublik geliefert, von 1964 bis 1972 im Wert von 16 Millionen Mark, von 1973 bis 1980 im Wert von 390 Millionen Mark und von 1981 bis 1989 im Wert von 1,1 Milliarden Mark. Die deutschen Lieferungen nach Israel begannen 1962 und hatten bis zum Sechs-Tage-Krieg 1965 einen Wert von 193 Millionen Mark erreicht. Darunter befanden sich 48 Kampfpanzer und zwei U-Boote englischer Herkunft.«[11]

Der Bundesnachrichtendienst hat mit der Lieferung von NVA-Waffen nach Israel gegen einen ausdrücklichen Beschluß des Bundessicherheitsrats vom 27. Februar 1991 verstoßen, der grundlegende Bedenken gegen die Lieferung von Panzern und des Flugabwehrsystems SA-6 hatte. Am 12. März war der Chef des Führungsstabes beauftragt worden, der israelischen Botschaft die Ablehnung mitzuteilen, und auch die Hardthöhe wurde informiert.[12]

Bei der gescheiterten Lieferung von Kriegsgerät an Israel haben die Beteiligten von BND und Verteidigungsministerium auch gegen die Weisung von Staatssekretär Holger Pfahls verstoßen, der sich den Austausch von Rüstungsgütern aus Beständen der früheren Nationalen Volksarmee vorbehalten hatte. Eine am 30. August für ihn erstellte Vorlage habe neben der Aussage, daß auch Material an den BND übergeben worden sei, keinen Hinweis auf konkrete Lieferungen an Israel enthalten.[13]

Der Leiter der Stabsabteilung Militärisches Nachrichtenwesen auf der Hardthöhe, General Georg Bautzmann, hat den Beschluß des Bundessicherheitsrats für nicht relevant gehalten, da es sich nur um Gerät in jeweils geringer Anzahl gehandelt habe, das nicht in Gefechten eingesetzt, sondern für technische Zwecke ausgeliehen würde.[14]

Der Verstoß gegen die Entscheidung des Bundessicherheitsrats war kein Einzeldelikt, die Verantwortlichen bei BND und Bundeswehr waren Wiederholungstäter. Vom 17. Oktober 1990 an erfolgten insgesamt vierzehn Lieferungen, bevor die fünfzehnte am 26. Oktober beschlagnahmt wurde. Vier dieser Lieferungen erfolgten direkt durch die Bundesmarine, eine durch die Luftwaffe, und der Rest über den Bundesnachrichtendienst.[15] Dabei wurden nach Israel 82 verschiedene Waffen und Geräte sowie unterschiedliche Munitions- und Minenarten exportiert. Insgesamt, so die Hardthöhe, wurden nur knapp ein Drittel der israelischen Wünsche erfüllt. So sei während des Golfkriegs die Bitte um Überlassung mehrerer sowjetischer T-72-Panzer der NVA abschlägig beschieden worden. Schweden hingegen erhielt auf Wunsch zehn dieser Kampfpanzer zur wehrtechnischen Untersuchung, Saudi-Arabien einen Flugabwehrpanzer.

Regierungssprecher Vogel kündigte am 3. Oktober 1991 eine politische Entscheidung an, wie in ähnlichen Fällen künftig verfahren werden solle. Am Procedere würden der Bundeskanzler, der Verteidigungsminister und möglicherweise auch der Bundessicherheitsrat beteiligt. Vogel versicherte, daß der Austausch von Rüstungsmaterial zwischen den Geheimdiensten weitergehen werde, weil auch Deutschland davon profitiere. Da – wie Stoltenberg am 3. Dezember unter Berufung auf den SPD-Verteidigungsexperten Walter Kolbow äußerte – angeblich auch die Sozialdemokraten im Prinzip nichts gegen die wehrtechnische Zusammenarbeit beider Staaten einzuwenden haben, soll sie fortgesetzt werden. Allerdings sollen die Entscheidungen nicht mehr nur durch einen Koordinierungsausschuß von Bundeswehr und BND getroffen werden, sondern von den Politikern abgesegnet werden.[16]

Nach Auffassung der Hamburger Staatsanwaltschaft hat der BND mit der versuchten Ausfuhr von Panzern nach Israel eindeutig gegen das Kriegswaffenkontrollgesetz verstoßen. Sofern – wie die Regierung behauptete – keine Ausfuhrgenehmigung für das Kriegsgerät existiere, werde die Frage der Rechtswidrigkeit erörtert und anschließend eine Schuldprüfung gemacht. Erst danach könnten die an dem Delikt beteiligten Personen ermittelt werden.[17]

Die Hardthöhe war jedoch der Auffassung, daß der wehrtechnische Austausch nach 19 Abs 1 Nr. 13 des Außenwirtschaftsgesetzes von der Genehmigung freigestellt sei, da es sich um »Gegenstände« handle, die »die Behörden und Dienststellen der Bundesrepublik Deutschland zur Erledigung dienstlicher Aufgaben« ausführten. Und Ex-BND-Präsident Klaus Kinkel bekräftigte in seiner Eigenschaft als Justizminister am 28. Oktober 1991, »daß dazu auch die Ausfuhr von Gegenständen im Rahmen einer partnerschaftlichen Zusammenarbeit unserer Nachrichtendienste mit ausländischen Diensten gehört«.[18] Dennoch bereitete die Hamburger Staatsanwaltschaft im April 1993 eine Klage gegen neun leitende Mitarbeiter des BND wegen Verstoßes gegen das Kriegswaffenkontroll- und Außenwirtschaftsgesetz vor. Die BNDler, die sich vom Dienstherrn offenbar im Stich gelassen gefühlt haben, erhielten vom BND nur ein eingeschränktes Aussagerecht in diesem Verfahren.[19]

Der BND zog Anfang November 1991 Konsequenzen aus der mißlungenen 15. Kriegswaffenlieferung nach Israel. Das dienstinterne Genehmigungsverfahren für die wehrtechnische Zusammenarbeit mit anderen Staaten wurde verschärft. BND-Präsident Konrad Porzner muß künftig über solche Projekte und Entscheidungen informiert werden.[20]

Obwohl der Skandal um die Lieferung von Kriegsmaterial der NVA an Israel letztlich den Rücktritt von Verteidigungsminister Stoltenberg und Geheimdienstkoordinator Stavenhagen auslöste, beobachteten Beschäftigte der Bundeswehr in Manching im Frühjahr 1993, daß Vertreter der Regierung und der Streitkräfte Israels wie seit Anfang der 80er Jahre die wehrtechnische Dienststelle besuchten. Mindestens ein halbes Dutzend Mal sollen sie in weißlackierten Transportflugzeugen ohne Hoheitsabzeichen Ersatzteile für MiG-29-Kampfflugzeuge und anderes Wehrmaterial von dort ausgeflogen haben.

Die »Panzeraffäre« war innerhalb kurzer Zeit der zweite deutsch-israelische Deal zwischen BND und Mossad, der aufgedeckt wurde. Als einen der größten Rüstungsskandale in der Geschichte der Bundesrepublik Deutschland bezeichneten SPD und GRÜNE die Beschaffung eines elektronischen Waffensystems für den Jagdbomber TORNADO. Nach einem Bericht des Fernsehmagazins *PANORAMA* im Juli 1990 sind für den mangelhaften Störsender 1,2 Milliarden DM ausgegeben worden, ohne daß der Bundestag unterrichtet worden ist. Seriöse Überprüfungen der Tauglichkeit des Senders wurden erst acht Jahre nach seiner Auslieferung vorgenommen.

Die SPD verlangte eine Sondersitzung des Verteidigungsausschusses des Bundestags, um zu klären, »ob es einer kleinen Clique im Verteidigungsministerium gelungen ist, eine Milliarde Mark für eine Sache auszugeben, für die es keine Grundlage gab«.

Wiederum ohne Unterrichtung des Parlaments und ohne Erprobung der Technik hat die Hardthöhe die nächste Generation des Stör- und Täuschsenders in Auftrag geben: 110 Stück für 700 Millionen DM.[21] Bei der Beschaffung des Systems in Israel hatte der BND eine zentrale Rolle gespielt und in der Zusammenarbeit mit dem Mossad wieder einmal schlampig agiert. »Die Grundregeln ordentlicher Buchführung wurden systematisch mißachtet. Millionen für die Israelis wurden entweder von Mossad-Agenten im Koffer abgeholt oder flossen über ein Postscheckkonto des BND. Weil Überweisungen oft wochenlang auf BND-Konten lagen und unterdessen der Dollar-Kurs fiel, machten die Israelis Millionengewinne.«[22]

Die Beschaffung des Störsenders CERBERUS lief als geheimdienstliche Beschaffungsaktion, weil damit eine US-Technologie, die die Vereinigten Staaten Israel im Yom-Kippur-Krieg 1973 zur Verfügung gestellt hatten, kopiert und exportiert wurde. »Die Israelis wollten nicht als Elektronik-Diebe und die Deutschen nicht als Elektronik-Hehler von ihrer gemeinsamen Schutzmacht ertappt werden.«[23]

Ein Sprecher der Hardthöhe bestätigte im Juli 1990, daß die Staatsanwaltschaft Bonn gegen einen der am CERBERUS-Projekt beteiligten Beamten wegen »Unregelmäßigkeiten« bei der finanziellen Abwicklung ermittelt. Der BND erklärte, bei den unterstellten kriminellen Machenschaften handle es sich um »eine durch nichts zu beweisende Behauptung«.[24]

Wie unterschiedlich die Justiz und der BND dieselbe Aktion eines hohen BND-Soldaten werteten, zeigte sich ein gutes Jahr später. Zum 1. Oktober 1991 beförderte der damalige Verteidigungsminister Gerhard Stoltenberg einen BND-Abteilungsleiter zum Konteradmiral, obwohl gegen ihn bei der Staatsanwaltschaft Bonn ein Ermittlungsverfahren in Zusammenhang mit der CERBERUS-Affäre anhängig war. Nach den Vorschriften der Hardthöhe hätte die Beförderung, für die für Soldaten im BND das Verteidigungsministerium zuständig bleibt, bis zum Abschluß des Ermittlungsverfahrens ausgesetzt werden müssen. Anschließend verlieh Bundespräsident Richard von Weizsäcker demselben Konteradmiral das Bundesverdienstkreuz 1. Klasse. »Unter Eingeweihten haben diese Vorgänge Verwunderung und Empörung hervorgerufen. Es besteht der Verdacht, daß sowohl dem Ministerium als auch dem Bundespräsidialamt das Ermittlungsverfahren vorsätzlich verschwiegen wurde«, berichtete ein anonymer Brief aus Pullach an die Fraktion Bündnis 90/GRÜNE im Bundestag.

Der BND hat nicht nur bei westlichen Partnerdiensten östliche Wehrtechnik gekauft oder getauscht, sondern auch operative Beschaffungen auf diesem Feld vorgenommen. Der in Boom bei Antwerpen residierende Geschäftsführer der Beij-Ma, der Waffenhändler Karl-Heinz Schulz, lieferte in der zweiten Hälfte der 80er Jahre mehrfach Waffen aus der Produktion von Heckler & Koch für Spezialeinheiten in die DDR. In einer für den Staatssekretär Genossen Dr. Schalck bestimmten »Information zum Stand der Realisierung der speziellen Aufträge« vom 4. März 1985 hielt die IMES beispielsweise fest, daß 100 Scharfschützengewehre vom Typ HK 33 SG/1 sowie 30 passive Nachtsichtgeräte vom Typ Orion und 100 Maschinenpistolen MP 5 K für 1,153 Mio. DM angekauft werden sollten, für deren Endverbleib bei der kolumbianischen Polizei Schulz ein gefälschtes Zertifikat besorgte. Die als Bausätze aus der Bundesrepublik nach Großbritannien transportierten Waffen wurden dort vom H&K-Partner Royal Ordance montiert, eingeschossen und anschließend vom Themse-Hafen Denton Wharf aus nach Rostock verschifft.[25] Die Frage, warum die britischen Nachrichtendienste und der BND die ihnen bekannten Waffenlieferungen in den Feindstaat DDR zuließen, hat Karl-Heinz Schulz im Frühjahr 1992 in einem Gespräch mit dem Autor dieses Buchs beantwortet. Der BND, zu dem er – wie zum belgischen Nachrichtendienst – regelmäßig Kontakte unterhalte, habe das Geschäft wissentlich geduldet, um im Gegenzug gelieferte wesentliche Teile des Freund-Feind-Identifikations-Systems der Luftarmeen des Warschauer Vertrags in seinen Besitz zu bringen. BND-Präsident Konrad Porzner hat im Dezember 1992 dementiert, daß der BND mit einzelnen Waffenhändlern bei Geschäften mit der DDR zusammengearbeitet habe. Das MfS habe aber den BND »oft grundlos hinter Sachverhalten vermutet«.[26] Daß jedoch der Waffenhändler Karl-Heinz Schulz den BND grundlos hinter Sachverhalten vermuten würde, obwohl er regelmäßig zur Absicherung von Waffengeschäften mit seinem Pullacher Verbindungsmann telefoniert, wagte der BND-Chef nicht zu behaupten.

Das Dementi erstreckte sich auch nicht grundsätzlich auf den Vorwurf, daß der BND militärische Ausstattungen der WVO-Staaten operativ beschafft habe. Zu dieser Frage lagen bereits unmißverständliche Aussagen eines ehemaligen Kanzleramtsministers vor, der lange Zeit für den BND zuständig war. »Waffen aus russischer Rüstung waren immer begehrte Objekte«, weiß Ex-Geheimdienstkoordinator Schreckenberger aus eigener Anschauung zu berichten. »Da wurde auch schon mal der BND losgeschickt, um zu gucken, ob er das eine oder andere beschaffen kann. Das war noch ein richtiges Abenteuer, an die Sachen heranzukommen, und ein Beförderungsgrund, wenn man es schaffte«.[27]

Erfolge verbuchten BND und Bundeswehr bei ihrer Beschaffungstätigkeit auch im Afghanistan-Krieg, da »sie über die rebellierenden Mudschahidin sowjetisches Wehrgerät einkaufen konnten. Nachdem die Bundeswehr Bauart wie Wirkungsweise der Tretminen und Panzer ausgewertet hatte, wurde das Material den Israelis für eigene Tests überlassen.«[28]

Weniger erfolgreich für die Abenteurer aus Pullach verlief im Februar 1983 der Versuch, über Österreich aus der ČSSR sieben Scharfschützengewehre vom Typ DRAGANOW, 300 Pistolen und 15 000 Schuß Munition zu beschaffen. Der österreichische Zoll am Grenzübergang Klein-Haugsdorf entdeckte die Einfuhr der Waffen, die ursprünglich per Luftfracht aus Prag an den »Verein zum Sammeln historischer Waffen« in München geliefert werden sollten. Weshalb die BND-Waffen dann doch in den Transport des in Wien lebenden Waffenhändlers Peter Bardon gerieten, blieb ungeklärt.[29]

Selbst für den als »worst case« angenommenen Fall, daß die Sowjetarmee bei ihrem Abzug auf der DDR auch die begehrten MIG-29 der NVA mitnehmen würde, hatte der BND Vorsorge getroffen. Die Pullacher hatten 1989 sichergestellt, daß ihnen dabei mindestens ein Exemplar des modernsten sowjetischen Abfangjägers in die Hände fallen würde. Die MiG-29 war dem BND zwar schon einmal vom Mossad angeboten, aber für zu teuer befunden worden.

Da die Sowjets aber nur eigene und in integrierten Verbänden vorhandene High-Tech-Systeme abzogen, ging das komplette Arsenal der ostdeutschen Armee in den Besitz der Hardthöhe über, die damit die Intensivierung des wehrtechnischen Austausches vornehmen und von der langjährigen Empfängerrolle in die des großmütigen Gebers wechseln konnte.

Den offiziellen Beginn des Angriffs gegen den Irak datieren die Chronisten auf den 17. Januar 1991 null Uhr. Auch völkerrechtlich begann dieser Krieg eher. Am 6. Januar 1991 meldeten die Saudis stolz, daß eine große Gruppe irakischer Soldaten mit Hubschraubern übergelaufen war. Das Pentagon erhielt diese Meldung gegen Mittag und dementierte nachmittags. Tatsächlich war eine Gruppe der britischen Spezialeinheit SAS (Special Air Service) mit US-amerikanischen Elitesoldaten auf dem Luftweg in das besetzte Kuwait eingedrungen und hatte eine irakische Luftabwehrstellung überfallen. Nachdem sie die irakischen Soldaten gefangengenommen hatten, verluden sie das Flugabwehrraketensystem SA-8 in die Hubschrauber. Da die Saudis über den geheimen Einsatz nicht unterrichtet worden waren, zwangen sie mit Abfangjägern vom Typ F-15 die Hubschrauber beim Wiedereinflug Richtung Riad zur Landung. Die britischen Spezial-Soldaten waren des Arabischen mächtig und retteten die Geheimhaltung, indem sie sich als Deserteure ausgaben. Angesichts der irakischen Uniformen, die sie völkerrechtswidrig trugen, glaubten ihnen die Saudis und gaben ihre Erfolgsmeldung heraus.[30]

Doch nicht nur bei den Uniformen hatten die alliierten Soldaten auf die Farben des Gegners zurückgegriffen: Auch die Hubschrauber vom Typ Mi-8 waren auf dem Flugplatz Riad in irakischen Farben gespritzt worden. Diese bei den irakischen Heeresfliegern üblichen sowjetischen Transporthubschrauber waren aber weder in der britischen noch in der US-amerikanischen Armee verfügbar, so daß man sich auch hier an die Deutschen gewandt hatte, die durch die Vereinigung in den Besitz einiger Staffeln Mi-8-Hubschrauber gekommen waren. Während die Bundesregierung den Transfer von NVA-Hubschraubern bestreitet, behaupten Insider der Rüstungsbranche sogar, die deutsche Hilfestellung hätte nicht nur Hubschrauber umfaßt, sondern auch Piloten aus der Ex-NVA.

Laut einer 1979 zwischen dem Bundeskanzleramt und dem Verteidigungsministerium geschlossenen Vereinbarung läuft der wehrtechnische Austausch grundsätzlich über den BND. Weiter gibt es einen Erlaß aus dem Jahre 1986, der das Verfahren innerhalb des Verteidigungsministeriums regelt. Die Zusammenarbeit bei der wehrtechnischen Auswertung militärischen Materials wurde damit vom Transfer größerer Waffenlieferungen getrennt.[31] »Im Februar 1988 erhält die gemischte Gruppe aus Agenten und Militärs eine weitere Unbedenklichkeitsbescheinigung: In einer Grundsatzvereinbarung zwischen dem damaligen BND-Chef Hans Georg Wieck und dem Generalinspekteur im Verteidigungsministerium, Storbeck, wird der BND in die Beschaffung und Auswertung von Waffen aus sogenannten Feindstaaten ausdrücklich eingebunden.«[32]

Nach der Übernahme der NVA im Jahre 1990 stehen der Bundeswehr und dem BND en gros Waffen und Gerät zur Verfügung:

Material, über das auch potentielle Feindstaaten verfügen, weil Moskau eine Vielzahl von Ländern der Dritten Welt damit ausgestattet hat. Im Krieg gegen den Irak ist solches Material bereits entsprechend ausgewertet und den Alliierten als Sparringsmaterial zur Verfügung gestellt worden.

Mit dem militärischen US-Nachrichtendienst DIA (Defense Intelligence Agency) hat die Bundeswehr am 13. März 1984 ein Memorandum of Understanding abgeschlossen, das die Auswertung und Nutzung von Wehrmatieral fremder Staaten zwischen den USA und der Bundesrepublik betrifft. Eine »Tentative-Operational-Requirement«-Absprache regelt die Arbeitsteilung der Militärs und Nachrichtendienste.[33]

Das im Sommer 1990 verabschiedete BND-Gesetz untersagt dem Nachrichtendienst den Transfer von Kriegswaffen, allenfalls Informationen über Wehrmaterial darf er weitergeben. Nach der CERBERUS-Affäre hatte die Parlamentarische Kontrollkommission des Bundestags im Herbst 1990 »den BND ultimativ aufgefordert, endlich seine Finger aus illegalen Waffengeschäften zu lassen«.[34]

Bei wie vielen legalen und illegalen Waffenexportgeschäften der BND in den letzten vierzig Jahren seine Hand im Spiel hatte, würde man nicht einmal durch eine Aktenprüfung in Pullach herausfinden können. Die Sicherung der Interessen deutscher Rüstungskonzerne im Ausland bietet laut BND-Insidern für BNDler oder von Pullach gesteuerte Agenten in vielen Fällen einen einträglichen Nebenerwerb.

Ein Branchendienst der Rüstungsindustrie, der *Wehrdienst*, wies seine Kunden im September 1986 darauf hin, daß zum 1. Oktober zwei neue Militärattachés nach Bagdad und Teheran gingen und ermahnte die Industrie, den beiden »Akquisitionsunterlagen ins Gepäck zu legen«. Nach nur anfänglicher Zurückhaltung in den Gründerjahren der Bundesrepublik wurden Militärattachés Verkaufsgehilfen der Rüstungsindustrie, die laut einem internationalen Waffenhändler »mit der gleichen Aggressivität wie die Kollegen aus anderen Staaten« zu Werke gehen.

Bis 1945 war Deutschland die weltweit führende Nation im Bereich der Raketentechnologie. In der Heeresversuchsanstalt

Peenemünde war es nach 1937 den Ingenieuren unter Wernher von Braun, Helmut Göttrup, Arthur Rudolph, Klaus Riedel und anderen gelungen, die ersten ballistischen Fernraketen herzustellen. Das Know-how der deutschen Wissenschaftler kam nach dem 2. Weltkrieg den Alliierten zugute. Die Mehrzahl der Wissenschaftler ging freiwillig ins Ausland oder wurde von den Siegermächten entführt.

Die wenigen in Deutschland verbliebenen Experten sammelten sich in einigen Zentren, von denen das bedeutendste das Forschungsinstitut für Physik der Strahlantriebe (FPS) in Stuttgart war. Es wurde ab 1956 von dem westdeutschen Verteidigungsministerium, der französischen Regierung und der U.S. Air Force finanziert. Eugen Sänger und seine Frau übernahmen hier ab 1954 die wissenschaftliche Leitung. In den 50er Jahren studierte auch ein gewisser Lutz Kayser bei Eugen Sänger, Wolfgang Pilz und Armin Dadieu.

Die Bundesrepublik hatte sich 1954 in den Pariser Verträgen, die den Eintritt in die WEU und NATO beinhalteten, verpflichtet, keine eigenen Raketen mit mehr als 32 Kilometern Reichweite zu bauen. Die von der Deutschen Arbeitsgemeinschaft für Raketentechnik und der Deutschen Gesellschaft für Raketentechnik und Raumfahrt (DGRR) 1957 im Wattenmeer bei Cuxhafen durchgeführten Raketenversuche mußten auf Protest der UdSSR eingestellt werden. Nachdem der Bundestag 1960 entschieden hatte, keine eigenen Trägerraketen zu bauen, blieb das bundesrepublikanische Engagement offiziell auf die erfolglose Teilnahme am britisch-französisch-deutschen Gemeinschaftsprojekt der Trägerrakete EUROPA I beschränkt, für die die Firma MBB und ERNO gemeinsam die dritte Trägerstufe ASTRIS entwickelten.

Zur praktischen Umsetzung des technologischen Know-how war man also auf den Umweg über Auslandsbeteiligungen angewiesen. So baute Bölkow Mitte der 60er Jahre eine Raketenbasis in Südafrika, auf der die französische Flugabwehrrakete CROTALE getestet wurde. Eugen Sänger und Ingenieure des FPS entwickelten ebenfalls Raketen im Ausland – in Ägypten.

Im Widerspruch zu den geltenden Verträgen versuchte die Orbital Transport und Raketen-AG (OTRAG) seit 1975, Langstreckenraketen zu entwickeln. Offiziell entwickelte und verkaufte die OTRAG durch technische Simplifizierung verbilligte modulare Trägerraketen, die kostengünstig Objekte in geostationäre Umlaufbahnen bringen sollten.

Die Gesellschafter und Mitarbeiter der OTRAG stammten großenteils aus den alten Peenemünder Wissenschaftlerkreisen. So war Kurt H. Debus seit 1975 Aufsichtsratvorsitzender der OTRAG und Richard Gombertz, der ehemalige V-2-Triebwerksspezialist in Peenemünde und spätere Leiter der Chrysler Space Division der NASA, wurde ihr Technischer Leiter. Armin Dadieu arbeitete ebenfalls für die OTRAG. Um die die nationale Raketenproduktion betreffenden Verbote umgehen zu können, mußte die OTRAG ins Ausland wechseln.

In Äquatornähe gibt es ein Areal, das für die Erprobung von Raketen geradezu prädestiniert ist. Am 26. März 1976 wurde von der OTRAG mit der Regierung Zaires ein Vertrag über die Nutzung von 100 000 Quadratmeilen Land in der Provinz Shaba, dem früheren Katanga, bis zum Jahr 2000 abgeschlossen.

Neben dem Start eines Aufklärungssatelliten durch die OTRAG zu einem Bruchteil des üblichen Preises wurde eine jährliche Zahlung von 25 Millionen Zaire an die Regierung Zaires vereinbart. Dies war eine beträchtliche Summe für eine kleine Privatfirma, denn für den heute wertlosen Zaire erhielt man 1975 4,92 DM. Die Zahlungen beliefen sich also auf über 120 Millionen DM (in heutigem Geldwert etwa 206 Millionen DM) im Jahr. Der mit einer Million Grundkapital ausgestatteten OTRAG wurde dieses Geld durch anonyme stille Gesellschafter zugeschossen. Die seit 1978 im Handelsregister München eingetragene OTRAG sandte dem Amtsgericht München erst im Februar 1982 einen Geschäftsbericht vom Jahr 1980 zu. Der Verlustvortrag für den 1. 1. 1980 wird hier für die stillen Gesellschafter mit 515,5 Mio. DM ausgewiesen, so daß die Höhe der Zahlungen an Zaire als realistisch erscheint.

1977 und 1978 fanden auf dem Startgelände Plateau Manitono in Zaire zwei erfolgreiche Tests mit dem ORBITAL-TRANSPORT-SYSTEM der OTRAG statt. Der Verdacht einer militärischen Zielsetzung der Tests wurde laut, und Zaires Nachbarstaaten, die UdSSR und Teile der bundesrepublikanischen Öffentlichkeit übten politischen Druck auf die Bundesregierung aus. Auf eine Anfrage des SPD-Abgeordneten Norbert Gansel antwortete die Bundesregierung 1978: »Nach unseren Feststellungen ist die Rakete... aufgrund ihrer Konstruktionsmerkmale für militärische Zwecke nicht geeignet.«

Die Sowjetunion warf der OTRAG im August 1978 vor, in Zaire Cruise Missiles zu entwickeln, was in Bonn als »blanker Unsinn« dementiert wurde.[35] Nach einem weiteren erfolgreichen Raketenstart wurde eine zweistufige Rakete wegen des internationalen Drucks nicht mehr getestet.

Statt dessen hat die OTRAG ab 1980 in Libyen auf einem Gelände südwestlich der 600 Kilometer südlich von Tripolis gelegenen Stadt Shaba Versuche unternommen. Im Dezember 1981 stellte die OTRAG ihre Aktivitäten im Staate Ghaddafis ein.[36] Libyen startete sein Ittisalat-Raketenprogramm zum Ende der 70er Jahre mit Hilfe der OTRAG. Wie der *Middle East Economic Digest* im August 1987 berichtete, mußte sich die Firma aus Libyen auf Druck der Bundesregierung zurückziehen. Als Libyen in der Lage war, in Sebha produzierte Raketen mit 290 Kilometern Reichweite zu testen, wurde in der Bundesrepublik gegen mehrere Firmen wegen ihres Engagements ermittelt. Weitere Versuche Ghaddafis, in Großbritannien oder beim deutschen Büro der ACS in Jugoslawien Raketentechniker zu rekrutieren, blieben jedoch erfolglos.[37]

Eine Pressekampagne in den USA rückte die OTRAG-Aktivitäten in Libyen in das Blickfeld der Öffentlichkeit. Die *Space World* berichtete im Januar 1979 über den zweiten und dritten Raketenstart, die Zeitschrift *Nation* schrieb im Januar 1981 unter dem Titel »Raketen für Muammar Ghadafi« über die Entwicklung von OTRAG-Raketen auf dem libyschen Testgelände[38], und der US-Fachzeitschrift *Aviation Week & Space Technology* waren im März 1981 Einzelheiten über den Raketentest in der Wüste[39] zu entnehmen. Die NATO-Regierungen protestierten in Bonn gegen die OTRAG-Aktivitäten, weil die US-Nachrichtendienste glaubten nachweisen zu können, daß das Münchener Unternehmen Raketentechnologie nicht nur nach Libyen, sondern auch nach Pakistan und in den Irak exportiere.[40]

Trotz der Auseinandersetzungen, die die Firma erschütterten, konnte ein weiterer Testflug auf dem ESA-Raumfahrtgelände im schwedischen Kiruna durchgeführt werden. Dieser mißlang allerdings. Im November 1985 meldete die Flug- und Raumfahrtzeitschrift *Aviation Week & Space Technology*, daß die OTRAG ihre Produktionsstelle in Garching bei München schlösse, da sie keine Kunden für ihre kommerziell nutzbare Aufklärungsrakete gefunden habe. Allerdings suche sie vor allem in den USA weiter nach Partnern, die sich finanziell bei der OTRAG engagieren sollten. Nach dem Beschluß des Aufsichtsrates vom 18. November 1986 wurde die Gesellschaft am 4. November 1987 endgültig aufgelöst.

Die Auslandsaktivitäten der OTRAG in Zaire, Libyen und Kiruna konnten nicht ohne Kenntnis des BND durchgeführt werden. Das MfS vermutete hinter der staatlich stark geförderten Firma ohnehin bundesdeutsche Regierungsinteressen, die auf diese Weise die WEU-Beschränkungen für den Bau von Raketen größerer Reichweite umgehen wollten. So wurde die Hauptabteilung III des MfS mit ihren Mitteln der Funkaufklärung auf die Firma angesetzt, konnte jedoch keinen Nachweis für eine Verwicklung des BND in die Aktivitäten der Firma erbringen.

Der polnische Nachrichtendienst hingegen hatte den BND in Zaire als Anbahnungsinstrument für die Etablierung der OTRAG auf dem exterritorialen Gelände ausgemacht: »Eine der gelungensten Maßnahmen des westdeutschen Nachrichtendienstes, und zwar was die Methode betrifft, dem deutschen Kapital einen Weg zu den Entwicklungsländern zu bahnen, war die Vorbereitung von Voraussetzungen für Gespräche zwischen der Firma ›Orbital Transport- und Raketen-AG‹ (Otrag) und der Regierung von Zaire. Infolge dieser Gespräche wurde am 26. März 1976 ein Vertrag unterzeichnet, wonach die westdeutsche Firma ›Otrag‹ das Recht erwarb, auf dem Territorium von Zaire Versuche, u. a. mit deutschen Mittelstreckenraketen, durchzuführen. Diese Firma führt unter dem Schutz der Agenten des BND auch Versuche mit Laser durch und arbeitet u. a. an der Konstruktion einer Laser-Strahlenwaffe.«[41] Das amerikanische Herrenmagazin *Penthouse* behauptete ebenfalls, daß »die Bundeswehr in Konspiration mit dem Bundesnachrichtendienst in Zaire Cruise Missiles und Mittelstreckenraketen«[42] teste.

In der ausführlichen *SPIEGEL*-Geschichte zur OTRAG wurde im Spätsommer 1978 ein gänzlich anderer Geschäftsanbahner für die OTRAG in Zaire ausgemacht: der internationale Finanzmann Frederic Weymar. Nach der Darstellung des Hamburger Nachrichtenmagazins hatte der gute Freund von Franz Josef Strauß am 30. November 1975 Lutz Kayser mit dem Kongo-Potentaten Mobuto Sese Seko zusammengebracht. »Sechs Tage später waren die Präliminarien bereits erledigt: Die Otrag legte der Präsidialkanzlei in Kinshasa den ersten Entwurf eines Vertrages vor ... Am 26. März 1976 unterzeichneten Präsidentenberater Bokana W'ondangela und Kayser in Kinshasa das Dokument.«[43]

Die Darstellung des *SPIEGEL* und die amerikanischen und polnischen Berichte über die Rolle des BND als Anbahner des Raketenprojekts schließen sich jedoch nicht aus. Bei ihren Nachforschungen stießen Frank P. Heigl und Jürgen Saupe auch auf den Deutsch-Amerikaner Frederic Weymar – als hochrangige Sonderverbindung der Operation EVA, des Strategischen Dienstes der BND. »Der Ex-EVA-Chef Langemann hatte Heigl erzählt, daß Weymar beste Beziehungen zu Oberst Ghaddafi in Libyen hatte. Der wollte von der OTRAG Raketen, die Sprengköpfe transportieren konnten.«[44] Damit dürfte deutlich sein, daß der BND über Weymar nicht nur 1976 die OTRAG in Zaire plazierte, sondern auch dafür gesorgt haben dürfte, daß dieser Jahre später nach Libyen übersiedelte.

Angesichts des Ärgers, den Bundeskanzler Helmut Schmidt mit den Nachbarstaaten Zaires und mit Nigeria sowie mit der Sowjetunion und den westlichen Verbündeten wegen der OTRAG hatte, und da er eine speziell auf diese Firma bezogene Änderung des Außenwirtschaftsrechts durchsetzte, darf man in diesem Fall davon ausgehen, daß der BND hier keinen nachrichtendienstlichen Auftrag der Bundesregierung erfüllte. Eher ist anzunehmen, daß BNDler auf Verlangen der stillen OTRAG-Gesellschafter aus der Rüstungsindustrie mit Rückendeckung des CSU-Vorsitzenden diese Rüstungsaußenpolitik an Bonn vorbei unterstützten.

25 Waffenhandel

Als »riskantes Kontrastprogramm zur offiziellen deutschen Außenpolitik« (*DER SPIEGEL*) hat der BND in der zweiten Hälfte der 60er Jahre bekanntermaßen weltweit Waffen verschoben:

»– an Nigeria, von 1967 bis 1970 Schauplatz des blutigen Biafra-Bürgerkrieges mit zwei Millionen Toten; die Deutschen belieferten beide Bürgerkriegsparteien unter anderem mit Munition und G-3-Gewehren, dem Standardmodell der Bundeswehr;

– an Rhodesien, obwohl sich die Bundesrepublik dem im Dezember 1966 von der UNO verhängten Handelsembargo gegen das Regime von Ian Smith angeschlossen hatte und schwarze Nationalisten sich erste Kämpfe mit der weißen Minderheit lieferten;

– an Südafrika, das schon in jener Zeit als Apartheid-Staat international verrufen war; dennoch widersprach noch 1970 die Bundesregierung offiziell dem Vorwurf der Organisation für Afrikanische Einheit (OAU), Bonn habe durch Waffenlieferungen zur Unterdrückung der schwarzen Südafrikaner beigetragen;

– an Griechenland, wo seit 1967 eine Militärdiktatur jede demokratische Opposition niederhielt; am 2. April 1968 hatte der Deutsche Bundestag die Regierung aufgefordert, der Junta keine Militärhilfe zu gewährleisten;

– an Jordanien, seit Gründung Israels in kriegerische Konflikte mit dem gleichfalls von Bonn aufgerüsteten Judenstaat verwickelt.

Als letzten Punkt der Dobbertin-Geschäfte verriet Wessel eine besonders aufregende Operation. Die Firma habe ›eine Uranprobe im Gegenwert von 1750 DM an die Volksrepublik China‹ geliefert und Peking zugleich ›weitere zwanzig Tonnen‹ Uran offeriert.«[1]

Das Hamburger Handelshaus Dobbertin & Co KG war Mitte der 60er Jahre vom BND als Tarnfirma für die Rüstungsgeschäfte ausgesucht worden. Geknüpft wurden die Beziehungen zu der Firma über den Vorsitzenden der Geschäftsführung, Mortimer von Zitzewitz, und den ehemaligen Hitler-Adjutanten General Gerhard Engel, der Geschäftsführer der Dobbertin-Tochter Werkzeug-Außenhandel GmbH in Düsseldorf war.[2]

Der Geschäftsführer von Zitzewitz erhielt von der in der Schweiz gegründeten Fagora S. A. zunächst einen Zwei-Millionen-Kredit und konnte ab 1967 durch eine direkte Beteiligung der Genfer Vermögensverwaltungsgesellschaft die Mehrheitsverhältnisse in dem Familienunternehmen zu seinen Gunsten verändern.[3]

Dr. Erwin Hauschildt, Deckname Dr. Hermsdorff, war bis zu seinem Eintritt in den BND im Verteidigungsministerium tätig.[4] Der Spezialist für den direkt beim BND-Präsidenten angebundenen Bereich Waffenhandel hielt die Verbindungen zur Firma MEREX, zur Frankfurter Spedition Schenker, zum Gerling-Konzern, zur Deutschen Bank, zum Wirtschaftsministerium und zum Amt für gewerbliche Wirtschaft. Vom Waffenexport selbst über die Transportfirmen und -versicherungen bis zur finanziellen Abwicklung und den Rüstungsexportgenehmigungen lag damit alles in seiner Hand.

Mit Wissen von Staatssekretär Carl Carstens wurde er zum 1. Mai 1969 auf die Dauer von fünf Jahren beurlaubt, in denen der CSU-Mann stellvertretender Vorsitzender der Verwaltungsgesellschaft Dobbertin & Co GmbH war. Denn das hanseatische Handelshaus bot eine seriösere Tarnung als die anrüchig gewordene MEREX-Connection.

Während des indisch-pakistanischen Krieges von 1965 exportierte die Firma MEREX des Kaufmanns Gerhard Georg Mertins im Auftrag des BND 89 Kampfflugzeuge vom Typ F-86 SABRE und andere Rüstungsgüter im Wert von 38 Millionen US-Dollar über den Iran nach Pakistan. An den Kriegsgegner Indien lieferte der MEREX-Frachter Billetal parallel 28 Düsenflugzeuge des Typs SEAHAWK. Und Saudi-Arabien erhielt Raketen und andere Rüstungsgüter über das Schwesterschiff Werratal. Der von Gehlen selbst für den BND geworbene Waffenhändler behauptete, das gesamte Waffengeschäft im BND-Auftrag habe sich nur auf 80 Millionen DM belaufen.

Die Staatsanwaltschaft Bonn hatte 1973 wegen des Verdachts auf Vergehen gegen das Außenwirtschaftsgesetz, insbesondere der Fälschung von Endverbleibserklärungen, Anklage gegen Mertins erhoben, überdies warf sie ihm einen Verstoß gegen die Abgabenordnung mit einer Steuerhinterziehung in Höhe mehrerer Millionen DM vor.[5] Mertins wurde nicht nur freigesprochen, weil er nachweisen konnte, im BND-Auftrag gehandelt zu haben, sondern erhielt 1980 zudem eine Entschädigung des Bundes in Höhe von fünf Millionen DM für die Verluste, die ihm durch den Prozeß entstanden waren.[6]

Selbst Horst Ehmke, der seit seinem Amtsantritt um Aufräumarbeiten beim BND bemüht war, mauerte in der Affäre um die illegalen Waffenexporte des westdeutschen Auslandsnachrichtendienstes. Er verweigerte der ermittelnden Staatsanwaltschaft Auskünfte und Akteneinsicht und erteilte den BNDlern keine Aussagegenehmigung. Mindestens in groben Zügen waren die Sozialdemokraten über die Waffengeschäfte zur Zeit der Großen Koalition von 1967 bis 1969 unterrichtet.

So zeigte sich der SPD-Kanzleramtsminister für die juristische Hilfestellung dankbar, die der Abteilungsleiter 4 beim BND, Rolf-Möller-Wagenetz, bei der Untersuchung der MEREX-Affäre leistete. Möller-Wagenetz hatte die involvierten BNDler alle einzeln mit juristischen Spitzfindigkeiten, die auch vom Gericht akzeptiert wurden, aus der Schußlinie herausgeholt. Da die Verstrickung von Carl Carstens in die illegalen Waffenexporte dessen Wahl zum Bundespräsidenten gefährden konnte, war das Kanzleramt für jede Entlastung dankbar und nahm die Kontrolle über den

BND in diesem Punkt nicht mehr so genau. Als der spätere Bundespräsident den Untersuchungsausschuß des Bundestags belog, hatte er Rückendeckung aus dem SPD-geführten Kanzleramt. So konnte es sich der Pullacher Dienst leisten, die von Bonn zur Einsicht angeforderten Personalakten von BNDlern nur in Auszügen vorzulegen, die – wie ein BND-Insider berichtet – »erst mit der Seite 17 a anfingen«.

Bei weiteren Untersuchungen der BND-Waffengeschäfte stieß das Bundeskanzleramt 1978 auf einen alarmierenden Verdacht: Nach amerikanischen Darstellungen waren noch 1973 56 Starfighter nach Südafrika exportiert worden, die von der Verwertungsgesellschaft für ausgesondertes Wehrmaterial (VEBEG) über einen Memminger Schrotthändler in den Apartheidsstaat gelangt sein sollten. Eine Überprüfung der Fabriknummer, die von 45 der 56 Kampfflugzeuge vorlag, ergab allerdings, daß die fraglichen F-104 entweder in der Bundesrepublik lokalisiert werden konnten oder ausgeschlachtet und zu Tonnageschrott umgewandelt worden waren.[7]

Doch Ex-MEREX-Chef Mertins hat im März 1979 in einem *SPIEGEL*-Interview Zweifel geweckt, ob Verschrottung wirklich gleichbedeutend mit Vernichtung von Rüstungsmaterial ist: »Es bleibt wohl zu untersuchen, wohin zum Beispiel die Zelle eines Flugzeugs verkauft wird mit beschädigten Flügeln, und 14 Tage später werden dann Ersatzteile verkauft, rein zufällig sind neue Flügel dabei, und wieder 14 Tage später werden verschrottungsreife Triebwerke verkauft.«[8] Mertins gab zu, er habe im Ausland solchen »zusammengebastelten deutschen Waffenschrott« gesehen, doch er verschwieg, wo.

Bei der VEBEG, einer Tochter der bundeseigenen Industrieverwaltungsgesellschaft, herrscht mit dem weltweiten Verkauf von Ex-NVA-Material derzeit Hochkonjunktur. Dagegen beteuert jede Bundesregierung seit den Affären der 60er Jahre, illegale Waffengeschäfte mit den kampftüchtigen Altlasten der Bundeswehr nicht mehr zu betreiben.

Als der »Witwenmacher der Luftwaffe« am 22. Mai 1991 endgültig außer Dienst gestellt wurde, strickte die Luftwaffenführung weiter an der Legende, ausgemusterte Starfighter seien nur an Italien, nach Griechenland und in die Türkei gegangen. Doch dies ist nicht wahr. Unter der konservativ-liberalen Bundesregierung wurden wiederum ausgemusterte Kampfflugzeuge F-104 an einen Staat geliefert, der sie nach den Bestimmungen für den deutschen Rüstungsexport nicht hätte erhalten dürfen.

Niederländische Hobby-Militärexperten entdeckten 1990 bei einem Tag der offenen Tür auf dem Fliegerhorst Chin Chuan Kang in Taiwan Starfighter. 1983 standen diese Flugzeuge noch auf der Luke Air Force Base zur Ausbildung deutscher Piloten. 27 TF-104G wurden zur Tarnung auf US-Seriennummern umgeschrieben und gingen dann nach Taiwan.[9]

Die Analyse der Baunummern aller taiwanesischen Starfighter ergibt, daß insgesamt 36 Aufklärer vom Typ (R)F104-G und 26 Kampfflugzeuge F-104G aus dem Bestand der Bundesluftwaffe 1983 unter Bruch des Außenwirtschaftsgesetzes nach Nationalchina exportiert worden sind.[10] Der Staat umging seine eigenen Gesetze.

Im Dezember 1991 schlugen MBB-Manager im Verteidigungsministerium Alarm, weil größere Mengen von Starfighter-Ersatzteilen nach Taiwan gelangen sollten. Die US-Brokerfirma Aero Support hatte das Wehrmaterial bei der VEBEG angeblich für den inneramerikanischen Markt erworben, wo nur noch 14 F-104 für Forschungszwecke vorhanden sind. Die Hardthöhe hatte gegen diesen Transfer nichts einzuwenden. Den Münchner Rüstungsmanagern lagen jedoch Anhaltspunkte dafür vor, daß Feuerleitsysteme und Triebwerke nach Taiwan gehen sollten, und begründeten ihren Warnschuß nach Bonn mit »erheblichen atmosphärischen Störungen« für Luftwaffe und Industrie, die zu erwarten wären, falls es zu dem Deal käme.[11]

Illegale Waffenexporte über die VEBEG sind keine Altlast der Gehlen-Ära, sondern gehören auch heute zu den Schattenseiten Bonner Politik. Da die Frankfurter Verwertungsgesellschaft Hunderte von Waffensystemen der Ex-NVA unter der Maßgabe veräußert, daß der Käufer diese demilitarisiert, sollten gerade die Aktivitäten ab 1990 besonderes Interesse im Parlament finden.

Das weitreichendste Dementi zur Frage der Zusammenarbeit von BND und Waffenhändlern kam im Oktober 1975 von SPD-Staatssekretär Manfred Schüler. Dieser behauptete, der Bundesnachrichtendienst unterhalte keine Verbindungen zu privaten Waffenhändlern mehr[12], schloß also Kontakte Pullachs zu den Exportfirmen mit Staatsbeteiligungen, wie Salzgitter, Fritz Werner oder MBB nicht aus. Dennoch: Wenn dieses Dementi der Wahrheit entspräche, wäre eine Vielzahl von Pullacher Drähten gekappt worden. Doch dies trifft nicht zu.

Das Büro des Düsseldorfer Geschäftsmanns Alfred Hempel, der 1982 schweres Wasser an China und Indien lieferte, wurde 1972 als eines der ersten in Moskau beim sowjetischen Außenhandelsministerium akkreditiert, um Unternehmen wie die Frankfurter Metallgesellschaft, Lurgi, Nixdorf und Klöckner-Humboldt-Deutz in der Sowjetunion zu vertreten. Als das Büro 1978 geschlossen wurde, bekam Hempel Schwierigkeiten mit »seinem Moskauer Repräsentanten, Franz Riha, der nach britischen Erkenntnissen für den BND gearbeitet haben soll«.[13]

Im Oktober 1990 gestand der frühere Gesellschafter der Hamburger Firma Water Engineering Trading WET, Peter Leifer, der Staatsanwaltschaft Darmstadt, daß er für militärische Zwecke geeignete Chemieanlagen in den Irak geliefert habe. Ein früher für die Firma Pilot Plant im hessischen Dreieich tätiger Ingenieur habe bestätigt, daß in Anlagen, die sein Unternehmen dorthin geliefert habe, Zwischenprodukte für Kampfstoffe produziert worden seien.[14]

Mindestens drei von sieben im August verhafteten WET-Managern waren nach Informationen des Hamburger Nachrichtenmagazins DER SPIEGEL auch für den BND tätig. Unter Berufung auf einen hohen Beamten des BND berichtete das Blatt, der Manager Peter Leifer habe von 1986 bis März 1988 den BND mit Informationen über den Irak versorgt. Auch habe er noch weiter mit dem BND zusammengearbeitet, als bereits gegen die Manager ermittelt wurde.[15] Der BND hat jede Beteiligung an der Lieferung von Chemikalien und Ausrüstung für Giftgasanlagen in den Irak abgeleugnet. »Zu keinem Zeitpunkt war der BND direkt oder indirekt an solchen Lieferungen beteiligt«, erklärte ein BND-Sprecher. Zu den von der Darmstädter Staatsanwaltschaft beschuldigten angeblichen BND-Mitarbeitern Al Kadhi und Peter Leifer wollte man grundsätzlich keine Aussagen machen.

Die weltweite Beschaffung von Informationen über Potentiale wie die irakische Giftgasanlage sei Bestandteil der Arbeit des Auslandsnachrichtendienstes.[16]

Staatsminister Stavenhagen hat der Behauptung des *SPIEGEL* ein zweistufiges Dementi entgegengesetzt. Erstens habe der BND dem Irak bei der Giftgasentwicklung nicht geholfen. Zu keinem Zeitpunkt habe es eine direkte Beteiligung des BND an Lieferungen von Technologie oder Vorprodukten für die Herstellung chemischer oder biologischer Waffen an den Irak gegeben. Zweitens hätten die WET-Mitarbeiter nicht die Wahrheit gesagt, wenn sie sich als »Agenten des BND« ausgegeben hätten, dies sei eine »falsche Erklärung«.[17]

Die Dementis treffen zu, wenn man sie genau liest. Der Bundesnachrichtendienst exportiert weder direkt noch indirekt Rüstungstechnologie, und weder WET-Mitinhaber Al Khadi noch Peter Leifer waren »Agenten«. Daß der BND jede weitere Information über die beiden verweigert, heißt entweder, daß er beide in Pullach als Quellen geführt hat oder daß der WET-Mitinhaber Al Khadi ohne Geld- und Sachbezüge vom BND beurlaubt wurde, wie seinerzeit Dr. Erwin Hauschildt.

Das Ermittlungsverfahren gegen den Inhaber der Firma Plato-Kühn, Josef Kühn wegen geheimdienstlicher Agententätigkeit für den militärischen Nachrichtendienst des Irak wurde gegen die Zahlung einer Geldbuße von 25 000 DM im Jahre 1988 eingestellt. Kühn hatte 200 Gramm der Mykotoxine HT-2 und T-2, die von der in Oberhaching ansässigen Firma Sigma Chemie hergestellt wurden, an den Irak vermittelt. Vor der Parlamentarischen Kontrollkommission des Bundestags hatten BND-Präsident Hans-Georg Wieck und Kanzleramtssekretär Waldemar Schreckenberger im Mai 1989 noch die B-Waffen-Forschung des Irak heruntergespielt und eine Beteiligung deutscher Firmen wegen des »Mehrzweckcharakters« von Lieferungen nicht eindeutig beantworten können.[18] Josef Kühn kam so glimpflich davon, weil er mindestens im nachhinein zur Quelle für Pullach wurde.

Der Waffenhändler Gerhard Georg Mertins erläuterte im März 1979 gegenüber dem *SPIEGEL* den Beitrag des BND zum Waffenhandel: »etwas initiieren, etwas fördern, etwas überwachen«.

Vor allem um der dritten Aufgabe gerecht zu werden, versucht er, Agenten oder kostenlose Hilfsquellen in Exportunternehmen mit sensibler Produktpalette zu plazieren.

Um auf dem Gebiet des Rüstungsexportgeschäfts etwas zu »initiieren« oder zu »fördern«, werden Chefoperateure aus Pullach oder BND-Außenstellen selbst aktiv. Ein internationaler Waffenhändler erläuterte im Frühsommer 1992 das Procedere: Abgesandte des BND erkundigen sich im persönlichen Gespräch bei Waffenhändlern, ob sie bestimmte wehrtechnische Güter an einen bestimmten Ort bringen könnten – in der Regel mit eigenen, eingespielten Transportmitteln der Waffenbranche und mit selbstbesorgten falschen Endverbleibsbescheinigungen. Falls der Waffenhändler sich dazu bereit erklärt, bekommt er vom BND die Kontaktadresse des Käufers. Im weiteren Verlauf der Operation taucht der BND nur selten auf, so daß eine Rolle als Initiator des Waffenhandels kaum jemals nachgewiesen werden kann.

Waffenhändler, die wissen, daß solche Geheimdienstaufträge auch Operationen zum Schaden ihrer Geschäftspartner im Sinn haben können, indem sie beispielsweise für im Auftrag gelieferte Waren ein gerichtliches Nachspiel erwarten müssen, sichern sich auch bei Lieferungen an den BND ab. Die Professionellsten unter ihnen bestehen darauf, nicht in den Hamburger Freihafen zu liefern, sondern direkt in das Marinearsenal in Wilhelmshaven, weil die Bundesregierung eine Beteiligung des BND dort nie ableugnen könnte.

Als Gegenleistung steht der BND Waffenhändlern auch als Auskunftei zur Verfügung. Als im April 1992 rotes Quecksilber (red mercury) als vermeintlicher Baustoff für Nuklearwaffenzünder über Jugoslawien und Finnland auf den europäischen Schwarzmarkt gelangte, da vergewisserten sich Waffenhändler in Pullach, was es mit dem von kriminellen Hobby-Waffenhändlern angebotenen Stoff auf sich habe. Sie fanden ihre Vermutung bestätigt, daß es sich um bloße Attrappen handelte und dieses Quecksilber völlig untauglich zum Atomwaffenbau war. Auf Nachfrage rückte der Pullacher Kontaktmann auch heraus, daß die Dienste nicht nur von den Angeboten wüßten, sondern die Kriminellen und ihr gelegentliches, pressewirksames Auffliegen auch steuerten, um potentielle Käufer von Nukleartechnik – insbesondere aus der Dritten Welt – aus der Anonymität zu locken. Das sei bei weitem nicht die erste solche Aktion von BND und Partnerdiensten, um auf dem internationalen Waffenmarkt potentielle Beschaffer zu ermitteln, erklärte ein deutscher Waffenhändler. In diesem Fall jedoch könnte es sich um ein erstes Joint-venture westlicher und östlicher Nachrichtendienste handeln, um gemeinsam zu verhindern, daß aus den GUS-Staaten militärische Atomtechnologie unter der Hand in andere – vor allem arabische – Länder verschoben wird.

Zu den Fähigkeiten des BND zählte Waffenhändler Mertins nicht, auf dem Gebiet des Waffenhandels etwas verhindern zu können, und kam damit 1978 zu demselben Ergebnis, das ein BND-Bericht vom Oktober 1991 dem Bundeskanzleramt vorlegte: »Der ›Know-how-Transfer‹ ... kann auch auf anderen Wegen erfolgen und läßt sich daher bestenfalls verzögern, aber nicht verhindern.«[19]

Die SPD-Fraktion stellte am 21. Juni 1989 im Deutschen Bundestag einen Antrag, in dem sie die Verminderung der Rüstungsexporte und verbesserte Rüstungsexportkontrolle forderte. Darin verlangte sie: »Es ist beim Bundesnachrichtendienst eine administrative Einheit zu schaffen, die Ereignisse und Vorgänge in Ländern systematisch verfolgt, die das Bedürfnis nach Waffenimporten und Anlagen zur Herstellung von Waffen wahrscheinlich machen. Diese Einheit hat die Mittel des Bundesnachrichtendienstes auf kritische Exportströme der Bundesrepublik Deutschland anzusetzen.«[20]

Und Geheimdienstkoordinator Lutz Stavenhagen schlug in Pullach unter Hinweis auf das libysche Kampfstoffprojekt bei Rabta in dieselbe Kerbe: »Der illegale Transfer sensitiver Technologien erfordert daher ganz besonders die aufmerksame Beobachtung durch die Nachrichtendienste. Je früher wir uns Erkenntnisse darüber verschaffen können, desto besser können wir dazu beitragen, derartige Entwicklungen zu unterbinden. Hier ist also für den Bundesnachrichtendienst und seine Mitarbeiter auch weiterhin höchste Wachsamkeit am Platz.«[21]

Seit Konrad Porzner das Amt des BND-Präsidenten angetreten hat, scheint sich der Auslandsnachrichtendienst tatsächlich zum Warnamt für Rüstungsexporte zu entwickeln. Die Bundesregierung ist am 16. Januar 1991 vom BND über den Verdacht des illegalen Exports von 26 fahrbaren Abschußrampen für SCUD-Raketen des Daimler-Benz-Konzerns in den Irak informiert worden. Nach »Vermutungen« des BND sind sie für das irakische »Projekt 144« bestimmt gewesen – so lautet der Deckname für das Scud-B-Raketenprogramm.[22] Als Ergebnis der deutschen Teilnahme am UN-Inspektionsteam im Irak legte der BND im Januar 1992 wiederum einen Bericht vor, der die Beteiligung einer Handvoll deutscher Firmen an Nuklear- und Raketenprogrammen Saddam Husseins belegte.[23]

Pullach hatte das Kanzleramt im November 1991 über drohende illegale Lieferungen aus der Bundesrepublik in Staaten des Nahen Ostens – Irak, Syrien, Libyen und Iran – unterrichtet. Der BND berichte ständig über neue Erkenntnisse zu möglichen illegalen Rüstungsexporten, erklärte Regierungssprecher Vogel.[24]

Im Bericht an das Bundeskanzleramt vom 23. Oktober 1991 meldet BND-Präsident Porzner unter Berufung auf amerikanische Hinweise, daß durch die Lieferung von Nicroter-Blechen des Berliner Unternehmens Leis Engineering GmbH der Bau von Atomwaffen in Nordkorea unterstützt werde. Zur Mitte der neunziger Jahre werde die kommunistische Diktatur Material zum Bau von zwei bis drei Atombomben in einem Reaktor im Raum Jongbjon produziert haben. Wesentlich mehr Informationen als der BND-Bericht über Nordkoreas Nuklearprogramm – bis hin zur kartografischen Darstellung von vier Atomanlagen südöstlich von Jongbjon – konnte man jedoch in der britischen Fachzeitschrift *Jane's Intelligence Review* im September 1991 finden.[25]

In demselben BND-Bericht vom 23. Oktober 1991 wird behauptet, der Iran sei bei seinem Atomprogramm so weit wie der Irak vor dem Ausbruch des zweiten Golfkrieges[26], das heißt, er werde in spätestens zwei Jahren die islamische Bombe fertiggestellt haben. Zwei Monate später erklärte BND-Chef Konrad Porzner der Hamburger Tageszeitung *DIE WELT*, daß der Iran im Jahre 2000 fähig sein könnte, Atomwaffen zu produzieren[27] – also sieben Jahre später als noch in der Alarmmeldung an das Kanzleramt behauptet wurde. Unter Porzners Vor-Vorgänger Eberhard Blum hatte der BND 1984 gewarnt, der Iran würde 1986 über Kernwaffen verfügen. Grundlage dieser Atomwaffen sei der Reaktor in Bushir, an dem seit 1984 gebaut würde.[28] Die BND-Prognosen zum Zeitpunkt der Fertigstellung iranischer Atomwaffen – einmal 1986, dann 1993, dann 2000 – scheinen mit dem Zufallsgenerator ermittelt zu werden. Sicher schien Porzner jedenfalls in seinem Geheimbericht vom November 1991, daß die Regime in Iran, Libyen und Syrien die Atombombe wollen und daß es bereits eine Drehscheibe von Staaten der Dritten Welt gibt, über die China, Nordkorea, Ägypten, Argentinien und der Irak diesen drei Staaten Atomtechnik transferierten.[29] Ersteres hätte er auch in einem Bericht der syrienfreundlichen libanesischen Zeitung *al Scharq* vom August 1985 über ein Treffen der Außenminister Irans, Libyens und Syriens in Damaskus nachlesen können[30], letzteres unter anderem am 12. Mai 1991 in einem Bericht der *Washington Post* über »Beijing's Atomic Bazar«.

Im Juni 1992 mahnte der Präsident des Iran, Akbar Hashemi Rafsanjani, Kanzleramtsstaatssekretär Bernd Schmidbauer, Zusagen zur Fertigstellung des Kernkraftwerks Bushir einzuhalten. Nach Khomeinis Revolution 1979 waren die Bauarbeiten der Siemenstochter KWU zum Erliegen gekommen. Gegenüber der *Frankfurter Allgemeinen Zeitung* wies Teherans Außenminister Welajati im Juli 1992 entschieden die Vorwürfe westlicher Geheimdienste zurück, der Iran strebe die Produktion von Nuklear- oder Chemiewaffen an, schon wegen der Entsorgungsprobleme der Staaten, die Atomwaffen besäßen, habe der Iran beschlossen, keine Kernwaffen zu bauen.[31]

Demnach lag der BND entweder schon mit seiner politischen Grundeinschätzung falsch, oder dem Weiterbau bzw. Neubau iranischer Kernreaktoren durch die Siemenstochter KWU sollte durch Welajatis Vorstoß die Tür geöffnet werden. Wenigstens wird man Konrad Porzner nicht vorwerfen können, die Atom-Aufrüstung des Iran mit deutscher Hilfe sei ohne Kassandrarufe aus Pullach über die Bühne gegangen.

Amerikanische Geheimdienstkreise starteten im Januar 1993 eine Kampagne, mit der das Gespenst einer umfassenden Atombewaffnung des Iran an die Wand gemalt wurde. Meldungen, der Iran habe bereits zwei nukleare Gefechtsköpfe von ca. 40 Kilotonnen Sprengkraft, eine Atombombe, die von einer MiG-27 abgeworfen werden könne, und ein taktisches Artilleriegeschoß von 0,1 Kilotonnen Sprengkraft aus Kasachstan erhalten und das Land würde dank chinesischer und bundesdeutscher Hilfe über weitreichende Trägersysteme verfügen, fanden so auch Eingang in die deutsche Presse.[32] Da diese angeblichen Erkenntnisse erstens US-Waffenlieferungen an Irans Gegner im arabischen Lager rechtfertigen, zweitens suggerieren, Rußland hätte die Nuklearwaffen in den GUS-Staaten nicht unter Kontrolle, und drittens deutsch-iranische Geschäfte im Nuklear- und Rüstungsbereich sowie auf dem zivilen Sektor beeinträchtigen könnten, muß ihre Objektivität in Zweifel gezogen werden.

Die Staaten – wie Pakistan und Indien, Argentinien und Brasilien, Irak und Iran, Korea und Südafrika –, die als Nichtunterzeichner des Atomwaffensperrvertrags Nuklearwaffen entwickelt haben oder atomare Schwellenmächte sind, verdanken den technologischen Stand ihrer Atomrüstung weitgehend deutschen Exporten. »Durch die bekannte gründliche Aufklärungstätigkeit der USA und Großbritanniens bezüglich der Nuklearprogramme von Entwicklungsländern kann es Washington und London auf die Dauer nicht verborgen bleiben, in welchem Maße Jülich und Karlsruhe zur nuklearen Leistungsfähigkeit von Entwicklungsländern beitragen«[33], berichtete das Auswärtige Amt im März 1983.

Das wirft die Kernfrage auf, ob die Bundesrepublik als Staat, der vom Zugang zu Atomwaffen ausgeschlossen ist, fahrlässig oder vorsätzlich die Aushöhlung dieses Vertrages befördert hat, um ihn letztlich obsolet werden zu lassen.

Warnungen des BND vor sensiblen Rüstungsexporten aus der Bundesrepublik gab es bei allen großen Exportskandalen der 80er Jahre. Der Rabta-Affäre, dem Raketenprojekt Condor-2 für

Argentinien, Ägypten und den Irak, beim Transfer von Nuklear-technik für Indien und Pakistan usw. usw. Die Warnungen beruhten häufig auf Hinweisen von Partnerdiensten. Selbst der monegassische Geheimdienst legte im August 1986 ein Dossier vor, in dem die Aktivitäten der Consengruppen als »Transaktionen im Zusammenhang mit dem Verkauf strategischer und atomarer Materialien nach Argentinien«[34] eingeschätzt wurden.

Doch alle nachrichtendienstlichen Warnungen an Kanzleramt, Außen- und Wirtschaftsministerium wurden dort weitgehend ignoriert. Die strategischen Exportinteressen der Industrie hatten Vorrang vor der vorgeblich restriktiven Rüstungsexportpolitik der Bundesrepublik. Schon aus diesem Grunde ist der BND ein untaugliches Instrument zur Rüstungsexportkontrolle. Er ist ein abhängiges Kontrollorgan, das nicht einmal von sich aus Staatsan-waltschaften einschalten muß, sondern Geheimberichte nach Bonn liefert, deren Geheimhaltung dort beliebig fortgesetzt werden kann.

Im März 1993 beauftragte Geheimdienstkoordinator Bernd Schmidbauer jedoch das Bundesinnenministerium, einen Entwurf zur Änderung des Grundgesetzartikels 10 über das Post- und Fernmeldegeheimnis zu erarbeiten, demzufolge dem BND künftig gestattet sein soll, beim Abhören des internationalen Fernmel-deverkehrs Waffenhändler aufzuspüren.[35]

Zum zweiten ist der Bundesnachrichtendienst deshalb kein geeignetes Überwachungsorgan, weil bei Nachrichtendiensten die weitere operative Nutzung der Quellen Vorrang vor der Einleitung eines Strafverfahrens oder sogar der Information der Bundesregierung haben kann. Der Abteilungsleiter für Technische Aufklärung, Konteradmiral Gerhard Güllrich, räumte im *SPIE-GEL*-Gespräch im April 1993 ein, daß es nach der geplanten Grundgesetzänderung in der Macht des BND stehen solle, die bei der Schleppnetzfahndung im Äther gewonnenen »Erkenntnisse der Bundesregierung und/oder den Strafverfolgungsbehörden zuzuleiten zu können«.[36] Offensichtlich wird dem BND wiederum kein gesetzlicher Zwang auferlegt, die zuständigen Strafverfolgungsbehörden auf erkannte Straftaten hinzuweisen, sondern es bleibt in seinem Belieben, ob Zollkriminal- und Bundeskriminalamt oder die Bundesregierung von einem Verbrechen oder Verdacht unverzüglich unterrichtet werden.

Drittens dealen Geheimdienste weltweit mit Waffen, an führender Stelle auch die wichtigsten der ca. 150 Partnerdienste Pullachs, so daß dem deutschen Auslandsnachrichtendienst auch dort die Hände gebunden wären, wo langfristige Interessen an nachrichtendienstlicher Kooperation vor der Aufklärung eines illegalen Waffenexports rangieren könnten. Vom illegalen weltumspannenden Waffentransfer des Iran-Contra-Skandals bis zu regierungsseitig genehmigten, aber im Detail geheimgehaltenen Rüstungsexporten durch die CIA hat gerade die jüngste Geschichte des US-Auslandsnachrichtendienstes gezeigt, wie intensiv gerade der größe Partnerdienst des BND in Waffengeschäfte verstrickt ist.

Viertens – und dies ist der schwerwiegendste Einwand – nutzt Pullach selbst illegale Waffengeschäfte als operatives Instrument deutscher Außenpolitik. Das wird zwar häufig bestritten, doch »Dementis, Erinnerungslücken und Vertuschungsversuche sind seit jeher üblich gewesen, wenn es darum ging, Regierungsmitwirkung bei den geheimen Operationen des BND zu verschleiern«[37], urteilte der *SPIEGEL* im Dezember 1978. Von der waffentechnischen Unterstützung der RENAMO in der Mitte der 80er Jahre über die verdeckte Unterstützung bei der Aufrüstung Kroatiens Anfang der 90er Jahre bis hin zum fortgesetzten illegalen wehrtechnischen Austausch mit Israel spricht alles für die Vermutung, daß illegale Waffengeschäfte auch heute in Pullach zum Alltagsgeschäft gehören.

Das, was die Schweizer Geheimdienste 1990 als die »vorherrschende Doktrin der Abstreitbarkeit« bezeichneten, gehört zur Routine des BND. Die nachrichtendienstlichen Begriffsbestimmungen des BND von 1974 definieren den Begriff »Ableugnungsmöglichkeit« – auch »deniability« genannt – als die »bei einer GD-Operation einzuplanende Möglichkeit für die eigene Regierung, die Beteiligung ihres Geheimdienstes an einer evt. enttarnten geheimdienstlichen Handlung glaubhaft zu bestreiten«. Die Praxis von Bundesregierungen, die angeordnete Beteiligung des BND an Waffengeschäften im Fall der Veröffentlichung gegenüber Parlament und Öffentlichkeit zu bestreiten, ist also Teil des geheimdienstlichen Operationsplans selbst.

Allenfalls an der Glaubwürdigkeit läßt es der BND bei seinem Dementis häufig mangeln; zum einen, wenn die von Medien veröffentlichte Beweislast erdrückend ist und der Bonner Kurs des Nichtwissens dennoch durchgehalten wird, zum anderen, wenn Partnerdienste aus den USA und Israel über ihnen gewogene Medien, wie die *New York Times*, zur Teilaufdeckung von geheimdienstliche Aktivitäten des BND beitragen, die ihren eigenen Interessen zuwiderlaufen. In den Jahrzehnten des Ost-West-Konflikts wurde die Beteiligung des BND an Waffengeschäften von den Diensten der WVO-Staaten beobachtet. So unterrichtete der ungarische Auslandsnachrichtendienst AVH 1986 den Partnerdienst in Ostberlin: »Der BND betreibt eine aktive Tätigkeit zur Herstellung von Kontakten zu deutschen und anderen Bürgern, die sich mit Waffenverkauf beschäftigen, um von ihnen Informationen zu erhalten. Als Gegenleistung bietet der BND seine Unterstützung bei der Realisierung der Waffengeschäfte an.«[38] Da die heutigen reformierten Dienste Osteuropas eher Partner als Gegner Pullachs sind, ist die zwar geheime, aber effizienteste Kontrolle nachrichtendienstlichen Waffenhandels aus Deutschland entfallen.

26 Rabta—Wüste Desinformation

A uch bei der Rabta-Affäre, dem Bau der gigantischen Giftgasfabrik in der libyschen Wüste, spielte der BND eine tragende Rolle. Deutsche Firmen waren am Rabta-Projekt maßgeblich beteiligt, was die deutsche Bundesregierung natürlich so lange pflichtschuldig dementierte, bis amerikanische Presseveröffentlichungen Bonn zum Offenbarungseid zwangen. Decken wollte man in Bonn vor allem die in die Rabta-Affäre verwickelte Salzgitter Industriebau GmbH, eine Tochter des damals bundeseigenen Salzgitter-Konzerns. Anfang 1989, als die Giftgasaffäre erst in Bruchstücken an die Öffentlichkeit gedrungen war, erhielt der Salzgitter-Industriebau-Manager Andreas Böhm ein kleines Präsent, auf dessen Herkunft er sich zunächst keinen Reim machen konnte: ein Holzkistchen, gefüllt mit Leckereien wie Kaviar und Gänseleberpastete. Das Rätsel klärte sich am 17. März 1989 auf; als die BNDler »Cramp« und »Wilhelm« vor der Tür standen. »Die waren auf Entschuldigungstour«, erinnert sich Böhm an die Unterredung.[1] Entschuldigt hatte sich der BND bei seinem Informanten Böhm, weil die Affäre öffentlich geworden war. Böhm berichtete dem Dienst bereits seit Anfang der 80er Jahre über die Vorgänge in der libyschen Wüste. Doch das Aufklärungsinteresse des BND galt nicht etwa der Verhinderung des Baus der Giftgasfabrik. Ziel war die nachrichtendienstliche Begleitung und Abdeckung des Projekts. Von Anfang an wurde deshalb dem Informanten Böhm Vertraulichkeit zugesichert.

Die Lieferung einer kompletten Giftgasfabrik nach Libyen durch die Lahrer Firma Imhausen-Chemie hat die auswärtigen

411

Beziehungen der Bundesrepublik »erheblich« gestört, erklärte der Referatsleiter für Exportangelegenheiten im Auswärtigen Amt, Klaus-Hellmut Ackermann, im August 1991 als Zeuge im Prozeß gegen drei leitende Firmenmanager vor dem Mannheimer Landgericht. Nach den Interventionen der USA, Israels und Großbritanniens auf verschiedenen diplomatischen Ebenen habe es »besonderer Anstrengungen« bedurft, um den außenpolitischen Schaden zu beheben.[2]

Die Überraschung war groß im Gerichtssaal des Landgerichts Mannheim, als der Vorsitzende Richter Michael Meyer das Urteil im zweiten Imhausen-Prozeß verkündete: Alle drei Angeklagten wurden lediglich als Gehilfen bei der Planung und der Ausfuhr der Waren für die Giftgasfabrik im libyschen Rabta eingestuft und erhielten somit nur milde Strafen. Oberstaatsanwalt Wechsung, Leiter der Wirtschaftsabteilung der Mannheimer Staatsanwaltschaft, kündigte noch im Gerichtssaal an, daß er Revision beim Bundesgerichtshof in Karlsruhe einlegen werde. Während der mündlichen Urteilsbegründung wurde allerdings deutlich, wie das Gericht zu diesen milden Urteilen gekommen ist. Auch nach Eindruck der meisten Prozeßbeobachter standen hier eben nicht die »geistigen Väter« der Giftgasfabrik vor Gericht, sondern ihre willfährigen Handlanger, die teils aus finanziellen Gründen, teils um ihren Arbeitsplatz nicht zu gefährden, an dem Projekt mitgearbeitet hatten. Ohne Namen zu nennen, wies der Richter darauf hin, daß es neben dem bereits verurteilten Jürgen Hippenstiel-Imhausen noch weitere Personen gegeben haben müsse, die an viel entscheidenderer Stelle als die Angeklagten gewirkt haben.[3]

Der Richter in Mannheim warf in einem Exkurs zur Urteilsbegründung »politischen Instanzen« Versagen im Fall Rabta vor. Schon Mitte 1985 sei aus der Moskauer Botschaft ein Hinweis über ein Giftgas-Geschäft mit Libyen an die deutschen Behörden gegangen. Dieser Hinweis sei von Ministerien und vom Bundesnachrichtendienst nicht ernst genommen worden.[4]

Wie der Referatsleiter im Auswärtigen Amt, Ackermann, vor dem Mannheimer Landgericht aussagte, soll ein Bericht aus der deutschen Botschaft in Moskau, in dem bereits im Juli 1985 auf eine Beteiligung der Firma Imhausen an einem Giftgas-Geschäft

mit Libyen hingewiesen wurde, an den BND und das Bundes-
wirtschaftsministerium weitergeleitet worden sein. Der BND
habe mitgeteilt, die verfügbaren Hinweise ließen nicht notwendigerweise auf Giftgas schließen. Auch das Wirtschaftsministerium
habe die Hinweise nicht weiterverfolgt. Daraufhin habe das Auswärtige Amt zunächst keine weiteren Aktivitäten ergriffen.[5]

Am Freitag, den 17. Februar 1989, ergriff Alfred Mechtersheimer,
Obmann der Bundestagsfraktion DIE GRÜNEN im Verteidigungsausschuß des Deutschen Bundestages, das Wort zur Rabta-
Affäre. Der Starnberger Friedensforscher wetterte laut Plenarprotokoll nicht, wie erwartet, gegen die Verbreitung von Massenvernichtungsmitteln durch die deutsche Industrie, sondern lenkte die
Aufmerksamkeit der Abgeordneten auf die Haltung der USA bei
den Genfer Abrüstungsverhandlungen über chemische Waffen:
»Nach meiner Beobachtung ist das Ganze auch als Alibiveranstal-
tung zu verstehen. Wer die Massenvernichtungsmittel beseitigen
will, gerade auch die chemischen, sollte sich nicht auf Rabta fixie-
ren, sondern auf Genf schauen, dort politisch wirken und vor
allem auch die USA dazu ermahnen, daß sie nicht in der Art des
Alkoholikers, der anderen das Trinken verbieten will, eine neue
Politik der Nichtweiterverbreitung betreiben, denn das ist eine
ganz gefährliche Position.«[6]
    Auch was die Einschätzung der Anlage im libyschen Rabta
betraf, verblüffte Mechtersheimer die Abgeordneten: »Wenn das,
was hier als Beweis für eine Giftgasfabrik genannt wird, zutrifft,
dann ist die Bundesrepublik Deutschland übersät von Giftgasfa-
briken. Das muß ich ganz nüchtern feststellen. Ob das nun politisch paßt oder ob ich da jemandem helfe, dem ich gar nicht helfen
will, ist eine ganz andere Frage.« Doch wem hat der GRÜNEN-
Abgeodnete Mechtersheimer, vormaliges CSU-Mitglied und
PSV-Offizier der Bundeswehr, geholfen? »Nach den Informationen, die man ohne großen Aufwand erhalten kann«, so Mechtersheimer weiter, »gibt es Vorbereitungen für 25 pharmazeutische
Produkte in Rabta. Für 25 weitere sind Vorbereitungen getroffen.
Mir liegen die chemischem Strukturformeln, die Herstellungs-
verfahren eines Großteils dieser Produkte und auch die physikali-

schen Daten des jeweiligen Produkts vor. Eine erste Überprüfung von Fachleuten hat ergeben, daß es sich dabei eindeutig um nicht waffenfähiges Material handelt, also um keines, das zur Herstellung von Waffen benötigt wird. Eine weitere Überprüfung ist selbstverständlich erforderlich, um hier weitergehende Schlüsse zu ziehen.

Wenn die Regierung einen korrekten Bericht vorgelegt hätte, hätte sie nach derzeitigem Erkenntnisstand zu folgenden drei Feststellungen kommen müssen:

Erstens: Belege für eine Pharmaproduktion gibt es.

Zweitens: Belege für eine C-Waffen-Fabrik gibt es nicht.

Drittens: Belege, daß es in Rabta keine C-Waffen-Produktion gibt oder geben soll, gibt es ebenfalls nicht...

Es muß allerdings festgestellt werden: Wenn es in Rabta, was man ja nicht weiß, keine C-Waffen-Fabrik gibt, dann nicht deswegen, weil deutsche Firmen nicht bereit gewesen wären, entsprechende zu liefern, oder weil die Bundesregierung in der Lage gewesen wäre, das zu verhindern. Ich kann hier nicht sagen, wie weit in Libyen sonst eine C-Waffen-Produktion vorbereitet wurde oder sogar bereits stattfand. Aber ich möchte auf den vorgelegten Bericht verweisen. Da hat der Bundesnachrichtendienst am 22. Juli 1983 gemeldet: Ende 1981 Aufnahme der Giftgasproduktion am Standort Abu Kammash. Am 13. Oktober 1988, nach fünf Jahren, berichtet derselbe Dienst: dort definitiv keine C-Waffen-Produktion...

Das bedeutet aber doch, daß wir damit rechnen müssen, daß der Bundesnachrichtendienst, wenn er die Hauptquelle der Regierung ist, in einigen Jahren sagt: Pardon, in Rabta ist nichts.«[7]

Bundesinnenminister Schäuble spielte im Bundestag im Februar 1989 den Unwissenden. Da der BND in Tripolis aber seit 1987 sogar eine Legalresidentur besaß, konnte das Wissen des Pullacher Dienstes so dürftig nicht sein, wie es dem Bundestag suggeriert werden sollte. Unter dem Decknamen »ZR« arbeitete seit 1985 ein weiterer Informant neben Andreas Böhm in Libyen für den BND. »ZR« berichtete im Februar 1989, daß die Libyer »zur Täuschung und Vorführbarkeit eine Forcierung der Pharmaproduktion« in Rabta planten. Diese Tarnung der Giftgasfabrik als Produktionsanlage für pharmazeutische Produkte wurde Teil einer breiten Desinformationskampagne.

In der zweiten Hälfte des Jahres 1989 konnte der BND die USA sogar darüber informieren, daß das Werk in Rabta seit Mitte 1989 etwa 50 Tonnen Senfgas produziert habe. Libyen dementierte dies. [8]

Die Informationen, »die man ohne großen Aufwand erhalten kann«, erhielt der Abgeordnete Mechtersheimer bei einer Reise auf Einladung der libyschen Regierung, während der er allein durch die später als Giftgasfabrik enttarnte Anlage geführt wurde. Dem gutgläubigen Politiker wurden gefälschte Pläne zugespielt, die Rabta als Pharmafabrik auswiesen. Diese Pläne waren in sich stimmig und konnten somit von Fachleuten durchaus geprüft werden – nur stimmten sie in keiner Weise mit dem tatsächlichen Produktionsvorhaben überein. Weitergegeben »an die deutsche Bundesregierung« hatte diese Pläne nach eigenem Bekunden der Exil-Iraker Dr. Ishan Barbouti, der mit Wissen und Billigung der US-Regierung und der CIA nicht nur der Hauptdrahtzieher des Rabta-Projekts war. Barbouti lieferte B- und C-Waffen-Technologie an den Irak und war maßgeblich am libyschen und irakischen Atomwaffenprogramm beteiligt, wie die WDR-Fernsehsendung *Dienstagsreportage* nachweisen konnte. [9]

Die Pläne, die der Bundesregierung von Barbouti zugespielt worden waren, sind identisch mit jenen, die dem Abgeordneten der GRÜNEN in Libyen in die Hand gedrückt wurden. In beiden Exemplaren war der Name von Barboutis Firma – dem tatsächlichen Koordinator des gesamten Programms – mit Tipp-Ex übertüncht worden.

Die Realisierung des Rabta-Projekts erfolgte in einem diffizilen Zusammenspiel von deutschem und amerikanischem Geheimdienst. Erst als sich die amerikanische Libyen-Politik zur Mitte der 80er Jahre grundsätzlich änderte, ließ die CIA Rabta durch gezielte Indiskretion gegenüber amerikanischen Medien auffliegen. Um den politischen Schaden, der durch die Beteiligung des bundeseigenen Salzgitter-Konzerns am Rabta-Projekt zu entstehen drohte, zu verhindern, versuchte der BND, den amerikanischen Presseveröffentlichungen eigene Desinformation entgegenzusetzen. Erst Mitte 1989, also mit großer Verzögerung, teilte der bundesdeutsche Dienst den Amerikanern offiziell mit, was diese schon längst wußten: Rabta sei eine Giftgasfabrik.

Die amtliche BND-Definition von Desinformation lautet: »Lancieren falscher, unvollständiger oder auf sonstige Weise entstellter Informationen in der Absicht, den oder die Empfänger zu einem vom Urheber der Desinformation gewünschten Verhalten zu veranlassen. Soweit Desinformation durch einen Geheimdienst betrieben wird, handelt es sich um eine Aktion. Bei ihr werden gegelentlich auch Beeinflussungsagenten (›agent of influence‹) eingesetzt.« Ein BND-Insider berichtet, daß der Pullacher Dienst in der Rabta-Affäre eine Desinformationskampagne gestartet habe.

War Alfred Mechtersheimer Teil dieser Kampagne, also Beeinflussungsagent des BND? Sollte er die Rolle der US-Regierung und des BND in Libyen vertuschen helfen? Sollte Verwirrung dadurch gestiftet werden, daß ein prominenter Friedensforscher in Rabta eine Pharmafabrik und keine Anlage zur Produktion von chemischen Waffen vorfand? Mechtersheimer war Beeinflussungsagent – jedoch ohne es zu wissen. Seine Formulierung »ob ich da jemandem helfe, dem ich gar nicht helfen will« traf ungewollt ins Schwarze.

Dabei wurde Alfred Mechtersheimer mehrfach vor seinem Libyen-Abenteuer gewarnt. Ein Vorstandsmitglied des von Mechtersheimer geleiteten Starnberger Friedensforschungsinstituts erhielt von einem wohlwollenden Bekannten beim BND wiederholt Hinweise zu Mechtersheimers Libyen-Kontakten. Doch der Friedensforscher war zu diesem Zeitpunkt von libyscher Seite längst schon mit der Aussicht auf viel Geld geködert worden – Geld, das auf den ersten Blick nichts mit Rabta zu tun hatte und mit dessen Hilfe eine deutsch-libysche Stiftung zur Förderung von Friedensarbeit gegründet werden sollte. Die Summe, mit der die Libyer diese Stiftung alimentieren wollten, überstieg bei weitem die hierzulande üblichen Etats der Friedensbewegung. Die Aussicht auf diese vielen Nullen vor dem Komma trübte den Blick des ansonsten so hellsichtigen Friedensforschers.

Zwar hat Mechtersheimer gegenüber der Bundestagsfraktion

DIE GRÜNEN und der Öffentlichkeit beteuert, er habe kein Geld von Ghaddafi erhalten, und das Stiftungskapital von 10 Millionen US-Dollar sei ihm nicht zugegangen. Einen großzügigen »Vorschuß«, mit dessen Hilfe Mechtersheimer über Monate seine Aktivitäten zum Aufbau der Stiftung finanzierte, hatte er jedoch unerwähnt gelassen. Diese libyschen Aufbauhilfen sind nicht nach Tripolis zurückgeflossen, sondern wurden von ihm vor und nach der Debatte um die Muammar-Al-Ghaddafi-Stiftung ausgegeben. Gerade die unwahre Behauptung, er habe noch keine Gelder von Ghaddafi bekommen, nahmen dem Starnberger Friedensforscher auch den Spielraum, seinen Irrtum über den Charakter von Rabta zu revidieren.

Der 1981 aus der CSU ausgeschlossene Friedensforscher, der zuvor als Oberstleutnant im Einvernehmen mit der Hardthöhe aus der Bundeswehr ausschied, war für den BND schon deshalb kein Unbekannter, weil er in Arbeitskreisen der CSU zur Ost- und Wehrpolitik Umgang mit Dr. Armin Steinkamm pflegte. Zwei hochrangige MfS-Offiziere hatten Steinkamm nach der Wende als »rechtsgewirkten Nachrichtenbeschaffer« enttarnt, der eine wichtige Rolle in der CSU-Seilschaft ehemaliger BNDler und erzkonservativer Publizisten und Politiker in München, wie dem Abgeordneten Franz L. Graf Stauffenberg, spielte.[10]

Als der Leiter des Starnberger Friedensforschungsinstituts 1985 einen führenden Mitarbeiter der Ost-CDU zu sich nach Oberbayern einlud, ist auch dies dem BND nicht entgangen. Bereits in der Ankunftshalle des Flughafens München-Riem wurde der DDR-Bürger von zwei BNDlern angesprochen und als Agent für Pullach geworben. Nach Rückkehr von dem Besuch bei dem Starnberger Friedensforscher offenbarte sich der Ost-CDUler dem MfS, das den frischgebackenen BND-Agenten im Doppelspiel einsetzte. Pullach glaubte bis zur Wende, daß der tatsächlich aus der Ostberliner Normannenstraße geführte Doppelagent für den BND arbeite.

Laut einem *SPIEGEL*-Artikel verdächtigte der BND im März 1990 bundesdeutsche Firmen nach wie vor, Libyen die Herstellung chemischer Kampfstoffe zu ermöglichen. Der BND habe dem Bundeskanzleramt berichtet, die mit deutscher Hilfe errichtete Giftgasanlage in Rabta solle zwar demontiert werden, doch würden die »Einrichtungen für Kampfstoffherstellung« unter Beteiligung europäischer – »möglicherweise auch deutscher – Firmen und Personen« später an anderer Stelle wieder zweckentsprechend genutzt. Die angeblich jetzt angelaufenen Planungen für den Umbau der Kampfstoffanlage Pharma 150 in eine Aspirin-Fabrik würden in der BND-Studie aus verschiedenen Gründen für wenig glaubhaft gehalten.[11]

Ein geheimnisvoller Großbrand in denselben Märztagen hat zumindest an einem Gebäude des libyschen Chemiewerkes erhebliche Schäden angerichtet und möglicherweise die Pläne zur Produktion von Giftgasen gebremst. Die Libyer vermuten Brandstiftung und konzentrierten sich bei ihren Ermittlungen offenbar in erster Linie auf die Bundesrepublik Deutschland, aus der ein Großteil der technischen Leistungen für das Projekt in Rabta stammt. »Unsere Einstellung zu der Bonner Regierung und ihrem Bundesnachrichtendienst ist von den Ermittlungen abhängig, die jetzt begonnen haben«, erklärte Libyens Oberster Führer Muammar Ghaddafi ggenüber der amtlichen Nachrichtenagentur JANA. »Wenn die laufenden Ermittlungen beweisen, daß der bundesdeutsche Geheimdienst irgendwie innerhalb Libyens in die Angelegenheit verwickelt ist, wird die deutsche Wirtschaftspräsenz in Libyen eliminiert.«

In Bonn erklärte ein Sprecher des Auswärtigen Amtes auf Anfrage, der Gedanke, daß deutsche Stellen oder Nachrichtendienste an Aktionen in Libyen beteiligt sein könnten, sei völlig aus der Luft gegriffen. Aus diplomatischen Kreisen verlautete, bundesdeutsche Wirtschaftsleute hätten mehrere Tage zuvor gewarnt, daß ein amerikanischer Angriff auf die von Libyen als pharmazeutisches Werk bezeichnete Fabrik das Ende für ihre Geschäftstätigkeit in diesem Land bedeuten würde.[12]

Auch US-Präsident George Bush hat am 14. März 1990 in Washington dementiert, daß die USA bei einem angeblich in dem libyschen Chemiewerk Rabta ausgebrochenen Brand die Hand im Spiel gehabt hätten.[13] Die offizielle Version der CIA spricht sogar von einem von den Libyern selbst inszenierten Unglück, bei dem Reifen entzündet worden seien, um den Brand vorzutäuschen.[14]

Nicht nur die USA, sondern auch Israel leugnete eine Verwicklung in den Brand. Somit liegen aus allen drei Staaten, die ein Interesse an dem Sabotageakt haben könnten, Dementis vor. Ein Nachrichtenmann auf der Nahtlinie von CIA und Mossad in den USA reklamierte im Juni 1992 den Brandanschlag jedoch als Erfolg des Mossad und fügte hinzu, er könne sich eine Beihilfe durch Agenten des BND gut vorstellen. Mindestens außerordentlich gut informiert zeigte sich der BND kurz nach dem Brandanschlag, als es dem Kanzleramt meldete, sämtliche Flugabwehrraketen aus der Umgebung der Giftgasfabrik seien abgezogen worden, wo im übrigen nur mehr »geringe Aktivitäten« zu verzeichnen seien.[15]

Doch so groß der Rückschlag durch den Sabotageakt in Rabta auch gewesen sein mag, die einmal begonnene Proliferation von C-Waffen-Technologie aus der Bundesrepublik in arabische Länder kann er nicht rückgängig machen. Die Imhausen-Pläne für die Giftgasfabrik in Rabta sind nämlich in dritte Hände gelangt. Unter Berufung auf westliche Sicherheitskreise berichtete im April 1991 das Fernsehmagazin *Politik Südwest*, die Giftgas-Unterlagen seien in ein nicht genanntes drittes Land weitergeleitet worden. Dieses habe bereits Bestellungen für Anlagenteile aufgegeben und erste Lieferungen erhalten. Ob Libyen selbst die Blaupausen verkauft habe oder ob sie aus dem Umfeld der Firma Imhausen-Chemie im badischen Lahr stammten, sei aber unbekannt. Eine kleinere Chemiewaffenfabrik solle westlich der libyischen Provinzhauptstadt Sebha gebaut werden. Die Unterlagen seien von einem deutschen Geschäftsmann auf der Mittelmeerinsel Malta westlichen Geheimdiensten angeboten worden. Auch der BND erklärte im April 1991, daß er Hinweise für die Planung einer zweiten Anlage habe.[16] Im Februar 1993 wurde bekannt, daß – wiederum mit Hilfe deutscher Unternehmen – 65 Kilometer südlich von Tripolis in Tarhuna unterirdisch eine vorgeblich in Thailand geplante nächste Giftgasfabrik gebaut wird.[17]

Joh. G. Reißmüller kommentierte in der Zeitung für Deutschland, der *FAZ*, am 18. Februar 1992 das späte Erwachen kroatischer Dankbarkeit für die Bundesrepublik: »Prodeutsche Gefühlswogen in Kroatien kamen erst auf, als das Land um sein Leben kämpfte und sah, daß ihm unter den größeren westlichen Staaten allein Deutschland politisch zu helfen suchte.« Nicht einmal palästinensische und radikale türkische Gruppierungen waren in der Alt-Bundesrepublik so von Polizeigesetzen betroffen wie die Exil-Kroaten nach dem Ende der Ära Gehlen: 1967 verbot der Bundesinnenminister den Kroatischen Demokratischen Ausschuß (HDO) aufgrund eines am 25. September ergangenen Bundesverwaltungsgerichtsbeschlusses; 1968 folgte die kroatische Revolutionäre Bruderschaft (HRB); im Januar 1976 wurden der Kroatische Nationale Widerstand und der Kroatische Verein DRINA e. V. verboten.

Unter Gehlen wurden neben zahlreichen überwiegend in München ansässigen Organisationen von Exilanten aus WVO-Staaten auch die Exilkroaten unterstützt, was zum Beispiel zur Verurteilung von drei Angehörigen einer terroristischen Exilorganisation mit Kontakten zum BND im Oktober 1967 in Mostar führte.[1]

Während der großen Koalition ab 1967 und in der Ära Wessel wurden unter dem Vorzeichen von Entspannungspolitik solche Aktivitäten gebremst, auch wenn die Sicherheitsbehörden Jugoslawiens noch 1974 argwöhnten, hinter den in Jadar ergriffenen Angehörigen der Kroatischen Revolutionären Bruderschaft, die Sprengstoffanschläge planten, stünden westdeutsche Hintermänner.

Im August 1983 stellte sich ein 37jähriger Agent des jugoslawischen Geheimdienstes SDB (Sluzba Drzavne Bezbednosti) der Polizei in Bayern und offenbarte, er sei durch das Auskundschaften der Lebensgewohnheiten führender Exilkroaten in der Bundesrepublik, der Schweiz und in Frankreich im Auftrag des SDB an der Vorbereitung zahlreicher Mordanschläge beteiligt gewesen. Die Sicherheitsbehörden erhofften sich durch den Überläufer Informationen über die Verantwortung des SDB für die seit 1965 zu verzeichnenden 35 Morde an Exiljugoslawen[2], doch diese blieben aus.

Zum berüchtigten Geheimdienst des Tito-Staates unterhielt der BND ab Mitte der 70er Jahre gute Arbeitsbeziehungen. Die speziellen Kontakte zum jugoslawischen Geheimdienst, unter anderem in Fragen der Terrorismusbekämpfung, pflegte der Leiter des Referats Sonderoperationen in der Abteilung 1 der Pullacher Zentrale – Deckname Stammberger. Ab da war die Kumpanei mit dem SDB nämlich zum einen bestimmt von dem Wunsch, in RAF-Terrorismus-Transitangelegenheiten mit dem jugoslawischen Geheimdienst zusammenzuwirken, zum anderen bestellte die Bundesrepublik via Entspannungspolitik ihr osteuropäisches Vorfeld – auch damals in Konkurrenz zu den verbündeten Siegermächten in der NATO.

»Altes Denken hat im Angesicht des jugoslawischen Zerfalls vielen Staatsmännern die Feder geführt, auch in der östlichen Hälfte des Kontinents. Die polnische Regierung schaute dem Zerstörungskrieg gegen das brüderliche katholische Volk der Kroaten nicht zuletzt deshalb so lange untätig zu, weil sie ähnlich wie die französische und die italienische die Bonner Jugoslawien-Politik als Versuch deutete, Deutschland ein Macht-Vorfeld zu schaffen«, schreibt Reißmüller, obwohl er genau diesen Tatbestand letztlich zu dementieren sucht: Die deutsche Außenpolitik ist mit der Souveränität Kroatiens und Sloweniens am Ziel, und Genschers Triumph vor seinem Abgang lag darin, an der Adria zwei Vorfeldstaaten deutscher Ordnungspolitik geschaffen zu haben.

Die amerikanische CIA war 1990 in einer gründlichen Analyse zu dem Schluß gelangt, »der Vielvölkerstaat Jugoslawien werde gewalttätig auseinanderfallen. Da die Regierung Bush jedoch die Bewahrung der Einheit Jugoslawiens für erstrebenswert hielt, verpuffte die Lagebeurteilung.«³ Der BND beurteilte die Lage ähnlich, die Bundesregierung jedoch hielt bekanntermaßen den Erhalt der staatlichen Einheit Jugoslawiens nicht für erstrebenswert und setzte sich damit in Gegensatz zu den USA, Großbritannien und anderen westlichen Verbündeten. Der erste kroatische Präsident Franjo Tudjman hatte bereits vor dem Sezessionskrieg in Kohl-Berater Horst Teltschik einen Helfershelfer ausgemacht, womit die endgültige Abkehr von den anti-kroatischen Traditionen in der deutschen Außenpolitik der Nachkriegsgeschichte eingeleitet wurde.

Bei ihrem Versuch, sich zu einer neuen Ordnungsmacht für Osteuropa aufzuschwingen, stand die Bundesrepublik nicht nur vor dem Problem, daß sie wenig Rückendeckung für ihre Politik der Herauslösung Kroatiens und Sloweniens aus dem jugoslawischen Staatenbund erhielt, sondern mußte vor allem befürchten, die serbische Armee könnte mit militärischen Mitteln vollendete Tatsachen geschaffen haben, bevor Bonn die Europäische Gemeinschaft auf seine Linie gebracht hatte. Um dies zu verhindern, mußten die Territorialstreitkräfte der beiden Staaten, die Ende Juni 1991 ihre Souveränität erklärt hatten, diese Souveränität wenigstens hinhaltend mit militärischen Mitteln verteidigen können, um nicht das Schicksal Bosnien-Herzegowinas zu erleiden, wo militärische Kräfte der Serben geopolitische Lösungen erkämpften, bevor bei politischen Verhandlungen Grenzen festgelegt werden konnten. Die Voraussetzungen dafür waren aber vor allem in Kroatien schlecht. Die slowenischen Territorialstreitkräfte konnten im Frühjahr 1990 40 Prozent ihrer militärischen Ausrüstung vor dem Zugriff der abziehenden Bundesarmee retten. »In Kroatien war im Unterschied hierzu die Entwaffnung der Territorialstreitkräfte zur Zeit des Machtübergangs von den Kommunisten auf die nichtkommunistische Regierung im Frühjahr 1990 vollständig vollzogen worden.«⁴

Doch schnell konnte man sich mit neuem Kriegsgerät eindecken. Und deutsche Waffenhändler zählten zu den Hauptlieferanten –

zunächst mit dem Segen deutscher Behörden. Erst im Juli 1991 wurde das Genehmigungsverfahren für Exporte militärisch relevanter Güter dahingehend geändert, daß fortan – wie etwa bei Exporten nach Südafrika – eine Endverbleibserklärung vorzulegen war. Daß auch diese leicht zu umgehen ist, läßt sich an den Umwegen beim Transfer der MBB-Panzerfaust ARMBRUST unschwer belegen. Bilder vom Einsatz dieser mörderischen Waffe in Jugoslawien zeigte erstmals das WDR-Fernsehmagazin MONITOR im September 1991.[5] Die deutsche Waffe war auf verschlungenen Pfaden nach Jugoslawien gelangt. In Deutschland hatte die in den 70er Jahren von MBB entwickelte ARMBRUST weder bei der Bundeswehr noch beim Bundesgrenzschutz Interesse wecken können. Also verkaufte MBB die Lizenz zunächst an Belgien und 1981 an Singapur. Da die Entwicklung durch die Hardthöhe finanziert worden war, mußte dafür eine Genehmigung eingeholt werden, die – im Falle Singapurs – auch die weltweite Vermarktung einschloß. Die Lizenznehmerin in Singapur war Chartered Industries, eine Firma, die zu den führenden Waffenproduzenten im asiatisch-pazifischen Bereich gehört. Über die Vermarktungsfirma Unicorn International wurde die ARMBRUST an das kroatische Militär verkauft.[6]

Auch eine andere Waffe gehört zur Standardausrüstung der Kroaten: die Maschinenpistole MP-5 der Oberndorfer Rüstungsschmiede Heckler & Koch. Gegenüber dem SPIEGEL versicherte die Firma: »Wir haben niemals Waffen nach Jugoslawien geliefert.«[7] Dafür, daß im Kriegsgebiet MP-5-Maschinenpistolen mit Prägenummern entdeckt wurden, die Schießprüfungen durch das Beschußamt Ulm belegen, hat Heckler & Koch eine simple Erklärung: Die Läufe der Waffen seien »selbstverständlich mit Ausfuhrgenehmigung« an Partner in Großbritannien geliefert worden. »Der Bundesregierung liegen keine Informationen über den Einsatz der in Großbritannien gefertigten und mit deutschen Gewehrläufen ausgerüsteten Maschinenpistolen vom Typ MP-5 im jugoslawischen Bürgerkrieg vor«,[8] hieß es im Juli 1992 auf eine Kleine Anfrage im Bundestag. Entweder hat der BND also bei seiner neuen Schwerpunktaufgabe, der Beobachtung deutscher

Waffenexporte, versagt, oder er machte von der »Ableugnungsmöglichkeit« Gebrauch, weil hinter dem Waffenexport eine
geheimdienstliche Aktion stand.

Auch auf anderen, oft verschlungenen Pfaden gelangten die Waffenlieferungen in das Kriegsgebiet. So verkauften etwa die christlichen Milizen in Beirut unmittelbar vor ihrer Auflösung einen
Großteil ihrer Waffen nach Slowenien. Das 330-Millionen-Dollar-
Paket enthielt unter anderem vier französische GAZELLE-Hub-
schrauber, Schnellboote, verschiedene Kanonen, Raketenwerfer
und Munition.[9]

George Abdul-Massih, ein Sprecher der libanesischen Streitkräfte, erklärte, das Geschäft sei über einen deutschen Waffenhändler eingefädelt worden. Am 26. Juli 1991 setzte der jugoslawische Zoll im montenegrinischen Hafen Bar sieben in Zypern registrierte Schiffe fest, die aus Beirut kamen.[10] Sie hatten 30 000 Tonnen Munition der christlichen Milizen geladen. Neun weitere
Schiffe mit 30 000 Tonnen Munition sollten folgen.

Daß das Geschäft über einen deutschen Waffenhändler vermittelt werden sollte, ist nicht verwunderlich. Zwischen Franz Josef
Strauß und den Brüdern Gemayel bestanden enge Kontakte. Der
deutsche Waffenhändler Mertins, mit seiner Firma MEREX langjähriger Waffenexportpartner des BND, räumt ein, daß sich
BNDler bei ihm erkundigt hätten, wie Waffen nach Jugoslawien
gebracht werden könnten.

Die deutsche Politik scheint tief verstrickt in den Waffentransfer
nach Kroatien. In einem Gespräch im Mai 1992 bekannte beispielsweise der Bevollmächtigte der Bej Ma Military Equipment
in Antwerpen, der deutsche Waffenhändler Karl-Heinz Schulze,
daß ein deutscher Generalkonsul in Jugoslawien ihn in Antwerpen
aufgesucht habe, um Waffen für Kroatien zu kaufen.

Tonnenweise wurde auch noch nach der Wende Kriegsgerät der
ehemaligen DDR-NVA an Kroatien geliefert, darunter AK-74-
Hochleistungsgewehre ebenso wie Munition und Fahrzeuge. Im
September 1991 verließ ein Zug mit Lastwagen aus Altbeständen
der NVA und der sowjetischen Armee den Bahnhof von Neuhau-

sen bei Cottbus – mit dem Ziel Jugoslawien. Nach Recherchen der *Lausitzer Rundschau*[11] lag dafür eine Genehmigung des dafür zuständigen Eschborner Bundesamtes für Wirtschaft vor. Aus Eschborn verlautete, allein aus dem Umstand, daß Jugoslawien als Empfängerland vorgesehen war, könne man noch nicht auf einen militärischen Einsatz der Fahrzeuge schließen. Merkwürdig ist dann nur die Verschleierungstaktik beim Export der Lkw. Nachdem die Zusammenstellung des Güterzuges öffentlich bekannt geworden war, übertünchte man eilig die Tarnfarben der Militärfahrzeuge mit weißer Farbe. Die mit dem Transport beauftragte Firma beteuerte, die Lastwagen gingen an eine Privatfirma nach Lettland. Doch wie die Reporter der *Lausitzer Rundschau* von Bundesbahnangestellten erfuhren, die den Zug bis Salzburg begleitet hatten, war der eigentliche Zielort die kroatische Hauptstadt Zagreb.

Bundesaußenminister Hans-Dietrich Genscher fand sich im Dezember 1991 auf dem Titelblatt einer Belgrader Wochenzeitung als Vampir dargestellt, der nach deutscher Vormachtstellung in Jugoslawien giert. Aber nicht nur die serbischen Altkommunisten entdeckten in Deutschland ein Feindbild, sondern auch die *Pekinger Volkszeitung* argwöhnte im Februar 1991, die Bundesrepublik gäbe ihre außenpolitische Zurückhaltung auf und strebe in West- wie in Osteuropa die Rolle einer politischen Großmacht an.[12] Weniger heftige Vorbehalte gegenüber Bonn kamen aus London und Washington, während der türkische Ministerpräsident Özal polemische Attacken gegen die Außenpolitik Bonns ritt. Dies sind Indizien dafür, daß sich die Bundesrepublik nach dem Gewinn ihrer vollen Souveränität in expansiver Aufbruchstimmung befindet.

Die Bonner Regierung hat am 3. Juni 1992 eine im März gegen die Türkei verhängte Liefersperre für Waffen aufgehoben. Die Wiederaufnahme der Waffenhilfe begründete der deutsche Außenminister Kinkel damit, in einem Briefwechsel mit der türkischen Regierung sei vereinbart worden, daß deutsche Waffen nur im Rahmen des NATO-Verteidigungsfalls bei Angriffen von außen eingesetzt werden dürften. Zudem sei die Türkei ein wichtiger

Eckpfeiler der europäischen Politik. Die Waffenlieferungen aus Bonn waren Ende März eingestellt worden, nachdem die türkischen Sicherheitskräfte deutsche Waffen gegen kurdische Zivilisten eingesetzt hatten. Im September 1992 kritisierte die Bonner Opposition, daß die Waffenlieferungen – trotz des erwiesenen Einsatzes deutscher Waffen gegen die Kurden – mit der Lieferung von 48 Flugzeugen des Typs Phantom auf höherem technischen Niveau und ohne jede Vertragsgrundlage wieder aufgenommen wurden.[13]

Ankara und Bonn haben weiterhin sehr unterschiedliche Auffassungen darüber, wann der NATO-Verteidigungsfall eintritt. »Nach Angaben der türkischen Presse hat der türkische Außenminister, Hikmet Cetin, in seinem Brief erneut auf eine NATO-Deklaration aus dem Jahr 1991 verwiesen, wonach die Sicherheit der NATO auch durch Terrorismus gefährdet werden könne . . .

Die Einstellung der deutschen Waffenhilfe sei nicht etwa aus Empörung gegen die Menschenrechtsverletzungen beschlossen worden. Vielmehr sei sie Ausdruck des unerbittlichen Konkurrenzkampfes zwischen den USA und Deutschland um Einfluß auf dem Balkan und in Mittelasien, schrieb vor kurzem Professor Erol Manisali. Bonn wolle nämlich seinen Einfluß im Balkan, in Osteuropa und Asien zementieren. Als einziges Hindernis stelle sich ihm aber die Türkei in den Weg, welche mit den USA ein – für Deutschland ungünstiges – Abkommen über strategische Zusammenarbeit unterzeichnet habe . . . Von einem ›Einlenken‹ Bonns berichtete am Donnerstag auch der Kommentator der auflagenstarken Zeitung *Sabah*, Cengiz Candar. Danach sei die Aufhebung der Liefersperre auf die wachsende geopolitische Bedeutung der Türkei sowie auf den Druck der USA zurückzuführen, die eine Schwächung ihres engsten Alliierten auf dem Balkan, der Türkei, nicht hinnehmen wollten. Denn Washington schließe einen Balkankrieg nicht mehr aus und wünsche – in einem solchen Fall – eine Intervention der Türkei. «[14]

So warnt auch die deutsche Militärfachzeitschrift *Europäische Sicherheit* im Juni 1992 vor der Durchsetzung amerikanischer gegen deutsche Sicherheitsinteressen: »Es ist keine Frage, daß die Interessen der ›Allein-Weltmacht‹ Vereinigte Staaten sich nicht immer mit jenen Europas zu decken brauchen. Es ist auch im Interesse Europas, wenn der gewagte amerikanische Plan, das türkische laizistische Entwicklungsmodell in den moslemischen zentralasiatischen Republiken durchzusetzen, gelingt. Doch das alles muß innerhalb der ›westlichen Wertegemeinschaft‹ geschehen. Eine andere amerikanische Sicht der Dinge würde das Verhältnis der Vereinigten Staaten und Europas auf eine unerträgliche Weise belasten.«[15]

Nachdem die äußere Klammer der westlichen Militärallianz, das Bedrohungspotential aus den WVO-Staaten, gefallen ist, prägt Konkurrenz zwischen der Bundesrepublik und Frankreich einerseits und den USA und Großbritannien andererseits die Außenpolitik der NATO-Staaten. Was Ex-BND-Präsident Gerhard Wessel 1985 in den *Beiträgen zur Konfliktforschung* mit Blick auf das sowjetisch-amerikanische Verhältnis von 1945 schrieb, läßt sich 45 Jahre später auf die deutsch-amerikanischen Beziehungen übertragen: »Auch Interessengleichheit zwischen Verbündeten hat niemals Interessenunterschiede ausgeschlossen, die, langsam oder über Nacht ihr Gewicht verändernd, schließlich dem gesichert erscheinenden Bündnis die Grundlage nehmen konnten.«[16] Ab 1990 scheint wieder ein gemeinsam errungener Sieg die Partner zu spalten.

Während die USA beispielsweise in einem türkisch bestimmten laizistischen Staatenbund an der Nahtlinie zwischen Europa und Asien ein proamerikanisches Element der Stabilität sehen, ist eine solche Regionalmacht für die Bundesrepublik ein zu bedeutender Konkurrent, als daß sie nicht versuchen würde, diesen über das Kurdenproblem im Innern zu schwächen.

Die militärpolitischen Beziehungen, die die Bundesrepublik zu den Reformdemokratien in Osteuropa aufnahm, die militärpolitische Zusammenarbeit mit den baltischen Staaten, die Neuaufnahme von sechs osteuropäischen Staaten in das Programm der militärischen und polizeilichen Ausstattungshilfe für den Zeitraum 1992 bis 1994 machen deutlich, daß die Bundesrepublik die Absicht verfolgt, mit den Mitteln operativer Außenpolitik die erstrangigen wirtschaftlichen Investitionen und den bedeutenden Kapitalfluß nach Osteuropa abzusichern. Möglicherweise übernimmt sie sich bei der Breite und Tiefe des abgesteckten Einflußraumes, zumal der Schwerpunkt zwar in Osteuropa liegt, aber das außenpolitische Konzept global angelegt ist.

BND-Präsident Hans-Georg Wieck hat bereits 1986 vor dem Deutschen Strategie-Forum in seinem Beitrag »Politik im Maße der Macht« vor eine Beschränkung deutsche Politik auf Europa gewarnt: »Es ist daher auch falsch, unsere Sicherheit und deren Gewährleistung allein aus der Lage in Zentraleuropa ableiten, gestalten oder gewährleisten zu wollen. Tendenziell leiden wir unter der Gefahr, genau das wieder zu tun – ungeachtet der Erfahrungen, die wir eigentlich im Laufe dieses Jahrhunderts haben sammeln können. Vor diesem Hintergrund darf sich unser Blick nicht auf Mitteleuropa allein richten, sondern muß den Atlantik ebenso wie Spannungsfelder außerhalb des NATO-Vertragsraums in die Betrachtung und in eine aktive Politik einbeziehen.«[17]

Der Generalinspekteur der Bundeswehr, General Klaus Naumann, hat in einer Rede vor Bundeswehroffizieren im Januar 1992 in Berlin deutlich gemacht, daß die konzeptionellen Überlegungen wie die materiellen und technischen Vorbereitungen der Bundeswehr für die Zukunft globale Machtprojektion vorsehen. Sicherung des Friedens in der GUS, Durchsetzung des Friedens in Osteuropa und Erzwingung des Friedens in der Dritten Welt – dies sah Bonns höchster Soldat als Triade des Auftrags an die deutschen Streitkräfte.[18]

Als Empfänger der militärischen und polizeilichen Ausstattungshilfe, die der Bund Drittländern angedeihen läßt, sind im Zeitraum 1992 bis 1994 die afrikanischen Staaten Ägypten, Benin, Tansania, Namibia sowie Benin und Papua-Neuguinea und die lateinamerikanischen Länder Ecuador, Brasilien, Peru, Kolumbien, Bolivien und Uruguay hinzugekommen. Und anstelle der in Aussicht gestellten Abrüstung von Wehrmaterial der NVA werden Exporte dieser Waffen in alle NATO-Staaten, aber auch nach Finnland, Israel, Ungarn, Polen, Bulgarien, in die Tschechische und die Slowakische Republik, nach Estland, Lettland, Litauen,

Ägypten, Algerien, Nigeria, Ecuador, Uruguay, Indonesien, Papua-Neuguinea, Singapur, Südkorea und Thailand durchgeführt.[19]

In diesen Entwicklungen tritt eine Linie operativer Außenpolitik des Rüstungsexports zutage, die in deutlichem Kontrast zu den Bonner Beteuerungen steht, laut denen eine restriktive Handhabung deutscher Rüstungsexporte beibehalten werden soll. 1991 ist die Bundesrepublik in der Rangliste aller Rüstungsexporteure von Platz 5 auf den Platz 2 (Spitzenreiter sind die USA) aufgerückt und hat den Wert der exportierten Rüstungsgüter im Verhältnis zum Vorjahr fast verdoppeln können.

Die Voraussetzungen für die globale Entfaltung operativer deutscher Außenpolitik sind dank der etwa 80 BND-Legalresidenturen in aller Welt, dank der Zusammenarbeit mit weltweit etwa 150 Geheimdiensten, der technologischen Spitzenposition des BND in der Fernmeldeaufklärung und nicht zuletzt dank dem ökonomischen Drohpotential der Bundesregierung gut. Der BND, nach dem Zerfall des Warschauer Vertrages zweitgrößter Geheimdienstapparat Europas, droht zu einem noch einflußreicheren Machtfaktor in der internationalen Politik zu werden, der im Schattenreich zwischenstaatlicher Beziehungen mit den traditionellen machtpolitischen Mitteln aus vordemokratischen Zeiten agiert.

28 Braucht unsere Demokratie Geheimdienste?

Die Legitimationsmuster für die Existenz von Auslandsnachrichtendiensten sind vielfältig und werden dort besonders virulent, wo am Ende des Ost-West-Konflikts politische Eingriffe in die bestehenden nachrichtendienstlichen Strukturen drohen. So werden die Bekämpfung des organisierten Verbrechens, insbesondere der weltweiten Rauschgiftkriminalität und die Kontrolle von Rüstungsexporten in Krisengebiete, von den Diensten als zentrale neue Aufgabe definiert, obwohl das organisierte Verbrechen, der Rauschgifthandel und die Waffenlieferungen mindestens so alt sind wie der Kalte Krieg.

Unter allen Legitimationsmustern für die Existenz von Auslandsnachrichtendiensten begegnet man am häufigsten dem »Reichsapfel«-Argument, das da lautet: Souveräne Staaten verfügen über einen Auslandsnachrichtendienst – der Auslandsnachrichtendienst ist ein konstituierendes Merkmal dieser Souveränität.

So betonen zwei Beamte aus der Innenverwaltung des Bundes bzw. des Bundesgrenzschutzes in einem von ihnen verfaßten juristischen Grundsatzwerk über »Das Recht der Geheimdienste«, »daß Staats- und Verfassungsschutz staatliche Grundfunktionen darstellen, denen auch der freiheitliche Rechtsstaat nicht entraten kann«[1], bevor sie ihr Bemühen um wissenschaftliche Sorgfalt und Ausgewogenheit beteuern. Der verstorbene Staatsminister im Bundeskanzleramt, Lutz Stavenhagen, hat sich bei seinem Antrittsbesuch als Beauftragter für die Nachrichtendienste des Bundes im November 1989 ebenfalls dieses Arguments bedient, um die Existenz des BND am Ende des Kalten Krieges zu rechtfertigen: »Ebenso, wie wir – ohne bestimmtes Feindbild – eine Bundeswehr unterhalten, brauchen wir unsere Nachrichtendienste ... Die Nachrichtendienste eines Staates sind Ausdruck seiner Souveränität, der Souveränität auch unseres demokratischen Rechtsstaats, und keine Relikte des Kalten Krieges.«[2]

Für den BND-Präsidenten Gerhard Wessel war sein Dienst »nächst den Streitkräften der wohl unmittelbarste Ausdruck der Staatsräson«[3], und der jüngste BND-Chef Konrad Porzner hat 1992 diese Argumentationslinie fortgeführt. Nach seiner Ansicht braucht auch ein demokratischer Staat Nachrichtendienste, wie auch das Beispiel der westlichen Nachbarn beweise.[4]

Mit dieser Festlegung, der Berufung auf die Staatsräson, wird von vornherein die Frage nach der grundsätzlichen Notwendigkeit nachrichtendienstlicher Organisationen ausgeklammert. Das gleiche gilt für die Überlegung, ob es eine grundsätzliche Unvereinbarkeit von Demokratie und Geheimdiensten geben könnte.

Für die Aufrechterhaltung von Streitkräften hat der frühere Verteidigungsminister Rupert Scholz 1989 dieses anschließend häufig kolportierte Argument in die sicherheitspolitische Debatte eingeführt, als die Legitimation der Bundeswehr durch die militärische Bedrohung aus den Staaten des Warschauer Vertrages angesichts der Zerfallsprozesse in der WVO nicht mehr zu leisten war; denn zu der »Angst vorm Frieden« zählt auch die »Befürchtung, daß die staatliche Souveränität an Gewicht verliert, wenn militärische Gewaltmittel sie nicht mehr hinreichend absichern«.[5]

Diese Rolle und dieses Selbstverständnis staatlicher Organe wurzeln in der konservativen deutschen Rechtslehre.[6] Das quasinaturhafte Recht auf Selbstbehauptung als Staatsräson, die über der Demokratie steht, rechtfertigt die Existenz von »Geheim«-Diensten. Dieser Biologismus im Staatsverständnis mehrerer Staaten endet dann im Darwinismus der verdeckten Kriege.

Die Auffassung, daß es eine höhere Verantwortung gibt als die gegenüber Parlament und Wählern, führt in der Praxis der Geheimdienstler zum sattsam geschilderten Hang zur Geheimbündelei, in der Praxis der Politiker jedoch zur Institutionalisierung von Verantwortungslosigkeit. Wo ein stets »ableugungsfähiges« Instrument zur Durchsetzung umstrittener politischer Aktivitäten zur Verfügung steht, ist die Versuchung allzu groß, einen besonderen nachrichtendienstlichen Auftrag zu erteilen, anstatt eine parlamentarische Kontroverse oder gar Machtverlust in Kauf zu nehmen.

Das zweite – ebenfalls apodiktische Legitimationsmuster – ist ein quasi-historisches: die »Schon-immer-Argumentation«, die insbesondere durch das Genre einer mehrere tausend Jahre umfassenden »Geschichtsbetrachtung« unter dem Blickwinkel der Spionage[7] unters Volk gebracht wird, aber auch in zahlreichen Beiträgen zu speziellen Fragestellungen bemüht wird. Dieses Legitimationsmuster gipfelt in der aus Geheimdienstkreisen häufig kolportierten Wendung von dem »zweitältesten Gewerbe der Welt«. Sun Tze, der »chinesische Clausewitz«, muß mit seinen dreizehn Geboten der Kriegskunst[8], in denen Spione als kriegsentscheidende Instrumente anempfohlen werden, ebenso als geschichtliches Lehrstück herhalten wie die biblische Überlieferung, daß das Volk Israel das gelobte Land »Kundschaftern« verdanke.

Diese Argumentationen sind gerade in geschichtswissenschaftlicher Hinsicht fragwürdig, weil eine Unabhängigkeit von geschichtlichen Umständen und gesellschaftlicher Verfaßtheit unterstellt wird. Sowenig wie sich der »Krieg als Fortsetzung der Politik mit anderen Mitteln« im Zeitalter thermonuklearer Massenvernichtungsmittel fortschreiben läßt, sowenig können die Taten von Kundschaftern vormittelalterlicher Staatenstrukturen ein geeigneter Maßstab für die Regelung zwischenstaatlicher Beziehungen im ausgehenden 20. Jahrhundert sein.

Zudem verwischt dieses Argumentationsmuster die erheblichen qualitativen und quantitativen Unterschiede zwischen den Geheimdiensten verschiedener Epochen. So wie sich stehende Heere und ausgeprägte Staatsbürokratien erst unter bestimmten historischen Umständen herausgebildet haben und sich schließlich innerhalb der letzten zweihundert Jahre zu den Militär- und Verwaltungsapparaten im Spätkapitalismus entwickelten, hat sich auch der Charakter der Nachrichtendienste analog zu den politischen und technologischen Umwälzungen, die der Entstehung unserer Kommunikationsgesellschaft vorausgingen, nachhaltig verändert. Insbesondere am Beispiel der USA – wo im Jahre 1947 (!) mit der CIA erstmals eine in Friedenszeiten aktive nachrichtendienstliche Behörde gegründet wurde und anschließend im Gefolge von Technologieschüben zahlreiche verschiedene Geheimdienstorganisationen entstanden – wird deutlich, daß sich seit der Mitte des 20. Jahrhunderts gänzlich neue nachrichtendienstliche Qualitäten und Quantitäten herausbildeten, deren umfassendes aufklärendes und operatives Wirken kaum mehr etwas mit den im Rückblick romantisch anmutenden Spionen des 19. und beginnenden 20. Jahrhunderts gemein hat. Gerade die Frage, ob gegenwärtige und zukünftige Strukturen dieser Dienste dem politischen System der parlamentarischen Demokratie adäquat und den globalen Bedrohungen angemessen sind, darf nicht ahistorisch beantwortet werden.

Weiterhin führen Verteidiger der Existenz deutscher Nachrichtendienste das »Andere-tun-es-auch«-Argument ins Feld und berufen sich auf den Historiker Friedrich Meinecke, der 1924 in der Schrift »Die Idee der Staatsräson« ausführte: »Warum kann nun nicht das wohlverstandene Interesse der Staaten selber, zusammenwirkend mit ethischen Motiven, sie dazu veranlassen, sich zu vereinbaren, freiwillig die Methoden ihrer Machtpolitik zu beschränken, Recht und Sitte einzuhalten, die Institutionen des Völkerrechts und des Völkerbundes zu voller und befriedigender Wirkung auszubauen? Weil keiner dem anderen über den Weg traut . . . Selbst wenn man die auswärtige Politik des eigenen Staates mit ethisch einwandfreien Mitteln leiten wollte, müßte man doch immer auf der Hut sein, daß es der andere einmal nicht tut, und würde in solchem Falle sich selber . . . vom sittlichen Gebot dispensiert fühlen – wodurch dann das alte, uralte Spiel von neuem wieder beginnen würde. «[9]

Diese Argumentation ist dem Denken im klassischen System konkurrierender Nationalstaaten verhaftet. Die Überwindung nationaler Egoismen in supranationalen Organisationen ist jedoch mittlerweile nicht mehr nur ein Gebot der Kriegsverhütung und Friedenssicherung, sondern des ökologischen Überlebens. Wo sich selbst politisch eng miteinander verbundene

NATO-Staaten untereinander mit Hilfe ihrer Auslandsnachrichtendienste bespitzeln, da wird die Gefahr sichtbar, daß selbst in einer europäischen Gemeinschaft mit weitgehender militärischer, wirtschaftlicher und sozialer Integration Geheimdienste die letzten Residuen von Nationalstaatspolitik bleiben.

Wenn »Amerika, Japan und Deutschland im Wettstreit um die Hegemonie« auch nur annähernd die destruktive Rivalität zeigen, die der Wall-Street-Banker und US-Außenpolitiker Jeffrey E. Garten in seinem Buch »Der kalte Frieden«[10] 1992 vorzeichnete, werden die Binnenkonflikte der drei größten Wirtschaftsnationen dabei nachrichtendienstliche Priorität erlangen.

Die These Kaltenbrunners, daß mehr Geheimdienste zugleich weniger Krieg bedeuten, gehört ebenfalls zu den axiomatischen Legitimationsmustern der Dienste. Historisch ist sie nicht erwiesen. Im zweiten Golfkrieg hatten alle westlichen und verbündeten arabischen Dienste von vornherein die Aufgabe, den Alliierten durch Lageinformationen über das wirtschaftliche und militärische Potential des Irak den Sieg zu erleichtern. Dagegen hatten sie keineswegs den Auftrag erhalten, Mittel zu einer politischen statt militärischen Lösung des Konflikts zu erarbeiten. Der Chef der Defensive Intelligence Agency, US-Luftwaffengeneral James R. Clapper, betonte im Januar 1992, die Intelligence Community der USA habe zwar die Invasion Kuwaits nicht vorhergesehen, diesen Fehler durch ihre entscheidende Rolle beim Sieg über den Irak wieder wettgemacht.[11] Andere – wie etwa der frühere türkische Ministerpräsident Ecevit – kommen zu dem Urteil, daß die CIA, der kuwaitische Geheimdienst und andere Verbündete der USA den Irak mit Hilfe nachrichtendienstlicher Täuschungsmanöver gezielt in den Krieg gelockt haben.

Alle apodiktischen und axiomatischen Argumente für die Beibehaltung von Geheimdiensten erweisen sich als kurzschlüssig und unlogisch. Selten werden überprüfbare Rechtfertigungen – wie der Hinweis auf die erwiesene Nützlichkeit der nachrichtendienstlichen Aktivitäten westdeutscher Organe – ins Feld geführt. Mossad und CIA verbreiten schon häufiger solche Erfolgsberichte, der BND jedoch nicht. Doch selbst die besungenen »Heldentaten« sind fast ausnahmslos gefärbte Insidereinschätzungen, die nicht empirisch abgesichert sind.

In jedem Abschnitt dieses Buches ist der Dilettantismus des BND deutlich zutage getreten. Angesichts dieses Befundes kann die Antwort auf die Frage, ob dieser Bundesnachrichtendienst zum Wohle der Bundesrepublik Deutschland beibehalten werden sollte, nur negativ ausfallen. Das durchgängige Scheitern des BND ist noch keine Antwort darauf, ob die deutsche Demokratie überhaupt geheimdienstliche Bundesbehörden unterhalten sollte.

Das Spektrum der Positionen dazu reicht von der Abschaffung aller Geheimdienste über die Verbesserung ihrer Kontrolle und die Einschränkung ihrer Macht bis zu Modellen einer vollständigen Neugestaltung des nachrichtendienstlichen Bereichs.[12]

»Geheimdiensten ist ein undemokratisches Element inhärent. Es ergibt sich aus dem Grundessential ihrer Arbeit – nämlich das Auge der Öffentlichkeit zu scheuen und demokratische Mitsprache über ihre Aktivitäten nicht zuzulassen«, ziehen zwei ehemalige Spitzenoffiziere des MfS das Fazit aus ihrem Insiderreport über »Wolfs West-Spione«. »Wer jedoch Spionage und all die anderen klandestinen Verrichtungen verteidigen und verewigen will, plant nichts Gutes ... Nach jahrzehntelanger Arbeit in einem Geheimdienst kommen wir zu dem Schluß, daß die Tätigkeit derartiger ›Organe‹ keine Daseinsberechtigung mehr hat. Der Widerspruch ihrer Praktiken zu der heute erforderlichen Form kooperativer, vertrauensvoller Arbeit ist so groß, daß sie sich endgültig überlebt haben.«[13]

Die Geschichte der parlamentarischen Kontrolle des BND ist geprägt von einem ständigen Hinterherhinken parlamentarischen Kontrollwillens hinter der Ausweitung der Aktivitäten des Bundesnachrichtendienstes. Schwere Rechtsbrüche des Auslandsnachrichtendienstes und darauffolgende Untersuchungsausschüsse des Bundestages haben dieses Hinterherhinken gelegentlich beschleunigt, eingeholt hat den Dienst die politische Aufsicht nie. Von den 32 Untersuchungsausschüssen, die der Bundestag bis 1987 einsetzte, »befaßten sich allein neun mit Angelegenheiten der Dienste. Für den betreffenden Dienst war das stets ein Horrorstück. Nur selten gelang es, Quellen, Mitarbeiter und Verfahren zu schützen«[14], beklagte MAD-Mann Heinz Kluss 1987.

Im Jahre 1956 rief Konrad Adenauer ein Parlamentarisches Vertrauensmännergremium ins Leben, das sich aus je drei Abgeordneten aller Fraktionen des Bundestages zusammensetzte. Den Vorsitz führte der Bundeskanzler. Doch erst am 30. Juni 1965 billigte der Bundestag in der Abschlußberatung zur Telefon-Abhöraffäre die Verantwortung des Vertrauensmännergremiums als Kontrollorgan aller Nachrichtendienste. Eine Sitzung dieses Gremiums konnte nur vom Bundeskanzler einberufen werden, und das Bundeskanzleramt diktierte auch die Tagesordnung. Im Juni 1973 beklagte Oppositionsführer Vogel, daß der Kontrollausschuß trotz drängender Fragen sieben Monate lang überhaupt nicht zusammengerufen worden sei.[15]

Am 15. August 1968 trat das G-10-Gesetz in Kraft. Im Mai 1969 wurde Carl Carstens, wie von der Hirsch-Kommission vorgeschlagen, als Beauftragter für die Nachrichtendienste eingesetzt. Auf Empfehlungen der Eschenburg-Kommission wurde im Januar 1975 die Funktion eines Beauftragten für die Nachrichtendienste etabliert.

Im Mai 1969 sah die *Frankfurter Allgemeine Zeitung* schon Anlaß zu der Hoffnung, daß – gemäß den Empfehlungen der Hirsch-Kommission – aus dem Untersuchungsausschuß durch eine Verfassungsergänzung eine Dauereinrichtung zur Kontrolle der Geheimdienste werden könnte, die eine »echte parlamentarische Kontrolle«[16] ermöglichen würde. Doch die Grundgesetzänderung fand im Juli 1969 dank 61 Enthaltungen und 71 Gegenstimmen vornehmlich von Abgeordneten der CDU/CSU nicht die erforderliche Mehrheit.[17] Während der Kanzlerschaft Willy Brandts wurde wenigstens die alleinige Befugnis des Kanzleramts aufgehoben, zu Sitzungen des Vertrauensmännergremiums einzuladen. Es konnte nun auf Antrag einer Fraktion des Bundestags zusammentreten.

Die Vorsitzenden der Bundestagsfraktionen von CDU/CSU, SPD und FDP legten dem Bundestag im November 1977 erstmals einen Gesetzentwurf zur Kontrolle der Nachrichtendienste vor. Am 9. März 1978 – 24 Jahre nach der Übernahme der Organisation Gehlen als BND – stimmt der Bundestag dem Gesetz zur

Kontrolle der Geheimdienste zu. »Hieß es noch in dem ursprünglichen Entwurf der Regierungskoalition: ›Die Nachrichtendienste des Bundes unterliegen der Kontrolle durch die Parlamentarische Kontrollkommission‹, so ist davon nur der Tatbestand übriggeblieben, daß die Kontrollkommission allenfalls die Regierung kontrollieren darf. Abgesehen von der Tatsache, daß nun das bisherige Vertrauensmännergremium durch eine vom Parlament gewählte Kontrollkommission ersetzt wird, hat sich am bisherigen Zustand nichts geändert. Weggefallen ist auch die ursprüngliche Forderung, daß die Kontrollkommission gegenüber der Bundesregierung Anspruch auf uneingeschränkte Unterrichtung haben soll ... Die Regierung aber und die Mehrheit des Parlaments selber scheinen der Parlamentarischen Kontrollkommission mehr zu mißtrauen als den Geheimdiensten«[18], urteilte die *Stuttgarter Zeitung* im März 1978.

Das Bundesverfassungsgericht entschied 1986, daß es rechtmäßig sei, die Fraktion DIE GRÜNEN aus zwingenden Gründen des Geheimschutzes weder in dem Unterausschuß des Haushaltsausschusses zur Kontrolle der Geheimdiensthaushalte, noch in der Parlamentarischen Kontrollkommission (PKK) zuzulassen. Zwei Bundesverfassungsrichter vertraten jedoch die Minderheitsmeinung, es sei keineswegs sicher, »daß nur die Minderheit Geheimnisse preisgibt«.[19]

Aus Erbitterung darüber, daß die PKK allzu häufig keine Information über BND-Aktionen erhalten habe, hat Bundesminister a. D. Gerhard Jahn im Januar 1990 seinen Sitz in diesem »Gremium mit Alibi-Funktion« demonstrativ niedergelegt.[20] Nach der Affäre um den illegalen Export von NVA-Wehrmaterial nach Israel durch den BND reagierten die PKK-Mitglieder wieder einmal gereizt und forderten mehr Kontrollgewalt. In einem Kommissionsentwurf verlangten sie umfassende Information, Akteneinsicht, Mitberatung des Haushaltsplans der Geheimdienste, das Recht, auf Beschluß einer Zweidrittelmehrheit der PKK aktuelle Vorgänge öffentlich zu machen, und den Verzicht auf Sanktionen, wenn sich Geheimdienstler unmittelbar an die Abgeordneten des Kontrollgremiums wenden sollten.[21]

Der Bundestag wird sich zu Beginn der nächsten Legislaturperiode mit einer Neuordnung der Kontrolle der Nachrichtendienste befassen, versprachen die PKK-Mitglieder der CDU/CSU der SPD und der FDP im November 1990. Der Vorsitzende der Parlamentarischen Kontrollkommission, der SPD-Abgeordnete Wilfried Penner, kritisierte erneut die Aufteilung der parlamentarischen Kontrolltätigkeit auf die PKK und das Vertrauensmännergremium des Haushaltsausschusses, das über das Budget der Nachrichtendienste berät. Penner und der FDP-Abgeordnete Martin Hirsch betonten, die Aufgaben beider Gremien sollten zusammengeführt werden.[22]

Im November 1991 errang die PKK einen Teilerfolg. Im gemeinsamen Gesetzentwurf von CDU/CSU, FDP und SPD zur Änderung des PKK-Gesetzes vom 11. April 1978 wurde festgeschrieben, daß PKK-Mitglieder über alle Vorgänge von besonderer Bedeutung informiert werden, an der Beratung über die Wirtschaftspläne der Geheimdienste teilnehmen können und – falls dies mit Zweidrittelmehrheit beschlossen wird – eine öffentliche Wertung eines Geheimvorganges vornehmen dürfen. In einer formellen Erklärung versicherte die Bundesregierung zudem, daß sie allen in dieser Legislaturperiode geäußerten Unterrichtungswünschen von seiten der PKK nachkommen wolle, daß auf Antrag Akteneinsicht gewährt und Auskunftspersonen gehört werden könnten, und daß Geheimdienstler sich ohne Einhaltung des Dienstweges an die PKK wenden könnten.[23]

Die Erklärung der Bundesregierung, in der der PKK diese weitergehenden Rechte zugesichert werden, muß allerdings zu Beginn jeder Legislaturperiode aufs neue bekräftigt werden, um gültig zu bleiben. Zudem hat sich die Regierung das Recht vorbehalten, der PKK die Unterrichtung zu verweigern, wenn dies aus zwingenden Gründen des Nachrichtenzugangs erforderlich sei. Außerdem kann sie, falls schwerwiegende Sicherheitsbedenken vorliegen, intervenieren, wenn sich ein Geheimdienstler direkt an das parlamentarische Kontrollgremium wendet.[24]

Gescheitert sind in der langjährigen Diskussion um eine verbesserte Kontrolle der Geheimdienste zahlreiche Vorschläge. So hat

der Vorsitzende des Bundestagsausschusses, Axel Wernitz, im
März 1980 die Schaffung eines Ombudsmannes für die Geheimdienste vorgeschlagen, da er angesichts der Telefonüberwa-
chungsskandale beim BND Zweifel an der effektiven Kontrolle
der G-10-Kommission des Bundestags hegte.[25] Im November
1990 forderte Alfred Emmerlich, SPD-Rechtsexperte und PKK-
Mitglied, nach dem GLADIO-Skandal erneut »die Einberufung
eines Geheimdienstbeauftragten des Bundestags mit umfassenden
Vollmachten«.[26] Auch die Möglichkeit, die PKK analog zu den
Regelungen für den Verteidigungsausschuß als Untersuchungsausschuß etablieren zu können, ist häufig zur Debatte gestellt
worden, aber stets am Widerstand der Regierung gescheitert.[27] So
hinkt die parlamentarische Kontrolle der Geheimdienste auch
heute noch weit hinter den Vorschlägen her, die im Gefolge der
Analysen zu gerade aktuellen Skandalen bereits vor Jahrzehnten
unterbreitet wurden.

In der schier endlosen Debatte um die Kontrolle der bundesdeutschen Geheimdienste taucht immer wieder ein Abwehrargument
auf: Effektive Kontrolle kollidiere mit den Zwängen zur Geheimhaltung, die sich bei der Arbeit der Nachrichtendienste zwangsläufig ergäben, und damit würde die Effizienz der Arbeit gefährdet. Wenn amerikanische Nachrichtendienstler über den Atlantik
blicken, dürfte sich ihnen eine bemerkenswerte Entdeckung auf-
drängen: Wenn es um die öffentliche Kontrolle der Nachrichtendienste, die parlamentarische Überwachung und die Offenlegung
des Geheimdiensthaushalts sowie die Frage legaler Aufklärungsprioritäten und zulässiger Operationen des BND geht, hat der
BND mehr mit dem alten sowjetischen KGB gemein als mit der
Intelligence Community der USA. Während in der ehemaligen
Sowjetunion und Deutschland die zentralen Fragen nicht einmal
kleinen Geheimausschüssen des Parlaments zugänglich sind und
der Mantel des Schweigens über den Geheimdienstetat gebreitet
wird, sind in den USA diese Bereiche völlig offengelegt.

Noch größere Offenheit als in der Vergangenheit hat ab 1991 der
Vorsitzende des Kontrollausschusses der US-Nachrichtendienste
im amerikanischen Repräsentantenhaus, Dave McCurdy, prakti-

ziert. Gleich acht öffentliche Anhörungen, davon eine in Zusammenarbeit mit dem entsprechenden Senatsausschuß, hat er 1991 durchgeführt. Dabei wurden Budget, Zielsetzungen und Antworten der Intelligence Community auf die neuen Herausforderungen nach dem Ende des Kalten Krieges diskutiert. Dieser Kontrollausschuß aus 19 Parlamentariern mit sechsjähriger Amtszeit besteht seit 1977 und hat drei Unterausschüsse, in denen zum einen die Aufsicht und Einzelüberprüfung nachrichtendienstlicher Aktionen stattfindet, zum anderen die Haushaltskontrolle über die einzelnen Nachrichtendienste durchgeführt wird und zum dritten die Vereinbarkeit geheimdienstlicher Aktivitäten mit den US-Gesetzen geprüft wird.[28]

Bei der Diskussion um die Verbesserung der politischen und parlamentarischen Kontrolle der deutschen Geheimdienste nach dem Kalten Krieg zeigt sich die Tendenz, die vorhandenen Strukturen mit alten und neuen Aufträgen bestehen zu lassen. An die grundsätzliche Ausschaltung demokratieneutraler Elemente im Aufgabenkatalog Pullachs ist nicht einmal im Ansatz gedacht. Die Strukturreform des BND nach dem Kalten Krieg endete zunächst auf der Referatsebene. Von einer Kontrolle des Nachrichtendienstes, wie sie in den USA praktiziert wird, ist man weiter entfernt denn je. Im Vorfeld der anstehenden politischen Debatten sollten tiefgreifende Veränderungen in der nachrichtendienstlichen Behördenlandschaft, welche dem tiefgreifenden Wandel der Weltsituation Rechnung tragen, kein Tabu sein.

Bei der Diskussion um eine mit dem Völkerrecht vereinbare Organisation aller staatlichen Sicherheitsbehörden fällt zunächst das »Modell Japan« ins Auge. Denn einen eigenen Auslandsaufklärungsdienst besitzt die Weltexportnation Japan nicht, sondern nur ein »Cabinet Intelligence Research Office«, das dem Ministerpräsidenten direkt untersteht. Diese Behörde und das mit 60 Experten bestückte »Information Analysis, Research and Planning Bureau« im japanischen Außenministerium stützen sich bei ihren Lagebeurteilungen vornehmlich auf Informationen aus den Auslandsfilialen japanischer Großunternehmen und Banken.[29]

Die funkelektronische Aufklärung, bei der die japanischen Streitkräfte eng mit sechs ELOKA-Agenturen der USA zusammenwirken, wird von dreißig Stationen auf japanischem Territorium aus betrieben und richtet sich gegen Rußland, China und Korea sowie die angrenzenden Seegebiete. Die nachrichtendienstliche Auswertung im japanischen Militär umfaßt ganze 50 zivile Experten. Die enge Kooperation mit den USA wurde durch den Beitritt Japans zum UKUSA-Abkommen von 1943 besiegelt.[30]

Bereits in den 60er Jahren knüpfte der BND wieder an die guten nachrichtendienstlichen Beziehungen zum Verbündeten im Zweiten Weltkrieg an. Die Kontakte wurden von Pullach aus in der zweiten Hälfte der 60er Jahre vertieft.[31] In der japanischen Polizei gibt es eine Spionageabwehr, obwohl in diesem Land – bemerkenswerte Ausnahme in der internationalen Staatengemeinschaft – Spionage nicht strafbar ist. Dieser Teil der Polizei ist auch Partner des BND und wurde von ihm auf die speziellen deutschen Bedürfnisse ausgerichtet. So wollten die bundesdeutschen Kollegen zum Beispiel erfahren, welche hochrangigen Wirtschaftsmanager der DDR nach Japan kamen, um dann dort Anwerbe- oder Abschöpfungsaktionen zu starten. Daher faxte die japanische Abwehr regelmäßig Visa-Anträge von DDR-Bürgern für einen Japanaufenthalt an den BND. Der versuchte daraufhin, in Japan weilende DDR-Wirtschaftsführer zu kontaktieren – in der Regel erfolglos, weil das bereits unter den Augen vorgewarnter MfS-Mitarbeiter geschah.

Diese Struktur einer auf die Gewinnung militärischer Aufklärungsergebnisse gerichteten Streitkräfteorganisation, einer polizeilichen Spionageabwehr und einer außenpolitischen Auswertegruppe im Außenministerium und beim Regierungschef kann – insbesondere im Vergleich zu Staaten ähnlicher globaler wirtschaftlicher Verflechtung und entsprechenden Einflußpotentials – als das defensivste und am striktesten von Gewaltenbeteiligung bestimmte Modell gelten.

Doch auch die Weltwirtschaftsnation Nummer 1 geht in dem für sie wesentlichsten Bereich der Wirtschaftsspionage halbstaatliche Wege und legt eine bemerkenswerte Aggressivität an den Tag, wie eine US-Fachzeitschrift für Datensicherheit im Februar 1992 analysierte: »Die Geschichte der Ausbeutung amerikanischer Wirtschaftsgeheimnisse (z. B. der Versuch von Hitachi in den frühen 80er Jahren, IBM-Informationen auf illegalem Wege zu erwerben) verheißt nichts Gutes, wenn man die gesteigerte Fähigkeit japanischer Interessenten, wichtige US-Forschungsergebnisse nach Belieben zu erwerben, bedenkt. Die traditionelle Teilung in Spionageaktivitäten von Firmen und der Spionagestruktur der Regierung, wie man sie in den USA kennt, gibt es in Japan nicht. Die Japan External Trade Organization (JETO) ist eine von der Regierung subventionierte Agentur, die sich ausschließlich mit der offenen oder verdeckten Beschaffung wirtschaftlicher Informationen aus dem Ausland befaßt.

Zu ihren Klienten zählen die größten japanischen Firmen einschließlich Fujitsu, Toshiba, Matsushita, Hitachi, NEC, Mitsubishi und Sony. Im Zusammenhang mit dem großen Ministerium für Internationalen Handel und Industrie (MITI) stellt JETO eine signifikante Bedrohung für amerikanische Firmengeheimnisse wie auch für sensitive Forschungs- und Entwicklungsinformationen der US-Regierung dar.

Viele Länder des Fernen Ostens vermieden geflissentlich eine Verwundbarkeit durch eine Abhängigkeit von Nachrichtenverbindungen via Japan, möglicherweise, weil sie annahmen, daß Japan ihre Computerverbindungen überwachen könnte. Zum Beispiel hat Japan keinen direkten Zugang zu Pacific Network (PACNET) für Australien, Südkorea, Singapur, Malaysia, Indonesien und Hongkong. Die japanischen Nachrichtendienste müssen Zwischenstationen in Amerika und Europa benutzen. Die USA und die Pazifikstaaten müssenauf der Hut sein vor jeglichem Versuch Japans, den Datenfluß in der Region zu kontrollieren. Die wirtschaftliche Stärke Japans könnte die gemeinsamen wirtschaftlichen und wissenschaftlichen Anstrengungen zwischen den USA und Korea, Taiwan, China, Malaysia, Singapur, Australien, Neuseeland, Thailand, Indonesien, den Philippinen, Hongkong und Vietnam stören. Angenommen, es ist so, könnte sich die Gefahr einer digitalen Version der alten ›Großostasiatischen Co-Wohlstandssphäre‹ ergeben.

Es gibt eine klare und sofortige Notwendigkeit, das US-Informationssicherungsprogramm zu reorganisieren. Die geheime Liste des Verteidigungsministeriums ›designierter Staaten‹, d. h.

Länder, die eine signifikante Spionagegefahr für die USA darstellen, muß geändert werden. Die ideologische Ausrichtung dieser Liste muß in Richtung Wirtschaft verschoben werden.«[32]

So wie Privatunternehmen in Japan große Spitzelorganisationen in Konzernen unterhalten[33], um politisch oder gewerkschaftliche gegen die Betriebsinteressen agierende Mitarbeiter/-innen auszumachen, so arbeiten die großen Konzerne Nippons auch im Ausland mit privaten Geheimdienstorganisationen und dem ganzen Spektrum der Methoden, die auch staatliche Auslandsnachrichtendienste einsetzen.

Das Zielgebiet solcher Operationen der JETO und zuarbeitender Konzerne liegt nicht nur in der asiatischen Einflußsphäre Japans und in den USA, sondern auch in Europa. Ein BKA-Beamter berichtet, daß den bundesdeutschen Behörden Praktiken der japanischen Industriespionage – bei »denen deutschen Managern auch mal eine Frau ins Bett geschoben wird, um an wichtige Informationen zu kommen« – durchaus bekannt sind.

Auch wenn die Organisation der Sicherheitsbehörden Japans bei näherer Betrachtung nicht mehr so vorbildlich wirkt, kann dieses Modell einer klaren Aufgabenteilung zwischen rein staatlichen Organisationen durchaus die Debatte über die Neuordnung der deutschen Dienste befruchten. Diese Neuordnung beginnt von unten. Auf Landesebene gibt es im Verfassungsschutz seit 1991 größere Veränderungen. Der schleswig-holsteinische Landtag hat im Februar 1991 einstimmig ein Verfassungsschutzgesetz verabschiedet, das die Sicherheitsbehörde einer weitgehenden Kontrolle unterstellt. Das Gesetz habe in der Bundesrepublik »Vorbildfunktion«, erklärte SPD-Innenminister Hans Peter Bull. Jeder Bürger erhalte grundsätzlich das Recht, Auskunft über seine beim Verfassungsschutz gespeicherten Daten zu erhalten.

Nach dem Gesetz darf der Verfassungsschutz künftig nur gegen Extremisten bei einer »aktiv kämpferischen, aggressiven Haltung gegenüber der bestehenden Verfassungsordnung« tätig werden. Die parlamentarische Kontrollkommission des Landtages kann in Einzelfällen einen Sonderbeauftragten einsetzen, um Einsicht in Akten und Dateien zu nehmen. BND und MAD müssen detaillierte Begründungen liefern, wenn sie personenbezogene Informationen vom schleswig-holsteinischen Verfassungsschutz erhalten wollen.[34]

Im Dezember 1991 zog der niedersächsische Landtag mit einem neuen Verfassungsschutzgesetz nach, durch das ein Verfassungsschutzausschuß des Landtags eingerichtet wird, der Akten einsehen und Auskunftspersonen befragen kann. Der Gebrauch nachrichtendienstlicher Mittel wurde in Niedersachsen stark eingeschränkt. Wohnungen dürfen nicht mehr mit technischen Mitteln abgehört werden, und auch das Mitlesen gespeicherter Daten bleibt dem Verfassungsschutz verwehrt. Überdies darf die Behörde nicht länger Personen mit Zeugnisverweigerungsrecht, wie Pfarrer oder Journalisten, als V-Leute beschäftigen.[35]

Das Land Brandenburg hat in einem Vorschaltgesetz eine vorläufige rechtliche Grundlage für seinen Verfassungsschutz geschaffen, durch die die Anwendung nachrichtendienstlicher Mittel völlig untersagt wird. »Alle fünf Landesregierungen planen eher kleine Verfassungsschutzbehörden. Das größte Land, Sachsen, will in der Endstufe mehr als 150 Stellen für sein Landesamt, Thüringen und Sachsen-Anhalt wollen 120 bis 150 Verfassungsschützer. Noch vorsichtiger sind Mecklenburg-Vorpommern und Brandenburg: Dort ist der Verfassungsschutz nicht als selbständiges Landesamt geplant, sondern nur als Abteilung im Innenministerium mit höchstens 80 Beamten«[36] – wie bereits in Nordrhein-Westfalen, Baden-Württemberg und Schleswig-Holstein. Bei den Gesetzesberatungen in den Landtagen der fünf neuen Länder zeigte sich, daß in Thüringen, Sachsen und Sachsen-Anhalt die Reformfreudigkeit analog zu den konservativ regierten Altbundesländern weniger stark geprägt ist als im Norden der Ex-DDR.[37]

Mit Blick auf die Kosten für die bundesdeutschen Geheimdienste haben im Oktober 1991 CSU-Generalsekretär Erwin Huber und der SPD-Haushaltsexperte Rudi Walther in seltener Einmütigkeit BND und Verfassungsschutz in Frage gestellt. Beide plädierten dafür, das Bundesamt für Verfassungsschutz ganz aufzulösen und die etwa 2800 Mitarbeiter mit anderen Aufgaben zu betrauen. Sie schlugen vor, als Ersatz für das BfV nur eine kleine Koordinierungsstelle der Landesverfassungsämter einzurichten.[38]

Wenn das Bundesamt für Verfassungsschutz in Köln als bloßes Koordinierungsamt der Länder verbliebe, wäre auch dort eine Halbierung des Personals möglich – sofern dieser Behörde zusätzlich die Möglichkeit genommen würde, in Fällen von bundesweitem Interesse selbst tätig zu werden und dort nachrichtendienstliche Mittel einzusetzen, wo es die Ländergesetze den eigenen Verfassungsschutzbehörden verbieten. Wenn der Föderalismus als gewaltenteilendes Element in die Kontrolle der Nachrichtendienste eingebracht würde, indem auf Bundesebene die Koordination läge, wäre dies ein weitreichender Schritt zur parlamentarischen Kontrolle der Geheimdienste. Begrüßenswert wäre dann noch die Einrichtung einer parlamentarischen Kontrollkommission des Bundesrats als politisches Aufsichtsgremium des Verfassungsschutzes. In den USA verfügen Senat und Repräsentantenhaus über je eigene Geheimdienstkontrollausschüsse.

Spionageabwehr ist in einer Zeit, in der beispielsweise die amerikanischen Geheimdienste 80 Prozent ihrer nicht aus offenen Quellen bezogenen Informationen der elektronischen Spionage verdanken, vor allem eine Frage der Übertragungssicherheit von Daten. Bei der bisherigen Struktur der bundesdeutschen Spionageabwehr wird dieser Tatbestand bewußt ausgeblendet, weil die Geheimdienste sich nicht der Möglichkeit begeben wollen, jederzeit in alle Datenströme Einblick zu nehmen.

Spionageabwehr, die ernsthaft fremden und rechtswidrigen Zugriff auf öffentliche, private und wirtschaftliche Telekommunikation unterbinden will, muß dafür sorgen, daß das Bundesamt für Datensicherheit seinem Namen gerecht wird. Technisch ist die sichere Verschlüsselung übertragener Daten, der Schutz des gesprochenen Worts und die Vermeidung kompromittierender Abstrahlungen kein großes Problem. Wenn dieses Amt vorhandene und zukünftige Sicherungsmittel für den Gebrauch privater und wirtschaftlicher Telekommunikation zuließe und sie beim Ausbau der staatlichen Kommunikationssysteme obligatorisch machte, statt sie vom Markt fernzuhalten, würden der ausufernden Funkspionage erste Grenzen gesetzt. Möglicherweise würde der freie Handel mit Schutztechniken die Absatzmärkte der deutschen Rüstungsfirmen für Abhöranlagen schmälern, aber für den weltweiten Verkauf von Schutztechniken winkten sogar größere Märkte, da Menschen, Unternehmen und Staaten – insbesondere jene, die nicht zum Kartell der High-Tech-Spione gehören – sicherlich in ihr Recht auf informationelle Selbstbestimmung investieren würden.

Um Datenschutz, Daten- und Rechtssicherheit als Fürsorgepflicht des Staates im Zeitalter der Massenkommunikation zu gewährleisten, müßte das zuständige Amt beim Bundesministerium der Justiz angesiedelt sein, damit das Primat der Ausspähbarkeit entfällt. In die Kompetenz dieses Amtes fiele es dann auch, den Trend zur Teilprivatisierung der Auslandaufklärung durch die Teilfinanzierung des BND aus der deutschen Wirtschaft zu verhindern und die Wirtschaftsspionage zu unterbinden, die der BND seit 1981 in zunehmendem Maße für die deutsche Industrie betreibt.[39]

Die militärische Aufklärung kann in enger Bindung an den Verteidigungsauftrag der Bundeswehr vollständig vom ANBw (Amt für Nachrichtenwesen der Bundeswehr) geleistet werden, denn die dafür zuständigen Soldaten beim BND könnten diese Aufgaben auch in dieser Militärbehörde erfüllen. Die fernmeldeelektronischen Aufklärungs- und Radarüberwachungsstationen, die teils schon jetzt allein von der Bundeswehr, teils in Kooperation mit dem BND betrieben werden, würden dabei zur Aufklärung ausschließlich militärisch relevanter Abläufe und Kommunikationsmittel unter der Verantwortung des ANBw arbeiten.

Die Drogenfahndung sowie die Bekämpfung von Rauschgifthandel und illegalem Waffenexport sind originäre Aufgaben des Bundeskriminalamtes in Wiesbaden und des Zollkriminalinstituts in Düsseldorf und sollten es auch bleiben. Durch die zweite Änderung des BKA-Gesetzes im Jahre 1973 wurden dem Bundeskriminalamt »auch originäre Ermittlungsaufgaben in den Bereichen der Rauschgift-, Falschgeld- sowie Waffen-, Munitions- und Sprengstoffkriminalität übertragen. Vorher konnte das BKA mit Ermittlungen nur beauftragt werden.«[40]

Den Waffenhandel durch den BND zu kontrollieren, der in dubiose Waffenexportgeschäfte mehr als einmal verwickelt war, ist schlicht unklug. Die Drogenhandelsbekämpfung einer Organisation zu überlassen, deren wichtigste Partnerdienste – wie die CIA im Fall des Lockerbie-Attentats und der Mossad in Kolumbien – häufig selbst in Drogengeschäfte verwickelt sind, ist nicht klüger. Das BKA ist überdies bereits die Zentralstelle für die praktische Umsetzung der 1991 mit Rußland vereinbarten Kooperation bei der Terrorismusbekämpfung und Rauschgiftfahndung.[41] Als Behörde, die seit Jahrzehnten die polizeiliche Ausstattungs- und Ausbildungshilfe durchführte, verfügt das BKA auch über die relevanten weltweiten Kontakte. Selbst in diesem Bereich gibt es keinen Vorsprung des BND.

Unter den 389 neuen Planstellen, die der Etat des Bundesinnenministers 1989 bis zum Jahre 1993 im BKA schuf, befanden sich allein 73 neue Stellen zur Bekämpfung der organisierten Kriminalität und des Drogenhandels. Das BKA verfügt über kriminaltechnisch ausgebildetes Fachpersonal, während beim BND Mitarbeiter erst umgeschult werden müßten – vom Brieföffner zum Drogenfahnder, oder vom Zugbefrager zum Rüstungsexportkontrolleur. Im Frühjahr 1993 hat eine Delegation der PKK den Einsatz von gut zehn BKA-Beamten und einem halben Dutzend BNDlern bei der Drogenfahndung in Lateinamerika untersucht und festgestellt, daß die Zusammenarbeit beider Behörden trotz der gegenteiligen Versicherung des BKA-Vizepräsidenten Gerhard Köhler schlecht ist. Anstelle einer Kooperation miteinander und der Unterrichtung der jeweiligen Botschaften übermitteln die Drogenfahnder aus Wiesbaden und Pullach ihre Erkenntnisse lediglich ihren Diensten.[42] Die traditionelle Konkurrenz von BKA und BND dürfte auch den angeblich vorhandenen Informationsaustausch über die vor Ort gewonnenen Informationen in Grenzen halten, so daß die seit Anfang 1992 parallel zu den Aktivitäten des BKA laufende Rauschgiftfahndung des BND kaum geeignet ist, den Drogenhandel effektiver zu bekämpfen.

Die Postkontrolle, der in der Bundesrepublik legalisierte Eingriff in das Briefgeheimnis, ist in »strategischem Umfang« überflüssig geworden, und keine Ersatzlegitimation von BND-Arbeitsfeldern wie Rüstungsexportkontrolle oder Drogenbekämpfung kann eine umfassende mit großen Stichproben arbeitende Kontrolle des Briefverkehrs begründen. Wo sie im Einzelfall – wenn der Verdacht auf eine Straftat vorliegt – erforderlich sein sollte, ist nicht einzusehen, weshalb nicht eine richterliche Einzelgenehmigung eingeholt werden könnte.

In den USA ist der Zugriff staatlicher Behörden auf den schriftlichen Informationssaustausch von Bürgern kein legitimes nachrichtendienstliches Mittel: »Eine Überwachung des Postverkehrs (Brief- oder Paketsendungen) ist im Gegensatz zum deutschen G 10 weder vorgesehen noch zulässig.«[43] Nach dem Ende der Frontstaatenrolle der Bundesrepublik und ihrer fünf neuen Länder ist nicht einsehbar, warum das Recht des Bürgers auf informationelle Selbstbestimmung nicht durch ein völliges Verbot der Postkontrolle durch die Nachrichtendienste gestärkt werden kann.

Zu den anstehenden Aufgaben einer Geheimdienstreform gehörte es außerdem, den Auskunftsanspruch der Bürger gegenüber den Nachrichtendiensten zu stärken. Den Betroffenen Zugang zu den über die von Geheimdiensten gespeicherten Daten zu gewähren ist schon deshalb notwendig, weil sich bei der Öffnung der MfS-Akten wie bei Einzeluntersuchungen in den Abhörskandalen in der Bundesrepublik gezeigt hat, daß solche personenbezogenen Dossiers viele Fehlinformationen enthalten, die Betroffene fälschlich belasten. Mindestens den Datenschutzbeauftragten von Bund und Land muß der Zugang zu solchen Daten als unabhängigen und zwischen dem Anspruch von Bürgern und Behörden vermittelnden Organen gewährt werden.

Technische Aufklärung mit Hilfe der in der Bundesrepublik zwischen Husum und Bad Aibling installierten großen Abhörstationen kann weiterbetrieben werden, solange es keine friedensfördernden Alternativen gibt oder eine völkerrechtlich bindende Vereinbarung mit entsprechenden Verifikationsmöglichkeiten generell fernmeldeelektronische Aufklärung verbietet und deren Ergebnisse jedem Staat zur Verfügung stellt.

Für die Konversion der Spionagesatelliten gibt es ein weites Feld von Bedarfsträgern. 1992 werden die beiden ersten DIANA-

Bodenstationen (Direct Information Access Network for Africa) in Kenia und Ghana installiert, die innerhalb eines ESA-Satelliten-programms diese afrikanischen Staaten mit Daten zu Wüstenwanderungen und Trocknungsbereichen versorgen und damit ein Frühwarnsystem für Ernteausfälle bilden.[44]

Die zum Betrieb dieser Anlagen notwendigen Fernmeldespezialisten und die Mitarbeiter des Auswärtigen Amts, die für das Chiffrieren und Dechiffrieren verantwortlich sind, könnten zu einer Abteilung zusammengefaßt werden, die entweder dem AA oder besser noch dem Bundesministerium des Innern untersteht – parallel zur Funkabwehr des BGS. Auslandsstationen sind schon unter technischen Gesichtspunkten überflüssig, da von heimischem Boden aus mit den vorhandenen Strukturen mehr als nur die wichtigsten Telekommunikationsmittel aufgeklärt werden können.

Ein weltweiter klandestiner Handel mit den aus der Funkspionage gewonnenen Informationen verbietet sich von selbst, wenn das Recht auf informationelle Selbstbestimmung nicht mehr nur innerstaatliche Rechtsnorm ist, sondern als Element des Völkerrechts in einer weltumspannenden Telekommunikationsgemeinschaft begriffen wird.

Die Auswertung aller das Ausland betreffenden Informationen, welche Grundlage der Willensbildung der Regierung und des Parlaments sein sollen, kann problemlos beim Hauptbedarfsträger AA selbst etabliert werden, da ohnehin 80 Prozent der Informationen aus offenen Quellen stammten und selbst ein großer Teil der geheimen Informationen (wie Berichte von Diplomaten und Militärattachés) dort einlaufen. Ein Problem in Koalitionsregierungen liegt allenfalls darin, daß der kleinere Partner jeweils das Außenministerium beansprucht.

Die fast 80 Legalresidenturen des BND im Ausland können ersatzlos entfallen. Den Austausch politisch relevanter Informationen kann man getrost den Beamten des Auswärtigen Amtes überlassen, »Geschenksendungen« mit den Daten von Asylbewerbern an die Nachrichtendienste von Verfolgerstaaten sind ohnehin illegal.

Würde man die Ausbildung ausländischer Nachrichtendienstler von demokratischen Strukturen und Achtung von Menschenrechten abhängig machen, dann entfiele auch der allergrößte Teil solcher »Partnerbeziehungen« des BND. Die Lieferung von elektronischen Spionagegeräten aus der deutschen Industrie würde bei einer – parlamentarisch kontrollierten – Bindung an die Waffenexportbeschränkungen des 1992 verbesserten Außenwirtschaftsgesetzes drastisch sinken und im Einzelfall nach den Bestimmungen des Kriegswaffenkontrollgesetzes und des Außenwirtschaftsgesetzes vom Bundesamt für Wirtschaft genehmigt – oder auch nicht.

Aktionen oder »sonstige nachrichtendienstliche Aufträge der Bundesregierung« müssen in einer Demokratie, in der es eine Verantwortlichkeit der Regierung gegenüber Parlamenten und Wähler/-innen gibt, ohnehin entfallen. Verdeckte Operationen, Beihilfe zum Waffenhandel oder geheime Unterstützung militärischer oder paramilitärischer Organisationen im Ausland kollidieren nicht nur mit den Kontrollrechten des Parlaments, sondern vielfach auch mit nationalen Gesetzen – wie etwa dem Kriegswaffenkontrollgesetz, internationalen Vereinbarungen, den Rüstungsembargos gegenüber Staaten wie Südafrika oder Jugoslawien und dem Friedensgebot der deutschen Verfassung.

So bleibt die Frage, wie ein Zugriff auf menschliche Quellen zur Nachrichtengewinnung möglich ist, wenn alle anderen nachrichtendienstlichen Kompetenzen und Strukturen bereits so aufgeteilt sind, daß das »Camp Nikolaus« in Pullach ersatzlos aufgelöst werden kann. Dafür bietet das US-Außenministerium ein Modell.

Der unbekannteste aller US-Geheimdienste ist der Nachrichtendienst des amerikanischen Außenministeriums: das INR – Bureau of Intelligence and Research, welches von einem stellvertretenden Außenminister geleitet wird. Dieser 1957 nach der Auflösung des OSS (Office for Strategic Service) gegründete Dienst verfügt über 16 einzelne Ämter. Sechs dieser Ämter haben – wie etwa das »Amt für die Analyse der Sowjetunion und Osteuropa« – regional bezogene Aufgaben, die zehn anderen bearbeiten Querschnittsfragestellungen – wie beispielsweise das »Amt für Spionageverbindungen«. In diesem Amt beschäftigt das US-Außenministerium Experten zum Abschöpfen menschlicher Quellen. Diese INR-Quellen sind keine bezahlten oder geworbenen Agenten, sondern im jeweiligen Zielland für relevant gehaltene Gesprächspartner.

Mit solchen Gesprächskontakten arbeitete auch die CIA in der DDR, ohne daß die Spionageabwehr des MfS die gesprächsbereiten DDR-BürgerInnen belangen konnte, da es sich rechtlich bei der Gesprächsabschöpfung nicht um Spionage handelt. Wie informationsträchtig diese Gesprächsaufklärung war, erläutert eine Geheime Verschlußsache des MfS nach dem Weggang zweier CIAler im Jahre 1987: »Insgesamt wurden 189 DDR-Bürger als stabile Kontaktpartner dieser Geheimdienstmitarbeiter festgestellt, wobei sich folgende Zielgruppen abheben:

27 % der stabilen Kontakte sind Angehörige staatlicher Institutionen, gesellschaftlicher Organisationen, wissenschaftlicher Einrichtungen, von Universitäten und Hochschulen, Presseorganen und Verlagen, zu denen die Geheimdienstmitarbeiter in Wahrnehmung ihrer diplomatischen Funktion den Kontakt offiziell aufnahmen.

29 % der stabilen Kontaktpartner sind Kunst- und Kulturschaffende . . .

22 % der stabilen Kontaktpartner sind Funktionsträger unterschiedlicher Ebenen von Kirchen und Religionsgemeinschaften in der DDR . . .

Die restlichen 22 % der stabilen Kontaktpartner der 2 CIA-Mitarbeiter sind unterschiedlichen anderen gesellschaftlichen Bereichen zuzuordnen, wobei der einzelne Kontakt nicht unwichtig ist für die CIA-Residentur . . .

97 % der erkannten Kontaktpartner dieser USA-Geheimdienstmitarbeiter sind älter als 30 Jahre und verfügen über Erfahrungen bei der Einschätzung von politischen und anderen Vorgängen in unserem Land . . .

45 % der Kontaktpartner dieser abgedeckt tätigen USA-Geheimdienstmitarbeiter sind gleichzeitig Kontaktpartner zum Teil mehrerer diplomatische Vertretungen und Korrespondenten-

büros imperialistischer Staaten in der DDR. Dabei dominierten die Ständige Vertretung der BRD, die Botschaften Großbritanniens und Frankreichs sowie die Korrespondentenbüros von ARD, ZDF, *stern* und *Spiegel*.«[45]

Wem also für den Geschäftsbereich des Auswärtigen Amtes Gesprächsaufklärung im Ausland unverzichtbar erscheint, dem gäbe eine solche »Korrespondenten«-Tätigkeit von direkt dem AA zugeordneten Gesprächsaufklärern die Möglichkeit, die gewünschten Informationen mit einem völkerrechtlich unbedenklichen Mittel zu beschaffen, das auch – wie das Beispiel DDR zeigt – in weniger offenen Gesellschaften erfolgreich angewendet werden kann. Selbst der spätere Minister für Verteidigung und Abrüstung der DDR, Pfarrer Rainer Eppelmann, wurde wegen seiner regelmäßigen Gesprächskontakte mit US-Geheimdiensten vom MfS, das ihn »eindeutig als Mitarbeiter des US-Geheimdienstes CIA identifiziert« hatte, nicht strafrechtlich verfolgt.[46]

Eine Struktur deutscher Nachrichtendienste in Anlehnung an die oben vorgeschlagenen Leitlinien einer Reorganisation bietet unter dem Aspekt der Demokratie mindestens vier Vorteile:

1. Etwa 80 Prozent der jetzigen Nachrichtendienste würden aus dem konspirativen Nebel herausgelöst oder abgebaut werden. Die Einbindung von Fernmeldetechnikern und wissenschaftlichen Experten in demokratisch kaum zu kontrollierende Strukturen entfiele.

2. Eine unmittelbare Haushaltskontrolle des Parlaments über diesen Bereich würde die verfassungsmäßigen Rechte des Bundestages nicht mehr über Gebühr einschränken.

3. Die Verteilung der Verantwortung würde die Bundesregierung und das Parlament vor dem Mißbrauch schützen, der bei spezifisch nachrichtendienstlichen Strukturen stets droht. Für den operativen Rest bliebe eine Überschaubarkeit, die die Kontrolle erleichtert.

Nach der bisherigen Rechtslage ist der Regierungschef selbst für den BND verantwortlich: »Der Bundeskanzler ist, obwohl ihm der Nachrichtendienst nicht unmittelbar unterstellt ist, damit insoweit ›zuständiger Ressortminister‹ mit allen staatsrechtlichen und verwaltungsmäßigen Konsequenzen. Hinsichtlich der parlamentarischen Verantwortlichkeit bedeutet das, daß diese beim Bundeskanzler als ›Ressortchef‹ liegt, dem innerdienstlich der Beauftragte für die Nachrichtendienste (früher der Chef des Bundeskanzleramtes und Koordinator für die Nachrichtendienste), dem wiederum der BND untersteht, verantwortlich ist. Hier besteht eine lückenlose Verantwortlichkeitskette.«[47]

Im Jahre 1964 ist die Unterstellung des Auslandsnachrichtendienstes unter Sonderminister Heinrich Krone als Vorsitzender des Bundesverteidigungsrates geplant, aber letztlich nicht realisiert worden. DIE ZEIT hatte bereits gemeldet, daß Krone nicht nur die Koordination der Nachrichtendienste übernehme, sondern auch verantwortlicher Minister für den BND geworden sei.[48] Erst im August 1966 wurde endgültig klargestellt, daß Kanzleramtsminister Ludger Westrick weiterhin für den BND zuständig sei.[49] In Frankreich wurde 1966 die unmittelbare Unterstellung des SDECE unter den Ministerpräsidenten abgeschafft, der Auslandsnachrichtendienst wurde als selbständige Generaldirektion dem Verteidigungsministerium angegliedert.[50]

Würden bei einer Strukturreform der Nachrichtendienste verschiedene Ministerverantwortlichkeiten geschaffen, wäre die Verdunkelungsgefahr mindestens eingedämmt, da nicht bei jeder Panne im Auslandsnachrichtendienst gleich der Bundeskanzler als Hauptverantwortlicher den Kopf hinhalten müßte.

4. Die Nachrichtendienste würden in Anerkennung der Tatsache reorganisiert, daß es keine unmittelbare militärische Bedrohung Deutschlands mehr gibt. Sie würden – sowohl, was ihr Personal, als auch, was ihren Auftrag betrifft – entmilitarisiert, da militärisch relevante Aufklärung allein im Militärbereich stattfinden würde.

Die Zentrale Dienstvorschrift der Bundeswehr ZDV 65/351 definiert Spionage in der deutschen Version als »Tätigkeit zur Beschaffung von Nachrichten auf unerlaubtem Wege«, während in der englischsprachigen Definition statt unerlaubt »clandestine« und in der französischen Version analog »clandestins« steht.[51] Die

Unterschiede bei der Beurteilung der Rechtmäßigkeit von Spionage, die sich schon im NATO-Sprachgebrauch niederschlagen, prägen auch die völkerrechtliche Beurteilung ihrer Zulässigkeit.

»Für die Ausspähung von Staatsgeheimnissen außerhalb des Kriegsrechts hat das Völkerrecht keine Bestimmungen erlassen und es den Staaten überlassen, derartige Delikte als strafbare Tatbestände in ihr innerstaatliches Recht aufzunehmen . . . Festzustellen ist, daß das Völkerrecht die Ausspähung als gegebenes Handeln zur Kenntnis nimmt und nichts zu seiner allgemeinen (völkerrechtlichen) Verurteilung unternommen wird. «[52]

Norman Paech führt gegen die Kapitulation der Völkerrechtsliteratur vor der normativen Kraft des Faktischen an: »Nachrichtendienstliche Tätigkeit auf fremdem Territorium verletzt im Frieden grundsätzlich die Gebietshoheit und territoriale Souveränität des anderen Staates und ist deshalb völkerrechtswidrig. Eine andere Wertung kann sich nur bei einer ausdrücklichen Einwilligung durch Vertrag oder stillschweigende Duldung ergeben. «[53]

Auch im Bereich des Völkerrechts ist nach dem Ende des Kalten Krieges manches in Bewegung geraten. Nicht zuletzt der frühere deutsche Außenminister Hans-Dietrich Genscher hat in der Konferenz für Sicherheit und Zusammenarbeit in Europa (KSZE) normative Veränderungen eingeleitet. Seither wird beispielsweise die Achtung der Menschenrechte nicht mehr als innere Angelegenheit eines Einzelstaates akzeptiert.

Die Bundesrepublik kann auch im Bereich der internationalen Rechtsstellung der Geheimdienste Licht in die Grauzone bringen und damit Völkerrecht aktiv gestalten.

Die Idee einer spionagefreien Zone von Vancouver bis Wladiwostok ist dabei sicherlich Utopie. Aber Deutschland kann viel dazu beitragen, daß die Beziehungen zwischen den Staaten durch den Verzicht auf gegeneinander gerichtete nachrichtendienstliche Mittel entkriminalisiert werden. Dazu gehört jedoch zweierlei: erstens Selbstbescheidung, die sich in einem drastischen Rückbau des zweitgrößten Sicherheitsapparats in Europa niederschlagen würde, und zweitens die Verhinderung von Spionagetätigkeit ausländischer Mächte im eigenen Land.

Anmerkungen

Mündliche Quellen sind aus dem Leser sicherlich begreiflichen Gründen weitgehend anonymisiert. Nur die Herkunft der Information von BND-Insidern, von Angehörigen westlicher und östlicher Nachrichtendienste, von Militärs aus Ost und West sowie von anderen Informanten, die mit der Materie konfrontiert waren, ist dort, wo der Textlauf es nicht per se ausweist, deutlich gemacht worden.

Die häufig verwendeten überregionalen Tageszeitungen und Agenturen sowie die Österreichische Militärzeitschrift (ÖMZ) und die Allgemeine Schweizer Militärzeitschrift (ASMZ) sind in den Anmerkungen abgekürzt. So bedeuten:

BZ = Berliner Zeitung, dpa = Deutsche Presse Agentur, ND = Neues Deutschland, NZZ = Neue Zürcher Zeitung, FAZ = Frankfurter Allgemeine Zeitung, FR = Frankfurter Rundschau, RGN = Reuter German News.

Anmerkungen zur Einleitung

1 Zahllose Beispiele für die KGB-Aktivitäten gegenüber westeuropäischen Staaten und den USA nennt Astrid von Borke im Bericht 35/1992 des Bundesinstituts für ostwissenschaftliche und internationale Studien (BIOst): Die Sowjetspionage. Die Dunkeldimension der Außen- und Sicherheitspolitik unserers Jahrhunderts, Köln September 1992.

2 Vgl. Barron, John, Spione für den KGB, München 1992.

3 Vgl. Waller, Douglas, The Open Barn Door, in: Newsweek vom 4. 5. 1992, S. 42 f. sowie International Herald Tribune vom 19. 1. 1990.

4 Vgl. FR vom 28. 2. 1986: BND observierte Ärztekomitee.

5 Vgl. USA Today 11/1989.

6 Vgl. Knightley, Phillip, Die Geschichte der Spionage im 20. Jahrhundert, Bern 1989, S. 8 f.

7 Einen Überblick über die Veränderungen bei den Diensten in Osteuropa gibt Madsen, Wayne, The Changing Threat, in: Computer Fraud & Security Bulletin 2/1992.

8 Vgl. DER SPIEGEL 17/1992: Unbereute Sünden sind die Last der Zukunft, S. 184.

9 Weyer, Bèla, »Warst du auch Mitglied bei der III/III«, in: SZ vom 5. 12. 1991.

10 Vgl. SZ v. 14. 4. 1992: Bulgarien gestattet Einblick in Akten des Geheimdienstes.

11 DER SPIEGEL 17/1992: a.a.O., S. 186.

12 A.a.O., S. 184.

13 Einen Überblick über die Aufteilung der KGB-Strukturen unter die GUS-Staaten und neuen Nationalstaaten aus der Ex-UdSSR gibt Galeotti, Mark, KGB, RIP, in: Jane's Intelligence Review 1/1992.

14 Vgl. Kuzio, Taras, The Security Service of Ukraine – A Transformed Ukrainian KGB?, in: Jane's Intelligence Review 3/1993, S. 115 f.

15 DER SPIEGEL 17/1992: a.a.O., S. 187.

16 A.a.O.

17 Borcke, Astrid von, Vom KGB zum MBRF: Das Ende des sowjetischen Komitees für Staatssicherheit und der neue russische Sicherheitsdienst, in: Beilage zur Wochenzeitung Das Parlament B21/1992, S. 37.

18 A.a.O., S. 38.

19 Vgl. SZ vom 27. 3. 1992: GUS: Zusammenarbeit bei Auslandsspionage.

20 Baud, Jacques, Nachrichtendienste im Wandel. Teil 2 (Schluß): Die Dienste des Ostens, in: ASZM 3/1993, S. 117.

21 Vgl. International Defense Review vom 1. 9. 1989: The Secret Service: Is there a Case for Greater Openness?

22 Vgl. FR vom 11. 3.1992: Mehr Pannen als Personal.

23 Vgl. Waller, Douglas, The CIA's Next Generation, in: Newsweek vom 10. 2. 1992.

24 Vgl. Kloman, William, Intelligence Reorganization Plans Feature A Czar with Teeth, a Staff of Thousands, in: Armed Forces Journal International 5/1992.

25 SZ vom 16. 3. 1993: Drachentöter auf Schlangenjagd.

26 Vgl. Verdross, Alfred und Bruno Simma, Universelles Völkerrecht. Theorie und Praxis, Berlin 1984, 3. Aufl., S. 276.

27 Heidemann, Werner, Open Skies. Vertrauensbildung von Vancouver bis Wladiwostok, in: Truppenpraxis 3/1992, S. 220.

28 Vgl. DER SPIEGEL 19/1992: Zähneputzen in Kiew.

29 Vgl. Waller, Douglas, a.a.O., S. 42.

30 Vgl. Münchner Merkur vom 5. 2. 1992: Spionage nimmt zu.

31 Vgl. Madsen, Wayne, a.a.O.

32 Knightley, Phillip, a.a.O., S. 336.

33 Vgl. DER SPIEGEL 13/1990, S. 16.

34 Vgl. Baud, Jacques, Nachrichtendienste im Wandel. Teil 2: Die Dienste des Ostens, in: ASZM 2/1993, S. 72.

35 Vgl. SZ vom 10. 4. 1992: Erstes internationales Geheimdienst-Treffen.

36 Vgl. FAZ vom 8. 2. 1990: Der sowjetische Geheimdienst KGB besteht auf Spionage-Vereinbarungen mit der DDR.

37 Vgl. FAZ vom 11. 4.1992: BND arbeitet mit russischem Geheimdienst zusammen.

38 Vgl. SZ vom 12. 4. 1992: BND soll mit Ost-Agenten kooperieren.

39 Vgl. RGN vom 10. 4. 1992: BND soll mit KGB gegen Drogenbanden kooperieren.

40 Vgl. DER SPIEGEL 27/1992, S. 16.

41 Vgl. DER SPIEGEL 36/1992, S. 16.

42 Vgl. FAZ vom 11. 4. 1992: BND arbeitet mit russischem Geheimdienst zusammen.

43 Vgl. SZ vom 26. 4. 1992: Beim BND werden 750 Stellen gekürzt.

44 Vgl. SZ vom 16. 1. 1992: BND warnt vor »Gefahren falscher Friedenseuphorie«.

45 BZ vom 29. 6. 1992: BND soll sich weltweit in UNO-Dienste stellen.

46 Vgl. SZ vom 11. 10. 1990: Kohl: Teilnahme Deutschlands an UNO-Friedenstruppe durch rasche Grundgesetz-Änderung ermöglichen.

47 Vgl. Alff, Wilhelm, Materialien zum Kontinuitätsproblem der deutschen Geschichte, Frankfurt/M. 1976.

48 »Operative Außenpolitik« umfaßt fünf Felder:
   1. Finanzaußenpolitik und interessegeleitete Entwicklungspolitik;
   2. Staatlich gelenkter bzw. beförderter Rüstungsexport;
   3. Export militärischen bzw. paramilitärischen und polizeilichen Geräts und Know-hows;
   4. Nachrichtendienstliche Aktivitäten und
   5. Operativer Streitkräfteeinsatz im Ausland.

49 Neumann, Heinzgeorg, Vom geheimen Nachrichtendienst zum Geheimdienst der »Verdeckten Kriege«, in: Kaltenbrunner, Gerd-Klaus (Hrsg.), Wozu Geheimdienste, München 1985, S. 174.

50 Astrid von Borcke hat immerhin deutlich gemacht, daß eine Darstellung der sowjetischen Spionage »im Grunde eine ›alternative‹ Geschichte der Außen- und Sicherheitspolitik unseres Jahrhunderts« schreiben würde. Vgl. BIOst 35-1992, a.a.O., S. 5. Sie selbst hat mit den Berichten des Bundesinstituts für ostwissenschaftliche Studien 34 bis 36-1992 dazu einen ersten Versuch unternommen.

51 So Blum, Wilhelm, Cuiriosi und Regendarii. Untersuchungen zur Geheimen Staatspolizei der Spätantike. Diss.phil, München 1969, oder Marana, Jean Paul, Der Spion an den Höfen der christlichen Potentaten oder Briefe und Nachrichten eines geheimen Abgesandten der Pforte an den europäischen Höfen, Frankfurt/M. 1933.

52 Vgl. Woyke, Wichard (Hrsg.), Handwörterbuch Internationale Politik, Opladen 1990, vierte und erweiterte Auflage.

53 Vgl. Beller, Jürgen und Wichard Woyke, Analyse internationaler Beziehungen, Opladen 1989.

54 Kaltenbrunner, Gerd-Klaus, Vorwort, in: ders. (Hrsg.), Wozu Geheimdienste? a.a.O., S. 9.

55 Vgl. Philby, Kim, Im Secret Service, Berlin 1983.

56 Vgl. Wright, Peter und Paul Greengrass, Spycatcher. Enthüllungen aus dem Secret Service, Frankfurt a. M./Berlin 1988.

57 Vgl. Ostrovsky, Victor und Claire Hoy, Der Mossad. Ein Ex-Agent enthüllt Aktionen und Methoden des israelischen Geheimdienstes, Hamburg 1991.

58 Vgl. Christopher Andrew und Oleg Gordiewsky, KGB. Die Geschichte seiner Auslandsoperationen von Lenin bis Gorbatschow, München 1990.

59 Vgl. Felfe, Heinz, Im Dienst des Gegners, Hamburg 1986.

60 Vgl. Reese, Mary Ellen, Organisation Gehlen. Der Kalte Krieg und der Aufbau der Deutschen Geheimdienste, Berlin 1992.

61 Vgl. Piekalkiewicz, Janusz, Weltgeschichte der Spionage. Agenten – Systeme – Aktionen, München 1988.

62 Vgl. Knightley, Phillip, a.a.O.

63 Studnitz, Hans-Georg von, Warum brauchen wir Geheimdienste?, in: Deutschland-Magazin August/September 1970, S. 26.

64 Gates, Robert M., The CIA and American foreign policy, in: Foreign Affairs Winter 1987/88, S. 215.

65 Kaltenbrunner, Gerd-Klaus, a.a.O., S. 17.
66 Arnold, Jörg, Regierungskriminalität in der ehemaligen DDR, in: Neue Justiz 6/1992, S. 255 f.
67 Vgl. die Beiträge von Manfred Bissinger, Ekkehardt Jürgens und Eckart Spoo in: Jürgens, Ekkehardt und Eckart Spoo (Hrsg.), Unheimlich zu Diensten. Vom Medienmißbrauch der Geheimdienste, Göttingen 1985.
68 So die Beiträge in dem Sammelband von Kempf, Wilhelm (Hrsg.), Medienkrieg oder »Der Fall Nicaragua«, Berlin und Hamburg 1990.
69 Vgl. Fricke, Karl Wilhelm, MfS intern, Köln 1991.
70 Vgl. Richter, Peter und Klaus Rösler, Wolfs West-Spione, Berlin 1992.
71 Vgl. Bohnsack, Günter und Herbert Bremer, Auftrag: Irreführung. Wie die Stasi Politik im Westen machte, Hamburg 1992.

Anmerkungen zu Kapitel 1

1 Bauer, Ulrich, Die Nachrichtendienste der Bundesrepublik, in: Kaltenbrunner, Gerd-Klaus (Hrsg.), Wozu Geheimdienste, a.a.O., S. 139.
2 Rühe, Volker, Verantwortung Deutschlands in der internationalen Völkergemeinschaft, in: Presse- und Informationsamt der Bundesregierung (Hrsg.), Bulletin 6/1993, S. 45.
3 Vgl. DIE WELT vom 29. 3. 1982: Bonns BND-Chef geht in den Ruhestand.
4 Vgl. Halter, Hans, Krieg der Gaukler, Göttingen 1993, S. 10.
5 Vgl. FAZ vom 17. 8. 1974: BND-Beamte ins Kanzleramt.
6 Vgl. Kölnische Rundschau vom 31. 12. 1971: Geheimdienst-Zentrale am Barbarossaplatz.
7 SZ vom 15. 10. 1987: Wie behandelt der BND die Bäume?
8 Vgl. SZ vom 26. 3. 1986: BND fühlt sich nicht ernst genommen.
9 Die gleichbleibenden dienstinternen Decknamen für BND-MitarbeiterInnen werden im folgenden jeweils ohne Anführungszeichen verwendet, während für je einzelne Operationen gewählte Arbeitsnamen in Anführungszeichen stehen.
10 Vor der Wiederbewaffnung setzte Gehlen ehemalige Geheimdienstler des NS-Staats auch als Landesverbindungsreferenten ein. So identifiziert ein CIC-Dokument vom 23. 4. 1952 Ludwig »Albert als früheren

Gestapo-Mann und Vertreter Gehlens in Hessen«. Albert, der auch für das Criminal Investigation Command Offenbach der US-Army arbeitete, wurde unter dem Verdacht, für die Sowjets zu spionieren, festgenommen und beging 1955 im Bruchsaler Gefängnis Selbstmord. Vgl. Reese, Mary Ellen, a.a.O., S. 290.

11 Vgl. Bohnsack, Günter und Herbert Brehmer, a.a.O., S. 121.

12 Vgl. WELT AM SONNTAG vom 24. 9. 1972: Mitarbeiter des BND über Horst Ehmke verärgert.

13 Information G/06716/25/02/85 des MfS.

14 Vgl. dpa Bonn 21. 3. 1974 und Der Tagesspiegel vom 21. 3. 1974.

15 Vgl. DIE WELT vom 28. 10. 1974.

16 Vgl. SZ vom 28. 10. 1974.

17 Vgl. UZ – unsere zeit vom 6. 12. 1974.

Anmerkungen zu Kapitel 2

1 Der Tagesspiegel vom 11. 4. 1979: Bonn bestätigt Amtshilfe zwischen Bundesgrenzschutz und BND.

2 Vgl. BZ vom 16. 4. 1979: Das idyllische Bild eines demokratischen Musterknaben.

3 Vgl. RGN vom 30. 1. 1990: Bonn überprüft Postspionage gegen DDR.

4 Naumann, Michael, Operation »Großes Ohr«. Wanzen und Minispione bedrohen das Privatleben, in: DIE ZEIT vom 28. 3. 1980 (Dossier).

5 Vgl. die Tätigkeitsdarstellung des BND für deutschsprachige Erfasser in der Post- und Fernmeldekontrolle.

6 Vgl. DER SPIEGEL 10/90: BND: Schnüffeln im Akkord, S. 14.

7 Aufgrund des stern-Artikels »Wie kommen Ihre Briefe zum Geheimdienst?« (stern 47/78) hatten zwei potentiell Betroffene – erfolglos – gegen die Strategische Fernmeldekontrolle geklagt.

8 Vgl. RGN vom 5. 2. 1990: Postüberwachung aus DDR wird eingestellt.

9 Vgl. RGN vom 14. 3. 1990: BND-Dienststellen werden systematisch enttarnt.

10 Borgs-Maciejewsky, Hermann und Frank Ebert, Das Recht der Geheimdienste, Stuttgart 1986, S. 176.

11 Zitiert nach SZ vom 21. 11. 1991, S. 7.

12 Vgl. ND vom 14. 8. 1976: Eine »Befragungsstelle« und was dahinter-
  steckt.
13 Vgl. taz vom 26. 10. 1989: Vom Stasi-Regen in die BND-Traufe.
14 Günther, Heinz, Wie Spione gemacht wurden, Berlin 1992, S. 116.
15 Vgl. WELT AM SONNTAG vom 2. 9. 1984: Die Spur führt bis nach
  Lissabon.
16 Vgl. Bohnsack, Günter und Herbert Brehmer, a.a.O., S. 94.
17 Vgl. Die Volksstimme, Wien vom 4. 4. 1962: Gehlen-Agentennest in
  Österreich.
18 Vgl. Starnberger Neueste Nachrichten vom 10. 12. 1992: Blumengie-
  ßen mit dem BND, sowie Starnberger Neueste Nachrichten vom 12./
  13. 12. 1992: Bauausschuß hat Geheimnistuerei satt.
19 SZ vom 23. 8. 1989: Statistiker lösen Grenzschützer ab.

Anmerkungen zu Kapitel 3

 1 Vgl. Reese, Mary Ellen, a.a.O., S. 139 ff.
 2 Vgl. dpa vom 13. 11. 1991, 13.10 Uhr.
 3 Vgl. Roos, John G. und Francis Tusa, Former Warsaw Pact Sites Sur-
   prise Some in NATO Intelligence Community, in: Armed Forces
   Journal International 8/91, S. 32.
 4 Vgl. Roos, John G., a.a.O.
 5 Vgl. RGN vom 21. 11. 1989: Sieben Jahre Haft wegen DDR-Ausspä-
   hung beantragt.
 6 Vgl. SPIEGEL-TV vom 29. 3. 1992.
 7 GVS der Hauptabteilung II des MfS 0244–G 49/87, S. 115 f.
 8 GVS der Hauptabteilung II des MfS 0244 vom April 1989, S. 72.
 9 Vgl. ND vom 20. 7. 1986: Erpressungsversuch des BND gegen Bürger der DDR kein Einzelfall.
10 Vgl. RGN vom 9. 9. 1990: Diestel – Noch immer Ostspionage des
   BND.
11 Vgl. RGN vom 30. 8. 1989: Honecker offenbar ernsthaft erkrankt.
12 Wolf, Markus, Im eigenen Auftrag, München 1991, S. 148.
13 So u. a. im Februar 1981 beim Urteil gegen Gunther und Ursula Kess-
   ler aus Coburg (vgl. ND vom 22. 2. 1981: Bundesnachrichtendienst
   forciert die aggressive NATO-Planung), im Februar 1982 beim Urteil
   gegen Karl Rechenberger aus Westberlin (vgl. ND vom 18. 2. 1982:
   Subversive Aktionen des BRD-Geheimdienstes durchkreuzt), im Juli

1985 beim Urteil gegen Rita und Eberhard Pohl (vgl. ND vom 28. 7. 1985: Verurteilung von Militärspion des Bundesnachrichtendienstes der BRD) und im Urteil gegen den Münchner Rolf Briefer im August 1986 (vgl. ND vom 17. 8. 1986: Urteil gegen Spion des Bundesnachrichtendienstes).

14 Vgl. RGN vom 10. 10. 1991: Auch vom BND keine Aufschlüsse über KoKo-Aktionen.

15 Vgl. RGN vom 15. 8. 1991: Schalck-Golodkowski war an Waffenhandel beteiligt.

16 Der auch vom Verfassungsschutz bezahlte SED-Geschäftsführer Altenhoff wurde beispielsweise in Bochum wegen solcher illegaler Geschäfte im Herbst 1992 zu drei Jahren Haft verurteilt. Vgl. FAZ vom 5. 10. 1992: Frau Köppe zieht Bonn der Mitschuld.

17 Vgl. SZ vom 16. 11. 1992: Schalck-Aussage beim BND bleibt weiter geheim.

18 Vgl. DIE WELT vom 20. 12. 1973: Warschau berichtet von Erpressung durch Nachrichtendienst.

19 Vgl. SZ vom 26. 4. 1980: Deutscher Kapitän in Polen wegen Spionage verurteilt.

Anmerkungen zu Kapitel 4

1 Anbahnung meint in der nachrichtendienstlichen Fachsprache alle Planungs- und Durchführungsmaßnahmen, die der Gewinnung von nachrichtendienstlichen Verbindungen dienen. Sie läuft über die drei Phasen der Tipgewinnung, der Forschung und der Werbung ab.

2 Vgl. stern 40/91, S. 134.

3 Langenau, Manfred, CIA und BND als Organisatoren der Konterrevolution in Polen, in: horizont 52/1981, S. 11.

4 Vgl. SZ vom 11./12. 4. 1992: Pole wegen Spionage für Deutschland verurteilt.

5 Vgl. SZ vom 25. 1. 1990: Ungarn schwört der Spionage ab.

6 Vgl. ND vom 18. 8. 1985: Militärobergericht verurteilte Spion des Bundesnachrichtendienstes.

1 Vgl. RGN vom 31. 5. 1991: BND hatte laut »Tagesthemen« 500 Spione in der DDR.

2 Vgl. ND vom 23. 8. 1985: Schwere Niederlage für den Spionagedienst der BRD.

3 Vgl. DER SPIEGEL 51/1989, DDR: Freiheit für Spione, S. 14.

4 Vgl. FR vom 6. 2. 1992: DDR richtete mindestens 47 Bürger als Spione hin.

5 Vgl. SZ vom 6. 2. 1992: DDR-Führung ließ 47 westliche Agenten hinrichten.

6 Vgl. zum Fall Baumann: Lamprecht, Rudolf, Der Tod des Roten Admirals, in: stern 42/1992, S. 88 ff.

7 Vgl. DER SPIEGEL 46/1992, S. 135.

8 Vgl. RGN vom 12. 10. 1991: Mielke soll Agenten-Hinrichtung angeordnet haben.

9 DER SPIEGEL 47/1992, S. 135.

10 Vgl. DER SPIEGEL 43/91, Saumäßig geschlaucht, S. 55.

11 Vgl. SZ vom 3. 6. 1992: Verfassungsschützer wegen Spionage angeklagt.

12 Vgl. Deutsche Nachrichten Hannover vom 10. 4. 1974; Neuer Geheimdienst-Skandal.

13 Vgl. taz vom 16. 11. 1991: Bewährung für Stasi-General Schütt.

14 Vgl. RGN vom 31. 5. 1991: a. a. O.

15 Vgl. SZ vom 31. 3. 1981: BND rühmt seine Arbeit.

16 Vgl. RGN vom 27. 3. 1991: Ex-BfV-Chef Meier erwartet weitere Überraschungen.

17 RGN vom 9. 6. 1990: Stavenhagen – weniger Personal bei BND und BfV.

18 DER SPIEGEL 6/1990: Ostagenten suchen neue Jobs.

19 Vgl. Münchner Merkur vom 27. 3. 1991: Stasi-Agenten in Angola vermutet.

20 stern Nr. 52/1965, S. 24.

21 RGN vom 24. 8. 1989: DDR-Nachrichtenoffizier übergelaufen.

22 RGN vom 21. 3. 1990: Eppelmann – Dutzende Ex-Spitzel in Volkskammer.

23 RGN vom 10. 3. 1990: »SPIEGEL« – Stasi bestätigt Kontakt zu Schnur.

24 FAZ vom 23. 3. 1990: BND über Stasi-Mitarbeit informiert.

25 Abramowski, Wanja, Der Zerfall der Staatssicherheit, in: Junge Welt vom 1. 2. 1992, S. 21.
26 RGN vom 18. 9. 1991: Porzner – BND betreute Schalck nicht.
27 Vgl. RGN vom 19. 8. 1991: BND gab Schalck falsche Pässe und Blumen.
28 Vgl. FR vom 28. 9. 1992: Ex-BND-Chef bestätigt Schalck.
29 Zu den Vernehmungen vgl. Koch, Egmont, Das geheime Kartell, Hamburg 1992, S. 31–35.
30 Vgl. RGN vom 17. 9. 1991: Schalck stellte Bedingungen für BND-Befragung.

Anmerkungen zu Kapitel 6

 1 Der BND war indes nicht der einzige westliche Nachrichtendienst, der in der Spitze vom KGB unterwandert war. Kim Philby arbeitete seit 1940 in russischen Diensten für den britischen Geheimdienst SIS und brachte es – wie Felfe – zum Leiter der Gegenspionage und zum Verbindungsmann zum US-amerikanischen Geheimdienst, bis er 1956 als bereits vierter KGB-Agent im SIS überlief. Vgl. Philby, Kim, Im Secret Service, Berlin 1980, sowie Knightley, Phillip, Kim Philby. Geheimagent, München 1989.
 2 Felfe, Heinz, Im Dienst des Gegners, Hamburg 1986, S. 275; Neben den eigenen Erinnerungen verarbeitete Felfe auch ergänzendes Material des MfS, u. a. Berichte einer Kommilitonin einer Tochter Gehlens über Gespräche im Hause des BND-Präsidenten. Vgl. Bohnsack, Günter und Herbert Brehmer, a.a.O., S 8 f.
 3 Vgl. Reese, Mary Ellen, a.a.O., S. 246.
 4 Vgl. NZZ vom 11. 7. 1963: Die Doppelagenten im deutschen Bundesnachrichtendienst.
 5 Vgl. Capital 6/68, Memoiren eines BND-Mannes, Teil II, S. 70.
 6 Vgl. Reese, Mary Ellen, a.a.O., S. 24 ff.
 7 SZ vom 18. 10. 1968: Parteiinspekteure vor den Toren Pullachs.
 8 Felfe, Heinz, a.a.O., S. 190.
 9 Zitiert nach Walde, Thomas, ND-Report, München 1971, S. 241.
10 Vgl. Bohnsack, Günter und Herbert Brehmer, a.a.O., S. 80.
11 Vgl. FAZ vom 1. 7. 1982: Leiche eines vermißten BND-Mitarbeiters gefunden.
12 Vgl. FAZ vom 17. 10. 1981: Wie ist der BND-Agent Fuchs ums Leben gekommen?

13 Vgl. SZ vom 22. 10. 1990: Es konnte ihnen nichts gelingen.

14 Vgl. BZ vom 20. 7. 1965: Agentenschwund.

15 Vgl. FR vom 30. 7. 1963: Mitarbeiter Gehlens vor Gericht.

16 Knightley, Phillip, a.a.O., S. 369.

17 Vgl. Geworkjan, Natalija, Der KGB lebt, Berlin 1992, S. 200 und 19.

18 Vgl. Stiller, Werner, Im Zentrum der Spionage, Mainz 1986.

19 Vgl. Mittelstrass, John, Einfach liquidieren, in: Konkret 11/1982.

20 Emde, Heiner, Spionage und Abwehr in der Bundesrepublik Deutschland. Von 1979 bis heute, Bergisch Gladbach 1986, S. 10.

21 Vgl. ab DER SPIEGEL 13/1992: »In der Ruhe liegt die Kraft«.

22 Vgl. RGN: Stasi-Überläufer Stiller wurde Broker und Banker.

23 FAZ 3. 1. 1991: Dobbertin wieder auf freiem Fuß.

24 DER SPIEGEL vom 5. 3. 1979: DDR-Spionage: »Das läßt die mächtig wackeln«.

25 DER SPIEGEL 22/1992: Graue Augen.

26 Emde, Heiner, a.a.O., S. 10 f.

27 DER SPIEGEL 13/1992, S. 50.

28 DIE WELT vom 22. 2. 1989: Rumänischer Geheimdienstler setzt sich in die Bundesrepublik ab.

29 Vgl. SZ vom 25. 8. 1989: Anklage wegen Spionage gegen Ehepaar.

30 Vgl. SZ vom 4. 11. 1989: Rentner wegen Spionage für Rumänien vor Gericht.

31 Andrew, Christopher und Oleg Gordiewsky, a.a.O.

32 Vgl. a.a.O., S. 20.

33 Vgl. RGN 30. 9. 1991: KGB-Offizier zum BND übergelaufen.

34 SZ vom 23. 5. 1989: »Bombenbauer V-Mann des BND«.

35 Vgl. Der Standard vom 11. 7. 1990.

36 Vgl. FAZ vom 15. 8. 1990: BKA wußte seit 1986 vom Aufenthalt Silke Maier-Witts.

37 RGN vom 20. 6. 1990: ZDF – Beer hatte an Schlüsseltagen frei.

38 Vgl. FAZ vom 26. 7. 1990: Fanden Terroristen Unterschlupf nach Absprache mit Bonn.

39 RGN vom 18. 3. 1992: Koeppe – Bonn wußte früh von RAF-Ausstseigern in DDR.

40 Wie über die bekannte Rolle des MfS bei der Frühpensionierung von RAF-Terroristen hinaus deutsche Dienste den Terrorismus operativ genutzt haben, ist noch nicht hinreichend aufgeklärt, wegweisende Fragen und Anhaltspunkte liegen jedoch vor; vgl. Wisnewsky, Gerhard, Wolfgang Landgraeber und Ekkehard Sieker, Das RAF-Phantom, München 1992.

1 Vgl. Nowak, Edward K., Rola BND w polityce RFN, in: Wojsko Ludowe 8/1980, S. 89 ff.

2 Vgl. Zolling, Hermann und Heinz Höhne, Pullach intern, Hamburg 1971.

3 Gehlen, Reinhard, a.a.O., S. 309.

4 Vgl. Intelligence Newsletter 1989, S. 9.

5 Aktuelle Verzeichnisse deutscher Militärattachés im Ausland finden sich in dem seit 1979 erscheinenden Handbuch der Bundeswehr und der Verteidigungsindustrie, Koblenz.

6 Vgl. Tagesspiegel vom 11. 5. 1979: DDR-Diplomat hat sich über Helsinki nach Bonn abgesetzt.

7 Vgl. FAZ vom 31. 8. 1985: Im Fall des DDR-Überläufers Winkler hält sich Bonn bedeckt.

8 Am 22. Juni 1990 wurde der Materialbestand des HVA des MfS durch die Verantwortlichen für die Auflösung des HVA in einem gesondert abschließbaren Raum innerhalb des zentralen Archives (Abt. XII) des MfS/AfNS zur Archivierung eingelagert. Die ca. 45 Meter Aktenbestand in Ordnern umfaßten ca. 21 Meter durch die HVA von 1959 bis Ende 1989 angefertigte Ausgangsinformationen in der Originalfassung, wie sie für die Partei- und Staatsführung in der DDR erarbeitet worden waren. Diese geben weitgehend vollständig das durch die HVA im gesamten genannten Zeitraum beschaffte Ergebnis im Bereich der politischen, außen-, sicherheitspolitischen und militärpolitischen Aufklärung sowie der wissenschaftlich-technischen und wirtschaftspolitischen Aufklärung wieder – ca. vier Meter Material zur Arbeit der HVA über die USA; ca. sieben Meter Material sowie zwei Karteischränke mit dem gesamten Wissensstand über die Nachrichtendienste der Bundesrepublik, ihren Mitarbeiterbestand (weitgehend vollständig mit Klarnamen und Arbeitsnamen), ihren Strukturen, Objekte und Residenturen im In- und Ausland. Darüber hinaus befinden sich bei diesem Material die wesentlichsten Arbeitsergebnisse zu den Geheimdiensten der USA, Großbritanniens, Frankreichs und anderer NATO-Staaten sowie über die Zusammenarbeit der bundesdeutschen Dienste mit ihren Partnerdiensten in anderen Staaten; ca. einen Meter Material gibt es zur wissenschaftlich-technischen Aufklärung mit Aufgabenstellungen und Darstellung von realisierten Embargobeschaffungen. Alles so abgelegte Schriftgut unterlag nach

dem Beschluß des Ministerrats der DDR vom 16. 5. 1990 Schutzfristen von 80 bzw. 110 Jahren, sofern Bürger dritter Staaten betroffen waren.

9 Vgl. Waller, Douglas, a.a.O.

10 Reese, Mary Ellen, a.a.O., S. 136.

11 Vgl. Schellenberg, Walter, Hitlers letzter Geheimdienstchef, Rastatt 1986 (London 1959).

12 Vgl. stern vom 17. 1. 1980: Gefährliche Hilfe aus Hannover.

13 Vgl. Nowak, Edward K., a.a.O.

14 Vgl. a.a.O.

15 Vgl. DER SPIEGEL 17/1990, S. 12.

16 Hazzard, Shirley, Die Maske der Wahrheit. Zur Ohnmacht der Vereinten Nationen, München 1991, S. 19.

17 Vgl. Möchel, Kid, »Ich war nie KGB-Spion«, in: Wiener, Wien 11/ 1990, S. 104.

18 Abweichend vom internationalen Sprachgebrauch nennt der BND legale Residenturen auch Liaison-Residenturen, illegale Residenturen Geheim-Residenturen und Geheim- oder Liaison-Residenturen mit diplomatischer Abdeckung Statusresidenturen.

19 Münch, Ingo von, Völkerrecht in programmierter Form, Berlin 1982, 2. Aufl., S. 320.

20 Die BND-Definition lautet: »Fremder Dienst, zu dem Arbeitskontakte unterhalten werden. Soweit er im Rahmen des Erkenntnisaustausches geheime Nachrichten oder Erkenntnisse liefert, wird er als rezeptive Quelle genutzt.«

Anmerkungen zu Kapitel 8

1 OCA = Office of Coordinator and Advisor; eine jahrelang verwendete Abdeckung für die Residenturen der CIA in den USA-Vertretungen in der Bundesrepublik.

2 Bereits im Februar 1957 hatte die SPD-Opposition im Bundestag die alliierte Post- und Telefonkontrolle kritisiert. Ein Untersuchungsausschuß des Bundestags ergab 1963/64 Hinweise auf die fragwürdigen Praktiken bei der Zusammenarbeit von BfV und West-Alliierten. Informationen über den Umfang der Bespitzelung wurden geheimgehalten. »Vereinzelte Berichte belegen den Umfang der damaligen Überwachung. Im ersten Halbjahr 1963 zum Beispiel öffnete die

Zollverwaltung Bremerhaven-Unterweser 6500 Postsendungen. Dabei mischten auch die Alliierten mit.«; Bohnsack, Günter und Herbert Brehmer, a.a.O., S. 74.

3 Schmidt-Eenboom, Erich, NSA & Co – Aufklärungsdienste der USA in der Bundesrepublik, Sondernummer MEDIATUS 6/1989, S. 5 f.

4 Vgl. zur Kooperation der NATO-Geheimdienste, insbesondere bei der Übermittlung personenbezogener Daten von Bundesbürgern Gottschlich, Jürgen, Die »innere Sicherheit« der NATO, in: taz vom 4. 2. 1986 und 5. 2. 1986.

5 Vgl. Bayern-Kurier vom 27. 3. 1971: Kontroverse BND–CIA.

6 Vgl. DIE WELT vom 31. 5. 1976: Der BND ist nicht mehr das, was er unter Gehlen einmal war.

7 Vgl. DIE WELT vom 26. 1. 1983: Bonn wirbt bei CIA um Verständnis.

8 Vgl. DIE WELT vom 31. 12. 1975.

9 Vgl. International Herald Tribune vom 14. 8.1990: France Gives U.S. Secret Details of Iraqi Arms.

10 Vgl. RGN vom 9. 9. 1991: Wolf stellt BND schlechtes Zeugnis aus.

11 Vgl. ND vom 30. 12. 1965: Gehlens Spionagepläne gegen Frankreich.

12 Vgl. FAZ vom 23. 3. 1968: Indiskretionen zugunsten Bonns?

13 Vgl. Kapitel 22 dieses Buches.

14 Vgl. taz vom 8. 12. 1992: Zwölf Jahre Haft für »Topspion« Kuron.

15 Vgl. Nowak, Edward K., a.a.O.

16 Zolling, Herrmann und Heinz Höhne, a.a.O., S. 295.

17 Vgl. Der Morgen vom 1. 5. 1961: Mit 5000 Dokumenten gefaßt.

18 Vgl. ND vom 28. 8. 1969: Todesstrafe für Spion.

19 Vgl. FR vom 23. 9. 1988: Kairo beschuldigt den BND.

20 DIE WELT vom 23. 3. 1985: Terrorismus als »Mittel der Kriegsführung«.

21 Vgl. Joffe, Josef und Michael Naumann, Dreieck im Dunkeln, in: DIE ZEIT vom 9. 11. 1979 (Dossier).

22 Vgl. Al Khaleej vom 11. 2. 1991.

23 Vgl. Los Angeles Times vom 13. 2. 1991.

24 Vgl. Jane's Defense Weekly vom 26. 4. 1986: Jordan struggles to restore the balance, S. 761.

25 Vgl. FR (Regiionalausgabe MKK) vom 28. 11. 1990: Jordanische Piloten übten für den Golfkrieg.

1 Müller-Marzohl, Alfons, Zum Fall Bachmann. Eine Arbeitsunterlage für die GPK, Luzern Juli 1980, S. 45.
2 Vgl. RGN vom 1. 6. 1990: Schweizer Post fotokopierte Telegramme an die DDR.
3 Müller-Marzohl, a.a.O., S. 35.
4 Vgl. Schreiben des Leiters des Technischen Kontrolldienstes, Wien 1. 7. 1960 G-Zl. 10-strg/TKZ Betr. Besichtigung in Neulengbach sowie US-Kostenaufstellung 1,25 Mio. Schilling zum Ausbau von Königswart (ohne Technik) vom 7. 5. 1969.
5 Vgl. Volksstimme Wien vom 4. 4. 1962: Gehlen-Agentennest in Österreich.
6 Vgl. Möchel, Kid, Die geheime Macht, in: Wiener, Wien 3/1989, S. 14.
7 Vgl. Nowak, Edward K., a.a.O.
8 Im Frühjahr 1973 enthüllte eine Artikelserie in Folket i Bild die Zusammenarbeit des schwedischen Geheimdienstes mit den Diensten von NATO-Staaten. Unter dem Decknamen Orkan plante das MfS eine Kampagne, die die Kontinuität geheimdienstlicher Kooperation zwischen Hitler-Deutschland und der Bundesrepublik einerseits und Schweden andererseits öffentlich machen sollte. Wegen der Verbesserung der Beziehungen zwischen Schweden und der DDR im Rahmen des KSZE-Prozesses wurde das dazu fertiggestellte Manuskript jedoch nie publiziert. Vgl. Bohnsack, Günter und Herbert Brehmer, a.a.O., S. 200 ff.
9 Aust, Stefan, Mauss. Ein deutscher Agent, Hamburg 1988, S. 269.
10 Deutscher Bundestag, Plenarprotokoll 11/126, S. 9262.

Anmerkungen zu Kapitel 10

1 Vgl. DER SPIEGEL 21/91: »Geheimniskrämerei übertrieben«.
2 Vgl. Nowak, Edward K., a.a.O.
3 Vgl. Schmidt-Eenboom, Erich, Das Ende der Low-Intensity Warfare?, in: MEDIATUS 3–4/1991, S. 9.
4 Vgl. Nowak, Edward K., a.a.O.
5 Vgl. Bayerischer Landtag, Drucksache 12/1628 vom 7. 5. 1991.
6 Vgl. BZ vom 13. 1. 1962: Bonner Waffen für OAS.

7 Vgl. ND vom 18. 11. 1961: Gehlen liefert Algerier ans Messer.

8 Vgl. FR vom 2. 1. 1992: Marokko »begnadigt« Brüder.

9 Vgl. ADN-Meldung vom 14. 4. 1962.

10 Vgl. Nowak, Edward K., a.a.O.

11 Vgl. A.a.O.

12 Vgl. DER SPIEGEL Nr. 24/63: Feldgrau im Busch, S. 20.

13 Vgl. DER SPIEGEL Nr. 50/78: BND: »Die Welt ist voller Wunder«, S. 20.

14 Vgl. Aribisala, Femi: Nigeria and West Germany, in: Akindele, R. A. und G. O. Olusanya, Nigeria's External Relations, Ibadan 1986, S. 311.

15 Vgl. zur Entwicklung der nigerianischen Intelligence Community Peters, Jimi, Intelligence: Its Role and Future in Nigeria's External Relations, in: NJIA 1&2 1986, S. 151 ff.

16 Presse- und Informationsamt der Bundesregierung (Hrsg.), Bulletin Nr. 23/92, S. 230.

17 Die frühere Bezeichnung war BOSS.

18 Vgl. Vorwärts vom 17. 2. 1983: Alte Seilschaften.

19 Vgl. ND vom 5. 12. 1979: Geheimdienste Bonns und Pretorias kollaborieren.

20 Wessel, Gerhard, BND – der geheime Auslandsnachrichtendienst der Bundesrepublik Deutschland, in: Beiträge zur Konfliktforschung 15/ 1985, S. 17.

21 Heigl, Frank P. und Jürgen Saupe, Operation EVA. Die Affäre Langemann, Hamburg 1982, S. 85.

22 Die in Operation EVA abgedruckte Übersicht von hochrangigen Sonderverbindungen verzeichnet in Saigon auch den US-Obersten Holt, der später Chef der Special Forces Europe in Bad Tölz wurde. Insider schließen eine wissentliche Arbeit des nationalbewußten US-Amerikaners für den BND jedoch aus.

23 Vgl. zu dieser Darstellung a.a.O., S. 81–113.

24 Vgl. u. a. Volksstimme Wien vom 5. 3. 1982: BRD-Geheimdienst saß beim Wiener Kardinal, oder stern vom 8. 7. 1982: Die schwarze Kapelle; Die Zuarbeit des MfS zu dem stern-Artikel gipfelte in dem Vorschlag für den dann gedruckten Titel. Vgl. Bohnsack, Günther und Herbert Brehmer, a.a.O., S. 111.

1 Vgl. Studnitz, Hans-Georg von, a.a.O.
2 Gates, Robert M., a.a.O., S. 215 f.
3 Vgl. Bundesminister der Verteidigung (Hrsg), ZDv 65/351. NATO-Glossar von Fachausdrücken und Definitionen bei den NATO-Streitkräften, Bonn 1974, S. 532.
4 101. Congress, 2. Session, SENATE, Report 101–358, July 10th, 1990. »Authorizing Appropriations For Fiscal Year 1991 for The Intelligence Activities of The US Government...« Report of Mr. BOREN, memb. of Select Committee on Intelligence, SECTION 503, S. 43.
5 A.a.O., S. 50, Paragraph 2–4.
6 Bericht der Parlamentarischen Untersuchungskommission (PUK EMD) zur besonderen Klärung von Vorkommnissen von großer Tragweite im Eidgenössischen Militärdepartement vom 17. 11. 1990, S. 261 f.
7 Vgl. taz vom 2. 6. 1992: Geld regiert die Welt.
8 Vgl. Woodward, Bob, Geheimcode Veil. Reagan und die geheimen Krieger der CIA, München 1987.
9 Vgl. stern 12/1992, S. 48.
10 Vgl. SZ vom 4. 6. 1992: Stasi vergab Mordauftrag im Westen.
11 Vgl. ND vom 18. 1. 1963: Bonner Geheimdienste beseitigten Bundestagsabgeordneten Döring.
12 Vgl. Charisius, Albrecht und Julius Mader, Nicht länger Geheim, Berlin 1969, S. 349.
13 Vgl. Schickel, Alfred, Das Politische Buch, in: Das Parlament vom 2. 6. 1973.
14 Über die engen Beziehungen zwischen stern-Redakteur Thomas Walde und anderen Journalisten geben die zuständigen MfS-Offiziere der Abteilung Aktive Maßnahmen in ihrem Buch 1992 Auskunft. Vgl. Bohnsack, Günter und Herbert Brehmer, a.a.O., S. 96 ff.
15 Vgl. Charisius, Albrecht und Julius Mader, a.a.O., 4. Aufl. 1980, S. 348.
16 Vgl. ÖMZ 6/79.
17 Vgl. DIE WELT vom 20. 5. 1975.
18 Roth, Jürgen, Die Mitternachtsregierung. Reportage über die Macht der Geheimdienste, Frankfurt 1990, S. 75.
19 A.a.O., S. 98 f.
20 A.a.O., S. 101 f.

21 Vgl. SZ vom 30. 5. 1990.
22 amnesty international, Jahresbericht 1990, Frankfurt 1990, S. 323.
23 Roth, Jürgen, a.a.O., S. 104.
24 Vgl. Marine-Rundschau 8/83.
25 Vgl. DIE WELT vom 2. 8. 1976 nach einer Meldung der Sunday Tribu-
    ne, Südafrika.
26 Vgl. MEDIATUS 7–8/1991, S. 16.

Anmerkungen zu Kapitel 12

 1 Vgl. BZ vom 30. 1. 1979: Kollaboration zwischen BND und Seouler
    Geheimdienst.
 2 DIE WELT (Westberlin) vom 12. 1. 1968: Gehlens Zentrale hat nichts
    gewußt.
 3 Hamburger Rundschau vom 29. 6. 1989: Bespitzelt. Verhört. Verfolgt.
 4 Vgl. DIE WELT (Westberlin) vom 28. 10. 1959: Schärfere Kontrollen
    der Algerier in der Bundesrepublik.
 5 WF II–101/76 zitiert nach die tat vom 25. 2. 1977: Verfassungsschutz-
    Partner aus Teheran.
 6 stern vom 9. 8. 1979: Protokolle für Teheran.
 7 Vgl. Die Neue (West-)Berlin vom 15. 1. 1982: Auf dem rechten Auge
    blind.
 8 Vgl. stern 1/1993: Wenn Fahnder zu erfolgreich sind . . ., S. 106 f.
 9 Vgl. die tat vom 18. 2. 1977: Es fehlt nur noch Pinochets DINA.
10 DER SPIEGEL vom 28. 3. 1983: Der zugigste Ort.
11 Vgl. Pokatzky, Klaus, Die Geheimdienste lesen immer mit, in: DIE
    ZEIT vom 1. 4. 1983.
12 Gottschlich, Jürgen, Die »innere Sicherheit« der NATO, in: taz vom
    5. 2. 1986, S. 11.
13 taz vom 21. 4. 1990: Diplomatenkrieg zwischen Bonn und Ankara.
14 Vgl. BZ vom 17. 12. 1992: BND auf Kurden-Kongreß.
15 Vgl. Der Tagesspiegel vom 4. 4. 1985: Keine Weitergabe aus Akten tür-
    kischer Asylbewerber.
16 Vgl. taz vom 19. 11. 1991: Spion im Innenministerium.
17 Vgl. ND vom 19. 11. 1991.
18 Vgl. DER SPIEGEL 40/1990, S. 17.
19 Vgl. Joffe, Josef und Michael Naumann, Dreieck im Dunkeln, in: DIE
    ZEIT vom 9. 11. 1979 (Dossier).

20 Die folgende Darstellung der Zusammenarbeit des BKA mit seinem Doppelagenten Junes Belqasem basiert auf einem Bericht des iranischen Geheimdienstes aus dem Jahre 1975, den die CIA in deutscher Übersetzung Generalbundesanwalt Rebmann zur Kenntnis brachte.

21 Schmidt, Geheimdienstliche Agententätigkeit gegen in der Bundesrepublik lebende Ausländer, in: Lindenmayer-Möhring Bd. 5 zu §99 StGB unter Berufung auf BGH-Urt. vom 22. 9. 1980.

22 Vgl. NZZ vom 29. 12. 1978: Wechsel im Deutschen Bundesnachrichtendienst.

23 Die Tat vom 16. 8. 1969: Methoden des SD praktiziert.

Anmerkungen zu Kapitel 13

1 Vgl. Münchner Merkur vom 10./11. 3. 1984, S. 3.

2 Rolf Möller-Wagenetz – Deckname Maydorn – war zuvor Abteilungsleiter Personal unter Rieck.

3 Diese Legendierungwird auch 1992 fortgeschrieben; Vgl. Schiffhauer, Nils, Bundesstelle für Fernmeldestatistik: Die Funker und Lauscher vom Geheimdienst, in: Funk 1/1993, S. 28 ff.; Auch wenn der Artikel aus der Sicht eines Funkexperten bemerkenswerte Einzelheiten der einzelnen Einrichtungen referiert, unterliegt er insgesamt dem Irrtum, die Bundesstelle arbeite quasi unabhängig für alle deutschen Geheimdienste und die Bundeswehr.

4 Vgl. Starnberger Neueste Nachrichten vom 28./29. 3. 1992: Im Verborgenen ringt Tutzing um das Südlabor.

5 Vgl. SIPRI (Stockholm International Peace Research Institute), Working Files on Foreign Military Presence, Stockholm o. J.; Die zum Ende der 70er Jahre begonnene Datensammlung machte erstmals deutlich, daß durch die Auswertung US-amerikanischer Militärfachzeitschriften nahezu alle militärischen und nachrichtendienstlichen Einrichtungen auffindbar sind.

6 Vgl. Kölner Stadt-Anzeiger vom 8. 8. 1984: Telefonat mit DDR-Mission abgehört?

7 Die ringförmigen Antennenanlagen, die das gesamte Frequenzspektrum aus allen Richtungen erfassen können, wurden nach dem Physiker Wullenweber benannt.

8 FlugRevue 11/1991, S. 79.

9 Vgl. Halter, Hans, a.a.O., S. 159.

10 Vgl. Schiffhauer, Nils, a.a.O., S. 30.

11 Deutscher Bundestag Drucksache 11/7669 vom 13. 8. 1990: Antwort der Bundesregierung auf die Kleine Anfrage der Abg. Frau Teubner und der Fraktion DIE GRÜNEN.

12 Vgl. Berliner Extradienst vom 24. 10. 1975: Bochumer Sternwarte: Jährlich eine halbe Million vom BND.

13 Vgl. RGN vom 22. 7. 1989: »SPIEGEL« – BND will Spionage-Satellit.

14 Vgl. DER SPIEGEL 21/81: »Geheimniskrämerei übertrieben«, S. 28 f.

15 Vgl. FR vom 7. 3. 1991: Israel wird Satelliten starten.

16 Vgl. Flug Revue 3/1991, S. 62.

17 Vgl. Bartels, Wolfgang, Weltraumrüster WEU, in: Frieden 1/92, S. 22.

18 Ruske, Olaf, WEU-Initiative: Raumgestützte Erdbeobachtung, in: Europäische Sicherheit 11/92, S. 614.

19 Vgl. DER SPIEGEL 41/1989, S. 209.

20 Vgl. SIPRI, a.a.O.

21 Vgl. Proceedings of a Workshop on Radiofrequency Radiation Bioeffects Held at Wachtberg-Werthhoven (Germany, F.R.) on 11–13 September 1984 (Final report) Mitchell, J. C. School of Aerospace Medicine, Brooks AFB, TX. United States, Contract No.: 7757; 01; NTIS Accession Number: AD-A 157 090/2/XAB.

Anmerkungen zu Kapitel 14

1 Der Bundesminister der Verteidigung (Hrsg.), Weißbuch 1979, a.a.O., S. 155.

2 A.a.O., S. 138.

3 Der Bundesminister der Verteidigung (Hrsg.), Weißbuch 1985, Bonn 1985, S. 167.

4 Höfner, Karlheinz, Die Aufrüstung Westdeutschlands. Willensbildung, Entscheidungsprozesse und Spielräume westdeutscher Politik 1945 bis 1950, München 1990, S. 177.

5 Zitiert nach Höfner, Karlheinz, a.a.O., S. 253.

6 Die Neue vom 13. 3. 1980: Die CSU hält zum Pullacher BND.

7 Vgl. Rhein-Zeitung vom 9. 1. 1993: »Wissen, was die Welt macht«.

8 Vgl. Der Bundesminister der Verteidigung (Hrsg.), Stationierung der Bundeswehr, Bonn 5. 8. 1991, Band 1 und 2.

9 Vgl. Jane's Defense Weekly vom 25. 5. 1991: East-West divide remains in Baltic, S. 868.

10 Vgl. Fränkische Landeszeitung vom 11. 2. 1992: Lauscher harren aus.

11 Vgl. Kötztinger Umschau vom 22. 7. 1992: »Aufklärung ist auch künftig notwendig«.

12 Zitiert nach Bundeswehr aktuell Nr. 131 vom 12. 11. 1984, S. 1: Warum üben die Sowjets den Angriff auf unser Land?

13 Vgl. Mitteldeutsche Zeitung vom 4. 6. 1992: Bundeswehr auf Brokken?

14 Mitteldeutsche Zeitung vom 5. 6. 1992: »Keine Bundeswehr auf dem Brocken«.

15 U.S. Government Printing Office (Hrsg.), Hearings before the Committee on Armed Services, United States Senate, Ninety-ninth Congress, Washington, D.C. 1985, Part 3, S. 1391.

16 Deutscher Bundestag, Drucksache 12/1863.

17 Bohnsack, Günter und Herbert Brehmer, a.a.O., S. 210.

Anmerkungen zu Kapitel 15

1 Vgl. RGN vom 13. 9. 1991: BND – de Mazière nicht gezielt abgehört.

2 Aussage eines im November 1989 desertierten NVA-Hauptmanns, der Einsatzführer der DDR-Luftverteidigung im Norden der DDR war.

3 Haberbusch, Kuno u. a., Deckwort »Caligula«, in: DIE ZEIT vom 27. 7. 1990, S. 14 f. (Dossier).

4 Vgl. Reuter Newswire Western Europe vom 25. 10. 1990: East German Stasi Bugged Phones at NATO Headquarters.

5 Vgl. DER SPIEGEL 16/1990: Top-Agent in der Nato-Botschaft, S. 16.

6 Vgl. Reuter Newswire Western Europe vom 28. 5. 1992: NATO caught in Tale of Honour among Spies as it Hunts.

7 Bizer, Johann u. a., Das neue Bundesamt für Sicherheit in der Informationstechnik, Darmstadt Februar 1990, S. 3 der Zusammenfassung.

8 A.a.O., S. 3 f.

9 Vgl. FAZ vom 22. 2. 1990: Sicherheit in der Informationstechnik.

10 Vgl. HighTech 12/1991, S. 6.

11 Zitiert nach VDI nachrichten Nr. 11 vom 13. 3. 1992, S. 33.

12 Presse- und Informationsamt der Bundesregierung (Hrsg.), Bulletin 56/92, S. 535.

13 Vgl. Angerer, Jo, Sabine Lauxen und Erich Schmidt-Eenboom, Amerikanische Freunde, Frankfurt 1990, S. 147.

14 Vgl. Birkenes, Robert M., Telecommunications in the Soviet Union, in: Radio Liberty Report on the USSR 32/1990, S. 147.

15 Haake, Günther, Mailboxen unter Geheimdienstkontrolle, in: MEDIATUS 9–10/1990, S. 8 f.

16 Vgl. U.S. Government Printing Office (Hrsg.), 101. Congress – Senate Report 101-358, Washington, D.C. 1990, S. 10 f.

17 Vgl. Naumann, Michael, Operation »Großes Ohr«, in: DIE ZEIT vom 28. 3. 1980 (Dossier).

18 Vgl. Westfälische Rundschau vom 30. 3. 1978: Bonn bestätigt »Wanzen« auf der Hardthöhe.

19 Der Tagesspiegel vom 19. 3. 1977: Die Erklärung Böllings zur Abhöraffäre im Wortlaut.

20 Vgl. SZ vom 13. 12. 1976: Alle Nachrichtendienste legten »Wanzen«.

21 Vgl. FR vom 13. 5. 1992: SPD und FDP nun für großen Lauschangriff.

22 Riegel, Reinhard, Das Nachrichtendienstliche Informationssystem NADIS, in ZURP 6/1989, S. 218.

23 Spannrad, Situation und Möglichkeiten der EDV im Bundesnachrichtendienst, Pullach Mai 1975, S. 4.

24 Riegel, Reinhard, a.a.O., S. 219 ff.

25 Borgs-Maciejewski, Hermann und Frank Ebert, Das Recht auf Geheimdienste, Stuttgart 1986, S. 56.

26 Vgl. Schmidt-Eenboom, Erich, Uncle Sam's achter Sinn, Sondernummer MEDIATUS Juni 1989, S. 9; Dort ist überdies das Gesamtensemble der Abhörstationen der westlichen Siegermächte in der Bundesrepulbik und die Rechtslage für deren Tätigkeit behandelt.

Anmerkungen zu Kapitel 16

1 Vgl. Westfälische Rundschau vom 27. 8. 1982: BND besorgte der KWU gefälschten Paß.

2 Lamprecht, Rudolf, Der Tod des Roten Admirals, in: stern 42/1992, S. 92.

3 Vgl. Christian Berg, ARD vom 26. 11. 1992: Unter deutschen Dächern – Liebesgrüße aus Pullach.

4 Naumann, Michael, a.a.O.

5 Vgl. Deutscher Bundestag, Drucksache 8/3835.

6 Bohnsack, Günther und Herbert Brehmer, a.a.O., S. 146 f.

7 Vgl. a.a.O., S. 145.

Anmerkungen zu Kapitel 17

1 Vgl. Bamford, James, die NSA. Amerikas geheimster Nachrichten-dienst, Zürich und Wiesbaden 1986, S. 207 f.

2 Heigl, Frank und Jürgen Saupe, a.a.O., S. 90 f.

3 Vgl. Wolf, Markus, a.a.O., S. 49.

4 Vgl. New York Times vom 19. 1. 1987, S. 1.

5 Vgl. Schwarz, Birgit, BND. Alles sehen, alles hören, nichts wissen, in: DIE ZEIT vom 22. 11. 1992, S. 15 (Dossier).

6 Vgl. Heigl, Frank und Jürgen Saupe, a.a.O., S. 197.

7 Vgl. Defence 11/1991, S. 46.

8 Vgl. Hoffmann, Wolfgang, Was wußte die Regierung?, in: DIE ZEIT vom 18. 4. 1991, S. 25.

9 Vgl. DER SPIEGEL 24/1992, Hilfe für Spitzel, S. 16.

10 Vgl. RGN vom 24. 7. 1990: »PANORAMA« – BND half China bei UdSSR-Spionage.

11 Vgl. Naumann, Michael, a.a.O.

12 Vgl. DIE WELT vom 17. 4. 1986: Pullach knackt den Code der Liby-er.

13 Woodward, Bob, a.a.O., S. 402 f.

14 Nachdem das MfS diese Art der elektronischen Aufklärung grund-sätzlich erkannt hatte, wurde an der Schule der HVA eine Abwehr-möglichkeit solcher Lauschangriffe gelehrt. Bei leicht geöffnetem Fenster läßt sich die von der Sprache erzeugte Vibration der Scheiben vermindern, und bei einer zusätzlichen Schallquelle, z. B. Sprachsen-dungen im Radio, sind Geräusche dann nicht mehr erfaßbar. Mögli-cherweise in Telefonen plazierte Wanzen werden durch die Abdeckung des Apparats, z. B. mit einem Kissen, neutralisiert. Vgl. Günther, Heinz, a.a.O.

15 Woodward, Bob, a.a.O., S. 403.

1 Vgl. DER SPIEGEL 25/1971 sowie Nowak, Edward K., a.a.O., S. 83.
2 Vgl. Ritter, Falko, Die geheimen Nachrichtendienste der Bundesrepublik Deutschland, Heidelberg 1989, S. 20.
3 SZ vom 5. 12. 1991: Bonn und sein »Dienst«.
4 Vgl. Bamford, James, a.a.O.
5 Ritter, Falko, a.a.O., S. 74.
6 stern vom 15. 3. 1979: BND-Diplomatie.
7 Vgl. stern vom 27. 1. 1977.
8 Vgl. DER SPIEGEL 12/1984, S. 38.
9 Vgl. Handelsblatt vom 25. 5. 1985: Neue Gegenmaßnahmen nähren Skepsis an SDI.
10 Vgl. RGN vom 5. 8. 1989: Vogel fordert im Brasiliengeschäft Konsequenzen.
11 Vgl. Nucleonics Week vom 2. 5. 1991, S. 17.
12 Gehlen, Reinhard, Der Dienst, Mainz 1971, S. 418.
13 House of Representatives, Report 102-37, Intelligence Authorization Act, Fiscal Year 1991, Washington, D.C. 22. 4. 1991, S. 5 f.
14 Vgl. RGN vom 19. 8. 1991: BND wußte vorher nichts vom Sturz Gorbatschows.
15 Vgl. Der Tagesspiegel vom 6. 1. 1990: Die Geheimdienste sind die Verlierer des vergangenen Jahres.
16 Vgl. Abendzeitung München vom 26. 8. 1968: BND warnte Bonn im Mai vor Invasion.
17 Vgl. Hamburger Abendblatt vom 22. 1. 1980: Die westlichen Geheimdienste haben ihr Gesicht verloren.
18 Vgl. DER SPIEGEL 12/1984: »Dieser Dilettanten-Verein«.
19 Vgl. SZ vom 25. 10. 1974: Geschenke für den Gegner.
20 Vgl. Christ und Welt vom 18. 10. 1974: Reinhard Gehlen: Der BND wird ruiniert.
21 Vgl. TIME vom 6. 2. 1978, S. 33.
22 Vgl. SZ vom 1. 5. 1974: Der BND gibt sich gute Noten.
23 Vgl. RGN vom 29. 9. 1991: Wolf stellt BND schlechtes Zeugnis aus.
24 Welt der Arbeit vom 21. 6. 1974: Der Admiral verschied bei einem »Jagdunfall«.

1 Nowak, Edward K., a.a.O., S. 82.
2 Vgl. DER SPIEGEL 12/1984: »Dieser Dilettanten-Verein«.
3 Mader, Julius, a.a.O., S. 292.
4 Deutscher Bundestag, Drucksache 11/4996.
5 Vgl. DER SPIEGEL 45/1991, S. 47.
6 Vgl. SZ vom 21. 2. 1986: Zimmermann verteidigt Spenden an den BND.
7 Vgl. Vorwärts vom 21. 3. 1974.
8 Aust, Stefan, a.a.O., S. 28.
9 Vgl. Heigl, Frank und Jürgen Saupe, a.a.O., S. 122.
10 Vgl. Reese, Mary Ellen, a.a.O., S. 283.
11 A.a.O., S. 128 f.
12 Vgl. Abendzeitung München vom 14. 10. 1966: Noch mehr Geld für Geheimdienste; Berliner Zeitung vom 4. 1. 1968: Riesensummen für Geheimdienste; Mader, Julius, a.a.O., S. 291.
13 Vgl. DER SPIEGEL 12/1984, a.a.O.
14 Vgl. Generalanzeiger vom 4. 8. 1982: Geheimdienste sollen schlagkräftiger werden.
15 Vgl. Protokoll der Fragestunde im Deutschen Bundestag vom 5. 12. 1974.
16 Zitiert nach Knightley, Phillip, Kim Philby. Geheimagent, München 1989, S. 22.
17 Vgl. FR vom 26. 8. 1978: Wo blieben die 36 000 Mark?
18 Vgl. Hamburger Abendblatt vom 28. 3. 1973: Fast geheim. Der 007-Mann heißt Schröder.
19 SZ vom 5. 4. 1973: Ehemaliger Agent freigesprochen.
20 Vgl. SZ vom 2. 2. 1982: Geheimdienstoffizier vergiftet sich.
21 Vgl. Knightley, Phillip, a.a.O., S. 119.
22 Zitiert nach Heigl, Frank P. und Jürgen Saupe, a.a.O., S. 158.
23 A.a.O., S. 160 f.
24 Vgl. FAZ vom 19. 11. 1974: Eschenburg-Kommission schlägt Geheimdienst-Beauftragten vor.
25 Vgl. Organisationserlaß des Bundeskanzlers »Einsetzung eines Beauftragten für die Nachrichtendienste«, den das Bundeskabinett am 29. 1. 1975 zustimmend zur Kenntnis nahm.
26 Vgl. FAZ vom 25. 2. 1992: Rudolf Dolzer wechselt in das Bundeskanzleramt.

27 Vgl. DIE WELT vom 23. 7. 1986: Im Fall Meißner Panne mit Fernschreiben des BND.

28 Stuttgarter Zeitung vom 15. 7. 1963: General Gehlen wird pensionier.

29 DER SPIEGEL vom 3. 3. 1980: »Kapitulation vor der Horde roter Proleten«.

30 DER SPIEGEL vom 20. 8. 1979: Abmarsch in den Ruhestand.

31 DER SPIEGEL vom 2. 4. 1984, S. 14.

32 Zitiert nach Heigl, Frank P. und Jürgen Saupe, a.a.O.

33 Vgl. DER SPIEGEL vom 29. 3. 1976: CSU-Seilschaft.

34 Vgl. stern vom 30. 9. 1976: Falsches Parteibuch.

35 Bohnsack, Günther und Herbert Brehmer, a.a.O., S. 91.

36 Vgl. FR vom 23. 9. 1992: CSU setzt auf Geheimdienste.

37 Vgl. DIE WELT vom 24. 11. 1992: Inlandskabel.

Anmerkungen zu Kapitel 20

1 Vgl. DER SPIEGEL vom 6. 10. 1975.

2 Vgl. Aust, Stefan, a.a.O., S. 21.

3 Nowak, Edward K., a.a.O.

4 Vgl. RGN vom 13. 11. 1991: Geheimdienste specken ab.

5 Sadlowski, Manfred, Handbuch der Bundeswehr und der Verteidigungsindustrie, Bonn 1979, S. 5.

6 DIE WELT vom 30. 1. 1984: »Eine Elite für den Geheimdienst«.

7 stern 46/1991: Die Stunde der Dilettanten.

8 DER SPIEGEL vom 2. 9. 1974: Fleißige Familie.

9 Bucheit, Gert, Die anonyme Macht, Frankfurt/M. 1969, S. 288 f.

10 Rocco, Fiametta, Vaseline an Portwein, in: Die Woche vom 11. 3. 1993, S. 39.

11 SZ vom 26. 6. 1970: James Bond ist in Pullach nicht gefragt.

12 Vgl. Zolling, Hermann und Heinz Höhne, a.a.O., S. 314.

13 Der Tagesspiegel vom 14. 9. 1978: Keine Nachwuchssorgen mehr bei den deutschen Geheimdiensten.

14 Vgl. SZ vom 30. 8. 1982, S. 2.

15 stern 38/1991, S. 83.

16 Vgl. Zacharias, Ellis M., Secret Missions, New York 1946, S. 68.

17 Vgl. Nuristani, Hadsh Abdul, BND-Operation »Alabaster«, in: Geheim 1/1988, S. 22.

18 Knightley, Phillip, Die Geschichte der Spionage im 20. Jahrhundert, a.a.O., S. 324.
19 Vgl. SZ vom 25. 10. 1974: Geschenke für den Gegner.
20 Zitiert nach stern 46/1991: Die Stunde der Dilettanten.
21 Vgl. Westfälische Rundschau vom 29. 3. 1970: Weniger Personal für den Bundesnachrichtendienst.

Anmerkungen zu Kapitel 21

1 Schriftenreihe der Vierteljahreshefte für Zeitgeschichte Nr. 28.
2 Vgl. Gehlen, Reinhard, Verschlußsache, Mainz 1976.
3 DER SPIEGEL vom 3. 3. 1980: »Kapitulation vor einer Horde roter Proleten«.
4 Vgl. DER SPIEGEL 47/1978: Zum Einstand besondere Zurückhaltung.
5 Vgl. DIE WELT vom 7. 1. 1982: BND muß eine Niederlage einstecken.
6 Vgl. Zundel, Rolf, Das Los des Beamten: leiden und schweigen, in: DIE ZEIT vom 22. 11. 1985.
7 Vgl. Bohnsack, Günter und Herbert Brehmer, a.a.O., S. 90.
8 SZ vom 30. 9. 1985: Hellenbroich kritisiert Zimmermann.
9 FR vom 5. 12. 1989: Kann sich Bonn personelle Provisorien noch länger leisten?
10 Vgl. FAZ vom 16. 2. 1990: FDP erhebt Anspruch auf Vorschlagsrecht.
11 FAZ vom 23. 10. 1991: Friede ist nicht überall.
12 Vgl. S. 2 vom 7. 4. 1992: Deutsche Geheimdienstler trafen Kollegen in Anatolien.
13 Zundel, Rolf, Gerüstet zur Gratwanderung, in: DIE ZEIT vom 24. 11. 1978.
14 Vgl. Halter, Hans, a.a.O., S. 18.

Anmerkungen zu Kapitel 22

1 Definition nach: ND-Begriffsbestimmungen für den Bundesnachrichtendienst, Pullach 1974.
2 Vgl. Quick vom 1. 4. 1976: Wenn das der alte Gehlen wüßte.

3 Bohnsack, Günter und Herbert Brehmer, a.a.O., S. 88.

4 Zundel, Rolf, a.a.O.

5 Vgl. Kölner Stadt-Anzeiger vom 8. 11. 1974: BND-Mann gibt ersten Fall von Inlandsaufklärung zu.

6 Vgl. FAZ vom 18. 2. 1975: Enthüllungen über den Bundesnachrichtendienst.

7 Vgl. DIE WELT vom 3. 1. 1975: Kopien von Geheimakten des BND über Prominente aufgetaucht.

8 Vgl. DER SPIEGEL vom 28. 10. 1974: Chance zum Rufmord.

9 Bissinger, Manfred, Bundesnachrichtendienst: Warum so viele Journalisten für den Geheimdienst arbeiten, in: Agee, Philip u. a., a.a.O., S. 64 ff.

10 Vgl. ND vom 6. 7. 1980: Erneut subversive Aktionen des BRD-Geheimdienstes entlarvt.

11 Ritter, Falko, a.a.O., S. 36.

12 Albrecht Charisius und Julius Mader weisen den aus der OKH-Abteilung »Fremde Heere Ost« stammenden Generalstabsoffizier Wicht als Leiter einer BND-Filiale in Hamburg – Tarnung als Terrapress-Verlag – von 1960 bis 1962 aus; a.a.O., S. 683.

13 Vgl. ND vom 10. 1. 1978: Auch Rullmann vom »Spiegel« war BND-Agent.

14 Der Tagesspiegel vom 10. 1. 1978: ADN beschuldigt »Spiegel«-Verlagsdirektor Becker.

15 Westfälische Rundschau vom 25. 10. 1973: DDR zahlte »Nante« 200 000 Mark.

16 Das Parlament vom 28. 9. 1990: Journalistenschmiede für die Dritte Welt

17 Abramowski, Wanja, Die Wende: Kein Werk der Stasi, in: Junge Welt vom 3. 2. 1992,. S. 10.

18 Vgl. Schultz, Schnüffelei in Genf. Die östlichen Geheimdienste auf dem heiligen Berg, in: Evangelische Kommentare 3/1992, S. 150.

19 SZ vom 27. 11. 1990: Geheimdienst bespitzelte Kirchenkonferenz.

20 Vgl. FR Dokumentation vom 1. 2. 1992.

21 Heigl, Frank P. und Jürgen Saupe, a.a.O., S. 86.

22 Vgl. Huck, Burkhard J., Wende in der wissenschaftlichen Politikberatung?, in: MEDIATUS 4/1988, S. 8 f.

23 Münchner Merkur vom 2. 3. 1992: »Siegfried« und »Kriemhild« als Spione schon bekannt.

24 Vgl. Die Wahrheit vom 8. 4. 1986: Otto Putsch ist Agent des Bundesnachrichtendienstes.

25 Vgl. Bohnsack, Günter und Herbert Brehmer, a.a.O., S. 173.

26 A.a.O., S. 182.

27 Vgl. Mattes, Ralf, »Bayerisch Afrika« nach dem Ost-West-Konflikt, in: Frieden 5-92, S. 17 ff.

28 Vgl. EPK-Drucksache Nr. 5, Unterdrückung oder Widerstand. Die Inkatha-Bewegung in Südafrika, Hamburg 1986, S. 97 ff.

29 Zitiert aus Dokumente des Ministeriums für Staatssicherheit, in: Gill, David und Ulrich Schröter, Das Ministerium für Staatssicherheit, Berlin 1991, S. 500.

30 Der Vorgang geht hervor aus dem »Einsatzplan für den Einsatz von Oberst Brüning und XYZ (anonymisiert) in der Zeit vom 21.–27. 9. 1987 in das Operationsgebiet Österreich«, Leipzig 3. 9. 1987, abgedrückt in Sélitrenny, Rita und Thilo Weichert, Das unheimliche Erbe, Leipzig 1991, S. 265 ff.

31 SZ vom 26. 6. 1970: James Bond ist in Pullach nicht gefragt.

32 Vgl. FR vom 8. 10. 1968: BND-Affäre löst Unruhe aus.

33 Vgl. DER SPIEGEL 7/1992, S. 133.

34 Schwäbisches Tagblatt vom 10. 2. 1992: Wohl dem, der einen Minister kennt.

35 Vgl. Nassauer, Otfried, BND: Pakistan bereits Nuklearmacht, in: MEDIATUS 11–12/1991, S. 21.

36 Vgl. TIME vom 24. 2. 1992, S. 14 ff.

37 Gröndahl, Boris, Die Heilige Allianz, in: konkret 5/1992, S. 14.

38 A.a.O., S. 16.

39 Vgl. Heigl, Frank und Jürgen Saupe, a.a.O., S. 85.

40 Vgl. Bohnsack, Günter und Herbert Brehmer, a.a.O., S. 104.

41 Vgl. DER SPIEGEL 35/1973: Dicke Brocken.

Anmerkungen zu Kapitel 23

1 Vgl. taz vom 2. 11. 1990: Geheimer NATO-Dienst auch in Deutschland?

2 Uesseler, Rolf, »Gladio« – der Schattenkrieg, in: Blätter für deutsche und internationale Politik 9/1991, S. 1100.

3 Vgl. Zürcher Wochenzeitung WOZ vom 7. 6. 1991 sowie El Mundo vom 17. 3. 1991.

4 Einheiten für verdeckte Einsätze, in: ÖMZ 2/1991, S. 122.

5 Vgl. DER SPIEGEL 48/1990: Spinne unterm Schafsfell.

6 Vgl. taz vom 14. 11. 1990: »Gladio« in Paris: Résistance im Notfall.

7 SZ vom 17. 12. 1990: Ministerpräsident wirbt Agenten an.

8 Vgl. taz vom 17. 8. 1991: CIA im neutralen Skandinavien aktiv.

9 Beziehungen der schweizerischen Widerstandsorganisation mit anderen Widerstandsorganisationen, Arbeitspapier November 1990, S. 5

10 Vgl. Basler Zeitung vom 29. 11. 1990: Von Münchenstein wurde der totale Widerstand geführt.

11 Vgl. FR vom 13. 11. 1990: Geheim-Organisation »Gladio« gab es in fast allen NATO-Ländern.

12 DER SPIEGEL 47/1990: »Das blutige Schwert der CIA«, S. 19.

13 Einheiten für verdecke Einsätze, a.a.O., S. 123.

14 Vgl. FAZ vom 24. 11. 1990: Bessere Überwachung.

15 Vgl. Zolling, Hermann und Heinz Höhne, a.a.O., S. 98 f.

16 Vgl. Müller, Leo A., Gladio – das Erbe des Kalten Krieges, Reinbek 1991, S. 72 bis 145.

17 Vgl. SZ vom 17. 11. 1990: Deutscher »Gladio«-Zweig soll aufgelöst werden.

18 Vgl. DER SPIEGEL 47/1990, a.a.O.

19 Müller, Leo A., a.a.O., S. 16.

20 Vgl. SZ vom 19. 11. 1990: Geheimtruppe hatte 200 Mitglieder.

21 Einheiten für verdeckte Einsätze, a.a.O., S. 123.

22 SZ vom 20. 11. 1990: FDP verlangt Klarheit über »Gladio«.

23 Vgl. stern 48/1990: »Der Unrat muß auf den Tisch«.

24 Resse, Mary Ellen, a.a.O., S. 136.

25 Vgl. taz vom 23. 11. 1990: Keine Akten über »Stay behind«.

Anmerkungen zu Kapitel 24

1 RGN vom 27. 11. 1991: Geheimkooperation Reichswehr–Rote Armee.

2 Vgl. Interavia Defence Review vom 1. 6. 1990, S. 624.

3 Vgl. DIE WELT vom 13. 3. 1987: CIA kauft Sowjetpanzer.

4 Vgl. Woche im Bundestag 24/1991, S. 61.

5 Vgl. Kieler Nachrichten vom 20. 5. 1984: »Abschreckung durch Aufklärung«.

6 Vgl. ÖMZ 2/1986, S. 181.

7 Augsburger Allgemeine vom 6. 11. 1985: Ausschlachten mit Pflichtgefühl.

8 Vgl. RGN vom 28. 10. 1991: Regierung wußte nichts von Waffenlieferung.

9 Vgl. Anlage 5.3 vom »Bericht zur Überlassung von Wehrmaterial aus den Beständen der ehemaligen NVA an Israel zum Zwecke der technischen Auswertung« vom 2. 12. 1991, dokumentiert in FR vom 6. 12. 1991, S. 11.

10 Vgl. RGN vom 30. 10. 1991: Ministerium legt Liste über BND-Lieferung vor.

11 Vgl. FAZ vom 31. 12. 1991: Deutsche Lieferungen an Israel aus Beständen der Nationalen Volksarmee.

12 Vgl. RGN vom 21. 11. 1991: SPIEGEL – Bundessicherheitsrat hatte Bedenken.

13 Vgl. RGN vom 31. 11. 1991: Panzerlieferung widersprach Pfahls Anordnung.

14 Vgl. RGN vom 6. 11. 1991: Auch Bundesmarine gab Israel Kriegsmaterial.

15 Vgl. RGN vom 21. 12. 1991: Stoltenberg – Kein Rücktritt wegen Waffenlieferung.

16 Vgl. RGN vom 3. 12. 1991: Auch künftig soll Israel NVA-Gerät erhalten.

17 Vgl. RGN vom 29. 10. 1991: Staatsanwaltschaft geht von Gesetzesverstoß aus.

18 Bericht Bundesminister Dr. Stoltenberg vor dem Verteidigungsausschuß am 30. 10. 1991, S. 9.

19 Vgl. focus 12/1993, S. 12.

20 Vgl. RGN vom 6. 11. 1991: BND zieht Konsequenzen aus Panzer-Affäre.

21 Vgl. FAZ vom 26. 7. 1990: Opposition spricht von »Rüstungsskandal«.

22 DER SPIEGEL 45/1991: Der Apparat macht was er will.

23 Haberbusch, Kuno, Lütgert, Christoph und Joachim Wagner, Deckwort »Caligula«, in: DIE ZEIT vom 27. 7. 1990 (Dossier).

24 Vgl. RGN vom 25. 7. 1990: Hardthöhe weist »PANORAMA«-Vorwürfe zurück.

25 Vgl. Koch, Egmont R. und Thomas Scheuer, Herr »Huber« und die Ballermänner, in: stern 4/1993, S. 138 ff.

26 Vgl. SZ vom 23. 12. 1992: BND: Mit Waffenhandel der DDR nichts zu tun.

27 Schwarz, Birgit, BND. Alles sehen, alles hören, nichts wissen, in: DIE ZEIT vom 22. 11. 1991 (Dossier).

28 DER SPIEGEL 45/1991, a.a.O.

29 Vgl. NZZ vom 9. 2. 1983: Die österreichische Waffenschmuggel-Affäre

30 Vgl. Schmidt-Eenboom, Erich, Das Ende der Low-Intensity Warfare?, in: MEDIATUS 3–4/1991, S. 8 f.

31 Vgl. FAZ vom 31. 10. 1991: Wehrtechnische Zusammenarbeit mit Israel schon seit 1967.

32 Schwarz, Birgit, a.a.O.

33 Vgl. Bundestagsdrucksache 12/2327, Nr. 7.

34 stern 46/1991: Die Stunde der Dilettanten.

35 Vgl. Space World 8/1978.

36 Vgl. Aviation Week & Space Technologiy vom 14. 12. 1981: Otrag GmbH Ends Libyan Work.

37 Vgl. Middle East Economic Digest vom 1. 8. 1987: Libya trying to recruit staff for military rocket programme.

38 Vgl. Nation vom 31. 1. 1981: Missiles For Muammar Qadhafi.

39 Vgl. Aviation Week & Space Technology vom 23. 3. 1981: Otrag AG Testing Launch Vehicle in Libya.

40 Vgl. APS Diplomat Strategic Balance in the Middle East vom 18. 4. 1988: Libya's Procurement from W. Germany.

41 Vgl. Nowak, Edward K., a.a.O.

42 DER SPIEGEL 33/1978: »Dann wäre Deutschland führend in der Welt«.

43 A.a.O.

44 Heigl, Frank und Jürgen Saupe, a.a.O., S. 59

Anmerkungen zu Kapitel 25

1 DER SPIEGEL 50/1978: BND: »Die Welt ist voller Wunder«.

2 Obwohl laut Handelsregisterauszug die Düsseldorfer Firma 1978 – nach dem Tod von Engels – liquidiert wurde, nennen Geheimdienstberichte eines Partnerdienstes des MfS noch Mitte der 80er Jahre die Werkzeug-Außenhandel GmbH als BND-Waffenhandelsfirma.

3 Vgl. DER SPIEGEL vom 18. 12. 1978: Kontakte über die Schweiz.

4 Vgl. Felfe, Heinz, a.a.O., S. 192.

5 Vgl. FR vom 12. 9. 1973: Bonn will illegale Waffengeschäfte aufdecken.

6 Vgl. Walden, Hans, Die Machenschaften des BND, in: Entwicklungspolitische Korrespondenz 2/1991, S. 42 f.

7 Vgl. DER SPIEGEL vom 18. 12. 1978: »Das ist ein Feld voller Tretminen«.

8 DER SPIEGEL vom 5. 3. 1979: »Jede Menge Abwehrraketen«.

9 Vgl. AIR. The Journal of West London Aviation Group 1/1991, S. JA 35.

10 Die Nummern lauten für die (R)F104G KF-115, 116, 121, 123, 125–128, 133, 135–139, 141, 168, 175, 185, 191, 192, 194, KE-301, 315, 339, 398, 433, 477, KG-102, 108, 109, 156, 167, 168, 171, 283, 288, 304, 330; für die F-104G KF-233, 236, 242–246, 248–250, 252–255, 257–261, 263–268, 270.

11 Vgl. stern 5/1992, S. 130.

12 Vgl. FAZ vom 3. 10. 1975: Was wußte Carstens vom Waffenhandel?

13 Koppe, Holger und Egmond R. Koch, Bomben-Geschäfte. Tödliche Waffen für die Dritte Welt, München 1990, S. 178.

14 Vgl. RGN vom 8. 10. 1990: Firmenchef gestand illegale Waffenexporte in Irak.

15 Vgl. RGN vom 8. 9. 1990: SPIEGEL – BND-Mitarbeiter in Giftgasgeschäft.

16 Vgl. RGN vom 29. 8. 1990: BND – Keinerlei Beteiligung an Irak-Geschäften.

17 Vgl. FAZ vom 13. 8. 1990: An Waffenproduktion nicht beteiligt.

18 Vgl. DER SPIEGEL 5/1989: »Hundertmal tödlicher als C-Waffen«.

19 DER SPIEGEL 47/1991, S. 26.

20 Deutscher Bundestag Drucksache 11/4842 vom 21. 6. 1989: Antrag des Abg. Müller u. a. und der Fraktion der SPD: Verminderung der Rüstungsexporte und verbesserte Rüstungskontrolle.

21 Stavenhagen, Lutz, a.a.O., S. 1033.

22 Vgl. RGN v. 24. 3. 1991: BND gab Regierung Hinweise auf Daimler-Verdacht.

23 Vgl. Flight International vom 15. 1. 1992: German role in Iraqi Scud project proven.

24 Vgl. RGN vom 18. 11. 1991: Regierung besorgt über Rüstungsgeschäfte.

25 Vgl. Jane's Intelligence Review 9/1991: North Korea's Nuclear Programme, S. 404 bis 411.

26 Vgl. DER SPIEGEL vom 4. 11. 1991, S. 16 f.

27 Vgl. Reuter Newswire Middle East vom 2. 6. 1992: Iran urges Bonn to complete unfinished Projects.

28 Vgl. FAZ vom 26. 4. 1984: Iran bald im Besitz der Atombombe?

29 Vgl. DER SPIEGEL 47/1991: »Das Recht auf die Bombe«.

30 Vgl. FAZ vom 29. 8. 1985: Iran, Libyen und Syrien wollen die Atombombe.

31 Vgl. FAZ vom 31. 7. 1992: »Iran entwickelt keine Nuklearwaffen«.
32 Vgl. focus 4/1993, S. 135f.
33 Zitiert nach Koppe, Holger und Egmont R. Koch, a.a.O., S. 41.
34 Koppe, Holger und Egmont R. Koch, a.a.O., S. 304; in diesem Buch sind vielfältige Rüstungsexportskandale der späten 70er und der 80er Jahre einschließlich der jeweils nutzlosen Warnungen der Nachrichtendienste dokumentiert.
35 Vgl. taz vom 5. 4. 1993: BND soll Telefone abhören.
36 DER SPIEGEL 15/1993, S. 70.
37 DER SPIEGEL 50/1978, S. 22.
38 Zitiert nach Koch, Egmont R. und Thomas Scheuer, Herr »Huber« und die Ballermänner, in: stern 4/1993, S. 140.

Anmerkungen zu Kapitel 26

1 Vgl. DER SPIEGEL 52/1991.
2 RGN vom 21. 8. 1991: AA-Beamter – Rabta-Geschäft störte Beziehungen.
3 Vgl. FAZ vom 10. 1. 1991: Überraschend milde Strafe im zweiten Imhausen-Prozeß.
4 Vgl. RGN vom 9. 10. 1991: Milde Urteile im Imhausen-Prozeß.
5 RGN vom 21. 8. 1991, a.a.O.
6 Deutscher Bundestag, Plenarprotokoll 11/126, S. 9286.
7 A.a.O., S. 9285 f.
8 Vgl. RGN vom 15. 3. 1990: Bush dementiert Beteiligung an Rabta-Brand.
9 WDR-Dienstagsreportage, »Dr. B. und die Giftgasmillionen«, 26. 5. 1992, West-3.
10 Vgl. Bohnsack, Günter und Herbert Brehmer, a.a.O., S. 90.
11 RGN vom 3. 3. 1990: »Spiegel» – BND vermutet weiter Deutsche in Rabta.
12 RGN vom 16. 3. 1990: Brand richtete erheblichen Schaden in Rabta an.
13 Vgl. RGN vom 15. 3. 1990, a.a.O.
14 Vgl. Waller, Douglas, The CIA's New Spies, in: Newsweek vom 12. 4. 1993, S. 37.
15 Vgl. DER SPIEGEL 17/1990: Abrüstung in Rabta.
16 Vgl. RGN vom 11. 4. 1991: SWF – Imhausen lieferte weiteren Giftgas-Plan.

17 Vgl. FR vom 16. 2. 1993: »Libyen baut zweites Rabta« und FR vom 19. 2. 1993: Deutsche Firmen lieferten Teile für Giftgasfabrik.

Anmerkungen zu Kapitel 27

1 Vgl. Charisius, Albrecht und Julius Mader, a.a.O., S. 343.
2 Vgl. NZZ vom 19. 8. 1983: Politischer Mord an »Kindli«-Portier.
3 DER SPIEGEL 46/1991, »Spionage ist ewig«, S. 187.
4 Cviic, Christopher, Das Ende Jugoslawiens, in: Europa-Archiv 14/1991, S. 411.
5 17. 9. 1991, 21 Uhr, ARD.
6 Vgl. Jane's Defence Weekly vom 22. 2. 1992.
7 DER SPIEGEL 18/1992.
8 Deutscher Bundestag, Drucksache 12/3041, Nr. 14.
9 Vgl. Miami Herald vom 27. 7. 1991.
10 Vgl. Al Khaleej vom 27. 7. 1991.
11 Vgl. Lausitzer Rundschau vom 16. 9. 1991.
12 Vgl. Kalman, Michael, Großes Deutschland: Renationalisierung der Außenpolitik, in: Frieden 2/1992, S. 18.
13 Vgl. FR vom 26. 9. 1992: »Bonn versteckt sich hinter türkischen Vertuschungsmanövern«.
14 NZZ vom 6. 6. 1992: Wieder deutsche Waffenlieferungen an Ankara.
15 Manousakis, Gregor M., Die 6. US-Flotte im Mittelmeer, in: Europäische Sicherheit 6/1992, S. 350.
16 Wessel, Gerhard, a.a.O., S. 5.
17 Wieck, Hans-Georg, Politik im Maße der Macht. Betrachtungen zur geostrategischen Lage, in: Pro Pace. Beiträge und Analysen zur Sicherheitspolitik, Bonn 1986, S. 12.
18 Vgl. Nassauer, Otfried, Militärplanungen nach der Wiedervereinigung, in: Schmidt-Eenboom, Erich und Jo Angerer (Hrsg.), Siegermacht NATO. Dachverband der neuen Weltordnung, Berg 1993, S. 122.
19 Vgl. Schwarz, Wolfgang, Freunde schaffen mit vielen Waffen, in: DIE ZEIT vom 22. 5. 1992, S. 7.

1 Borgs-Maciejewski, Hermann und Frank Ebert, a.a.O., S. 5.
2 Stavenhagen, Lutz, Zum Auftrag des Bundesnachrichtendienstes, in: Bulletin Nr. 120 vom 7. 11. 1989, S. 1033.
3 Wessel, Gerhard, a.a.O., S. 23.
4 Vgl. FAZ vom 32. 10. 1991: Friede ist nicht überall.
5 Vogt, Wolfgang R. und Ingeborg Rubbert-Vogt: Angst vorm Frieden, in: Wolfgang R. Vogt (Hrsg.), Angst vorm Frieden, Darmstadt 1989, S. 3
6 Vgl. zum axiomatischen Charakter der Legitimation von Staatsorganen in der gesamten konservativen deutschen Staatsrechtslehre Bärsch, Ekkehard, Der Staatsbegriff in der neueren deutschen Staatslehre und seine theoretischen Implikationen, Berlin 1974.
7 So Barring, Ludwig, Geheimagenten und Spione. Das Sachbuch der Spionage vom Alten Testament bis heute, Bayreuth 1968; Singer, K. D., Three Thousand Years of Espionage, New York 1948; Piekalkiewicz, Janusz, a.a.O., Knightley, Phillip, a.a.O., u. v. a.
8 Vgl. Sun Tze, Die dreizehn Gebote der Kriegskunst, München 1974.
9 Zitiert nach Ritter, Falko, a.a.O., S 16.
10 Vgl. Garten, Jeffrey E., Der kalte Frieden, Frankfurt/M. 1993.
11 Vgl. Hudson, Neff, Intelligence Chief: Job harder in a new world order, in: Air Force Times vom 6. 1. 1992, S. 37.
12 In der Bundesrepublik ist die Debatte über die Zukunft des Verfassungsschutzes nach dem Kalten Krieg besonders intensiv, weil hier die Effizienz der Dienste leichter meßbar und das Verhältnis von Demokratieverlust und Kostenintensität einerseits und erfolgreichem Staatsschutz andererseits bewertbar ist. Vgl. dazu z. B. Leggewie, Claus und Horst Meier, Nie war er so wertlos wie heute, in: taz vom 12. 10. 1992; Werketin, Falco, Die politische Moral der Bundesdeutschen und die Effektivität der Dienste, in: Florath, Bernd u. a. (Hrsg.), Die Ohnmacht der Allmächtigen, Berlin 1992, S. 241 ff.
13 Richter, Peter und Klaus Rösler, a.a.O., S. 186.
14 Kluss, Heinz, Zwischen Scylla und Charibdis, in: Europäische Wehrkunde 2/1987, S. 104.
15 Vgl. WELT AM SONNTAG vom 11. 6. 1973: Erst nach Pfingsten Geheimdienst-Kontrolle.
16 FAZ vom 9. 5. 1969: Bericht des Geheimdienst-Ausschusses.
17 Vgl. FR vom 4. 7. 1969: Geheimdienst-Kontrolle blockiert.

18 Stuttgarter Zeitung vom 10. 3. 1978: Verwässerung.

19 Das Parlament vom 6. 5. 1988: Oft die Quadratur des Kreises.

20 Vgl. FR vom 27. 1. 1990: Gremium mit Alibi-Funktion.

21 Vgl. DER SPIEGEL 45/1991: Ein zahnloser Wachhund.

22 Vgl. FAZ vom 24. 11. 1990: Bessere Überwachung.

23 Vgl. SZ vom 6. 11. 1991: Geheimdienste sollen stärker überwacht werden.

24 Vgl. taz vom 29. 11. 1991: Dritte Zähne für zahnlose Kommission.

25 Vgl. SZ vom 28. 3. 1980: Wernitz schlägt Ombudsmann für Geheimdienste vor.

26 FR vom 22. 11. 1990: Wußten die Paktstaaten über »Gladio«-Ableger Bescheid?

27 Vgl. z. B. Das Parlament vom 17. 1. 1976: Kontrolle der Nachrichtendienste.

28 Vgl. Hyde, James C., House Intelligence Staff Director Says Openness Will Mark the Future, in: Armed Forces Journal International 6/1992, S. 11.

29 Vgl. Cheung, Tai Ming und Robert Delfs, Clouded vision. Agency division hamper intelligence effort, in: Far Eastern Economic Review vom 16. 7. 1992.

30 Vgl. Jane's Defense Weekly vom 10. 8. 1991: Japan's SIGINT Islands.

31 Vgl. Nowak, Edward K., a.a.O.

32 Madsen, Wayne, a.a.O.

33 Vgl. FR vom 11. 6. 1992: Geheimbünde bespitzeln Beschäftigte.

34 RGN vom 27. 2. 1991: Kiel verabschiedet Verfassungsschutzgesetz.

35 Vgl. taz vom 4. 12. 1991: Rot-grünes Geheimdienstgesetz.

36 Diedenhofen, Georg, Die Angst vor dem Kraken, in: Deutsches Allgemeines Sonntagsblatt vom 1. 11. 1991.

37 Vgl. Leggewie, Claus und Horst Meier, Am schnellsten ist man in Thüringen, in: FR vom 11. 9. 1991.

38 RGN vom 19. 10. 1991: BND und Verfassungsschutz in Frage gestellt.

39 Vgl. DIE WELT vom 6. 4. 1981: BND in Auslandsfirmen?

40 40 Jahre Bundeskriminalamt. Rede des Parlamentarischen Staatssekretärs Eduard Lintner, in: Innere Sicherheit 1/1992, S. 8.

41 Vgl. DER SPIEGEL 13/1990: Glasnost beim BKA.

42 Vgl. DER SPIEGEL 10/1993, S. 16.

43 Arndt, Claus, Kontrolle der Nachrichtendienste bei der Post- und Fernmeldeüberwachung in der Bundesrepublik Deutschland und in

den Vereinigten Staaten von Amerika, in: Die Öffentliche Verwaltung 5/1986, S. 170.

44 Vgl. FlugRevue 12/1991: Afrika-Hilfe.

45 GVS MfS 0244–G 49/87, S. 79 f.

46 Vgl. stern 49/1992: »Dort stinkt es«, S. 216 f.

47 Schreiber, Wolfgang, Inkongruenz von parlamentarischer Kanzler- und parlamentarischer Ministerverantwortlichkeit im Bereich der Nachrichtendienste?, in: Deutsches Verwaltungsblatt 101/1986, S. 977.

48 Vgl. DIE ZEIT vom 7. 8. 1964.

49 Vgl. Der Tagesspiegel vom 5. 8. 1966: Bundesnachrichtendienst bleibt Minister Westrick unterstellt.

50 Vgl. Pilster, Hans Christian, Geheime Auslandsnachrichtendienste in unserer Zeit, in: Wehrwissenschaftliche Rundschau 2/1987, S. 37.

51 Vgl. Der Bundesminister der Verteidigung (Hrsg.), ZDv 65/351, a.a.O., S. 295.

52 Pilster, Hans Christian, a.a.O., S. 34.

53 Paech, Norman, Souveränität und ausländische Nachrichtendienste, in: Dokumentation der Tagung »Freund hört mit«, München 9. 12. 1989, S. 25 f.

Namensregister

Decknamen der Nachrichtendienste für ihre Mitarbeiterinnen und Mitarbeiter, für Operationen, Objekte und Partnerdienste sind kursiv gesetzt.

Sach- und Ortsregister

Außenaufklärung, militärische
79
Außenquelle 68, 345
Auskunftsperson 345
Auslandskader 129, 143 ff., 146,
179
-residentur 47, 87, 129, 132, 146,
148, 150, 155, 167, 175, 178,
222
-spionage 21
Ausschleusung 106, 132, 149
Ausspähungsauftrag 76
-versuch 302
Ausstattungshilfe, militärische
427 f.
Australien 192, 251, 442
AVH 21, 410

Bad Aibling 226
Bad Godesberg 228
Bad Hersfeld 60
Bad Münstereifel 223
Bad Neuenahr-Ahrweiler 237
Bagdad 139, 181, 211, 213, 219,
390
Balkankrieg 426
Barcelona 153
Bazan al Takriti 181
Bedrohungspotential 159
Befragungswesen 278
Beirut 188, 270, 424
Beij Ma Military Equipment 386,
424
Belgien 184, 188, 367, 372, 423
Beobachtungssonde 230
Berlin 48, 64, 93, 165, 168, 192
Beschaffungsauftrag 29, 41 f.,
105
-helfer 345 f.

-operation 187, 192
Betreuungspersonal 117
Bezirksvertretung 44
BfV 29, 85, 99, 109, 113, 164,
224, 256, 314, 338, 342, 358,
444
BKA 17, 93, 112, 135, 138, 158,
167, 183, 206, 211–216, 313, 329,
443, 446 f.
Bombe, islamische 406
Bonn 43 f., 60, 87, 146, 225
Bosnien-Herzegowina 21, 422
Boswau + Knaur AG 160
Brasilien 289, 359, 407
Bremen 86
Briefverkehr, deutsch-deutscher
62
Buenos Aires 19, 31, 223
Bukarest 21, 154
Bulgarien 89, 284
Bundesluftwaffe 240 f., 383,
400
Bundesmarine 237, 244, 383
Bundeswehr 70, 209, 226 f.,
234–238, 241, 244 ff., 280 f.,
315, 326, 259, 370, 373, 383,
385, 387, 389, 395 f., 423, 431,
446, 453
Bushir 406
BVD 25

Cadiz 268
CEFAR 162
Chartered Industrie 423
Chiffriergerät 221, 271
CIA 25 f., 33 ff., 88 f., 93, 101,
116, 119, 124, 129, 131 f., 136 ff.,
148 f., 155, 157–162, 165, 167,
190 f., 193, 195 ff., 204 f., 215,

Rut Brandt
Freundesland
Erinnerungen
TB 26076-6

Die fesselnde
Geschichte einer
tapferen Frau, die
gegen die NS-Be-
satzung in Norwegen
Widerstand leistete,
nach Schweden
flüchtete und als
Journalistin im Exil
Willy Brandt kennen-
lernte. Rut Brandt
erzählt mit per-
sönlicher Wärme ihr
Leben und läßt uns in
eine turbulente Zeit
blicken, die sie als
glänzend beobach-
tende Zeugin erlebt
hat.

Renate Schmidt
**Mut zur
Menschlichkeit**
TB 26151-7

Die SPD-Politikerin
Renate Schmidt
beschreibt in ihrem
ersten Buch sehr
persönlich ihren
politischen Werde-
gang, nimmt dezidiert
Stellung zu den
wichtigsten Fragen der
Gegenwart und
überzeugt durch ihr in
jeder Zeile spürbares
Engagement und die
Menschlichkeit, von
der ihr ganzes Handeln
geprägt ist.

Hans-Dietrich
Genscher
Kommentare
TB 26185-1

Hans-Dietrich
Genscher war der
dienstälteste Außen-
minister der westlichen
Welt und ist auch
heute Wegbereiter
eines europäischen
Deutschland.
Europa und die
deutsche Einheit, das
sind seine großen
Themen. Diese, aber
auch andere innen-
und außenpolitische
Fragen bringt er
regelmäßig in der Welt
am Sonntag in akzen-
tuierten Kommentaren
auf den Punkt.

Eva Siao
**China – mein Traum,
mein Leben**
TB 26098-7

Die junge Eva
Sandberg lernt in den
dreißiger Jahren im
Moskau Stalins den
chinesischen Dichter
Emi Siao kennen und
folgt ihm in das
Hauptquartier Mao
Zedongs. Nach dem
zweiten Weltkrieg
beginnt sie als
Fotografin zu arbeiten
und gerät in die
Mühlen der Kultur-
revolution; Eva Siao
verbringt sieben Jahre
in Einzelhaft. Von der
Regierung wieder
rehabilitiert, lebt sie
heute in Beijing.
Dieses Buch erzählt
die Geschichte ihres
bewegten Lebens und
ihrer Liebe zu ihrer
neuen Heimat China.

Hans Walter Berg
Indien
Traum und Wirklichkeit
TB 26182-7

Indien – Land der
Gegensätze: Über 40
Jahre beschäftigte
sich der langjährige
ARD-Auslands-
korrespondent Hans
Walter Berg mit Indien.
In persönlichen
Impressionen stellt er
das Land kritisch in all
seiner Wider-
sprüchlichkeit
zwischen Tradition und
Moderne dar. Er bringt
dem Leser eine
geheimnisvolle Welt
näher, ohne sie ganz zu
enträtseln.

Sabine Kebir
Algerien
Zwischen Traum und
Alptraum
TB 26194-0

Sabine Kebir, die viele
Jahre in Algier lebte,
schildert den ganz
normalen algerischen
Alltag mit Wohnungs-
not, Bürokratenfilz und
sozialistischer
Planwirtschaft. Sie
registriert sensibel die
Widersprüche und
Nöte um sie herum und
läßt die Leser teilhaben
an ihrem persönlichen
Lernprozeß als Fremde
und Frau.

ECON TASCHENBÜCHER

ECON

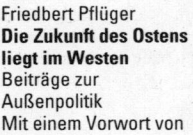

Friedbert Pflüger
Die Zukunft des Ostens liegt im Westen
Beiträge zur Außenpolitik
Mit einem Vorwort von Volker Rühe
TB 26178-9

Dr. Friedbert Pflüger (CDU) ist Mitglied des Verteidigungsausschusses des Bundestages. Mit seinen eigenständigen Ansichten leistet Pflüger Beiträge zur Orientierung der deutschen Außenpolitik. Auch nach der Wiedervereinigung muß die normative Westbindung der Bundesrepublik Deutschland unter allen Umständen fortgesetzt werden.

Margarita Mathiopoulos
Rendezvous mit der DDR
Poltische Mythen und ihre Aufklärung
TB 26177-0

»Was die Autorin als Frucht gescheiter, geduldsamer und einfühlsamer Gespräche mit Lothar de Maizière und Manfred Stolpe, mit Bärbel Bohley, Ibrahim Böhme, Hans Modrow und anderen festgehalten hat, offenbart mehr über jene Jahre des Übergangs und die handelnden Personen in Ost und West als die meisten Bücher, die bisher zu diesem Thema erschienen sind.« (Die Zeit)

Michael R. Beschloss/Strobe Talbot
Auf höchster Ebene
Das Ende des Kalten Krieges und die Geheimdiplomatie der Supermächte
1989–1991
TB 26166-5

Der Historiker und CNN-Berichterstatter Michael R. Beschloss und der stellvertretende US-Außenminister Strobe Talbot präsentieren ein lebendiges, intimes Porträt von George Bush, Michail Gorbatschow und anderen Beteiligten bei den Verhandlungen zur Beendigung des kalten Krieges. Dies ist Zeitgeschichte aus erster Hand, spannend wie ein Krimi.